Die Glaubhaftigkeitsbeurteilung in „Aussage gegen Aussage"-Konstellationen

Europäische Hochschulschriften Recht

European University Studies in Law

Publications Universitaires Européennes de Droit

Band/Volume 6707

Christina Költgen

Die Glaubhaftigkeitsbeurteilung in „Aussage gegen Aussage"-Konstellationen

Eine Untersuchung der Einsatzmöglichkeiten des Polygraphen im Strafverfahren bei dem Vorwurf des sexuellen Übergriffs nach § 177 Abs. 1 StGB

PETER LANG

Bibliografische Information der Deutschen Nationalbibliothek
Die Deutsche Nationalbibliothek verzeichnet diese Publikation in der Deutschen Nationalbibliografie; detaillierte bibliografische Daten sind im Internet über http://dnb.d-nb.de abrufbar.

Zugl.: Bonn, Univ., Diss., 2022

D 5
ISSN 0531-7312
ISBN 978-3-631-89118-6 (Print)
E-ISBN 978-3-631-89124-7 (E-PDF)
E-ISBN 978-3-631-89125-4 (EPUB)
DOI 10.3726/b20252

Peter Lang – Berlin · Bern · Bruxelles · New York · Oxford · Warszawa · Wien

Diese Publikation wurde begutachtet.

www.peterlang.com

Für Bastian

Vorwort

Die vorliegende Arbeit wurde im Sommersemester 2022 von der Rechts- und Staatswissenschaftlichen Fakultät der Rheinischen Friedrich-Wilhelms-Universität Bonn als Dissertation angenommen. Sie wurde für die Veröffentlichung geringfügig überarbeitet und ergänzt.

Mein erster Dank gilt meinem geschätzten Doktorvater Herrn apl. Prof. Dr. *Kay H. Schumann* für die langjährige Betreuung meines Promotionsvorhabens. Er stand mir jederzeit als Ansprechpartner zur Verfügung und unterstütze mich durch wertvolle Anmerkungen. Herrn Prof. Dr. *Torsten Verrel* danke ich für die Zweitbegutachtung und seine weiterführenden Anregungen zu meiner Arbeit.

Mein herzlicher Dank gilt meiner Familie, die ich immer an meiner Seite weiß – allen voran meinen Eltern, denen ich so viel zu verdanken habe.

Danken möchte ich auch meinen Erlanger Freunden *Caroline, Carola, Patricia, Joseph* und *Stefan*, die mich während des Entstehungsprozesses dieser Arbeit begleitet haben.

Mein größter Dank gilt meinem Lebensgefährten *Bastian*, auf dessen liebevollen Rückhalt und bedingungslose Unterstützung ich jederzeit vertrauen darf. Ihm ist diese Arbeit gewidmet.

Christina Költgen
Oldenburg, im September 2022

Inhaltsverzeichnis

Zweiter Teil: „Aussage gegen Aussage“ vor Gericht

Abkürzungsverzeichnis

a.	auch
a.A.	andere Ansicht
a.a.O.	am angegebenen Ort
a.F.	alte Fassung
Abb.	Abbildung(en)
abgedr.	abgedruckt
abl.	ablehnend
Abs.	Absatz
AEMR	Allgemeine Erklärung der Menschenrechte
AG	Amtsgericht
ähnl.	ähnlich(es)
allg.	allgemein
Alt.	Alternative
Angekl.	Angeklagte/r
Anm.	Anmerkung
APA	American Polygraph Association
Art.	Artikel
Aufl.	Auflage
ausf.	ausführlich
BayObLG	Bayrisches Oberstes Landesgericht
BeckRS	Beck-Rechtsprechung
Beschl.	Beschluss
Bespr.	Besprechung
Bf.	Beschwerdeführer
BGBl.	Bundesgesetzblatt (Teil, Seite)
BGH	Bundesgerichtshof
BGHSt	Entscheidungen des Bundesgerichtshofs in Strafsachen
BMFSFJ	Bundesministerium für Familie, Senioren, Frauen und Jugend
BMJV	Bundesministerium der Justiz und für Verbraucherschutz
BSG	Bundessozialgericht
Bsp.	Beispiel(e)
bspw.	beispielsweise
BT	Besonderer Teil
BT-Drs.	Bundestagsdrucksache (Wahlperiode/Nummer)
BVerfG	Bundesverfassungsgericht
BVerfGE	Entscheidungen des Bundesverfassungsgerichts

BVerfGK	Kammerentscheidungen des Bundesverfassungsgerichts
BVerwG	Bundesverwaltungsgericht
bzgl.	bezüglich
bzw.	beziehungsweise
ca.	circa
d.h.	das heißt
ders.	derselbe
dies.	dieselbe(n)
diff.	differenzierend
Diss.	Dissertation
djb	Deutscher Juristinnenbund e.V.
DRiG	Deutsches Richtergesetz
DRiZ	Deutsche Richterzeitung
ebd.	ebenda
EEG	Elektroenzephalographie, Elektroenzephalogramm
EGMR	Entscheidungen des Europäischen Gerichtshofes für Menschenrechte
Einl.	Einleitung
EKG	Elektrokardiographie, Elektrokardiogramm
EKP	Ereigniskorrelierten Potentiale
EMRK	Europäische Menschenrechtskonvention
etc.	et cetera
EU	Europäische Union
EuGHMR	Europäischer Gerichtshof für Menschenrechte
evtl.	eventuell
f.	folgende (Seite, Paragraf)
FamRZ	Zeitschrift für das gesamte Familienrecht
ff.	folgende (Seiten, Paragrafen)
fMRT	Funktionelle Magnetresonanztomografie
Fn.	Fußnote
FPPK	Forensische Psychiatrie, Psychologie, Kriminologie (Zeitschrift)
FPR	Familie, Partnerschaft, Recht (Zeitschrift)
GA	Goltdammer's Archiv für Strafrecht (Zeitschrift)
gem.	gemäß
GG	Grundgesetz für die Bundesrepublik Deutschland
ggf.	gegebenenfalls
GRCh EU	Charta der Grundrechte der Europäischen Union
h.L.	herrschende Lehre
h.M.	herrschende Meinung
Harv. Bus. Rev.	Harvard Business Review (Zeitschrift)

HRRS	Höchstrichterliche Rechtsprechung auf dem Gebiet des Strafrechts (Online-Zeitschrift)
Hrsg.	Herausgeber
HS	Halbsatz
i. d. R.	in der Regel
i.E.	im Ergebnis
i.R.	im Rahmen
i.S.d.	im Sinne der/des
i.V.m.	in Verbindung mit
insbesond.	insbesondere
insg.	insgesamt
Int. J. Psychophysiol.	International Journal of Psychophysiology (Zeitschrift)
Integr. Psychol. Behav. Sci.	Integrative Psychological and Behavioral Science (Zeitschrift)
IPBPR	Internationaler Pakt über bürgerliche und politische Rechte
J. Appl. Psychol.	Journal of Applied Psychology (Zeitschrift)
J. Gen. Psychol.	The Journal of General Psychology (Zeitschrift)
JA	Juristische Arbeitsblätter (Zeitschrift)
jew.	jeweils
JIBL	Journal of International Biotechnology Law (Zeitschrift)
JR	Juristische Rundschau (Zeitschrift)
JuS	Juristische Schulung (Zeitschrift)
JZ	Juristenzeitung (Zeitschrift)
KJ	Kritische Justiz (Zeitschrift)
KrimJ	Kriminologisches Journal (Zeitschrift)
KriPoZ	Kriminalpolitische Zeitschrift
krit.	kritisch
lat.	lateinisch
Leg. Criminol. Psychol.	Legal and Criminological Psychology (Zeitschrift)
LG	Landgericht
lit.	litera
Lit.	Literatur
Ls.	Leitsatz
m.	mit
m.N.	mit Nachweisen
m.w.N.	mit weiteren Nachweisen
MDR	Monatsschrift für Deutsches Recht
MLR	Marburg Law Review (Zeitschrift)
MRK	Europäische Menschenrechtskonvention

MschrKrim	Monatsschrift für Kriminologie und Strafrechtsreform
n.F.	neue Fassung
N.N.	Nomen nominandum
n.v.	nicht verwertet
NJOZ	Neue Juristische Online-Zeitschrift
NJW	Neue Juristische Wochenschrift (Zeitschrift)
Nr.	Nummer(n)
NStZ	Neue Zeitschrift für Strafrecht
NStZ-RR	Neue Zeitschrift für Strafrecht, Rechtsprechungs-Report
NVwZ-RR	Neue Zeitschrift für Verwaltungsrecht, Rechtsprechungs-Report
NZFam	Neue Zeitschrift für Familienrecht
o.Ä.	oder Ähnlich(e, es)
OLG	Oberlandesgericht
Polygraph	Journal of the American Polygraph Association (Zeitschrift)
Psychol. Public Policy Law	Psychology, Public Policy, and Law (Zeitschrift)
R & P	Recht und Psychiatrie (Zeitschrift)
RefE	Referentenentwurf
RGBl.	Reichsgesetzblatt
RGSt	Entscheidungen des Reichsgerichts in Strafsachen
RiStBV	Richtlinien für das Strafverfahren und das Bußgeldverfahren
Rn.	Randnummer(n)
RPsych	Rechtspsychologie (Zeitschrift)
Rspr.	Rechtsprechung
RStGB	Strafgesetzbuch für das Deutsch Reich
S.	Satz, Seite, Siehe
s.	siehe
s.a.	siehe auch
s.o.	siehe oben
s.u.	siehe unten
sog.	sogenannt(e, er, es)
StA	Staatsanwalt/Staatsanwältin, Staatsanwaltschaft(en)
StBA	Statistisches Bundesamt
StGB	Strafgesetzbuch
StPO	Strafprozessordnung
str.	streitig
StraFo	Strafverteidiger Forum (Zeitschrift)
StrÄndG	Gesetz zur Änderung des Strafgesetzbuches

StrRG	Gesetz zur Reform des Strafrechts
StrK	Strafkammer
StRR	StrafRechtsReport (Zeitschrift)
stRspr.	ständige Rechtsprechung
StV	Strafverteidiger (Zeitschrift)
StVStat	Strafverfolgungsstatistik
teilw.	teilweise
TWT	Tatwissenstechnik
u.a.	und andere; unter anderem
umstr.	umstritten
unstr.	unstreitig
Urt.	Urteil
usw.	und so weiter
v.	von/m
v.a.	vor allem
Var.	Variante
Verf.	Verfasser/in
VFT	Vergleichsfragentechnik
vgl.	vergleiche
Vor	Vorbemerkung
z.B.	zum Beispiel
z.T.	zum Teil
ZIS	Zeitschrift für Internationale Strafrechtsdogmatik (Online-Zeitschrift)
ZJS	Zeitschrift für das Juristische Studium
ZRP	Zeitschrift für Rechtspolitik
ZStW	Zeitschrift für die gesamte Strafrechtswissenschaft
zust.	zustimmend

Erster Teil: Untersuchungsgrundlagen

„Denn die Wahrheit wandelt sich für uns so stark, daß die anderen Mühe haben, sich darin auszukennen.“

Marcel Proust[1]

1 *Proust*, Suche nach der verlorenen Zeit (1972), 22.

§ 1 Einleitung

A. Gegenstand der Untersuchung

Gemäß § 261 StPO entscheidet das Gericht über das Ergebnis der Beweisaufnahme nach seiner freien, aus dem Inbegriff der Verhandlung geschöpften Überzeugung (*Grundsatz der freien richterlichen Beweiswürdigung*). Problematisch ist die Beweiswürdigung grundsätzlich dort, wo es kaum Beweise gibt, die gewürdigt werden können. Dies gilt insbesondere dann,

> „wenn der Darstellung des Tatablaufs durch den Angeklagten eine davon im Kern abweichende Schilderung durch eine andere Aussageperson, d.h. durch einen Mitangeklagten oder Zeugen, gegenübersteht, ohne daß ergänzend auf weitere unmittelbar tatbezogene Beweismittel, etwa belastende Indizien zurückgegriffen werden kann."[2]

In diesen Fällen steht *„Aussage gegen Aussage"*.[3] Die Rechtsprechung war stets bemüht, dieser beweisrechtlichen „Pattsituation"[4] durch besondere Anforderungen an die Beweiswürdigung Herr zu werden.[5] Unterstützung gab es von Seiten der Psychologie: Mit der aussagepsychologischen Glaubhaftigkeitsbeurteilung wurde dem Gericht eine Untersuchungsmethode an die Hand gegeben, Aussagen einen Beweiswert beizumessen.[6] Diese Methode wird auch in der rechtswissenschaftlichen Literatur immer wieder aufgegriffen.[7] Die aussagepsychologische Glaubhaftigkeitsbeurteilung hat jedoch methodische Schwächen und unterliegt einigen Grenzen bei der Anwendung,[8] sodass nicht behauptet werden kann, bislang eine gänzlich zufriedenstellende „Lösung" des Beweisproblems bei „Aussage gegen Aussage" gefunden zu haben.[9]

Die vorliegende Arbeit möchte an dieser Stelle die forensische Psychophysiologie in den Blick nehmen und den Versuch unternehmen, mithilfe der psychophysiologischen Glaubhaftigkeitsbegutachtung die Erkenntnismöglichkeiten des

---

2 *Sander*, StV 2000, 45 (46).

3 Vgl. *Sander*, StV 2000, 45 (46); ausf. dazu unter § 4.

4 *Wille*, Aussage gegen Aussage (2012), 9; hierauf Bezug nehmend *Scharbius*, „Aussage gegen Aussage" (2017), 16.

5 S. dazu noch § 4 A. m.N. zur Rspr.

6 Ausf. dazu unter § 8.

7 Vgl. nur BeckOK-StPO-*Eschelbach*, § 261 Rn. 59; *Bender/Nack u.a.*, Tatsachenfeststellung (2014), Rn. 282 ff.; *Effer-Uhe/Mohnert*, Psychologie (2019), Rn. 220 ff.; *Geipel*, Beweiswürdigung (2017), § 17 Rn. 1 ff.; *Haustein*, Aussage gegen Aussage (2017), 94 ff.; *Jansen*, Aussagepsychologie (2012), Rn. 352 ff.; *Wille*, Aussage gegen Aussage (2012), 20 ff.

8 Vgl. unter § 8 B. IV.

9 Vgl. unter § 8 D.

Gerichts zu erweitern.[10] Dies soll beispielhaft anhand des Vorwurfs des sexuellen Übergriffs nach § 177 Abs. 1 StGB erfolgen. Denn bei dem Verdacht des sexuellen Übergriffs steht häufig nicht in Frage, ob überhaupt ein sexueller Kontakt stattgefunden hat, sondern vielmehr, ob dieser Kontakt freiwillig geschehen ist. In diesen Fällen steht insoweit regelmäßig „Aussage gegen Aussage". Für die gerichtliche Entscheidung kommt es dann darauf an, welcher der Aussagen das Gericht Glauben schenkt.[11]

Anlass der vorliegenden Untersuchung ist die Änderung des Sexualstrafrechts[12] im Jahr 2016 durch das Fünfzigste Gesetz zur Änderung des Strafgesetzbuches (50. StrÄndG)[13] und die dogmatische Umgestaltung des § 177 Abs. 1 StGB. Schwerpunkte jüngerer Dissertationen auf dem Gebiet des Sexualstrafrechts waren in erster Linie kritische Betrachtungen der Reform.[14] Eine Untersuchung, welche das geänderte Sexualstrafrecht von einer beweisrechtlichen Warte aus betrachtet und die Auswirkungen der Gesetzesänderung auf die Nachweismöglichkeiten bei dem Vorwurf des sexuellen Übergriffs nach § 177 Abs. 1 StGB in „Aussage gegen Aussage"-Konstellationen beleuchtet, fehlt bislang.[15] Die vorliegende Arbeit möchte diese Lücke schließen. Die Beweisproblematik ist zwar keine Eigentümlichkeit der Sexualdelikte;[16] Besonderheiten haben sich jedoch durch das 50. StrÄndG und die Änderung des § 177 Abs. 1 StGB ergeben.

---

10 S. schon *Delvo*, Lügendetektor (1981); *Schüssler*, Polygraphie (2002); gegen die Zulässigkeit *Haustein*, Aussage gegen Aussage (2017), 160; *Wagner*, Polygraphie im Strafverfahren (2012).

11 S. nur BGH NStZ 2002, 494 (495); 2004, 635; NStZ-RR 2002, 174 (175); BeckOK-StPO-*Eschelbach*, § 261 Rn. 59; *Bender/Nack u.a.*, Tatsachenfeststellung (2014), Rn. 1509; KK-StPO-*Ott*, § 261 Rn. 101; Meyer-Goßner/Schmitt-*Schmitt*, § 261 Rn. 11a; MüKo-StPO-*Miebach*, § 261 Rn. 91; *Nelles*, in: Handwörterbuch-Vernehmung (2002), 717 (719); *Sander*, StV 2000, 45 (46); *Vögele*, in: Sexuelle Entwicklung (2010), 84.

12 Im Folgenden sind damit die Delikte des 13. Abschnitts des StGB (Straftaten gegen die sexuelle Selbstbestimmung) gemeint.

13 Fünfzigstes Gesetz zur Änderung des Strafgesetzbuches – Verbesserung des Schutzes der sexuellen Selbstbestimmung vom 4.11.2016, BGBl. I, 2460.

14 Hervorzuheben ist hier die Dissertation v. *Kempe*, Sexualstrafrecht (2018). Eingehend mit der generellen Strafwürdigkeit nicht-einvernehmlicher Sexualkontakte beschäftigt sich *Vavra*, Strafbarkeit (2020).

15 Mit den verfahrensrechtlichen Aspekten von „Aussage gegen Aussage"-Situationen beschäftigen sich *Haustein*, Aussage gegen Aussage (2017); *Scharbius*, „Aussage gegen Aussage" (2017); *Wille*, Aussage gegen Aussage (2012) mit Bezugnahme auf Sexualdelikte.

16 Bei Sexualdelikten und Delikten aus der Betäubungsmittelkriminalität (s. z.B. BGH NStZ-RR 2003, 245; StV 2002, 470) ist die Konstellation jedoch besonders häufig vorzufinden, s. *Sander*, StV 2000, 45 (46); *Scharbius*, „Aussage gegen Aussage" (2017), 19, 346–347.

B. Beschränkung

Der Untersuchungsgegenstand bedarf noch einiger Beschränkungen. Denn auch Kinder und Jugendliche können Opfer eines sexuellen Übergriffs nach § 177 Abs. 1 StGB sein. Da es bei der Glaubhaftigkeitsbeurteilung kindlicher und jugendlicher Aussagen einige Besonderheiten gibt,[17] wird bei den vorzunehmenden Untersuchungen allein von erwachsenen Opfern (und Tätern[18]) ausgegangen.

Im Laufe der Untersuchung wird beleuchtet, wie ein Gericht in der Hauptverhandlung bei „Aussage gegen Aussage" vorzugehen hat. Dabei drehen sich sämtliche Erwägungen um den Grundsatz der freien Beweiswürdigung nach § 261 StPO und die subjektive Überzeugung des jeweiligen Richters. Um ein universelles Modell für den Umgang mit „Aussage gegen Aussage"-Konstellationen frei von subjektiven Einfärbungen eines einzelnen Richters entwickeln zu können, wird bei den Überlegungen von einem idealen Richter ausgegangen.

---

17 S. dazu etwa *Arntzen*, Vernehmungspsychologie (1978), 34–57; *Dölling/Laue*, in: Missbrauch (2005), 889 (927–929); *Fegert*, Mißbrauchte Kinder und das Recht (1993), 131–134.

18 Zur Erleichterung der Lesbarkeit wird das etablierte generische Maskulinum benutzt, das alle Geschlechter gleichermaßen erfasst.

§ 2 Gang der Darstellung

Die Arbeit ist in fünf Teile untergliedert. Zum Ende dieses einleitenden *ersten Teils* erfolgt die Klärung des Begriffs der Wahrheit, da dieser Begriff für die weitere Untersuchung von Bedeutung ist.

Die Untersuchung beginnt im *zweiten Teil* mit einer genaueren Betrachtung der „Aussage gegen Aussage"-Situation. Nach allgemeinen Ausführungen über die Fälle, in denen „Aussage gegen Aussage" steht, werden die beweisrechtlichen Schwierigkeiten dieser Konstellation herausgearbeitet. In diesem Zusammenhang werden auch Überlegungen zu dem Zeugenbeweis und dessen allgemeinem Beweiswert sowie zu der besonderen Rolle des einzigen Belastungszeugen angestellt. Daneben ist den Rechten des Angeklagten Beachtung zu schenken.[19] Dies schafft den notwendigen Rahmen für die weiteren Untersuchungen.

Der *dritte Teil* der Arbeit wendet sich dem Sexualstrafrecht unter dem Gesichtspunkt der Beweisproblematik bei „Aussage gegen Aussage" zu. Im Mittelpunkt steht der sexuelle Übergriff nach § 177 Abs. 1 StGB. Um die Nachweismöglichkeiten des § 177 Abs. 1 StGB einer Beurteilung unterziehen zu können, werden zunächst Schlaglichter auf die Rechtslage vor dem 50. StrÄndG geworfen und die Beweggründe für die Umgestaltung des § 177 Abs. 1 StGB im Jahr 2016 dargestellt. Es wird überprüft, ob die vom Gesetzgeber gewählte „Nein-heißt-Nein"-Lösung einen geeigneten Weg darstellt, um Gesichtspunkte des Opferschutzes mit Praktikabilitätserwägungen zu verknüpfen. Einer besonderen Prüfung wird dabei der Wortlaut des § 177 Abs. 1 StGB unterzogen.

Im *vierten Teil* wird am Beispiel des Vorwurfs des sexuellen Übergriffs nach § 177 Abs. 1 StGB der Umgang mit „Aussage gegen Aussage"-Konstellationen vor Gericht aufgezeigt. Im Fokus steht die Glaubhaftigkeitsbeurteilung. Zunächst wird die aussagepsychologische Glaubhaftigkeitsbeurteilung in den Blick genommen. Dabei wird sich zeigen, dass die aussagepsychologische Glaubhaftigkeitsbeurteilung lediglich für die Beurteilung der Belastungsaussage herangezogen werden kann, der Angeklagte dagegen kaum Möglichkeiten hat, seinem Bestreiten Gewicht zu verleihen. Aus diesem Grund wird weiter untersucht, ob dem Gericht zusätzliche wissenschaftliche Instrumente an die Hand gegeben werden sollten, um die widerstreitenden Angaben in „Aussage gegen Aussage"-Situationen beurteilen zu können. Das Hauptaugenmerk der Untersuchung liegt dabei auf der psychophysiologischen Glaubhaftigkeitsbeurteilung. Es wird der Frage nachgegangen, ob die Ablehnung des Einsatzes dieser Untersuchungsmethode im deutschen

---

19 Dabei sind die Rollen der Beteiligten im Strafverfahren unabhängig von ihrem Geschlecht zu untersuchen. Vgl. zur geschlechtsbezogenen Rollenverteilung bei sexueller Gewalt *Vavra*, Strafbarkeit (2020), 97–100.

Strafverfahren (noch) berechtigt ist. Zu diesem Zweck werden – am Beispiel des Vorwurfs des sexuellen Übergriffs nach § 177 Abs. 1 StGB – die methodischen Grundlagen des Verfahrens in den Blick genommen.

Eine Zusammenfassung der gefundenen Ergebnisse im *fünften Teil* schließt die Untersuchung ab.

§ 3 Zum Begriff der „Wahrheit“

Die vorliegende Untersuchung beschäftigt sich mit der aussagepsychologischen und psychophysiologischen Glaubhaftigkeitsbeurteilung. Im Allgemeinen soll die Glaubhaftigkeitsbeurteilung eine Einschätzung der Wahrscheinlichkeit, dass auf ein bestimmtes Geschehen bezogene Angaben zutreffen, ermöglichen. Es stellt sich jedoch die Frage, wann eine Aussage *zutrifft*. Anders gewendet: Wann kann von einer Aussage gesagt werden, dass sie *wahr* ist?

A. Wahrheit in der Philosophie

In der Philosophie gibt es zahlreiche Theorien, von denen man sich Antworten auf die Fragen „Was verstehen wir unter ‚Wahrheit‘?“, „Was meint das Wort ‚wahr‘?“, „Was ist wahr?“ und „Wie kann Wahrheit festgestellt werden?“ erhofft.[20] Es gibt insoweit begriffliche, definitorische, metaphysische, semantische und erkenntnistheoretische Ansätze.[21]

Auf die Frage nach den Wahrheits*trägern* („Von was kann gesagt werden, es sei wahr?“) gibt es bereits viele mögliche Antworten:[22] Als Wahrheitsträger kommen beispielsweise Behauptungen, Äußerungen, Sätze, Satztypen oder Satzinhalte (*Propositionen*) in Betracht.[23]

Der Versuch sich den übrigen „Wahrheitsfragen“ zu nähern ist dagegen weitaus schwieriger. Ein Blick auf die zahlreichen Wahrheitstheorien zeigt, dass der Begriff der Wahrheit vieldeutig ist und mit der jeweiligen Wahrheitstheorie wechselt.[24] Daneben ist nicht nur die Anzahl der Wahrheitstheorien, sondern auch die Literatur zu diesen kaum überschaubar.[25] Um sich dennoch einen Überblick über die Wahrheitstheorien zu verschaffen, kann man zunächst zwischen substanziellen und deflationistischen Wahrheitstheorien unterscheiden.[26] Für die substanziellen Theorien ist „Wahrheit“ ein zentraler Begriff für die Logik, Ontologie, Erkenntnistheorie und Semantik.[27] Innerhalb der substanziellen Wahrheitstheorien gibt es

---

20 *Huber*, Aufklärung und Kritik 2002, 96 (97); s.a. *Kreiser/Stekeler-Weithofer*, in: Enzyklopädie Philosophie (2010), 2927 (2927–2928); *Skirbekk*, in: Wahrheitstheorien (1989), 8 (10–11).

21 *Huber*, Aufklärung und Kritik 2002, 96 (97).

22 *Huber*, Aufklärung und Kritik 2002, 96 (97).

23 *Huber*, Aufklärung und Kritik 2002, 96 (97). Normen sind demgegenüber nicht „wahrheitsfähig“, s. *Adomeit*, JuS 1972, 628 (631–632).

24 S.a. *Gloy*, Wahrheitstheorien (2004), 67.

25 So a. *Stamp*, Wahrheit (1998), 32.

26 *Huber*, Aufklärung und Kritik 2002, 96.

27 Vgl. *Huber*, Aufklärung und Kritik 2002, 96.

wiederum Versuche, eine präzise Formulierung des Wahrheitskriteriums zu liefern. Für die deflationistischen Theorien ist „Wahrheit" nur ein nebensächlicher Begriff beziehungsweise wollen diese Theorien zeigen, dass es ein philosophisches Problem der Wahrheit nicht gibt.[28]

Die Wahrheitstheorien lassen sich zudem in drei Grundtypen unterteilen: Theorien, die (1) an das Objektive (das zu Erkennende), (2) an das Subjektive (das Erkennende) oder (3) an die Korrespondenz zwischen beiden anknüpfen.[29] Der erste Grundtyp unterstellt, dass die Objekte in ihrem Dasein und Sosein, in ihren Bestimmungen und Verhältnissen zu anderen Objekten *an sich* existieren, unabhängig davon, ob ein Erkenntniswesen vorhanden ist.[30] Demgegenüber steht bei dem zweiten Grundtyp das Subjekt in der Erkenntnisrelation im Vordergrund, während die Objekte von ihm abhängig sind.[31] Der dritte Typ behandelt das Erkennende und das zu Erkennende gleichwertig, sodass die Welt des Subjekts mit der Welt des Objekts korrespondiert.[32] Sämtliche Auffassungen über Wahrheit stellen im Grunde Varianten der Grundtypen dar und lassen sich einer Kategorie zuordnen.[33]

Im Folgenden werden die Korrespondenztheorie, die Kohärenztheorie und die Konsenstheorie als substanzielle Wahrheitstheorien in ihren Grundzügen dargestellt. Als deflationistische Wahrheitstheorie wird die Redundanztheorie in den Blick genommen. Zudem wird auf die semantische Wahrheitskonzeption nach *Alfred Tarski* – als eine der einflussreichsten sprachanalytisch orientierten Wahrheitstheorien[34] – eingegangen. Zuletzt wird noch das Verfahren des Kritischen Rationalismus beleuchtet, da dieses Verfahren der Wahrheitsfindung dienen soll.

I. Substanzielle Wahrheitstheorien

1. Korrespondenztheorie

Die wohl bekannteste Theorie der Wahrheit ist die *Korrespondenztheorie.*[35] Sie ist dem dritten Grundtyp des Wahrheitsverständnisses zuzuordnen, das heißt sie betrifft sowohl den subjektiven als auch den objektiven Bereich sowie die Relation

---

28 Vgl. *Huber*, Aufklärung und Kritik 2002, 96.

29 Vgl. *Gloy*, Wahrheitstheorien (2004), 68–69.

30 Vgl. *Gloy*, Wahrheitstheorien (2004), 68.

31 Vgl. *Gloy*, Wahrheitstheorien (2004), 69.

32 Vgl. *Gloy*, Wahrheitstheorien (2004), 69. Für die Begründung dieser Verknüpfung wird auf metaphysische Annahmen verwiesen, näher dazu *Gloy*, ebd.

33 *Gloy*, Wahrheitstheorien (2004), 68.

34 Vgl. *Huber*, Aufklärung und Kritik 2002, 96 (98).

35 *Stamp*, Wahrheit (1998), 33. Bekannt ist diese Theorie a. als Übereinstimmungstheorie oder Adäquationstheorie der Wahrheit, s. *Franzen*, Zeitschrift für philosophische Forschung 1981, 73 (74); *Schmidt*, JuS 1973, 204 (205).

zwischen beiden.[36] Die Korrespondenztheorie umschreibt „Wahrheit" kurz gesagt als Übereinstimmung der Proposition mit der Wirklichkeit.[37] Der bedeutendste Vertreter dieser Theorie ist *Thomas von Aquin*, der „Wahrheit" als Angleichung von Verstand und Sache („Veritas est adaequatio intellectus et rei") definierte.[38] Es geht also um die Angleichung des subjektiven Erkenntnisvermögens an den objektiven Sachverhalt.[39] Eine Aussage wird somit nicht schon dadurch wahr, dass man sie für wahr erklärt.[40] Vielmehr wird nach dem Grundprinzip der Korrespondenztheorie vorausgesetzt, dass die Kriterien bestimmt sind, nach denen eine Überzeugung oder der Glaube, dass eine Aussage wahr oder richtig sei, als wahr oder richtig zu bewerten ist.[41]

Bis zur Wende vom 19. zum 20. Jahrhundert war der korrespondenztheoretische Wahrheitsbegriff konkurrenzlos.[42] Die von da an entwickelten Wahrheitstheorien stellten die Korrespondenztheorie wegen ihrer Unbestimmtheit auf eine harte Bewährungsprobe.[43] Den Präzisierungsversuchen der Vertreter der Korrespondenztheorie war gemein, dass sie „Wahrheit" als eine Relation zwischen Aussagen und Tatsachen begriffen.[44] Damit die Aussage „wahr" ist, muss sie also mit *Tatsachen* korrespondieren.[45] Letztere können jedoch weder definiert noch identifiziert werden, ohne wiederum auf die Aussage selbst zurückzugreifen:[46] „[E]ine Tatsache ist das, was eine wahre Aussage darstellt […]."[47] Wenn aber schon der Begriff der Wahrheit für die Definition von „Tatsache" verwendet wird, kann nicht umgekehrt

---

36 *Gloy*, Wahrheitstheorien (2004), 92; s.a. *Franzen*, Zeitschrift für philosophische Forschung 1981, 73 (76): „Bei der Korrespondenzstruktur handelt es sich um eine dreigliedrige Struktur; sie enthält eine zweistellige Relation sowie die beiden Bezugspunkte, zwischen denen diese Relation bestehen soll. Schematisch als aRb."

37 *Franzen*, Zeitschrift für philosophische Forschung 1981, 73 (75); *Gloy*, Wahrheitstheorien (2004), 92; *Schmidt*, JuS 1973, 204 (205); zu den einzelnen (modernen) Konzeptionen der Korrespondenztheorie s. *Seel*, Warheit (2021), 154 ff.

38 S. dazu *Franzen*, Zeitschrift für philosophische Forschung 1981, 73 (75); *Gloy*, Wahrheitstheorien (2004), 92–93; *Keller*, Erkenntnistheorie (1982), Rn. 143; *Stamp*, Wahrheit (1998), 32 (alle m.N. zu den „Quaestiones disputatae de veritate").

39 *Gloy*, Wahrheitstheorien (2004), 92.

40 *Kreiser/Stekeler-Weithofer*, in: Enzyklopädie Philosophie (2010), 2927 (2928).

41 *Kreiser/Stekeler-Weithofer*, in: Enzyklopädie Philosophie (2010), 2927 (2928).

42 *Franzen*, Zeitschrift für philosophische Forschung 1981, 73 (75).

43 Vgl. *Franzen*, Zeitschrift für philosophische Forschung 1981, 73 (75); *Schmidt*, JuS 1973, 204 (205). Eingehend zu den (begrifflichen) Schwierigkeiten der Theorie *Keller*, Erkenntnistheorie (1982), Rn. 146; *Stamp*, Wahrheit (1998), 33–36.

44 *Franzen*, Zeitschrift für philosophische Forschung 1981, 73 (75–76); s.a. *Gloy*, Wahrheitstheorien (2004), 95 ff.

45 *Franzen*, Zeitschrift für philosophische Forschung 1981, 73 (77).

46 *Franzen*, Zeitschrift für philosophische Forschung 1981, 73 (77); *Kreiser/Stekeler-Weithofer*, in: Enzyklopädie Philosophie (2010), 2927 (2934).

47 *Franzen*, Zeitschrift für philosophische Forschung 1981, 73 (77).

„Wahrheit“ mithilfe des Begriffs der Tatsache definiert werden.[48] Um aus diesem definitorischem Zirkel auszubrechen, müsste der Begriff der Tatsache als nicht näher definiert hingenommen werden.[49]

2. *Kohärenztheorie*

Die *Kohärenztheorie* ist als subjektimmanente Theorie einzuordnen und gehört damit dem zweiten Grundtyp der Wahrheitstheorien an.[50] Der subjektive Bereich bezieht sich auf die Sphäre von Aussagen aus der Wissenschaft und des alltäglichen Sprachgebrauchs.[51] Die Kohärenztheorie definiert „Wahrheit“ als die Einordnung einer Aussage in ein System von Aussagen, sprich die Verträglichkeit einer Aussage mit allen anderen Aussagen.[52] Die Wahrheit einer Aussage besteht nach dieser Theorie darin, dass sich die Aussage widerspruchsfrei in das Netz der bestehenden wahren Aussagen einordnen lässt.[53]

Die Verträglichkeit einer Aussage mit den anderen Aussagen eines Systems reicht als Wahrheits*definition* jedoch nicht aus.[54] Denn es gibt keinen logisch zwingenden Beweis dafür, dass nur *ein* System von Aussagen existiert.[55] Eine Aussage kann also in einem System wahr und in einem anderen falsch sein.[56]

Die Kohärenztheorie ist allerdings ein nützliches Hilfsmittel, wenn es um die Überprüfung geht, ob bestimmte Propositionen wahr sind.[57] Während sich die Korrespondenztheorie damit beschäftigt, was Wahrheit ist, versucht die Kohärenztheorie der Frage „Was ist wahr?“ nachzugehen.[58] Die Kohärenztheorie liefert insoweit ein Wahrheits*kriterium*, dessen Anwendung die Wahrscheinlichkeit dafür erhöht,

48 *Franzen*, Zeitschrift für philosophische Forschung 1981, 73 (77); *Kreiser/Stekeler-Weithofer*, in: Enzyklopädie Philosophie (2010), 2927 (2934).

49 *Franzen*, Zeitschrift für philosophische Forschung 1981, 73 (77); ferner *Kreiser/Stekeler-Weithofer*, in: Enzyklopädie Philosophie (2010), 2927 (2934).

50 *Gloy*, Wahrheitstheorien (2004), 168.

51 *Gloy*, Wahrheitstheorien (2004), 168.

52 *Gloy*, Wahrheitstheorien (2004), 168, ausf. *Seel*, Warheit (2021), 270 ff.

53 *Gloy*, Wahrheitstheorien (2004), 168; *Huber*, Aufklärung und Kritik 2002, 96 (98); *Keller*, Erkenntnistheorie (1982), Rn. 151; *Kreiser/Stekeler-Weithofer*, in: Enzyklopädie Philosophie (2010), 2927 (2931): so wird z.B. die Rekonstruktion einer geschichtlichen Entwicklung als „falsch“ abgelehnt, wenn diese v. dem anerkannten historischen Wissen abweicht. S.a. *Schmidt*, JuS 1973, 204 (205).

54 *Rescher*, in: Wahrheitstheorien (1989), 337 (362); *Skirbekk*, in: Wahrheitstheorien (1989), 8 (15).

55 *Huber*, Aufklärung und Kritik 2002, 96 (99); *Skirbekk*, in: Wahrheitstheorien (1989), 8 (15).

56 *Huber*, Aufklärung und Kritik 2002, 96 (99).

57 *Kreiser/Stekeler-Weithofer*, in: Enzyklopädie Philosophie (2010), 2927 (2932); *Rescher*, in: Wahrheitstheorien (1989), 337 (362).

58 *Rescher*, in: Wahrheitstheorien (1989), 337 (362).

mit bisherigem Wissen verträgliche Aussagen ausgewählt zu haben.[59] Daneben bedarf es einer erkenntnistheoretischen Wahrheitsdefinition, nach der die ausgewählten Aussagen wahr sind.[60] In dieser Hinsicht setzt die Kohärenztheorie die korrespondenztheoretische Wahrheitsauffassung voraus.[61]

3. *Konsenstheorie*

Eine Variante der Kohärenztheorie ist die *Konsenstheorie*, welche „Wahrheit" als Konsens aller vernünftigen und verständigen Gesprächspartner definiert.[62] Die Wahrheit einer Aussage ergibt sich danach aus einem Argumentationsgang, in dem alle Gesprächsteilnehmer hinsichtlich der Gründe übereinstimmen, und dies nicht nur zufällig, sondern notwendig in einem potenziell universellen Konsens.[63]

Eine vieldiskutierte Abwandlung der Konsenstheorie entwickelte *Jürgen Habermas*.[64] *Habermas* geht davon aus, dass Wahrheit ein Geltungsanspruch ist, den man mit Aussagen verbindet, indem man sie behauptet.[65] Das, was wiederum berechtigterweise behauptet werden darf, sei eine Tatsache.[66] Dabei müsse die Aussagen zu den Tatsachen passen, und nicht umgekehrt.[67] „Tatsachen" kommen als Tatsachen jedoch allein im Kommunikationsbereich des Diskurses zur Sprache, also immer nur dann, wenn der mit Aussagen verbundene Geltungsanspruch Thema wird.[68] *Habermas* Definition von „Wahrheit" lautet:

> „Wahrheit nennen wir den Geltungsanspruch, den wir mit konstativen Sprechakten verbinden. Eine Aussage ist wahr, wenn der Geltungsanspruch der Sprechakte, mit denen wir, unter Verwendung von Sätzen, jene Aussage behaupten, berechtigt ist."[69]

Neben dem Geltungsanspruch der Wahrheit benennt *Habermas* noch drei genuine Geltungsansprüche: (1) die Wahrhaftigkeit (Anspruch: „Die geäußerten Intentionen, wie Gedanken, Bedürfnisse und Gefühle, meine ich ernsthaft und genau so,

---

59 *Kreiser/Stekeler-Weithofer*, in: Enzyklopädie Philosophie (2010), 2927 (2932); *Rescher*, in: Wahrheitstheorien (1989), 337 (362); *Skirbekk*, in: Wahrheitstheorien (1989), 8 (15).
60 *Kreiser/Stekeler-Weithofer*, in: Enzyklopädie Philosophie (2010), 2927 (2932).
61 *Kreiser/Stekeler-Weithofer*, in: Enzyklopädie Philosophie (2010), 2927 (2932).
62 *Gloy*, Wahrheitstheorien (2004), 191–192; *Schmidt*, JuS 1973, 204 (206); ausf. *Seel*, Warheit (2021), 228 ff.
63 *Gloy*, Wahrheitstheorien (2004), 195.
64 *Habermas*, in: Schulz-FS (1973), 211 (211 ff.); näher zu *Habermas'* Theorie etwa *Gloy*, Wahrheitstheorien (2004), 203–222. Bekannt ist *Habermas'* Theorie a. als Diskurs- oder Dialogtheorie, s. *Gloy*, a.a.O., 203; *Kreiser/Stekeler-Weithofer*, in: Enzyklopädie Philosophie (2010), 2927 (2932).
65 *Habermas*, in: Schulz-FS (1973), 211 (212); s. dazu *Gloy*, Wahrheitstheorien (2004), 205.
66 *Habermas*, in: Schulz-FS (1973), 211 (215).
67 *Habermas*, in: Schulz-FS (1973), 211 (216).
68 *Habermas*, in: Schulz-FS (1973), 211 (216).
69 *Habermas*, in: Schulz-FS (1973), 211 (218).

wie ich sie geäußert habe"), (2) die Richtigkeit (Anspruch: Eine geltende Handlungs- oder Bewertungsnorm wird zurecht anerkannt) und (3) die Verständlichkeit (Anspruch: „Ich verfüge über eine bestimmte Regelkompetenz, nämlich mindestens eine natürliche Sprache").[70] Die Besonderheit an *Habermas* Theorie ist die Integration der Aussage in umfassendere pragmatische Zusammenhänge.[71]

II. Deflationistische Wahrheitstheorie: Redundanztheorie

Die *Redundanztheorie* besagt, dass Sätze, in denen das Wort „wahr" vorkommt, in der Regel redundant sind und dieses Wort ohne Informationsverlust entfernt werden kann.[72] Es ist nach dieser Theorie jedoch nicht die Wahrheit selbst, die überflüssig ist,[73] vielmehr ist es nur nicht erforderlich, das Wort „wahr" zu gebrauchen um die Wahrheit zu sagen (Beispiel: „Es regnet" statt „Es ist wahr, dass es regnet").[74] Nach der Redundanztheorie ist das Wort „wahr" also kein Prädikat und „Wahrheit" keine Eigenschaft oder Relation wie bei der Korrespondenztheorie.[75] Das Wort „wahr" dient nicht dazu, über etwas bereits Behauptetes hinaus auszusagen, sondern ermöglicht eine bestimmte Variante des Behauptens:[76]

> „Dadurch, daß wir über das Wort ‚wahr' verfügen, wird zwar nicht das Arsenal dessen, *was* wir über die Welt sagen können, erweitert; wohl aber haben wir dadurch eine zusätzliche Möglichkeit in bezug [sic] auf die Art und Weise, *wie* wir etwas über die Welt sagen können."[77]

III. Sprachanalytisch orientierte Wahrheitstheorie: Semantische Wahrheitskonzeption nach *Tarski*

Eine präzise Formulierung des Wahrheitskriteriums der Korrespondenztheorie versuchte *Tarski* mit der *semantischen Konzeption der Wahrheit* zu liefern.[78] *Tarski* bezieht sich dabei allein auf die Übereinstimmung von Aussage und Wirklichkeit

---

70 *Habermas*, in: Schulz-FS (1973), 211 (236–238); s. dazu *Gloy*, Wahrheitstheorien (2004), 208.

71 *Gloy*, Wahrheitstheorien (2004), 205.

72 *Franzen*, Zeitschrift für philosophische Forschung 1981, 73 (79); *Gloy*, Wahrheitstheorien (2004), 160–161; *Huber*, Aufklärung und Kritik 2002, 96 (100); *Keller*, Erkenntnistheorie (1982), Rn. 148; *Kreiser/Stekeler-Weithofer*, in: Enzyklopädie Philosophie (2010), 2927 (2930–2931); krit. dazu *Habermas*, in: Schulz-FS (1973), 211 (213–214).

73 *Franzen*, Zeitschrift für philosophische Forschung 1981, 73 (80).

74 *Franzen*, Zeitschrift für philosophische Forschung 1981, 73 (80–83) (diff.).

75 *Franzen*, Zeitschrift für philosophische Forschung 1981, 73 (86).

76 *Franzen*, Zeitschrift für philosophische Forschung 1981, 73 (86).

77 *Franzen*, Zeitschrift für philosophische Forschung 1981, 73 (86) – Hervorhebungen original.

78 Vgl. *Tarski*, in: Wahrheitstheorien (1989), 140 (140 ff.); s. dazu *Gloy*, Wahrheitstheorien (2004), 145–160; *Huber*, Aufklärung und Kritik 2002, 96 (98).

und nicht generell auf die Übereinstimmung von beispielsweise Vorstellung, Geist, Intellekt und Wahrheit.[79] Seine Wahrheitskonvention lautet: „(T) X ist wahr genau dann, wenn p".[80] Also zum Beispiel: „Die Aussage ‚Schnee ist weiß' ist wahr genau dann, wenn Schnee weiß ist."[81] *Tarski* ersetzt eine beliebige Aussage durch „p" (Objektsprache), gibt dieser Aussage einen Namen (Metasprache), ersetzt den Namen durch „X" und fragt sodann nach der logischen Beziehung zwischen den beiden Aussagen „X ist wahr" und „p".[82] Gemäß seiner zugrunde gelegten Konzeption sind die Aussagen äquivalent (*„Äquivalenz der Form (T)"*).[83]

Nach *Tarski* kann weder der Ausdruck „(T)" selbst noch ein besonderer Fall der Form „(T)" als Definition der Wahrheit angesehen werden.[84] Vielmehr lasse sich nur sagen, dass jede Äquivalenz der Form „(T)", die man nach Ersetzung von „p" durch eine einzelne Aussage und von „X" durch den Namen dieser Aussage erhalten hat, eine *partielle* Definition der Wahrheit darstellt, welche erklärt, worin die Wahrheit dieser einen individuellen Aussage besteht.[85] Die allgemeine Definition müsse in einem gewissen Sinne die logische Verknüpfung all dieser partiellen Definitionen sein.[86]

Letztlich definiert *Tarskis* semantische Konzeption der Wahrheit die „Wahrheit" für die formalisierten Sprachen, das heißt, es handelt sich allein um eine formale Definition des Wahrheitsprädikats.[87]

---

79 *Tarski*, in: Wahrheitstheorien (1989), 140 (142); s. dazu *Gloy*, Wahrheitstheorien (2004), 147.

80 *Tarski*, in: Wahrheitstheorien (1989), 140 (145); s. dazu *Gloy*, Wahrheitstheorien (2004), 152.

81 *Tarski*, in: Wahrheitstheorien (1989), 140 (143).

82 *Tarski*, in: Wahrheitstheorien (1989), 140 ([144–145][152–153]); s. dazu *Adomeit*, JuS 1972, 628 (629): der Lügner betreibt dagegen eine unzulässige Vermischung v. Objekt- und Metasprache; *Keller*, Erkenntnistheorie (1982), Rn. 147; *Skirbekk*, in: Wahrheitstheorien (1989), 8 (18); *Stamp*, Wahrheit (1998), 36–37.

83 *Tarski*, in: Wahrheitstheorien (1989), 140 (144–145); s. dazu *Popper*, Logik der Forschung (2005), 261 in Fn. 36; *Stamp*, Wahrheit (1998), 37.

84 *Tarski*, in: Wahrheitstheorien (1989), 140 (145); s.a. *Gloy*, Wahrheitstheorien (2004), 153; *Huber*, Aufklärung und Kritik 2002, 96 (98).

85 *Tarski*, in: Wahrheitstheorien (1989), 140 (145); s.a. *Gloy*, Wahrheitstheorien (2004), 156.

86 *Tarski*, in: Wahrheitstheorien (1989), 140 (145).

87 *Kreiser/Stekeler-Weithofer*, in: Enzyklopädie Philosophie (2010), 2927 (2930); *Popper*, Logik der Forschung (2005), 261 in Fn. 36; s.a. *Gloy*, Wahrheitstheorien (2004), 156–157; *Schmidt*, JuS 1973, 204 (205); *Skirbekk*, in: Wahrheitstheorien (1989), 8 (18): „Um eine formale semantische Wissenschaft zu fundieren [...] entwirft Tarski ein Aussageschema, in dem Wahrheit mit Hilfe einer Stufung in Objekt- und Metasprache definiert wird, ohne daß dabei auf die Wirklichkeit oder den Sprachbenutzer Bezug genommen werden muß."

IV. Verfahren des Kritischen Rationalismus

Bei dem Verfahren des Kritischen Rationalismus handelt es sich um ein Negationsverfahren, das der Wahrheitsfindung dienen soll.[88] Der Kritische Rationalismus geht auf *Karl Popper* zurück und wurde von *Hans Albert* präzisiert.[89] Nach *Popper* und *Albert* lassen sich allgemeine Aussagen nicht durch Induktionsschluss – das heißt dem Schluss von besonderen auf allgemeine Sätze[90] – gewinnen, sondern nur als Hypothesen aufstellen, um dann zu überprüfen, ob die Einzelaussagen (Basissätze) ihnen wiedersprechen oder nicht.[91] Bestätigt die Einzelaussage die Allgemeinaussage, führe dies noch nicht zu einer endgültigen Bestätigung der Hypothese;[92] widerspricht die Einzelaussage jedoch umgekehrt der Allgemeinaussage, werde die Hypothese durch eine *bewährte*[93] Gegenhypothese falsifiziert („falsifizierende Hypothese“[94]).[95]

Anders als die erkenntnistheoretischen Wahrheitstheorien will die Theorie des Kritischen Rationalismus nicht „Wahrheit“ definieren, sondern vielmehr mithilfe eines methodischen Verfahrens zur Bewährung einer Theorie beitragen:[96]

> „Wir müssen nicht sagen, daß die Theorie ‚falsch‘ ist, sondern wir können sagen, daß die Theorie mit einem bestimmten System von anerkannten Basissätzen in Widerspruch steht. Und auch von den Basissätzen brauchen wir nicht zu sagen, sie seien ‚wahr‘ oder ‚falsch‘, sondern wir können ihre Anerkennung als konventionellen Entschluß interpretieren und die anerkannten Sätze als *Festsetzungen*.“[97]

---

88 Vgl. *Albert*, Kritische Vernunft (1991), 43–44, 51–54; s. dazu *Gloy*, Wahrheitstheorien (2004), 188.

89 Vgl. *Albert*, Kritische Vernunft (1991); *Popper*, Logik der Forschung (2005); näher dazu etwa *Gloy*, Wahrheitstheorien (2004), 188; *Keller*, Erkenntnistheorie (1982), Rn. 151.

90 *Popper*, Logik der Forschung (2005), 3: „Bekanntlich berechtigen uns noch so viele Beobachtungen von weißen Schwänen nicht zu dem Satz, daß *alle* Schwäne weiß sind.“ – Hervorhebung original. S.a. *Albert*, Kritische Vernunft (1991), 32–34.

91 *Albert*, Kritische Vernunft (1991), 32, 52–54; *Popper*, Logik der Forschung (2005), 17, 62–63; s. dazu *Gloy*, Wahrheitstheorien (2004), 188.

92 *Popper*, Logik der Forschung (2005), 16–17.

93 Vgl. *Popper*, Logik der Forschung (2005), 237: „Theorien sind nicht verifizierbar; aber sie können sich bewähren.“

94 *Popper*, Logik der Forschung (2005), 62: die falsifizierende Hypothese kann dabei v. sehr niedriger Allgemeinstufe sein.

95 *Popper*, Logik der Forschung (2005), 17, 62; s. dazu *Gloy*, Wahrheitstheorien (2004), 188.

96 Vgl. *Popper*, Logik der Forschung (2005), 261–264; s.a. *Gloy*, Wahrheitstheorien (2004), 188–189.

97 *Popper*, Logik der Forschung (2005), 262 – Hervorhebung original.

B. Der Wahrheitsbegriff im Strafprozess

Im Strafprozess kommt der Wahrheit eine wesentliche Rolle zu: Nach der Rechtsprechung des Bundesverfassungsgerichts[98] und des Bundesgerichtshofs[99] ist die Wahrheitsermittlung eines der zentralen Anliegen des Strafprozesses.[100] Zudem ist die Wahrheitsermittlung ein wichtiges Zwischenziel bei der Verwirklichung des materiellen Strafrechts.[101] § 244 Abs. 2 StPO trägt dem Gericht in der Hauptverhandlung explizit auf, zur *Erforschung der Wahrheit* die Beweisaufnahme von Amts wegen auf alle Tatsachen und Beweismittel zu erstrecken, die für die Entscheidung von Bedeutung sind.[102] Der hierin enthaltene Amtsermittlungsgrundsatz beschreibt das *Prinzip der materiellen Wahrheit* im Strafprozess.[103] Demgegenüber tritt das *Prinzip der formellen Wahrheit* besonders bei der Formstrenge der Strafprozessordnung zutage.[104] In erkenntnistheoretischer Hinsicht ist der Wortlaut des § 244 Abs. 2 StPO allerdings unergiebig.[105]

Welcher Wahrheitsbegriff beziehungsweise welche Wahrheitstheorie dem Strafprozess zugrunde zu legen ist, wird unterschiedlich beurteilt.[106] Eine „Streitentscheidung“ zwischen den Ansichten herbeizuführen oder eine Theorie als „falsch“ abzutun, ist wohl nicht möglich – und auch nicht Ziel der vorliegenden

---

98 BVerfGE 57, 250 ([275][279]) = NJW 1981, 1719 (1722–1723); 63, 45 (61) = NJW 1983, 1043.

99 BGHSt 32, 115 (124) = NJW 1984, 247 (248); 51, 298 (310) = NJW 2007, 2419 (2422); BGH NStZ 1994, 247 (248, in BGHSt 40, 3 nicht abgedr.) m. Anm. *Widmaier.*

100 Der Strafprozess wiederum bildet die Grundlage für die Verwirklichung von Gerechtigkeit und Rechtsfrieden, vgl. *Fischer*, in: Widmaier-FS (2008), 191 (194); *Kindhäuser/Schumann*, StPO (2019), § 1 Rn. 4–12; *Kunz*, ZStW 121 [2009], 572 (575).

101 *Kindhäuser/Schumann*, StPO (2019), § 1 Rn. 5; MüKo-StPO-*Kudlich*, Einl. Rn. 11; *Volk*, Prozeßvoraussetzungen (1978), 193, 195; *Weigend*, Deliktsopfer (1989), 178. Die Wahrheitsfindung als alleiniges Ziel zu erklären würde zu kurz greifen, da am Ende des Strafverfahrens nicht die Verlesung eines Protokolls über den Tathergang, sondern die Verkündung einer Entscheidung steht, vgl. *Weigend*, ebd.; ferner *Kindhäuser/Schumann*, a.a.O., Rn. 10; MüKo-StPO-*Kudlich*, a.a.O. Rn. 7. Nach *Weigend* ist die Wahrheitsforschung nur ein Mittel und nicht Zweck des Strafverfahrens und dient der Legitimierung des Verfahrensergebnisses, a.a.O., 181 (m.w.N.). Vgl. zum Zivilprozess *Braun*, JZ 2021, 53 (60).

102 Eingehend *Paulus*, in: Spendel-FS (1992), 687 (687 ff.); *Seel*, Warheit (2021), 106 ff.

103 S. statt vieler nur *Stamp*, Wahrheit (1998), 16. Eingehend zur „materiellen Wahrheit“ *Seel*, Warheit (2021), 128 ff., 175 f.

104 Vgl. nur *Schumann*, JZ 2007, 927 (933): „Einschränkung der materiellen zugunsten der formellen Wahrheit“. Deutlich wird das Prinzip der formellen Wahrheit a. beim Parteiverfahren im Zivilprozess und dem dort geltenden Verhandlungsgrundsatz, s. *Braun*, JZ 2021, 53 (54–55), *Stamp*, Wahrheit (1998), 17.

105 *Seel*, Warheit (2021), 174.

106 Ausf. dazu *Seel*, Warheit (2021).

Untersuchung. Für die vorliegende Untersuchung kommt es lediglich auf ein „praxistaugliches Wahrheitsverständnis" an.

„Wahrheit" wird im Strafprozess und juristischen Schrifttum oftmals als *Übereinstimmung zwischen Wirklichkeit und Vorstellung* verstanden.[107] Nach *Klaus Volk* ist es diese einfache (Alltags-)Theorie von Wahrheit, die alltägliches Verhalten, Verhaltenserwartungen und Reaktionen bestimmt.[108] Aus diesem Grund sei es pragmatisch richtig, wenn das Strafrecht als Instrument der Sozialkontrolle dieses Wahrheitsverständnis übernimmt.[109]

Dem Strafprozess kann insoweit ein alltägliches, korrespondenztheoretisches Wahrheitsverständnis zugrunde gelegt werden.[110] Vor diesem Hintergrund setzt das Prinzip der materiellen Wahrheit nicht voraus, dass das tatsächliche Geschehen vollständig und uneingeschränkt rekonstruiert wird, da schon die allgemeinen Grenzen menschlicher Erkenntnis dem Richter die Sicherheit nehmen, die Wahrheit umfassend erfasst zu haben.[111] Gemeint ist vielmehr eine Annäherung an die Wahrheit im Sinne einer Übereinstimmung von Erkenntnis und Wirklichkeit in den Grenzen dessen, was theoretisch menschlicher Erkenntnis zugänglich ist.[112] Richterliche Entscheidungen liegen also stets *vor* oder *neben* der Wahrheit, sodass kaum ein Urteil auf der „wahren Wirklichkeit" beruht.[113] Vielmehr bildet die *forensische Wahrheit*, also das, wovon der Richter aufgrund der Hauptverhandlung voll überzeugt ist, die Grundlage für die Sachentscheidung des Gerichts.[114]

C. Der Wahrheitsbegriff in der vorliegenden Untersuchung

Ausgehend von den Ausführungen zum Wahrheitsbegriff im Strafprozess,[115] wird auch der weiteren Untersuchung ein alltägliches, korrespondenztheoretisches Wahrheitsverständnis zugrunde gelegt. Sofern im Folgenden also von der *Wahrheit* (einer Aussage) die Rede sein wird, ist die Übereinstimmung des subjektiven Erkenntnisvermögens mit dem objektiven Sachverhalt („adaequatio intellectus et rei") gemeint.

---

107 *Stamp*, Wahrheit (1998), 37–38, 42–43 (m.w.N.); *Volk*, Wahrheit (1980), 7; näher *Paulus*, in: Spendel-FS (1992), 687 (688–689).

108 *Volk*, Wahrheit (1980), 7; vgl. dazu *Stamp*, Wahrheit (1998), 43.

109 *Volk*, Wahrheit (1980), 7; zust. *Weigend*, Deliktsopfer (1989), 182 in Fn. 33.

110 *Stamp*, Wahrheit (1998), 43; diff. und letztlich abl. *Seel*, Warheit (2021), 119, 132 ff., 152, 175 ff., 401.

111 *Stamp*, Wahrheit (1998), 50–60, 156; s.a. *Seel*, Warheit (2021), 367–369.

112 *Stamp*, Wahrheit (1998), 156; vgl. zudem *Keller*, Erkenntnistheorie (1982), Rn. 179.

113 *Volk*, Wahrheit (1980), 10; s. dazu *Weigend*, Deliktsopfer (1989), 182.

114 Meyer-Goßner/Schmitt-*Schmitt*, § 261 Rn. 1; s.a. zur „forensischen Wahrheit" *Seel*, Warheit (2021), 149.

115 S.o. § 3 B.

D. Die „Lüge“

Zum Begriff der „Lüge“ gibt es ebenfalls zahlreiche (philosophische, theologische und linguistische) Erklärungs- und Definitionsansätze.[116] Dabei bilden nicht nur in der Umgangssprache Lüge und Wahrheit ein Gegensatzpaar.[117] Für die moralische Wertung einer Lüge wird in der Ethik gerade darauf abgestellt, dass die Lüge von der Wahrheit abweicht.[118] Hingegen gibt es eine Reihe philosophischer Positionen, die das Konzept der Lüge als Abweichung von der Wahrheit in Frage stellen, da die Wahrheit beispielsweise aufgrund sprachbedingter Restriktionen nicht adäquat weitervermittelt werden und eine Aussage damit nie wirklich wahr sein kann.[119] In der vorliegenden Arbeit wird „Wahrheit“ jedoch im Sinne der Korrespondenztheorie verstanden (s.o.).

Ohne weiter in die Tiefen der Ansätze zum Lügenbegriff zu gehen, könnte folgende Begriffserklärung von Lüge herangezogen werden:

> „In einem weiteren Sinne kann man als ‚Lüge‘ [...] jeden kommunikativen Akt bezeichnen, der *mit der Absicht zu täuschen* unternommen wird [...]. Im engeren Sinne spricht man von L[üge] nur bei verbalen oder bildlichen Äußerungen, deren Gehalt nach den Kriterien wahr/falsch beurteilt wird [...].“[120]

Der engere Lügenbegriff, der die Dichotomie wahr/falsch voraussetzt,[121] macht allerdings nicht hinreichend deutlich, dass nach dem – hier zugrunde gelegten – korrespondenztheoretischen Verständnis „Wahrheit“ die Übereinstimmung des *subjektiven* Erkenntnisvermögens mit dem objektiven Sachverhalt ist. Daher ist der vorliegenden Untersuchung die Lügendefinition von *Jeannette Schmid* zugrunde zu legen:

> „Lügen ist die Kommunikation einer *subjektiven* Unwahrheit mit dem Ziel, im Gegenüber einen falschen Eindruck hervorzurufen oder aufrechtzuerhalten.“[122]

---

116 Näher dazu *Schmid*, Lügen (2000), 79 ff.; ferner *Dietzsch*, in: Enzyklopädie Philosophie (2010), 1467 (1468–1470).
117 *Schmid*, Lügen (2000), 81.
118 *Schmid*, Lügen (2000), 81.
119 *Schmid*, Lügen (2000), 81.
120 *Dietzsch*, in: Enzyklopädie Philosophie (2010), 1467 – Hervorhebungen original.
121 Vgl. *Schmid*, Lügen (2000), 101.
122 *Schmid*, Lügen (2000), 102 – Hervorhebung nicht original; zur Entwicklung dieser Definition *Schmid*, a.a.O., 97 ff.

Zweiter Teil: „Aussage gegen Aussage" vor Gericht

„Auf zweier oder dreier Zeugen Mund soll sterben, wer des Todes wert ist; aber auf eines Zeugen soll er nicht sterben."

5. Buch Mose, Kapitel 17, Vers 6

§ 4 Die „Aussage gegen Aussage"-Konstellation

A. Besondere Anforderungen an die Beweiswürdigung

Sowohl in Urteilen als auch in der rechtswissenschaftlichen Literatur ist zu lesen, dass das Gericht in „Aussage gegen Aussage"-Situation eine gesteigerte Aufklärungspflicht trifft[123] und dass besondere Anforderungen an die Beweiswürdigung und Urteilsdarstellung[124] zu stellen sind:[125] Steht „Aussage gegen Aussage" und hängt die Entscheidung allein davon ab, welchen Angaben das Gericht folgt, so muss der Tatrichter alle Umstände, die seine Entscheidung zugunsten oder zuungunsten des Angeklagten beeinflussen können, erkennen und – dokumentiert in den Urteilsgründen – in seine Überlegungen einbeziehen.[126]

---

123 Vgl. etwa BGH NStZ-RR 2003, 205 (206); StV 1990, 98; 2004, 58 (59); AnwaltK-*Deckers*, Vor § 174 Rn. 20–21; *Deckers*, StraFo 2010, 372 (376); *Haustein*, Aussage gegen Aussage (2017), 100–101 (diff.); *Herdegen*, NJW 2003, 3513 (3513–3514); MAH-Strafverteidigung-*Schroth/Deckers*, § 49 Rn. 41.

124 Umfasst sind tatrichterliche Mitteilungs- und Darlegungspflichten sowie Erörterungs- und Würdigungsanforderungen, vgl. AnwaltK-*Deckers*, Vor § 174 Rn. 22; *Haustein*, Aussage gegen Aussage (2017), 101–102; MAH-Strafverteidigung-*Schroth/Deckers*, § 49 Rn. 42; MüKo-StPO-*Miebach*, § 261 Rn. 230; *Sander*, StV 2000, 45.

125 Vgl. etwa BVerfGK 1, 145 (151) = NJW 2003, 2444 (2445); BGH HRRS 2016, Nr. 600, Rn. 11; NStZ 2003, 164 (165); 2013, 57 (58); StV 2002, 470 (471); 2017, 367 (368); BeckOK-StPO-*Eschelbach*, § 261 Rn. 59; *Bender/Nack u.a.*, Tatsachenfeststellung (2014), Rn. 1508; *Deckers*, in: Hamm-FS (2008), 53 (57); *Deckers*, StraFo 2010, 372 (376); *Eisenberg/Zötsch*, NJW 2003, 3676 (3678); *Herdegen*, NJW 2003, 3513; KK-StPO-*Ott*, § 261 Rn. 100; *Matthies*, in: Handbuch zum Strafverfahren (2008), 929, Rn. 85; Meyer-Goßner/Schmitt-*Schmitt*, § 261 Rn. 11a; MüKo-StGB-*Renzikowski*, Vor § 174 Rn. 66; MüKo-StPO-*Miebach*, § 261 Rn. 91; *Scharbius*, „Aussage gegen Aussage" (2017), 49; SK-StPO-*Frisch*, § 337 Rn. 130.

126 S. etwa BGHSt 44, 153 (159) = NJW 1998, 3788 (3790); BGH HRRS 2016, Nr. 600, Rn. 11; NStZ 2000, 496 (497); 2001, 161; 2002, 494 (495); 2012, 383 (384); 2013, 57; 2013, 180 (181); 2015, 602; NStZ-RR 1999, 108; 2002, 174 (175); 2004, 87; 2018, 220 (220–221); StV 1987, 428; 1998, 250; 2002, 470; 2002, 470 (471); 2003, 543 (544); 2017, 367 (368); OLG Düsseldorf StV 2002, 471 (472); s. zudem etwa *Bender/Nack u.a.*, Tatsachenfeststellung (2014), Rn. 1511–1512; *Deckers*, in: Hamm-FS (2008), 53 (57); *Jansen*, Aussagepsychologie (2012), Rn. 50; KK-StPO-*Ott*, § 261 Rn. 101; *Maier*, NStZ 2005, 246 (247); *Matthies*, in: Handbuch zum Strafverfahren (2008), 929, Rn. 86; Meyer-Goßner/Schmitt-*Schmitt*, § 261 Rn. 11a; MüKo-StGB-*Renzikowski*, Vor § 174 Rn. 66; MüKo-StPO-*Miebach*, § 261 Rn. 236; *Nack*, StV 1994, 555 (555–556); *Sander*, StV 2000, 45 (47); *Strüwe*, StRR 2009, 284.

Gefordert wird eine *lückenlose Gesamtwürdigung* aller Indizien,[127] wobei die Nichtbeachtung in der Revision zur Urteilsaufhebung führt.[128] Die höchstrichterliche Rechtsprechung hierzu gilt als gefestigt.[129]

Aufgrund der besonderen Anforderungen ist die Beweissituation bei „Aussage gegen Aussage" – trotz der eindeutig erscheinenden und allgemein verwendeten Bezeichnung[130]– näher in den Blick zu nehmen.[131]

B. Zur Beweissituation bei „Aussage gegen Aussage"

Den Ausgangspunkt für die Betrachtung der Beweissituation bildet die in der Einleitung[132] angeführten Definition von *Günther Sander*, wonach „Aussage gegen Aussage" steht,

> „wenn der Darstellung des Tatablaufs durch den Angeklagten eine davon im Kern abweichende Schilderung durch eine andere Aussageperson, d.h. durch einen Mitangeklagten oder Zeugen, gegenübersteht, ohne daß ergänzend auf weitere unmittelbar tatbezogene Beweismittel, etwa belastende Indizien zurückgegriffen werden kann."[133]

---

127 Vgl. BGHSt 44, 153 (158) = NJW 1998, 3788 (3790); 44, 256 (257) = NJW 1999, 802 (803); BGH StV 2002, 470; OLG Düsseldorf StV 2002, 471 (472); *Bender/Nack u.a.*, Tatsachenfeststellung (2014), Rn. 1512; KK-StPO-*Ott*, § 261 Rn. 101; *Maier*, NStZ 2005, 246 (247); Meyer-Goßner/Schmitt-*Schmitt*, § 261 Rn. 11a.

128 *Bender/Nack u.a.*, Tatsachenfeststellung (2014), Rn. 1508; MüKo-StPO-*Miebach*, § 261 Rn. 91; näher zur Darlegungs- und Begründungspflicht *Haustein*, Aussage gegen Aussage (2017), 101–102.

129 Vgl. BGH NStZ 2000, 496 (497); 2001, 161 (162); 2015, 602; *Bender/Nack u.a.*, Tatsachenfeststellung (2014), Rn. 1508; *Deckers*, in: Hamm-FS (2008), 53 (57); *Jansen*, Aussagepsychologie (2012), Rn. 50; *Scharbius*, „Aussage gegen Aussage" (2017), 309 ff.

130 S.a. Meyer-Goßner/Schmitt-*Schmitt*, § 261 Rn. 11a; *Sander*, StV 2000, 45 (46); krit. *Deckers*, StraFo 2010, 372 (376); s.a. *Schmandt*, StraFo 2010, 446 (447).

131 Dass hier nur Schlaglichter auf die Beweissituation bei „Aussage gegen Aussage" geworfen werden, ist dem Umstand geschuldet, dass eine eingehende Behandlung an anderer Stelle v.a. in jüngerer Zeit immer wieder erfolgt ist, vgl. etwa *Haustein*, Aussage gegen Aussage (2017), 81 ff.; *Scharbius*, „Aussage gegen Aussage" (2017), 52 ff., 90–122 m. ausf. Kasuistik.

132 S. § 1 A.

133 *Sander*, StV 2000, 45 (46); s.o. § 1 A. Über diese Definition besteht weitgehend Einigkeit, vgl. *Deckers*, in: Hamm-FS (2008), 53 (57); *Deckers*, StraFo 2010, 372 (374) (m.w.N); MAH-Strafverteidigung-Schroth/Deckers, § 49 Rn. 39; ähnl. daneben die Definitionen v. *Eisenberg/Zötsch*, NJW 2003, 3676 (3678); *Haustein*, Aussage gegen Aussage (2017), 84. Nach *Scharbius*, „Aussage gegen Aussage" (2017), 13, 349 existiert hingegen keine allgemeingültige Definition.

I. Einander widersprechende Angaben des Belastungszeugen und Angeklagten

Sanders Definition macht deutlich, dass sich die „Aussage gegen Aussage“-Situation zunächst durch die *einander widersprechenden Angaben* des Belastungszeugen und Angeklagten auszeichnet.[134] Es genügt allerdings nicht, dass sie die Angaben nur in einzelnen Punkten widersprechen; vielmehr müssen sich die widerstreitenden Angaben auf das *Kerngeschehen* des zur Last gelegten Tatablaufs beziehen.[135] Es liegt demnach keine „Aussage gegen Aussage“-Situation vor, wenn die Einlassung des Angeklagten der Belastungsaussage hinsichtlich des Kerngeschehens nicht in vollem Umfang entgegensteht, beispielsweise weil der Angeklagte den Vorwurf nur teilweise bestreitet.[136] Die Bekundungen des Belastungszeugen und des Angeklagten müssen sich vielmehr *unvereinbar* gegenüber stehen.[137]

„Aussage gegen Aussage“ bedeutet allerdings nicht, dass es sich stets um eine „Eins-gegen-Eins“-Situation handeln muss. So nahm beispielsweise das OLG Frankfurt a.M. in einem Beschluss aus dem Jahr 2009 an, dass eine „Aussage gegen Aussage“-Situation auch dann vorliegt, wenn die Aussagen mehrerer Zeugen, die demselben „Lager“ zuzuordnen sind, gegen die Einlassung des Angeklagten stehen.[138]

1. *„Aussage gegen Aussage“ im Falle des Schweigens des Angeklagten*

Es stellt sich die Frage, ob die besonderen Anforderungen an die richterliche Beweiswürdigung und Urteilsdarstellung[139] auch dann gestellt werden, wenn sich

---

134 *Sander*, StV 2000, 45 (46): „der Darstellung des Tatablaufs durch den Angeklagten *eine davon im Kern abweichende Schilderung* durch eine andere Aussageperson [...] gegenübersteht [...].“ – Hervorhebungen nicht original. Die vorliegende Untersuchung behandelt lediglich Fälle, in denen sich die Aussagen eines Angekl. und eines Zeugen gegenüberstehen. Nicht einbezogen sind damit Fälle, in denen sich die Aussagen eines Angekl. und eines Mitangekl. gegenüberstehen.

135 *Bender/Nack u.a.*, Tatsachenfeststellung (2014), Rn. 1508; *Deckers*, in: Hamm-FS (2008), 53 (57); *Eisenberg/Zötsch*, NJW 2003, 3676 (3678); *Pfister*, FPPK 2008, 3 (9); *Scharbius*, „Aussage gegen Aussage“ (2017), 75; *Schmandt*, StraFo 2010, 446 (447); *Strüwe*, StRR 2009, 284.

136 BGH StV 2003, 603 (604); *Maier*, NStZ 2005, 246; zur (teilweisen) geständigen Einlassung des Angekl. *Scharbius*, „Aussage gegen Aussage“ (2017), 76–77.

137 BGH NStZ 2004, 635 (635–636). *Pfister*, in: Erhebung von Zeugenaussagen (2007), 42 (55) bringt diesen Grundsatz auf die kurze und prägnante Formel: „Der Angeklagte behauptet ‚Hü‘, die Zeugin sagt ‚Hott‘ [...].“

138 OLG Frankfurt a.M., Beschl. v. 6.11.2009 – Az. 1 Ss 390/08, juris – in dem Fall stand die Aussage des Angeklagten den Aussagen von vier Polizeibeamten gegenüber; ausf. dazu *Strohmayer*, HRRS 2017, 135; krit. *Haustein*, Aussage gegen Aussage (2017), 82–83; näher zu einer Mehrzahl von Aussagepersonen *Scharbius*, „Aussage gegen Aussage“ (2017), 84–90 (m.N. zur Rspr.).

139 S.o. § 4 A.

der Angeklagte erst gar nicht zur Sache einlässt und insoweit keine „einander widersprechenden Aussagen" vorliegen.[140] In der Rechtsprechung wurde dies bislang unterschiedlich bewertet.[141] Der 2. Strafsenat des Bundesgerichtshofs stellte den Fall des Schweigens des Angeklagten ohne Weiteres der „Aussage gegen Aussage"-Konstellation gleich:[142]

> „In einem Fall, in dem Aussage gegen Aussage steht – oder wie hier ein Angekl. sich nicht einläßt und nur die Aussage des einzigen Belastungszeugen zur Verfügung steht – [...] müssen die Urteilsgründe erkennen lassen, daß der Tatrichter alle Umstände, die die Entscheidung beeinflussen können, erkannt und in seine Überlegungen einbezogen hat."[143]

Anders entschied der 3. Strafsenat und verneinte eine „Aussage gegen Aussage"-Konstellation in einem Fall, in dem sich der Angeklagte in der Hauptverhandlung nicht zur Sache eingelassen und nur im Rahmen einer psychiatrischen Exploration gegenüber dem Sachverständigen eine bestreitende Erklärung abgegeben hat:[144]

> „Soweit [...] die Beweiswürdigung mit der Begründung beanstandet wird, daß das Landgericht die Grundsätze ‚Aussage gegen Aussage' verletzt habe, bemerkt der Senat, daß entgegen der Revisionsbegründung eine solche Konstellation nicht vorlag. Der Angeklagte hat sich in der Hauptverhandlung zur Sache nicht eingelassen."[145]

An dieser Stelle ist der Grundsatz „nemo tenetur se ipsum accusare" zu beachten, welcher sich aus dem allgemeinen Persönlichkeitsrecht (Art. 2 Abs. 1 GG i.V.m. Art. 1 Abs. 1 GG) und dem Rechtsstaatsprinzip (Art. 20 Abs. 3 GG) herleitet und

---

140 Hierunter sind nach *Haustein*, Aussage gegen Aussage (2017), 81 (m.w.N.) Fälle zu fassen, in denen sich der Angeklagte überhaupt nicht äußert oder den Tatvorwurf pauschal bestreitet und im Übrigen schweigt.

141 Vgl. *Deckers*, in: Hamm-FS (2008), 53 (57–58); *Deckers*, StraFo 2010, 372 (375).

142 BGH StV 1998, 250; s. dazu *Deckers*, in: Hamm-FS (2008), 53 (57); *Schmandt*, StraFo 2010, 446 (447).

143 BGH StV 1998, 250; hierauf Bezug nehmend *Scharbius*, „Aussage gegen Aussage" (2017), 78. Ähnl. BGH StV 2004, 58 (59); s. dazu *Deckers*, in: Hamm-FS (2008), 53 (57–58); *Pfister*, FPPK 2008, 3 (9–10); *Schmandt*, StraFo 2010, 446 (447).

144 BGH HRRS 2005, Nr. 340, Rn. 3; s. dazu *Deckers*, in: Hamm-FS (2008), 53 (58); *Deckers*, StraFo 2010, 372 (375); *Haustein*, Aussage gegen Aussage (2017), 81; *Pfister*, FPPK 2008, 3 (9–10); *Schmandt*, StraFo 2010, 446 (447). In einer anderen Entscheidung meldete der 3. Senat außerdem Zweifel an, dass eine „Aussage gegen Aussage"-Situation auch in Fällen vorliegt, in denen sich der Angeklagte in der Hauptverhandlung lediglich eine schriftliche Verteidigungserklärung als Einlassung zu eigen macht, vgl. BGH NJW 2003, 2692 (2694); s. dazu *Deckers*, in: Hamm-FS (2008), 53 (58); *Deckers*, StraFo 2010, 372 (375); *Pfister*, FPPK 2008, 3 (10); *Scharbius*, „Aussage gegen Aussage" (2017), 80–81; *Schmandt*, StraFo 2010, 446 (447).

145 BGH HRRS 2005, Nr. 340, Rn. 3.

nach dem niemand gezwungen werden darf, sich selbst zu belasten.[146] Ein Angeklagter hat nach diesem Grundsatz das Recht zu schweigen, ohne dass dies zu seinen Ungunsten ausgelegt wird.[147] Es darf hinsichtlich der Anforderungen an die gerichtlichen Prüfungspflichten also keinen Unterschied machen, ob sich der Angeklagte gegen den ihn erhobenen Vorwurf mit einer ausführlichen Einlassung verteidigt oder ob er schweigt.[148] Die besonderen Anforderungen müssen an die Beweiswürdigung und Urteilsdarstellung auch dann gestellt werden, wenn sich der Angeklagte nicht zur Sache einlässt und für die richterliche Beweiswürdigung einzig die Aussage des Belastungszeugen zur Verfügung steht.[149] Um dies klarzustellen werden die Konstellationen, in denen der Angeklagte schweigt, häufig ebenfalls als „Aussage gegen Aussage“-Situation bezeichnet.[150] Vor diesem Hintergrund bedarf *Sanders* Definition einer Änderung:

> „Der Schilderung eines inkriminierten Sachverhalts durch eine einzige Aussageperson steht eine im Kern bestreitende Darstellung *oder das Schweigen* des Angeklagten gegenüber, ohne dass ergänzend auf andere – unmittelbar tatbezogene – Beweismittel zurückgegriffen werden kann.“[151]

2. *Der Zeugenbeweis*

Geht das Gericht von einer „Aussage gegen Aussage“-Konstellation aus, steht der Belastungszeuge mit seiner Aussage – vor allem, wenn der Angeklagte

---

146 S. statt vieler nur *Kindhäuser/Schumann*, StPO (2019), § 6 Rn. 9, 20–22; SSW-StPO-*Schluckebier*, § 261 Rn. 27.

147 Vgl. nur BVerfG NStZ, 1995, 555; BGHSt 32, 140 (144) = NJW 1984, 1829 (1830); 34, 324 (326) = NJW 1987, 2027 (2028); BGH NStZ 2002, 161; *Kindhäuser/Schumann*, StPO (2019), § 6 Rn. 9; Meyer-Goßner/Schmitt-*Schmitt*, § 261 Rn. 16; *Nack*, StV 2002, 510 (515); *Roxin/Schünemann*, Strafverfahrensrecht (2017), § 25 Rn. 31; SSW-StPO-*Schluckebier*, § 261 Rn. 27.

148 *Sander*, StV 2000, 45 (46); s.a. *Brause*, NStZ 2013, 129 (130); *Maier*, NStZ 2005, 246.

149 S.a. BGH NStZ 2013, 180 (181); StV 1998, 250; 2004, 58 (59); OLG Koblenz NStZ-RR 2005, 79 (80); *Bender/Nack u.a.*, Tatsachenfeststellung (2014), Rn. 1509; *Deckers*, in: Hamm-FS (2008), 53 (57); *Deckers*, StraFo 2010, 372 (375); KK-StPO-*Ott*, § 261 Rn. 100; MAH-Strafverteidigung-*Schroth/Deckers*, § 49 Rn. 39; *Maier*, NStZ 2005, 246; Meyer-Goßner/Schmitt-*Schmitt*, § 261 Rn. 11a; *Sander*, StV 2000, 45 (46); *Scharbius*, „Aussage gegen Aussage“ (2017), 78–80.

150 Vgl. *Scharbius*, „Aussage gegen Aussage“ (2017), 80 m.N. zur Rspr. Bei *Maier*, NStZ 2005, 246 finden sich weitere Fallgestaltungen, die von der Rspr. zwar begrifflich unpassend, aber in der Sache berechtigt unter das Stichwort „Aussage gegen Aussage“ gefasst werden.

151 *Deckers*, StraFo 2010, 372 (375) – Hervorhebung nicht original; hierauf Bezug nehmend *Haustein*, Aussage gegen Aussage (2017), 84; MAH-Strafverteidigung-*Schroth/Deckers*, § 49 Rn. 39.

schweigt[152] – im Zentrum der Beweiswürdigung. Aus diesem Grund sind an dieser Stelle einige Überlegungen zu dem Zeugenbeweis im Allgemeinen und dessen Beweiswert anzustellen.

a) Auskunft über das selbst Wahrgenommene

Der Zeuge ist ein persönliches Beweismittel und zugleich eine Beweisperson, die in einem nicht gegen sie selbst gerichteten Strafverfahren Auskunft über die *Wahrnehmung* von Tatsachen gibt.[153]

„Wahrnehmung" ist die Aufnahme von Signalen aus der Außenwelt (beispielsweise Licht, Geräusche, Gerüche, Druckeinwirkungen) durch die Sinnesorgane und deren Weiterleitung an das Gehirn.[154] Dabei ist die Anzahl der Sinneseindrücke in jedem Augenblick so gewaltig, dass das menschliche Gehirn nur einen Bruchteil davon verarbeiten kann.[155] Diese begrenzte Aufnahmefähigkeit führt dazu, dass sich die Aufmerksamkeit stets nur auf einen bestimmten Geschehensausschnitt richtet.[156] Welche Signale letzten Endes im Gehirn ankommen, hängt von der Beschaffenheit der Sinnesorgane im Allgemeinen[157] und des einzelnen Individuums[158] ab, aber auch von der persönlichen Befindlichkeit und der Persönlichkeit.[159]

Damit die Impulse in bewusste Erlebnisse umgesetzt werden, ist es erforderlich, dass das Individuum die aufgefassten Signale und Sinnesdaten in sinnvolle Wahrnehmungen deutet.[160] Es findet eine Orientierung und Differenzierung des Erlebten – *des Wahrgenommenen* – statt.[161] Wie ein

---

152 S.o. § 4 B. I. 1.

153 S. statt vieler nur *Kindhäuser/Schumann*, StPO (2019), § 21 Rn. 6; Meyer-Goßner/Schmitt-*Schmitt*, Vor § 48 Rn. 1.

154 *Trankell*, Realitätsgehalt von Zeugenaussagen (1971), 13.

155 *Effer-Uhe/Mohnert*, Psychologie (2019), Rn. 138; *Geipel*, Beweiswürdigung (2017), § 22 Rn. 1, 13; *Rolinski*, in: Kühne-FS (2013), 297 (301); *Trankell*, Realitätsgehalt von Zeugenaussagen (1971), 15.

156 *Geipel*, Beweiswürdigung (2017), § 22 Rn. 1, 13; *Rolinski*, in: Kühne-FS (2013), 297 (301); *Trankell*, Realitätsgehalt von Zeugenaussagen (1971), 15–17: „Wir sehen das, was uns interessiert, und wir entdecken solche Gegebenheiten in unserer Umgebung, die zu beachten wir gelernt haben."

157 Z.B. das sog. Dämmerungsehen, vgl. *Bender/Nack u.a.*, Tatsachenfeststellung (2014), Rn. 23; *Geipel*, Beweiswürdigung (2017), § 22 Rn. 81.

158 Z.B. Blindheit, Schwerhörigkeit, Alkoholisierung und Müdigkeit, vgl. *Geipel*, Beweiswürdigung (2017), § 22 Rn. 81; s.a. *Jansen*, Aussagepsychologie (2012), Rn. 474–479; *Nestler*, JA 2017, 10 (11).

159 *Bender/Nack u.a.*, Tatsachenfeststellung (2014), Rn. 20–39, 82 ff.; *Bruns*, Zivilprozeßrecht (1979), 278–279; *Geipel*, Beweiswürdigung (2017), § 22 Rn. 13; *Trankell*, Realitätsgehalt von Zeugenaussagen (1971), 13–15.

160 *Bender/Nack u.a.*, Tatsachenfeststellung (2014), Rn. 66; *Geipel*, Beweiswürdigung (2017), § 22 Rn. 3; *Trankell*, Realitätsgehalt von Zeugenaussagen (1971), 13, 15–16.

161 *Trankell*, Realitätsgehalt von Zeugenaussagen (1971), 16.

Signal gedeutet wird, hängt wiederum von dem individuellen Deutungsvermögen ab.[162]

Da lediglich ein Bruchteil aller Sinnesempfindungen verarbeitet werden kann, sind die für den Deutungsprozess benötigten Informationen unvollständig.[163] Die Lücken werden mit den Erfahrungen und Erwartungen des Individuums gefüllt (*Ergänzungsmechanismus*) und damit die Sinnesempfindung in eine vollständige, sinnerfüllte und reproduzierbare Wahrnehmung gewandelt.[164] Auf diese Weise erhalten die Wahrnehmungen allerdings eine individuelle Einfärbung, sodass davon ausgegangen werden kann, dass dieselbe Situation von zwei unterschiedlichen Personen auch auf verschiedene Art wahrgenommen und wiedergegeben wird.[165]

Es ist an dieser Stelle festzuhalten, dass der Wahrnehmungsprozess aus unzähligen Unabwägbarkeiten wie der Beschaffenheit der Sinnesorgane, Wahrnehmungstäuschungen und persönlichen Erfahrungen besteht, sodass die Zuverlässigkeit einer Wahrnehmung erheblich eingeschränkt ist.[166] Für den Zeugenbeweis bedeutet dies, dass sich das Beweismittel durch die Reproduktion eigener, selektiver Wahrnehmungen auszeichnet.[167] Anders gewendet: Die Zeugenaussage im Prozess

---

162 *Trankell*, Realitätsgehalt von Zeugenaussagen (1971), 16.

163 *Trankell*, Realitätsgehalt von Zeugenaussagen (1971), 16.

164 *Bender/Nack u.a.*, Tatsachenfeststellung (2014), Rn. 67; *Bruns*, Zivilprozeßrecht (1979), 279; *Geipel*, Beweiswürdigung (2017), § 22 Rn. 14–32; *Jansen*, Aussagepsychologie (2012), Rn. 500; *Nestler*, JA 2017, 10 (11–12); *Trankell*, Realitätsgehalt von Zeugenaussagen (1971), 16. Ein typisches Phänomen ist der sog. „Knallzeuge“. Dieser wird erst durch die Geräuschentwicklung eines Vorgangs, z.B. den Knall bei einem Verkehrsunfall, auf diesen Vorgang aufmerksam. Er kann damit bestimmte Tatsachen nicht aus eigener visueller Wahrnehmung wiedergeben, sondern lediglich aus seiner akustischen Wahrnehmung auf bestimmte Tatsachen rückschließen. Dennoch wird er häufig eine Beschreibung des Unfallgeschehens abgeben, da er durch seine späten Beobachtungen (z.B. Position der Fahrzeuge nach der Kollision) unbewusst Rückschlüsse auf das Geschehene zieht, s. *Effer-Uhe/Mohnert*, Psychologie (2019), Rn. 140; *Geipel*, Beweiswürdigung (2017), § 22 Rn. 5–12.

165 *Geipel*, Beweiswürdigung (2017), § 22 Rn. 110; *Nestler*, JA 2017, 10 (11); *Steller/Volbert*, in: Psychologie im Strafverfahren (1997), 12 (14); *Trankell*, Realitätsgehalt von Zeugenaussagen (1971), 16–17; s.a. *Stadler*, in: Psychologie der Zeugenaussage (1997), 59 (63): „Jeder Erlebnishintergrund in der Wachwirklichkeit ist also von vornherein mit Interpretationen behaftet, die demnach keinen sicheren Rückschluß auf die zugrundeliegende objektive Realität zulassen.“

166 *Trankell*, Realitätsgehalt von Zeugenaussagen (1971), 13–20; ausf. *Geipel*, Beweiswürdigung (2017), § 22.

167 Vgl. BGHSt 39, 251 (253) = NJW 1993, 2881; = StV 1993, 454 m. Anm. *Hamm*; *Jansen*, Aussagepsychologie (2012), Rn. 455, 463; *Rückel*, Strafverteidigung (1988), Rn. 1–2; ausf. hierzu *Steller/Volbert*, in: Psychologie im Strafverfahren (1997), 12 (13–15); *Schreiber*, ZStW 88 [1976], 117 (150–155); s.a. bereits *Stöhr*, Aussagepsychologie (1911), 39–43.

ist nicht mehr als eine Wiedergabe der Erinnerungen über das selbst Wahrgenommene.[168]

b) Fehlerquellen bei der Aussageentstehung

Der Weg von der Wahrnehmung zur Aussage als das *Produkt geistiger Leistung*[169] lässt sich in drei Phasen einteilen: (1) die Wahrnehmung des Sachverhalts (*Wahrnehmungsphase*), (2) die Speicherung des Sachverhalts im Gedächtnis (*Behaltensphase*), sowie (3) die Reproduktion der Wahrnehmung (*Abrufphase*).[170] In jeder der drei Phasen kann es zu einer Verfälschung der Eingangsinformationen kommen:[171] In der erste Phase können Erwartungen, Interpretationen, Aufmerksamkeitsfokussierungen und selektive Beobachtungsstrategien die Wahrnehmung des Sachverhalts bestimmen.[172] In der Behaltensphase kann die Eingangsinformationen durch die Art das Erlebte abzuspeichern[173] beeinflusst und durch eine Überlagerung des spezifisch Erlebten durch früher gesammelte Erfahrungen abgeändert werden.[174] Die Reproduktion der Wahrnehmung in der Abrufphase kann durch die Art und den sozialen Kontext der Befragung des Zeugen beeinflusst werden.[175] Die

168 Vgl. dazu BGHSt 39, 251 (253) = NJW 1993, 2881; = StV 1993, 454 m. Anm. *Hamm; Schreiber*, ZStW 88 [1976], 117 (150); *Rückel*, Strafverteidigung (1988), Rn. 1.

169 *Stern*, in: Psychologie der Aussage (1904), 269 (270).

170 *Scholz*, NStZ 2001, 572; *Steller/Volbert*, in: Psychologie im Strafverfahren (1997), 12 (13); s.a. *Effer-Uhe/Mohnert*, Psychologie (2019), Rn. 135.

171 *Steller/Volbert*, in: Psychologie im Strafverfahren (1997), 12 (13); dazu eingehend a. *Scholz*, NStZ 2001, 572; einen Überblick gibt *Dettenborn*, NZFam 2016, 593. Nach *Bender/Nack u.a.*, Tatsachenfeststellung (2014), Rn. 115 ist eine scharfe Trennung zwischen den Fehlerquellen nicht möglich: „Grundsätzlich kann man sagen, dass die Wahrnehmungsfehler im Laufe der Erinnerung verstärkt zu werden pflegen. Um umgekehrt gilt, dass auch die Erinnerungsfehler schon bei der Wahrnehmung beginnen.“

172 *Scholz*, NStZ 2001, 572; s.a. *Brause*, NStZ 2007, 505 (506): „Ein Zeuge speichert nicht wie ein Film oder Tonband Gesehenes oder Gehörtes. Die menschliche Wahrnehmung unterliegt Fehlern und Irrtümern, sie wird möglicherweise interessengesteuert bewertet und zielgerichtet wiedergegeben.“; *Haustein*, Aussage gegen Aussage (2017), 89; *Jansen*, Aussagepsychologie (2012), Rn. 465–466; *Nestler*, JA 2017, 10 (11).

173 *Scholz*, NStZ 2001, 572 nennt hier das episodische, das autobiografische und das faktische Gedächtnis.

174 *Scholz*, NStZ 2001, 572; ferner *Haustein*, Aussage gegen Aussage (2017), 89. Erinnerungsfehler sind z.B. das simple Vergessen, Verdrängung und Projektion, vgl. *Nestler*, JA 2017, 10 (12). Einen eindrücklichen Fall betreffend die Irrtümer bei der Rekonstruktion von Erinnerungsbildern präsentiert *Deckers*, StraFo 2010, 372 (373).

175 *Scholz*, NStZ 2001, 572 (572–575); *Schünemann*, StV 1998, 391 (394); *Steller/Volbert*, in: Psychologie im Strafverfahren (1997), 12 (13); s.a. *Sagana*, in: Griff nach der Wahrheit (2018), 133 (136).

Zeugenaussage ist also schon in der Wahrnehmungs- und in der Behaltensphase[176] und damit vor einer (polizeilichen oder richterlichen) Vernehmung äußerst fehleranfällig.[177] Um seiner Pflicht, den Beweiswert jedes einzelnen Beweismittels zu bestimmen, nachzukommen, hat sich der Richter mit dieser Fehleranfälligkeit auseinanderzusetzen.[178]

II. Keine weiteren unmittelbar tatbezogenen Beweismittel

Ein weiteres Merkmal von „Aussage gegen Aussage"-Konstellationen ist das *Fehlen weiterer unmittelbar tatbezogener Beweismittel.*[179] Das deutsche Strafprozessrecht kennt vier Arten von Beweismitteln (*numerus clausus* der Beweismittel): Den Zeugenbeweis (§§ 48–71 StPO), den Sachverständigen- und Augenscheinbeweis (§§ 72–93 StPO) sowie den Urkundenbeweis (§§ 249–256 StPO).[180] Eine gesonderte Kategorie stellt die Einlassung des Angeklagten dar.[181]

1. *Nur ein Zeuge*

Gerade Sexualstraftaten spielen sich regelmäßig in Täter-Opfer-Konstellationen ab,[182] sodass sich nur der Täter und der Belastungszeuge gegenüberstehen.[183]

---

176 Vgl. *Bender/Wartemann*, in: Kriminalistik I (1992), 551, Rn. 226, 341 ff.; ausf. *Steller/Volbert*, in: Psychologie im Strafverfahren (1997), 12 (13–14); s.a. bereits *Stern*, ZStW 22 [1902], 315 (340–355).

177 *Stern*, ZStW 22 [1902], 315 (327); „Die fehlerlose Erinnerung ist nicht die Regel, sondern die Ausnahme." Hierauf Bezug nehmend *Bender/Wartemann*, in: Kriminalistik I (1992), 551, Rn. 224; *Geipel*, Beweiswürdigung (2017), § 17 Rn. 2; *Undeutsch*, in: Forensische Psychologie (1967), 26 (30).

178 S.a. *Brause*, NStZ 2007, 505 (506); MüKo-StPO-*Miebach*, § 261 Rn. 92.

179 Vgl. *Sander*, StV 2000, 45 (46); s.o. § 4 B.

180 Vgl. *Kindhäuser/Schumann*, StPO (2019), § 21 Rn. 1; Meyer-Goßner/Schmitt-*Schmitt*, Einl. Rn. 49; *Roxin/Schünemann*, Strafverfahrensrecht (2017), § 24 Rn. 2; *Schroeder/Verrel*, Strafprozessrecht (2017), Rn. 99. S. zum Strengbeweisverfahren statt vieler nur *Kindhäuser/Schumann*, a.a.O., § 21 Rn. 3; Meyer-Goßner/Schmitt-*Schmitt*, § 244 Rn. 5–6; *Pfeiffer*, StPO, § 244 Rn. 4, 6; *Roxin/Schünemann*, a.a.O., § 24 Rn. 2; ausf. zum Sachverständigenbeweis im Strafprozessrecht *Toepel*, Sachverständigenbeweis (2002).

181 *Heghmanns*, Strafverfahren (2014), Rn. 428; *Kindhäuser/Schumann*, StPO (2019), § 21 Rn. 2.

182 AnwaltK-*Deckers*, Vor § 174 Rn. 14; *Deckers*, in: Eisenberg-FS (2009), 473 (479); *Deckers*, StraFo 2010, 372 (372); MAH-Strafverteidigung-*Schroth/Deckers*, § 49 Rn. 38. Die Konstellation „Aussage gegen Aussage" ist dabei nicht auf die Sexualdelikte begrenzt, vgl. § 1 A.

183 AnwaltK-*Deckers*, Vor § 174 Rn. 14; MAH-Strafverteidigung-*Schroth/Deckers*, § 49 Rn. 38; MüKo-StGB-*Renzikowski*, Vor § 174 Rn. 65.

Andere Zeugen fehlen häufig, sodass der *„Opferzeuge“*[184] meist das alleinige Beweismittel ist.

In jedem Fall hat das Gericht zu prüfen, ob Personalbeweise zur Verfügung stehen, die geeignet sind, die Angaben des Belastungszeugen oder des Angeklagten zu objektivieren.[185] Insoweit liegt „Aussage gegen Aussage“ nach der Rechtsprechung des Bundesgerichtshofs nicht vor, wenn ein Zeuge jedenfalls in *Randbereichen* die Aussage des Belastungszeugen bestätigt.[186] In einem solchen Fall unterliegt die Würdigung der belastenden Aussage nicht den erhöhten Anforderungen.[187]

184 Gemeint ist damit der Zeuge, der zugleich das vermeintliche Opfer der zu verhandelnden Straftat ist. Der Begriff „Opferzeuge“ ist jedoch dahingehend krit. zu bewerten, als dass mit der Einordnung des Zeugen als „Opfer“ das Beweisresultat antizipiert wird, vgl. BeckOK-StPO-*Eschelbach*, § 261 Rn. 59.3; *Wille*, Aussage gegen Aussage (2012), 2 in Fn. 6. Der „Opferzeuge“ ist nicht als ein eigenes Prozesssubjekt anzusehen, sondern als Zeuge i.S.d. §§ 48–71 StPO (missverständlich insoweit *Jansen*, Aussagepsychologie (2012), Rn. 153 in Fn. 516). Dennoch lässt sich der Begriff „Opferzeuge“ in Rspr. und Lit. häufig ohne krit. Auseinandersetzung finden, so z.B. in BGH NStZ 2015, 602 (603); AG Bautzen BeckRS 2017, 138202, Rn. 50; *Bender/Nack u.a.*, Tatsachenfeststellung (2014), Rn. 1492 ff.; *Geipel*, Beweiswürdigung (2017), § 16 Rn. 10; MAH-Strafverteidigung-*Schroth/Deckers*, § 49 Rn. 30; MüKo-StGB-*Renzikowski*, Vor § 174 Rn. 62; *Müller-Luckmann*, in: Blau-FS (1985), 151 (156); *Putzke*, ZJS 2011, 557 (562); *Putzke/Scheinfeld u.a.*, ZStW 121 [2009], 607 (642).

185 AnwaltK-*Deckers*, Vor § 174 Rn. 14; MAH-Strafverteidigung-*Schroth/Deckers*, § 49 Rn. 38.

186 S. BGH NStZ-RR 2003, 268 (269): „Das *LG* hat die Überzeugung von der Schuld des Angekl. auf die ausführlich gewürdigte Aussage der Zeugin *H-P* gestützt, die jedenfalls in Randbereichen von der Schwester der Zeugin bestätigt worden ist. Eine Beweissituation, in der Aussage gegen Aussage steht, lag daher nicht vor.“ – Hervorhebungen original. In diesem Fall berichtete das Opfer seiner Schwester unmittelbar nach der Tat von dem Vorfall. S.a. *Schmandt*, StraFo 2010, 446 (448); *Strüwe*, StRR 2009, 284 (krit.).

187 Krit. zu BGH NStZ-RR 2003, 268 (s. Fn. 186) *Eisenberg/Zötsch*, NJW 2003, 3676 (3678): „Jedoch ist die Tatsache, dass ein tatsächlich im (schwer zu definierenden) Randbereich liegendes Geschehen anderweitig bestätigt wird, nicht ohne weiteres dazu geeignet, davon auszugehen, dass die belastende Aussage an sich keiner qualifizierten Überprüfung mehr unterliegt.“ Ähnl. *Deckers*, in: Hamm-FS (2008), 53 (59): „Die Schwester der Zeugin ist *keine* Tatzeugin, [...] sie ist – bezogen auf das unmittelbare Tatgeschehen – lediglich Zeugin vom Hörensagen. Nach der Definition von Sander ist die Konstellation ‚Aussage gegen Aussage‘ durch deren Angaben *nicht* aufgehoben.“ – Hervorhebungen original. S.a. *Deckers*, StraFo 2010, 372 (375); *Haustein*, Aussage gegen Aussage (2017), 83–84.

2. *Keine sonstigen Beweismittel*

Bei Sexualdelikten geht es oftmals um den Nachweis des sexuellen Kontakts selbst.[188] Zu denken ist etwa an biologische Spuren sowie an Verletzungen beim Opfer, sodass im Sexualstrafverfahren vor allem der Sicherung von DNA-Spuren[189] durch ärztliche Untersuchung und der (bildlichen) Dokumentation von Verletzungen besondere Bedeutung zukommen.[190] Die Beweisproblematik in „Aussage gegen Aussage"-Konstellationen resultiert jedoch unter anderem aus dem Versäumnis objektiver Spurensicherung.[191] Nicht selten werden Sexualtaten – wenn überhaupt – erst nach Tagen oder Wochen zur Anzeige gebracht.[192] In der Konsequenz stehen für die Ermittlungen oft keine Tatspuren mehr zur Verfügung.[193]

Daneben steht auch dann „Aussage gegen Aussage", wenn es zwar Tatspuren gibt, die auf einen Sexualkontakt hindeuten, der Sexualkontakt selbst jedoch gar nicht in Frage steht, sondern vielmehr, ob ein Einverständnis zu diesem vorgelegen hat.[194] Nichtsdestoweniger kann von der Konstellation „Aussage gegen Aussage" nur die Rede sein, wenn sämtliche „Drittbezüge"[195] fehlen.[196]

---

188 *Deckers*, in: Eisenberg-FS (2009), 473 (479); *Folkers*, in: Erhebung von Zeugenaussage (2007), 135 (138); vgl. *Geipel*, Beweiswürdigung (2017), § 12 Rn. 23–50 zu weiteren Indizien bei einer Vergewaltigung und deren Beweiswert.

189 Mit einer DNA (Desoxyribonukleinsäure)-Analyse, d.h. einer molekulargenetischen Untersuchung gem. § 81e StPO (genetischer Fingerabdruck) soll letztlich der Spurenverursacher festgestellt werden. Das Untersuchungsergebnis bringt dabei jedoch keine hundertprozentige Sicherheit, sondern erlaubt nur eine statistische Wahrscheinlichkeitsaussage. Damit bleibt die Würdigung aller relevanten Umstände durch das Gericht erforderlich. Die DNA-Analyse hat letztlich nur eine (wenn a. sehr hohe) indizielle Wirkung, vgl. *Ostendorf*, Strafprozessrecht (2015), § 11 Rn. 159; *Roxin/Schünemann*, Strafverfahrensrecht (2017), § 33 Rn. 21; ausf. hierzu *Latotzky*, Bedeutungswandel der Beweismittel (2006), 32 ff.

190 Näher dazu *Deckers*, in: Eisenberg-FS (2009), 473 (479); *Folkers*, in: Erhebung von Zeugenaussage (2007), 135 ([136][138–139]).

191 *Deckers*, in: Eisenberg-FS (2009), 473 (479); *Deckers*, StraFo 2010, 372; MAH-Strafverteidigung-*Schroth/Deckers*, § 49 Rn. 68: „Häufig unternehmen betroffene fragliche Opfer nichts zur Beweissicherung (...)."

192 *Burgheim/Friese*, Sexualdelinquenz (2006), 28–29; näher zur Anzeigebereitschaft *Vavra*, Strafbarkeit (2020), 71–74; ferner *Müller-Luckmann*, in: Blau-FS (1985), 151 (152). Es wird dabei von einem Zusammenhang zwischen der Täter-Opfer-Beziehung und der Anzeigequote ausgegangen, s. *Heynen*, in: Handwörterbuch (2002), 697 (699); *Sczesny/Krauel*, MschrKrim 1996, 338.

193 *Folkers*, in: Erhebung von Zeugenaussage (2007), 135 (136).

194 So in BGH NStZ 2002, 494; vgl. a. *Barton*, in: Ostendorf-FS (2015), 41 (42); MAH-Strafverteidigung-*Schroth/Deckers*, § 49 Rn. 47; *Wille*, Aussage gegen Aussage (2012), 7.

195 AnwaltK-*Deckers*, Vor § 174 Rn. 14; MAH-Strafverteidigung-*Schroth/Deckers*, § 49 Rn. 38.

196 Vgl. BGH NStZ 2004, 635 (636); *Deckers*, StraFo 2010, 372 (375); MAH-Strafverteidigung-*Schroth/Deckers*, § 49 Rn. 38; *Maier*, NStZ 2005, 246. Der BGH

Peter Brause scheint dies nicht weit genug zu gehen: Eine verschärfte Begründungspflicht des Gerichts könne nicht davon abhängig gemacht werden, ob neben der Belastungsaussage „noch ein völlig nebensächlicher beweiserheblicher Umstand vorliegt oder nicht."[197] Dies erscheine gekünstelt.[198] Auch in den Fällen einer „bloß" ausschlaggebenden Bedeutung einer belastenden Zeugenaussage ohne deren *wesentliche* Stützung durch Außenumstände gelte es, einer für die gerichtliche Entscheidung maßgeblichen schwierigen Beweissituation gerecht zu werden.[199]

Diese Argumentation ließe sich durchaus auf *Sanders* Definition von „Aussage gegen Aussage" stützen.[200] Fraglich ist hingegen, ob sich mit *Brause* am Ergebnis etwas ändert: Sofern es sich bei dem Drittbezug um einen *„völlig nebensächliche[n]* beweiserhebliche[n] Umstand"[201] handelt ist schon zweifelhaft, ob dieser Umstand überhaupt in die Würdigung der Aussagen einbezogen werden kann.[202] Darüber hinaus liegt die Grenzziehung zu lediglich „nebensächlichen Umständen" nicht direkt auf der Hand. In der Bemühung um klare Grenzlinien, sollte *Sanders* Definition somit im Sinne des Fehlens *jeglicher Drittbezüge* verstanden werden.[203]

---

verneinte insoweit konsequent das Vorliegen einer „Aussage gegen Aussage"-Konstellation in folgendem Fall (BGH NJW 2005, 1519 [1519 ff.]): In dem der Entscheidung zugrundeliegenden Sachverhalt beschuldigte die Nebenklägerin ihren Nachbarn, sie in ihrer Wohnung vergewaltigt zu haben. Noch am Tattag wurden Spermaspuren des Angekl. in der Scheide der Nebenklägerin gesichert. Der Angekl. verteidigte sich damit, seit Monaten eine intime Beziehung zur Nebenklägerin zu pflegen. Die StrK wertete dies als unwahr, da dem Angekl. weder der Vorname noch die über 20 cm langen Narben unter den Brüsten der Nebenklägerin bekannt waren. Die Revision des Angeklagten führte dagegen aus, die Beweiswürdigung werde den Anforderungen bei „Aussage gegen Aussage" nicht gerecht. Der BGH machte deutlich, dass diese vom Fehlen sonstiger Erkenntnisse gekennzeichnete Konstellation nicht vorliegt. Mit den Spermaspuren, dem Brief und den Narben gebe es eine Reihe von Indizien, welche die StrK in die Würdigung der zentralen Aussage des Angekl. einbeziehen konnte. S.a. zum Fall *Deckers*, in: Hamm-FS (2008), 53 (59); *Schmandt*, StraFo 2010, 446 (448).

197 *Brause*, NStZ 2013, 129 (130).

198 *Brause*, NStZ 2013, 129 (130).

199 *Brause*, NStZ 2013, 129 (130).

200 Vgl. *Sander*, StV 2000, 45 (46): „[...] ohne daß *ergänzend* auf weitere unmittelbar tatbezogene Beweismittel, etwa belastende Indizien zurückgegriffen werden kann." – Hervorhebung nicht original. Mit „ergänzenden" Beweismittel wären im Sinne von *Brause* die nicht völlig nebensächlichen, beweiserheblichen Umstände gemeint.

201 *Brause*, NStZ 2013, 129 (130) – Hervorhebung nicht original.

202 Vgl. dazu BGH NJW 2005, 1519 (1520).

203 Ähnl. *Deckers*, in: Hamm-FS (2008), 53 (62): *Deckers* postuliert, dass die höchstrichterliche Rechtsprechung hinsichtlich der „Aussage gegen Aussage"-Konstellation um genaue Grenzlinien bemüht sein sollte.

III. Fazit

Die obigen Ausführungen haben gezeigt, dass die Bezeichnung *„Aussage gegen Aussage“* zwar häufig als Schlagwort benutzt wird, es jedoch einer sorgfältigen Prüfung bedarf, ob diese Konstellation tatsächlich vorliegt.[204] Genaue Trennlinien bestehen allerdings nicht.[205] Es ist vielmehr in einer Gesamtbetrachtung des Einzelfalls zu prüfen, ob es neben den Angaben des Belastungszeugen noch weitere Beweiszeichen gibt.[206]

C. Zusammenfassende Betrachtung

Der Belastungszeuge ist bei „Aussage gegen Aussage“ für die Wahrheitsermittlung und Überzeugungsbildung der Gerichte unverzichtbar und steht mit seiner Aussage im Mittelpunkt der Beweiswürdigung.[207] Zugleich ist der Zeugenbeweis ein sehr unzuverlässiges Beweismittel,[208] sodass ihm ein unlösbarer Widerspruch immanent ist.[209] Vor diesem Hintergrund ist es geboten, dass der Tatrichter im Rahmen des faktisch Möglichen und des rechtlich Zulässigen den Beweisstoff umfassend sammelt;[210] eine geringfügige Modifikation des Beweisstoffes kann von ausschlaggebender Bedeutung für den Verfahrensausgang sein.[211] Zudem bedarf es einer sorgfältigen Beweiswürdigung.[212] Denn je weniger Beweismittel einem Gericht zur Verfügung stehen und je unzuverlässiger diese Beweismittel sind, desto höher müssen die Anforderungen sein, die an die Beweiswürdigung und Urteilsdarstellung zu stellen sind.[213]

---

204 Vgl. a. Meyer-Goßner/Schmitt-*Schmitt*, § 261 Rn. 11a.

205 *Maier*, NStZ 2005, 246; *Scharbius*, „Aussage gegen Aussage“ (2017), 122.

206 Meyer-Goßner/Schmitt-*Schmitt*, § 261 Rn. 11a.

207 *Brause*, NStZ 2007, 505 (505–506); *Miebach*, NStZ-RR 2014, 233; MüKo-StPO-*Miebach*, § 261 Rn. 230; *Pfister*, FPPK 2008, 3 (9).

208 Vgl. BGHSt 32, 115 (127) = NJW 1984, 247 (249); *Bender/Nack u.a.*, Tatsachenfeststellung (2014), Rn. 17: „Als Zeuge ist der Mensch eine ‚Fehlkonstruktion'.“; *Brause*, NStZ 2007, 505; *Bruns*, Zivilprozeßrecht (1979), 278; *Dahs*, NJW 1985, 1113 (1117); *Deppenkemper*, Beweiswürdigung (2004), 307; *Geipel*, Beweiswürdigung (2017), § 16 Rn. 31; § 17 Rn. 2; *Heghmanns*, Strafverfahren (2014), Rn. 392; *Kett-Straub*, ZStW 117 [2005], 354 (356); *Miebach*, NStZ-RR 2014, 233; *Sagana*, in: Griff nach der Wahrheit (2018), 133 (134); *Undeutsch*, in: Forensische Psychologie (1967), 26 (31).

209 *Deckers*, in: Eisenberg-FS (2009), 473 (483); *Schünemann*, StV 1998, 391 (395).

210 *Herdegen*, NJW 2003, 3513. Dieses Gebot ist freilich nicht auf die Beweiskonstellation „Aussage gegen Aussage“ beschränkt, jedoch muss in dieser Konstellation ein Verstoß gegen das Aufklärungsgebot – oder gegen das Gebot der erschöpfenden Würdigung des Beweisstoffs – in der Regel ein Beruhen des Urteils auf der Gesetzesverletzung zur Folge haben, s. *Herdegen*, ebd.

211 *Herdegen*, NJW 2003, 3513.

212 BGH NStZ 2013, 57 (58); BeckOK-StPO-*Eschelbach*, § 261 Rn. 59; *Brause*, NStZ 2007, 505 (505–507); MüKo-StPO-*Miebach*, § 261 Rn. 230.

213 Vgl. *Deckers*, in: Hamm-FS (2008), 53 (62); MAH-Strafverteidigung-*Schroth/Deckers*; § 49 Rn. 41; *Maier*, NStZ 2005, 246 (251); MüKo-StPO-*Miebach*, § 261 Rn. 231.

§ 5 Zur „Verfahrensbalance“ bei „Aussage gegen Aussage“

A. Die Beweiskonstellation als „Waage“

Die Hauptakteure der hier behandelten „Aussage gegen Aussage“-Konstellation sind das mutmaßliche Opfer und der Angeklagte. Ihre Aussagen stehen sich in wesentlichen Teilen unvereinbar gegenüber, sodass die gerichtliche Entscheidung davon abhängt, wessen Angaben das Gericht folgt und wessen Angaben es in der Konsequenz als unwahr abtun muss.[214] Bildlich gesprochen handelt es sich bei der „Aussage gegen Aussage“-Konstellation um eine *Waage*, in deren einen Waagschale sich der Belastungszeuge und seine Aussage befinden, in der anderen dagegen der Angeklagte mit dessen Einlassung. Folgt das Gericht den Angaben eines Akteurs, schlägt Waage „zugunsten“ dieses Akteurs aus und es kommt zu einem Freispruch oder einer Verurteilung.

Nachdem die Merkmale einer „Aussage gegen Aussage“-Konstellation herausgearbeitet und die erhöhten Anforderungen an die Beweiswürdigung festgestellt wurden,[215] geht es nun um die „Verfahrensbalance“[216] in diesen Konstellationen. Die folgenden Ausführungen geben dabei einen Überblick, um einen Gesamteindruck der hier gegenständlichen Beweiskonstellation zu ermöglichen.

B. Die Unschuldsvermutung

Die für den Beschuldigten streitende *Unschuldsvermutung*[217] hat in „Aussage gegen Aussage“-Konstellationen einen besonderen Stellenwert. Sie gebietet die

---

214 Vgl. *Deckers*, StraFo 2010, 372.

215 S.o. § 4.

216 *Bung*, StV 2009, 430.

217 Die Unschuldsvermutung wird durch Art. 11 AEMR, Art. 6 Abs. 2 EMRK, Art. 48 Abs. 1 GRCh EU und Art. 14 Abs. 2 IPBPR garantiert und folgt verfassungsrechtlich aus dem Rechtsstaatsprinzip (Art. 20 Abs. 3 GG, Art. 28 Abs. 1 S. 1 GG), vgl. BVerfGE 19, 342 (347) = NJW 1966, 243 (244); 22, 254 (265) = NJW 1967 2151 (2153); 25, 327 (331) = NJW 1969, 1163 (1164); 74, 358 (370) = NJW 1987, 2427; 82, 106 (114) = NJW 1990, 2741; BVerfG NJW 2017, 1539; BeckOK-StPO-*Valerius*, Art. 6 EMRK, Rn. 31; *Kindhäuser/Schumann*, StPO (2019), § 18 Rn. 3; KK-StPO-*Fischer*, Einl. Rn. 167; Meyer-Goßner/Schmitt-*Schmitt*, Art. 6 EMRK, Rn. 12; *Ostendorf*, HRRS 2009, 158 (162); *Pfeiffer*, StPO, Einl. Rn. 25; *Stuckenberg*, ZStW 111 [1999], 422 (422–424). Der genaue normative Aussagegehalt der Unschuldsvermutung ist nach wie vor umstr., vgl. *Roxin/Schünemann*, Strafverfahrensrecht (2017), § 11 Rn. 1; ausf. zum Interpretationsspektrum *Stuckenberg*, ZStW 111 [1999], 422 (425 ff.). Zu unterscheiden ist die Unschuldsvermutung von dem Zweifelssatz *in dubio pro reo*: Während der Zweifelssatz nur nach abgeschlossener Beweiswürdigung anzuwenden ist und einen

unvoreingenommene Behandlung des Beschuldigten im Verfahren und besagt, dass jedermann solange als unschuldig gilt, bis seine Schuld durch rechtskräftige Entscheidung nachgewiesen ist.[218] Der Beschuldigte wird durch die Unschuldsvermutung somit vor Nachteilen geschützt, die einem Schuldspruch oder einer Strafe gleichkommen, denen kein rechtsstaatliches Verfahren zur Schuldfeststellung vorausgegangen ist.[219] Dieses Verfahrensprinzip steht in einem engen Zusammenhang mit dem Recht des Beschuldigten, den staatlichen Strafanspruch in einem rechtsstaatlichen, fairen Verfahren abzuwehren und sich zu verteidigen.[220] Letztlich erzwingt die Unschuldsvermutung ein ordnungsgemäßes Verfahren zum Beweis des Gegenteils, bevor aufgrund eines Tatvorwurfes eine Entscheidung getroffen wird, welche die Feststellung von Schuld voraussetzt.[221] Die Vermutung endet (erst) mit dem Eintritt der Rechtskraft der Verurteilung.[222]

Das Gebot, den Verfahrensausgang offen zu halten, richtet sich dabei in erster Linie an die Staatsgewalt.[223] Richter dürfen bei ihrer Amtsausübung also nicht von der vorgefassten Meinung ausgehen, der Angeklagte habe die ihm vorgeworfene Straftat begangen.[224]

(teilweise) unaufgeklärten Sachverhalt voraussetzt, dessen unaufgeklärte Teile der Richter zugunsten des Angeklagten zu werten hat, gilt die Unschuldsvermutung für das gesamte Strafverfahren, vgl. EGMR NJW 2011, 1789 (1790); BGH NStZ 1999, 205 (206); *Kindhäuser/Schumann*, StPO (2019), § 23 Rn. 69; KK-StPO-*Fischer*, Einl. Rn. 167; Meyer-Goßner/Schmitt-*Schmitt*, Art. 6 EMRK, Rn. 12; *Pfeiffer*, StPO, Einl. Rn. 25.

218 EGMR NJW 2011, 1789 (1790); BVerfGE 35, 311 (320) = NJW 1974, 26 (27); 82, 106 (114) = NJW 1990, 2741; BVerfG NJW 2017, 1539; BeckOK-StPO-*Valerius*, Art. 6 EMRK, Rn. 31–32; *Kindhäuser/Schumann*, StPO (2019), § 18 Rn. 3; KK-StPO-*Fischer*, Einl. Rn. 167; Meyer-Goßner/Schmitt-*Schmitt*, Art. 6 MRK, Rn. 12; *Pfeiffer*, StPO, Einl. Rn. 25.

219 BVerfGE 74, 358 (371) = NJW 1987, 2427; 82, 106 (114) = NJW 1990, 2741; Meyer-Goßner/Schmitt-*Schmitt*, Art. 6 MRK, Rn. 12.

220 BVerfGE 74, 358 (371) = NJW 1987, 2427.

221 BVerfGE 74, 358 (371) = NJW 1987, 2427. Die Unschuldsvermutung zwingt indes nicht zur Unterstellung, dass sich der Sachverhalt einer strafbaren Handlung nicht zugetragen habe, bevor er rechtskräftig festgestellt ist, s. BGHSt 34, 209 (210–211) = NJW 1987, 660 (661).

222 BVerfGE 35, 202 (232) = NJW 1973, 1226 (1230); BeckOK-StPO-*Valerius*, Art. 6 EMRK, Rn. 34; KK-StPO-*Fischer*, Einl. Rn. 167; Meyer-Goßner/Schmitt-*Schmitt*, Art. 6 MRK, Rn. 15. Wird eine Person rechtskräftig freigesprochen, ist es mit dem Grundsatz der Unschuldsvermutung unvereinbar, in den Urteilsgründen einen Schuldverdacht gegen den Betroffenen zu äußern, wenn es sich nicht lediglich um die Schilderung einer Verdachtslage handelt, s. BeckOK-StPO-*Valerius*, a.a.O., Rn. 32; Meyer-Goßner/Schmitt-*Schmitt*, a.a.O., Rn. 15a.

223 *Stuckenberg*, ZStW 111 [1999], 422 (459).

224 EGMR NJW 2011, 1789 (1790); Meyer-Goßner/Schmitt-*Schmitt*, Art. 6 MRK, Rn. 13. *Schünemann*, StV 2000, 159 (159 ff.) überprüfte in den 80er Jahren mittels sozialwissenschaftlicher Experimente die Hypothese, dass Richter aufgrund ihrer Kenntnis

Für den Fall von „Aussage gegen Aussage“ bedeutet dies, dass wenn die Aussagen des Angeklagten und des Belastungszeugen in ihrer Qualität gleichwertig sind, die Belastungsaussage nicht geeignet ist, die Unschuldsvermutung zu überwinden.[225] Es kommt zum *„non liquet“* und die juristische Entscheidung muss zugunsten des Angeklagten ausfallen.[226] Den Angaben des Belastungszeugen darf das Gericht also nicht allein deshalb eine höhere Beweisbedeutung beimessen, weil der Zeuge das vermeintliche Tatopfer ist.[227] Damit lässt die Unschuldsvermutung die „Waage“ bei „Aussage gegen Aussage“[228] von Gesetzes wegen zunächst zugunsten des Angeklagten ausschlagen.[229]

---

der Ermittlungsakten gegenüber dem Angeklagten nicht mehr unvoreingenommen entscheiden können. S. hierzu die *Theorie der kognitiven Dissonanz*, begründet v. *Festinger*, Theory of Cognitive Dissonance (1957); vgl. dazu und zum sog. *Ankereffekt* (Vorurteil durch Vorkenntnis) etwa ferner *Effer-Uhe/Mohnert*, Psychologie (2019), Rn. 43–50, 55–65; *Haustein*, Aussage gegen Aussage (2017), 90–91; *Oswald/Wyler*, in: Griff nach der Wahrheit (2018), 103 (121 ff.); *Rolinski*, in: Kühne-FS (2013), 297 (305–306); *Schweizer*, Kognitive Täuschungen (2005), Rn. 201 ff.; *Wille*, Aussage gegen Aussage (2012), 33 ff. *Schünemann* konnte i.E. vier Effekte ausmachen: (1) den *Perseveranzeffekt* (Mechanismus der Selbstbestätigung von Hypothesen), (2) den *Redundanzeffekt* (Unterschätzung bzw. sogar Missachtung dissonanter Informationen), (3) den *Aufmerksamkeitseffekt* (keine Wahrnehmung dissonanter Informationen) und (4) den *Schulterschlusseffekt* (Orientierung an zuvor vom StA abgegebener Beurteilung; dazu a. *Deckers*, StraFo 2010, 372 [373]) und bestätigte damit seine Hypothese, dass der Richter tendenziell an dem Tatbild festhält, welches er aus den Ermittlungsakten übernommen hat, s.a. *Schünemann*, StV 1998, 391 (394); *Schünemann*, in: Meyer-Gossner-FS (2001), 385 (388). Ein Realbeispiel für dieses Phänomen findet sich bei *Geipel*, Beweiswürdigung (2017), § 11 Rn. 15–16. Zum sog. *Hofeffekt* s. *Schweizer*, Kognitive Täuschungen (2005), Rn. 694 ff. Zur „Aktenfixiertheit“ in deutschen Gerichtssälen s. *Deckers*, in: Eisenberg-FS (2009), 473.

225 MAH-Strafverteidigung-*Schroth/Deckers*, § 49 Rn. 45; *Ostendorf*, HRRS 2009, 158 (162).

226 MAH-Strafverteidigung-*Schroth/Deckers*, § 49 Rn. 45; *Wille*, Aussage gegen Aussage (2012), 47. Für diesen Fall verbietet die Unschuldsvermutung eine Unterscheidung zwischen einem Freispruch „erster Klasse“ (Freispruch aufgrund bewiesener Unschuld) und „zweiter Klasse“ (Freispruch mangels Beweise), vgl. *Hoefermann*, Auslagenerstattung beim Freispruch (1966), 101; *Stuckenberg*, ZStW 111 [1999], 422 (433); ausf. *Kinzig*, in: Griff nach der Wahrheit (2018), 79 (90–93); *Wimmer*, ZStW 80 [1968], 369 (369 ff.).

227 BGH NStZ 2004, 635 (636); OLG Bremen NZV 1991, 41 (42) – zum Bußgeldverfahren; BeckOK-StPO-*Eschelbach*, § 261 Rn. 59; MüKo-StPO-*Miebach*, § 261 Rn. 238.

228 S.o. § 5 A.

229 *Ostendorf*, HRRS 2009, 158 (162): „Im Zweifel für den Angeklagten, im Zweifel gegen das Opfer.“

C. Verurteilung aufgrund einer einzelnen Belastungsaussage

Nach den vorstehenden Ausführungen drängt sich die Frage auf, ob ein Gericht einen Angeklagten überhaupt allein auf der Grundlage einer einzelnen Belastungsaussage verurteilen kann. Es erscheint zweifelhaft, dass ein Gericht die für § 261 StPO erforderliche Überzeugung von der Täterschaft des Angeklagten gewinnen kann, wenn lediglich die Aussage eines einzigen Belastungszeugen als Beweismittel zur Verfügung steht und diese nicht durch weitere Indizien gestützt wird.[230] Zu denken ist insoweit an einen Freispruch nach dem Grundsatz *in dubio pro reo.*[231] Dem folgend könnte ein Urteil, das sich allein auf eine einzelne Belastungsaussage stützt, niemals über eine objektive hinreichende Grundlage verfügen, um zu einer Überzeugung nach § 261 StPO zu gelangen.[232]

Ein *in dubio pro reo*-Freispruch ist jedoch nur der letzte Schritt nach durchgeführter Beweiswürdigung,[233] sodass allgemein anerkannt ist, dass einer Verurteilung im Falle von „Aussage gegen Aussage“ der Zweifelssatz jedenfalls im Grundsatz nicht entgegensteht.[234] Der (Belastungs-)Zeuge gibt allein *eigene Wahrnehmungen* wieder, von deren *Glaubhaftigkeit*[235] sich das Tatgericht überzeugen kann.[236] Die Angaben des einzigen Zeugen sind danach aussagepsychologisch der richterlichen Prüfung zugänglich und können der Überzeugungsbildung nach

---

230 Eingehend hierzu *Sancinetti*, in: Frisch-FS (2013), 1233 (1241–1248 ff.); zur sog. „Zwei-Zeugen-Regel“ *Haustein*, Aussage gegen Aussage (2017), 162–166.

231 Vgl. *Strohmayer*, HRRS 2017, 135; *Wille*, Aussage gegen Aussage (2012), 10, 45–48. Der Grundsatz *in dubio pro reo* greift als Entscheidungsregel erst, wenn die Beweiswürdigung abgeschlossen ist (s.o. Fn. 217). Der Zweifelssatz sagt damit nichts darüber aus, wie der Tatrichter die einzelnen Beweise zu würdigen hat, vgl. BGH NStZ 1999, 205 (206); 2002, 656 (657); *Kindhäuser/Schumann*, StPO (2019), § 23 Rn. 76; Meyer-Goßner/Schmitt-*Schmitt*, § 261 Rn. 26; *Roxin/Schünemann*, Strafverfahrensrecht (2017), § 45 Rn. 56.

232 *Sancinetti*, in: Frisch-FS (2013), 1233 (1248); *Wille*, Aussage gegen Aussage (2012), 10.

233 *Strohmayer*, HRRS 2017, 135.

234 S. BGHSt 44, 153 (158) = NJW 1998, 3788 (3789–3790); *Brause*, NStZ 2007, 505 (509); *Eisenberg/Zötsch*, NJW 2003, 3676 (3678); *Maier*, NStZ 2005, 246 (247); *Sander*, StV 2000, 45 (46–47); *Strohmayer*, HRRS 2017, 135.

235 S. dazu § 8 B. I.

236 RGSt 47, 100 (104–105); BGHSt 32, 115 (127) = NJW 1984, 247 (249); 44, 153 (158) = NJW 1998, 3788 (3789–3790): „Im Hinblick darauf, daß der Zeuge unmittelbare eigene Wahrnehmungen wiedergeben soll, unterscheidet sich seine Aussage von derjenigen des ‚Zeugen vom Hörensagen‘, die für sich genommen ohne zusätzliche Indizien einen Schuldspruch nicht tragen kann.“ S.a. *Barton*, in: Ostendorf-FS (2015), 41 (42); *Eisenberg/Zötsch*, NJW 2003, 3676 (3678); *Miebach*, NStZ-RR 2014, 233; *Sander*, StV 2000, 45 (47). Vertiefend zur Wahrnehmungen eines Zeugen als Gegenstand eines Beweisantrages BGHSt 39, 251 (253) = NJW 1993, 2881; BGH StV 1993, 454 m. Anm. *Hamm*.

§ 261 StPO zugrunde gelegt werden.[237] Eine Verurteilung allein aufgrund der Schilderungen des Belastungszeugen ist damit grundsätzlich möglich.[238]

D. Der Belastungszeuge im (Sexual-)Strafverfahren

Die Ausganglage für die gerichtliche Beweiswürdigung bei „Aussage gegen Aussage" scheint zunächst klar zu sein: Kann die Aussage des Angeklagten nicht widerlegt werden, ist der Angeklagte aufgrund der Unschuldsvermutung freizusprechen.[239] Nach *Rüdiger Deckers* entfällt in einem Verfahren, in dem sich allein die Belastungsaussage und die Aussage des Angeklagten gegenüberstehen, jedoch ein für die Strafverfolgung wesentliches Korrektiv: Es gehe nicht länger um die beiden kriminalistischen Fragen „*Wer* hat es getan?" und „*Was* ist geschehen?"[240], sondern allein noch um die Frage „*Was* ist geschehen?".[241] Insoweit sei lediglich zu klären, ob der Angeklagte die ihm vorgeworfene Tat begangen hat und ob ihm dies nachgewiesen werden kann.[242] Diese Einschränkung entbinde die Strafverfolgung von der üblichen kriminalistischen Kontrollüberlegung, dass bei einem möglichen Fehlurteil nicht nur ein Unschuldiger verurteilt, sondern auch der wahre Täter nicht zur Rechenschaft gezogen wird.[243] Daher sei zu befürchten, dass den Angaben des Belastungszeugen ein (zu) hoher Stellenwert beigemessen werde.[244]

I. Die Rolle des Opfers im Strafverfahren

Es ist eine der großen, verhältnismäßig jüngeren Errungenschaften des deutschen Rechtssystems, dass sich die Wissenschaft und Praxis eingehend mit der Rolle des Opfers im Strafverfahren auseinandersetzt.[245] Das Opfer als solches agierte seit der Einführung des staatlichen Strafprozesses lange Zeit lediglich im Hintergrund.[246]

---

237 *Brause*, NStZ 2007, 505 (509).

238 BeckOK-StPO-*Eschelbach*, § 261 Rn. 59: „Es widerspricht einer Jahrtausende alten Tradition, dass in Fällen, in denen der alleinige Belastungsbeweis in der Aussage eines parteilichen Zeugen besteht, jedenfalls kein Vollbeweis gegen den Angeklagten angenommen werden kann […]." S.a. *Miebach*, NStZ-RR 2014, 233.

239 MAH-Strafverteidigung-*Schroth/Deckers*, § 49 Rn. 45; *Ostendorf*, HRRS 2009, 158 (162).

240 *Deckers*, StraFo 2010, 372 – Hervorhebungen nicht original.

241 *Deckers*, StraFo 2010, 372.

242 *Deckers*, StraFo 2010, 372.

243 *Deckers*, StraFo 2010, 372.

244 *Deckers*, StraFo 2010, 372; *Geipel*, Beweiswürdigung (2017), § 35 Rn. 40; *Kett-Straub*, ZStW 117 [2005], 354 (356); Matt/Renzikowski-*Eschelbach*, § 177 Rn. 8; s.a. *Wille*, Aussage gegen Aussage (2012), 36.

245 *Weiner*, Opferrechte (2010), 7.

246 *Daimagüler*, Der Verletzte (2016), Rn. 1; *Herrmann*, ZIS 2010, 236; *Klusenwerth*, in: Opferschutz im Strafverfahren (2002), 109; *Ostendorf*, HRRS 2009, 158 (162); *Peter*, Verbesserung der Stellung des Opfers (2014), 45–46; *Weiner*, Opferrechte (2010), 14.

Erst in den 1980er Jahren erlebte das Opfer eine Renaissance dank der entbrannten wissenschaftlichen Diskussionen und viktimologischen Forschungen, welche die Rolle des Opfers im Strafverfahren neu definierten.[247] Es folgten Gesetze wie das Erste Gesetz zur Verbesserung der Stellung des Verletzten im Strafverfahren von 1986[248], welche die Stellung des Opfers im Verfahren stärken und ihm neue Rechte einräumen sollten.[249]

Diese Entwicklung ist auch konkret bei den Opfern von Sexualstraftaten nachzuzeichnen: Während in den Gerichtsentscheidungen der 1950er und 1960er Jahre noch deutlich wird, dass gerade den Angaben von jungen Mädchen und Frauen stets kritisch und mit äußerster Skepsis begegnet worden ist, sofern ihre Aussagen nicht durch äußere Umstände gestützt werden konnten,[250] geht die neuere Rechtsprechung mit potentiellen Opfern rücksichtsvoller um.[251] Zudem fand in der Gesellschaft in den letzten Jahren eine Einstellungsänderung gegenüber Personen statt, die sich als Opfer sexueller Kriminalität bezeichnen.[252]

---

247 *Daimagüler*, Der Verletzte (2016), Rn. 2; *Herrmann*, ZIS 2010, 236; *Kratzer-Ceylan*, Finalität (2015), 70 ff.; *Ostendorf*, HRRS 2009, 158 (162); *Peter*, Verbesserung der Stellung des Opfers (2014), 26–27.

248 Mit Geltung ab 1. April 1987: Erstes Gesetz zur Verbesserung der Stellung des Verletzten im Strafverfahren (Opferschutzgesetz) vom 18.12.1986, BGBl. I, 2496.

249 S. dazu *Bung*, StV 2009, 430 (433); *Daimagüler*, Der Verletzte (2016), Rn. 2–3; *Herrmann*, ZIS 2010, 236 (236 ff.); *Ostendorf*, HRRS 2009, 158 (163); *Peter*, Verbesserung der Stellung des Opfers (2014), 28 ff.; *Weiner*, Opferrechte (2010), 8–14; *Wille*, Aussage gegen Aussage (2012), 49, 51.

250 Vgl. etwa BGHSt 2, 163 (164–165) = NJW 1952, 554 (555): „Während dieser Zeit [der Geschlechtsreife] besteht bei manchen Mädchen nach ihrer körperlich-seelischen Entwicklung die Gefahr, daß sie Vorgänge, die das andere Geschlecht oder die Geschlechtssphäre berühren oder zu berühren scheinen, mehr oder weniger ungewollt verzerren, verändern, ausschmücken oder erfinden.“ S.a. BGHSt 3, 27 (29) = NJW 1952, 899; 8, 130 = NJW 1955, 1644 (zur Beurteilung der Glaubwürdigkeit einer Zeugin in den Wechseljahren); BGH NJW 1961, 1636; ferner dazu *Geipel*, StV 2008, 271; *Schwenn*, StV 2010, 705 (706); *Undeutsch*, in: Forensische Psychologie (1967), 26 (32–34). Ausf. zur Geschlechtergebundenheit des alten Sexualstrafrechts *Sick*, ZStW 103 [1991], 43 (43 ff.); *Vavra*, Strafbarkeit (2020), 97–100. Zu den sog. Vergewaltigungsmythen *Kratzer-Ceylan*, Finalität (2015), 23–36; *Sczesny/Krauel*, MschrKrim 1996, 338 (344); *Vavra*, Strafbarkeit (2020), 80–97; ferner *Barton*, in: Ostendorf-FS (2015), 41 ([43–44][50–51]).

251 *Deckers*, NJW 1999, 1365 (1366); *Deckers*, StraFo 2010, 372; *Geipel*, Beweiswürdigung (2017), § 16 Rn. 9, § 35 Rn. 40; *Laubenthal*, Sexualstraftaten (2012), Rn. 1–2; *Salditt*, StV 2002, 273; s. hierzu bspw. BGH NStZ 2002, 446 (447); BGH NStZ-RR 2002, 174 (175).

252 *Deckers*, in: Mißbrauch von Kindern (1999), 113; *Deckers*, NJW 1999, 1365 (1366); *Geipel*, StV 2008, 271; *Hoven*, MschrKrim 2017, 161 (164); *Schwenn*, StV 2010, 705 (705–706); ferner *Brüggemann*, Entwicklung und Wandel des Sexualstrafrechts (2013), 98 ff. S. zum Einfluss der Medien *Kaiser*, ZRP 2002, 30 (30 ff.). Zur Sensibilisierung für die Gefährdung von Kindern s. *Endres/Scholz*, NStZ 1994, 466.

Eine Wende nahm dieser Sensibilisierungsprozess in den 1990er Jahren vor allem hinsichtlich der Aufmerksamkeit für den sexuellen Missbrauch von Kindern und Jugendlichen, als es zu vermehrten „Aufdeckungsarbeiten“[253] durch Beratungsstellen für sexuelle Gewalt kam.[254] In der Folge kam es zu massenhaften, einer gesellschaftlichen und medialen Gruppendynamik entspringenden Missbrauchsvorwürfen.[255] Der Gipfel waren das *Montessori-Verfahren* (1992 bis 1995) vor dem Landgericht Münster und die sogenannten *Wormser Prozesse* (1994 bis 1997).[256] Während im Montessori-Verfahren einem Erzieher aus einem Montessori-Kinderhaus vorgeworfen wurde, zwischen 1983 und 1991 63 Kinder in insgesamt 750 Fällen sexuell missbraucht zu haben,[257] wurden in den Wormser Prozessen vor dem Landgericht Mainz drei Familien (insgesamt 25 Personen[258]) wegen sexuellen Missbrauchs von insgesamt 16 eigenen und fremden Kindern angeklagt.[259] In allen Verfahren wurden die Angeklagten letztlich freigesprochen als sich herausstellte, dass die Missbrauchsvorwürfe den kindlichen Belastungszeugen aufgrund fehlerhafter Befragung im Rahmen der „Aufdeckungsarbeiten“ suggeriert worden waren.[260]

---

253 Vgl. *Deckers*, NJW 1999, 1365; ausf. hierzu *Busse/Steller u.a.*, Praxis der Rechtspsychologie 2000, 3 (88–91); *Greuel*, in: Psychologie der Zeugenaussage (1997), 211 (212–213); *Steller*, R & P 1998, 11 (15); *Steller*, in: Mißbrauch (1999), 243 (250–255); *Steller*, Praxis der Rechtspsychologie 2000, 9; *Steller/Dahle*, in: Psychologie der Zeugenaussage (1997), 309; *Steller/Volbert*, in: Psychologie im Strafverfahren (1997), 12 (28–32).

254 Vgl. *Dettenborn*, NZFam 2016, 593 (594).

255 Vgl. *Kett-Straub*, ZStW 117 [2005], 354 (360).

256 Vgl. *Kett-Straub*, ZStW 117 [2005], 354 (359–360); *Schaefer*, NJW 2000, 928.

257 *Düx*, ZRP 2006, 82 (83); *Kett-Straub*, ZStW 117 [2005], 354 (359); ausf. *Schulz-Hardt/Köhnken*, Praxis der Rechtspsychologie 2000, 60 (60–62).

258 Eine Angeklagte verstarb in Haft.

259 *Effer-Uhe/Mohnert*, Psychologie (2019), Rn. 191; *Jansen*, Aussagepsychologie (2012), Rn. 788; *Kett-Straub*, ZStW 117 [2005], 354 (359); *Lorenz*, DRiZ 1999, 253; *Steller*, R & P 1998, 11; *Schade/Harschneck*, Praxis der Rechtspsychologie 2000, 28 (29); *Steller*, in: Mißbrauch (1999), 243; *Steller*, Praxis der Rechtspsychologie 2000, 9 (10). Oft ist nur von Worms I und II die Rede, s. *Heintschel-Heinegg*, in: Breidling-FS (2017), 143 (144). Ausganspunkt der Wormser Prozesse waren zwei unabhängige Familienrechtssachen, in denen Missbrauchsvorwürfe geäußert wurden, s. *Busse/Steller u.a.*, Praxis der Rechtspsychologie 2000, 3 (88).

260 Vgl. *Busse/Steller u.a.*, Praxis der Rechtspsychologie 2000, 3 (88); *Heintschel-Heinegg*, in: Breidling-FS (2017), 143 (144); *Jansen*, Aussagepsychologie (2012), Rn. 788; *Kett-Straub*, ZStW 117 [2005], 354 (359); *Rolinski*, in: Kühne-FS (2013), 297 (305); *Schade/Harschneck*, Praxis der Rechtspsychologie 2000, 28 (29 ff.); *Schulz-Hardt/Köhnken*, Praxis der Rechtspsychologie 2000, 60 (63 ff.); *Steller*, R & P 1998, 11; ausf. hierzu *Schade*, StV 2000, 165 (165 ff.); *Steller*, in: Mißbrauch (1999), 243 ([243–244][250–255]). Vgl. zudem das Echo in den öffentlichen Medien: *Friedrichsen*, „Gut gemeint, schlecht gemacht“, *Der Spiegel* Nr. 26/1997 (1997); *Rückert*, Inquisitoren des guten Willens, *Die Zeit [online]* Nr. 03/2007 (2007).

Diese Verfahren zeigen deutlich das Konfliktpotenzial beim Zusammentreffen von emotional aufgeladenen Delikten und der „Aussage gegen Aussage"-Konstellation, in der allein die Belastungsaussage auf dem Prüfstand steht.[261] *Gabriele Kett-Straub* fasst im Hinblick auf das Montessori-Verfahren zusammen:

> „Ein in jeder Hinsicht schlechtes Ergebnis: War der Angeklagte wirklich frei von Schuld, dann kann ein solches Verfahren mit seiner großen Medienpräsenz dennoch sein Leben zerstören. [...] Waren die Tatvorwürfe gerechtfertigt, ist dieser Angeklagte seiner Strafe entgangen, obwohl die entsprechenden Beweise ursprünglich vorhanden gewesen wären."[262]

II. Zur Viktimisierung

Um zu verdeutlichen, welchen „Balanceakt" der Richter bei „Aussage gegen Aussage" ausführen muss, ist an dieser Stelle noch ein kurzer Blick auf den Prozess des Opferwerdens (*Viktimisierung*)[263] zu werfen.

Zunächst stellt die (Sexual-)Straftat als solche mit ihren unmittelbaren Folgen für den Betroffenen eine schwere Verletzung der Persönlichkeit – und der sexuellen Integrität – dar (*primäre Viktimisierung*)[264] und kann, neben psychosomatischen Beschwerden, zu erheblichen Einschnitten im Alltag führen und mit gravierenden Langzeitfolgen verbunden sein.[265] Sobald die Tat bekannt geworden ist, können die hierauf folgenden Reaktionen des sozialen Umfelds, darunter auch die der Strafverfolgungsbehörden, zu einer Intensivierung des Opferwerdens führen (*sekundäre Viktimisierung*).[266] Diese kann sogar so weit gehen, dass sich der

261 Näher dazu *Deckers*, in: Eisenberg-FS (2009), 473 (473–477); speziell zu Gruppenaussagen gegen Lehrer und Heimerzieher *Arntzen*, Zeugenaussage (2011), 100–105.

262 *Kett-Straub*, ZStW 117 [2005], 354 (359–360).

263 *Kirchhoff*, in: Missbrauch (2005), 975 (976).

264 *Busse/Volbert*, in: Sexualstraftaten (1998), 211 (212); *Kirchhoff*, in: Missbrauch (2005), 975 (976); *Volbert*, in: Handbuch Rechtspsychologie (2008), 198; zur *primären Viktimisierung* kindlicher Zeugen aufgrund der Rollenzuweisung im Strafverfahren *Deckers*, NJW 1999, 1365 (1366).

265 *Laubenthal*, JZ 1996, 335 (338); *Sczesny/Krauel*, MschrKrim 1996, 338 ([339][341–342]); ausf. *Kratzer-Ceylan*, Finalität (2015), 44 ff. Beschränkungen im Alltag sind z.B. der Wechsel von Wohnung oder Arbeitsstelle, das Scheitern von Beziehungen, Isolation, die Flucht hin zu Drogen, Suizid usw. Gerade bei Kindern können diese Langzeitfolgen die gesamte weitere kognitive und emotionale Entwicklung beeinträchtigen, vgl. MüKo-StGB-*Renzikowski*, Vor § 174 Rn. 17, § 176 Rn. 11.

266 *Busse/Volbert*, in: Sexualstraftaten (1998), 211 (212); *Kirchhoff*, in: Missbrauch (2005), 975 (976); *Kölbel*, ZStW 119 [2007], 334 (336); *Laubenthal*, JZ 1996, 335 (338) (dort eingehend zur *sekundären Viktimisierung* bei kindlichen Opfern); *Volbert*, in: Handbuch Rechtspsychologie (2008), 198; krit., ob es den Effekt einer *sekundären Viktimisierung* überhaupt gibt: *Neuhaus*, StV 2017, 55 (56).

Betroffene mit der Opferrolle völlig identifiziert und als zentralen Bestandteil seiner Persönlichkeit ansieht (*tertiäre Viktimisierung*).[267]

Die mit einem Strafprozess einhergehende allgemeine Belastung für das Opfer sowie das erneute Durchleben der Tat bei seiner Aussage und die Konfrontation mit dem Täter vor Gericht, können ebenfalls zu einer Intensivierung des Opferwerdens in Form der sekundären Viktimisierung führen.[268] Dabei wird äußerst unterschiedlich bewertet, ob diese Belastung das Opfer weiter traumatisiert und ihm schadet oder ob die erneute Konfrontation mit der Übergriffsituation bei der Bewältigung des Erlebten sogar helfen kann.[269]

Nichtsdestoweniger sollte mit dem mutmaßlichen Opfer einer Straftat rücksichtsvoll umgegangen werden, um eine weitergehende Viktimisierung zu vermeiden.[270] An dieser Stelle steht der Tatrichter vor einem Dilemma: Zu Beginn des Prozesses steht noch nicht fest, ob er es tatsächlich mit dem Opfer einer Straftat zu tun hat. Denn das Vorliegen der Tat soll erst durch das Strafverfahren geklärt werden. Dem Richter steht hierfür in „Aussage gegen Aussage"-Konstellationen allerdings nur die Belastungsaussage zur Verfügung. Auch hat nach Art. 6 Abs. 3 lit. d) EMRK (Recht auf ein faires Verfahren) jede angeklagte Person grundsätzlich das Recht, Fragen an Belastungszeugen zu stellen.[271] Das Recht des Angeklagten auf ein faires Verfahren kann einer schonenden Behandlung des Belastungszeugen insoweit entgegenstehen.[272] Der EuGHMR führt insoweit aus:

267 *Kirchhoff*, in: Missbrauch (2005), 975 (976).

268 MüKo-StGB-*Renzikowski*, Vor § 174 Rn. 18, 61; *Pfäfflin*, StV 1997, 95 (97); *Sczesny/Krauel*, MschrKrim 1996, 338; *Vavra*, Strafbarkeit (2020), 78; ferner *Kratzer-Ceylan*, Finalität (2015), 46. Zur Belastung kindlicher Zeugen durch das Strafverfahren s. etwa *Jäger-Helleport*, Konstruktive Tatverarbeitung (2002), 66–72.

269 MüKo-StGB-*Renzikowski*, Vor § 174 Rn. 18, 61 geht von einer starken Belastung des Opfers durch das Strafverfahren aus; a.A. *Bender/Nack u.a.*, Tatsachenfeststellung (2014), Rn. 1506; *Geipel*, Beweiswürdigung (2017), § 35 Rn. 40; *Jansen*, Aussagepsychologie (2012), Rn. 154; *Kölbel*, ZStW 119 [2007], 334 (338–339); MAH-Strafverteidigung-*Schroth/Deckers*, § 49 Rn. 92; *Neuhaus*, StV 2017, 55 (56–57), wonach eine erneute Konfrontation mit dem Geschehen für einen Großteil der Opfer keine weitere oder langanhaltende Belastung bedeutet. Näher dazu *Volbert*, in: Handbuch Rechtspsychologie (2008), 198 (199 ff.); *Wille*, Aussage gegen Aussage (2012), 53–54.

270 Vgl. *Herta Däubler-Gmelin*, StV 2001, 359 (360); *Kölbel*, ZStW 119 [2007], 334 (334 ff.); MüKo-StGB-*Renzikowski*, § 176 Rn. 11; krit. *Schwenn*, StV 2010, 705 (706).

271 EGMR NJW 2003, 2297 (2298); 2003, 2893 (2894); vgl. hierzu a. MüKo-StGB-*Renzikowski*, Vor § 174 Rn. 61; eher zurückhaltend BGHSt 51, 150 (154–155) = NJW 2007, 237 (239).

272 MüKo-StGB-*Renzikowski*, Vor § 174 Rn. 61; s.a. *Ostendorf*, HRRS 2009, 158 (162): „Der Strafprozess dient nicht der therapeutischen Behandlung der Opfer, die Hauptverhandlung ist hierzu ein höchst ungeeigneter Ort."

> „Im Übrigen müssen die Besonderheiten von Strafverfahren wegen [...] Sexualstraftaten berücksichtigt werden. Diese Verfahren sind eine starke Belastung für das Opfer [...]. Deswegen ist es rechtmäßig, bestimmte Maßnahmen zum Schutz des Opfers zu treffen unter der Voraussetzung, dass sie sich mit der wirksamen und aussichtsreichen Ausübung der Rechte der Verteidigung vereinbaren lassen [...].“[273]

III. Der Belastungszeuge als „privilegierter Zeuge“

Steht am Ende eines Strafverfahrens ein Freispruch, könnte der Belastungsaussage leicht der Makel einer Falschaussage anhaften, zeichnet sich die „Aussage gegen Aussage“-Situation doch gerade durch die Divergenz der Angaben des Belastungszeugen und des Angeklagten aus.[274] Aufgrund der Unschuldsvermutung ist dies freilich grundsätzlich in Kauf zu nehmen.[275]

Dennoch wird vereinzelt die Kritik geäußert, dass Richter aus Sorge, dem Belastungszeugen mit einem Freispruch einen Mangel an Glaubwürdigkeit zu attestieren, die Unschuldsvermutung nicht konsequent anwenden.[276] Es wird befürchtet, dass zur Schonung des Belastungszeugen dem Angeklagten nahegelegt werde, sich geständig zu zeigen.[277] Dem Belastungszeugen werde daneben ein besonderes Vertrauen zugesprochen, sodass das angebliche Opfer ein „privilegierter Zeuge“[278] sei.[279] Die Kritiker berufen sich dabei meist auf eigene Beobachtungen in Strafverfahren.[280] Problematisch ist jedoch, ob und wie diese Beobachtungen objektiv bestätigt beziehungsweise widerlegt werden können.

Man könnte an eine Überprüfung anhand revisionsgerichtlicher Entscheidungen denken. Denn die Prüfpflichten des Revisionsgerichts beschränken sich zwar nach § 337 StPO auf die Überprüfung von Rechtsfehlern, sodass die tatrichterliche

---

273 EGMR NJW 2003, 2297 (2298).

274 *Meyer-Mews*, NJW 2000, 916; *Ostendorf*, HRRS 2009, 158 (162).

275 S.o. unter § 5 B.

276 So *Deckers*, StraFo 2010, 372; MAH-Strafverteidigung-*Schroth/Deckers*, § 49 Rn. 45; ferner *Schwenn*, StV 2010, 705 (706).

277 So *Düx*, ZRP 2006, 82 (84); *Geipel*, Beweiswürdigung (2017), § 35 Rn. 40; *Geipel*, StV 2008, 271 (272).

278 BeckOK-StPO-*Eschelbach*, § 261 Rn. 59; *Meyer-Mews*, NJW 2000, 916 (917).

279 *Bung*, StV 2009, 430 (432): „moralischer Kredit“; *Geipel*, Beweiswürdigung (2017), § 35 Rn. 40; *Geipel*, StV 2008, 271 (272); *Meyer-Mews*, NJW 2000, 916 (917); vgl. dazu *Effer-Uhe/Mohnert*, Psychologie (2019), Rn. 303: „Auch wenn Sie noch nicht wissen, wie sich der Zeuge verhalten wird: Geben Sie einen kleinen Vertrauensvorschuss in Form von zurückhaltender Freundlichkeit.“ Ein ähnl. Phänomen beschrieb schon *Reinecke*, MDR 1986, 630 (630 ff.) bzgl. des Zivilprozesses.

280 S. etwa *Düx*, ZRP 2006, 82 (83–84): „Der Verfasser dieses Artikels konnte als Strafverteidiger feststellen, [...]“; *Geipel*, StV 2008, 271 (271–272); *Schwenn*, StV 2010, 705, (705–706): „In den inzwischen mehr als dreißig Jahren eigener Erfahrung mit dem Strafprozeß [...]“.

Beweiswürdigung grundsätzlich keiner revisionsgerichtlichen Kontrolle unterliegt.[281] Aufgrund der erhöhten Anforderungen an die Beweiswürdigung bei „Aussage gegen Aussage" wachsen die Prüfpflichten jedoch mit, sodass die Beweiswürdigung des Tatgerichts nach § 261 StPO in diesen Fällen der kritischen Betrachtung im Rechtsmittelzug ausgesetzt ist.[282] Nach ständiger Rechtsprechung liegt ein sachlich-rechtlicher Fehler insoweit auch dann vor, wenn sich die Beweiswürdigung als widersprüchlich, unklar oder lückenhaft erweist oder gegen die Denkgesetze oder gesicherte Erfahrungssätze verstößt.[283] Eine Beweiswürdigung, bei der dem Belastungszeugen zulasten der Unschuldsvermutung ein besonderes Vertrauen zugesprochen wird, wäre *lückenhaft*, sodass die Entscheidung an einem Rechtsfehler leiden würde.[284]

Revisionsgerichtliche Entscheidungen, welche die Beobachtungen stützen, konnten von der Verfasserin nicht gefunden werden.[285] Allerdings ist zu bedenken,

---

281 Vgl. BGHSt 29, 18 (20) = NJW 1979, 2318; BGH BeckRS 2017, 139533, Rn. 5; HRRS 2016, Nr. 600, Rn. 10; NStZ 2002, 494 (495); 2003, 164 (165); 2012, 383 (384); NStZ-RR 2000, 171; 2002, 39; 2003, 206 (207); 2012, 148 (149); StV 2017, 367 (368); BeckOK-StPO-*Wiedner*, § 337 Rn. 128; *Nack*, StV 2002, 510 (511); *Pfeiffer*, StPO, § 337 Rn. 13; *Scharbius*, „Aussage gegen Aussage" (2017), 21–23; SK-StPO-*Frisch*, § 337 Rn. 118.

282 AnwaltK-*Deckers*, Vor § 174 Rn. 23; MAH-Strafverteidigung-*Schroth/Deckers*, § 49 Rn. 63; *Scharbius*, „Aussage gegen Aussage" (2017), 23–26 (m.w.N.): „erweiterte Revision".

283 BGH BeckRS 2017, 139533, Rn. 5; HRRS 2016, Nr. 600, Rn. 10; NStZ 2002, 494 (495); 2003, 164 (165); 2012, 383 (384); NStZ-RR 2000, 171; 2003, 206 (207); 2012, 148 (149); StV 2017, 367 (368); s.a. BeckOK-StPO-*Wiedner*, § 337 Rn. 129; *Nack*, StV 2002, 510 (511–513); *Pfeiffer*, StPO, § 337 Rn. 12; *Scharbius*, „Aussage gegen Aussage" (2017), 25.

284 Vgl. SK-StPO-*Frisch*, § 377 Rn. 130.

285 Die Verf. untersuchte folgende Gerichtsentscheidungen, in denen der Angekl. wegen eines Sexualdelikts trotz „Aussage gegen Aussage" verurteilt worden ist, deren Beweiswürdigung einer revisionsrechtlichen Überprüfung jedoch nicht standhielten: BGH BeckRS 2017, 139533; HRRS 2016, Nr. 600; NJW 1996, 207 (207 f.); NStZ 2000, 496; 2000, 496 (496 f.); 2002, 494 (494 f.); 2003, 164 (164 f.); 2003, 276 (276 ff.); 2009, 106 (106 f.); 2009, 107 (107 f.); 2015, 602 (602 f.); NStZ-RR 2002, 39 (39 f.); 2003, 206 (206 ff.); 2012, 383 (383 ff.); 2014, 219 (219 f.); StV 2002, 469 (469 f.); 2002 470; 2002, 471 (471 ff.); 2003, 543 (543 f.); 2005, 488 (488 f.); 2017, 367 (367 ff.). Bei der Betrachtung fiel allerdings auf, dass in vereinzelten revisionsgerichtlichen Entscheidungen der Belastungszeuge noch als „Geschädigter" bezeichnet wurde, s. z.B. BGH BeckRS 2017, 139533, *passim*; HRRS 2016, Nr. 600, *passim*; NJW 1996, 207, *passim*; NStZ 2000, 496; NStZ-RR 2014, 219; StV 2017, 367, *passim*; dazu a. *Schwenn*, StV 2010, 705 (706) in Fn. 9. Dabei verbietet die Unschuldsvermutung jede Antizipation des Beweisergebnisses, s. *Dahs*, NJW 1984, 1921; *Wille*, Aussage gegen Aussage (2012), 2. So bezeichnete der BGH den Belastungszeugen in anderen Entscheidungen treffender als „Zeuge/in" oder „Nebenkläger/in", s. z.B. BGH NStZ 2000, 496 (497); 2002, 494, *passim*; 2003, 164, *passim*; 2003, 276, *passim*; 2009, 106, *passim*; 2009, 107, *passim*; NStZ-RR 2002, 39, *passim*; 2003, 206, *passim*; 2012, 383, *passim*; StV 2002, 470; 2002, 470, *passim*; 2003, 543, *passim*; 2005, 488, *passim*. Allerdings

dass im Falle von „Aussage gegen Aussage" eine tatgerichtliche Entscheidung bereits dann an einem Rechtsfehler leidet, wenn das Gericht die Aussage des einzigen Belastungszeugen nicht so wiedergibt, dass dem Revisionsgericht eine Überprüfung der Entscheidung möglich ist.[286] Es kann also nicht ausgeschlossen werden, dass dem Belastungszeugen im Rahmen der Beweiswürdigung besonderes Vertrauen zugesprochen wurde. Die Annahme, bei dem Belastungszeugen handle es sich um einen „privilegierten Zeugen", ist insoweit unwiderlegbar.

E. Abschließende Überlegungen zur „Verfahrensbalance"

Trotz viktimologischer Überlegungen darf nicht in Vergessenheit geraten, dass es im Strafverfahren um eine mögliche Verurteilung des Angeklagten geht.[287] Eine Auseinandersetzung mit der Situation des Belastungszeugen und die für ihn möglichen psychischen Folgen darf zwar ein begleitendes Anliegen sein, jedoch nicht der Primärzweck des Strafprozesses.[288] Die höchstrichterliche Rechtsprechung betont dennoch immer wieder, dass die Gerichte verpflichtet sind, auch Opferschutzinteressen in ihre Erwägungen miteinzubeziehen.[289] Ein effektiver Opferschutz und die Ermittlung der Wahrheit unter Berücksichtigung der Unschuldsvermutung schließen sich also nicht notwendigerweise aus.[290]

---

könnte schon der Gesetzgeber dem Beweisergebnis vorgreifen, da er in der StPO teilweise v. „Verletzten" spricht, ohne dass ein Strafverfahren vorangegangen sein muss, vgl. *Dahs*, NJW 1984, 1921 (1921–1923); *Schwenn*, StV 2010, 705 (706) in Fn. 9; so z.B. in § 48 Abs. 3 StPO: „Ist der Zeuge zugleich der Verletzte [...]; § 395 Abs. 1 StPO: „[...] kann sich mit der Nebenklage anschließen, wer verletzt ist durch [...]"; § 397a Abs. 1 Nr. 1–5 StPO; §§ 406d–l StPO.

286 S. etwa BGH StV 2013, 7 (8); 2013 8 (9); SK-StPO-*Frisch*, § 337 Rn. 130. Das erstinstanzliche Urteil bildet die einzige Grundlage für eine revisionsgerichtliche Überprüfung, vgl. BGHSt 35, 238 (241) = NJW 1988, 3161 (3162); BGH NJW 2003, 150 (152): „Die Revision kann grundsätzlich nicht mit der Behauptung gehört werden, das Tatgericht habe sich mit einer bestimmten Aussage einer Beweisperson nicht auseinandergesetzt, wenn sich diese Aussage nicht aus dem Urteil selbst ergibt."; BeckOK-StPO-*Wiedner*, § 337 Rn. 128 (m.w.N.). Ausf. zu den Darstellungs- und Erörterungspflichten im Urteil *Scharbius*, „Aussage gegen Aussage" (2017), 127 ff.

287 Vgl. *Ostendorf*, HRRS 2009, 158 (162): „Insoweit ist das Strafverfahren täterorientiert, muss notwendigerweise täterorientiert sein." Ferner *Bung*, StV 2009, 430 (432); *Deckers*, NJW 1996, 3105 (3106) betreffend den sexuellen Missbrauch von Kindern: „Das opferorientierte Engagement sollte nicht vergessen, daß es von der Justiz nicht Hilfe für das Kind, sondern eine Sanktion gegen einen ‚vermeintlichen' Schädiger fordert."

288 *Ostendorf*, HRRS 2009, 158 (163).

289 S. etwa BGHSt 50, 40 (55) = NJW 2005, 1440 (1444); BGH NJW 2005, 1519 (1520–1521); NStZ-RR 2007, 21.

290 So aber *Blumenstein*, in: Handwörterbuch (2002), 605 (605–606); *Schwenn*, StV 2010, 705 (706); *Wille*, Aussage gegen Aussage (2012), 9.

Ergeht bei „Aussage gegen Aussage" ein Freispruch des Angeklagten mangels entgegenstehender Beweise, mag dies dem Belastungszeugen als Zeichen mangelnden Vertrauens in seine Person oder Aussage erscheinen.[291] Es ist allerdings die Konsequenz eines stringenten Strafprozesses, in dem der Straftäter überführt werden muss und nicht umgekehrt der Angeklagte seine Unschuld zu beweisen hat.[292] Sofern den Angaben des Belastungszeugen nicht gefolgt wird, stellt dies kein „aus einem Mangel an Wertschätzung [...] resultierendes Mißtrauen"[293] dar, sondern ist den Anforderungen an die richterliche Überzeugungsbildung nach § 261 StPO geschuldet.[294] Schließlich gehört es auch zur Wahrung der Unschuldsvermutung, den Wert der Belastungsaussage mittels wissenschaftlicher Erkenntnisse und Erfahrungsgrundsätze zu bestimmen,[295] zumal der Angeklagte bei „Aussage gegen Aussage" wenig Verteidigungsmöglichkeiten besitzt.[296] Insofern kommt in diesen Konstellationen der *lückenlosen Gesamtwürdigung aller Indizien*[297] eine entscheidende Rolle zu. Hiervon unberührt bleiben die strafprozessrechtlichen Möglichkeiten, die Belastung des Zeugen gering zu halten.[298]

---

291 S.o. § 5 D. III.

292 Vgl. *Bung*, StV 2009, 430 (432); *Ostendorf*, HRRS 2009, 158 (162).

293 *Laubenthal*, JZ 1996, 335 (338).

294 *Laubenthal*, JZ 1996, 335 (338). Dies gilt ebenso, wenn es um den sexuellen Missbrauch eines Kindes geht, vgl. *Deckers*, NJW 1996, 3105 (3106). Vor diesem Hintergrund sollten dem Belastungszeugen bereits während des Verfahrens ausf. und in verständlicher Weise die besondere Beweiskonstellation und die hieran gerichteten rechtsstaatlichen Anforderungen erklärt werden, s. *Ostendorf*, HRRS 2009, 158 (163). Nach *Müller-Luckmann*, in: Blau-FS (1985), 151 (156) ist eine empathische Einstellung gegenüber dem „Opferzeugen" eine wesentliche Vorbedingung für eine entlastende Atmosphäre bei Gericht und könnte gleichzeitig dazu geeignet sein, die notwendige Bereitschaft des Belastungszeugen zur Kooperation zu steigern.

295 *Brause*, NStZ 2007, 505 (507); *Maier*, NStZ 2005, 246 (250).

296 S. etwa BGH NStZ 2013, 57 (58); StV 2002, 470; *Bender/Nack u.a.*, Tatsachenfeststellung (2014), Rn. 1511; *Deckers*, StraFo 2010, 372 (376); *Geipel*, StV 2008, 271 (272); MAH-Strafverteidigung-*Schroth/Deckers*, § 49 Rn. 45; MüKo-StPO-*Miebach*, § 261 Rn. 230; ferner *Deckers*, in: Hamm-FS (2008), 53 (55).

297 S.o. § 4 A.

298 MüKo-StGB-*Renzikowski*, Vor § 174 Rn. 61. So kann bspw. der Angeklagte gem. § 247 StPO bei der Vernehmung des Belastungszeugen aus dem Sitzungszimmer entfernt werden, s.a. BeckOK-StPO-*Berg*, § 247 Rn. 5; MAH-Strafverteidigung-*Schroth/Deckers*, § 49 Rn. 88 ff. Weitere Bsp. sind die Befugnis zum Anschluss als Nebenkläger gem. § 395 Abs. 1, Nr. 1 StPO, die Bestellung eines Opferanwalts nach § 397a Abs. 1 StPO und der Beistand durch eine psychosoziale Prozessbegleitung gem. § 406g StPO, vgl. MüKo-StGB-*Renzikowski*, Vor § 174 Rn. 61; *Vavra*, Strafbarkeit (2020), 79. Ebenfalls ist an dieser Stelle der Ausschluss der Öffentlichkeit nach §§ 171b, 172 GVG zu nennen. Nach BeckOK-StPO-*Eschelbach*, § 261 Rn. 59 habe der Strafprozess damit praktisch die Parteistellung des mutmaßlichen Opfers akzeptiert.

Die gerichtliche Entscheidung darf nicht aufgrund der Rollenverteilung im Strafverfahren erfolgen, sondern muss wissenschaftlich begründet sein.[299] Anders gewendet: Es darf nicht auf die formale Stellung des Aussagenden im Prozess, sondern allein auf den inneren Wert der Aussage ankommen.[300] Die Unschuldsvermutung lässt allerdings die „Waage“ zunächst zugunsten des Angeklagten ausschlagen.[301]

Es wird noch genau zu untersuchen sein, wie ein Tatrichter den Wert einer Aussage mittels wissenschaftlicher Erkenntnisse und Erfahrungssätze bestimmen und bei „Aussage gegen Aussage“ zu einer Überzeugungsbildung nach § 261 StPO gelangen kann. Zuvor sind jedoch die Nachweisvorgaben des § 177 Abs. 1 StGB in den Blick zu nehmen, damit anhand dieser das Spektrum der Erkenntnismöglichkeiten in „Aussage gegen Aussage“-Situationen dargestellt werden kann.

---

299 Vgl. BGH NStZ 2004, 635 (636).

300 BGH NJW 1963, 869 (870); NStZ 2004, 635 (636); OLG Bremen NZV 1991, 41 (42) – zum Bußgeldverfahren; *Deckers*, in: Hamm-FS (2008), 53 (54–55); *Deckers*, in: Eisenberg-FS (2009), 473 (494); *Deckers*, StraFo 2010, 372 (376); MAH-Strafverteidigung-*Schroth/Deckers*, § 49 Rn. 40; *Miebach*, NStZ-RR 2016, 329 (330); MüKo-StPO-*Miebach*, § 261 Rn. 238.

301 S.o. § 5 B. Es wird vielfach angezweifelt, dass dies auch in der Praxis so umgesetzt werde, so *Deckers*, NJW 1999, 1365 (1366); *Salditt*, StV 2002, 273. Teilw. wird v. einer Umkehr der Unschuldsvermutung gesprochen, so *Deckers*, NJW 1999, 1365 (1366); *Geipel*, Beweiswürdigung (2017), § 12 Rn. 60; *Schünemann*, StV 1998, 391 (399); *Schwenn*, StV 2010, 705 (706). Vereinzelt ist sogar von einer de facto *„in dubio contra reum“*-Rechtsprechung die Rede, so *Geipel*, Beweiswürdigung (2017), § 16 Rn. 1 ff.; *Geipel*, StV 2008, 271 (272); *Meyer-Mews*, NJW 2000, 916 (917); *Putzke/Scheinfeld u.a.*, ZStW 121 [2009], 607 (608); *Schmuck/Brügge-Niemann*, NJOZ 2014, 601 (603); *Schünemann*, StV 2000, 159 (163).

Dritter Teil: Der sexuelle Übergriff nach § 177 Abs. 1 StGB

„Kein Zweig der Gesetzgebungsgewalt äufsert sich in gleichem Maafse durch Erlafs von sog. Gelegenheitsgesetzen wie die Schaffung von Strafgesetzen.“

Karl Binding[302]

302 *Binding*, Gemeines Straftrecht BT (1902), 20.

§ 6 Die „Nein-heißt-Nein"-Lösung

A. Von der sexuellen Nötigung zum sexuellen Übergriff

Nicht selten ist zu lesen, dass § 177 Abs. 1 StGB die Tatgerichte unter Beweiswürdigungsgesichtspunkten vor erhebliche Probleme stellt.[303] Vor allem wenn „Aussage gegen Aussage" steht, werde man die Beweiswürdigung kaum schon darauf stützen dürfen, wessen Geschichte plausibler ist.[304]

Welche Probleme gemeint sind, wird noch zu beleuchten sein.[305] Um die Vorgaben des Nachweises einer Tat nach § 177 Abs. 1 StGB und damit einhergehende Schwierigkeiten in einem Gesamtzusammenhang darstellen zu können, ist zunächst ein kurzer Blick auf die Entstehungsgeschichte des § 177 Abs. 1 StGB zu werfen. Bis November 2016 lautete dessen Wortlaut:

> (1) Wer eine andere Person
> 1. mit Gewalt,
> 2. durch Drohung mit gegenwärtiger Gefahr für Leib oder Leben oder
> 3. unter Ausnutzung einer Lage, in der das Opfer der Einwirkung des Täters schutzlos ausgeliefert ist,
>
> nötigt, sexuelle Handlungen des Täters oder eines Dritten an sich zu dulden oder an dem Täter oder einem Dritten vorzunehmen, wird mit Freiheitsstrafe nicht unter einem Jahr bestraft.

Mit dem 50. StrÄndG wurde die sogenannte „Nein-heißt-Nein"-Lösung in das Strafgesetzbuch eingeführt[306] und § 177 Abs. 1 StGB wie folgt geändert:

> (1) Wer gegen den erkennbaren Willen einer anderen Person sexuelle Handlungen an dieser Person vornimmt oder von ihr vornehmen lässt oder diese Person zur Vornahme oder Duldung sexueller Handlungen an oder von einem Dritten bestimmt, wird mit Freiheitsstrafe von sechs Monaten bis zu fünf Jahren bestraft.

---

303 So bspw. MüKo-StGB-*Renzikowski*, § 177 Rn. 48; *Renzikowski*, NJW 2016, 3553 (3554); Schönke/Schröder-*Eisele*, § 177 Rn. 19; s.a. in den öffentlichen Medien etwa *Süddeutsche Zeitung [online]*, Juristen und Polizisten kritisieren neues Sexualstrafrecht (2016).

304 MüKo-StGB-*Renzikowski*, § 177 Rn. 48.

305 S. dazu unter § 7.

306 Genauer dazu noch unter § 6 D. IV.

§ 177 Abs. 1 StGB bildet – gemeinsam mit § 177 Abs. 2 StGB[307] – den Grundtatbestand des *sexuellen Übergriffs*.[308]

Welche Beweggründe hinter der Änderung stehen und ob die Beweissituation bei „Aussage gegen Aussage" dabei eine Rolle gespielt hat, wird im Folgenden zu untersuchen sein. Vor diesem Hintergrund ist es unumgänglich, sich zunächst mit dem *Rechtsgut*[309] des § 177 Abs. 1 StGB zu befassen.[310]

B. Das Rechtsgut der sexuellen Selbstbestimmung

I. „Verbrechen und Vergehen wider die Sittlichkeit"

Bei Inkrafttreten des Reichsstrafgesetzbuches von 1871[311] war der 13. Abschnitt mit „Verbrechen und Vergehen wider die Sittlichkeit" überschrieben.[312] Verteidigt wurde das *Scham- und Sittlichkeitsgefühl* des „normalen Menschen"[313] in geschlechtlicher Beziehung.[314] Kriterien für die strafrechtliche Relevanz waren

---

307 § 177 Abs. 2 StGB lautet: „Ebenso wird bestraft, wer sexuelle Handlungen an einer anderen Person vornimmt oder von ihr vornehmen lässt oder diese Person zur Vornahme oder Duldung sexueller Handlungen an oder von einem Dritten bestimmt, wenn der Täter ausnutzt, dass die Person nicht in der Lage ist, einen entgegenstehenden Willen zu bilden oder zu äußern (Nr. 1), der Täter ausnutzt, dass die Person auf Grund ihres körperlichen oder psychischen Zustands in der Bildung oder Äußerung des Willens erheblich eingeschränkt ist, es sei denn, er hat sich der Zustimmung dieser Person versichert (Nr. 2), der Täter ein Überraschungsmoment ausnutzt (Nr. 3), der Täter eine Lage ausnutzt, in der dem Opfer bei Widerstand ein empfindliches Übel droht (Nr. 4), oder der Täter die Person zur Vornahme oder Duldung der sexuellen Handlung durch Drohung mit einem empfindlichen Übel genötigt hat (Nr. 5)."

308 BeckOK-StGB-*Ziegler*, § 177 Rn. 8; *Eisele*, JR 2019, 542; *El-Ghazi*, ZIS 2017, 157 (158); *Hörnle*, NStZ 2017, 13 (14); *Vavra*, Strafbarkeit (2020), 414.

309 Eingehend zum Rechtsgüterschutz und zur Rechtsgutstheorie etwa *Amelung*, in: Rechtsgutstheorie (2003), 155 (155 ff.); *Frisch*, in: Rechtsgutstheorie (2003), 215 (215 ff.); *Hefendehl*, in: Rechtsgutstheorie (2003), 119 (119 ff.); *Seher*, in: Rechtsgutstheorie (2003), 39 (39 ff.); *Sternberg-Lieben*, in: Rechtsgutstheorie (2003), 65 (65 ff.).

310 Vorliegend genügt eine kurze Betrachtung des Rechtsguts, da sich die Literatur bereits eingehend mit dem Schutzanliegen des Sexualstrafrechts beschäftigt hat, vgl. nur *Brüggemann*, Entwicklung und Wandel des Sexualstrafrechts (2013), 31–33; *Hörnle*, ZStW 127 [2015], 851 (851 ff.); *Kempe*, Sexualstrafrecht (2018), 51–53; *Kratzer-Ceylan*, Finalität (2015), 186–189; *Sick*, Sexuelles Selbstbestimmungsrecht (1993), 82–87; *Sick/Renzikowski*, in: Schroeder-FS (2006), 603 (603 ff.); *Vavra*, Strafbarkeit (2020), 112 ff.

311 Strafgesetzbuch für das Deutsche Reich vom 14.6.1871, RGBl. 24, 127.

312 RGBl. 24, 127 (160); vgl. zudem *Laubenthal*, Sexualstraftaten (2012), Rn. 13; LK-*Hörnle*, Vor § 174 Rn. 3; näher zum RStGB v. 1871 *Kratzer-Ceylan*, Finalität (2015), 105–139; *Sick*, Sexuelles Selbstbestimmungsrecht (1993), 50–63.

313 BGHSt 23, 40 (41–42) = NJW 1969, 1818.

314 Vgl. BGHSt 23, 40 (41–42) = NJW 1969, 1818 m.w.N. zur Rspr.

insoweit die sittliche Anstößigkeit oder die Immoralität eines Verhaltens.[315] Lange Zeit sollte sich dieser „monistisch[e] Wertrigorismus“[316] sowohl bei der Gesetzgebung als auch in der Rechtsprechung des Reichsgerichts und zunächst auch noch in der des Bundesgerichtshofs durchsetzen.[317]

II. „Straftaten gegen die sexuelle Selbstbestimmung“

Erst im Jahr 1969 wandte sich der Bundesgerichthof mit seiner „Fanny Hill“-Entscheidung von der überkommenen Auffassung, das Strafrecht habe auf geschlechtlichem Gebiet einen moralischen Standard des erwachsenen Bürger durchzusetzen, ab und stellte den Schutz der Sozialordnung der Gemeinschaft vor Störungen und groben Belästigungen in den Vordergrund.[318] Der vom Bundesgerichtshof in seinem Urteil aufgegriffene grundlegende Wandel in der Einstellung der Öffentlichkeit zur Sexualität[319] stieß eine umfassende Reformdebatte über die Integration des neuen Bildes von Sexualität an und mündete im Jahr 1973 in dem Vierten Gesetz zur Reform des Strafrechts (4. StrRG)[320.321] Seitdem steht das Rechtsgut der *sexuellen Selbstbestimmung* im Zentrum des 13. Abschnitts des Strafgesetzbuches.[322]

---

315 S. *Brüggemann*, Entwicklung und Wandel des Sexualstrafrechts (2013), 30; *Kempe*, Sexualstrafrecht (2018), 51; *Laubenthal*, Sexualstraftaten (2012), Rn. 13; *Sick*, Sexuelles Selbstbestimmungsrecht (1993), 57 ff.

316 *Laubenthal*, Sexualstraftaten (2012), Rn. 19.

317 *Laubenthal*, Sexualstraftaten (2012), Rn. 17–21 m.N. zur Rspr.

318 BGHSt 23, 40 (43–44) = NJW 1969, 1818 (1819); bestätigt durch BGHSt 24, 318 (319) = NJW 1972, 880; vgl. zudem *Laubenthal*, Sexualstraftaten (2012), Rn. 22; MüKo-StGB-*Renzikowski*, Vor § 174 Rn. 3; *Schumann/Schefer*, in: Kindhäuser-FS (2019), 811 (813); SK-StGB-*Wolters*, Vor § 174 Rn. 1; *Vavra*, Strafbarkeit (2020), 152–154.

319 BGHSt 23, 40 (43) = NJW 1969, 1818 (1819): „Gleichwohl kann die Rechtsprechung nicht an einer tiefgreifenden und nachhaltigen Änderung der allgemeinen Anschauung über die Toleranzgrenze gegenüber geschlechtsbezogenen Äußerungen vorbeigehen [...]. Einen solchen Wandel hat aber die allgemeine Auffassung in der jüngeren Vergangenheit offensichtlich durchgemacht [...].“

320 Viertes Gesetz zur Reform des Strafrechts vom 23.11.1973, BGBl. I, 1725.

321 *Kratzer-Ceylan*, Finalität (2015), 182–186; *Laubenthal*, Sexualstraftaten (2012), Rn. 24–27; LK-*Hörnle*, Vor § 174 Rn. 4–7; MüKo-StGB-*Renzikowski*, Vor § 174 Rn. 2–6; *Sick*, Sexuelles Selbstbestimmungsrecht (1993), 78; SSW-StGB-*Wolters*, Vor §§ 174 ff., Rn. 1; näher zur Neuordnung durch das 4. StrRG *Brüggemann*, Entwicklung und Wandel des Sexualstrafrechts (2013), 247–254.

322 *Hoven/Weigend*, JZ 2017, 182; *Kempe*, Sexualstrafrecht (2018), 51–52; *Kratzer-Ceylan*, Finalität (2015), 186; *Laubenthal*, Sexualstraftaten (2012), Rn. 5, 28; LK-*Hörnle*, Vor § 174 Rn. 27; *Papathanasiou*, KriPoZ 2016, 133; Schönke/Schröder-*Eisele*, Vor §§ 174 ff., Rn. 1a (krit. zur Begriffswahl); *Sick*, Sexuelles Selbstbestimmungsrecht (1993), 79–82; *Sick/Renzikowski*, in: Schroeder-FS (2006), 603; *Vavra*, Strafbarkeit (2020), 153–154. Die Überschrift des 13. Abschnitts des StGB lautet seit dem 4. StrRG „Straftaten gegen die sexuelle Selbstbestimmung“.

Die sexuelle Selbstbestimmung meint grundsätzlich nicht die Freiheit *zu* sexuellen Handlungen, da dies oftmals nur zum Nachteil anderer Personen möglich wäre.[323] Vielmehr ist das Recht auf sexuelle Selbstbestimmung als ein *Abwehrrecht* des Einzelnen und damit als Freiheit *vor* Fremdbestimmung auf sexuellem Gebiet zu verstehen.[324] Anders gewendet: Es geht um die freie Entscheidung über das „Ob“, das „Wann“ und das „Wie“ der sexuellen Begegnung.[325]

Obwohl sämtliche Vorschriften des 13. Abschnitts unter die „Straftaten gegen die sexuelle Selbstbestimmung“ zu fassen sind, fällt schon bei flüchtiger Betrachtung einiger Vorschriften in diesem Abschnitt auf, dass diese das Rechtsgut näher konkretisieren und der Schutzgegenstand nach der Art des jeweiligen Tatbestandes variieren kann.[326] Der sexuellen Selbstbestimmung als Oberbegriff wohnt damit eine gewisse Abstraktheit inne (*sexuelle Selbstbestimmung im weiteren Sinne*).[327] Daneben bildet die Freiheit der sexuellen Selbstbestimmung als Teilaspekt des Persönlichkeitsrechts (Art. 2 Abs. 1 i.V.m. Art. 1 Abs. 1 GG) und mit einem starken Bezug zur Intimsphäre, die wiederum zum Schutzbereich des Achtungsanspruchs gegenüber der Menschenwürde gehört (Art. 1 Abs. 1 GG), das alleinig geschützte Rechtsgut des § 177 StGB (*sexuelle Selbstbestimmung im engeren Sinne*).[328] Hierbei

---

323 *Laubenthal*, Sexualstraftaten (2012), Rn. 29; *Sick*, Sexuelles Selbstbestimmungsrecht (1993), 87; ferner *Kempe*, Sexualstrafrecht (2018), 52; *Vavra*, Strafbarkeit (2020), 115–118, 156–157; ähnl. *Fischer*, StGB, Vor § 174 Rn. 6; LK-*Hörnle*, Vor § 174 Rn. 28; Schönke/Schröder-*Eisele*, Vor §§ 174 ff., Rn. 1a.

324 *Laubenthal*, Sexualstraftaten (2012), Rn. 29; LK-*Hörnle*, Vor § 174 Rn. 28; MüKo-StGB-*Renzikowski*, Vor § 174 Rn. 8; Schönke/Schröder-*Eisele*, Vor §§ 174 ff., Rn. 1b; *Schumann/Schefer*, in: Kindhäuser-FS (2019), 811 (813–814); *Sick*, Sexuelles Selbstbestimmungsrecht (1993), 87; ferner *Kempe*, Sexualstrafrecht (2018), 52; *Kratzer-Ceylan*, Finalität (2015), 186; *Vavra*, Strafbarkeit (2020), 115–118, 156–157.

325 *Fischer*, StGB, Vor § 174 Rn. 5; *Hoven/Weigend*, JZ 2017, 182 (183); *Kindhäuser*, LPK, Vor §§ 174–184j, Rn. 1; *Laubenthal*, Sexualstraftaten (2012), Rn. 29; Matt/Renzikowski-*Eschelbach*, § 177 Rn. 3; MüKo-StGB-*Renzikowski*, Vor § 174 Rn. 8; *Schumann/Schefer*, in: Kindhäuser-FS (2019), 811 (814); *Sick*, Sexuelles Selbstbestimmungsrecht (1993), 87; *Sick/Renzikowsk*, in: Rössner-FS (2015), 928 (930); ferner *El-Ghazi*, ZIS 2017, 157 (159); *Kempe*, Sexualstrafrecht (2018), 52–53; *Lampig*, JR 2017, 347 (348); *Vavra*, Strafbarkeit (2020), 113, 157.

326 *Fischer*, StGB, Vor § 174 Rn. 5a; Lackner/Kühl-*Heger*, Vor § 174 Rn. 1; *Laubenthal*, Sexualstraftaten (2012), Rn. 29, 94; Schönke/Schröder-*Eisele*, Vor §§ 174 ff., Rn. 1a–1b; vgl. LK-*Hörnle*, Vor § 174 Rn. 27–40; *Sick/Renzikowski*, in: Schroeder-FS (2006), 603 (608–615); SK-StGB-*Wolters*, Vor § 174 Rn. 10. So sollen bspw. §§ 174a, 174b StGB die Störungsfreiheit von Verwahrung- und Abhängigkeitsverhältnissen gewährleisten, während §§ 174, 176–176b StGB die ungestörte Entwicklung geschlechtliche Entwicklung von Kindern und Jugendlichen schützen, s. *Fischer*, StGB, Vor § 174 Rn. 5a; *Laubenthal*, Sexualstraftaten (2012), Rn. 95–100; SSW-StGB-*Wolters*, Vor §§ 174 ff., Rn. 7.

327 *Laubenthal*, Sexualstraftaten (2012), Rn. 30, 94; s.a. Lackner/Kühl-*Heger*, Vor § 174 Rn. 1; krit. insoweit AnwaltK-*Deckers*, Vor § 174 Rn. 11.

328 BeckOK-StGB-*Ziegler*, § 177 Rn. 6; *El-Ghazi*, ZIS 2017, 157 (159); *Kindhäuser*, LPK, Vor §§ 174–184j, Rn. 2; Lackner/Kühl-*Heger*, § 177 Rn. 1; *Laubenthal*, Sexualstraftaten

macht die Definition der sexuellen Selbstbestimmung als Freiheit vor Fremdbestimmung auf sexuellem Gebiet deutlich, dass nicht die *sexuelle Handlung* als solche der rechtlichen Missbilligung unterliegt, sondern vielmehr deren Ausführung unter Missachtung des Willens des Betroffenen.[329]

III. Die sexuelle Handlung

Für die Beantwortung der Frage, ob überhaupt eine sexuelle Handlung vorliegt, kommt es erneut auf das geschützte Rechtsgut an. Der Begriff der „sexuellen Handlung" hat sich durch das 50. StrÄndG nicht geändert.[330] Allerdings findet sich im Gesetz auch nach wie vor keine Legaldefinition.[331] In § 184h Nr. 1 StGB wird die Begriffsbestimmung der sexuellen Handlung vielmehr weiterhin vorausgesetzt.[332] Erforderlich bleibt die *Sexualbezogenheit* des Täterverhaltens,[333] sodass die Handlung eine Beziehung zum Bereich des Geschlechtlichen aufweisen muss.[334] Der sexuelle Bezug liegt vor, wenn die Handlungen bereits objektiv, also allein gemessen an ihrem *äußeren Erscheinungsbild* die Sexualbezogenheit erkennen lassen.[335]

(2012), Rn. 30, 95; LK-*Hörnle*, Vor § 174 Rn. 1; Matt/Renzikowski-*Eschelbach*, § 177 Rn. 3; MüKo-StGB-*Renzikowski*, § 177 n.F. Rn. 1; SK-StGB-*Noltenius/Wolters*, § 177 Rn. 8. Nach *Hoven*, KriPoZ 2018, 2 (7–8); *Hoven/Weigend*, JZ 2017, 182 (184); *Hoven/Weigend*, KriPoZ 2018, 156 (156) ist Schutzgut des § 177 Abs. 1 StGB nicht mehr die Fähigkeit einer Person zur sexuellen Selbstbestimmung, sondern die Achtung ihrer Willensentscheidung.

329 *Cirullies*, Stellungnahme zur Anhörung im Rechtsausschuss (2015), 2; *El-Ghazi*, ZIS 2017, 157 (165); *Kempe*, Sexualstrafrecht (2018), 53; ähnl. *Sick/Renzikowsk*, in: Rössner-FS (2015), 928 (931); zur „transformativen Kraft der Zustimmung" *Vavra*, Strafbarkeit (2020), 120–137.

330 *El-Ghazi*, ZIS 2017, 157 (160).

331 S. *El-Ghazi*, ZIS 2017, 157 (160); *Fischer*, StGB, § 184h, Rn. 2; MüKo-StGB-*Hörnle*, § 184h, Rn. 2; Schönke/Schröder-*Eisele*, § 184h, Rn. 4; *Vavra*, Strafbarkeit (2020), 166.

332 Vgl. *Laubenthal*, Sexualstraftaten (2012), Rn. 102; Schönke/Schröder-*Eisele*, § 184h, Rn. 4. § 184g Nr. 1 StGB a.F. wurde umnummeriert und gilt unverändert als § 184h Nr. 1 StGB weiter. Nach *El-Ghazi*, ZIS 2017, 157 (160–161) könne gerade im Hinblick auf den Tatbestand der sexuellen Belästigung nach § 184i StGB die Reform jedoch nicht spurlos an der Auslegung des § 184h StGB vorbeigehen.

333 Vgl. *Laubenthal*, Sexualstraftaten (2012), Rn. 102; Schönke/Schröder-*Eisele*, § 184h, Rn. 6.

334 *Laubenthal*, Sexualstraftaten (2012), Rn. 102; s.a. *Fischer*, StGB, § 184h, Rn. 2; *Vavra*, Strafbarkeit (2020), 167.

335 S. nur BGHSt 61, 173 (176) = NJW 2016, 2049 (2049). Ausf. dazu *Laubenthal*, Sexualstraftaten (2012), Rn. 102 ff. m.w.N.; s.a. *El-Ghazi*, ZIS 2017, 157 (160); *Fischer*, StGB, § 184h, Rn. 3–4; Lackner/Kühl-*Heger*, § 184h, Rn. 2 ff. (krit.); LK-*Hörnle*, § 177 Rn. 8 ff.; MüKo-StGB-*Hörnle*, § 184h, Rn. 3; NK-*Frommel*, § 184h, Rn. 1; Schönke/Schröder-*Eisele*, § 184h, Rn. 6 ff.; SK-StGB-*Noltenius/Wolters*, § 177 Rn. 10; *Vavra*, Strafbarkeit (2020), 166 ff.

Gemäß § 184h Nr. 1 StGB fallen jedoch nur solche sexuellen Handlungen unter das Strafgesetzbuch, die im Hinblick auf *das jeweils geschützte Rechtsgut* von einiger *Erheblichkeit* sind.[336] Die Erheblichkeit ist sowohl *normativ*, das heißt nach der Bedeutung der Rechtsgutgefährdung,[337] als auch *quantitativ*, also nach der Art, Intensität und Dauer des Vorgehens, welches das Rechtsgut gefährdet, zu bestimmen.[338] Es gilt: Je schutzwürdiger ein Rechtsgut erscheint, desto geringer sind die Anforderungen an die Intensität der sexuellen Handlung.[339] Letztendlich muss für die Erheblichkeit im Sinne des § 184h Nr. 1 StGB eine sozial nicht mehr hinnehmbare Rechtsgutsbeeinträchtigung zu befürchten sein.[340]

C. Das 50. StrÄndG

Seit dem 4. StrRG im Jahr 1973 nimmt der Gesetzgeber regelmäßig Änderungen an dem 13. Abschnitt vor.[341] Seine letzte große Änderung erfuhr der Abschnitt im November 2016 mit dem 50. StrÄndG.[342]

---

336 Vgl. *Laubenthal*, Sexualstraftaten (2012), Rn. 110; Schönke/Schröder-*Eisele*, § 184h, Rn. 4.

337 Mehrere vergleichbare sexuelle Handlungen können bei unterschiedlicher Schutzrichtung der einzelnen Tatbestände im Hinblick auf die Erheblichkeit auch unterschiedlich zu bewerten sein, vgl. *Laubenthal*, Sexualstraftaten (2012), Rn. 115; s.a. Schönke/Schröder-*Eisele*, § 184h, Rn. 16.

338 Ausf. dazu *Laubenthal*, Sexualstraftaten (2012), Rn. 110 ff. m.N. zur Rspr.; s.a. *El-Ghazi*, ZIS 2017, 157 (160); *Fischer*, StGB, § 184h, Rn. 5 ff. (dort m. umfangreiche Kasuistik); LK-*Hörnle*, § 177 Rn. 9 ff.; NK-*Frommel*, § 184h, Rn. 3; Schönke/Schröder-*Eisele*, § 184h, Rn. 15a–15b (m. umfangreiche Kasuistik); *Vavra*, Strafbarkeit (2020), 179 ff.

339 *Laubenthal*, Sexualstraftaten (2012), Rn. 115: „Die Erheblichkeit richtet sich somit nach dem Grad der Gefährlichkeit der sexuellen Handlung für das betroffene Rechtsgut." Ferner *Fischer*, StGB, § 184h, Rn. 5; Lackner/Kühl-*Heger*, § 184h, Rn. 5.

340 BGHSt 61, 173 (177) = NJW 2016, 2049; *Fischer*, StGB, § 184h, Rn. 5; *Laubenthal*, Sexualstraftaten (2012), Rn. 112 ff. (alle m.w.N. zur Rspr.); ferner *Vavra*, Strafbarkeit (2020), 182.

341 *Deckers*, StV 2017, 410; *Lederer*, StV 2021, 322 (323); NK-*Frommel*, Vor §§ 174 ff., Rn. 9; vgl. AnwaltK-*Deckers*, Vor § 174 Rn. 1–3; *Brüggemann*, Entwicklung und Wandel des Sexualstrafrechts (2013), 264 ff.; *Fischer*, StGB, Vor § 174 Rn. 1–3b; *Hörnle*, KriPoZ 2018, 12 (13): „Flickenteppich"; *Kratzer-Ceylan*, Finalität (2015), 189 ff.; *Laubenthal*, Sexualstraftaten (2012), Rn. 31 ff.; LK-*Hörnle*, Vor § 174 Rn. 12–23; MüKo-StGB-*Renzikowski*, Vor § 174 Rn. 80 ff. (dort in Rn. 105 und § 177 Rn. 38 mit der Prognose über weitere Änderungen); Schönke/Schröder-*Eisele*, Vor §§ 174 ff., Rn. 1 ff.; SK-StGB-*Wolters*, Vor § 174 Rn. 2 ff.; SSW-StGB-*Wolters*, Vor §§ 174 ff., Rn. 2–6. Das sog. „Upskirting" ist nun gem. § 184k StGB strafbar; vgl. dazu *Lederer*, ebd. m. Fn. 11. Am 25.03.2021 hat der Deutsche Bundestag das Gesetz zur Bekämpfung sexualisierter Gewalt gegen Kinder beschlossen, s. Meldung des BMJV v. 25.03.2021, verfügbar unter: https://perma.cc/PL9F-5LN4 [Perma Link]; krit. dazu *Hörnle*, ZIS 2020, 440 (440 ff.); *Lederer*, StV 2021, 322 (323 ff.).

342 BGBl. I, 2460; vgl. § 1 A.

Obwohl die Reform häufig – vor allem von der medialen Berichtserstattung – mit den *Ereignissen in der Silvesternacht 2015 in Köln*[343] in Zusammenhang gebracht wird,[344] liegen die Anfänge der Reformdebatte weiter zurück.[345] Schon während der Unterzeichnung der sogenannten *Istanbul-Konvention*[346] im Jahr 2011 stand das deutsche Sexualstrafrecht auf dem Prüfstand.[347] Die Ereignisse in der besagten Silvesternacht beschleunigten jedoch den bereits entfachten Diskurs, der aufgrund der medialen Aufmerksamkeit immer weitere Kreise zog.[348] Im Zentrum der Diskussion stand dabei stets § 177 Abs. 1 StGB in der Fassung vom 1. April 1998[349].

I. „Schutzlücken" der sexuellen Nötigung nach § 177 Abs. 1 StGB a.F.

Vor allem in der Literatur wurden „Schutzlücken" des materiellen Sexualstrafrechts, insbesondere aufgrund der Konstruktion des § 177 Abs. 1 StGB a.F. und dessen Auslegung, angeprangert.[350] An dieser Stelle ist anzumerken, dass es sich

---

343 In der Silvesternacht 2015/2016 kam es in Köln im Bereich des Hauptbahnhofs und des Kölner Doms zu zahlreichen sexuellen Übergriffen auf Frauen durch Gruppen junger Männer vornehmlich nordafrikanischer und arabischer Herkunft. In vielen Fällen wurden die Übergriffe ausgenutzt, um Eigentumsdelikte zu begehen, s. zum Ganzen den Schlussbericht des Parlamentarischen Untersuchungsausschusses des nordrheinfestfälischen Landtags (LT NRW-Drs. 16/14450); vgl. zudem die öffentliche Berichterstattung, exemplarisch hier nur *Michel/Schönian u.a.*, Was geschah in Köln?, *Die Zeit [online]* (2016).

344 So etwa v. *Hörnle*, Betatschen ist nicht immer strafbar, *Frankfurter Allgemeine Zeitung [online]* (2016); *Kulms*, Große Koalition will schärfere Gesetze, *Deutschlandfunk [online]* (2016).

345 Ähnl. MüKo-StGB-*Renzikowski*, § 177 n.F. Rn. 30; *Renzikowski*, NJW 2016, 3553; klarstellend in den öffentlichen Medien insoweit *Fischer*, Zum letzten Mal: Nein heißt Nein, *Die Zeit [online]* (2016); *Fischer*, Volk in Angst, *Die Zeit [online]* (2016); *Lorenz*, Reform des Sexualstrafrechts: Heißt auch ein inneres Nein nein?, *Legal Tribune Online* (2016).

346 Ausf. dazu noch unter § 6 C. II. 2.

347 Vgl. MüKo-StGB-*Renzikowski*, § 177 n.F. Rn. 30; s.a. *Fischer*, StGB[63], § 177 Rn. 1. Teilw. werden die Anfänge der Reformdebatte in den 1970ern ausgemacht, vgl. *Frommel*, ZRP 2016, 122; *Hoven*, MschrKrim 2017, 161 (163); NK-*Frommel*, § 177 Rn. 96.

348 *El-Ghazi*, ZIS 2017, 157; *Herning/Illgner*, ZRP 2016, 77 (79); *Hoven/Weigend*, JZ 2017, 182; Lackner/Kühl-*Heger*, Vor § 174 Rn. 14; MüKo-StGB-*Renzikowski*, § 177 n.F. Rn. 30; *Renzikowski*, NJW 2016, 3553.

349 Sechstes Gesetz zur Reform des Strafrechts vom 26.1.1998, BGBl. I, 164. Einen rechtsgeschichtlichen Überblick über die Entwicklung des Tatbestandes der sexuellen Nötigung/Vergewaltigung geben *Brüggemann*, Entwicklung und Wandel des Sexualstrafrechts (2013), 232 ff.; *Kratzer-Ceylan*, Finalität (2015), 81 ff.; *Sick*, Sexuelles Selbstbestimmungsrecht (1993), 26 ff.

350 Vgl. etwa *Herning/Illgner*, ZRP 2016, 77 (77 ff.); LK-*Hörnle*, § 177 Rn. 56 ff.

infolge des *fragmentarischen Charakters des Strafrechts*[351] bei einer „Lücke" im Strafrecht wohl (nur) dann um eine *Schutz*lücke handelt,

> „wenn ein Verhalten ein Rechtsgut ebenso intensiv angreift wie die in einem Straftatbestand beschriebene Handlung, aber von diesem Tatbestand nicht erfasst ist."[352]

1. Gesetzliche Konstruktion des § 177 Abs. 1 StGB a.F.

Bei der sexuellen Nötigung nach § 177 Abs. 1 StGB a.F. traf das sexuelle Ansinnen des Täters auf eine Person, die zwar prinzipiell den Sexualkontakt verweigern konnte, hierzu aufgrund der ihr durch Nötigungsmittel zugefügten Zwangslage jedoch nicht mehr fähig war.[353] Die Zwangssituation auf Opferseite musste dabei gemäß § 177 Abs. 1 StGB a.F. mit Gewalt (Nr. 1),[354] durch Drohung mit gegenwärtiger Gefahr für Leib oder Leben (Nr. 2)[355] oder unter Ausnutzung einer Lage, in der das Opfer der Einwirkung des Täters schutzlos ausgeliefert ist (Nr. 3),[356] verursacht worden sein.[357] Der Einsatz eines der Nötigungsmittel sollte der Herbeiführung oder Duldung der sexuellen Handlung im Sinne einer Zweck-Mittel-Relation dienen, sodass zwischen der Nötigungshandlung und dem Nötigungserfolg als einem zweiaktigen Geschehen unterschieden werden musste.[358] § 177 Abs. 1 StGB

---

351 Vgl. *Binding*, Gemeines Straftrecht BT (1902), 20 ff.; *Zaczyk*, ZStW 123 [2011], 691 (691 ff.).

352 *Hoven/Weigend*, JZ 2017, 182 (183). Ähnl. *Isfen*, ZIS 2015, 217; ferner *Kempe*, Sexualstrafrecht (2018), 61–64; vgl. zudem die Kontroverse zwischen *Hörnle* und *Fischer*: *Fischer*, Stellungnahme zur Anhörung im Rechtsausschuss (2015), 1; erwidernd *Hörnle*, ZIS 2015, 206 (207); darauf erwidernd *Fischer*, ZIS 2015, 312 (312–313).

353 *Laubenthal*, Sexualstraftaten (2012), Rn. 153; MüKo-StGB-*Renzikowski*, § 177 a.F. Rn. 54.

354 Ausf. dazu noch *Laubenthal*, Sexualstraftaten (2012), Rn. 169 ff.; Matt/Renzikowski-*Eschelbach*, § 177 Rn. 12 ff.; MüKo-StGB-*Renzikowski*, § 177 a.F. Rn. 25 ff.; NK-*Frommel*, § 177 Rn. 40–41; s.a. *Dölling/Laue*, in: Missbrauch (2005), 889 (912) (alle m.N. zur Rspr.).

355 Ausf. dazu noch *Laubenthal*, Sexualstraftaten (2012), Rn. 183 ff.; Matt/Renzikowski-*Eschelbach*, § 177 Rn. 19–20; MüKo-StGB-*Renzikowski*, § 177 a.F. Rn. 39 ff.; NK-*Frommel*, § 177 Rn. 42 ff; s.a. *Dölling/Laue*, in: Missbrauch (2005), 889 (912) (alle m.N. zur Rspr.).

356 Diese Tathandlung wurde erstmals 1997 in das StGB aufgenommen (Dreiunddreißigstes Strafrechtsänderungsgesetz – §§ 177 bis 179 StGB vom 1.7.1997, BGBl. I, 1607), um etwaige Schutzlücken zu schließen. Ausf. dazu *Fischer*, ZStW 112 [2000], 75 (75 ff.) (krit.); *Kratzer-Ceylan*, Finalität (2015), 278 ff.; *Laubenthal*, Sexualstraftaten (2012), Rn. 197 ff.; LK-*Hörnle*, § 177 Rn. 93; Matt/Renzikowski-*Eschelbach*, § 177 Rn. 21 ff.; MüKo-StGB-*Renzikowski*, § 177 a.F. Rn. 45 ff.; NK-*Frommel*, § 177 Rn. 48 ff.; s.a. *Dölling/Laue*, in: Missbrauch (2005), 889 (912–913) (alle m.N. zur Rspr.).

357 *Laubenthal*, Sexualstraftaten (2012), Rn. 153; s.a. *Herning/Illgner*, ZRP 2016, 77 (78); *Kempe*, Sexualstrafrecht (2018), 64.

358 *Fischer*, StGB[63], § 177 Rn. 13; *Fischer*, ZIS 2015, 312 (313–314); *Kempe*, Sexualstrafrecht (2018), 84; *Kratzer-Ceylan*, Finalität (2015), 314–317; *Laubenthal*,

a.F. verlangte insoweit nicht das Missachten, sondern die Beugung des Opferwillens.[359]

2. „Schutzlücken"

Reformbefürworter bemängelten, dass das Nötigungselement des § 177 Abs. 1 StGB a.F. eine Abwehr der Täterhandlung und damit eine aktive Verteidigung des Rechtsguts durch das Opfer vorausgesetzt habe.[360] Denn für die Verwirklichung des Tatbestandes der sexuellen Nötigung war die Überwindung des entgegenstehenden Opferwillens mit Zwangsmitteln erforderlich.[361] Wehrte sich das Opfer nicht, sodass es keinen entgegenstehenden Willen gab, der überwunden werden musste, war der Tatbestand des § 177 Abs. 1 StGB a.F. nicht erfüllt.[362] Allein die Äußerung, eine sexuelle Handlung nicht zu wollen, reichte nicht aus.[363] Damit

---

Sexualstraftaten (2012), Rn. 154, 176, 196; Matt/Renzikowski-*Eschelbach*, § 177 Rn. 10, 17; MüKo-StGB-*Renzikowski*, § 177 a.F. Rn. 33: Gewaltanwendung und sexuelle Handlung können zeitlich zusammenfallen; NK-*Frommel*, § 177 Rn. 28; a.A. LK-*Hörnle*, § 177 Rn. 16–17. Umstr. war diese Unterscheidung v.a. bei der Variante des Ausnutzens einer schutzlosen Lage nach Nr. 3, vgl. *Fischer*, StGB[63], § 177 Rn. 36 ff.; Matt/Renzikowski-*Eschelbach*, § 177 Rn. 22 ff. (alle m.w.N.). So konstruierte die Rspr. Nr. 3 als „einaktige Nötigung", s. nur BGHSt 45, 253 (257 ff.) = NJW 2000, 1048 (1048 ff.); zust. etwa LK-*Hörnle*, § 177 Rn. 94; NK-*Frommel*, § 177 Rn. 28; a.A. *Fischer*, ZIS 2015, 312 (313–315); *Laubenthal*, Sexualstraftaten (2012), Rn. 200. Nach BVerfGK 3, 302 (302 ff.) = NJW 2004, 3768 (3768 ff.) war diese Auslegung verfassungskonform.

359 *Laubenthal*, Sexualstraftaten (2012), Rn. 164; Matt/Renzikowski-*Eschelbach*, § 177 Rn. 11; MüKo-StGB-*Renzikowski*, § 177 a.F. Rn. 23–24, 54; s.a. *Freudenberg*, Praxis der Rechtspsychologie 2017, 47 (48–49); ausf. zum alten Recht der sexuellen Nötigung/Vergewaltigung *Kratzer-Ceylan*, Finalität (2015), 195 ff.; *Sick*, Sexuelles Selbstbestimmungsrecht (1993), 93 ff.

360 *Grieger*, Stellungnahme zur Anhörung im Rechtsausschuss (2014), 10 ff.; *Herning/Illgner*, ZRP 2016, 77; *Hörnle*, ZRP 2015, 190; *Kempe*, Sexualstrafrecht (2018), 14; *Pisal/Freudenberg*, Stellungnahme (2014), 4; a.A. *Fischer*, Volk in Angst, *Die Zeit [online]* (2016); *Fischer*, Zum letzten Mal: Nein heißt Nein, *Die Zeit [online]* (2016); *Hoven/Weigend*, JZ 2017, 182 (184).

361 *Herning/Illgner*, ZRP 2016, 77; *Hörnle*, ZRP 2015, 190; *Isfen*, ZIS 2015, 217; *Rabe/Normann*, Schutzlücken bei der Strafverfolgung von Vergewaltigungen (2014), 11; diff. *Vavra*, Strafbarkeit (2020), 241.

362 *Hörnle*, ZRP 2015, 190; *Isfen*, ZIS 2015, 217. S. *Hörnle*, ZIS 2015, 206 (208–209) zum „Gewaltparadigma".

363 *Grieger*, Stellungnahme zur Anhörung im Rechtsausschuss (2014), 10; *Herning/Illgner*, ZRP 2016, 77 (78); *Hörnle*, ZRP 2015, 190; *Hörnle*, NStZ 2017, 13 (14); *Isfen*, ZIS 2015, 217; *Pisal/Freudenberg*, Stellungnahme (2014), 4. *Hoven/Weigend*, JZ 2017, 182 (183–184) bezweifeln, dass der Schutz des Rechts auf sexuelle Selbstbestimmung bereits eingreift, wenn der Täter die geäußerte Ablehnung des Sexualkontakts einfach ignoriert; so a. LK-*Hörnle*, Vor § 174 Rn. 28.

bot das Sexualstrafrecht keinen umfassenden Schutz vor unfreiwilligen Sexualkontakten.[364]

Als Beleg für die Unzulänglichkeit der Rechtslage wurden vornehmlich zwei Fallkonstellationen beispielhaft angeführt:[365] (1) Das Opfer wird vom Täter mit der sexuellen Handlung überrumpelt, sodass es keinen konkreten Abwehrwillen bilden konnte, welcher vom Täter mittels Nötigungsmittel hätte gebrochen werden müssen (Ausnutzen eines Überraschungsmoments);[366] (2) der Täter versetzt das Opfer – ohne Gewalt oder Drohung – in eine Lage, in der es sich schutzlos fühlt und sich der sexualbezogenen Handlung ergibt, bei objektiver Betrachtung jedoch überhaupt keine schutzlose Lage vorliegt (subjektive Schutzlosigkeit trotz objektiv möglichen Auswegs).[367] Die Rechtsprechung verneinte in beiden Konstellationen eine Strafbarkeit nach § 177 Abs. 1 StGB a.F.: Nach Ansicht des Bundesgerichtshofs hat sich der Nötigungserfolg in der ersten Konstellation schon in der Nötigungshandlung erschöpft, sodass die überraschende Vornahme einer – auch gewaltvollen – sexualbezogenen Handlung nicht als Nötigung zur Duldung dieser Handlung

---

364 *Grieger*, Stellungnahme zur Anhörung im Rechtsausschuss (2014), 27 ff.; *Herning/Illgner*, ZRP 2016, 77 (78); *Hörnle*, Gutachten zur Reform des § 177 StGB (2015), 8; *Hörnle*, ZIS 2015, 206 (212); *Hörnle*, ZRP 2015, 190; *Kempe*, Sexualstrafrecht (2018), 14; LK-*Hörnle*, § 177 Rn. 29; *Pisal/Freudenberg*, Stellungnahme (2014), 4; *Vavra*, Strafbarkeit (2020), 398. Zur Frage, ob das Eigentum durch das StGB besser geschützt ist, als die sexuelle Selbstbestimmung: *Pisal/Freudenberg*, Stellungnahme (2014), 5 (zust.); *Eisele*, Stellungnahme zur Anhörung im Rechtsausschuss (2015), 9–10 (abl.); *Hoven/Weigend*, JZ 2017, 182 (185) (abl.); ferner dazu *El-Ghazi*, ZIS 2017, 157 (159); näher zu Gründen, die gegen des Einsatz des *Strafrechts* bei nicht-einvernehmlichen Sexualkontakten sprechen *Vavra*, Strafbarkeit (2020), 208 ff.

365 S. zu weiteren „Schutzlücken" *Bezjak*, KJ 2016, 557 (558–559); *Eisele*, Stellungnahme zur Anhörung im Rechtsausschuss (2015), 5–6; *Eisele*, Stellungnahme zur Anhörung im Rechtsausschuss (2016), 3–4; *Hofmann*, Praxis der Rechtspsychologie 2017, 7 (9–10); *Isfen*, ZIS 2015, 217 (218–220); *Pisal/Freudenberg*, Stellungnahme (2014), 3–4; Schönke/Schröder-*Eisele*, § 177 Rn. 4: „Klima der Gewalt". S. *Hörnle*, ZStW 112 [2000], 356 (356 ff.) zu („absurden") Irrtümern über das Einverständnis des Opfers bei sexueller Nötigung als Schutzlücke.

366 Vgl. *Blume/Wegner*, HRRS 2014, 357 (359); *El-Ghazi*, ZIS 2017, 157 (159); *Hofmann*, Praxis der Rechtspsychologie 2017, 7 (10); *Hörnle*, Gutachten zur Reform des § 177 StGB (2015), 8–9; *Hörnle*, ZIS 2015, 206 (211); *Isfen*, ZIS 2015, 217 (218); LK-*Hörnle*, § 177 Rn. 61; *Pisal/Freudenberg*, Stellungnahme (2014), 4; *Rabe/Normann*, Schutzlücken bei der Strafverfolgung von Vergewaltigungen (2014), 5; *Sick/Renzikowsk*, in: Rössner-FS (2015), 928 (933–935); *Vavra*, Strafbarkeit (2020), 398–399.

367 Vgl. *Blume/Wegner*, HRRS 2014, 357 (359); *El-Ghazi*, ZIS 2017, 157 (158); *Hofmann*, Praxis der Rechtspsychologie 2017, 7 (9–10); *Hörnle*, Gutachten zur Reform des § 177 StGB (2015), 9; *Isfen*, ZIS 2015, 217 (219); *Rabe/Normann*, Schutzlücken bei der Strafverfolgung von Vergewaltigungen (2014), 9–10; *Sick/Renzikowsk*, in: Rössner-FS (2015), 928 (931–933); s.a. *Kempe*, Sexualstrafrecht (2018), 65–66; Schönke/Schröder-*Eisele*, § 177 Rn. 4; *Vavra*, Strafbarkeit (2020), 400–401.

angesehen werden konnte und § 177 Abs. 1 StGB a.F. nicht zum Tragen kam.[368] In der zweiten Konstellation kam nach der Auffassung des Bundesgerichtshofs eine Strafbarkeit nach § 177 Abs. 1 Nr. 3 StGB a.F. ebenfalls nicht in Betracht, da der Tatbestand eine Lage vorausgesetzt hat, in der das Opfer bei objektiver ex-ante Betrachtung über keine effektive Schutz- oder Verteidigungsmöglichkeiten mehr verfügt und deshalb der nötigenden Gewalt des Täter ausgeliefert ist.[369] Eine bloß empfundene Schutzlosigkeit hat nicht ausgereicht.[370] Diese Fälle waren auch nicht von anderen Tatbeständen, beispielsweise § 240 Abs. 4 Satz 2 Nr. 1 StGB a.F. oder § 185 StGB – als Sexualbeleidigung – erfasst.[371]

Von den Reformbefürwortern wurde eine Umgestaltung des 13. Abschnitts verlangt, wobei es unterschiedliche Ansätze gab, wie diese auszusehen habe.[372] Nach *Tatjana Hörnle* sollte § 177 StGB a.F. in einen Grundtatbestand zur Erfassung nicht einverständlicher Sexualkontakte umformuliert werden.[373] *Joachim Renzikowski* plädierte für einen neuen Auffangtatbestand, der die Tathandlung allein als Missachtung des entgegenstehenden Willens beschreibt.[374] Daneben verfolgte *Jörg Eisele* den Ansatz, alle unfreiwilligen Handlungen positiv zu normieren.[375]

Reformgegner kritisierten eine Änderung des 13. Abschnitts, die aufgrund von „Schutzlücken" erfolgen sollte.[376] Man war vielmehr der Ansicht, die

---

368 Vgl. BGHSt 31, 76 (77) = NJW 1982, 2264; BGH NStZ 1993, 78; 2012, 268; NStZ-RR 2007, 12 (13); s.a. *Blume/Wegner*, HRRS 2014, 357 (359–360): damit schied auch eine Strafbarkeit nach § 240 Abs. 1, Abs. 4 S. 2 Nr. 1 StGB a.F. aus; a.A. *Cirullies*, Stellungnahme zur Anhörung im Rechtsausschuss (2015), 4; ausf. dazu *Kratzer-Ceylan*, Finalität (2015), 339–342; *Sick*, Sexuelles Selbstbestimmungsrecht (1993), 213–216.

369 BGHSt 50, 359 (362) = NJW 2006, 1146; BGH NStZ 2013, 466 (466–467) m. krit. Anm. *Renzikowski/Sick*, NStZ 2013, 468 (468 ff.); s.a. *Blume/Wegner*, HRRS 2014, 357 (359–360).

370 Vgl. *Sick/Renzikowsk*, in: Rössner-FS (2015), 928 (933). Nach *Grieger*, Stellungnahme zur Anhörung im Rechtsausschuss (2014), 20 ff. sei dieses Tatbestandmerkmal damit kaum erfüllbar gewesen. Näher zur „Zumutbarkeit" im Zusammenhang mit § 177 Abs. 1 Nr. 3 StGB a.F. *Maiwald*, in: Kühl-FS (2014), 539 ([545–546][551–552]).

371 S. dazu *Blume/Wegner*, HRRS 2014, 357 (360–362).

372 *Isfen*, ZIS 2015, 217 (222).

373 Vgl. *Hörnle*, GA 2015, 313 (315 ff.); *Hörnle*, Gutachten zur Reform des § 177 StGB (2015), 13 ff., 23 ff.; *Hörnle*, ZIS 2015, 206 ([210][216]); *Hörnle*, ZRP 2015, 190; ferner dazu *Isfen*, ZIS 2015, 217 (222–223); krit. zu einem allg. Missbrauchstatbestand *Fischer*, ZIS 2015, 312 (315–316).

374 *Renzikowski*, Stellungnahme zur Anhörung im Rechtsausschuss am 28.1.2015 (2015), 8–9; *Sick/Renzikowsk*, in: Rössner-FS (2015), 928 (940); ferner dazu *Isfen*, ZIS 2015, 217 (223–224); ähnl. *Deckers*, StV 2017, 410 (411).

375 *Eisele*, Stellungnahme zur Anhörung im Rechtsausschuss (2015), 11–13; ferner dazu *Isfen*, ZIS 2015, 217 ([224][230–232]).

376 Vgl. etwa *Cirullies*, Stellungnahme zur Anhörung im Rechtsausschuss (2015), 1; ferner dazu *Isfen*, ZIS 2015, 217 (222). So habe in der Kölner Silvesternacht 2015 nicht das Strafrecht, sondern die Polizei versagt, s. *Walter*, JR 2016, 361; vgl. zudem

„Schutzlücken" – sofern davon überhaupt begrifflich die Rede sein könne[377] – seien durch die Rechtspraxis größtenteils hausgemacht gewesen und nicht im Gesetz selbst angelegt.[378]

Dem gaben auch einige Reformbefürworter Recht, beruhten doch die meisten „Schutzlücken" auf den Anforderungen an die Zweck-Mittel-Relation des § 177 Abs. 1 StGB a.F.,[379] einer restriktiven Gesetzesauslegung der Nötigungsmittel – insbesondere der schutzlosen Lage (Nr. 3)[380] – und auf fehlerhaften Gerichtsentscheidungen.[381] Nichtsdestoweniger hat dies eine Gesetzesreform nicht entbehrlich gemacht, da nur so die Richtung eines umfassenden Schutzes der sexuellen Selbstbestimmung eingeschlagen werden konnte.[382]

II. Internationale Vorgaben

Die nationale Reformdiskussion wurde durch völkerrechtliche Vorgaben weiter angefacht.[383]

Fischer, Volk in Angst, *Die Zeit [online]* (2016); *Hoven*, KriPoZ 2018, 2 (6); *Lampig*, JR 2017, 347; diff. dagegen *Hoven/Weigend*, JZ 2017, 182 in Fn. 2.

377 Zweifelnd insoweit *Fischer*, Stellungnahme zur Anhörung im Rechtsausschuss (2015), 9 ff.; *Frommel*, in: Ostendorf-FS (2015), 321 in Fn. 2; *Hoven/Weigend*, JZ 2017, 182 (183). Keine Schutzlücken konnte a. *Cirullies*, Stellungnahme zur Anhörung im Rechtsausschuss (2015), 3–5 ausmachen.

378 Vgl. *Fischer*, Stellungnahme zur Anhörung im Rechtsausschuss (2015), 9 ff.; NK-*Frommel*, § 177 Rn. 52; Schönke/Schröder-*Eisele*, § 177 Rn. 4; ferner *Fischer*, Zum letzten Mal: Nein heißt Nein, *Die Zeit [online]* (2016) unter Bezugnahme auf BGH NStZ 2012, 268; rückblickend zust. *Lampig*, JR 2017, 347 (351); *Röttgering/Lechtenberg*, in: Erhebung von Zeugenaussage (2019), 205 (207); s.a. das Fazit v. *Kempe*, Sexualstrafrecht (2018), 164–165; a.A. *Hörnle*, ZIS 2015, 206 (210–211).

379 Vgl. MüKo-StGB-*Renzikowski*, § 177 a.F. Rn. 33; *Renzikowski/Sick*, NStZ 2013, 468 (alle m.N. zur Rspr.); ausf. dazu *Kempe*, Sexualstrafrecht (2018), 96 ff.

380 Vgl. *Eisenhuth*, Stellungnahme zur Anhörung im Rechtsausschuss (2015), 5; *Fischer*, StGB[63], § 177 Rn. 33 ff.; *Frommel*, in: Ostendorf-FS (2015), 321 (332–333); *Frommel*, ZRP 2015, 190; *Hörnle*, Gutachten zur Reform des § 177 StGB (2015), 9; MüKo-StGB-*Renzikowski*, § 177 a.F. Rn. 47, § 177 n.F. Rn. 30 m.N. zur Rspr.; *Renzikowski/Sick*, NStZ 2013, 468 (469); ausf. dazu *Kempe*, Sexualstrafrecht (2018), 159 ff.

381 Vgl. *Fischer*, Stellungnahme zur Anhörung im Rechtsausschuss (2015), 9 ff.; *Frommel*, in: Ostendorf-FS (2015), 321 (321–322); *Frommel*, ZRP 2016, 122 (123); NK-*Frommel*, § 177 Rn. 38; s.a. *Fischer*, Zum letzten Mal: Nein heißt Nein, *Die Zeit [online]* (2016). Ausf. dazu, ob aufgrund der gesetzlichen Konstruktion des § 177 Abs. 1 StGB a.F. „Schutzlücken" vorlagen oder diese ganz oder teilweise auf einer unzulänglichen Rechtsauslegung und -anwendung beruhten s. *Kempe*, Sexualstrafrecht (2018), 64 ff.

382 *Hörnle*, Gutachten zur Reform des § 177 StGB (2015), 9; *Isfen*, ZIS 2015, 217 (227).

383 S.a. *El-Ghazi*, ZIS 2017, 157; *Kempe*, Sexualstrafrecht (2018), 47; *Vavra*, Strafbarkeit (2020), 17; s. MüKo-StGB-*Renzikowski*, Vor § 174 Rn. 106 ff., § 177 n.F. Rn. 40–41 zur „Globalisierung" des Sexualstrafrechts.

1. *Die Rechtsprechung des Europäischen Gerichtshofs für Menschenrechte*

In der Rechtsprechung des EuGHMR hatte sich bereits ein umfassender Schutz der sexuellen Selbstbestimmung etabliert.[384] Ausgangspunkt dieser Entwicklung war eine Entscheidung des EuGHMR aus dem Jahr 2003[385,386] In dem zugrundliegenden Fall aus Bulgarien ging es um sexuelle Handlungen zwischen der damals 14-jährigen Beschwerdeführerin M. C. und zwei jungen Männern nach einem Diskothekenbesuch.[387] Nach den Darstellungen der Beschwerdeführerin wurde sie zunächst von dem einen Beschuldigten und später in der Nacht von dem anderen Beschuldigten vergewaltigt.[388] Sie habe beide Männer in der Tatsituation jeweils zurückgewiesen, geweint und gebeten, aufzuhören.[389] Die beiden Beschuldigten gaben hingegen an, die sexuellen Kontakte hätten im Einverständnis der Beschwerdeführerin stattgefunden.[390] Die bulgarischen Strafverfolgungsbehörden stellten das Verfahren letztlich ein, da nicht zweifelsfrei nachgewiesen werden konnte, dass die Beschuldigten gegenüber der Beschwerdeführerin Gewalt angewendet oder ihr gedroht hatten.[391] Es konnte insbesondere nicht festgestellt werden, dass die Beschwerdeführerin Widerstand geleistet oder Versuche unternommen hatte um Hilfe zu rufen, sodass eine Strafbarkeit nach dem bulgarischen Strafgesetzbuch nicht in Betracht kam.[392]

Die Beschwerdeführerin wandte sich an den EuGHMR und brachte unter anderem vor, dass das bulgarische Recht keinen wirksamen Schutz gegen Vergewaltigung und sexuellen Missbrauch biete, da nur Fälle, in denen sich das Opfer aktiv verteidigt habe, strafrechtlich verfolgt werden.[393] Hierin sei eine Verletzung der positiven Verpflichtung des Staates zu sehen, die körperliche Unversehrtheit (Art. 3 EMRK) und das Privatleben des Einzelnen (Art. 8 Abs. 1 EMRK) zu schützen und diesbezüglich wirksame Abhilfemaßnahmen zu treffen (Art. 13 EMRK).[394] Zudem habe sich das traditionelle Verständnis von Vergewaltigung aufgrund einer

---

384 *Isfen*, ZIS 2015, 217 (220).

385 EGMR 4.12.2003 – 39272/98 (M.C. gegen Bulgarien).

386 *Isfen*, ZIS 2015, 217 (220); *Renzikowski*, Stellungnahme zur Anhörung im Rechtsausschuss am 28.1.2015 (2015), 2; *Sick/Renzikowsk*, in: Rössner-FS (2015), 928 (935).

387 EGMR 4.12.2003 – 39272/98 (M.C. gegen Bulgarien), Rn. 11 ff.

388 EGMR 4.12.2003 – 39272/98 (M.C. gegen Bulgarien), Rn. 11 ff.

389 EGMR 4.12.2003 – 39272/98 (M.C. gegen Bulgarien), Rn. 17, 30.

390 EGMR 4.12.2003 – 39272/98 (M.C. gegen Bulgarien), Rn. 19, 31.

391 EGMR 4.12.2003 – 39272/98 (M.C. gegen Bulgarien), Rn. 10, 61.

392 EGMR 4.12.2003 – 39272/98 (M.C. gegen Bulgarien), Rn. 10, 61. § 152 Abs. 1 des bulgarischen StGB definierte Vergewaltigung als: "sexual intercourse with a woman (1) incapable of defending herself, where she did not consent; (2) who was compelled by the use of force or threats; (3) who was brought to a state of helplessness by the perpetrator." Vgl. EGMR 4.12.2003 – 39272/98 (M.C. gegen Bulgarien), Rn. 74.

393 EGMR 4.12.2003 – 39272/98 (M.C. gegen Bulgarien), Rn. 109; ausf. dazu in Rn. 111 ff.

394 EGMR 4.12.2003 – 39272/98 (M.C. gegen Bulgarien), Rn. 109–110.

sich entwickelnden Sensibilität für die Art der Straftat und die Weise, wie sie vom Opfer erlebt wurde, in den letzten Jahren im Völkerrecht geändert.[395] Vergewaltigung werde nunmehr als Verstoß gegen die Autonomie des Opfers verstanden und ihr wesentliches Element sei die mangelnde Zustimmung („lack of consent").[396] Es müsse klargestellt werden, dass es, um eine mangelnde Zustimmung festzustellen, nicht des Nachweises der Überwindung eines physischen Widerstandes durch den Beschuldigten bedürfe.[397] Diese Tendenz schlage sich auch bereits in den Entwicklungen des internationalen Strafrechts nieder.[398]

Der EuGHMR stärkte diese Erwägungen und entnahm Art. 3 und Art. 8 EMRK eine positive Verpflichtung der Staaten, strafrechtliche Bestimmungen zur wirksamen Bestrafung von Vergewaltigungen im oben genannten Sinne zu erlassen und diese durch effektive Ermittlungen und Strafverfolgung in die Praxis umzusetzen.[399] Den Staaten werde in Bezug auf die Mittel zur Gewährleistung eines angemessenen Schutzes vor Vergewaltigung zwar ein großer Ermessensspielraum zugestanden, die Grenzen dieses Spielraums seien jedoch in den Bestimmungen der EMRK festgelegt.[400] Allerdings habe der Gerichtshof die sich ändernden Bedingungen in den Vertragsstaaten bei der Konventionsauslegung zu berücksichtigten.[401] Vor diesem Hintergrund stellte der Gerichtshof nach einer rechtsvergleichenden Analyse[402] fest:

> "Firstly, it appears that a requirement that the victim must resist physically is no longer present in the statutes of European countries."[403]

Weiter wurde ausgeführt:

> "In international criminal law, it has recently been recognised that force is not an element of rape and that taking advantage of coercive circumstances to proceed with sexual acts is also punishable. [...] [I]t also reflects a universal trend towards regarding *lack of consent* as the *essential element* of rape and sexual abuse."[404]

Der EuGHMR nahm an, dass bei einer starren Herangehensweise an die Verfolgung von Sexualstraftaten, wie die Forderung nach einem Nachweis des körperlichen

---

395 EGMR 4.12.2003 – 39272/98 (M.C. gegen Bulgarien), Rn. 126.
396 EGMR 4.12.2003 – 39272/98 (M.C. gegen Bulgarien), Rn. 127.
397 EGMR 4.12.2003 – 39272/98 (M.C. gegen Bulgarien), Rn. 127.
398 EGMR 4.12.2003 – 39272/98 (M.C. gegen Bulgarien), Rn. 128 ff.
399 EGMR 4.12.2003 – 39272/98 (M.C. gegen Bulgarien), Rn. 153.
400 EGMR 4.12.2003 – 39272/98 (M.C. gegen Bulgarien), Rn. 154–155.
401 EGMR 4.12.2003 – 39272/98 (M.C. gegen Bulgarien), Rn. 155.
402 EGMR 4.12.2003 – 39272/98 (M.C. gegen Bulgarien), Rn. 88 ff.
403 EGMR 4.12.2003 – 39272/98 (M.C. gegen Bulgarien), Rn. 157.
404 EGMR 4.12.2003 – 39272/98 (M.C. gegen Bulgarien), Rn. 163 – Hervorhebungen nicht original. *Renzikowski* sieht in dieser Aussage die eigentliche Brisanz der Entscheidung, vgl. MüKo-StGB-*Renzikowski*, § 177 n.F. Rn. 42; *Renzikowski*, Stellungnahme zur Anhörung im Rechtsausschuss am 28.1.2015 (2015), 3.

Widerstands unter allen Umständen, die Gefahr bestehe, dass bestimmte Arten von Vergewaltigung ungestraft bleiben werden und damit der wirksame Schutz der sexuellen Autonomie des Einzelnen gefährdet werde.[405] Im Ergebnis stellte er fest:

> "In accordance with contemporary standards and trends in that area, the member States' positive obligations under Articles 3 and 8 of the Convention must be seen as requiring the penalisation and effective prosecution of any *non-consensual sexual act*, including in the absence of physical resistance by the victim."[406]

Die Forderung nach einer effektiven Strafverfolgung nicht einverständlicher Sexualkontakte hat der EuGHMR in späteren Entscheidungen bekräftigt.[407]

2. Die Istanbul-Konvention

Acht Jahre nach der Entscheidung „M.C. gegen Bulgarien" wurde am 11. Mai 2011 das *Übereinkommen des Europarats zur Verhütung und Bekämpfung von Gewalt gegen Frauen und häuslicher Gewalt*[408], auch bekannt als „Istanbul-Konvention",

---

405 EGMR 4.12.2003 – 39272/98 (M.C. gegen Bulgarien), Rn. 166.

406 EGMR 4.12.2003 – 39272/98 (M.C. gegen Bulgarien), Rn. 166 – Hervorhebung nicht original. Der EuGHMR stellte einen Verstoß des Staates Bulgarien gegen die positiven Verpflichtungen aus Art. 3 und Art. 8 EMRK fest, s. Rn. 187; ausf. zur Entscheidung *Blume/Wegner*, HRRS 2014, 357 (362); *Isfen*, ZIS 2015, 217 (220–221); *Kempe*, Sexualstrafrecht (2018), 25 ff.; MüKo-StGB-*Renzikowski*, § 177 n.F. Rn. 42; *Rabe/Normann*, Schutzlücken bei der Strafverfolgung von Vergewaltigungen (2014), 16 ff.; *Sick/Renzikowsk*, in: Rössner-FS (2015), 928 (935–937).

407 Vgl. EGMR 15.5.2012 – 53519/07 (I.G. gegen Moldawien), Rn. 45; EGMR 24.7.2012 – 42418/10 (D.J. gegen Kroatien), Rn. 86; EGMR 24.9.2013 – 13424/06 (N.A. gegen Moldawien), Rn. 71; ferner dazu *Isfen*, ZIS 2015, 217 (220); MüKo-StGB-*Renzikowski*, § 177 n.F. Rn. 42; *Renzikowski*, Stellungnahme zur Anhörung im Rechtsausschuss am 28.1.2015 (2015), 3; *Sick/Renzikowsk*, in: Rössner-FS (2015), 928 (936–937). An dieser Stelle sei daran erinnert, dass die EMRK in der deutschen Rechtsordnung im Range eines Bundesgesetzes gilt und bei der Interpretation des nationalen Rechts zu berücksichtigen ist, s. nur BVerfGE 111, 307 (315–316) = NJW 2004, 3407 (3408) (*Görgülü*-Entscheidung); vgl. zudem *Hofmann*, Praxis der Rechtspsychologie 2017, 7 (8); *Isfen*, ZIS 2015, 217 (221); *Sick/Renzikowsk*, in: Rössner-FS (2015), 928 (940); *Vavra*, Strafbarkeit (2020), 404; eingehend dazu *Gerhold*, JR 2016, 122 (123–125). Die Urteile des EuGHMR gelten zwar gem. Art. 46 Abs. 1 EMRK unmittelbar nur zwischen den Parteien, allerdings geben die Entscheidungen den nicht beteiligten Staaten Anlass, ihre nationale Rechtsordnung zu überprüfen und sich bei einer möglicherweise erforderlichen Änderung an der einschlägigen Rspr. zu orientieren, s. nur BVerfGE 111, 307 (320) = NJW 2004, 3407 (3409); vgl. zudem *Hofmann*, Praxis der Rechtspsychologie 2017, 7 (8) (m.w.N. zur Rspr.); eingehend dazu *Gerhold*, JR 2016, 122 (123–125).

408 Council of Europe Convention on preventing and combating violence against women and domestic violence, CETS No. 210 (2011), verfügbar unter: https://perma.cc/DU44-RES2 [Perma Link].

unterzeichnet.[409] Als Kernaussage der Konvention betrachtete die deutsche Reformdiskussion den Art. 36 („Sexual violence, including rape"[410]):

(1) Parties shall take the necessary legislative or other measures to ensure that the following intentional conducts are criminalised:
   a. engaging in non-consensual vaginal, anal or oral penetration of a sexual nature of the body of another person with any bodily part or object;
   b. engaging in other non-consensual acts of a sexual nature with a person;
   c. causing another person to engage in non-consensual acts of a sexual nature with a third person.
(2) Consent must be given voluntarily as the result of the person's free will assessed in the context of the surrounding circumstances.
(3) Parties shall take the necessary legislative or other measures to ensure that the provisions of paragraph 1 also apply to acts committed against former or current spouses or partners as recognised by internal law.

Art. 36 Abs. 1 der Istanbul-Konvention gibt vor, was der EuGHMR im Jahr 2003 bereits angenommen hat:[411] Die Strafbarkeit jeder nicht (freiwillig) einverständlichen („non-consensual"), sexuell bestimmten Handlung.[412]

---

409 Das Übereinkommen trat am 1.8.2014 in Kraft und wurde am 12.10.2017 von der Bundesrepublik Deutschland ratifiziert (s. die Meldung des BMFSFJ v. 12.10.2017, verfügbar unter: https://perma.cc/P7Z8-C8G9 [Perma Link]); vgl. das Gesetz zu dem Übereinkommen des Europarates vom 11. Mai 2011 zur Verhütung und Bekämpfung von Gewalt gegen Frauen und häuslicher Gewalt vom 17.7.2017, BGBl. II, 1026 (zum Gesetzgebungsverfahren: BT-Drs. 18/12037; 18/12479; 18/12610) sowie die Berichtigung des Gesetzes zu dem Übereinkommen des Europarats vom 11. Mai 2011 zur Verhütung und Bekämpfung von Gewalt gegen Frauen und häuslicher Gewalt vom 2.3.2018, BGBl. II, 119. Näher zum geschichtlichen Hintergrund der Konvention *Kempe*, Sexualstrafrecht (2018), 33–39.

410 Krit. zur Artikelüberschrift „sexual violence" *Fischer*, Stellungnahme zur Anhörung im Rechtsausschuss (2015), 5–6.

411 So a. MüKo-StGB-*Renzikowski*, § 177 n.F. Rn. 43; *Renzikowski*, Stellungnahme zur Anhörung im Rechtsausschuss am 28.1.2015 (2015), 4; *Sick/Renzikowsk*, in: Rössner-FS (2015), 928 (937); ferner *Isfen*, ZIS 2015, 217 (221); *Eisele*, Stellungnahme zur Anhörung im Rechtsausschuss (2016), 5.

412 Vgl. Explanatory Report to the Council of Europe Convention on preventing and combating violence against women and domestic violence, CETS No. 210 (2011), verfügbar unter: https://perma.cc/7EDE-QTEF [Perma Link], Rn. 189 (in Rn. 191 nimmt der Report sogar explizit Bezug auf die Entscheidung „M.C. gegen Bulgarien" des EuGHMR); s. zudem *Bezjak*, KJ 2016, 557 (558); *Eisele*, Stellungnahme zur Anhörung im Rechtsausschuss (2016), 5; *Freudenberg*, Praxis der Rechtspsychologie 2017, 47 (49); *Grieger*, Stellungnahme zur Anhörung im Rechtsausschuss (2014), 6; *Hofmann*, Praxis der Rechtspsychologie 2017, 7 (8); *Hörnle*, GA 2015, 313; MüKo-StGB-*Renzikowski*, § 177 n.F. Rn. 43; *Pisal/Freudenberg*, Stellungnahme (2014), 1; *Renzikowski*, Stellungnahme zur Anhörung im Rechtsausschuss am 28.1.2015 (2015),

Eine genaue Handlungsvorgabe kann Art. 36 jedoch nicht entnommen werden. Gemäß dem erläuternden Bericht der Konvention bleibt es den Vertragsstaaten überlassen, über den spezifischen Wortlaut der Rechtsvorschriften und die Faktoren zu entscheiden, die eine frei erteilte Zustimmung ausschließen.[413] Art. 36 Abs. 2 der Konvention legt lediglich fest, dass die Zustimmung freiwillig, das heißt aufgrund des freien Willens der betroffenen Person, erteilt werden muss, wobei der Wille im Zusammenhang der jeweiligen Begleitumstände zu beurteilen ist.[414]

Welche Konsequenzen sich aus Art. 36 nun für das deutsche Sexualstrafrecht ergaben, war umstritten.[415] Einige entnahmen der Istanbul-Konvention das Gebot einer (weitreichenden) Umbildung des deutschen Sexualstrafrechts.[416] Andere sahen die Anforderungen der Konvention in Deutschland bereits weitgehend umgesetzt[417] oder verlangten lediglich eine völkerrechtskonforme Auslegung des geltenden Rechts.[418] Das Bundesministerium der Justiz und für Verbraucherschutz führte in seinem Referentenentwurf zur Umsetzung europäischer Vorgaben zum Sexualstrafrecht von April 2014 aus, dass § 177 StGB a.F. den Art. 36 der Istanbul-Konvention bereits im Wesentlichen umsetze, allerdings noch geprüft werde, ob und gegebenenfalls inwieweit aus Art. 36 gesetzgeberischer Handlungsbedarf

---

4; Schönke/Schröder-*Eisele*, § 177 Rn. 5; *Sick/Renzikowsk*, in: Rössner-FS (2015), 928 (937); *Vavra*, Strafbarkeit (2020), 17, 403.

413 Explanatory Report (Fn. 412), Rn. 193.

414 Vgl. Explanatory Report (Fn. 412), Rn. 193. Nach MüKo-StGB-*Renzikowski*, § 177 n.F. Rn. 48 sei letzteres eine bare Selbstverständlichkeit. Zur Auslegung des Art. 36 Abs. 2 s.a. *Blume/Wegner*, HRRS 2014, 357 (358).

415 *Deckers*, StV 2017, 410; *Hörnle*, GA 2015, 313; *Hörnle*, ZIS 2015, 206; *Lampig*, JR 2017, 347 (350); MüKo-StGB-*Renzikowski*, Vor § 174 Rn. 115; *Renzikowski*, NJW 2016, 3553; *Vavra*, Strafbarkeit (2020), 406 (alle m.w.N.).

416 Vgl. *Clemm*, Stellungnahme zur Anhörung im Rechtsausschuss (2015), 2–3; *Eisele*, Stellungnahme zur Anhörung im Rechtsausschuss (2015), 6 ff.; *Grieger*, Stellungnahme zur Anhörung im Rechtsausschuss (2014), 32; *Herning/Illgner*, ZRP 2016, 77 (79); *Hörnle*, Gutachten zur Reform des § 177 StGB (2015), 8, 10, 26–27 (dort m. tabellarischer Übersicht über Formulierungsoptionen); *Hörnle*, ZRP 2015, 190; *Isfen*, ZIS 2015, 217 (227); *Pisal/Freudenberg*, Stellungnahme (2014), 6–7; *Rabe/Normann*, Schutzlücken bei der Strafverfolgung von Vergewaltigungen (2014), 22–23; *Renzikowski*, Stellungnahme zur Anhörung im Rechtsausschuss am 28.1.2015 (2015), 8–9, 12; *Sick/Renzikowsk*, in: Rössner-FS (2015), 928 (942); s.a. *Blume/Wegner*, HRRS 2014, 357 (358–362); *Kempe*, Sexualstrafrecht (2018), 32 ff.

417 Vgl. *Fischer*, Stellungnahme zur Anhörung im Rechtsausschuss (2015), 17–18; *Fischer*, ZIS 2015, 312 (318–319).

418 Vgl. *Cirullies*, Stellungnahme zur Anhörung im Rechtsausschuss (2015), 1; *Frommel*, in: Ostendorf-FS (2015), 321 (333); *Frommel*, ZRP 2015, 190; *Frommel*, ZRP 2016, 122 (123); NK-*Frommel*, § 177 Rn. 96 in Fn. 217; näher zu den Auswirkungen internationaler Vorgaben auf die Auslegung des § 177 Abs. 1 Nr. 3 StGB a.F. *Gerhold*, JR 2016, 122 (125 ff.).

im Hinblick auf die Strafbarkeit nicht einvernehmlicher sexueller Handlungen folge.[419]

Der Antrag der Bundestagsfraktion BÜNDNIS 90/DIE GRÜNEN im Juli 2014 auf Umsetzung der Istanbul-Konvention und Schließung bestehender Strafbarkeitslücken[420] eröffnete im Deutschen Bundestag die Diskussion über eine Reform des deutschen Sexualstrafrecht.[421] Ihr Ende fand die Reformdiskussion zunächst im Januar 2015 mit dem NEUNUNDVIERZIGSTEN GESETZ ZUR ÄNDERUNG DES STRAFGESETZBUCHES (49. StrÄndG).[422] In den entsprechenden Gesetzesentwürfen wurde gleichwohl betont, dass ein gesetzgeberischer Handlungsbedarf im Hinblick auf die Strafbarkeit nicht einvernehmlicher sexueller Handlungen noch Gegenstand der Prüfung sei.[423]

III. Die Sexualstrafrechtreform vom 10. November 2016

1. *Das Änderungsgesetz als eiliger Schritt*

Am 20. Februar 2015 wurde vom Bundesministerium der Justiz und für Verbraucherschutz eine *Kommission zur Reform des Sexualstrafrechts* eingerichtet, die sich unter anderem mit einer Neuordnung des 13. Abschnitts des Strafgesetzbuches und dem Schließen eventueller Strafbarkeitslücken befassen sollte.[424] Ziel der

419 Entwurf eines Gesetzes zur Änderung des Strafgesetzbuches – Umsetzung europäischer Vorgaben zum Sexualstrafrecht v. 28.4.2014, verfürbar unter: https://perma.cc/LKR2-6AVA [Perma Link], 1, 26.

420 BT-Drs. 18/1969.

421 Ähnl. *Lampig*, JR 2017, 347 (349); s. dazu die Anhörung des Ausschusses für Recht und Verbraucherschutz des Deutschen Bundestages am 28.1.2015: *Cirullies*, Stellungnahme zur Anhörung im Rechtsausschuss (2015); *Clemm*, Stellungnahme zur Anhörung im Rechtsausschuss (2015); *Eisele*, Stellungnahme zur Anhörung im Rechtsausschuss (2015); *Eisenhuth*, Stellungnahme zur Anhörung im Rechtsausschuss (2015); *Fischer*, Stellungnahme zur Anhörung im Rechtsausschuss (2015); *Grieger*, Stellungnahme zur Anhörung im Rechtsausschuss (2014); *Renzikowski*, Stellungnahme zur Anhörung im Rechtsausschuss am 28.1.2015 (2015);

422 Neunundvierzigstes Gesetz zur Änderung des Strafgesetzbuches – Umsetzung europäischer Vorgaben zum Sexualstrafrecht vom 21.1.2015, BGBl. I, 10; ausf. dazu MüKo-StGB-*Renzikowski*, Vor § 174 Rn. 104.

423 S. die Gesetzesentwürfe der Bundestagsfraktionen CDU/CSU und SPD (BT-Drs. 18/2601, 1) und der Bundesregierung (BT-Drs. 18/2954, 1, 11). Der Bundesrat bat die Bundesregierung in seiner Stellungnahme die Prüfung, ob und ggf. inwieweit aus Art. 36 der Istanbul-Konvention gesetzgeberischer Handlungsbedarf folgt, zügig voranzutreiben, s. BR-Drs. 422/14, 1.

424 S. die Meldung des BMJV v. 20.2.2015, verfügbar unter: https://perma.cc/E9MH-R475 [Perma Link]; s.a. *Bezjak*, ZStW 130 [2018], 303 (303–304); *Bunke*, DRiZ 2015, 160 (160 f.); *Renzikowski/Schmidt*, KriPoZ 2018, 325. Die Reformkommission bestand aus Vertretern von Wissenschaft und Praxis.

Expertenkommission war es, dem Gesetzgeber Empfehlungen auszusprechen, aufgrund derer ein Gesetzesentwurf zur umfassenden Reform des Sexualstrafrechts erstellt werden könnte.[425]

Noch bevor die Reformkommission ihre Arbeiten abschließen und einen Regelungsvorschlag präsentieren konnte, trat am 10. November 2016 das 50. StrÄndG in Kraft.[426] Das eilige Handeln des Gesetzgebers lässt sich auf verschiedene Faktoren, wie beispielsweise die Streitigkeiten über die „Schutzlücken", die internationalen Vorgaben sowie den öffentlichen Druck aufgrund der Ereignisse in der Silvesternacht 2015 in Köln, zurückführen.[427] Ein weiterer Faktor könnte in diesem Zusammenhang auch der Fall *Gina-Lisa Lohfink*[428] im Jahr 2016 gewesen

---

425 Meldung des BMJV v. 20.2.2015 (Fn. 424).

426 S.a. *Deckers*, StV 2017, 410; *Eisele*, Stellungnahme zur Anhörung im Rechtsausschuss (2016), 1–2; *Hörnle*, NStZ 2017, 13 (14); *Hoven*, MschrKrim 2017, 161 (162); *Hoven/Weigend*, JZ 2017, 182; *Kempe*, Sexualstrafrecht (2018), 267; *Lederer*, StV 2021, 322 (323); *Linoh/Wettmann*, ZIS 2020, 383 (384); *Nobis*, StV 2018, 453 (454); *Renzikowski*, NJW 2016, 3553 (3558). Warnend vor einem übereilten Tätigwerden des Gesetzgebers schon *Walter*, JR 2016, 361 ([361–362][369]). Das Gesetz wurde am 9.11.2016 verkündet.

427 Ähnl. *Hoven*, MschrKrim 2017, 161 (162); *Hoven/Weigend*, JZ 2017, 182 (191); Lackner/Kühl-*Heger*, Vor § 174 Rn. 14, 16; *Lampig*, JR 2017, 347 (356); *Nobis*, StV 2018, 453 (454); SK-StGB-*Noltenius/Wolters*, § 177 Rn. 5; *Vavra*, Strafbarkeit (2020), 497–408; s.a. in den öffentlichen Medien: *Amos*, Interview mit *Hoven* und *Fischer*, *Legal Tribune Online* (2016); *Kubiciel*, Was wird aus dem Strafrecht?, *Frankfurter Allgemeine Zeitung* Nr. 39 (2018), 6: „Form der Bewältigung gesellschaftlicher Verunsicherungen". Vgl. dagegen *Maas*, NStZ 2015, 305 (309): „Es gibt viele Politiker, die zu oft, zu schnell und zu laut nach dem Strafrecht rufen. Das ist eine Schwäche meiner Berufsgruppe [Anm. d. Verf.: *Maas* war von 2013 bis 2018 Bundesministers der Justiz und für Verbraucherschutz]. Mit dem Strafgesetz lässt sich schnell, einfach und manchmal habe ich auch den Eindruck preisgünstig politisches Handeln nachweisen und auf öffentliche Empörung reagieren. Keine Frage: Viel zu häufig ist da Aktionismus am Werk, und wir sehen unsere Aufgabe im Justizministerium auch darin, notfalls zu sagen: Stopp, das geht nicht. Dafür ist das Strafrecht nicht da!". S. schon *Binding*, Gemeines Straftrecht BT (1902), 20: „Von den Wellen des täglichen Lebens läßt sich ihr [die Strafgesetze] Urheber die Handlungen vor die Füße spülen, die er dann lässig aufgreift, um sie wegen ihrer Unerträglichkeit zu Verbrechenstatbeständen zu erheben." Ähnl. *Hoven*, KriPoZ 2018, 2 ([2][10]). Dagegen sieht *Hörnle*, KriPoZ 2018, 12 (14–15) das Problem eher in zu kurzen Legislaturperioden.

428 *Lohfink*, bekannt geworden durch diverse Fernsehformate, stellte Strafanzeige gegen zwei Männer wegen Vergewaltigung, nachdem Ausschnitte eines Amateurpornos mit ihr und den beiden Männern veröffentlicht wurden. Das Verfahren gegen die Männer wurde eingestellt. Gegen *Lohfink* erging ein Strafbefehl wegen falscher Verdächtigung, gegen den sie jedoch Einspruch einlegte. In der anschließenden Hauptverhandlung wurde *Lohfink* zu einer Geldstrafe verurteilt (s. AG Berlin-Tiergarten, Urt. v. 22.8.2016 – Az. 265a Cs 437/15, 284 Js 1073/14). Auf einigen Videoausschnitten war zu sehen, wie *Lohfink* während des Sexualkontakts ihre

sein.[429] Im Juli 2017 legte die Kommission ihren Abschlussbericht vor, welcher – unter Einbeziehung der Änderungen durch das 50. StrÄndG – insgesamt 61 Empfehlungen für eine (weitere) Überarbeitung des 13. Abschnitts enthielt.[430]

2. *Die Umgestaltung des § 177 Abs. 1 StGB*

Vor dem 50. StrÄndG gab es einige Gesetzesentwürfe zur Umgestaltung des § 177 StGB beziehungsweise des gesamten 13. Abschnitts.[431] Ihnen war das Ziel gemein,

---

Ablehnung signalisierte. Das Gericht war der Ansicht, dass sich diese Ablehnung nur auf das Filmen und nicht die sexuellen Handlungen bezog. Gegen die Männer erging jeweils ein Strafbefehl wegen Verbreitung des Videos. Der Fall und das Urteil gegen *Lohfink* erregten große mediale Aufmerksamkeit, vgl. etwa die Berichterstattung v. *Die Zeit [online]*, Gina-Lisa Lohfink wegen falscher Verdächtigung verurteilt (2016); *Lakotta*, Urteil gegen Gina-Lisa Lohfink, *Der Spiegel [online]* (2016); *Lorenz*, Gina-Lisa Lohfink wegen falscher Verdächtigung verurteilt, *Legal Tribune Online* (2016); *Müller-Neuhof*, Gericht wirft Gina-Lisa Lohfink vor, sich rächen zu wollen, *Der Tagesspiegel [online]* (2016). Auch international wurde über den Fall berichtet, vgl. *Faiola/Kirchner*, A German woman said she was raped. Then she was fined $27,000, *The Washington Post [online]* (2016). Krit. zur Berichterstattung in diesem Fall *Fischer*, Frauenfilme zu Frauenwahrheiten und Frauenfragen, *Die Zeit [online]* (2016); *Lampig*, JR 2017, 347.

429 S.a. *Hoven*, MschrKrim 2017, 161 (162); *Hoven/Weigend*, JZ 2017, 182; *Vavra*, Strafbarkeit (2020), 407–408; ausf. zur Rolle der Medien im Vorfeld der Sexualstrafrechtsreform *Hoven*, MschrKrim 2017, 161 (165 ff.); *Hoven*, KriPoZ 2018, 2 (2 ff.); hierauf Bezug nehmend *Hörnle*, KriPoZ 2018, 12 ([12][14]).

430 Abschlussbericht der Reformkommission zum Sexualstrafrecht v. 19.7.2017, verfügbar unter: https://perma.cc/H3DP-F8B9 [Perma Link], 13–19; vgl. zudem *Bezjak*, ZStW 130 [2018], 303 (304 ff.) (mit konkretem Reformvorschlag); *Eisele*, DRiZ 2017, 398; *Kempe*, Sexualstrafrecht (2018), 269 ff.; *Nobis*, StV 2018, 453 (454); *Renzikowski/Schmidt*, KriPoZ 2018, 325 (325 ff.) (ausf. zu den einzelnen Empfehlungen); Schönke/Schröder-*Eisele*, Vor §§ 174 ff., Rn. 14, § 177 Rn. 2.

431 Vgl. den RefE des BMJV (Entwurf eines Gesetzes zur Änderung des Strafgesetzbuches – Verbesserung des Schutzes der sexuellen Selbstbestimmung v. 14.7.2015, verfügbar unter: https://perma.cc/QL7U-NL3A [Perma Link]) und die Gesetzesentwürfe der Bundestagsfraktion Bündnis 90/Die Grünen (BT-Drs. 18/5384), der Bundestagsfraktion Die Linke (BT-Drs. 18/7719) und der Bundesregierung (BT-Drs. 18/8210); s. zudem die Stellungnahme des Bundesrates (BR-Drs. 162/16; BT-Drs. 18/8626) und die Anhörung des Ausschusses für Recht und Verbraucherschutz des Deutschen Bundestages am 1.6.2016: *Clemm*, Stellungnahme zur Anhörung im Rechtsausschuss (2016); *Eisele*, Stellungnahme zur Anhörung im Rechtsausschuss (2016); *Hörnle*, Stellungnahme zur Anhörung im Rechtsausschuss (2016); *Müller-Piepenkötter*, Stellungnahme zur Anhörung im Rechtsausschuss (2016); *Ohlenschlager*, Stellungnahme zur Anhörung im Rechtsausschuss (2016); *Pisal/Freudenberg*, Stellungnahme zur Anhörung im Rechtsausschuss (2016); *Rabe*, Stellungnahme zur Anhörung im Rechtsausschuss (2016). Näher zu den einzelnen Gesetzesentwürfen und dem Gesetzgebungsverfahren: Abschlussbericht der Reformkommission zum

innerstaatliche Strafbarkeitslücken zu schließen und völkerrechtliche Vorgaben – insbesondere aus Art. 36 Abs. 1 der Istanbul-Konvention – umzusetzen.[432] Der Gesetzgeber entschied sich für die Einführung der *„Nein-heißt-Nein"-Lösung* und eine dogmatische Umgestaltung des § 177 Abs. 1 StGB.[433]

Die „Nein-heißt-Nein"-Lösung meint, dass ein bloßes „Nein", sprich eine einmal kommunizierte Ablehnung des Sexualkontakts, zur Begründung der Strafbarkeit ausreichen soll.[434] Das Gegenstück hierzu bildet das sogenannte *„Nur-Ja-heißt-Ja"-Modell*.[435] Letzteres verlangt für die Straflosigkeit eines Sexualkontakts, dass vor der sexuellen Handlung eindeutige Zustimmung kommuniziert wurde.[436] In

---

Sexualstrafrecht v. 19.7.2017 (Fn. 430), 37–38; *Kempe*, Sexualstrafrecht (2018), 245 ff.; MüKo-StGB-*Renzikowski*, § 177 Rn. 30–32; *Vavra*, Strafbarkeit (2020), 17–19, 405 ff.; s.a. *Papathanasiou*, KriPoZ 2016, 133 (133–134); Schönke/Schröder-*Eisele*, § 177 Rn. 2; zum RefE s. *Walter*, JR 2016, 361 (362 ff.); ferner zu BT-Drs. 18/8210 *Fischer*, Volk in Angst, *Die Zeit [online]* (2016); *Frommel*, ZRP 2016, 122 (123) (krit.).

432 Vgl. BT-Drs. 18/5384, 2, 5; 18/7719, 2, 12–13, 15; 18/8210, 1, 8–9.

433 Vgl. BT-Drs. 18/9097, 22; s.a. BeckOK-StGB-*Ziegler*, § 177 Rn. 8; *Fischer*, StGB, § 177 Rn. 6; *Hörnle*, NStZ 2017, 13 (13–14); *Hoven/Weigend*, JZ 2017, 182 ([182][186]); *Kempe*, Sexualstrafrecht (2018), 268; MüKo-StGB-*Renzikowski*, § 177 n.F. Rn. 4, 31; NK-*Frommel*, § 177 Rn. 104; Schönke/Schröder-*Eisele*, Vor §§ 174 ff., Rn. 13, § 177 Rn. 2, 11; SK-StGB-*Wolters*, Vor § 174 Rn. 7; *Vavra*, Strafbarkeit (2020), 415. Die Grundlage der Neuregelung bildet ein Eckpunktepapier des Ausschusses für Recht und Verbraucherschutz (BT-Drs. 18/9097), vgl. *Eisele*, RPsych 2017, 7 (8); *Hörnle*, NStZ 2017, 13 (14); *Kempe*, Sexualstrafrecht (2018), 245–246; Schönke/Schröder-*Eisele*, § 177 Rn. 2. Nach NK-*Frommel*, § 177 Rn. 99 sei die Einführung der „Nein-heißt-Nein"-Lösung lediglich eine – längst überfällige – Verstärkung der unbestrittenen sozialen Regel, dass bei sexuellen Kontakten „Nein auch Nein heißt"; ähnl. *Fischer*, Volk in Angst, *Die Zeit [online]* (2016); *Lederer*, StraFo 2018, 280 (281). Allg. zu konsensorientierten Ansätzen *Herning/Illgner*, ZRP 2016, 77 (78–80); *Isfen*, ZIS 2015, 217 (228–230).

434 *Eisele*, Stellungnahme zur Anhörung im Rechtsausschuss (2015), 8; *Herning/Illgner*, ZRP 2016, 77 (79); *Kempe*, Sexualstrafrecht (2018), 230.

435 Vgl. *Hoffmann*, NStZ 2019, 16 (16–17). Nach *Eisele* hat sich der Gesetzgeber mit Blick auf § 177 Abs. 1 und 2 StGB für ein „Kombinationsmodell" aus „Nein-heißt-Nein"- und „Nur-Ja-heißt-Ja"-Lösung entschieden, s. *Eisele*, DRiZ 2017, 398; *Eisele*, RPsych 2017, 7 (11); *Eisele*, JR 2019, 542; Schönke/Schröder-*Eisele*, § 177 Rn. 8.

436 *Eisele*, Stellungnahme zur Anhörung im Rechtsausschuss (2015), 7–8; *Eisele*, Stellungnahme zur Anhörung im Rechtsausschuss (2016), 11; *Herning/Illgner*, ZRP 2016, 77 (79–80); *Hoven/Weigend*, JZ 2017, 182 (185–186); *Kempe*, Sexualstrafrecht (2018), 230; *Lederer*, StraFo 2018, 280 (282); *Vavra*, Strafbarkeit (2020), 323. Das „Nur-Ja-heißt-Ja"-Modell wurde 2018 in das schwedische Strafgesetzbuch eingeführt, vgl. etwa die Berichtserstattung v. *Bigalke*, Schweden verschärft das Sexualstrafrecht, *Süddeutsche Zeitung [online]* (2017); *Der Tagesspiegel [online]*, Gericht in Schweden verurteilt Mann erstmals wegen „unachtsamer Vergewaltigung" (2019); *tagesschau.de*, Nur Ja heißt Ja beim Sex (2018). Dänemark folgte dem schwedischen Vorbild und führte das „Nur-Ja-heißt-Ja"-Modell mit Gesetz vom 01.01.2021 in sein

der Konsequenz müsste vor jeder sexuellen Handlung innerhalb eines zusammenhängenden sexuellen Gesamtgeschehens eine Zustimmung erteilt werden.[437] Die Zustimmung könnte sich dabei auch auf gewisse Modalitäten des Sexualkontakts beschränken („Ja, aber..."), sodass die sexuelle Handlung nur dann durch die Zustimmung gedeckt wäre, wenn die Grenzen der Zustimmung respektiert und nicht überschritten werden.[438]

Mit dem 50. StrÄndG wurde der Wille des Opfers ins Zentrum gerückt, sodass nicht mehr erforderlich ist, dass der Täter einen entgegenstehenden Willen des Opfers überwindet, sondern es ausreicht, wenn der Wille des Opfers erkennbar ist und der Täter sich darüber hinwegsetzt.[439] Strafbar sind gemäß § 177 Abs. 1 StGB nunmehr jegliche sexuelle Handlungen im Sinne des § 184h StGB gegen den erkennbaren Willen einer anderen Person, ohne dass es eines Nötigungselements bedarf.[440] Auf diese Weise soll Art. 36 der Istanbul-Konvention Rechnung getragen werden.[441] Die Tatvarianten des § 177 Abs. 1 StGB a.F. finden sich nun in Abs. 5

Sexualstrafrecht ein, vgl. die Berichterstattung v. *Der Spiegel [online]*, Dänemark macht beidseitige Zustimmung zum Geschlechtsverkehr verpflichtend (2020).

437 Abschlussbericht der Reformkommission zum Sexualstrafrecht v. 19.7.2017 (Fn. 430), 50; *Eisele*, Stellungnahme zur Anhörung im Rechtsausschuss (2015), 8; *Eisele*, Stellungnahme zur Anhörung im Rechtsausschuss (2016), 11; *Hörnle*, GA 2015, 313 (320); näher dazu *Vavra*, Strafbarkeit (2020), 323–326.

438 *Hoffmann*, NStZ 2019, 16 (17); näher zur tatbestandlichen Konzipierung der Zustimmung als tatbestandsausschließendes Einverständnis *El-Ghazi*, ZIS 2017, 157 (162); *Hörnle*, Gutachten zur Reform des § 177 StGB (2015), 15–16; *Kempe*, Sexualstrafrecht (2018), 231–233.

439 BT-Drs. 18/9097, 2, 21–22; s.a. *El-Ghazi*, StV 2021, 314 (315); *Linoh/Wettmann*, ZIS 2020, 383 (385).

440 Vgl. BT-Drs. 18/9097, 22; s.a. *Eisele*, JR 2019, 542; *El-Ghazi*, ZIS 2017, 157 (158); *Hofmann*, Praxis der Rechtspsychologie 2017, 7 (11); *Hörnle*, NStZ 2017, 13 (14); *Kempe*, Sexualstrafrecht (2018), 268; Lackner/Kühl-*Heger*, § 177 Rn. 1; Schönke/Schröder-*Eisele*, Vor §§ 174 ff., Rn. 13, § 177 Rn. 2; *Vavra*, Strafbarkeit (2020), 414; a.A. wohl *Fischer*, StGB, § 177 Rn. 9; vgl. zu den Änderungen (insbesondere zu §§ 184i, 184j StGB) im Allg. etwa *Eisele*, RPsych 2017, 7 (24 ff.); *Hofmann*, Praxis der Rechtspsychologie 2017, 7 (15–16); *Hörnle*, NStZ 2017, 13 (20–21); *Hoven/Weigend*, JZ 2017, 182 (189 ff.); *Papathanasiou*, KriPoZ 2016, 133 (137); *Renzikowski*, NJW 2016, 3553 (3556–3558); Schönke/Schröder-*Eisele*, § 177 Rn. 2; vgl. zu den Änderungen des § 177 StGB im Besonderen etwa *Eisele*, RPsych 2017, 7 (10 ff.); *Deckers*, StV 2017, 410 (411–12) (krit.); *El-Ghazi*, a.a.O. (159–160); *Hofmann*, Praxis der Rechtspsychologie 2017, 7 (10 ff.); *Hörnle*, NStZ 2017, 13 (14 ff.); *Hoven/Weigend*, JZ 2017, 182 (186 ff.) (krit.); *Kempe*, Sexualstrafrecht (2018), 268–269; *Lampig*, JR 2017, 347 (351–352); MüKo-StGB-*Renzikowski*, § 177 n.F. Rn. 31 ff.; *Papathanasiou*, KriPoZ 2016, 133 (134 ff.); *Renzikowski*, NJW 2016, 3553 (3553 ff.); ferner *Fischer*, Zum letzten Mal: Nein heißt Nein, *Die Zeit [online]* (2016).

441 Vgl. BT-Drs. 18/9097, 22; s.a. NK-*Frommel*, § 177 Rn. 100; ferner *Papathanasiou*, KriPoZ 2016, 133 (134); eingehend zur Strafwürdigkeit nicht-einvernehmlicher Sexualkontakte anhand einer Fallgruppenanalyse *Vavra*, Strafbarkeit (2020), 275 ff.

n.F. wieder,[442] wobei dieser nach seinem Wortlaut keine Nötigung fordert.[443] Es ist jedoch streitig, ob Abs. 5 eine Qualifikation der Grundtatbestände (§ 177 Abs. 1 und Abs. 2 StGB)[444] oder einen eigenen Grundtatbestand darstellt.[445]

D. Beweisrechtliche Erwägungen während des Reformprozesses

Die Gesetzesentwürfe sowie die Formulierungsvorschläge wurden von Fragen nach den Tatnachweismöglichkeiten und den Auswirkungen des Wortlauts auf die Beweiswürdigung begleitet.[446] So wurde beispielsweise zur Verbesserung des Opferschutzes eine „Beweislastumkehr“ durch Einführung des „Nur-Ja-heißt-Ja“-Modells[447] angedacht.[448]

Auch der EuGHMR erkannte in der Entscheidung „M.C. gegen Bulgarien“ aus dem Jahr 2003 an, dass die bulgarischen Behörden vor einer schwierigen Aufgabe standen, da sie mit zwei widersprüchlichen Versionen der Ereignisse und wenig „direkten“

---

442 BT-Drs. 18/9097, 26; *Bezjak*, KJ 2016, 557 (565–566); *Eisele*, RPsych 2017, 7 (11); *El-Ghazi*, ZIS 2017, 157 (160); *Fischer*, StGB, § 177 Rn. 61; *Hörnle*, NStZ 2017, 13 (18–19) (diff.); *Kindhäuser*, LPK, § 177 Rn. 11; MüKo-StGB-*Renzikowski*, § 177 n.F. Rn. 6, 34; NK-*Frommel*, § 177 Rn. 103, 119; Schönke/Schröder-*Eisele*, § 177 Rn. 66; *Renzikowski*, NJW 2016, 3553 (3555–3556) (krit.).

443 Vgl. BT-Drs. 18/9097, 26–28; s.a. BGH NJW 2019, 1010 (1010 ff.); *Bezjak*, KJ 2016, 557 (565–566); *Eisele*, RPsych 2017, 7 (11); *El-Ghazi*, ZIS 2017, 157 (160); *Hörnle*, NStZ 2017, 13 (19). Nach Lackner/Kühl-*Heger*, § 177 Rn. 1 ist der unveränderte Hinweis auf eine „sexuelle Nötigung“ in der amtlichen Überschrift verfehlt.

444 So BT-Drs. 18/9097, 26 und wohl die h.M., vgl. BGHSt 64, 55 (58) = JR 2019, 540 (542); BGH NJW 2019, 1010 (1011–1012); *Bezjak*, KJ 2016, 557 (565); *Eisele*, RPsych 2017, 7 ([11][20]); *Eisele*, JR 2019, 542 ([542][544]); *El-Ghazi*, ZIS 2017, 157 ([158][160]); *Hofmann*, Praxis der Rechtspsychologie 2017, 7 (13); *Papathanasiou*, KriPoZ 2016, 133 (136); *Röttgering/Lechtenberg*, in: Erhebung von Zeugenaussage (2019), 205 (216); Schönke/Schröder-*Eisele*, § 177 Rn. 66; *Vavra*, Strafbarkeit (2020), 455.

445 So NK-*Frommel*, § 177 Rn. 102. Eine dritte Ansicht vertritt *Fischer*, StGB, § 177 Rn. 61, wonach Abs. 5 sowohl Grundtatbestand des Verbrechens der sexuellen Nötigung als auch Qualifikation der Abs. 1 und 2 ist.

446 Vgl. BT-Drs. 18/7719, 2; *Cirullies*, Stellungnahme zur Anhörung im Rechtsausschuss (2015), 2–3; *Eisele*, Stellungnahme zur Anhörung im Rechtsausschuss (2015), 9; *Eisenhuth*, Stellungnahme zur Anhörung im Rechtsausschuss (2015), 6; *Fischer*, Stellungnahme zur Anhörung im Rechtsausschuss (2015), 12, 15–17; *Hörnle*, Gutachten zur Reform des § 177 StGB (2015), 16–17, 27; *Ohlenschlager*, Stellungnahme zur Anhörung im Rechtsausschuss (2016), 4; ferner *Rabe/Normann*, Schutzlücken bei der Strafverfolgung von Vergewaltigungen (2014), 23.

447 Vgl. unter § 6 D. IV. 2.

448 So *Herning/Illgner*, ZRP 2016, 77 (80); krit. dazu *Frommel*, ZRP 2016, 122 (123); *Lederer*, StraFo 2018, 280 (282).

Beweisen konfrontiert waren.[449] Der Gerichtshof wies allerdings darauf hin, dass das Vorhandensein von zwei unvereinbaren Versionen des Sachverhalts eine „kontext-sensitive“ Bewertung der Glaubhaftigkeit der Aussagen erforderlich mache.[450]

Ähnliches kann dem erläuternden Bericht der Istanbul-Konvention zu Art. 36 der Konvention entnommen werden:

> "Prosecution of this offence will require a context-sensitive assessment of the evidence in order to establish on a case-by-case basis whether the victim has freely consented to the sexual act performed."[451]

Die Novellierung des § 177 StGB war möglicherweise von der Hoffnung getragen, dass ein Verzicht auf Elemente der Nötigung bestehende Schwierigkeiten beim Nachweis der Tat beseitigen und die Wahrscheinlichkeit einer Verurteilung erhöhen wird.[452] Da die Beweisschwierigkeiten bei „Aussage gegen Aussage“[453] freilich weiterbestehen, dürfte diese Hoffnung vergeblich sein.[454] Die Ausdehnung des Tatbestandes birgt vielmehr die Gefahr, dass nur theoretisch weitere Verhaltensweisen potenzieller Täter unter Strafe gestellt werden, hingegen die Nachweisbarkeit – und damit auch die effektive Verfolgbarkeit der Taten – nicht verbessert

---

449 EGMR 4.12.2003 – 39272/98 (M.C. gegen Bulgarien), Rn. 176; ferner dazu *Rabe/Normann*, Schutzlücken bei der Strafverfolgung von Vergewaltigungen (2014), 16.

450 EGMR 4.12.2003 – 39272/98 (M.C. gegen Bulgarien), Rn. 177; ferner dazu *Rabe/Normann*, Schutzlücken bei der Strafverfolgung von Vergewaltigungen (2014), 16.

451 Explanatory Report (Fn. 412), Rn. 192.

452 *Hoven/Weigend*, JZ 2017, 182 (184–185); krit. zu einem Zusammenhang zwischen Änderungen des materiellen Strafrechts und Verurteilungen *Hörnle*, ZIS 2015, 206 (214–215); hierauf Bezug nehmend *Fischer*, ZIS 2015, 312 (317).

453 S.o. § 4.

454 S.a. *Isfen*, ZIS 2015, 217 (230); MüKo-StGB-*Renzikowski*, § 177 Rn. 48; *Vavra*, Strafbarkeit (2020), 418; ähnl. *Eisele*, Stellungnahme zur Anhörung im Rechtsausschuss (2015), 9; *Eisenhuth*, Stellungnahme zur Anhörung im Rechtsausschuss (2015), 3. Im Jahr 2016 gab es insg. 489 Verurteilungen wegen sexueller Nötigung nach § 177 Abs. 1 StGB a.F., s. *StBA*, StVStat – Fachserie 10 Reihe 3 (2016), verfügbar unter: https://perma.cc/PYK5-JD7S [Perma Link]. Im Jahr 2017 waren es insg. 153 Verurteilungen aufgrund sexueller Handlungen gegen den erkennbaren Willen nach § 177 Abs. 1 StGB und 481 Verurteilungen nach § 177 Abs. 5 StGB, s. *StBA*, StVStat – Fachserie 10 Reihe 3 (2017), verfügbar unter: https://perma.cc/VJ6E-2NQK [Perma Link]. Im Jahr 2018 gab es 223 Verurteilungen nach § 177 Abs. 1 StGB und 428 nach § 177 Abs. 5 StGB, s. *StBA*, StVStat – Fachserie 10 Reihe 3 (2018), verfügbar unter: https://perma.cc/4VUQ-WLT9 [Perma Link]. Im Jahr 2019 gab es 273 Verurteilungen nach § 177 Abs. 1 StGB und 428 nach § 177 Abs. 5 StGB, s. *StBA*, StVStat – Fachserie 10 Reihe 3 (2019), verfügbar unter: https://perma.cc/5QSQ-F7XK [Perma Link]. Wie sich die Verurteilungszahlen langfristig entwickeln werden, bleibt abzuwarten. Eine erste Bestandsaufnahme macht *El-Ghazi*, StV 2021, 314 (314 ff.).

wird.[455] Diese Gefahr griff auch die Bundestagsfraktion Die Linke in ihren Gesetzesentwurf zur Änderung des Sexualstrafrechts auf:

> „Der unverhandelbare und im Rechtsstaatsprinzip des Grundgesetzes (Art. 20 Abs. 3 GG) verankerte Grundsatz ‚im Zweifel für den Angeklagten' [...] bringt es mit sich, dass die vorgeschlagene Gesetzesänderung in sog. Zweierkonstellationen nicht zwingend zu mehr Verurteilungen führen wird. Dies muss ehrlichkeitshalber dazu gesagt werden. Denn bei Sexualdelikten ist die mangelnde Beweisbarkeit häufig das Problem."[456]

Derartige Überlegungen scheinen in den § 177 Abs. 1 StGB hingegen keinen Eingang gefunden zu haben:[457] Der dem 50. StrÄndG zugrundliegenden Beschlussempfehlung[458] lassen sich keine beweisrechtlichen Erwägungen entnehmen.

---

455 *Eisenhuth*, Stellungnahme zur Anhörung im Rechtsausschuss (2015), 3.

456 BT-Drs. 18/7719, 2. So a. *Renzikowski*, Stellungnahme zur Anhörung im Rechtsausschuss am 28.1.2015 (2015), 2.

457 Ähnl. *Lederer*, StraFo 2018, 280 (283): „Im Vorfeld der Reform wurde einerseits von verschiedenen Seiten gemahnt, welche Beweisprobleme entstehen könnten; andererseits sind diese Mahnungen verhallt [...]."

458 BT-Drs. 18/9097.

§ 7 Zur Nachweisbarkeit eines sexuellen Übergriffs

A. Objektive Anknüpfungspunkte

In seiner schriftlichen Stellungnahme zur Anhörung vor dem Ausschuss für Recht und Verbraucherschutz des Deutschen Bundestages am 28. Januar 2015 zu dem Antrag der Bundestagsfraktion BÜNDNIS 90/DIE GRÜNEN auf Umsetzung der Istanbul-Konvention[459] stellte *Renzikowski* fest:

> „Es ist nicht die Aufgabe des Strafrechts, Beweisprobleme zu minimieren, sondern Rechtspositionen zu schützen."[460]

Dem ist zweifelsohne zuzustimmen.[461] Der praktische Rechtsgüterschutz und beweisrechtliche Schwierigkeiten sind jedoch dergestalt verbunden, als dass der materielle Tatbestand letztlich den Maßstab für den Nachweis der Tat vorgibt.[462]

Für § 177 Abs. 1 StGB bedeutet dies, dass in manchen Fällen zwar bereits das Stattfinden der sexuellen Handlung strittig ist, sodass beispielsweise DNA-Spuren zum Nachweis des Sexualkontakts herangezogen werden könnten,[463] allerdings wird regelmäßig allein das Einverständnis der anderen Person in Frage stehen.[464] Entscheidungsrelevant ist dann die *Rekonstruktion der stattgefundenen Kommunikation*, für die in der Regel allein die Angaben der Beteiligten zur Verfügung stehen.[465] Es bleibt für die Möglichkeit, einen Tatnachweis zu führen, somit entscheidend, dass die Voraussetzungen der Straftatbestände *objektive Anknüpfungspunkte* besitzen.[466] In dieser Hinsicht könnte § 177 Abs. 1 StGB in seiner alten Fassung bis 2016 dem jetzigen sexuellen Übergriff etwas voraus gehabt haben.

---

459 Vgl. unter § 6 C. II. 2. m. Fn. 420.

460 *Renzikowski*, Stellungnahme zur Anhörung im Rechtsausschuss am 28.1.2015 (2015), 2.

461 S.a. *Lampig*, JR 2017, 347 (355).

462 Vgl. *Volk*, Wahrheit (1980), 24: „Die Strafnorm setzt eine gerechte Regelung und schreibt, vermittelt durch die Dogmatik des materiellen Rechts, das Beweisthema vor." Ferner *Lederer*, StraFo 2018, 280 (283).

463 Vgl. § 4 B. II. 2.

464 *Eisenhuth*, Stellungnahme zur Anhörung im Rechtsausschuss (2015), 2; *Hörnle*, ZIS 2015, 206 (212); s.a. *Geipel*, StV 2008, 271.

465 *Hörnle*, ZIS 2015, 206 (212); MüKo-StGB-*Renzikowski*, § 177 Rn. 4; s.a. *Eisenhuth*, Stellungnahme zur Anhörung im Rechtsausschuss (2015), 2: „Lediglich bei der Überprüfung des Wahrheitsgehalts dieser Aussagen können wiederum die durch die Ermittlungstechniken gewonnen Erkenntnisse zusätzliche Aufschlüsse bringen."

466 *Eisenhuth*, Stellungnahme zur Anhörung im Rechtsausschuss (2015), 2–3.

B. Zu den Nachweismöglichkeiten der sexuellen Nötigung nach § 177 Abs. 1 StGB a.F.

Ein Vorteil des § 177 Abs. 1 StGB a.F. gegenüber der neuen Fassung, die allein auf den erkennbaren Willen des Opfers abstellt, wurde und wird noch immer darin gesehen, dass sich aufgrund der über das Fehlen des Einverständnisses hinausgehenden Zusatzkriterien – sprich der Nötigungsmittel – eher objektive Anhaltspunkte ergaben, die eine Aufklärung des Sachverhalts in „Aussage gegen Aussage"-Konstellationen erleichtern.[467] Für die Vollendung einer Nötigung reichte es nicht aus, dass eine Handlung gegen den Willen einer Person vollzogen wurde; vielmehr verlangte das Gesetz eine „äußere Manifestation" der Nötigung, die es erlaubte, die Vollendung des Tatbestandes über eine bloße innere Befindlichkeit hinaus zu objektivieren (Objektivierung des Zwangscharakters).[468] Eine Verurteilung nach § 177 Abs. 1 StGB a.F. kam nur in Betracht, wenn eine Gewalteinwirkung, das Vorliegen einer schutzlosen Lage oder mindestens eine Drohung mit Gewalt nachgewiesen werden konnte.[469] Gerade im Falle der Gewaltanwendung haben sich aus der Spurenlage objektivierbare Umstände ergeben, die bei der Aufklärung des Sachverhalts herangezogen wurden.[470]

Allerdings wurde dem schon im Laufe des Reformprozesses entgegensetzt, dass diese Überlegungen zwar für Einzelfälle der (schweren) Gewaltanwendung praktisch relevant werden könnten – wenn beispielsweise ärztliche Atteste zu Gewaltspuren vorliegen –, nicht hingegen für die Tatvarianten der Drohung und der schutzlosen Lage.[471] Zudem fehle es auch bei einer Gewaltanwendung nicht selten an Befunden, die einen körperlichen Zwang eindeutig belegen.[472] Hinzukomme, dass selbst Zusatzbeweiszeichen wie körperliche Gewaltspuren lediglich einen Aspekt der Beweiswürdigung darstellen.[473]

An dieser Stelle sind beispielhaft zwei Fälle anzuführen, die diesen Einwand stützen:

---

467 Vgl. *Cirullies*, Stellungnahme zur Anhörung im Rechtsausschuss (2015), 2; *Eisele*, DRiZ 2017, 398 (399); *Hofmann*, Praxis der Rechtspsychologie 2017, 7 (18); *Lampig*, JR 2017, 347 (355); s. dazu *Hörnle*, ZIS 2015, 206 (212); *Isfen*, ZIS 2015, 217 (230); *Renzikowski*, Stellungnahme zur Anhörung im Rechtsausschuss am 28.1.2015 (2015), 9; *Renzikowski*, NJW 2016, 3553 (3554); *Rohmann*, Praxis der Rechtspsychologie 2017, 27 (31).

468 *Fischer*, StGB[63], § 177 Rn. 38.

469 *Hoven/Weigend*, JZ 2017, 182 (185).

470 *Cirullies*, Stellungnahme zur Anhörung im Rechtsausschuss (2015), 2.

471 *Hörnle*, ZIS 2015, 206 (212–213); *Isfen*, ZIS 2015, 217 (230); s.a. *Pisal/Freudenberg*, Stellungnahme (2014), 9; ferner *Lampig*, JR 2017, 347 (355).

472 *Hörnle*, ZIS 2015, 206 (213); *Isfen*, ZIS 2015, 217 (230); vgl. zudem *Kratzer-Ceylan*, Finalität (2015), 47.

473 *Hörnle*, ZIS 2015, 206 (213).

Fall: Die Zeugin gab im Jahr 2010 gegenüber der Polizei an, in der Nacht zuvor von ihrem Lebensgefährten, dem Meteorologen und Wetter-Moderator *Jörg Kachelmann*,[474] nach einem Streit mit einem Messer bedroht und zum Geschlechtsverkehr gezwungen worden zu sein.[475] Medizinische Untersuchungen ergaben unter anderem Verletzungen am Hals, die nach den Angaben der Zeugin durch den starken Druck des während des Geschlechtsverkehrs an ihren Hals gepressten Messers herrührten. Auch die Innenseiten ihrer Oberschenkel wiesen große Hämatome auf, die nach ihren Schilderungen ebenfalls von *Kachelmann* stammten, der während des erzwungenen Geschlechtsaktes auf ihr kniete. In der Hauptverhandlung trugen Gutachter vor, dass die Halsverletzungen auch selbst herbeigeführt und ohne den Druck eines Messers entstanden sein könnten. Die Hämatome passten ebenfalls nicht zu dem von der Zeugin geschilderten Geschehensablauf. Auch im Übrigen ergaben sich erhebliche Zweifel an dem Wahrheitsgehalt des Vergewaltigungsvorwurfs, die zu einem Freispruch des Angeklagten führten.[476]

Fall: Der Bundesgerichtshof hatte im Jahr 2002 ein landgerichtliches Urteil zu überprüfen, durch das der Angeklagte unter anderem wegen Vergewaltigung verurteilt wurde.[477] In dem zugrundliegenden Fall stand außer Streit, dass es zwischen dem Angeklagten und der Zeugin zum Geschlechtsverkehr gekommen war; vielmehr ging es um die Frage, ob dieser gewaltsam oder im gegenseitigen Einverständnis vollzogen wurde.[478] Das Landgericht folgte den Angaben der Zeugin, indem es sich unter anderem auf ärztlich bestätigte Verletzungen bei der Zeugin (Blutergüsse im Bereich des inneren Oberschenkels und Kratzspuren im Nackenbereich) stützte und verurteilte den Angeklagten.[479] Die Beweiswürdigung des angefochtenen Urteils begegnete nach Ansicht des Bundesgerichtshofs jedoch rechtlichen Bedenken: Da sich die Zeugin die Verletzungen auch bei dem vom Angeklagten geschilderten Geschehensverlauf zugezogen haben könnte, stehe in den wenigen, aber entscheidenden Punkten, in denen die Einlassungen des

---

474 Der Fall erregte in den Jahren 2010 und 2011 erhebliche öffentliche und vor allem mediale Aufmerksamkeit. Die StA ermittelte gegen *Kachelmann* wegen Verdachts der Vergewaltigung in einem besonders schweren Fall in Tateinheit mit gefährlicher Körperverletzung, s. exemplarisch die Berichterstattung v. *Boehme-Neßler*, Die Kavallerie der Justiz, *Legal Tribune Online* (2010); *Frankfurter Allgemeine Zeitung [online]*, Der Fall Kachelmann (2011).

475 Vgl. etwa die Berichterstattung v. *Rückert*, Schuldig auf Verdacht, *Die Zeit [online]* Nr. 26/2010 (2010); *Rückert*, Zwei blaue Flecke und ein Nullbefund, *Die Zeit [online]* Nr. 09/2011 (2011).

476 Vgl. *Rückert*, Zwei blaue Flecke und ein Nullbefund, *Die Zeit [online]* Nr. 09/2011 (2011).

477 BGH NStZ 2002, 494 (494 f.).

478 Vgl. BGH NStZ 2002, 494 (495).

479 BGH NStZ 2002, 494 (495).

Angeklagten und die Aussage der Zeugin voneinander abweichen, letztlich „Aussage gegen Aussage".[480]

Beide Fälle zeigen, dass Zusatzbeweiszeichen wie körperliche Gewaltspuren nur einen Aspekt der Beweiswürdigung darstellen. Freilich müssen im Rahmen der *lückenlosen Gesamtwürdigung*[481] die Tatumstände mit potenzieller Beweisbedeutung – wie beispielsweise Verletzungen – ebenfalls Berücksichtigung finden.[482] Dennoch kam es auch bei § 177 Abs. 1 a.F. StGB oftmals darauf an, die einander widersprechenden Aussagen des Belastungszeugen und des Angeklagten zu beurteilen.[483] So mussten beispielsweise für § 177 Abs. 1 Nr. 2 StGB a.F. die Angaben des Belastungszeugen die situativ plausible und belastbare Schilderung einer Drohung mit Gewalt enthalten.[484] Die Feststellung einer Drohung hing allerdings davon ab, welcher Version des Gesprächs zwischen den Beteiligten der Richter Glauben schenkte.[485] Dass § 177 Abs. 1 StGB a.F. Nötigungsmittel erforderte, erleichterte die Sachverhaltsaufklärung in „Aussage gegen Aussage"-Konstellationen damit nicht.

C. § 177 Abs. 1 StGB als Herausforderung für die Praxis

Allgemein gilt es zu bedenken: Je weiter ein Tatbestand ist, desto mehr Schwierigkeiten wird man haben, die Grenzen des Tatbestandes abzustecken.[486] Probleme könnte § 177 Abs. 1 StGB insoweit bereiten, als dass allein auf den erkennbar entgegenstehenden Willen des Betroffenen abgestellt wird.

I. „Gegen den erkennbaren Willen"

1. Der entgegenstehende Wille

Dass im Zentrum des § 177 Abs. 1 StGB nun der *entgegenstehende Wille* der anderen Person steht und auf weitere Nötigungselemente verzichtet wird, lässt sich mit dem Schutz der freien Entscheidung über das „Ob", „Wann" und „Wie"[487] der sexuellen Begegnung erklären.[488]

---

480 BGH NStZ 2002, 494 (495).

481 Vgl. § 4 A.

482 Vgl. OLG Koblenz NStZ-RR 2005, 79 (79 f.): Das LG verurteilte die Angekl. u.a. wegen falscher Verdächtigung, weil sie den Zeugen zu Unrecht der Vergewaltigung bezichtigt haben soll. Das OLG Koblenz hob das Urteil auf, da Umstände (z.B. eine Rippenverletzung), die für die Richtigkeit der Aussage der Angekl. gesprochen haben, nicht hinreichend berücksichtigt worden waren.

483 *Hörnle*, ZIS 2015, 206 (213); *Isfen*, ZIS 2015, 217 (230).

484 *Hoven/Weigend*, JZ 2017, 182 (185).

485 *Hoven/Weigend*, JZ 2017, 182 (185); *Isfen*, ZIS 2015, 217 (230).

486 *Fischer*, ZIS 2015, 312 (317).

487 S.o. § 6 C.

488 *Renzikowski*, NJW 2016, 3553; a.A. wohl *Deckers*, StV 2017, 410 (411): „Das Modellbild der Frau des 21. Jahrhunderts (selbstbestimmte – wohl auch selbstbewusste Wahl,

Der „entgegenstehende Wille" meint den *natürlichen Willen* des Opfers, sodass Willensmängel – insbesondere Täuschungen[489] – unerheblich sind.[490] Die Gründe, aus denen das Opfer die sexuelle Handlung ablehnt, sind irrelevant.[491] Es kommt auch nicht darauf an, ob die der Willensbildung zugrundeliegenden Motive schützenswert sind.[492] Dem Opfer muss es also nicht zwangsläufig um den Schutz seiner sexuellen Selbstbestimmung gehen.[493] Wurde das Einverständnis nach außen hin hingegen durch Drohung oder Gewalt abgenötigt, ändert sich an der inneren Ablehnung nichts.[494]

Darüber hinaus muss sich der Widerwille nicht allgemein auf alle sexuellen Handlungen beziehen, sondern kann auf einzelne Handlungen beschränkt sein.[495] In jedem Fall muss der *tatsächlich*[496] entgegenstehende Wille (noch) im *Zeitpunkt der Vornahme der sexuellen Handlung* vorliegen.[497] Dem Opfer steht es dabei frei, seinen Willen jederzeit zu ändern, unabhängig von einer zuvor erteilten Zustimmung.[498] Sobald das Opfer seinen Widerwillen geäußert hat, ist der Sexualkontakt sofort zu beenden.[499]

Sexualkontakt aufzunehmen) wird ersetzt und das durch Scham oder Schüchternheit geprägte wehrlose oder gegen seinen eigenen Willen handelnde Opfergeschöpf zum verallgemeinerbaren Schutzobjekt eines Straftatbestandes stilisiert." Letztem zust. *Fischer*, StGB, § 177 Rn. 15; *Lederer*, StraFo 2018, 280 (281–282).

489 *Eisele*, RPsych 2017, 7 (13); Schönke/Schröder-*Eisele*, § 177 Rn. 19, 20; näher dazu *Hoven/Weigend*, KriPoZ 2018, 156 (157 ff.); *Vavra*, Strafbarkeit (2020), 426–427.

490 BeckOK-StGB-*Ziegler*, § 177 Rn. 9a; *Eisele*, RPsych 2017, 7 (13); *El-Ghazi*, ZIS 2017, 157 (163–164); Schönke/Schröder-*Eisele*, § 177 Rn. 19.

491 BT-Drs. 18/9097, 23; s.a. BeckOK-StGB-*Ziegler*, § 177 Rn. 10; *Bezjak*, KJ 2016, 557 (560); *El-Ghazi*, ZIS 2017, 157 (163); *Hörnle*, NStZ 2019, 439 (441); *Vavra*, Strafbarkeit (2020), 417.

492 BT-Drs. 18/9097, 23; *Löffelmann*, StV 2017, 413 (414).

493 *Löffelmann*, StV 2017, 413 (414).

494 *El-Ghazi*, ZIS 2017, 157 ([164–165][166]).

495 Lackner/Kühl-*Heger*, § 177 Rn. 5: z.B. Analverkehr statt Beischlaf; s.a. BeckOK-StGB-*Ziegler*, § 177 Rn. 9a; ausf. *Vavra*, Strafbarkeit (2020), 330–337, 423–424: „Dealbreaker". S. zur Strafbarkeit des sog. „Stealthing" OLG Schleswig, Urt. v. 19.03.2021 – Az. 2 OLG 4 Ss 13/21, juris; AG Kiel StV 2021, 311 (311 ff.) (abl.); *El-Ghazi*, StV 2021, 314 (316–317); *Hoffmann*, NStZ 2019, 16 (17 ff.); *Linoh/Wettmann*, ZIS 2020, 383 (383 ff.); *Schumann/Schefer*, in: Kindhäuser-FS (2019), 811 (811 ff.); ferner BeckOK-StGB-*Ziegler*, ebd.; Lackner/Kühl-*Heger*, ebd.; *Vavra*, a.a.O., 332, 424.

496 Ein bloß mutmaßlicher oder antizipierter Gegenwille genügt nicht, s. *El-Ghazi*, ZIS 2017, 157 (163).

497 Lackner/Kühl-*Heger*, § 177 Rn. 5; Schönke/Schröder-*Eisele*, § 177 Rn. 19; *Ziegler*, NStZ 2019, 718 (719).

498 Vgl. BT-Drs. 18/9097, 23; s.a. BeckOK-StGB-*Ziegler*, § 177 Rn. 8; *El-Ghazi*, StV 2021, 314 (315); *Hörnle*, NStZ 2019, 439 (441); *Kempe*, Sexualstrafrecht (2018), 273; *Löffelmann*, StV 2017, 413 (414); *Vavra*, Strafbarkeit (2020), 417.

499 *Löffelmann*, StV 2017, 413 (414) (krit.): Dem Normadressaten verbleibt nur eine „logische Sekunde", um auf die Willensänderung zu reagieren und sein Handeln zu

2. *Erkennbarkeit des entgegenstehenden Willens*

Mit Blick auf das verfassungsrechtlich verankerte Schuldprinzip darf dem Täter nicht das Risiko eines *nur inneren* entgegenstehenden Willens auferlegt werden.[500] Für die Beurteilung der Freiwilligkeit des Sexualkontakts ist daher ein Mindestmaß objektivierbarer Anhaltspunkte erforderlich.[501] Ein bloß innerer Vorbehalt genügt nicht,[502] sodass es zumindest eines kommunikativen Aktes bedarf.[503] Das Tatopfer muss seinen entgegenstehenden Willen gegenüber dem Täter damit tatsächlich in einer Äußerungshandlung objektiv zum Ausdruck gebracht haben.[504]

Freilich sind auch verbale Äußerungen – wie beispielsweise ein „Nein" – in den nahezu ausschließlich von „Aussage gegen Aussage" geprägten Tatsituationen regelmäßig nicht nachweisbar, sodass objektiv feststellbare Begleiterscheinungen grundsätzlich unverzichtbar sind.[505] Wie jedoch bereits anhand der Beweisbarkeit des § 177 Abs. 1 StGB a.F. aufgezeigt,[506] bietet die tatbestandliche Anknüpfung an Zwangshandlungen hierfür keine Gewähr.

Als objektivierbarer Anknüpfungspunkt dient im § 177 Abs. 1 StGB vielmehr das Tatbestandsmerkmal der *Erkennbarkeit*.[507] Der „erkennbare Wille" ist aus der Sicht

---

unterbrechen. Nach *Hörnle*, NStZ 2017, 13 (15) liegt evtl. ein minder schwerer Fall gem. § 177 Abs. 9 StGB vor, wenn Überraschung und nicht Rücksichts- oder Gleichgültigkeit die Reaktion auf den erkannten Meinungsumschwung verzögert hat.

500 Vgl. *Eisele*, RPsych 2017, 7 (13); Schönke/Schröder-*Eisele*, § 177 Rn. 19; ähnl. *Eisele*, Stellungnahme zur Anhörung im Rechtsausschuss (2016), 12.

501 *Isfen*, ZIS 2015, 217 (227); s.a. *El-Ghazi*, ZIS 2017, 157 (165).

502 BT-Drs. 18/9097, 23; BeckOK-StGB-*Ziegler*, § 177 Rn. 10; *El-Ghazi*, ZIS 2017, 157 (162); Lackner/Kühl-*Heger*, § 177 Rn. 5; ferner *Kempe*, Sexualstrafrecht (2018), 272; *Vavra*, Strafbarkeit (2020), 416.

503 *Isfen*, ZIS 2015, 217 (227); *Schumann/Schefer*, in: Kindhäuser-FS (2019), 811 (820–821); s.a. *Hörnle*, ZStW 127 [2015], 851 (868); *Hörnle*, NStZ 2017, 13 (15); *Hörnle*, NStZ 2019, 439 (441); *Rohmann*, Praxis der Rechtspsychologie 2017, 27 (31); Schönke/Schröder-*Eisele*, § 177 Rn. 19; *Vavra*, Strafbarkeit (2020), 416–417. Daneben wollte *Hörnle*, GA 2015, 313 (327–328) in ihrem Gesetzesvorschlag auch den Fall tatbestandlich erfassen, in dem eine Zustimmung nach außen nicht erkennbar ist, der Täter allerdings aufgrund von Sonderwissen sicher weiß, dass die sexuelle Handlung nicht (mehr) dem Willen der anderen Person entspricht: „Als Ausgleich für die in der Außenbetrachtung fehlende Evidenz wäre *innere Evidenz* [...] zu fordern." – Hervorhebung original.

504 *Eisele*, RPsych 2017, 7 (12–13); *Fischer*, NStZ 2019, 580 (581); *Fischer*, StGB, § 177 Rn. 12; *Hoven/Weigend*, KriPoZ 2018, 156 (156): „Kommunikationsobliegenheit"; Schönke/Schröder-*Eisele*, § 177 Rn. 19.

505 Vgl. *Eisenhuth*, Stellungnahme zur Anhörung im Rechtsausschuss (2015), 3.

506 Vgl. unter § 7 B.

507 *Fischer*, StGB, § 177 Rn. 12; Schönke/Schröder-*Eisele*, § 177 Rn. 11; s.a. *El-Ghazi*, ZIS 2017, 157 (165–166); *Hörnle*, NStZ 2019, 439 (441); krit. dazu *Hoven/Weigend*, JZ 2017, 182 (186–187).

eines objektiven Dritten zu beurteilen.[508] Für diesen ist der entgegenstehende Wille erkennbar, wenn das Opfer ihn *zum Tatzeitpunkt* entweder ausdrücklich (verbal) erklärt oder konkludent (zum Beispiel durch Weinen oder Abwehren der sexuellen Handlung) zum Ausdruck bringt.[509] Der Wille muss also in Worten oder durch Verhalten *kommuniziert* werden,[510] ist aber nicht an bestimmte Formen gebunden.[511] Ein ambivalentes oder neutrales Verhalten des Opfers reicht für die Erkennbarkeit des entgegenstehenden Willens hingegen nicht aus.[512] Laut der Gesetzesbegründung sei es dem Opfer vielmehr zuzumuten, seinem entgegenstehenden Willen zum Tatzeitpunkt *eindeutig* Ausdruck zu verleihen.[513] Selbiges gilt auch, wenn ein geäußertes „Nein" nicht klar auf den Sexualkontakt bezogen scheint, sondern etwa bloß dessen filmisches Festhalten betrifft.[514]

---

508 BT-Drs. 18/9097, 22; s.a. BeckOK-StGB-*Ziegler*, § 177 Rn. 9; *Eisele*, RPsych 2017, 7 (12); *El-Ghazi*, ZIS 2017, 157 (166); *El-Ghazi*, StV 2021, 314 (315); *Fischer*, NStZ 2019, 580 (581); *Fischer*, StGB, § 177 Rn. 12; *Hörnle*, NStZ 2017, 13 (15); *Hörnle*, NStZ 2019, 439 (441); *Kempe*, Sexualstrafrecht (2018), 272, 275; *Kindhäuser*, LPK, § 177 Rn. 2; Lackner/Kühl-*Heger*, § 177 Rn. 5; MüKo-StGB-*Renzikowski*, § 177 Rn. 47; *Renzikowski*, NJW 2016, 3553; Schönke/Schröder-*Eisele*, § 177 Rn. 19; *Schumann/Schefer*, in: Kindhäuser-FS (2019), 811 (821); SK-StGB-*Noltenius/Wolters*, § 177 Rn. 12; *Vavra*, Strafbarkeit (2020), 416; krit. dazu *Bezjak*, KJ 2016, 557 (561); *Hoven/Weigend*, JZ 2017, 182 (187); genauer noch unter § 7 C. II. 2.

509 BT-Drs. 18/9097, 22–23; s.a. BGH NStZ 2019, 717 (718); BeckOK-StGB-*Ziegler*, § 177 Rn. 9: der Wille kann a. aus dem Gesamtkontext der Beziehung und vorausgegangenen Verhaltensweisen erkennbar sein; *El-Ghazi*, ZIS 2017, 157 (166); *Fischer*, StGB, § 177 Rn. 12; *Hörnle*, NStZ 2017, 13 (15): das Gesamtverhalten muss eindeutig und konsistent Ablehnung signalisieren; *Kempe*, Sexualstrafrecht (2018), 272; *Kindhäuser*, LPK, § 177 Rn. 2; Lackner/Kühl-*Heger*, § 177 Rn. 5; MüKo-StGB-*Renzikowski*, § 177 Rn. 47; *Renzikowski*, NJW 2016, 3553 (3554); SK-StGB-*Noltenius/Wolters*, § 177 Rn. 12; *Vavra*, Strafbarkeit (2020), 416; *Ziegler*, NStZ 2019, 718 (719); krit. zum Weinen als Ausdruck des entgegenstehenden Willens *Lederer*, StraFo 2018, 280 (283).

510 Näher *Hörnle*, NStZ 2017, 13 (15).

511 *Fischer*, StGB, § 177 Rn. 12a; s.a. *El-Ghazi*, ZIS 2017, 157 (166).

512 BT-Drs. 18/9097, 23; BeckOK-StGB-*Ziegler*, § 177 Rn. 10; *Eisele*, DRiZ 2017, 398 (399); *Eisele*, RPsych 2017, 7 (12); *Hörnle*, NStZ 2017, 13 (15); Lackner/Kühl-*Heger*, § 177 Rn. 5; MüKo-StGB-*Renzikowski*, § 177 Rn. 47; NK-*Frommel*, § 177 Rn. 105; *Renzikowski*, NJW 2016, 3553 (3554); Schönke/Schröder-*Eisele*, § 177 Rn. 20; ferner *Kempe*, Sexualstrafrecht (2018), 276. Nach *Vavra*, Strafbarkeit (2020), 417–418 sollten ambivalente Situationen jedoch nicht vorschnell angenommen werden. Näher zur Ambivalenz v. Kommunikation schon *Hörnle*, ZStW 127 [2015], 851 (870–871).

513 BT-Drs. 18/9097, 23 m. Hinweis auf *Hörnle*, Gutachten zur Reform des § 177 StGB (2015), 13 ff.; s.a. BeckOK-StGB-*Ziegler*, § 177 Rn. 10; *Eisele*, RPsych 2017, 7 (12); *El-Ghazi*, ZIS 2017, 157 (166); *Hörnle*, GA 2015, 313 (321); *Kempe*, Sexualstrafrecht (2018), 272–273; krit. dazu etwa *Hoven/Weigend*, JZ 2017, 182 (186).

514 Lackner/Kühl-*Heger*, § 177 Rn. 5 (scheinbar unter Bezugnahme auf den Fall *Lohfink* [s. Fn. 428]); näher dazu *Vavra*, Strafbarkeit (2020), 331–334, 424–425.

Die „Nein-heißt-Nein"-Lösung könnte insoweit falsche Erwartungen bei denjenigen wecken, die sich von dem „Paradigmenwechsel"[515] eine häufigere Bestrafung unwillkommener sexueller Handlungen erhofft haben.[516] Denn auch die Fälle, in denen ein Betroffener – beispielsweise aus Scham – nicht den „Mut aufbringen" kann, seinen entgegenstehenden Willen erkennbar nach außen zu geben, bleiben weiterhin straflos.[517]

Andererseits muss auch ein „Nein" nicht zwangsläufig strikte Ablehnung bedeuten, besonders wenn die Person später höchst aktiv mitwirkt und die sexuellen Handlungen des anderen nicht nur passiv erduldet.[518] In diesen Fällen wird ein Gericht wohl nicht umhinkommen, die gesamten Hintergründe der Situation und der Beziehung aufzuklären.[519]

Ist der entgegenstehende Wille nicht erkennbar und ist es dem Opfer nicht zuzumuten beziehungsweise faktisch nicht möglich, seinem entgegenstehenden Willen eindeutig Ausdruck zu verleihen, bestimmt § 177 Abs. 2 StGB Umstände, unter denen eine Strafbarkeit dennoch bejaht werden kann.[520]

---

515 *Hoven/Weigend*, KriPoZ 2018, 156; NK-*Frommel*, § 177 Rn. 105.

516 *Hoven/Weigend*, JZ 2017, 182 (184).

517 *Hoven/Weigend*, JZ 2017, 182 (184); s.a. *Eisele*, Stellungnahme zur Anhörung im Rechtsausschuss (2016), 13; *Eisele*, DRiZ 2017, 398 (399).

518 *Eisele*, DRiZ 2017, 398 (399); MüKo-StGB-*Renzikowski*, § 177 Rn. 48; *Renzikowski*, NJW 2016, 3553 (3554). Zur sog. „nicht unwillkommenen Gewalt" (vis haud ingrata) etwa *Brüggemann*, Entwicklung und Wandel des Sexualstrafrechts (2013), 261 ff.; *Kratzer-Ceylan*, Finalität (2015), 249 ff.; *Laubenthal*, Sexualstraftaten (2012), Rn. 166; *Sick*, ZStW 103 [1991], 43 (57–66); *Sick*, Sexuelles Selbstbestimmungsrecht (1993), 172 ff.

519 *Renzikowski*, NJW 2016, 3553 (3554).

520 BT-Drs. 18/9097, 23–26; s.a. BGHSt 64, 55 (61) = JR 2019, 537 (540); BeckOK-StGB-*Ziegler*, § 177 Rn. 10; *Eisele*, DRiZ 2017, 398 (399); *Hofmann*, Praxis der Rechtspsychologie 2017, 7 (11–13); *Hörnle*, NStZ 2017, 13 ([15][16]); *Hörnle*, NStZ 2019, 439 (441); *Hoven/Weigend*, JZ 2017, 182 (187); *Kindhäuser*, LPK, § 177 Rn. 4; Lackner/Kühl-*Heger*, § 177 Rn. 6; *Papathanasiou*, KriPoZ 2016, 133 (135); *Vavra*, Strafbarkeit (2020), 415, 428 ff.; näher dazu *Fischer*, StGB, § 177 Rn. 19 (krit.); *Kempe*, Sexualstrafrecht (2018), 281 ff.; MüKo-StGB-*Renzikowski*, § 177 Rn. 59 ff. Umstr. ist das Verhältnis v. § 177 Abs. 1 und Abs. 2 Nr. 4 bzw. 5 StGB: Nach der wohl h.L. ist Abs. 2 gegenüber Abs. 1 lex specialis, s. etwa BeckOK-StGB-*Ziegler*, § 177 Rn. 8; *Fischer*, NStZ 2019, 580 (584); *Fischer*, StGB, § 177 Rn. 195; MüKo-StGB-*Renzikowski*, § 177 n.F. Rn. 178; *Röttgering/Lechtenberg*, in: Erhebung von Zeugenaussage (2019), 205 (207); Schönke/Schröder-*Eisele*, § 177 Rn. 134. Nach a.A. enthalte Abs. 2 lediglich Auffangtatbestände, sodass Abs. 1 vorrangig sei, s. etwa *Hörnle*, NStZ 2017, 13 (16); *Hörnle*, NStZ 2019, 439 (440–441); ebenso LG Bamberg, Urt. v. 7.12.2017 – 33 KLs 1105 Js 520/17, juris, Rn. 63. Demgegenüber schließen sich § 177 Abs. 1 und Abs. 2 Nr. 3 StGB bezogen auf ein- und denselben Zeitpunkt gegenseitig aus, s. BGHSt 64, 55 (61) = JR 2019, 537 (540).

3. *Tatvarianten des § 177 Abs. 1 StGB*

§ 177 Abs. 1 StGB enthält vier Tatvarianten: Der Täter nimmt eine sexuelle Handlung am Körper des Opfers vor (Var. 1), der Täter lässt eine sexuelle Handlung vom Opfer vornehmen (Var. 2),[521] der Täter bestimmt das Opfer zur Vornahme einer Handlung an einem Dritten (Var. 3) und der Täter bestimmt das Opfer, die Handlung eines Dritten am Opfer zu dulden (Var. 4).[522] Alle vier Varianten müssen gegen den erkennbaren Willen des Opfers erfolgen.[523]

a) § 177 Abs. 1 Var. 1 StGB

Die erste Tatvariante wirft vor allem in Fällen Fragen auf, in denen der Täter zwar von einem (zunächst) entgegenstehenden Willen der anderen Person – vornehmlich seinem Partner[524] – ausgeht, jedoch annimmt, dieser Widerwille werde gerade im Zuge der Zärtlichkeiten aufgegeben.[525] Kommt es dann zu einvernehmlichen sexuellen Handlungen, bleibt die Strafbarkeit nach § 177 Abs. 1 Var. 1 StGB bestehen, da die spätere Einwilligung keine die Strafbarkeit ausschließende Rückwirkung entfaltet.[526] § 177 Abs. 1 StGB schafft damit Strafbarkeitsrisiken in (alltäglichen) ambivalenten Kommunikationssituationen.[527] Demgegenüber sieht *Hörnle* bei der Strategie des Umstimmens und Verführens im Hinblick auf § 177 Abs. 1 StGB keine Probleme, da die Willensänderung für einen objektiven Dritten

---

521 Erfasst sind hiervon sowohl sexuelle Handlungen des Opfer am Täter als auch solche an sich selbst (sog. „Hands-off-Delikte"), vgl. BT-Drs. 18/9097, 23; s.a. Abschlussbericht der Reformkommission zum Sexualstrafrecht v. 19.7.2017 (Fn. 430), 57; BeckOK-StGB-*Ziegler*, § 177 Rn. 8; *Bezjak*, KJ 2016, 557 (561); *Eisele*, RPsych 2017, 7 (13); *El-Ghazi*, ZIS 2017, 157 (161); *Fischer*, NStZ 2019, 580; *Fischer*, StGB, § 177 Rn. 7; *Hörnle*, NStZ 2017, 13 (14); *Kempe*, Sexualstrafrecht (2018), 273, 278; MüKo-StGB-*Renzikowski*, § 177 Rn. 49; Schönke/Schröder-*Eisele*, § 177 Rn. 15: Körperkontakt ist dabei nicht erforderlich; SK-StGB-*Noltenius/Wolters*, § 177 Rn. 13.

522 S. dazu BT-Drs. 18/9097, 23; BeckOK-StGB-*Ziegler*, § 177 Rn. 8; *El-Ghazi*, ZIS 2017, 157 (161); *Fischer*, NStZ 2019, 580; *Fischer*, StGB, § 177 Rn. 7; *Kindhäuser*, LPK, § 177 Rn. 3; Lackner/Kühl-*Heger*, § 177 Rn. 5; MüKo-StGB-*Renzikowski*, § 177 Rn. 44 ff.; Schönke/Schröder-*Eisele*, § 177 Rn. 13.

523 Lackner/Kühl-*Heger*, § 177 Rn. 5.

524 Vgl. *Fischer*, StGB, § 177 Rn. 14; *Hörnle*, NStZ 2019, 439 (441); *Hoven/Weigend*, JZ 2017, 182 (186).

525 *Fischer*, StGB, § 177 Rn. 13; *Hoven/Weigend*, JZ 2017, 182 (186); *Löffelmann*, StV 2017, 413 (415). Bsp.: Die Ehefrau berührt ihren Ehemann intim. Der Ehemann sagt, er sei müde und habe keine Lust, sie stimuliert ihn jedoch weiter, um ihn zu verführen, vgl. *Eisele*, Stellungnahme zur Anhörung im Rechtsausschuss (2016), 14; *El-Ghazi*, ZIS 2017, 157 (167); *Hoven/Weigend*, ebd.

526 *Löffelmann*, StV 2017, 413 (415); so schon *Eisele*, Stellungnahme zur Anhörung im Rechtsausschuss (2016), 14.

527 *Hoven/Weigend*, JZ 2017, 182 (186).

regelmäßig leicht erkennbar sei.[528] Sofern es keine Verführung und keine klar formulierte Meinungsäußerung der zunächst ablehnenden Person gibt, seien andere Faktoren – wie beispielsweise die Art der Aufforderung zur sexuellen Handlung und der Interaktion sowie die verstrichene Zeit seit der erklärten Ablehnung – entscheidend, um beurteilen zu können, ob eine vorausgegangene Ablehnung erkennbar bedeutungslos geworden ist oder nach wie vor Bestand hat.[529]

Die Erkennbarkeit der Willensäußerung muss sich auf einen (noch) entgegenstehenden inneren Willen beziehen.[530] Hat es für einen objektiven Dritten zwar (noch) den Anschein, das Opfer habe einen entgegenstehenden Willen geäußert, widerspricht die Vornahme – oder Duldung – der sexuellen Handlung aber nicht (mehr) seinem wirklichen Willen, muss § 177 Abs. 1 StGB ausscheiden.[531]

b) § 177 Abs. 1 Var. 2 StGB

§ 177 Abs. 1 Var. 2 StGB ist weit schwieriger zu fassen: Da der Täter von dem Opfer eine sexuelle Handlung „vornehmen lässt", muss der Täter dem Opfer auch einen Grund geben, die sexuelle Handlung vorzunehmen.[532] Die zweite Tatvariante beschreibt dabei keine Form des echten Unterlassendelikts,[533] sodass das Problem des Fehlens einer Nötigung bei § 177 Abs. 1 StGB deutlich zutage tritt.[534] Erforderlich ist eine aktive Handlung des Opfers, wobei seinem Handeln denknotwendig ein entsprechender Handlungswille zugrunde liegen muss.[535] Erklärt das Opfer nun ausdrücklich, dass es die Handlung nicht vornehmen wolle, diese aber dennoch vornimmt, stehen dem Anschein nach der ausdrücklich und der konkludent erklärte Wille in einem offenen Widerspruch zueinander.[536] Die

---

528 *Hörnle*, NStZ 2019, 439 (441); so a. *El-Ghazi*, ZIS 2017, 157 (167–168).

529 *Hörnle*, NStZ 2019, 439 (441–442); ähnl. Schönke/Schröder-*Eisele*, § 177 Rn. 12; krit. dazu *Fischer*, NStZ 2019, 580 (583).

530 Lackner/Kühl-*Heger*, § 177 Rn. 5.

531 Lackner/Kühl-*Heger*, § 177 Rn. 5: „Das ist etwa der Fall, wenn das Opfer sich zunächst sträubt, dann aber aufgrund von Überredung etc. doch mit dem Sexualakt einverstanden zeigt, ohne zumindest konkludent die zuvor geäußerte Ablehnung zurückzunehmen. Eine zwar noch nach außen erkennbare vorherige Äußerung, die nicht mehr dem Willen des Opfers entspricht, kann nicht (mehr) als erkennbar entgegenstehender Wille klassifiziert werden. Erkennt der Täter diesen Sinneswandel nicht und glaubt, den Willen des Opfers zu negieren, kommt ein untauglicher Versuch (Abs. 3) in Betracht."

532 MüKo-StGB-*Renzikowski*, § 177 Rn. 50.

533 *Fischer*, NStZ 2019, 580 (580–581); MüKo-StGB-*Renzikowski*, § 177 Rn. 50; Schönke/Schröder-*Eisele*, § 177 Rn. 16; ferner *Kempe*, Sexualstrafrecht (2018), 279.

534 Vgl. *Fischer*, NStZ 2019, 580 (581–582); *Fischer*, StGB, § 177 Rn. 15; *Kempe*, Sexualstrafrecht (2018), 279; MüKo-StGB-*Renzikowski*, § 177 Rn. 50.

535 *Löffelmann*, StV 2017, 413 (415); ähnl. SK-StGB-*Noltenius/Wolters*, § 177 Rn. 13.

536 Vgl. *Löffelmann*, StV 2017, 413 (415). Dies erinnert an den Fall des bürgerrechtlichen „venire contra factum proprium". Nach *Hörnle*, NStZ 2019, 439 (440) kann der

Gesetzesbegründung schweigt hierzu. Nach Ansicht der Reformkommission sei an dieser Stelle auf komplexe psychologische Prozesse zu verweisen, die dafür sorgen, dass ein Opfer seinen entgegenstehenden Willen zwar kommunizieren, aber anschließend nicht die Kraft aufbringen könne, dementsprechend zu handeln.[537] Dem folgend sind auch Konstellationen denkbar, in denen eine Ablehnung fortwirkt, sodass die anschließende Vornahme einer sexuellen Handlung durch das Opfer für einen objektiven Dritten als gegen den Opferwillen erkennbar ist.[538] Eine *vor* der Tathandlung zum Ausdruck gebrachte Ablehnung des Opfers muss allerdings so nachhaltig sein, dass sie die Kraft hat, den durch die Vornahme der sexuellen Handlung entgegenstehenden „Eindruck der Freiwilligkeit" zu überwinden.[539]

Praktische Fälle, in denen eine Person eine Handlung vornimmt und diese gleichzeitig nicht will, obwohl ihre Selbstbestimmung nicht durch Zwang oder Drohung beeinträchtigt ist, sind schwer vorstellbar.[540] Ein Handeln des Opfers auf Veranlassung des Täters setzt vielmehr eine Form von Einschüchterung oder Druck voraus.[541] Letztlich obliegt es jedoch den Gerichten festzustellen, welche externen Gründe das Opfer daran gehindert haben, die dem Opferwillen zuwiderlaufende sexuelle Handlung zu unterlassen.[542]

Einen eigenständigen Anwendungsbereich dürfte die zweite Variante nichtsdestoweniger kaum erlangen: Erfolgt die sexuelle Handlung mit dem Willen des Opfers, ist der Tatbestand des § 177 Abs. 1 StGB zwingend ausgeschlossen; wird die sexuelle Handlung durch nötigenden Zwang erreicht, sind die – nach der wohl herrschenden Literatur[543] – spezielleren Regelungen in § 177 Abs. 2 Nr. 4 und 5 StGB verwirklicht.[544]

Handlungsentschluss demgegenüber nur ein notwendiges, aber kein hinreichendes Kriterium für Urteile über die sexuelle Selbstbestimmung sein.

537 Abschlussbericht der Reformkommission zum Sexualstrafrecht v. 19.7.2017 (Fn. 430), 57–58; s.a. *Hörnle*, GA 2015, 313 (314) m. Bsp.; *Kempe*, Sexualstrafrecht (2018), 278–279.

538 BeckOK-StGB-*Ziegler*, § 177 Rn. 8.

539 BGH NStZ 2019, 717 (718); BeckOK-StGB-*Ziegler*, § 177 Rn. 9; *Ziegler*, NStZ 2019, 718 (719). S. zur Selbstbestimmtheit des Opfers in diesem Zusammenhang *Hörnle*, NStZ 2019, 439 (440); *Hoven/Weigend*, JZ 2017, 182 (183–184); s.a. *Fischer*, NStZ 2019, 580 (582 ff.) als Replik auf *Hörnle*.

540 *Fischer*, NStZ 2019, 580 (581); *Fischer*, StGB, § 177 Rn. 15; MüKo-StGB-*Renzikowski*, § 177 Rn. 50; s.a. *Fischer*, Zum letzten Mal: Nein heißt Nein, *Die Zeit [online]* (2016); *Kempe*, Sexualstrafrecht (2018), 279; so schon *Eisele*, Stellungnahme zur Anhörung im Rechtsausschuss (2016), 13.

541 MüKo-StGB-*Renzikowski*, § 177 Rn. 50; s.a. *Kempe*, Sexualstrafrecht (2018), 279.

542 MüKo-StGB-*Renzikowski*, § 177 Rn. 51: „Ein sachlicher Unterschied zwischen dieser Alternative und Abs. 2 Nr. 4 und 5 ist damit nicht mehr erkennbar." Ferner *Kempe*, Sexualstrafrecht (2018), 279.

543 S. bereits Fn. 520.

544 *Eisele*, RPsych 2017, 7 (13); Schönke/Schröder-*Eisele*, § 177 Rn. 16; SK-StGB-*Noltenius/Wolters*, § 177 Rn. 13; a.A. *Hörnle*, NStZ 2019, 439 (439 ff.); *Ziegler*, NStZ

c) § 177 Abs. 1 Var. 3 und 4 StGB

In der dritten und vierten Tatvariante (sexuelle Handlungen mit Dritten) muss der Täter das Opfer zur Vornahme oder Duldung der sexuellen Handlung „bestimmt“ und somit auf dessen Willen eingewirkt haben.[545] Während im Fall der Duldung sexueller Handlungen von einem Dritten (Var. 4) der entgegenstehende Wille regelmäßig erkennbar sein dürfte,[546] muss bei der Vornahme der sexuellen Handlung durch das Opfer (Var. 3) nach außen deutlich werden, dass das Opfer nicht aufgrund kommunikativer Überzeugung durch den Täter, sondern immer noch gegen seinen Willen agiert.[547] Es ist wiederum nur schwer vorstellbar, wie eine Person gegen ihren Willen zu etwas bestimmt werden kann, ohne dass sie in irgendeiner Weise unter Druck gesetzt wird.[548] Sofern eine Person ihren entgegenstehenden Willen äußert und die sexuelle Handlung dennoch aufgrund von Scham, Gewöhnung, Gleichgültigkeit oder Ähnlichem vornimmt, ist schon das strafwürdige Unrecht fraglich.[549]

d) Fazit

Zumindest bei sexuellen Handlungen des Opfers am Täter (Var. 2) und bei der Vornahme sexueller Handlungen des Opfers an einem Dritten, zu denen es vom Täter bestimmt wird (Var. 3), kommt man ohne eine Nötigung wohl nicht aus.[550] Nach *Fischer* ist § 177 Abs. 1 StGB damit

> „als *Nötigungs-Delikt ohne nötigende Handlung* konzipiert.“[551]

2019, 718 (719): „Zu denken ist etwa an ein Übel, das noch nicht den Grad der Empfindlichkeit erreicht hat, der für eine Strafbarkeit nach § 177 Abs. 2 Nr. 4 oder Nr. 5 StGB erforderlich ist oder an eine für das Opfer unangenehme Lage, die aber noch keine schutzlose i.S.d. § 177 Abs. 5 Nr. 3 StGB ist. Problematisch ist in diesen Fällen aber – neben dem Vorsatz des Täters – die Erkennbarkeit des entgegenstehenden Willens auch für einen objektiven Dritten.“

545 MüKo-StGB-*Renzikowski*, § 177 Rn. 53; Schönke/Schröder-*Eisele*, § 177 Rn. 17; SK-StGB-*Noltenius/Wolters*, § 177 Rn. 14; ferner *Kempe*, Sexualstrafrecht (2018), 280; Lackner/Kühl-*Heger*, § 177 Rn. 5.

546 S.a. Lackner/Kühl-*Heger*, § 177 Rn. 5.

547 Lackner/Kühl-*Heger*, § 177 Rn. 5.

548 *Fischer*, StGB, § 177 Rn. 15; *Kempe*, Sexualstrafrecht (2018), 280; Lackner/Kühl-*Heger*, § 177 Rn. 5; MüKo-StGB-*Renzikowski*, § 177 Rn. 54; *Renzikowski*, NJW 2016, 3553 (3554); Schönke/Schröder-*Eisele*, § 177 Rn. 17; SK-StGB-*Noltenius/Wolters*, § 177 Rn. 14.

549 *Fischer*, StGB, § 177 Rn. 16; s.a. *Fischer*, Zum letzten Mal: Nein heißt Nein, *Die Zeit [online]* (2016); ähnl. *Kempe*, Sexualstrafrecht (2018), 280.

550 MüKo-StGB-*Renzikowski*, § 177 Rn. 4. Insg. krit. zu den systematischen Verwerfungen durch § 177 Abs. 1 StGB etwa *Deckers*, StV 2017, 410 (411); *Löffelmann*, StV 2017, 413 (415–416) (bezogen auf die Strafandrohungen); MüKo-StGB-*Renzikowski*, § 177 Rn. 10–12; *Renzikowski*, NJW 2016, 3553 (3553 ff.). Krit. zum Terminus „Ver*gewalt*igung“ (§ 177 Abs. 6 Satz 2 Nr. 1 StGB) etwa *Lederer*, StraFo 2018, 280 (281).

551 *Fischer*, StGB, § 177 Rn. 9 – Hervorhebung original.

4. *Der subjektive Tatbestand*

Der Wortlaut des § 177 Abs. 1 StGB legt durch das Wort „erkennbar" nahe, dass der Täter lediglich die Umstände erkannt haben muss, aus denen der objektive Dritte im Gegensatz zu ihm die richtigen Schlüsse gezogen hat, sodass Schutzbehauptungen leichter umgangen werden könnten.[552] Gleichwohl kannte das Sexualstrafrecht bislang keine Fahrlässigkeitsstrafbarkeit[553] und auch nach der Gesetzesbegründung ist § 177 Abs. 1 ein Vorsatzdelikt.[554] Demnach muss der Täter selbst billigend in Kauf nehmen,[555] dass das Opfer mit der sexuellen Handlung erkennbar nicht einverstanden ist.[556]

Der subjektive Tatbestand des § 177 Abs. 1 StGB verlangt also Vorsatz bezüglich (1) der sexuellen Handlung, (2) dem zum Zeitpunkt der sexuellen Handlung bestehenden Widerwillen sowie (3) dessen Erkennbarkeit.[557] Letzteres bedeutet auch, dass der Täter nach § 16 Abs. 1 Satz 1 StGB ohne Vorsatz handelt, wenn er – aufgrund von Sonderwissen – zwar den entgegenstehenden Willen des Opfers kennt, aber irrtümlich davon ausgeht, dass dieser für einen objektiven Dritten nicht erkennbar ist.[558]

---

552 *Lampig*, JR 2017, 347 (353); MüKo-StGB-*Renzikowski*, § 177 Rn. 56; *Renzikowski*, NJW 2016, 3553 (3554); ferner *Fischer*, StGB, § 177 Rn. 11; *Hofmann*, Praxis der Rechtspsychologie 2017, 7 (17); *Kempe*, Sexualstrafrecht (2018), 276–277; *Vavra*, Strafbarkeit (2020), 419.

553 MüKo-StGB-*Renzikowski*, § 177 Rn. 56; *Renzikowski*, NJW 2016, 3553 (3554); ähnl. *Fischer*, StGB, § 177 Rn. 17; *Hörnle*, NStZ 2017, 13 (16); NK-*Frommel*, § 177 Rn. 108 ff.; Schönke/Schröder-*Eisele*, § 177 Rn. 11. Nach *Vavra*, Strafbarkeit (2020), 255 ff. sollten dagegen auch leichtfertige Eingriffe in die sexuelle Selbstbestimmung strafbar sein; s. noch zum alten Recht *Hörnle*, ZStW 112 [2000], 356 (370 ff.).

554 Vgl. BT-Drs. 18/9097, 23.

555 Nach der Gesetzesbegründung (BT-Drs. 18/9097, 23) reicht bedingter Vorsatz aus. So a. BGH NStZ 2019, 717 (718); BeckOK-StGB-*Ziegler*, § 177 Rn. 9; *Eisele*, JR 2019, 542 (543); *El-Ghazi*, ZIS 2017, 157 ([165][166]); *Fischer*, StGB, § 177 Rn. 17; MüKo-StGB-*Renzikowski*, § 177 Rn. 56; Schönke/Schröder-*Eisele*, § 177 Rn. 21; *Vavra*, Strafbarkeit (2020), 418–419; *Ziegler*, NStZ 2019, 718 (719); a.A. NK-*Frommel*, § 177 Rn. 106 ff., dort in Rn. 111: „Der Grundtatbestand setzt somit voraus, dass objektiv der erkennbare und subjektiv der erkannte Wille bewusst missachtet wird (dolus directus)." Allg. krit. zum Eventualvorsatz *Hörnle*, JZ 2019, 440 (440 ff.).

556 BT-Drs. 18/9097, 23; *Eisele*, DRiZ 2017, 398 (399); *El-Ghazi*, ZIS 2017, 157 ([165][166–167]); *Hofmann*, Praxis der Rechtspsychologie 2017, 7 ([11][17]); *Hörnle*, NStZ 2017, 13 (15); MüKo-StGB-*Renzikowski*, § 177 Rn. 56; SK-StGB-*Noltenius/Wolters*, § 177 Rn. 15; s.a. *Kempe*, Sexualstrafrecht (2018), 276–277; *Vavra*, Strafbarkeit (2020), 253.

557 *El-Ghazi*, ZIS 2017, 157 (166–167); *Fischer*, StGB, § 177 Rn. 17; NK-*Frommel*, § 177 Rn. 106 ff.; Schönke/Schröder-*Eisele*, § 177 Rn. 11, 21; *Vavra*, Strafbarkeit (2020), 420; *Ziegler*, NStZ 2019, 718 (719).

558 *Eisele*, RPsych 2017, 7 (12); *El-Ghazi*, ZIS 2017, 157 (167); *Fischer*, StGB, § 177 Rn. 17; Schönke/Schröder-*Eisele*, § 177 Rn. 22; *Vavra*, Strafbarkeit (2020), 420–421; krit. dazu *Hoven/Weigend*, JZ 2017, 182 (187). Nach *Hörnle*, NStZ 2017, 13 (15) sei eine

Eine besondere Sorgfaltspflicht, sich der Zustimmung des Opfers zu vergewissern, trifft den Täter bei § 177 Abs. 1 StGB – anders als bei dem „Nur-Ja-heißt-Ja-Modell" – nicht.[559] Gibt ein Beschuldigter glaubhaft an, er habe die Kommunikation missverstanden und geglaubt, *mit* dem Willen der anderen Person gehandelt zu haben, liegt wiederum ein Tatbestandsirrtum gemäß § 16 Abs. 1 StGB vor.[560]

Demgegenüber macht sich gemäß §§ 177 Abs. 1, Abs. 3, 22, 23 Abs. 1 StGB ein Täter wegen versuchten sexuellen Übergriffs strafbar, wenn die andere Person zwar objektiv mit der sexuellen Handlung einverstanden ist, der Täter jedoch ein erkennbares Fehlen des Einverständnisses für möglich hält und billigend in Kauf nimmt.[561]

Letztendlich dürfte der Nachweis des Vorsatzes nur schwierig zu führen sein.[562] Oftmals kann lediglich von den äußeren Umständen des Falles auf den Vorsatz geschlossen werden, weshalb bei § 177 Abs. 1 StGB a.F. der geleistete Widerstand als wesentliches Indiz für den entgegenstehenden Willen des Opfers und die entsprechende Kenntnis des Angeklagten angesehen wurde.[563]

II. Nachweismöglichkeiten

1. *Die „Bamberger Chefarzt"-Entscheidung des Bundesgerichtshofs vom 21. November 2018 – 1 StR 290/18*

Im Jahr 2018 sorgte ein Beschluss des Bundesgerichtshofs[564] zu den beweisrechtlichen Anforderungen an die Wahrnehmbarkeit des entgegenstehenden Willens bei ambivalentem Opferverhalten für Aufsehen.[565]

---

entsprechende Aussage in der Praxis jedoch nicht zu erwarten: „Es wäre kurios, zum einen anzugeben, Ablehnung durch Worte oder Gesten nicht wahrgenommen zu haben, zum anderen aber dennoch einzuräumen, innere Ablehnung [...] irgendwie geahnt zu haben."

559 MüKo-StGB-*Renzikowski*, § 177 Rn. 56; NK-*Frommel*, § 177 Rn. 105; SK-StGB-*Noltenius/Wolters*, § 177 Rn. 15; ferner *Vavra*, Strafbarkeit (2020), 415; vgl. zu den Irrtümern *Fischer*, StGB, § 177 Rn. 18; Lackner/Kühl-*Heger*, § 177 Rn. 5; MüKo-StGB-*Renzikowski*, § 177 Rn. 57.

560 *Hofmann*, Praxis der Rechtspsychologie 2017, 7 (17); *Hörnle*, NStZ 2017, 13 (15); SK-StGB-*Noltenius/Wolters*, § 177 Rn. 17. *Röttgering/Lechtenberg*, in: Erhebung von Zeugenaussage (2019), 205 (209) sehen hier das Problem, dass wenn ein Gericht auf objektiver Tatbestandsebene von der Erkennbarkeit des entgegenstehenden Willens des Opfers ausgeht, eine Verteidigung dahingehend, dass der Beschuldigte den Widerwillen subjektiv nicht erkannt hat, kaum mehr Erfolg haben wird.

561 *Hofmann*, Praxis der Rechtspsychologie 2017, 7 (19) (krit., dass diese Situation mit den Mitteln des Strafrechts adäquat erfasst wird).

562 MüKo-StGB-*Renzikowski*, § 177 Rn. 58.

563 MüKo-StGB-*Renzikowski*, § 177 Rn. 58.

564 BGH NStZ 2019, 717 (717 ff.) m. Anm. *Ziegler*, NStZ 2019, 718 (718 f.); s.a. die Bespr. v. *Fischer*, NStZ 2019, 580 (580 ff.) und *Hörnle*, NStZ 2019, 439 (439 ff.) (krit.).

565 Vgl. etwa die Berichterstattung v. *Held*, Geldstrafe für Chefarzt wegen sexuellen Übergriffs, *Bayrischer Rundfunk* (2017).

Der Angeklagte war Chefarzt einer klinischen Palliativabteilung, an der die Nebenklägerin als medizinische Fachangestellte beschäftig war.[566] Von 2015 bis 2016 kam es zwischen dem Angeklagten und der Nebenklägerin zu einigen einvernehmlichen sexuellen Kontakten am Arbeitsplatz, wobei diese stets von dem Angeklagten initiiert worden waren.[567] Im Dezember 2016 veranlasste der Angeklagte die Nebenklägerin unter einem Vorwand mit ihm in die Büroküche zu gehen.[568] Das LG Bamberg stellte hinsichtlich des weiteren Geschehens fest:

> „In der Küche angekommen, schloss der Angeklagte die Küchentür und stellte sich so vor der Tür – mit seinem Rücken der Tür zugewandt – auf, dass die Nebenklägerin am Angeklagten hätte vorbeigehen müssen, um die Küche verlassen zu können. Die Nebenklägerin stand schräg vor dem Angeklagten [...]. Dabei hielt sie demonstrativ ihre beiden Hände hinter ihrem Rücken verschränkt. Die sich anschließende Aufforderung des Angeklagten, ihm ‚einen zu blasen', lehnte die Nebenklägerin für den Angeklagten deutlich hörbar mit der Begründung ab, dass sie das nicht mache, da sie einen Freund habe. [...] Daraufhin verlangte der Angeklagte [...] mehrfach von der Nebenklägerin, dass sie sein Glied noch einmal küssen und in den Mund nehmen solle. Vom Angeklagten wahrgenommen erwiderte die Nebenklägerin, dass sie das nicht möchte. [...] Trotzdem drängte der Angeklagte im Folgenden weiter verbal darauf, dass die Nebenklägerin seinen Penis nochmals küssen und in den Mund nehmen solle, und äußerte, dass dies das letzte Mal sei und er danach aufhören werde. [...] Obwohl sie dies weiterhin ablehnte, gab die Nebenklägerin sodann aus Furcht vor einer Verschlechterung des beruflichen Verhältnisses zum Angeklagten und in der Hoffnung, er werde sie künftig nicht weiter belästigen, seinem entblößten Glied einen Kuss und nahm die Hälfte seines weiterhin nicht erigierten Gliedes für ein bis zwei Sekunden in den Mund, wobei der Angeklagte den entgegenstehenden Willen der Nebenklägerin zumindest für möglich hielt und billigend in Kauf nahm. [...] Nachdem sie sein Glied für einen kurzen Moment in den Mund genommen hatte, hörte die Nebenklägerin sogleich wieder auf und sagte zum Angeklagten, dass dies reiche."[569]

Das Landgericht erblickte darin eine Veranlassung der Nebenklägerin durch den Angeklagten zu einer sexuellen Handlung gegen ihren erkennbaren Willen und verurteilte den Angeklagten wegen sexuellen Übergriffs gemäß § 177 Abs. 1 StGB.[570]

Der Bundesgerichtshof hob das Urteil mit der Begründung auf, das Landgericht habe das ambivalente Verhalten der Nebenklägerin nicht hinreichend

566 BGH NStZ 2019, 717; LG Bamberg, Urt. v. 7.12.2017 – 33 KLs 1105 Js 520/17, juris, Rn. 2, 6.

567 BGH NStZ 2019, 717; LG Bamberg, Urt. v. 7.12.2017 – 33 KLs 1105 Js 520/17, juris, Rn. 7–9: „Innerlich lehnte die Nebenklägerin sexualbezogenen Kontakt und Körpernähe zum Angeklagten [...] ab, ohne dies ihm gegenüber deutlich zu machen."

568 BGH NStZ 2019, 717; LG Bamberg, Urt. v. 7.12.2017 – 33 KLs 1105 Js 520/17, juris, Rn. 12.

569 LG Bamberg, Urt. v. 7.12.2017 – 33 KLs 1105 Js 520/17, juris, Rn. 13.

570 LG Bamberg, Urt. v. 7.12.2017 – 33 KLs 1105 Js 520/17, juris, Rn. 47 ff.; vgl. BGH NStZ 2019, 717; s.a. *Ziegler*, NStZ 2019, 718.

berücksichtigt.[571] Zwar habe die Nebenklägerin objektiv wahrnehmbar zunächst ihre Ablehnung zum vorgeschlagenen Oralverkehr zum Ausdruck gebracht, aber sodann ohne Einwirkung von Zwang mit der Ausübung desselben begonnen.[572] Für einen objektiven Dritten stelle sich dieses Verhalten nicht als ein Handeln gegen ihren Willen dar.[573] Da die zuvor erklärte ausdrückliche Ablehnung durch die entgegenstehende Handlung der Nebenklägerin entkräftet worden sei, komme es darauf an, ob sich der entgegenstehende Wille in konkludenter Weise hinreichend deutlich aus den Gesamtumständen ergeben hat und dadurch vom Angeklagten erkannt werden konnte.[574] Der landgerichtlichen Entscheidung fehle es insoweit vor allem an der Berücksichtigung des Umstands, dass die Nebenklägerin selbst die sexuelle Handlung ausführte und somit nach außen erkennbar eine Abkehr von ihrer früheren Haltung vollzogen habe.[575] Dies sei jedoch von besonderer Wichtigkeit für das Vorstellungsbild des Angeklagten, der angesichts dessen auch davon ausgegangen sein könnte, die Nebenklägerin letztlich doch noch für die Sache gewonnen zu haben.[576] Dass die Ablehnung der Nebenklägerin – gemäß den Ausführungen des LG Bambergs – „nachhaltig“ zum Ausdruck gebracht worden sei, wäre zwar grundsätzlich geeignet, indiziell auf die Beibehaltung ihres Willens zu schließen, könne den Feststellungen allerdings nicht entnommen werden.[577] Letztlich bedürfe es in den Fällen, in denen die Handlung vom Opfer ausgeht, einer besonders eingehenden Würdigung von aussagekräftigen Umständen, aus denen der Täter darauf schließen kann, dass die Handlung gegen den Willen des Opfers erfolgt.[578]

2. Folgerungen für die Beweiswürdigung

Die Bamberger Chefarzt-Entscheidung macht deutlich, wie sorgfältig die Beweiswürdigung zur inneren Tatseite nach der Rechtsprechung des Bundesgerichtshofs erfolgen und im Urteil dargestellt werden muss, gerade wenn sich das Opfer ambivalent verhält.[579]

Demgegenüber ist nach dem zum objektiven Tatbestand Gesagten ein Anfangsverdacht schon dann zu bejahen, wenn der Sexualkontakt feststeht und der Betroffene die Erkennbarkeit des entgegenstehenden Willens behauptet, da es eines darüberhinausgehenden Anknüpfungspunktes nicht bedarf.[580]

---

571 BGH NStZ 2019, 717 (718); abl. *Hörnle*, NStZ 2019, 439 (442).
572 BGH NStZ 2019, 717 (718); s.a. *Ziegler*, NStZ 2019, 718 (719).
573 BGH NStZ 2019, 717 (718); s.a. *Ziegler*, NStZ 2019, 718 (719).
574 BGH NStZ 2019, 717 (718).
575 BGH NStZ 2019, 717 (718); s.a. *Ziegler*, NStZ 2019, 718 (719).
576 BGH NStZ 2019, 717 (718).
577 BGH NStZ 2019, 717 (718).
578 BGH NStZ 2019, 717 (718); s.a. *Ziegler*, NStZ 2019, 718 (719).
579 *Ziegler*, NStZ 2019, 718.
580 Vgl. unter § 7 C. I. 2.; s.a. *Isfen*, ZIS 2015, 217 (230); ferner *Eisele*, Stellungnahme zur Anhörung im Rechtsausschuss (2015), 9; *Frommel*, in: Ostendorf-FS (2015), 321 (324); *Hofmann*, Praxis der Rechtspsychologie 2017, 7 (19).

Dass der entgegenstehende Wille nicht ausdrücklich (verbal) geäußert werden muss, sondern auch konkludent zum Ausdruck gebracht werden kann,[581] führt überdies zu erheblichen Abgrenzungsproblemen und Schwierigkeiten im Rahmen der Beweiswürdigung.[582] Ein Beschuldigter kann demnach ebenso gut bestreiten, das Nichtwollen des Opfers erkannt zu haben, wie er auch bestreiten kann, eine (konkludente) Äußerung dieses Nichtwollens wahrgenommen oder zutreffend verstanden zu haben.[583] In diesen Fällen bedarf es einer intensiven Aufklärung und Betrachtung des konkreten Beziehungsgeflechts.[584]

Letztlich vermischt die Konstruktion des *erkennbar* entgegenstehenden Willens Fragen des Tatvorsatzes mit solchen des Beweises:[585] Einerseits ist der Maßstab des „objektiven Dritten"[586] für die Erkennbarkeit des entgegenstehenden Willens praktisch nicht handhabbar, da es in den relevanten intimen Situationen gerade keinen *objektiven* Dritten gibt, der die Verhaltensweisen der – oftmals miteinander bekannten – Beteiligten ohne weitere Voraussetzung zuverlässig interpretieren könnte.[587] Die Fähigkeit zum Erfassen der Gesamtsituation ist vielmehr davon abhängig, wie viel Vorwissen man dem Beobachter – über die Beziehung der Beteiligten – zuschreibt.[588] Andererseits erscheint es nicht möglich, mit dem Merkmal der Erkennbarkeit Beweisschwierigkeiten abzumildern, da es nur um *hypothetische* Erwägungen bezüglich eines objektiven Dritten geht.[589] Damit hat die Neufassung des § 177 Abs. 1 StGB die bisher bestehenden Beweisprobleme nicht gelöst.[590]

D. § 177 Abs. 1 StGB als „Verschlimmbesserung"?

Trotz der Kritik, die Sexualstrafrechtsreform von 2016 sei in vielerlei Hinsicht misslungen,[591] kann festgehalten werden, dass durch den § 177 Abs. 1 StGB ein (theoretisch) grundsätzlich höheres Schutzniveau für das sexuelle Selbstbestimmungsrecht erreicht wurde.[592] Die Schwierigkeiten des § 177 Abs. 1 StGB liegen

---

581 Vgl. unter § 7 C. I. 2.

582 *Deckers*, StV 2017, 410 (412); ferner *Lederer*, StraFo 2018, 280 (283).

583 *Fischer*, NStZ 2019, 580 (581). Vgl. dazu bereits unter § 7 C. I. 4.

584 Vgl. *Lederer/Deckers*, Praxis der Rechtspsychologie 2017, 75 (76); s.a. *Röttgering/Lechtenberg*, in: Erhebung von Zeugenaussage (2019), 205 (208–209).

585 *Fischer*, NStZ 2019, 580 (581); *Hoven/Weigend*, JZ 2017, 182 (187); ähnl. NK-*Frommel*, § 177 Rn. 105.

586 BT-Drs. 18/9097, 22. Vgl. unter § 7 C. I. 2.

587 *Hoven/Weigend*, JZ 2017, 182 (187); s.a. *El-Ghazi*, ZIS 2017, 157 (166).

588 *Hoven/Weigend*, JZ 2017, 182 (187).

589 *Fischer*, NStZ 2019, 580 (581); s.a. *El-Ghazi*, ZIS 2017, 157 (166).

590 S.a. *Hoven/Weigend*, JZ 2017, 182 (185).

591 So *Deckers*, StV 2017, 410 (412); ferner *Eisele*, RPsych 2017, 7 (28); *Hofmann*, Praxis der Rechtspsychologie 2017, 7 (24). Nach Ansicht v. *Löffelmann*, StV 2017, 413 (414 ff.) ist § 177 Abs. 1 StGB sogar verfassungswidrig.

592 Vgl. *Bezjak*, KJ 2016, 557 (560); *El-Ghazi*, ZIS 2017, 157 (168); *Linoh/Wettmann*, ZIS 2020, 383 (385); *Papathanasiou*, KriPoZ 2016, 133 (139); *Renzikowski*, NJW 2016,

weniger in seiner theoretischen Begründung als vielmehr in seiner praktischen Anwendung.[593]

Beweisschwierigkeiten wurden durch die Rechtsänderung nicht beseitigt; allerdings wurden sie auch nicht wesentlich gesteigert.[594] Bei den Nötigungsvarianten des § 177 StGB Abs. 1 a.F. fehlte es ebenfalls regelmäßig an materiell-objektivierbaren Anknüpfungspunkten für die Zwangslage des Opfers.[595] In dieser Hinsicht ändert die „Nein heißt Nein"-Lösung an dem Schwierigkeitsgrad der Beweissituation nichts.[596]

Unüberwindbare Beweisschwierigkeiten, die mit der Einbeziehung des entgegenstehenden Willens einhergehen, sind ebenfalls nicht zu befürchten:[597] Der entgegenstehende Wille lässt sich – ebenso wie der Vorsatz – nur aus den äußeren Umständen des rekonstruierten Geschehens ableiten, sodass die Behauptung eines zum Tatzeitpunkt entgegenstehenden Willens bei „Aussage gegen Aussage" lediglich ein Indiz darstellt, dass sich mit den übrigen Erkenntnissen des Gerichts decken muss.[598]

Allein das Wort „Nein" führt demnach noch nicht unbedingt zu einer Verurteilung nach § 177 Abs. 1 StGB.[599] Das Gericht wird sich vielmehr dafür interessieren, weshalb der Belastungszeuge eine ihm unerwünschte sexuelle Handlung hingenommen hat, obwohl er weder einer gewaltsamen Einwirkung noch einer Drohung oder einer schutzlosen Lage ausgesetzt war.[600]

Gerade weil die bloße Behauptung, man habe „Nein" gesagt, leicht aufgestellt und ihr ebenso leicht widersprochen werden kann, dürften „Aussage gegen Aussage"-Konstellationen bei dem Vorwurf des sexuellen Übergriffs die Regel sein.[601] Die Frage, ob das Opfer den sexuellen Handlungen nicht zugestimmt hat und dies für den Täter erkennbar war, ist insoweit regelmäßig mit dem für „Aussage gegen Aussage"-Konstellationen entwickelten richterlichen Handwerkzeug zur Beurteilung der Glaubhaftigkeit einer Aussage zu beantworten.[602]

3553 (3558); *Vavra*, Strafbarkeit (2020), 476–477; näher dazu *Kempe*, Sexualstrafrecht (2018), 274–275.

593 *Renzikowski*, NJW 2016, 3553; ähnl. *Lederer*, StraFo 2018, 280 (283).

594 S. schon *Hörnle*, ZIS 2015, 206 ([213][216]).

595 Vgl. *Isfen*, ZIS 2015, 217 (230). Ausf. dazu unter § 7 B.

596 S.a. *Bezjak*, KJ 2016, 557 (560); *Fischer*, Zum letzten Mal: Nein heißt Nein, *Die Zeit [online]* (2016).

597 *Isfen*, ZIS 2015, 217 (230); s.a. *Pisal/Freudenberg*, Stellungnahme (2014), 8.

598 S. schon *Renzikowski*, Stellungnahme zur Anhörung im Rechtsausschuss am 28.1.2015 (2015), 13; s.a. *Isfen*, ZIS 2015, 217 (230). Für LK-*Hörnle*, § 177 Rn. 24 war schon bei der a.F. die verbale Erklärung, den sexuellen Körperkontakt nicht zu wollen, ein zuverlässiges Beweisanzeichen.

599 *Hoven/Weigend*, JZ 2017, 182 (185).

600 *Hoven/Weigend*, JZ 2017, 182 (185).

601 S. schon *Frommel*, in: Ostendorf-FS (2015), 321 (324); ähnl. *Lederer*, StraFo 2018, 280 (283).

602 S.a. *Pisal/Freudenberg*, Stellungnahme (2014), 9.

Vierter Teil: Die Glaubhaftigkeitsbeurteilung im Hauptverfahren

„Theorien sind nicht verifizierbar; aber sie können sich bewähren."

Karl R. Popper[603]

„Suche stets nach relevanten Widersprüchen, um bisherige Überzeugungen dem Risiko des Scheiterns auszusetzen, so daß sie Gelegenheit haben, sich zu bewähren."

Hans Albert[604]

---

603 *Popper*, Logik der Forschung (2005), 237.
604 *Albert*, Kritische Vernunft (1991), 52.

§ 8 Die aussagepsychologische Glaubhaftigkeitsbeurteilung

A. Grundsatz der freien richterlichen Beweiswürdigung

Der in § 261 StPO[605] enthaltene *Grundsatz der freien richterlichen Beweiswürdigung* hält das Strafverfahren grundsätzlich frei von starren Beweisregeln und fremden Wertungen.[606] Der Freiheit richterlicher Beweiswürdigung sind allerdings gewisse Grenzen gesetzt.[607]

In § 261 StPO selbst ist festgelegt, dass die Beweiswürdigung auf den Inbegriff der Hauptverhandlung beschränkt ist.[608] Für die Gewinnung der Überzeugung darf damit nur Tatsachenwissen herangezogen werden, welches zum Gegenstand der Verhandlung gemacht worden ist[609] und keinem Verwertungsverbot unterliegt.[610] Weitere Grenzen der Beweiswürdigung ergeben sich beispielsweise aus § 244 Abs. 2 StPO,[611] den Prozessgrundrechten des Angeklagten[612] und dem Ziel der Wahrheitsfindung.[613]

---

605 § 261 StPO ist eine der wichtigsten Vorschriften des Strafverfahrensrechts, s. BeckOK-StPO-*Eschelbach*, § 261, Einl.; *Rieß*, GA 1978, 257 (263); vgl. schon § 1 A. Einen geschichtlichen Abriss gibt etwa *Haustein*, Aussage gegen Aussage (2017), 23 ff.

606 BVerfGK 1, 145 (151) = NJW 2003, 2444 (2445); BGHSt 39, 291 (295) = NJW 1993, 3081 (3082); BGH StV 1988, 239 (240); s.a. BeckOK-StPO-*Eschelbach*, § 261, Einl. Rn. 2; *Kindhäuser/Schumann*, StPO (2019), § 23 Rn. 60; *Maier*, NStZ 2005, 246 (249–250); Meyer-Goßner/Schmitt-*Schmitt*, § 261 Rn. 2a, 11; *Miebach*, NStZ-RR 2014, 233; *Rieß*, GA 1978, 257 (264); *Sander*, StV 2000, 45; *Toepel*, Sachverständigenbeweis (2002), 139.

607 BeckOK-StPO-*Eschelbach*, § 261, Einl.; ausf. *Haustein*, Aussage gegen Aussage (2017), 47 ff.

608 S.a. BeckOK-StPO-*Eschelbach*, § 261, Einl.; *Kindhäuser/Schumann*, StPO (2019), § 23 Rn. 56; *Rieß*, GA 1978, 257 (263).

609 S. nur BeckOK-StPO-*Eschelbach*, § 261, Einl.; *Kindhäuser/Schumann*, StPO (2019), § 23 Rn. 56; Meyer-Goßner/Schmitt-*Schmitt*, § 261 Rn. 5; *Rieß*, GA 1978, 257 (263).

610 S. nur BeckOK-StPO-*Eschelbach*, § 261 Rn. 1; *Kindhäuser/Schumann*, StPO (2019), § 23 Rn. 3; *Maier*, NStZ 2005, 246 (250).

611 S.a. *Haustein*, Aussage gegen Aussage (2017), 48. So kommt ein Gericht seiner Pflicht zur umfassenden Sachaufklärung regelmäßig nicht ausreichend nach, wenn es zum Nachweis einer vom Angeklagten bestrittenen Tat ein sachnäheres Beweismittel nicht heranzieht, obwohl es erreichbar ist, s. BGH NStZ 2004, 50; *Maier*, NStZ 2005, 246 (250).

612 Bspw. das Recht auf ein faires Verfahren (vgl. nur BVerfGK 14, 12 [17–18] = NJW 2008, 3346 [3347]), auf willkürfreie Entscheidung (s. z.B. BayObLG NJW 1994, 3177 [3177 ff.]), auf Neutralität des Gerichts und auf Gewährung rechtlichen Gehörs (vgl. nur BGHSt 22, 26 [28] = NJW 1968, 997); s.a. BeckOK-StPO-*Eschelbach*, § 261 Rn. 3.

613 S. nur BeckOK-StPO-*Eschelbach*, § 261 Rn. 3; *Rieß*, GA 1978, 257 (264); vgl. zudem § 3 B.

Der Beweiswürdigung kommt die Aufgabe zu, den Schritt von einer bloßen Vermutung der Täterschaft des Angeklagten hin zu einer die Verurteilung tragenden richterlichen Überzeugung zu belegen.[614] Bei „Aussage gegen Aussage" ist der Tatrichter also gezwungen, den Beweiswert der einzigen Belastungsaussage zu bestimmen und sich der komplexen Problematik des Zeugenbeweises anzunehmen.[615] Dabei verlangt das verfassungsrechtlich verankerte Gebot rational begründeter und tatsachengestützter Beweisführung die Einbeziehung wissenschaftlicher Erkenntnisse – insbesondere aus kriminalistischen, forensischen und psychologischen Untersuchungen gewonnene Erfahrungsregeln – in die Beweiswürdigung.[616]

In den vorherigen Kapiteln dieser Arbeit wurde bereits auf die besonderen Anforderungen an die Beweiswürdigung im Falle von „Aussage gegen Aussage" verwiesen;[617] unklar blieb bislang die genaue Herangehensweise. Auch das Gesetz bietet hierfür keinerlei Anhaltspunkte.[618] Obgleich § 261 StPO die *subjektive Überzeugung* des jeweiligen Richters – das heißt ein nach der Lebenserfahrung ausreichendes Maß an Sicherheit, das vernünftige Zweifel nicht aufkommen lässt[619] – von der Begehung einer rechtswidrigen Tat, der Täterschaft sowie der Schuld des Angeklagten für eine Verurteilung für ausreichend erklärt, genügt es in Fällen von „Aussage gegen Aussage" nicht, die subjektive Überzeugungsbildung allein auf die Aussage des einzigen Belastungszeugen zu stützen, ohne die Aussage einer näheren Prüfung zu unterziehen.[620] Vielmehr bedarf es einer

---

614 *Brause*, NStZ 2007, 505 (506); ausf. zum rechtsgenügenden Beweis *Haustein*, Aussage gegen Aussage (2017), 32 ff.

615 *Brause*, NStZ 2007, 505 (506); s. dazu § 4 B. I. 2. b).

616 BVerfGK 1, 145 (151) = NJW 2003, 2444 (2445); BGH NJW 2007, 384 (387, in BGHSt 51, 144 nicht abgedr.): „unbezweifelbarem Erfahrungswissen"; StV 2011, 3 (4); BeckOK-StPO-*Eschelbach*, § 261 Rn. 3–3.1; *Brause*, NStZ 2013, 129 (131); *Kindhäuser/Schumann*, StPO (2019), § 23 Rn. 63; KK-StPO-*Ott*, § 261 Rn. 112; vgl. bereits § 5 E.

617 S. § 4 A.

618 S.a. BeckOK-StPO-*Eschelbach*, § 261, Einl.

619 S. in stRspr. etwa RGSt 61, 202 (206); 66, 163 (164); BGHSt 10, 208 (209–211) = NJW 1957, 1039; BGH NJW 1951, 122; NStZ 1988, 236 (237); 2010, 102 (103); 2010, 292 (293); OLG Celle NJW 1976, 2030 (2031); OLG Karlsruhe NStZ-RR 2007, 90; s.a. BeckOK-StPO-*Eschelbach*, § 261 Rn. 45; *Kindhäuser/Schumann*, StPO (2019), § 23 Rn. 55; *Maier*, NStZ 2005, 246 (250); Meyer-Goßner/Schmitt-*Schmitt*, § 261 Rn. 2; *Rieß*, GA 1978, 257 (264–265); näher hierzu *Herdegen*, NJW 2003, 3513 (3514 ff.).

620 Vgl. BGH StV 2002, 470 (471); s.a. BGHSt 44, 153 (158) = NJW 1998, 3788 (3790); *Bender/Nack u.a.*, Tatsachenfeststellung (2014), Rn. 1512; *Heintschel-Heinegg*, in: Breidling-FS (2017), 143 (158); *Jansen*, Aussagepsychologie (2012), Rn. 50; KK-StPO-*Ott*, § 261 Rn. 100; *Nack*, StV 2002, 558 (558–559); *Sander*, StV 2000, 45 (47). Dies gilt umso mehr, wenn man von der Behauptung von *Bender/Wartemann*, in: Kriminalistik I (1992), 551, Rn. 224 ausgeht, dass zuverlässige Aussagen eher die Ausnahme als die Regel seien. Ähnl. bereits *Stern*, ZStW 22 [1902], 315 (327). Allein die formale Stellung des Aussagenden bringt für sich genommen noch keinen Vorsprung an Glaubhaftigkeit, vgl. BGH NStZ 2004, 635 (636); *Maier*, NStZ 2005, 246 (247); s. bereits § 5 E.

rational-objektiven Grundlage, die den Schluss erlaubt, dass das geschilderte Geschehen mit hoher Wahrscheinlichkeit mit der Wirklichkeit übereinstimmt und aus der dann die zur Überzeugung erforderliche *persönliche Gewissheit* des Tatrichters folgt.[621] Diese objektive Grundlage bietet die wissenschaftliche Methodik der *aussagepsychologischen Glaubhaftigkeitsbeurteilung*, mit deren Hilfe der Tatrichter die Belastungsaussage überprüfen kann.[622] Am Ende der Glaubhaftigkeitskontrolle sollte feststehen, ob die Belastungsaussage geeignet ist, die für den Angeklagten streitende Unschuldsvermutung zu überwinden.[623]

B. Zur Glaubhaftigkeitsbeurteilung

I. Glaubhaftigkeit – Glaubwürdigkeit – Aussagefähigkeit

Bei dem Aussagenden ist zwischen seiner *Glaubwürdigkeit* und der *Glaubhaftigkeit seiner Aussage* zu unterscheiden[624]: Die Glaubwürdigkeit bezeichnet eine Eigenschaft,[625] die Glaubhaftigkeit betrifft die konkret gemachte

621 BGH StV 1993, 510 (511); OLG Celle NJW 1976, 2030 (2031); *Fezer*, StV 1995, 95 (99–100); Meyer-Goßner/Schmitt-*Schmitt*, § 261 Rn. 2a; ferner *Rolinski*, in: Kühne-FS (2013), 297 (298–299). Nach *Bender/Nack u.a.*, Tatsachenfeststellung (2014), Rn. 535 ff. beschreibt die persönliche Gewissheit eine subjektive Wahrscheinlichkeit, welche der Richter mit objektiven Wahrscheinlichkeiten abschätzt. Krit. zum intuitiven Aspekt der persönlichen Gewissheit *Sancinetti*, in: Frisch-FS (2013), 1233 (1245–1248).

622 Mit der aussagepsychologischen Glaubhaftigkeitsbeurteilung kann grundsätzlich auch die Einlassung des Angeklagten untersucht werden, vgl. *Eisenberg*, Beweisrecht, Rn. 726; *Pfister*, in: Erhebung von Zeugenaussagen (2007), 42 (44); *Pfister*, FPPK 2008, 3 (6); s. etwa BGH NStZ 2005, 394 (*Fall Peggy Knobloch*). S. zu den methodischen Problemen noch unter § 8 D.

623 MAH-Strafverteidigung-*Schroth/Deckers*, § 49 Rn. 44.

624 Vgl. *Volbert/Steller*, in: Sexueller Missbrauch (2005), 417 (418); krit. *Fischer*, in: Widmaier-FS (2008), 191 (192–194): „[...] hilflos erscheinenden Versuchen von Gerichten, die (vermeintlich bedeutende) wissenschaftliche Begriffsdifferenzierung nachzuahmen [...]"; s. bspw. BGH StV 2011, 336 (337), OLG Stuttgart, NJW 2006, 3506. Eine unsaubere Trennung der Begrifflichkeiten findet sich dagegen bspw. in BGH NStZ 2001, 161 (162); 2013, 57 (58); vgl. dazu *Scharbius*, „Aussage gegen Aussage" (2017), 215–216. Die Prüfung der Glaubwürdigkeit des Zeugen anstatt der Glaubhaftigkeit seiner Aussage kann den Erfolg eines Rechtsmittels zur Folge haben, vgl. etwa OLG Stuttgart NJW 2006, 3506 (3506 f.). In der StPO und RiStBV findet sich eine terminologische Unterscheidung ebenfalls nicht wieder, s. *Nestler*, JA 2017, 10 (13). Vor diesem Hintergrund sind bspw. *Brause*, NStZ 2007, 505 (510); *Deckers*, StV 2017, 50; *Fischer*, NStZ 1994, 1 diff. zu lesen.

625 BGHSt 45, 164 (167) = NJW 1999, 2746 (2747); BGH NJW 2005, 1519 (1521); NStZ 2001, 45 (46); *Deckers*, in: Eisenberg-FS (2009), 473 (491); *Dettenborn*, NZFam 2016,

Aussage.[626] Während die Glaubwürdigkeit also ein situationsübergreifendes personales Konstrukt darstellt, ist die Glaubhaftigkeit situationsbezogen.[627]

Bei der Glaubhaftigkeitsbeurteilung geht es um die Frage, ob eine Person im konkreten Fall eine Aussage tätigt, die auf einem tatsächlichen Erlebnis basiert.[628] Die Glaubwürdigkeit des Aussagenden spielt bei der Beurteilung der Glaubhaftigkeit der Aussage nur eine untergeordnete Rolle, da die Glaubwürdigkeit kein stabiles Persönlichkeitsmerkmal ist[629] und in der Regel nicht über alltagspsychologische Zuschreibungen hinausgeht.[630] So kann auch eine grundsätzlich unglaubwürdige Person, beispielsweise ein notorischer Lügner, eine glaubhafte Aussage machen.[631]

Vor einiger Zeit wurden die Glaubwürdigkeit und die Glaubhaftigkeit noch unter dem Begriff der Glaubwürdigkeit zusammengefasst und es wurde lediglich zwischen der *allgemeinen Glaubwürdigkeit* (Eigenschaft einer Person) und der *speziellen Glaubwürdigkeit* (Glaubhaftigkeit) unterschieden.[632] Problematisch an solch

---

593; *Geipel*, Beweiswürdigung (2017), § 12 Rn. 2; *Haustein*, Aussage gegen Aussage (2017), 85; *Hilgert*, NJW 2016, 985; KK-StPO-*Krehl*, § 244 Rn. 49; *Pfister*, FPPK 2008, 3 (6); *Steller/Volbert*, in: Psychologie im Strafverfahren (1997), 12 (21); *Strüwe*, StRR 2009, 284 (286); *Volbert*, in: Psychologische Begutachtung (2005), 171.

626 *Deckers*, in: Eisenberg-FS (2009), 473 (491); *Haustein*, Aussage gegen Aussage (2017), 85; KK-StPO-*Krehl*, § 244 Rn. 49; *Strüwe*, StRR 2009, 284 (285).

627 *Balloff*, in: Handwörterbuch (2002), 162 (163); *Volbert*, in: Psychologische Begutachtung (2005), 171.

628 BGHSt 45, 164 (167) = NJW 1999, 2746 (2747); BGH NJW 2005, 1519 (1521); *Dettenborn*, NZFam 2016, 593; *Kett-Straub*, ZStW 117 [2005], 354 (364); KK-StPO-*Krehl*, § 244 Rn. 50; KK-StPO-*Ott*, § 261 Rn. 116; *Volbert*, in: Psychologische Begutachtung (2005), 171; *Volbert*, FPPK 2008, 12; *Volbert/Steller*, in: Rechtspsychologie (2014), 391; *Volbert/Steller*, in: Psychiatrische Begutachtung (2015), 683 (684).

629 *Volbert/Steller*, in: Sexueller Missbrauch (2005), 417 (418). Einen schlichtweg glaubwürdigen beziehungsweise unglaubwürdigen Zeugen gibt es demnach nicht, vgl. KK-StPO-*Krehl*, § 244 Rn. 49.

630 *Geipel*, Beweiswürdigung (2017), § 12 Rn. 2; KK-StPO-*Krehl*, § 244 Rn. 49; s.a. *Deckers*, in: Eisenberg-FS (2009), 473 (491); *Fischer*, in: Widmaier-FS (2008), 191 (193); *Steller*, R & P 1998, 11 (12–13); *Steller/Volbert*, in: Psychologie im Strafverfahren (1997), 12 (21); *Strüwe*, StRR 2009, 284 (285); missverständlich insoweit BGH NStZ 2001, 45 (46): statt der allgemeinen Glaubwürdigkeit ist wohl die Aussagefähigkeit gemeint. Die Glaubwürdigkeit einer Person kann für die Glaubhaftigkeit ihrer Aussage lediglich indizielle Bedeutung haben, vgl. BGH NJW 2005, 1519 (1521); KK-StPO-*Krehl*, § 244 Rn. 50; s.a. *Fischer*, in: Widmaier-FS (2008), 191 (192–193): In diesem Zusammenhang sei häufig von einer „Einschätzung der Gesamtpersönlichkeit" die Rede.

631 *Kett-Straub*, ZStW 117 [2005], 354 (364); *Undeutsch*, in: Forensische Psychologie (1967), 26 (52); s.a. *Strüwe*, StRR 2009, 284 (285).

632 S. etwa noch *Fischer*, NStZ 1994, 1 (2); vgl. hierzu BGH NJW 2005, 1519 (1521); NStZ 2004, 635; *Eisenberg*, Beweisrecht, Rn. 1426; *Fischer*, in: Widmaier-FS (2008), 191 (192–193); *Jansen*, StV 2000, 224 (228); *Jansen*, Aussagepsychologie (2012), Rn. 45; *Schneider*, Nonverbale Zeugnisse (1991), 13–15.

einer Unterscheidung ist, dass der Eindruck einer Hierarchie entsteht, obwohl eine solche nicht existiert.[633]

Nicht verwechselt werden darf die Glaubwürdigkeit mit der *Aussagefähigkeit* (auch *Zeugenfähigkeit, Zeugnisfähigkeit* oder *Aussagetüchtigkeit*).[634] Wie bereits die Ausführungen zum Zeugenbeweis[635] gezeigt haben, hängt die Qualität von Aussagen – als Wiedergabe der Wahrnehmung – von Eigenschaften und Fähigkeiten des Aussagenden ab.[636] Die Aussagefähigkeit beschreibt in diesem Zusammenhang die Beobachtungs- und Erinnerungsfähigkeit sowie das verbale Ausdrucksvermögen.[637]

II. Glaubhaftigkeitsbegutachtung

Die Glaubhaftigkeits*begutachtung* meint die aussagepsychologische Beurteilung durch einen Sachverständigen.[638] Der Bundesgerichtshof stellte die Bedeutung der sachverständigen Glaubhaftigkeitsbeurteilung erstmals in seiner Entscheidung vom 14. Dezember 1954 heraus.[639]

---

633 *Kett-Straub*, ZStW 117 [2005], 354 (364); *Steller*, R & P 1998, 11 (12); *Volbert/Steller*, in: Sexueller Missbrauch (2005), 417 (418).

634 BGH NJW 2005, 1519 (1521); *Jansen*, StV 2000, 224 (225); KK-StPO-*Krehl*, § 244 Rn. 49; *Volbert*, in: Psychologische Begutachtung (2005), 171; s. beispielhaft zur Abgrenzung BGH NJW 2002, 1813 (1813 f.); ausf. zur Beeinflussung der Aussagefähigkeit bei Sexualdelikten durch psychische Krankheiten *Saimeh*, in: Erhebung von Zeugenaussagen (2007), 61 (61 ff.); s. zur Aussagefähigkeit von Kindern *Volbert/Steller*, in: Sexualstraftaten (1998), 235 (235 ff.). Trotz der unterschiedlichen Anknüpfungspunkte greifen die Merkmale ineinander, vgl. BGH NJW 2005, 1519 (1521); *Eisenberg*, Beweisrecht, Rn. 1426a: „Wechselverhältnis"; vgl. unter § 8 B. III. 1. c) bb).

635 S. unter § 4 B. I. 2. a).

636 Vgl. KK-StPO-*Krehl*, § 244 Rn. 49.

637 *Jansen*, StV 2000, 224 (225); s.a. *Balloff*, in: Handwörterbuch (2002), 162 (164–165); *Brause*, NStZ 2007, 505 (508); *Dettenborn*, NZFam 2016, 593 (595); *Effer-Uhe/Mohnert*, Psychologie (2019), Rn. 215; *Kindhäuser/Schumann*, StPO (2019), § 21 Rn. 7; *Steller*, R & P 1998, 11 (12).

638 BSG NJOZ 2013, 667 (669). Dagegen ist ein psychiatrisches Gutachten einerseits bei besonderen Problemlagen in der Aussagefähigkeit des einzigen Belastungszeugen und andererseits bei Fragen der Schuldfähigkeit des Beschuldigten gem. §§ 20, 21 StGB gefragt, s. MAH-Strafverteidigung-*Schroth/Deckers*, § 49 Rn. 75.

639 BGHSt 7, 82 (83) = NJW 1955, 599: „Zur Beurteilung von Kinderaussagen müssen in geeigneten Fällen Sachverständige gerade deshalb hinzugezogen werden, weil ihnen Erkenntnismittel zu Gebote stehen, die das Gericht nicht haben kann." Vgl. *Jansen*, StV 2000, 224; *Müller*, JZ 2000, 267 (268).

1. *Die Glaubhaftigkeitsbeurteilung als „ureigene Aufgabe" des Richters*

Trotz der Möglichkeit, einen Sachverständigen mit einem Glaubhaftigkeitsgutachten zu beauftragen, ist und bleibt die Beurteilung der Glaubhaftigkeit einer Aussage grundsätzlich die „ureigene Aufgabe" des Richters.[640] Die Glaubhaftigkeitsbeurteilung gehört zum *Wesen richterlicher Rechtsfindung* und ist Recht und Pflicht des Tatrichters.[641] Die Gerichte können und sollten sich die Beurteilung der Glaubhaftigkeit auch zutrauen.[642] In der Konsequenz hat der Tatrichter die methodischen Kriterien der Glaubhaftigkeitsbeurteilung zu beherrschen.[643]

---

640 BGH NStZ 1997, 355 (356); 1998, 366 (367); 2001, 105; OLG Hamm StV 2008, 240; *Deckers*, in: Hamm-FS (2008), 53 (55); *Deckers*, in: Eisenberg-FS (2009), 473 (488); *Fischer*, NStZ 1994, 1 (1 ff.); *Fischer*, in: Widmaier-FS (2008), 191 (206); *Haustein*, Aussage gegen Aussage (2017), 86; *Jansen*, Aussagepsychologie (2012), Rn. 47, 101; *Kett-Straub*, ZStW 117 [2005], 354 (355); KK-StPO-*Krehl*, § 244 Rn. 56; KK-StPO-*Ott*, § 261 Rn. 126; MAH-Strafverteidigung-*Schroth/Deckers*, § 49 Rn. 70; *Nack*, StV 1994, 555 (557); *Pfister*, in: Erhebung von Zeugenaussagen (2007), 42 (45); *Pfister*, FPPK 2008, 3 (5); *Vögele*, in: Sexuelle Entwicklung (2010), 84. Allg. zur Würdigung der erhobenen Beweise als „ureigene Aufgabe" des Tatrichters: BGHSt 29, 18 (20) = NJW 1979, 2318; BGH BeckRS 2017, 139533, Rn. 5; HRRS 2016, Nr. 600, Rn. 10; NStZ 2002, 494 (495); 2003, 164 (165); 2012, 383 (384); NStZ-RR 2000, 171; 2003, 206 (207); 2012, 148 (149); StV 2017, 367 (368); OLG Hamm StV 2008, 240; BeckOK-StPO-*Wiedner*, § 337 Rn. 128; Meyer-Goßner/Schmitt-*Schmitt*, § 337 Rn. 13; krit. zur Terminologie BeckOK-StPO-*Eschelbach*, § 261 Rn. 3.3.

641 BGHSt 8, 130 (131) = NJW 1955, 1644; BGH JZ 1990, 52; NStZ 1997, 355 (356); 1998, 366 (367); 2005, 394; NStZ-RR 2006, 241; StV 1993, 567; 2001, 550; *Fischer*, NStZ 1994, 1 (1 ff.); *Fischer*, in: Widmaier-FS (2008), 191 (206); *Jansen*, Aussagepsychologie (2012), Rn. 47; KK-StPO-*Krehl*, § 244 Rn. 49; KK-StPO-*Ott*, § 261 Rn. 115; *Maier*, NStZ 2005, 246 (248); *Nack*, StraFo 2001, 1. Dies gilt nicht nur hinsichtlich erwachsener Zeugen, sondern in gleicher Weise für die Aussage eines kindlichen oder jugendlichen Zeugen, der eventuell Opfer eines Sexualdelikts geworden ist, vgl. BGHSt 8, 130 (131) = NJW 1955, 1644; BGH JZ 1990, 52; NStZ 1997, 355 (356); 2001, 105; 2005, 394; 2010, 51 (52); NStZ-RR 2006, 241; 2006, 242 (243); StV 1994, 173; 2001, 550; 2004, 241; *Fischer*, NStZ 1994, 1; *Kett-Straub*, ZStW 117 [2005], 354 (355); MüKo-StGB-*Renzikowski*, Vor § 174 Rn. 67.

642 BVerfG NJW 2004, 209 (211); BGH NStZ 1997, 355 (356); *Boetticher*, Sonderheft für Schäfer 2002, 8 (13); *Deckers*, StV 2017, 50; KK-StPO-*Krehl*, § 244 Rn. 51; KK-StPO-*Ott*, § 261 Rn. 132; *Miebach*, NStZ-RR 2014, 233 (235); *Pfister*, FPPK 2008, 3 (7). In die tatrichterliche Würdigung der Aussage fließen neben der Einschätzung zur Glaubhaftigkeit a. Menschenkenntnis, Lebens- und Berufserfahrung sowie der persönliche Eindruck des Aussagenden in der Hauptverhandlung mit ein, vgl. BGHSt 8, 130 (132) = NJW 1955, 1644; *Brause*, NStZ 2013, 129; MüKo-StPO-*Miebach*, § 261 Rn. 219.

643 Vgl. *Deckers*, in: Hamm-FS (2008), 53 (55); *Fischer*, in: Widmaier-FS (2008), 191 (207); KK-StPO-*Ott*, § 261 Rn. 126; genauer zu der Methodik unter § 8 B. III. Es ist davon auszugehen, dass Berufsrichter die Sachkunde den beteiligten Laienrichtern

Die Einholung eines Glaubhaftigkeitsgutachtens kommt nur ausnahmsweise in Betracht.[644] So kann die Aufklärungspflicht nach § 244 Abs. 2 StPO verlangen, sachverständigen Rat einzuholen.[645] Insbesondere wenn *besondere Umstände*[646] vorliegen, die Zweifel daran aufkommen lassen, dass die Sachkunde des Gerichts zur Beurteilung ausreicht, ist die Einholung eines Glaubhaftigkeitsgutachtens geboten.[647] Die „Aussage gegen Aussage"-Konstellation stellt für sich genommen noch keinen ausreichend besonderen Umstand dar, könnte bei Hinzutreten weiterer Besonderheiten[648] jedoch die Hinzuziehung sachverständigen Rats erforderlich machen.[649] In letzterem Fall kann ein Antrag auf Einholung eines Sachverständigengutachtens

---

vermitteln können, s. BGH NStZ 2010, 51 (52); NStZ-RR 2006, 241; *Miebach*, NStZ-RR 2014, 233 (235).

644 BSG NJOZ 2013, 667 (669); *Haustein*, Aussage gegen Aussage (2017), 86–87; *Pfister*, in: Erhebung von Zeugenaussagen (2007), 42 (45); *Pfister*, FPPK 2008, 3 (5); krit. MAH-Strafverteidigung-*Schroth/Deckers*, § 49 Rn. 70.

645 *Maier*, NStZ 2005, 246 (248).

646 Besonderheiten liegen i.d.R. vor bei Zeugen mit psychischen Auffälligkeiten (z.B. psychische Erkrankungen, schwerer Hirnverletzung, Drogen- oder Medikamentenabhängigkeit), bei kindlichen Zeugen, wenn diese Eigentümlichkeiten aufweisen, die sich von dem „gewöhnlichen Erscheinungsbild" der Altersgenossen unterscheiden und deren Beurteilung eine besondere Sachkunde voraussetzt (einen Abriss der Rspr. gibt hier *Kett-Straub*, ZStW 117 [2005], 354 [362]) oder bei Zeugen im Kleinkindalter, vgl. BGHSt 3, 52 (54) = NJW 1952, 1064; 8, 130 (131) = NJW 1955, 1644; BGH NStZ 1998, 366 (367); StV 2001, 550; *Deckers*, in: Eisenberg-FS (2009), 473 (488–489); *Deckers*, StV 2017, 50; KK-StPO-*Krehl*, § 244 Rn. 51 (m.w.N. zur stRspr.); KK-StPO-*Ott*, § 261 Rn. 130–135; *Miebach*, NStZ-RR 2014, 233 (235); MüKo-StPO-*Miebach*, § 261 Rn. 246; *Nack*, StraFo 2001, 1 (5); *Nack*, StV 2002, 558 (562); *Scharbius*, „Aussage gegen Aussage" (2017), 306–307; *Schlothauer*, in: Psychologie der Zeugenaussage (1997), 143 (143–144); beispielhaft etwa BGH JZ 1990, 52; StV 1993, 567.

647 BGH JZ 1990, 52; NStZ 1982, 42; 1998, 366 (367); 2001, 105; StV 1993, 567; 1994, 173; 2002, 637 (638); 2004, 241; *Jansen*, Aussagepsychologie (2012), Rn. 103; KK-StPO-*Krehl*, § 244 Rn. 51; KK-StPO-*Ott*, § 261 Rn. 129; MAH-Strafverteidigung-*Schroth/Deckers*, § 49 Rn. 70; *Maier*, NStZ 2005, 246 (248); *Miebach*, NStZ-RR 2014, 233 (235); MüKo-StPO-*Miebach*, § 261 Rn. 246; *Nack*, StraFo 2001, 1 (4); *Schüssler*, Polygraphie (2002), 162; krit. zu den „besonderen Umständen" AnwaltK-*Deckers*, Vor § 174 Rn. 33; KK-StPO-*Krehl*, § 244 Rn. 53. Nicht überzeugen kann *Meyer-Mews*, NJW 2000, 916, wonach die Entscheidung zur Einholung eines Glaubhaftigkeitsgutachtens ein Unwerturteil über das zur Verfügung stehende personelle Beweismittel darstelle; s.a. *Marquardt*, Mißbrauchte Kinder und das Recht (1993), 127.

648 Nach *Heintschel-Heinegg*, in: Breidling-FS (2017), 143 (155) können allgemeine Festlegungen, wann derartige Besonderheiten vorliegen, nicht getroffen werden, da stets einzelfallbezogen zu entscheiden ist.

649 *Heintschel-Heinegg*, in: Breidling-FS (2017), 143 (155); KK-StPO-*Ott*, § 261 Rn. 129–130; *Pfister*, in: Erhebung von Zeugenaussagen (2007), 42 (56); *Pfister*, FPPK 2008, 3 (10); *Scharbius*, „Aussage gegen Aussage" (2017), 305–307; a.A. *Deckers*, in: Eisenberg-FS (2009), 473 (489): „Gerade bei der Konstellation ‚Aussage gegen Aussage' […] sollte

dann nur gemäß § 244 Abs. 4 Satz 1 StPO unter Hinweis auf die eigene Sachkunde abgelehnt werden.[650] Allerdings stellt die Beurteilung des tatsächlichen Wertes der eigenen Sachkunde hohe Anforderungen an den Richter.[651]

2. *Hinzuziehung eines Sachverständigen*

Für die Glaubhaftigkeitsbeurteilung wird ein Sachverständiger bestellt, wenn das Gericht glaubt, selbst nicht über ausreichende Sachkunde zu verfügen.[652] Zwischen der ausreichenden eigenen Sachkunde des Gerichts und der Einholung eines Glaubhaftigkeitsgutachtens besteht ein Regel-Ausnahme-Verhältnis;[653] starre Regeln, wann ein Sachverständiger hinzuzuziehen ist, gibt es allerdings nicht.[654] Vielmehr kommt es auf die gesamte Beweislage im Einzelfall an.[655]

---

im Grundsatz ohne ein aussagepsychologisches Gutachten nicht verfahren werden." Bestimmte Deliktsarten stellen für sich genommen ebenfalls noch keine Besonderheit dar, obwohl sich die Tatgerichte mit der Einholung von Glaubhaftigkeitsgutachten überwiegend auf Sexualdelikte beschränken, vgl. *Fischer*, in: Widmaier-FS (2008), 191 ([209–210][221]); *Heintschel-Heinegg*, in: Breidling-FS (2017), 143 (155); KK-StPO-*Ott*, § 261 Rn. 129; a.A. *Brause*, NStZ 2013, 129 (131).

650 BVerfG NJW 2004, 209 (211); BGHSt 23, 8 (12) = NJW 1969, 2293 (2294–2295); BGH NStZ 1997, 355 (356); 1998, 366 (367); NStZ-RR 1999, 48 (49); StV 2002, 637; *Vögele*, in: Sexuelle Entwicklung (2010), 84 (86); zur Gefahr der Überschätzung der eigenen Sachkunde *Geipel*, Beweiswürdigung (2017), § 16 Rn. 38 ff. Die Ablehnung ist regelmäßig dann fehlerfrei, wenn andere Beweismittel die Beurteilungsmöglichkeiten des Tatrichters stützen, vgl. BGH NStZ-RR 1999, 48 (49). Dies ist bei „Aussage gegen Aussage" jedoch gerade nicht der Fall, vgl. § 4 B. II. S. BGH NStZ-RR 2006, 242 (243) zu dem Fall, in dem die Ablehnung der Beweisanträge in Anbetracht der ungewöhnlichen Besonderheiten des Falles rechtsfehlerhaft war.

651 BGHSt 23, 8 (12) = NJW 1969, 2293 (2295); s.a. *Wille*, Aussage gegen Aussage (2012), 30–31; mahnend insoweit *Brause*, NStZ 2013, 129 (133). Nach *Deckers*, StV 2017, 50 (54) könnte die ureigene Kompetenz gerade die Anerkennung der juristischen Grenzen und die Zuhilfenahme eines Experten bedeuten.

652 BSG NJOZ 2013, 667 (669); *Haustein*, Aussage gegen Aussage (2017), 122; *Pfister*, FPPK 2008, 3 (4); *Toepel*, Sachverständigenbeweis (2002), 59; s.a. Nr. 69 RiStBV; ferner *Kindhäuser/Schumann*, StPO (2019), § 21 Rn. 78.

653 *Deckers*, in: Eisenberg-FS (2009), 473 (488); krit. dazu AnwaltK-*Deckers*, Vor § 174 Rn. 33; *Fischer*, NStZ 1994, 1 (3); MAH-Strafverteidigung-*Schroth/Deckers*, § 49 Rn. 70–71.

654 S.a. *Deckers*, in: Eisenberg-FS (2009), 473 (488).

655 BGH NJW 1961, 1636; BSG NJOZ 2013, 667 (669); s.a. *Deckers*, in: Eisenberg-FS (2009), 473 (488); *Kett-Straub*, ZStW 117 [2005], 354 (361); *Vögele*, in: Sexuelle Entwicklung (2010), 84 (85); zur Zuziehung weiterer Sachverständiger KK-StPO-*Krehl*, § 244 Rn. 57–58; krit. zur Auswahl des Sachverständigen durch die StA *Barton*, in: Griff nach der Wahrheit (2018), 199 ([217–218][221]). *Haustein*, Aussage gegen Aussage (2017), 136 ff. zur Eignung aussagepsychologischer Gutachten als Kriterium einer Regel über den rechtsgenügenden Beweis.

Wird ein Sachverständiger herangezogen, hat er sich bei der Glaubhaftigkeitsbegutachtung solcher methodischen Mittel zu bedienen, die dem jeweils aktuellen wissenschaftlichen Kenntnisstand entsprechen.[656] Existieren mehrere anerkannte und indizierte Untersuchungsverfahren, so liegt die Entscheidung für eines der Verfahren im Ermessen des Sachverständigen.[657]

Es ist jedoch nicht die Aufgabe des Sachverständigen darüber zu befinden, ob die zu begutachtende Aussage „wahr“ ist oder nicht.[658] Dies ist dem Tatrichter vorbehalten.[659] Der Sachverständige hat vielmehr dem Gericht die Sachkunde zu vermitteln, mit deren Hilfe es die Tatsachen feststellen kann, die für die Beurteilung der Glaubhaftigkeit wesentlich sind.[660] Er ist insoweit „Gehilfe des Gerichts“.[661] Wenn ein Gutachten eingeholt wird, obliegt die Entscheidung über die Glaubhaftigkeit der Aussage und damit die Beweiswürdigung dem Tatrichter und darf nicht an den Sachverständigen delegiert werden.[662]

Das *Glaubhaftigkeitsgutachten* kann die Beweiswürdigung durch den Tatrichter nicht ersetzen.[663] Die begutachtete Glaubhaftigkeit einer Aussage fließt vielmehr mit dem Gutachten in die richterliche Würdigung ein.[664] Das von einem Sachverständigen angefertigte Gutachten stellt damit lediglich einen Umstand außerhalb

---

656 BGHSt 45, 164 (169) = NJW 1999, 2746 (2748); *Meyer-Mews*, NJW 2000, 916 (918). Der BGH erkennt insoweit die Deutung sowohl von Kinderzeichnungen als a. von kindlichen Interaktionen mit sog. anatomisch korrekten Puppen im Bereich der Sexualdelikte zulasten von Kindern nicht als wissenschaftlich anerkannte Untersuchungsmethoden an, vgl. BGHSt 45, 164 (175) = NJW 1999, 2746 (2749) m. Anm. *Müller*, JZ 2000, 267 (268); s.a. *Steller/Volbert*, Praxis der Rechtspsychologie 1999, 46 (64). Dagegen schätzen *Endres/Scholz*, NStZ 1994, 466 (472) eine konfrontierende Befragung unter Zuhilfenahme anatomischer Puppen in Ausnahmefällen als sinnvoll ein.

657 BGHSt 45, 164 (169) = NJW 1999, 2746 (2748); BGH NJW 1968, 2297; 1970, 1242; NStZ 1989, 113; *Meyer-Mews*, NJW 2000, 916 (918).

658 BGH NStZ-RR 2004, 87 (88); KK-StPO-*Krehl*, § 244 Rn. 50; *Miebach*, NStZ-RR 2016, 329 (333); MüKo-StPO-*Miebach*, § 261 Rn. 249; *Pfister*, FPPK 2008, 3 (4).

659 BGH NStZ-RR 2004, 87 (88); MüKo-StPO-*Miebach*, § 261 Rn. 249; *Pfister*, FPPK 2008, 3 (4).

660 BGHSt 23, 8 (12) = NJW 1969, 2293 (2294); BGH NStZ-RR 2004, 87 (88); *Miebach*, NStZ-RR 2016, 329 (333); MüKo-StPO-*Miebach*, § 261 Rn. 249; *Pfister*, FPPK 2008, 3 (4); *Toepel*, Sachverständigenbeweis (2002), 58, 263.

661 KK-StPO-*Ott*, § 261 Rn. 113; s.a. *Fischer*, NStZ 1994, 1 (4).

662 *Deckers*, in: Eisenberg-FS (2009), 473 (489); *Deckers*, in: Erhebung von Zeugenaussage (2019), 181 (182); *Fischer*, NStZ 1994, 1 (5); *Fischer*, in: Widmaier-FS (2008), 191 (222); *Pfister*, FPPK 2008, 3 (9); *Toepel*, Sachverständigenbeweis (2002), 57; warnend insoweit KK-StPO-*Krehl*, § 244 Rn. 54; krit. zur Praxis *Hilgert*, NJW 2016, 985; *Kett-Straub*, ZStW 117 [2005], 354 (355–356). Keine Gefahr der Verlagerung richterlicher Verantwortung sieht *Brause*, NStZ 2013, 129 (130).

663 BGH NStZ 2003, 276 (278); KK-StPO-*Krehl*, § 244 Rn. 52; *Maier*, NStZ 2005, 246 (248).

664 *Heintschel-Heinegg*, in: Breidling-FS (2017), 143 (153).

der Aussage dar, das im Rahmen der *lückenlosen Gesamtwürdigung*[665] zu berücksichtigen ist.[666]

Der Tatrichter ist nicht gehindert, die Glaubhaftigkeit einer Aussage anders zu beurteilen als ein Sachverständiger.[667] Weicht das Gericht von der Auffassung des in der Hauptverhandlung angehörten aussagepsychologischen Sachverständigen ab und geht entgegen dem Gutachten von der Glaubhaftigkeit der Aussage aus, muss es im Rahmen der umfassenden Beweiswürdigung alle möglicherweise entscheidungsbeeinflussenden Umstände einbeziehen.[668] Wenn der Richter also eine Frage, für die er geglaubt hat, sachverständigen Rat einholen zu müssen, im Widerspruch zum Gutachten lösen will, so hat er im Urteil die maßgeblichen Darlegungen des Sachverständigen wiederzugeben und seine Gegenansicht unter Auseinandersetzung mit diesen zu begründen.[669] Letztlich muss aus dem Urteil ersichtlich sein, dass der Richter mit Recht das bessere Fachwissen für sich in Anspruch genommen hat.[670] Gleiches gilt für den umgekehrten Fall oder wenn der Tatrichter das Glaubhaftigkeitsgutachten seiner eigenen Glaubhaftigkeitsbeurteilung überhaupt nicht zugrunde legt.[671]

Wird ein Glaubhaftigkeitsgutachten von dem Tatrichter eingeholt, so ist es grundsätzlich ihm überlassen, ob er einen Psychiater[672] oder Psychologen[673] zu Rate

---

665 S. § 4 A.

666 BGH NStZ-RR 2004, 87 (87–88); *Brause*, NStZ 2013, 129 (131–132); KK-StPO-*Ott*, § 261 Rn. 116; *Maier*, NStZ 2005, 246 (248); *Miebach*, NStZ-RR 2016, 329 (333); MüKo-StPO-*Miebach*, § 261 Rn. 249; *Scharbius*, „Aussage gegen Aussage“ (2017), 225. Der „Wert“ des Glaubhaftigkeitsgutachtens darf somit nicht überbewertet werden, vgl. *Maier*, NStZ 2005, 246 (248).

667 BGH NStZ 2009, 571; 2013, 55 (56); NStZ-RR 2006, 242 (243); 2015, 82 (83); BeckOK-StPO-*Eschelbach*, § 261 Rn. 2.

668 BGH NStZ-RR 2006, 242 (243); MüKo-StPO-*Miebach*, § 261 Rn. 250.

669 BGH NStZ 2013, 55 (56); NStZ-RR 2003, 206 (208); 2006, 242 (243); MüKo-StPO-*Miebach*, § 261 Rn. 250.

670 BGH NStZ 2013, 55 (56); NStZ-RR 2015, 82 (83); *Miebach*, NStZ-RR 2014, 233 (235); MüKo-StPO-*Miebach*, § 261 Rn. 250.

671 MüKo-StPO-*Miebach*, § 261 Rn. 251. S. zu dem Fall, in dem der Tatrichter einen Beweisantrag auf Einholung eines weiteren Sachverständigengutachtens unter Hinweis auf die eigene Sachkunde gem. § 244 Abs. 4 S. 1 StPO ablehnt, sich in den Urteilsgründen hierzu jedoch in Widerspruch setzt, indem er seiner Entscheidung das vom Antragssteller bemängelte Erstgutachten zugrunde legt: BGHSt 55, 5 (5 ff.) = NJW 2010, 1214 m. Anm. *Eisenberg*, JZ 2010, 474 (474 ff.) und *Hoffmann/Wendler*, NJW 2010, 1216; Bespr. bei *Deckers*, in: Rissing-van Saan-FS (2011), 87 (87 ff.).

672 Der Psychiater ist ein (approbierter) Facharzt, der sich mit der Diagnose und Behandlung seelischer Störungen wie Neurosen, Geistes- und Gemütskrankheiten beschäftigt.

673 Der Psychologe behandelt seelische und seelisch bedingte Leiden mit psychologischen statt mit medizinischen Mitteln. Er beschäftigt sich mit dem menschlichen

zieht.[674] Geht es um die Beurteilung „normalpsychologischer“ Wahrnehmungs-, Gedächtnis- und Denkprozesse, kann ein Psychologe herangezogen werden.[675] Hingegen wird regelmäßig die besondere Sachkunde des Psychiaters benötigt, wenn der Zeuge an einer geistigen Erkrankung leidet, die sich auch auf seine Aussagefähigkeit ausgewirkt haben könnte.[676]

Sofern der Tatrichter ein Glaubhaftigkeitsgutachten einholt, fällt es in seine Zuständigkeit, die Einhaltung der wissenschaftlichen Mindeststandards der Glaubhaftigkeitsbeurteilung sicherzustellen und gegebenenfalls die Tätigkeit des Sachverständigen gemäß § 78 StPO zu leiten.[677]

III. Wissenschaftliche Anforderungen an die aussagepsychologische Glaubhaftigkeitsbeurteilung

Lange Zeit fehlte im Bereich der forensischen Aussagepsychologie ein Leitfaden für die Glaubhaftigkeitsbeurteilung.[678] Deutlich wurde dieser Mangel bei den Wormser Prozessen[679]: Die zunächst tätigen Sachverständigen hatten veraltete Prüfungsansätze gewählt und längst vorhandene aussagepsychologische Erkenntnisse nicht mit in ihre Beurteilung einbezogen.[680] Die nachträglich hinzugezogenen

---

Verhalten sowie der psychologischen Diagnostik (z.B. Persönlichkeits- oder Intelligenztests).

674 BGHSt 23, 8 (12) = NJW 1969, 2293 (2295); BGH NStZ 1998, 366 (367); KK-StPO-*Ott*, § 261 Rn. 117; *Maier*, NStZ 2005, 246 (248); *Pfister*, in: Erhebung von Zeugenaussagen (2007), 42 (47–50); s.a. *Boetticher*, Sonderheft für Schäfer 2002, 8 (9–10). Vgl. zur Auswahl des Sachverständigen Nr. 70 RiStBV; krit. zu dessen praktischer Umsetzung *Deckers*, in: Mißbrauch von Kindern (1999), 113 (117).

675 BGH NJW 2002, 1813; NStZ 2002, 490; KK-StPO-*Krehl*, § 244 Rn. 52; KK-StPO-*Ott*, § 261 Rn. 117; *Pfister*, FPPK 2008, 3 (8).

676 BGHSt 23, 8 (12–13) = NJW 1969, 2293 (2295); BGH NJW 2002, 1813; 2005, 1519 (1521); NStZ 1995, 558 (559); 1998, 366 (367); 2002, 490; NStZ-RR 1997, 106; *Heintschel-Heinegg*, in: Breidling-FS (2017), 143 (156–157); KK-StPO-*Krehl*, § 244 Rn. 52; KK-StPO-*Ott*, § 261 Rn. 117; *Maier*, NStZ 2005, 246 (248); MüKo-StPO-*Miebach*, § 261 Rn. 254; *Pfister*, in: Erhebung von Zeugenaussagen (2007), 42 (49); *Pfister*, FPPK 2008, 3 (8).

677 BGHSt 45, 164 (182) = NJW 1999, 2746 (2751); *Deckers*, in: Eisenberg-FS (2009), 473 (489); *Jansen*, Aussagepsychologie (2012), Rn. 135–141; KK-StPO-*Ott*, § 261 Rn. 125; *Nack*, StV 2002, 558 (563); *Pfister*, FPPK 2008, 3 (5).

678 Vgl. *Kett-Straub*, ZStW 117 [2005], 354 (365); *Ziegert*, NStZ 2000, 105 (106): „In psychologischen Gutachten zur Beurteilung der Glaubhaftigkeit einer Aussage begegnen die seltsamsten Untersuchungsmethoden.“

679 S. § 5 D. I.

680 *Heintschel-Heinegg*, in: Breidling-FS (2017), 143 (144); *Jansen*, StV 2000, 224; *Kett-Straub*, ZStW 117 [2005], 354 (365–366); *Steller*, R & P 1998, 11 (17); s.a. *Effer-Uhe/Mohnert*, Psychologie (2019), Rn. 192; exemplarisch dazu *Deegener*, in: Handwörterbuch (2002), 26. Einige der Sachverständigen revidierten später ihre Einschätzungen, vgl. *Steller*, R & P 1998, 11.

Gutachter deckten die eklatanten Mängel der Erstgutachten auf und brachten die moderne aussagepsychologische Forschung in das Verfahren ein.[681]

Der Bundesgerichtshof formulierte in seinem Urteil vom 30. Juli 1999[682] erstmals Qualitätsanforderungen an die Glaubhaftigkeitsbeurteilung und das Glaubhaftigkeitsgutachten.[683] Dieses Urteil stellt „ein kleines Vademecum der Aussagepsychologie“[684] dar.

Im Gesetz ist lediglich in § 68a Abs. 2 StPO etwas zur Glaubwürdigkeit zu finden. Dort sind Umstände genannt, die Einfluss auf die Glaubwürdigkeit eines Zeugen haben können (zum Beispiel die Beziehung zum Beschuldigten).[685] Hinsichtlich der Glaubhaftigkeitsbeurteilung schweigt das Gesetz.

1. *Das Urteil des Bundesgerichtshofs vom 30. Juli 1999 – 1 StR 618/98*

Dem Urteil lag der folgende Fall zugrunde: Das Landgericht Ansbach hatte in einem Strafverfahren wegen sexuellen Missbrauchs eines Kindes eine Diplom-Psychologin als Sachverständige damit beauftragt, die Aussage der 14-jährigen Belastungszeugin aussagepsychologisch zu begutachten. Die Sachverständige beurteilte die Angaben der Zeugin als glaubhaft. Zum Beweis des Gegenteils beantragte die Verteidigung die Einholung eines weiteren psychologischen Gutachtens. Zur Begründung führte die Verteidigung an, das erstatte Gutachten leide an Mängeln „in der theoretischen Grundlegung und der Planung und Durchführung der psychologischen Untersuchung“[686] und entspreche nicht dem Stand der Wissenschaft.[687] Die behaupteten Mängel wurden im Einzelnen bezeichnet.[688] Das Landgericht verneinte die Voraussetzungen des § 244 Abs. 4 Satz 2, 2. HS StPO und lehnte den Beweisantrag – ohne zuvor die Sachverständige zu den geltend gemachten Mängeln ihres Gutachtens anzuhören – mit der Begründung ab, die Sachkunde der Sachverständigen stehe außer Zweifel.[689] Der Angeklagte wurde wegen sexuellen

---

681 *Heintschel-Heinegg*, in: Breidling-FS (2017), 143 (144); *Kett-Straub*, ZStW 117 [2005], 354 (366); ausf. *Steller*, R & P 1998, 11 (11 ff.); *Steller*, Praxis der Rechtspsychologie 2000, 9 (11 ff.).

682 BGHSt 45, 164 (164 ff.) = NJW 1999, 2746 (2746 ff.) m. Anm. *Ziegert*, NStZ 2000, 105 (105 f.).

683 S.a. *Boetticher*, Sonderheft für Schäfer 2002, 8; *Schade/Harschneck*, Praxis der Rechtspsychologie 2000, 28 (45).

684 *Pfister*, in: Erhebung von Zeugenaussagen (2007), 42 (50); s.a. *Müller*, JZ 2000, 267 (268): „Standard für den Sachverständigenbeweis insgesamt“.

685 S.a. *Haustein*, Aussage gegen Aussage (2017), 87.

686 BGHSt 45, 164 (165) = NJW 1999, 2746.

687 BGHSt 45, 164 (165) = NJW 1999, 2746.

688 BGHSt 45, 164 (165) = NJW 1999, 2746.

689 BGHSt 45, 164 (165) = NJW 1999, 2746; vgl. dazu *Pfister*, in: Erhebung von Zeugenaussagen (2007), 42 (50); *Pfister*, FPPK 2008, 3 (4–5); allg. krit. zum § 244 Abs. 4 S. 2 StPO *Deckers*, in: Mißbrauch von Kindern (1999), 113 (121).

Missbrauchs eines Kindes in neun Fällen verurteilt.[690] Die Verfahrensrüge des Angeklagten stützte sich auf die Verletzung des § 244 Abs. 4 Satz 2 StPO.[691]

Im Revisionsverfahren holte der 1. Strafsenat die wissenschaftlichen Expertisen der Psychologen *Klaus Fiedler* und *Max Steller* ein, um zu prüfen, ob das Landgericht die Voraussetzungen des § 244 Abs. 4 Satz 2, 1. HS StPO zu Recht angenommen hatte und damit der Antrag auf Einholung eines weiteren Sachverständigengutachtens unter Hinweis auf die Sachkunde des gehörten Gutachters abgelehnt werden durfte.[692] Die Sachverständigen *Fiedler* und *Steller* behandelten in ihren Gutachten jeweils eingehend die Methodik und Bewertungskriterien der forensisch-aussagepsychologischen Begutachtung und gelangten übereinstimmend zu dem Ergebnis, dass das Erstgutachten nach dem bestehenden wissenschaftlichen Kenntnisstand an inhaltlichen sowie die Darstellung betreffenden Mängeln litt.[693] Dieser Einschätzung schloss sich der Senat an und hob das Urteil des Landgerichts auf.[694]

Der Senat beließ es jedoch nicht bei dieser Entscheidung, sondern legte in seinem Urteil darüber hinaus die Mindeststandards für die aussagepsychologische Begutachtung dar, die seither den methodischen Weg der Glaubhaftigkeitsbeurteilung beschreiben.[695]

---

690 BGHSt 45, 164 (165) = NJW 1999, 2746 (2746–2747).

691 BGHSt 45, 164 (165) = NJW 1999, 2746 (2746–2747).

692 BGHSt 45, 164 (166) = NJW 1999, 2746 (2747); vgl. *Pfister*, in: Erhebung von Zeugenaussagen (2007), 42 (50). Der Fragenkatalog des BGH findet sich bei *Fiedler/Schmid*, Praxis der Rechtspsychologie 1999, 5 (43–45) und *Steller/Volbert*, Praxis der Rechtspsychologie 1999, 46 (107–112). Einen Vergleich der Antworten der Gutachter miteinander findet sich bei *Kury*, Praxis der Rechtspsychologie 1999, 126 (136–137). *Steller* war einer der genannten Zweitgutachter in den Wormser Prozessen (s.o. § 8 B. III.), s. *Köhnken*, Praxis der Rechtspsychologie 2000, 4; *Steller*, Praxis der Rechtspsychologie 2000, 9 (10).

693 BGHSt 45, 164 (167) = NJW 1999, 2746 (2747); vgl. *Fiedler/Schmid*, Praxis der Rechtspsychologie 1999, 5 (5 ff.); *Steller/Volbert*, Praxis der Rechtspsychologie 1999, 46 (46 ff.).

694 Vgl. BGHSt 45, 164 (167) = NJW 1999, 2746 (2747).

695 KK-StPO-*Krehl*, § 244 Rn. 52; *Kury*, Praxis der Rechtspsychologie 1999, 126 (135); *Meyer-Mews*, NJW 2000, 916 (918); *Pfister*, in: Erhebung von Zeugenaussagen (2007), 42 (50); *Volbert/Steller*, in: Psychiatrische Begutachtung (2015), 683 (684); *Ziegert*, NStZ 2000, 105; krit. *Fischer*, in: Widmaier-FS (2008), 191 (214). In dem BGH-Urteil geht es zwar nur um die Begutachtung der 14-jährigen Belastungszeugin, eine Beschränkung der allgemeinen Mindestanforderungen an die Glaubhaftigkeitsbegutachtung auf kindliche oder jugendliche Zeugen lässt sich dem Urteil jedoch nicht entnehmen. Hinweise für die Begutachtung kindlicher Zeugen gibt der BGH lediglich hinsichtlich der wissenschaftlich anerkannten Untersuchungsmethoden (vgl. Fn. 656); speziell zur Glaubhaftigkeitsbegutachtung bei kindlichen bzw. jugendlichen Zeugen etwa *Arntzen*, Zeugenaussage (2011), 100–105 f.; *Jansen*, StV 2000, 224 (226).

In der zitierten Entscheidung geht es um die Begutachtung durch einen psychologisch geschulten Sachverständigen. Im Umkehrschluss muss der methodische Weg jedoch erst recht für den Tatrichter gelten, denn dieser integriert das Glaubhaftigkeitsgutachten in die Beweiswürdigung.[696] Die wissenschaftlichen Anforderungen an die aussagepsychologische Begutachtung sind damit auch an die richterliche Glaubhaftigkeitsbeurteilung zu stellen.[697]

a) Methodisches Grundprinzip: Die hypothesengeleitete Diagnostik

Der Bundesgerichtshof geht von einer *hypothesengeleiteten Analyse* als Ausgangspunkt der aussagepsychologischen Glaubhaftigkeitsbeurteilung aus:

> „Das methodische Grundprinzip besteht darin, einen zu überprüfenden Sachverhalt (hier: Glaubhaftigkeit der spezifischen Aussage) so lange zu negieren, bis diese Negation mit den gesammelten Fakten nicht mehr vereinbar ist. Der Sachverständige nimmt daher bei der Begutachtung zunächst an, die Aussage sei unwahr (sog. Nullhypothese)."[698]

Der Ausgangspunkt für die Glaubhaftigkeitsbeurteilung ist die hypothetische Annahme, dass die Aussage *nicht* einem tatsächlich erlebten Geschehen entspringt.[699] Zur Überprüfung dieser Annahme sind weitere (Unter-)Hypothesen zu bilden, welche die Nullhypothese stützen (*„Unwahrhypothesen"*).[700] Beispiele für „Unwahrhypothesen" sind die Hypothese der bewussten Falschanschuldigung (*Lügen-* oder *Falschbelastungshypothese*)[701], die Hypothese der Fremd- und/oder

---

696 S.a. *Deckers*, in: Eisenberg-FS (2009), 473 (489); *Deckers*, in: Erhebung von Zeugenaussage (2019), 181 (182); *Gubitz*, NStZ 2016, 367 (368); *Strohmayer*, HRRS 2017, 135 (136); ferner *Deckers*, in: Hamm-FS (2008), 53 (55); KK-StPO-*Krehl*, § 244 Rn. 52; KK-StPO-*Ott*, § 261 Rn. 126; *Miebach*, NStZ-RR 2014, 233 (235); MüKo-StPO-*Miebach*, § 261 Rn. 253; *Nack*, StraFo 2001, 1 (3); ähnl. BVerfG NJW 2003, 1443 (1444–1445).

697 *Deckers*, in: Hamm-FS (2008), 53 (54–55) m.N. zur Rspr.; ähnl. *Hamm*, StraFo 2000, 253 (256).

698 BGHSt 45, 164 (167–168) = NJW 1999, 2746 (2747); s.a. in dem Gutachten v. *Steller/Volbert*, Praxis der Rechtspsychologie 1999, 46 (61).

699 BGHSt 45, 164 (168) = NJW 1999, 2746 (2747); OLG Stuttgart NJW 2006, 3506; *Deckers*, in: Eisenberg-FS (2009), 473 (491); *Jansen*, Aussagepsychologie (2012), Rn. 30; *Köhnken*, in: Erhebung von Zeugenaussagen (2019), 25 (27); *Steller/Volbert*, Praxis der Rechtspsychologie 1999, 46 (61); *Ziegert*, NStZ 2000, 105.

700 BGHSt 45, 164 (168) = NJW 1999, 2746 (2747); OLG Stuttgart NJW 2006, 3506; *Balloff*, in: Handwörterbuch (2002), 162 (164); *Deckers*, NJW 1999, 1365 (1370); *Deckers*, in: Hamm-FS (2008), 53 (62); *Deckers*, in: Eisenberg-FS (2009), 473 (491); *Jansen*, Aussagepsychologie (2012), Rn. 30, 376; *Kett-Straub*, ZStW 117 [2005], 354 (365); *Köhnken*, in: Erhebung von Zeugenaussagen (2019), 25 (27); *Offe*, NJW 2000, 929; *Pfister*, FPPK 2008, 3 (5); ausf. hierzu *Steller/Volbert*, Praxis der Rechtspsychologie 1999, 46 (50); *Volbert/Steller*, in: Psychiatrische Begutachtung (2015), 683 (701).

701 Vgl. dazu unter § 8 B. III. 1. c) aa) bbb).

Autosuggestion (*Suggestionshypothese*)[702] sowie die Hypothese der unzutreffenden Mehrbelastung.[703] Alle gebildeten „Unwahrhypothesen" sind anhand der im Einzelfall erhobenen Tatsachen zu überprüfen. Ergibt die Überprüfung, dass die „Unwahrhypothesen" nicht mit den erhobenen Tatsachen übereinstimmen, werden die „Unwahrhypothesen" und die Nullhypothese verworfen und es gilt die Alternativhypothese, dass die Aussage glaubhaft ist (*Wahrheitshypothese*).[704] Es geht bei der aussagepsychologischen Glaubhaftigkeitsbeurteilung damit nicht um die Aufdeckung einer Lüge, sondern um die Widerlegung der Nullhypothese.[705]

Bei der Glaubhaftigkeitsbeurteilung der Belastungsaussage stellt dieses Vorgehen das methodische Gegenstück zur Unschuldsvermutung dar.[706] Wenn also *eine* der „Unwahrhypothesen" nicht falsifiziert werden kann, so ist die Nullhypothese bestätigt und die Aussage als nicht erlebnisfundiert zu beurteilen.[707] Dies

---

702 Vgl. BGH NStZ-RR 2015, 82 (83); genauer dazu noch unter § 8 B. III. 1. c) aa) aaa).

703 Die *Hypothese der unzutreffenden Mehrbelastung* meint den Fall, dass die Aussage im Kern einem tatsächlich erlebten Geschehen entspricht, der Aussagende den Täter jedoch noch darüber hinaus belastet. Vgl. BGHSt 45, 164 (169) = NJW 1999, 2746 (2747): „Jedoch bleibt [...] ungeprüft, ob die Zeugin möglicherweise vorhandene Erinnerungslücken infolge eines Bemühens um Konsistenz ‚konstruktiv geschlossen' und so den von ihr als streng empfundenen Angekl. vor dem Hintergrund realer sexueller Übergriffe zu stark oder in zu großem Umfang belastet haben könnte."

704 BGHSt 45, 164 (168) = NJW 1999, 2746 (2747); BGH NStZ 2001, 45 (46); OLG Stuttgart NJW 2006, 3506; *Deckers*, in: Hamm-FS (2008), 53 (62); *Müller*, JZ 2000, 267 (268); *Offe*, NJW 2000, 929; *Pfister*, FPPK 2008, 3 (5); *Steller*, in: Mißbrauch (1999), 243 (248); *Volbert*, in: Psychologische Begutachtung (2005), 171; *Volbert/Steller*, in: Rechtspsychologie (2014), 391 (494); *Ziegert*, NStZ 2000, 105.

705 OLG Stuttgart NJW 2006, 3506; *Deckers*, in: Hamm-FS (2008), 53 (61); *Köhnken*, in: Erhebung von Zeugenaussagen (2019), 25 (27); s. etwa BGH 2015, 82 (83): „Der Sachverständige hat hier die *Unwahrhypothese* nicht sicher wiederlegen können [...]" – Hervorhebung original. Das hypothesengeleitete Vorgehen erinnert an das *Verfahren des Kritischen Rationalismus*, welches mithilfe der Falsifikation zur Bewährung einer Theorie beitragen will, vgl. § 3 A. IV.; s.a. *Köhnken*, in: Erhebung von Zeugenaussagen (2019), 25 (27).

706 *Deckers*, in: Hamm-FS (2008), 53 (62); *Deckers*, in: Eisenberg-FS (2009), 473 ([488] [491]); *Deckers*, in: Erhebung von Zeugenaussage (2019), 181 (181–182); *Dettenborn*, NZFam 2016, 593 (594); *Heintschel-Heinegg*, in: Breidling-FS (2017), 143 (153–154); *Schaefer*, NJW 2000, 928; *Steller*, Sonderheft für Schäfer 2002, 69 (72); *Steller*, in: Handbuch der Rechtspsychologie (2008), 300 (307); *Steller/Volbert*, Praxis der Rechtspsychologie 1999, 46 (61); *Strüwe*, StRR 2009, 284 (285); nicht überzeugend insoweit *Jansen*, StV 2000, 224: „Ob man von dem [...] Ansatz der sog. Nullhypothese [...] ausgeht oder zunächst davon, daß die Aussage glaubhaft ist und überprüft, ob sie diese Annahme durch sog. Alternativhypothesen ausschließen läßt, wird im Ergebnis keine entscheidende Rolle spielen."

707 *Deckers*, in: Eisenberg-FS (2009), 473 (491); *Müller*, JZ 2000, 267 (268); s. bspw. BGH NStZ 2009, 106.

erscheint im Hinblick auf den Gewährleistungsgehalt von Art. 6 Abs. 2 EMRK nur konsequent.[708]

Im Fall von „Aussage gegen Aussage" ist bei der Beurteilung der Belastungsaussage der Nullhypothese regelmäßig der vom Angeklagten vorgetragene – oder ein diesem ähnlicher – Sachverhalt zugrunde zu legen, da dieser Sachverhalt in der Regel die Annahme enthält, dass die Belastungsaussage *nicht* einem tatsächlich erlebten Geschehen entspringt.[709] Die Nullhypothese soll allerdings kein generelles Misstrauen gegenüber dem Belastungszeugen ausdrücken.[710] Auch beinhaltet dieses methodische Prinzip keine prozentuale Angabe über die Grundwahrscheinlichkeit des Realitätsgehalts von Zeugenaussage im Allgemeinen.[711] Vielmehr soll das hypothesengeleitete Vorgehen der Beurteilung der Aussage als „glaubhaft" im konkreten Fall zu einem höheren Grad an Zuverlässigkeit verhelfen und deren Überzeugungsgehalt stärken.[712] Gleichzeitig wird einem lediglich intuitiven Vorgehen eine Absage erteilt.[713]

Die Bildung der Hypothesen ist somit bestimmend für den Inhalt und den methodischen Ablauf der Glaubhaftigkeitsbegutachtung. Denn nicht zuletzt hängt die Auswahl der für die Begutachtung in Frage kommenden Test- und Untersuchungsverfahren davon ab, welche Möglichkeiten als Erklärung für eine – unterstellt – unwahre Aussage in Betracht zu ziehen sind.[714]

b) Methodisches Instrument: Die Aussageanalyse

Der Bundesgerichtshof wählte in seiner Entscheidung von 1999 für die Glaubhaftigkeitsuntersuchung den seinerzeit bereits etablierten *aussagebezogenen Ansatz*, wonach die Aussage auf ihre inhaltliche Konsistenz zu überprüfen ist.[715] Das entscheidende Untersuchungsmaterial stellt demgemäß die Aussage selbst dar.[716]

---

708 *Deckers*, in: Eisenberg-FS (2009), 473 (491); *Dettenborn*, NZFam 2016, 593 (594); krit. zur Gutachterpraxis *Ziegert*, NStZ 2000, 105: „Gutachten [...] nach dem Grundsatz ‚im Zweifel für die Glaubwürdigkeit'"; ähnl. *Meyer-Mews*, NJW 2000, 916 (918).

709 Ähnl. *Blumenstein*, in: Handwörterbuch (2002), 605 (608).

710 *Dettenborn*, NZFam 2016, 593 (595); *Heintschel-Heinegg*, in: Breidling-FS (2017), 143 (153); *Steller*, in: Mißbrauch (1999), 243 (249); *Steller/Volbert*, Praxis der Rechtspsychologie 2000, 102 (105); *Volbert/Steller*, in: Sexueller Missbrauch (2005), 417 (424).

711 *Steller/Volbert*, Praxis der Rechtspsychologie 2000, 102 (105–106); *Volbert/Steller*, in: Sexueller Missbrauch (2005), 417 (424).

712 *Steller/Volbert*, Praxis der Rechtspsychologie 2000, 102 (106); *Volbert/Steller*, in: Sexueller Missbrauch (2005), 417 (424).

713 *Dettenborn*, NZFam 2016, 593 (594). So beklagte noch *Fischer*, NStZ 1994, 1 (5) das intuitive Vorgehen bei der richterlich Glaubhaftigkeitsbeurteilung.

714 BGHSt 45, 164 (168) = NJW 1999, 2746 (2747); *Köhnken*, in: Erhebung von Zeugenaussagen (2019), 25 (27); s. zur Theorie der kognitiven Dissonanz bereits Fn. 224.

715 BGHSt 45, 164 (167) = NJW 1999, 2746 (2247); vgl. *Volbert*, in: Psychologische Begutachtung (2005), 171 (173); *Volbert/Steller*, in: Rechtspsychologie (2014), 391 (392).

716 *Undeutsch*, in: Forensische Psychologie (1967), 26 (125); s.a. KK-StPO-*Ott*, § 261 Rn. 118. Es wird damit von einem *inhalts*orientierten Ansatz ausgegangen, vgl.

Die Glaubhaftigkeitsbeurteilung baut auf drei Säulen auf: der *Aussagefähigkeit*[717], der *Aussagequalität* und der *Aussagezuverlässigkeit.*[718] Die Arbeitsschritte zur Beurteilung der Aussagequalität werden im Folgenden dargelegt. Dabei wird von der Aussagefähigkeit der Akteure ausgegangen.[719]

aa) Aussageinhaltsanalyse

Die Aussageinhaltsanalyse ist der erste Schritt zur Beurteilung der Aussagequalität.[720] Im Jahr 1967 formulierte der Psychologe *Udo Undeutsch* die Hypothese, dass sich Aussagen über selbsterlebte faktische Begebenheiten von Äußerungen über nicht selbsterlebte Vorgänge unterscheiden (sogenannte *Undeutsch-Hypothese*[721]).[722] Genauer gesagt bestehe ein qualitativer Unterschied zwischen einer erlebnisfundierten und einer erfundenen Aussage insofern, als dass die wahre Aussage im Vergleich zu der erfundenen Darstellung eine höhere Aussagequalität aufweise.[723]

Der Grund hierfür ist, dass die Wiedergabe eines tatsächlichen Erlebnisses eine kognitiv relativ leicht zu bewältigende Aufgabe darstellt.[724] Dagegen ist es eine weitaus

---

Steller/Volbert, Praxis der Rechtspsychologie 1999, 46 (50); s. zu *verhaltens*bezogenen Indikatoren der (Un-)Glaubhaftigkeit *Nestler*, JA 2017, 10 (13).

717 Vgl. *Dettenborn*, NZFam 2016, 593 (595); s.a. § 8 B. I.

718 Vgl. *Dettenborn*, NZFam 2016, 593 (595–597). S. zur Beurteilung der Aussagezuverlässigkeit noch unter § 8 B. III. 1. c).

719 S. zu Fehlermöglichkeiten bei der Prüfung der Aussagefähigkeit i.R. der aussagepsychologischen Begutachtung *Köhnken*, in: Erhebung von Zeugenaussagen (2019), 25 (28–30).

720 Ähnl. *Müller*, JZ 2000, 267 (268).

721 Die von *Undeutsch* herausgearbeitete Hypothese wurde erstmals von *Steller* als „Undeutsch-Hypothese" tituliert, was v. der internationalen Literatur aufgegriffen wurde, vgl. *Steller/Volbert*, Praxis der Rechtspsychologie 1999, 46 (52) in Fn. 5; *Volbert/Steller*, in: Sexueller Missbrauch (2005), 417 (418); *Volbert/Steller*, in: Rechtspsychologie (2014), 391 (392).

722 *Undeutsch*, in: Forensische Psychologie (1967), 26 (125–126).

723 *Undeutsch*, in: Forensische Psychologie (1967), 26 (125–126): „Aussagen über selbsterlebte faktische Begebenheiten müssen sich von Äußerungen über nicht selbsterlebte Vorgänge unterscheiden durch Unmittelbarkeit, Farbigkeit und Lebendigkeit, sachliche Richtigkeit und psychologische Stimmigkeit, Folgerichtigkeit der Abfolge, Wirklichkeitsnähe, Konkretheit, Detailreichtum, Originalität und [...] individuelles Gepräge." S.a. *Dettenborn*, NZFam 2016, 593 (595); *Eisenberg*, Beweisrecht, Rn. 1427; *Müller*, JZ 2000, 267 (268); *Steller*, R & P 1998, 11 (14); *Steller*, in: Handbuch der Rechtspsychologie (2008), 300 (302); *Steller/Volbert*, Praxis der Rechtspsychologie 1999, 46 (52); *Volbert*, FPPK 2008, 12 (13); *Volbert/Steller*, in: Rechtspsychologie (2014), 391 (392); näher zu den theoretischen Überlegungen *Volbert/Steller*, in: Rechtspsychologie (2014), 391 (391–394).

724 *Volbert*, FPPK 2008, 12 (13); *Volbert/Steller*, in: Sexueller Missbrauch (2005), 417 (418); *Volbert/Steller*, in: Rechtspsychologie (2014), 391 (392); *Volbert/Steller*, in: Psychiatrische Begutachtung (2015), 683 (686).

schwierigere Aufgabe mit hohen Anforderungen an die kognitive Leistungsfähigkeit, eine Aussage über ein (komplexes) Handlungsgeschehen ohne eigene Wahrnehmungsgrundlage, allein auf Grundlage des Allgemeinwissens zu konstruieren und auch in späteren Befragungen zu reproduzieren.[725] Insoweit kann der Gedanke von *William Stern* aus dem Jahr 1904 aufgegriffen werden, wonach eine Aussage primär als „geistige Leistung" anzusehen ist.[726] Auch der Bundesgerichtshof legte seiner Entscheidung vom 30. Juli 1999 die *Undeutsch*-Hypothese zugrunde.[727]

Für die Glaubhaftigkeitsbeurteilung ist folgende Leitfrage zu formulieren: Konnte der Aussagende mit den gegebenen individuellen Voraussetzungen unter den gegebenen Befragungsumständen und unter Berücksichtigung der im konkreten Fall möglichen Dritteinflüsse, *diese spezifische Aussage* machen, *ohne* dass sie auf einem realen Erlebnishintergrund basiert?[728] Die *inhaltliche* Analyse der spezifischen Aussage stellt insofern einen wesentlichen Bestandteil der Beurteilung dar.[729]

Die Reproduktion erlebter Begebenheiten beruht auf vorstellbaren Informationen über räumlich und zeitlich lokalisierbare Ereignisse.[730] Aus diesem Grund werden zum Beispiel außergewöhnliche visuelle, auditive, olfaktorische, räumliche und verbale Informationen gespeichert, welche für die Aussage beliebig abgerufen werden können.[731] Dagegen ist anzunehmen, dass erfundene Handlungsschilderungen inhaltlich weniger elaboriert ausfallen.[732] Denn bei einer erfundenen Aussage

725 BGHSt 45, 164 (170) = NJW 1999, 2746 (2748); *Geipel*, Beweiswürdigung (2017), § 26 Rn. 2; *Steller/Volbert*, Praxis der Rechtspsychologie 1999, 46 (51); *Volbert*, in: Psychologische Begutachtung (2005), 171 (173); *Volbert*, FPPK 2008, 12 (13); *Volbert/Steller*, in: Sexueller Missbrauch (2005), 417 (418); *Volbert/Steller*, in: Rechtspsychologie (2014), 391 (392); *Volbert/Steller*, in: Psychiatrische Begutachtung (2015), 683 (685); s. eindrücklich *Undeutsch*, in: Forensische Psychologie (1967), 26 (126): „Wer etwas erzählt, was er nicht selbst in der Realität erlebt hat, spricht unvermeidlich davon ‚wie der Blinde von den Farben'."

726 *Stern*, in: Psychologie der Aussage (1904), 269, *passim*; vgl. *Steller/Volbert*, in: Psychologie im Strafverfahren (1997), 12 (16); *Volbert*, FPPK 2008, 12 (13).

727 S. BGHSt 45, 164 (170) = NJW 1999, 2746 (2748).

728 *Steller*, in: Mißbrauch (1999), 243 (248); *Steller*, in: Handbuch der Rechtspsychologie (2008), 300 (302); *Steller/Volbert*, Praxis der Rechtspsychologie 1999, 46 (60); *Volbert/Steller*, in: Rechtspsychologie (2014), 391 (403).

729 *Deckers*, in: Eisenberg-FS (2009), 473 (491); *Geipel*, Beweiswürdigung (2017), § 26 Rn. 2; *Offe*, NJW 2000, 929; *Steller*, R & P 1998, 11 (14); *Volbert*, in: Psychologische Begutachtung (2005), 171 (176); *Volbert/Steller*, in: Sexueller Missbrauch (2005), 417 (424).

730 *Volbert*, FPPK 2008, 12 (14); *Volbert/Steller*, in: Rechtspsychologie (2014), 391 (392).

731 *Geipel*, Beweiswürdigung (2017), § 26 Rn. 4; *Volbert*, FPPK 2008, 12 (14); *Volbert/Steller*, in: Rechtspsychologie (2014), 391 (392).

732 *Eisenberg*, Beweisrecht, Rn. 1427; *Steller/Volbert*, Praxis der Rechtspsychologie 1999, 46 (52); *Volbert*, in: Psychologische Begutachtung (2005), 171 (173); *Volbert/Steller*, in: Sexueller Missbrauch (2005), 417 (418).

hat der Aussagende nicht nur die Angaben zu konstruieren und bei Nachfragen zu reproduzieren, er muss sich auch um eine nachvollziehbare Handlungsschilderung bemühen und darf sich nicht in Widersprüche verwickeln.[733] Dies erfordert ein hohes Maß kognitiver Energie für kreative und kontrollierende Prozesse, sodass sich die erfundene Aussage meist qualitativ von der erlebnisbasierten Aussage unterscheiden wird.[734]

Daneben wird der Lügende stets darauf bedacht sein, dem Adressaten einen glaubhaften Eindruck seiner Aussage zu vermitteln (Selbstpräsentation).[735] Hierfür wird er auf Alltagsvorstellungen darüber zurückgreifen, was eine glaubhafte Aussage ausmacht und welche Verhaltensweisen und Äußerungen dagegen den Verdacht der nicht erlebnisfundierten Aussage erregen.[736] Oftmals sind daher bei erfundenen Aussagen „elementare, direkt zum Handlungsziel führende Handlungssequenzen"[737] zu erwarten, während nebensächliche Details und unerwartete Komplikationen nur selten Gegenstand dieser Aussagen werden.[738]

Es wird davon ausgegangen, dass sich der qualitative Unterschied zwischen einer nicht erlebnisfundierten und einer erlebnisfundierten Aussage letztlich anhand bestimmter Aussagemerkmale bemerkbar macht, welche über die reine Handlungsschilderung hinausgehen und die Bewertung einer Aussage als wahrscheinlich erlebnisfundiert ermöglichen.[739] Bei diesen Merkmalen handelt es sich um sogenannte *Realkennzeichen* (auch *Realitätskennzeichen* oder

---

733 MAH-Strafverteidigung-*Schroth/Deckers*, § 49 Rn. 51; *Volbert*, in: Psychologische Begutachtung (2005), 171 (173); *Volbert/Steller*, in: Psychiatrische Begutachtung (2015), 683 (686).

734 *Eisenberg*, Beweisrecht, Rn. 1427; *Steller/Volbert*, Praxis der Rechtspsychologie 1999, 46 (52); *Volbert*, in: Psychologische Begutachtung (2005), 171 (173); *Volbert/Steller*, in: Sexueller Missbrauch (2005), 417 (418–419); *Volbert/Steller*, in: Rechtspsychologie (2014), 391 (393); *Volbert/Steller*, in: Psychiatrische Begutachtung (2015), 683 (686).

735 *Steller/Volbert*, Praxis der Rechtspsychologie 1999, 46 (51); *Volbert/Steller*, in: Psychiatrische Begutachtung (2015), 683 (686); s.a. BGHSt 45, 164 (170) = NJW 1999, 2746 (2748); *Heintschel-Heinegg*, in: Breidling-FS (2017), 143 (151).

736 *Steller/Volbert*, Praxis der Rechtspsychologie 1999, 46 (51); *Volbert/Steller*, in: Psychiatrische Begutachtung (2015), 683 (686).

737 *Steller/Volbert*, Praxis der Rechtspsychologie 1999, 46 (51).

738 BGHSt 45, 164 (170) = NJW 1999, 2746 (2748); *Steller/Volbert*, Praxis der Rechtspsychologie 1999, 46 (51); *Volbert*, FPPK 2008, 12 (14). Hierzu gehört die „Verflechtung" der Handlungsschilderung mit bewiesenen Tatsachen (z.B. dem Ort), da der lügende Aussagende regelmäßig derartige Ansatzpunkte für eine Nachprüfung seiner Aussage meiden wird, vgl. *Arntzen*, Zeugenaussage (2011), 36; *Bender/Nack u.a.*, Tatsachenfeststellung (2014), Rn. 440–441; s. beispielhaft zum Verflechtungskriterium OLG Stuttgart NJW 2006, 3506 (3507).

739 *Kett-Straub*, ZStW 117 [2005], 354 (365); *Müller*, JZ 2000, 267 (268); *Trankell*, Realitätsgehalt von Zeugenaussagen (1971), 122; *Volbert*, FPPK 2008, 12 (13); *Volbert/Steller*, in: Sexueller Missbrauch (2005), 417 (419); *Volbert/Steller*, in: Psychiatrische Begutachtung (2015), 683 (686).

Glaubhaftigkeitsmerkmale).[740] Das Auftreten der Realkennzeichen ist bei erlebnisfundierten Aussagen mithin wahrscheinlicher als bei erfundenen.[741]

Im Laufe der Zeit wurden die Realkennzeichen systematisiert.[742] Eine Kategorisierung inhaltlicher Realkennzeichen nahm *Steller* zusammen mit dem Psychologen *Günter Köhnken* im Jahr 1989 vor (s. Tabelle 1).[743] Diese Kategorisierung wurde von der überwiegenden Literatur aufgegriffen und wird noch immer aussagepsychologischen Untersuchungen und Darstellungen zugrunde gelegt.[744]

---

740 *Trankell*, Realitätsgehalt von Zeugenaussagen (1971), 122: „Ein aussagepsychologisches Realitätskriterium ist [...] eine Anforderung an eine Aussage, die, wenn sie erfüllt ist, beinhaltet, daß die Aussage eine reale Beobachtung wiedergibt." Vgl. *Dettenborn*, NZFam 2016, 593 (595); *Fiedler/Schmid*, Praxis der Rechtspsychologie 1999, 5 (17); *Müller*, JZ 2000, 267 (268); *Volbert*, in: Psychologische Begutachtung (2005), 171 (174); *Volbert/Steller*, in: Sexueller Missbrauch (2005), 417 (419); ausf. *Arntzen*, Zeugenaussage (2011), 15 ff., 25 ff.; *Undeutsch*, in: Forensische Psychologie (1967), 26 (127 ff.).

741 *Dettenborn*, NZFam 2016, 593 (595).

742 Einen der ersten Systematisierungsversuche unternahm *Arntzen*, Zeugenaussage (1970), 42–43. Es folgten weitere Kategorisierungen, s. etwa *Bender/Wartemann*, in: Kriminalistik I (1992), 551, Rn. 252 ff.; *Greuel/Offe u.a.*, Glaubhaftigkeit (1998), 91; *Trankell*, Realitätsgehalt von Zeugenaussagen (1971), 146; einen Überblick geben hier *Steller/Volbert*, Praxis der Rechtspsychologie 1999, 46 (53). Übersichten über die Realkennzeichen verschiedener Autoren finden sich bei *Eisenberg*, Beweisrecht, Rn. 1427c; *Geipel*, Beweiswürdigung (2017), § 26 Rn. 22; *Greuel/Offe u.a.*, Glaubhaftigkeit (1998), 93.

743 *Steller/Köhnken*, in: Psychological Methods (1989), 217 (218–221). *Steller* und *Köhnken* orientierten sich dabei u.a. an der Systematisierung von *Arntzen*, Zeugenaussage (1970), 42–43.

744 *Dettenborn*, NZFam 2016, 593 (595); *Fiedler/Schmid*, Praxis der Rechtspsychologie 1999, 5 (16–17); *Geipel*, Beweiswürdigung (2017), § 17, Rn 11; *Steller/Volbert*, in: Psychologie im Strafverfahren (1997), 12 (17); *Steller/Volbert*, Praxis der Rechtspsychologie 1999, 46 (53); *Volbert/Steller*, in: Psychiatrische Begutachtung (2015), 683 (687); vgl. etwa *Balloff*, in: Handwörterbuch (2002), 162 (166–167); *Deegener*, in: Handwörterbuch (2002), 26 (27); *Effer-Uhe/Mohnert*, Psychologie (2019), Rn. 239 ff.; *Fegert*, Mißbrauchte Kinder und das Recht (1993), 98–100; *Jansen*, StV 2000, 224 (228); *Kinze*, in: Praxishandbuch (2015), 711 (713–715); *Schoreit*, StV 2004, 284 (285–286); *Volbert*, in: Psychologische Begutachtung (2005), 171 (174); *Volbert/Steller*, in: Rechtspsychologie (2014), 391 (394).

Tabelle 1: *Realkennzeichen in der Kategorisierung von Steller und Köhnken (1989)*[a]

Allgemeine Merkmale
1. Logische Konsistenz
2. Ungeordnet sprunghafte Darstellung
3. Quantitativer Detailreichtum

Spezielle Inhalte
4. Raum-zeitliche Verknüpfungen
5. Interaktionsschilderung
6. Wiedergabe von Gesprächen
7. Schilderung von Komplikationen im Handlungsverlauf

Inhaltliche Besonderheiten
8. Schilderung ausgefallener Einzelheiten
9. Schilderung nebensächlicher Einzelheiten
10. Phänomengemäße Schilderung unverstandener Handlungselemente
11. Indirekt handlungsbezogene Schilderungen
12. Schilderung eigener psychischer Vorgänge
13. Schilderung psychischer Vorgänge des Angeschuldigten

Motivationsbezogene Inhalte
14. Spontane Verbesserungen der eigenen Aussage
15. Eingeständnis von Erinnerungslücken[b]
16. Einwände gegen die Richtigkeit der eigenen Aussage
17. Selbstbelastungen
18. Entlastung des Angeschuldigten

Deliktspezifische Inhalte
19. Deliktspezifische Aussageelemente

[a] *Steller/Köhnken*, in: Psychological Methods (1989), 217 (221) (Übersetzung aus dem Englischen nach *Steller/Volbert*, in: Psychologie im Strafverfahren (1997), 12 [17]). Eine ausf. Erläuterung der einzelnen Realkennzeichen findet sich bei *Bender/Nack u.a.*, Tatsachenfeststellung (2014), Rn. 370 ff.; *Geipel*, Beweiswürdigung (2017), § 26 Rn. 26 ff.; *Greuel/Offe u.a.*, Glaubhaftigkeit (1998), 92 ff.; *Steller/Volbert*, in: Psychologie im Strafverfahren (1997), 12 (17–19); *Steller/Volbert*, Praxis der Rechtspsychologie 1999, 46 (54–56); *Volbert/Steller*, in: Psychiatrische Begutachtung (2015), 683 (687); vgl. zudem bereits *Arntzen*, Zeugenaussage (1970), 75–88.

[b] Es wird eine Differenzierung vorgenommen, nach der Erinnerungslücken nur dann als motivationsbezogenes Glaubhaftigkeitsmerkmal angesehen werden, wenn die Lücken mit allgemeinen Gedächtnisgesetzmäßigkeiten erklärbar sind und auf eine ungesteuerte Aussageweise hindeuten. Handelt es sich hingegen um wenig „vergessensanfälliges" Erleben, so besteht Grund zu der Annahme, dass der Aussagende dieses Thema meiden will und sein Aussageverhalten a. im Übrigen einer entsprechenden Steuerung unterliegt, s. BGH NStZ-RR 2012, 383 (384); *Miebach*, NStZ-RR 2014, 233 (234).

Der Kriterienkatalog stellt keine „Checkliste“ dar.[745] Es ist also nicht die Anzahl der vorliegenden Realkennzeichen entscheidend, sondern ihre Schlüssigkeit in Bezug auf die Kompetenzen des Aussagenden.[746] Der Psychologe *Friedrich Arntzen* setzte dagegen eine Mindestschwelle, ab der eine Aussage als glaubhaft beurteilt werden kann, bei drei eindeutigen, qualifizierten Realkennzeichen an („Merkmalskomplex“).[747] Der Bundesgerichtshof erteilte einer solchen Vorgehensweise in seiner Entscheidung vom 30. Juli 1999 eine Absage.[748]

bb) Konstanzanalyse

Nachdem der Richter oder Gutachter im Rahmen der Glaubhaftigkeitsbeurteilung die Realkennzeichen als aussageimmanente Qualitätsmerkmale einer *einzelnen* Aussage[749] genauer in den Blick genommen hat, sind aussageübergreifende Qualitätsmerkmale, die sich aus dem Vergleich *mehrerer* Aussagen eines Aussagenden über denselben Sachverhalt zu unterschiedlichen Zeitpunkten ergeben, zu untersuchen (*Konstanzanalyse*).[750] Es ist mithin ein systematischer Aussagevergleich

---

745 *Kett-Straub*, ZStW 117 [2005], 354 (365); *Steller*, in: Mißbrauch (1999), 243 (248); *Steller/Volbert*, Praxis der Rechtspsychologie 1999, 46 (53); *Volbert*, in: Psychologische Begutachtung (2005), 171 (175); *Volbert/Steller*, in: Psychiatrische Begutachtung (2015), 683 (689).

746 *Dettenborn*, NZFam 2016, 593 (595); *Fiedler/Schmid*, Praxis der Rechtspsychologie 1999, 5 (24); *Jansen*, StV 2000, 224 (228); *Offe*, NJW 2000, 929 (930); *Steller*, in: Handbuch der Rechtspsychologie (2008), 300 (303); *Steller/Volbert*, Praxis der Rechtspsychologie 1999, 46 ([52–53][56–57]); *Volbert*, in: Psychologische Begutachtung (2005), 171 (175); *Volbert/Steller*, in: Sexueller Missbrauch (2005), 417 (420); *Volbert/Steller*, in: Psychiatrische Begutachtung (2015), 683 (689): „Im Einzelfall können auch einzelne Qualitätsmerkmale ausreichen, um den Erlebnisbezug einer Aussage anzunehmen.“ So a. BGHSt 45, 164 (171) = NJW 1999, 2746 (2748).

747 *Arntzen*, Zeugenaussage (2011), 22; s.a. *Bender/Wartemann*, in: Kriminalistik I (1992), 551, Rn. 290.

748 BGHSt 45, 164 (171) = NJW 1999, 2746 (2748): „Methodisch unzulässig ist es auch, aus dem Vorliegen einer bestimmten Anzahl von Merkmalen im Sinne eines Schwellenwertes auf die Qualität der Aussage zu schließen.“

749 Die Realkennzeichen werden nur für die Analyse einer *einzelnen* Aussage des Aussagenden herangezogen, d.h. eine vergleichende Analyse sich wiederholender Aussagen findet (noch) nicht statt, vgl. *Steller/Volbert*, Praxis der Rechtspsychologie 1999, 46 (54); *Volbert/Steller*, in: Psychiatrische Begutachtung (2015), 683 (687); s. noch die Konstanzanalyse unter § 8 B. III. 1. b) bb).

750 BGHSt 45, 164 (172) = NJW 1999, 2746 (2748); *Dettenborn*, NZFam 2016, 593 (596); *Jansen*, StV 2000, 224 ([225][229]); *Offe*, NJW 2000, 929 (930); *Steller/Volbert*, Praxis der Rechtspsychologie 1999, 46 (59); *Trankell*, Realitätsgehalt von Zeugenaussagen (1971), 129–134: „Sequenzkriterium“; *Volbert/Steller*, in: Psychiatrische Begutachtung (2015), 683 (689).

hinsichtlich Übereinstimmungen, Widersprüche, Ergänzungen und Auslassungen anzustellen.[751]

Die Konstanzanalyse beruht auf derselben Prämisse wie die Aussageinhaltsanalyse: Die Beobachtung realer Vorgänge und das selbst Erlebte sind stärker und stabiler im Gedächtnis verankert als nicht erlebnisfundierte Ereignisse.[752] Bei einer glaubhaften Aussage ist bei mehreren Befragungen demgemäß eine gewisse inhaltliche Konstanz zu erwarten.[753]

Umfassende systematische Untersuchungen, wie sie für die Realkennzeichenanalyse betrieben wurden, fehlen im Rahmen der Konstanzanalyse.[754] Einen Systematisierungsversuch unternahm *Arntzen*, indem er Konstanzen herausarbeitete, die bei erlebnisfundierten Aussagen – bei einem zeitlichen Abstand von bis zu drei Jahren zwischen den Vernehmungen – erwartet werden dürfen; aber auch mit welchen Inkonstanzen bei erlebnisfundierten Aussagen zu rechnen ist.[755] *Arntzen* betont hierbei, dass eine konstante Aussage nicht zwangsläufig auch eine glaubhafte Aussage bedeutet, während demgegenüber die Inkonstanz einer Aussage nicht gleich für deren Unglaubhaftigkeit spricht.[756]

---

751 BGHSt 45, 164 (172) = NJW 1999, 2746 (2748); *Jansen*, StV 2000, 224 (225); *Offe*, NJW 2000, 929 (930); *Steller/Volbert*, Praxis der Rechtspsychologie 1999, 46 (59); *Volbert/Steller*, in: Sexueller Missbrauch (2005), 417 (425).

752 *Arntzen*, Zeugenaussage (2011), 51; *Dettenborn*, NZFam 2016, 593 (596); *Jansen*, StV 2000, 224 (229); MüKo-StPO-*Miebach*, § 261 Rn. 239; *Undeutsch*, in: Forensische Psychologie (1967), 26 (154): „Wenn die Aussageperson den bekundeten Vorgang tatsächlich selbst erlebt hat […], dann hat diese Erinnerung den Charakter der Unverrückbarkeit und der Ausschließlichkeit."

753 OLG Stuttgart NJW 2006, 3506 (3507); *Arntzen*, Zeugenaussage (2011), 50–51; *Dettenborn*, NZFam 2016, 593 (596); *Geipel*, Beweiswürdigung (2017), § 17 Rn. 73–74; *Greuel/Offe u.a.*, Glaubhaftigkeit (1998), 131; *Undeutsch*, in: Forensische Psychologie (1967), 26 (154). Das Konstanzmerkmal kann nicht angeführt werden, wenn zuvor erwiesen unwahre Handlungen konstant geschildert wurden, s. BGH NStZ 2015, 602 (602 f.); *Deckers*, StV 2017, 50 (52).

754 *Volbert/Steller*, in: Psychiatrische Begutachtung (2015), 683 (689).

755 Vgl. *Arntzen*, Zeugenaussage (2011), 52 ff. Erwartete Konstanzen sind bspw. Handlungspartner, Örtlichkeiten, Lichtverhältnisse und Körperpositionen; zu erwartende Inkonstanzen dagegen bspw. Datierungen, Schätzungen, Gesprächsinhalte und Wetterverhältnisse; s.a. *Bender/Nack u.a.*, Tatsachenfeststellung (2014), Rn. 447–448; *Geipel*, Beweiswürdigung (2017), § 17 Rn. 73–74; *Kinze*, in: Praxishandbuch (2015), 711 (726–727). Ausf. mit dem Modell von *Arntzen* setzen sich *Volbert/Steller*, in: Psychiatrische Begutachtung (2015), 683 (690 ff.) auseinander.

756 *Arntzen*, Zeugenaussage (2011), 52; s.a. BGHSt 45, 164 (172) = NJW 1999, 2746 (2748); *Deckers*, StV 2017, 50 (51); *Geipel*, Beweiswürdigung (2017), § 26 Rn. 130; *Volbert/Steller*, in: Sexueller Missbrauch (2005), 417 (425). So sind v.a. Inkonstanzen bei Aussagen, zwischen denen eine große Zeitspanne existiert, mit natürlichen Erinnerungsverlusten zu erklären, s. *Arntzen*, Zeugenaussage (2011), 55; *Dettenborn*, NZFam 2016, 593 (594); *Geipel*, Beweiswürdigung (2017), § 26 Rn. 135; *Volbert/Steller*,

Entscheidend sei vielmehr die Art der Konstanzen beziehungsweise der Inkonstanzen.[757]

Demzufolge kommt es auf eine differenzierte Betrachtungsweise an.[758] Bezieht sich die Konstanz auf das *Kerngeschehen* der Schilderungen, so deutet dies regelmäßig auf die Glaubhaftigkeit einer Aussage hin.[759] Widersprüche oder Veränderungen im *Randgeschehen* können zwar ebenfalls *für* die Glaubhaftigkeit sprechen,[760] die Konstanz hinsichtlich nebensächlicher Teile der Aussage stellt jedoch eine bedeutende Steigerung der Qualität des Konstanzkriteriums dar.[761] Für die Frage, was als Kern- und was als Randgeschehen zu qualifizieren ist, ist auf die Einschätzung beziehungsweise die Wahrnehmung des Aussagenden selbst abzustellen.[762] Klare Abgrenzungsregeln gibt es hier nicht.[763]

Die Konstanzanalyse ist an zwei wesentliche Bedingung geknüpft: Es muss (1) *mehrere* mit *zeitlichem Abstand* gemachte Aussagen geben, welche miteinander verglichen werden können und (2) die zu vergleichenden Aussagen müssen *hinreichend detailliert* sein.[764] Je weniger Details eine Aussage bietet, desto geringer ist die Bedeutung einer vergleichenden Betrachtung und damit auch die der Konstanzanalyse.[765] Die Handlungsschilderungen sollten daher einen gewissen Grad an Komplexität aufweisen, um für eine Konstanzanalyse brauchbar zu sein.[766]

---

in: Sexueller Missbrauch (2005), 417 (425). Demgegenüber spricht die „Konstanz der Erinnerungslücken" nicht für die Glaubhaftigkeit einer Aussage, s. BGH NStZ-RR 2012, 383 (384).

757 *Arntzen*, Zeugenaussage (2011), 52.

758 *Geipel*, Beweiswürdigung (2017), § 17 Rn. 70, § 26 Rn. 130; *Greuel/Offe u.a.*, Glaubhaftigkeit (1998), 131: „Insofern muss man bei Vorliegen einer hundertprozentig konstanten Aussage grundsätzlich Zweifel am Erlebnisbezug anmelden."

759 *Arntzen*, Zeugenaussage (2011), 52, 54; *Geipel*, Beweiswürdigung (2017), § 17 Rn. 72; *Sander*, StV 2000, 45 (48); *Undeutsch*, in: Forensische Psychologie (1967), 26 (154–155).

760 OLG Stuttgart NJW 2006, 3506 (3507); *Undeutsch*, in: Forensische Psychologie (1967), 26 (154).

761 *Arntzen*, Zeugenaussage (2011), 54; s. beispielhaft dazu BGH NStZ 2008, 116 (117).

762 OLG Stuttgart NJW 2006, 3506 (3507); *Arntzen*, Zeugenaussage (2011), 52; *Bender/Nack u.a.*, Tatsachenfeststellung (2014), Rn. 452–453; *Geipel*, Beweiswürdigung (2017), § 12 Rn. 11, § 17 Rn. 72. Der Richter bzw. Gutachter hat für die Glaubhaftigkeitsbeurteilung damit festzustellen, was der Aussagende als Kern- bzw. als Randgeschehen angesehen hat, vgl. BGH NStZ-RR 2003, 332 (333); OLG Stuttgart NJW 2006, 3506 (3507). Zur Beweiswürdigung falscher Zeugenangaben zum Rand- bzw. Kerngeschehen s. BGH StV 1999, 307.

763 Vgl. *Deckers*, StV 2017, 50 (52).

764 *Arntzen*, Zeugenaussage (2011), 51; s. dazu BGH NStZ-RR 2012, 383 (384).

765 *Deckers*, StV 2017, 50 (52); MAH-Strafverteidigung-*Schroth/Deckers*, § 49 Rn. 49–50; s.a. *Arntzen*, Zeugenaussage (2011), 53; s. beispielhaft hierzu BGH StV 1999, 305 (306); 2011, 525 (Ls.).

766 *Arntzen*, Zeugenaussage (2011), 53–54; ferner BGH NStZ-RR 2012, 383 (384).

Der Konstanzanalyse kommt bei der richterlichen Beweiswürdigung erhebliche Bedeutung zu.[767] Der richterlichen Vernehmung ist in der Regel eine polizeiliche Vernehmung vorausgegangen, sodass die – mit zeitlichem Abstand gemachten – Angaben des Aussagenden miteinander verglichen werden können.[768] Ein Vergleich der in der Hauptverhandlung gemachten Aussage mit den Angaben in der polizeilichen Vernehmung ist vor dem Hintergrund des Unmittelbarkeits- und Mündlichkeitsgrundsatzes allerdings nicht ganz unproblematisch. Denn der Richter darf für die Gewinnung der Überzeugung nur Tatsachenwissen heranziehen, das zum Gegenstand der Verhandlung gemacht worden ist (vgl. § 261 StPO).[769] Der in § 250 StPO zum Ausdruck kommende Unmittelbarkeitsgrundsatz statuiert jedoch ausschließlich den Vorrang des Personalbeweises vor dem Urkundenbeweis; die Vorschrift verbietet nicht die Ergänzung des Personalbeweises durch weitere Beweiserhebungen.[770] Die vernehmungsergänzende Verlesung bleibt nach § 249 Abs. 1 StPO statthaft und ist insbesondere dann angezeigt, wenn die Aussagekonstanz durch Einführung früherer Aussagen überprüft werden soll.[771]

Der Richter hat bei der Zeugenvernehmung also auf der einen Seite den Sachverhalt zu ermitteln und aufzuklären und auf der anderen Seite die Grundlage für die Beurteilung der Aussagekonstanz zu schaffen.[772]

Fehler bei der Konstanzanalyse können sich aus der Art der Vernehmung ergeben, wenn beispielsweise dem Aussagenden mit den Fragen der zu erwartende Inhalt der Antwort vorgegeben wird[773] oder andersherum eine vermeintliche

---

767 *Arntzen*, Zeugenaussage (2011), 51; *Geipel*, Beweiswürdigung (2017), § 17 Rn. 69–70, § 26 Rn. 130.

768 *Arntzen*, Zeugenaussage (2011), 51; *Geipel*, Beweiswürdigung (2017), § 17 Rn. 69–70, § 26 Rn. 130; *Offe*, NJW 2000, 929 (930); *Volbert/Steller*, in: Sexueller Missbrauch (2005), 417 (424); s. beispielhaft BGH NStZ 2003, 276 (277); 2008, 581 (582); NStZ-RR 2015, 82 (83). Der Umstand, dass der Aussagende in der Hauptverhandlung erstmalig von einem Detail berichtet, ist in die Würdigung miteinzubeziehen, vgl. BGH BeckRS 2017, 139533, Rn. 12.

769 S.o. § 8 A.

770 OLG Hamm BeckRS 2020, 24299, Rn. 15 m.w.N. zur Rspr.

771 OLG Hamm BeckRS 2020, 24299, Rn. 15; MüKo-StPO-*Kreicker*, § 250 Rn. 30. In diesen Fällen bedarf es weder einer zeugenschaftlichen Vernehmung des damaligen Vernehmungsbeamten noch eines Einverständnisses der Verfahrensbeteiligten mit einer Verlesung nach § 251 Abs. 1 Nr. 1 oder Abs. 2 Nr. 3 StPO, vgl. MüKo-StPO-*Kreicker*, ebd.

772 *Deckers*, StV 2017, 50: Insoweit gibt § 69 Abs. 1 und 2 StPO die rechtlichen Vorgaben für die Konstanzanalyse.

773 *Arntzen*, Zeugenaussage (2011), 54; *Deckers*, StV 2017, 50 (50–51): „Sind nicht jeweils freie Berichte der Auskunftsperson, sondern Verhöhrsprodukte miteinander in Beziehung gesetzt worden, stellt sich jegliche Aussagekonstanz [...] als künstlich geschaffenes Produkt dar [...]"; *Geipel*, Beweiswürdigung (2017), § 17 Rn. 77–78, § 26 Rn. 132; *Greuel/Offe u.a.*, Glaubhaftigkeit (1998), 132; vgl. zudem *Milne/Bull*, in: Erhebung von Zeugenaussage (2007), 110 (114 f.).

Inkonstanz durch einfache Anstoßfragen hätte aufgelöst werden können, die Inkonstanz jedoch als Indiz gegen die Glaubhaftigkeit der Aussage missinterpretiert wird.[774] Zudem können Mehrfachvernehmungen zur Konsolidierung nicht erlebnisfundierter Schilderungen beitragen, sodass sich die Konstanz erhöht.[775] Denkbar ist ebenfalls, dass sich die Inkonstanz schlicht auf einen Protokollierungsfehler in der früheren Vernehmung zurückführen lässt.[776]

Die letztgenannte Fehlerquelle lässt sich mit der Aufzeichnung der (Erst-) Aussage auf Video weitestgehend vermeiden.[777] Für den (kindlichen oder jugendlichen) Zeugen ist die Möglichkeit der Aufzeichnung der Vernehmung in Bild und Ton in § 58a StPO (i.V.m. § 161a Abs. 1 Satz 2 oder i.V.m. § 168e Satz 4 StPO) vorgesehen.[778] Mit der Bild-Ton-Aufzeichnung gehen allerdings regelmäßig ein erheblicher Eingriff in das Persönlichkeitsrecht des Zeugen und eine Durchbrechung des Unmittelbarkeitsgrundsatzes einher, sodass von der Möglichkeit der Aufzeichnung zurückhaltend Gebrauch zu machen ist.[779] Für die Frage, ob eine Zeugenvernehmung aufgezeichnet werden kann, ist eine am Einzelfall orientierte Abwägung am Maßstab der Verhältnismäßigkeit erforderlich.[780] Eine Bild-Ton-Aufzeichnung kommt jedoch grundsätzlich in Betracht, wenn es sich um eine umfangreiche und entscheidungserhebliche Aussage handelt, die ein komplexes

---

774 *Deckers*, StV 2017, 50 (51); s. zu inhaltlichen Fehlermöglichkeiten bei der Vernehmung kindlicher Zeugen *Deckers*, NJW 1999, 1365 (1368).

775 BGH NStZ-RR 2016, 250 (Ls.); MAH-Strafverteidigung-*Köhnken*, § 61 Rn. 90, 93.

776 *Bender/Nack u.a.*, Tatsachenfeststellung (2014), Rn. 445; ferner *Effer-Uhe/Mohnert*, Psychologie (2019), Rn. 363; s. zur Schwierigkeit der Protokollierung von verbalen und nonverbalen Mitteilungen des Aussagenden *Milne/Bull*, in: Erhebung von Zeugenaussage (2007), 110 (113–114); s. zum Problem einer fehlenden wörtlichen Protokollierung in der Hauptverhandlung *Altenhain*, in: Griff nach der Wahrheit (2018), 225 (225–226); *Wille*, Aussage gegen Aussage (2012), 37; vgl. zum Verdacht einer voreingenommenen Protokollierung durch den Vernehmungsbeamten *Schünemann*, StV 1998, 391 (394); *Schünemann*, in: Meyer-Gossner-FS (2001), 385 (390–391).

777 *Bender/Nack u.a.*, Tatsachenfeststellung (2014), Rn. 1528; *Deckers*, in: Mißbrauch von Kindern (1999), 113 (115–116); *Heintschel-Heinegg*, in: Breidling-FS (2017), 143 (164–165) m. Verweis auf Art. 5 b S. 1 und Art. 19 Abs. 2 RiStBV; *Jansen*, Aussagepsychologie (2012), Rn. 34; *Steller/Volbert*, Praxis der Rechtspsychologie 1999, 46 (63); *Wille*, Aussage gegen Aussage (2012), 36–39, 147–149. Der Ruf nach Videoaufzeichnungen wurde bereits in der Öffentlichkeit laut, s. z.B. *Grunert*, Kannitverstan? Nachfragen hilft!, *Frankfurter Allgemeine Zeitung* Nr. 264 (2017).

778 Vgl. *Jansen*, Aussagepsychologie (2012), Rn. 169 (krit.), 347; Meyer-Goßner/Schmitt-*Schmitt*, § 58a, Rn. 1 ff.; MüKo-StGB-*Renzikowski*, Vor § 174 Rn. 62; s.a. bzgl. der Vernehmung kindlicher und jugendlicher Zeugen *Dölling/Laue*, in: Missbrauch (2005), 889 (927–929). § 247a StPO enthält die Anordnung einer audiovisuellen Vernehmung von Zeugen, wenn während der Hauptverhandlung die dringende Gefahr eines schwerwiegenden Nachteils für das Wohl des Zeugen besteht.

779 BeckOK-StPO-*Huber*, § 58a Rn. 6; KK-StPO-*Bader*, § 58a Rn. 3 (jew. m.w.N.).

780 BeckOK-StPO-*Huber*, § 58a Rn. 6; KK-StPO-*Bader*, § 58a Rn. 3.

Tatgeschehen betrifft.[781] Ein solcher Fall dürfte bei „Aussage gegen Aussage" in der Regel vorliegen. Bei der Vorführung der aufgezeichneten Zeugenvernehmungen in der Hauptverhandlung ist § 255a StPO zu berücksichtigen;[782] § 250 StPO steht der vernehmungsergänzenden Vorführung nicht entgegen (s.o.).

Die ermittlungsrichterliche, staatsanwaltliche oder polizeiliche Vernehmung des Beschuldigten kann gemäß § 136 Abs. 4 Satz 1 StPO[783] (i.V.m. § 163a Abs. 3 Satz 2 beziehungsweise Abs. 4 Satz 2 StPO) in Bild und Ton aufgezeichnet werden. Mit § 136 Abs. 4 Satz 2 StPO wurde zudem eine Regelung zur Dokumentation des Ermittlungsverfahrens geschaffen, indem die audiovisuelle Aufzeichnung der Beschuldigtenvernehmung für bestimmte Fälle verpflichtend wird.[784] Ob der Gesetzgeber bei der Schaffung des § 136 Abs. 4 StPO die Konstanzanalyse im Blick hatte, kann dahinstehen.[785] In jedem Fall kommt die audiovisuelle Dokumentationsmöglichkeit der Glaubhaftigkeitsbeurteilung zugute.[786] Eine umfassende Pflicht zur audiovisuellen Aufzeichnung von (Zeugen-)Aussagen sieht die StPO nicht vor.[787]

Während die Realkennzeichenanalyse den Aussage*inhalt* betrifft, befasst sich die Konstanzanalyse mit dem Aussage*verhalten* einer Person.[788] Die Konstanzanalyse ist damit ein weiteres „wesentliches methodisches Element"[789] für die

---

781 BeckOK-StPO-*Huber*, § 58a Rn. 6; s.a. KK-StPO-*Bader*, § 58a Rn. 3.

782 S. hierzu Meyer-Goßner/Schmitt-*Schmitt*, § 255a, Rn. 1. § 255a Abs. 2 StPO sieht Bild-Ton-Aufzeichnung nur bei der Vernehmung minderjähriger Zeugen als Regelfall vor, s. *Altenhain*, in: Griff nach der Wahrheit (2018), 225 (227).

783 Mit Geltung ab 1. Januar 2020: Gesetz zur effektiveren und praxistauglicheren Ausgestaltung des Strafverfahrens vom 17.8.2017, BGBl. I, 3202.

784 Vgl. BR-Drs. 796/16, 21; BT-Drs. 18/11277, 24; 18/12785, 59.

785 Dem Gesetzgeber kam es wohl insg. auf eine Verbesserung der Sachverhaltsaufklärung, Förderung der prozessuale Wahrheitsfindung sowie auf eine Modernisierung des Strafprozesses an, vgl. BR-Drs. 796/16, 2, 10, 21 ff.; BT-Drs. 18/11277, 14, 24 ff.

786 Teilweise wurde angeregt, im Falle einer videokonservierten Vernehmung auf weitere Befragungen generell zu verzichten, um die psychische Belastung für Zeugen gering zu halten, so *Effer-Uhe/Mohnert*, Psychologie (2019), Rn. 377; *Vögele*, in: Sexuelle Entwicklung (2010), 84 (90–91); s.a. BT-Drs. 13/7165, 6–7 zur Schaffung des § 58a StPO. Dieser Vorschlag kann in seiner Allgemeinheit vor dem Hintergrund der Glaubhaftigkeitsbeurteilung – gerade in „Aussage gegen Aussage"-Konstellationen – nicht überzeugen. Denn auch bei einer videokonservierten Vernehmung ist es für die Konstanzanalyse unverzichtbar, dass *mehrere* Aussagen für einen Vergleich vorliegen, vgl. *Heintschel-Heinegg*, in: Breidling-FS (2017), 143 (164). Etwas anderes sollten dagegen für kindliche Zeugen als besonders schützenswerte Zeugengruppe gelten, s. *Boetticher*, Sonderheft für Schäfer 2002, 8 (14).

787 *Altenhain*, in: Griff nach der Wahrheit (2018), 225 ([225][227]).

788 BGHSt 45, 164 (172) = NJW 1999, 2746 (2749).

789 BGHSt 45, 164 (172) = NJW 1999, 2746 (2748).

Untersuchung der Aussagequalität und wichtiger Bestandteil des Komplexes der Glaubhaftigkeitsbeurteilung.[790]

c) Kontrollanalysen

Das mit der Aussageanalyse gefundene Ergebnis gewinnt für die Glaubhaftigkeitsbeurteilung erst Bedeutung unter Berücksichtigung der Entstehungs- und Entwicklungsgeschichte der Aussage, der Aussagemotivation sowie der spezifischen Kompetenzen und Erfahrungen der untersuchten Person.[791] Denn gerade das Vorhandensein einzelner bei der Aussageinhaltsanalyse verwendeter Realkennzeichen hängt mit hoher Wahrscheinlichkeit auch von Merkmalen der untersuchten Person ab.[792] Aus diesem Grund wird mithilfe von *Kontrollanalysen* die Aussagezuverlässigkeit – als die dritte Säule der Glaubhaftigkeitsbeurteilung[793] – untersucht. Zu den Kontrollanalysen gehören die *Fehlerquellen-* sowie die *Kompetenzanalyse*.[794]

aa) Fehlerquellenanalyse

Die Fehlerquellenanalyse dient primär dem Ausschluss möglicher (bewusster beziehungsweise unbewusster) fremd- oder autosuggestiver Einflüsse.[795]

aaa) Aussagegenese

Um der Frage nachzugehen, ob und welche Einflussfaktoren auf den Aussagenden eingewirkt haben (könnten), gilt es die Entstehungs- und Entwicklungsgeschichte der Aussage zu untersuchen (*Aussagegenese*).[796] Denn die Art und der

---

790 Vgl. BGHSt 45, 164 (172) = NJW 1999, 2746 (2748); BGH NStZ 2013, 57 (57 f.); *Dettenborn*, NZFam 2016, 593 (595–596); *Volbert/Steller*, in: Sexueller Missbrauch (2005), 417 (424).

791 BGHSt 45, 164 (172–173) = NJW 1999, 2746 (2748).

792 BGHSt 45, 164 (173) = NJW 1999, 2746 (2749).

793 *Dettenborn*, NZFam 2016, 593 (596); vgl. unter § 8 B. III. 1. b).

794 Vgl. BGHSt 45, 164 (172–173) = NJW 1999, 2746 (2748).

795 BGHSt 45, 164 (173) = NJW 1999, 2746 (2749).

796 *Bender/Nack u.a.*, Tatsachenfeststellung (2014), Rn. 346; *Deckers*, in: Eisenberg-FS (2009), 473 (484); *Dettenborn*, NZFam 2016, 593 (597); *Jansen*, Aussagepsychologie (2012), Rn. 594 ff.; ausf. *Undeutsch*, in: Forensische Psychologie (1967), 26 (109–117); *Volbert/Steller*, in: Sexueller Missbrauch (2005), 417 (425); *Volbert/Steller*, in: Psychiatrische Begutachtung (2015), 683 (702); beispielhaft hierzu OLG Düsseldorf StV 2002, 471 (471 ff.); beispielhaft anhand eines Falles dargestellt v. *Trankell*, Realitätsgehalt von Zeugenaussagen (1971), 102 ff. Dies gilt insbesondere bei Sexualdelikten, vgl. BGH HRRS 2016, Nr. 600; NStZ 2002, 656 (657); 2003, 164 (165); *Miebach*, NStZ-RR 2016, 329 (331). Der Aussagegenese kommt bei der Beurteilung kindlicher Aussagen besondere Bedeutung zu, s. BGHSt 45, 164 (173) = NJW 1999, 2746 (2749); BGH NJW 1996, 206 (207); NStZ-RR 2014, 219; *Deckers*, ebd.; *Jansen*, StV 2000, 224 (227); *Kett-Straub*, ZStW 117 [2005], 354 (360–361); *Maier*, NStZ 2005, 246 (247); MüKo-StPO-*Miebach*, § 261 Rn. 238; *Sander*, StV 2000, 45 (47); *Volbert/Steller*, a.a.O. (700).

soziale Kontext der Befragung können Einfluss auf die Reproduktion der Wahrnehmung des Aussagenden in der Abrufphase haben.[797] Besonders die Umstände, unter denen die Aussage erstmals gemacht worden ist sowie der oder die Aussageempfänger sind hierbei genau zu betrachten.[798] In der Aussagegenese schlägt insoweit der Gedanke von *Stern* aus dem Jahre 1904 durch, die Aussage nicht nur als „geistige Leistung", sondern auch als „Verhöhrsprodukt" anzusehen.[799]

Die Rekonstruktion der Vernehmungsgeschichte soll klären, welche Elemente der Aussage originär vom Aussagenden stammen und welche lediglich das Produkt von Befragungen sind oder sein könnten.[800] Auf diese Weise sollen suggestive Einflüsse festgestellt oder ausgeschlossen werden.[801] Handelt es sich bei der Erstaussage beispielsweise um eine Spontanäußerung, so hat dies Indizwirkung für eine Aussagenentstehung frei von jeglichen Fremdeinflüssen.[802]

Unter Berücksichtigung des hypothesengeleiteten Vorgehens bei der Glaubhaftigkeitsbeurteilung sind – ausgehend von der Nullhypothese – im Rahmen der Aussagegenese die Hypothese der Fremdsuggestion (Suggestionshypothese) und die Hypothese der Autosuggestion als „Unwahrhypothesen" zu bilden und anhand der im Einzelfall erhobenen Tatsachen zu überprüfen.[803] Finden sich in der Entstehungs- und Entwicklungsgeschichte der Aussage gravierende fremd- oder autosuggestive Einflüsse, können die „Unwahrhypothesen" nicht falsifiziert werden

---

Ist bei einer kindlichen Aussage eine Aussagegenese nicht möglich, erscheint jede weitere Exploration des Kindes überflüssig, s. *Jansen*, StV 2000, 224 (227); beispielhaft dazu BGH StV 2001, 550 (550 f.).

797 S. § 4 B. I. 2. b); ausf. dazu *Scholz*, NStZ 2001, 572 (572 ff.).

798 *Dettenborn*, NZFam 2016, 593 (597); *Undeutsch*, in: Forensische Psychologie (1967), 26 (112–114); beispielhaft BGH NStZ-RR 2006, 242 (243).

799 *Stern*, in: Psychologie der Aussage (1904), 269 (269 ff.); ferner *Schünemann*, StV 1998, 391 (394): „Fragilität und Plastizität (Formbarkeit) der Zeugenaussage".

800 *Deckers*, in: Eisenberg-FS (2009), 473 (484); *Scholz*, NStZ 2001, 572 (576).

801 BGHSt 45, 164 (173) = NJW 1999, 2746 (2749); *Deckers*, in: Eisenberg-FS (2009), 473 (484); *Offe*, NJW 2000, 929 (930); *Volbert/Steller*, in: Rechtspsychologie (2014), 391 (402); *Volbert/Steller*, in: Psychiatrische Begutachtung (2015), 683 (700); beispielhaft BGH NStZ-RR 2006, 242 (243); ausf. zum Problem der suggerierten Aussage unter § 8 B. IV. 2.

802 Vgl. BGH NStZ 2015, 602 (602 f.): Das LG stützte sich bei der Verurteilung wegen des sexuellen Missbrauchs von Kindern auf die spontane Schilderung des Vorfalls durch die 5-jährige Belastungszeugin gegenüber der Mutter. Dem BGH genügte in diesem Fall die „Spontanäußerung" jedoch nicht für die Annahme der Glaubhaftigkeit der Kindesaussage, da die Mutter die Zeugin aus dem Kindergarten abgeholt und sie zu den Vorwürfen befragt hatte. S.a. *Bender/Nack u.a.*, Tatsachenfeststellung (2014), Rn. 347–348.

803 S.o. § 8 B. III. 1. a).

und eine aussagepsychologische Bescheinigung für einen tatsächlichen Erlebnisbezug ist nicht möglich.[804]

Die relevanten Anknüpfungstatsachen für die Rekonstruktion finden sich meist in den (Ermittlungs-)Akten.[805] Zusätzliche Informationen können durch Befragung des Aussagenden und der Aussageempfänger gewonnen werden.[806]

bbb) Motivationsanalyse

In einem nächsten Schritt ist nach möglichen Motiven des Aussagenden zu suchen, aufgrund derer sich die spezifischen Angaben als intentionale Falschbelastung darstellen könnten (*Motivationsanalyse*).[807]

Wichtige Anhaltspunkte für sachfremde Aussagemotive kann die Untersuchung der Beziehung zwischen dem Belastungszeugen und dem Angeklagten (zum Beispiel Hass oder Rachetendenzen) liefern.[808] Ebenso ist der Frage nach wirtschaftlichen und sonstigen Interessen der Beteiligten sowie von Dritten nachzugehen.[809]

---

804 *Volbert/Steller*, in: Rechtspsychologie (2014), 391 (402); *Volbert/Steller*, in: Psychiatrische Begutachtung (2015), 683 (702).

805 *Jansen*, Aussagepsychologie (2012), Rn. 300; *Volbert/Steller*, in: Psychiatrische Begutachtung (2015), 683 (702); s. zur Möglichkeit der audiovisuellen Aufzeichnung der Vernehmung noch § 8 B. III. 1. b) bb).

806 *Volbert/Steller*, in: Psychiatrische Begutachtung (2015), 683 (702). Gegen die Vorgehensweise, dass (Erst-)Aussageempfänger unmittelbar vom Sachverständigen befragt werden („informatorische Anhörung"), meldet der BGH zwar rechtliche Bedenken an, betont jedoch, dass diese Vorgehensweise bislang stets als zulässig angesehen worden ist; i.E. lässt er es offen, ob dem trotz erheblicher strafprozessualer und rechtstatsächlicher Einwände weiterhin zu folgen ist, vgl. BGHSt 45, 164 (174) = NJW 1999, 2746 (2749); s. dazu *Burgsmüller*, Praxis der Rechtspsychologie 2000, 48 (55) (abl.); *Müller*, JZ 2000, 267 (267); *Offe*, NJW 2000, 929 (930); *Pfister*, in: Erhebung von Zeugenaussagen (2007), 42 (52–53); abl. schon *Schlothauer*, in: Psychologie der Zeugenaussage (1997), 143 (146).

807 BGHSt 45, 164 (175) = NJW 1999, 2746 (2749); *Eisenberg*, JZ 2010, 474 (475); *Steller*, R & P 1998, 11 (14); *Steller/Volbert*, in: Psychologie im Strafverfahren (1997), 12 (24); *Volbert*, in: Psychologische Begutachtung (2005), 171 (176); *Volbert/Steller*, in: Sexueller Missbrauch (2005), 417 (423).

808 BGHSt 45, 164 (175) = NJW 1999, 2746 (2749); *Dettenborn*, NZFam 2016, 593 (597); *Steller/Volbert*, in: Psychologie im Strafverfahren (1997), 12 (24); *Steller/Volbert*, Praxis der Rechtspsychologie 1999, 46 (59); *Volbert*, in: Psychologische Begutachtung (2005), 171 (176); *Volbert/Steller*, in: Sexueller Missbrauch (2005), 417 (423); *Volbert/Steller*, in: Psychiatrische Begutachtung (2015), 683 (692); zu den Schwierigkeiten *Arntzen*, Zeugenaussage (2011), 83. Damit ist bspw. die „Rachehypothese" als Alternativhypothese zu überprüfen vgl. MüKo-StPO-*Miebach*, § 261 Rn. 240; beispielhaft BGH NStZ-RR 2003, 206 (208); 2015, 82 (83); OLG Stuttgart NJW 2006, 3506 (3507).

809 BGHSt 45, 164 (175) = NJW 1999, 2746 (2749); *Heintschel-Heinegg*, in: Breidling-FS (2017), 143 (163); *Volbert*, in: Psychologische Begutachtung (2005), 171 (176); *Volbert/Steller*, in: Sexueller Missbrauch (2005), 417 (423); *Volbert/Steller*, in: Psychiatrische

Derartige Überlegungen können Hinweise für die Hypothesenbildung über mögliche Belastungsmotive liefern.[810] Bei dem Verdacht des sexuellen Missbrauchs zulasten von Kindern ist insoweit beispielsweise ein besonderes Augenmerk auf potenziell anhängige familienrechtliche Streitigkeiten zu legen.[811] So könnten Beschuldigungen – insbesondere hinsichtlich sexueller Gewalt – als Mittel der Konfliktaustragung in Sorgerechtsstreitigkeiten missbraucht werden.[812] Aber auch berufliche Konsequenzen für die Beteiligten sind zu bedenken und in die Erwägungen einzubeziehen.[813] Die Motive für eine intentionale Falschbelastung können mithin ganz unterschiedlich sein[814] und müssen nicht zwingend einen Bezug zum Angeklagten aufweisen.[815] Die Bemühungen, von eigenem Fehlverhalten abzulenken, dieses zu verdecken oder Aufmerksamkeit und Zuwendung von Dritten zu erzielen, können ebenfalls zu intentionalen Falschbelastungen führen.[816] Für die

---

Begutachtung (2015), 683 (692); ausf. *Bender/Nack u.a.*, Tatsachenfeststellung (2014), Rn. 259 ff.; beispielhaft BGH NStZ-RR 2015, 82 (83); StV 2000, 243 (244); ferner *Deckers*, StraFo 2010, 372 (378); *Eisenberg*, Beweisrecht, Rn. 1453a; krit. *Greuel/Offe u.a.*, Glaubhaftigkeit (1998), 172: „ungenaue[n] Plausibilitätserwägungen"; zum sog. Interessenzeugen MüKo-StPO-*Miebach*, § 261 Rn. 237. Es ist ebenfalls zu berücksichtigen, ob der Aussagende in der Vergangenheit bereits Falschbelastungen getätigt hat, d.h. sog. Belastungstendenzen aufweist, s. bspw. BGH NStZ 2003, 276 (277); 2008, 581 (582); NStZ-RR 2015, 82 (83); StV 2002, 637 (638).

810 *Steller/Volbert*, Praxis der Rechtspsychologie 1999, 46 (59).

811 *Dettenborn*, NZFam 2016, 593; allg. BeckOK-StPO-*Eschelbach*, § 261 Rn. 61; *Deckers*, in: Eisenberg-FS (2009), 473 (485); *Eisenberg*, JZ 2010, 474 (475); *Endres/Scholz*, NStZ 1994, 466 ([466–467][470]); ausf. *Püschel*, in: Erhebung von Zeugenaussage (2007), 253 (253 ff.); vgl. zudem die Untersuchung v. *Busse/Steller u.a.*, Praxis der Rechtspsychologie 2000, 3 (52 ff.).

812 *Dettenborn*, NZFam 2016, 593: „Missbrauch des Missbrauchs"; s.a. *Bange*, in: Handwörterbuch-Falschbeschuldigungen (2002), 90 (90 ff.) unter Bezugnahme auf *Busse/Steller u.a.*, Praxis der Rechtspsychologie 2000, 3 (3 ff.); *Endres/Scholz*, NStZ 1994, 466 (470). Oftmals geht es in diesen Fällen um den sexuellen Missbrauch durch ein Elternteil oder Lebenspartner eines Elternteils, beispielhaft BGH StV 1998, 362 (363); ausf. hierzu erneut *Püschel*, in: Erhebung von Zeugenaussage (2007), 253 ff.

813 Vgl. *Bender/Nack u.a.*, Tatsachenfeststellung (2014), Rn. 261.

814 S. die empirische Untersuchung v. *Burgheim/Friese*, Sexualdelinquenz (2006), 65–67; vgl. zudem *Undeutsch*, in: Forensische Psychologie (1967), 26 (99–104); s. zu typischen Motivlagen *Bender/Nack u.a.*, Tatsachenfeststellung (2014), Rn. 259–281.

815 *Volbert/Steller*, in: Rechtspsychologie (2014), 391 (402); *Volbert/Steller*, in: Psychiatrische Begutachtung (2015), 683 (693); ferner *Undeutsch*, in: Forensische Psychologie (1967), 26 (99 ff.).

816 *Volbert/Steller*, in: Rechtspsychologie (2014), 391 (402); *Volbert/Steller*, in: Psychiatrische Begutachtung (2015), 683 (693); insoweit beispielhaft BGH NStZ 2003, 276; ausf. *Arntzen*, Zeugenaussage (2011), 93 ff. Eine Übersicht über die Umstände, die Anlass zur Prüfung eines Falschbelastungsmotivs geben, findet sich bei *Brause*, NStZ 2007, 505 (510).

Motivationsanalyse ist damit – ebenso wie für die Aussagegenese[817] – die Untersuchung der Entstehungsgeschichte der Aussage, vornehmlich des Kontexts der Erstbeschuldigung, obligatorisch.[818]

Bei der Untersuchung möglicher Falschbelastungsmotive geht es nicht darum, sich von einem Motiv zu überzeugen und sodann auf eine Falschbelastung zu schließen.[819] Vielmehr ist aufgrund der hypothesengeleiteten Diagnostik eine motivationsbezogene Falschbelastungshypothese als „Unwahrhypothese" zu bilden[820] und diese zu falsifizieren.[821] Es kommt mithin darauf an, ob das Falschbelastungsmotiv ausgeschlossen oder jedenfalls für wenig wahrscheinlich erachtet werden kann.[822]

bb) Kompetenzanalyse

Letzter Baustein der Glaubhaftigkeitsbeurteilung ist die *Kompetenzanalyse.* Diese betrifft die Untersuchung der Persönlichkeit des Aussagenden, unter Berücksichtigung seiner Kenntnisse und Erfahrungen in Bezug auf den Bereich, dem der erhobene Tatvorwurf zuzurechnen ist.[823]

Zunächst ist das Niveau der für eine Aussage relevanten kognitiven Funktionen des Aussagenden zu untersuchen.[824] Denn nur wenn die kognitive

---

817 S. § 8 B. III. 1. c) aa) aaa).

818 Vgl. *Volbert,* in: Psychologische Begutachtung (2005), 171 (176); *Volbert/Steller,* in: Sexueller Missbrauch (2005), 417 (423); *Volbert/Steller,* in: Rechtspsychologie (2014), 391 (401); beispielhaft dazu BGH NStZ-RR 2003, 206 (207): „Die Zeugin war, insbesondere durch Angehörige, zu der Strafanzeige gedrängt worden". Ferner *Offe,* NJW 2000, 929 (930).

819 Vgl. BGH NStZ-RR 2003, 206 (208).

820 S.o. § 8 B. III. 1. a).

821 Vgl. MüKo-StPO-*Miebach,* § 261 Rn. 240; zur Schwierigkeit, einen Zusammenhang zwischen dem Antriebsmoment und der Aussage festzustellen s. *Arntzen,* Zeugenaussage (2011), 83.

822 Vgl. BGH NStZ-RR 2003, 206 (208); eine Rechtsprechungsübersicht über Fälle übergangener Falschbelastungsmotive als Beweiswürdigungsfehler gibt *Brause,* NStZ 2013, 129 (133–134).

823 Gemeint sind bspw. im Falle eines Sexualdelikts die sexualbezogenen Kenntnisse und Erfahrungen. S. BGHSt 45, 164 (175) = NJW 1999, 2746 (2749); *Jansen,* Aussagepsychologie (2012), Rn. 332, 455 ff.; *Steller/Volbert,* Praxis der Rechtspsychologie 1999, 46 (61); *Volbert,* in: Psychologische Begutachtung (2005), 171 (175–176); *Volbert/Steller,* in: Sexueller Missbrauch (2005), 417 (423). Anzuwenden sind hierfür allgemeine Methoden der psychologischen Diagnostik wie bspw. die biografische Analyse (z.B. Schulerfolg), Beobachtung und Exploration, s. BGHSt 45, 164 (175) = NJW 1999, 2746 (2749); *Volbert,* a.a.O. (176); ausf. hierzu *Volbert/Steller,* in: Sexueller Missbrauch (2005), 417 (423); *Volbert/Steller,* in: Psychiatrische Begutachtung (2015), 683 (702–703).

824 *Offe,* NJW 2000, 929 (930). Auf diese Weise soll die Leitfrage der Glaubhaftigkeitsbeurteilung (s.o. § 8 B. III. 1. b) aa) beantwortet werden: Konnte der Aussagende

Leistungsfähigkeit bekannt ist, kann die durch die Aussageanalyse ermittelte Aussagequalität eingeordnet und bewertet werden (*Qualitäts-Kompetenz-Vergleich*).[825] Mithilfe der Kompetenzanalyse soll schließlich festgelegt werden, welche Aussagequalität bei einer erlebnisbasierten und welche Qualität bei einer erfundenen Darstellung des konkret Aussagenden erwartet werden darf.[826] Der Psychologe *Arne Trankell* formuliert das Kompetenzkriterium wie folgt:

> „Wenn die Geschehensabläufe, die in einer Aussage beschrieben werden, so beschaffen sind, daß man davon ausgehen muß, daß es dem Zeugen an Kompetenz fehlt, diese aus eigener Kraft vorauszusehen, wächst die Wahrscheinlichkeit, daß die Aussage einen realen Vorgang beschreibt."[827]

Die Untersuchung der bereichsspezifischen Kenntnisse des Aussagenden soll sodann eine Einschätzung darüber ermöglichen, ob der Aussagende die Kenntnisse auch auf andere Weise als durch das Erleben der geschilderten Handlungen erworben haben kann.[828] Denn außerhalb des eigenen Verständnishorizontes liegende Sachverhalte können nicht gezielt in eine Aussage integriert und „phänomenorientierte Schilderungen"[829] unverstandener Handlungselemente nicht ohne Weiteres vorgetragen werden.[830]

Im Rahmen der Kompetenzanalyse sind damit ähnliche Überlegung anzustellen wie bei der Ermittlung der Aussagefähigkeit:[831] Den Kern der Kompetenzanalyse bildet die Untersuchung der Fähigkeit zur Wahrnehmung, Speicherung und

---

mit den gegebenen individuellen Voraussetzungen diese spezifische Aussage machen, *ohne* dass sie auf einem realen Erlebnishintergrund basiert? Vgl. *Bender/Nack u.a.*, Tatsachenfeststellung (2014), Rn. 289, 484; MAH-Strafverteidigung-*Schroth/Deckers*, § 49 Rn. 63.

825 BGHSt 45, 164 (175) = NJW 1999, 2746 (2749); *Bender/Nack u.a.*, Tatsachenfeststellung (2014), Rn. 288, 484; *Offe*, NJW 2000, 929 (930); *Volbert/Steller*, in: Psychiatrische Begutachtung (2015), 683 (692); s. beispielhaft BGH NJW 2002, 1813.

826 *Volbert/Steller*, in: Psychiatrische Begutachtung (2015), 683 (692); s.a. *Volbert/Steller*, in: Rechtspsychologie (2014), 391 (403).

827 *Trankell*, Realitätsgehalt von Zeugenaussagen (1971), 125.

828 BGHSt 45, 164 (176) = NJW 1999, 2746 (2749); *Bender/Nack u.a.*, Tatsachenfeststellung (2014), Rn. 291; *Greuel/Offe u.a.*, Glaubhaftigkeit (1998), 111; *Offe*, NJW 2000, 929 (930); *Volbert/Steller*, in: Rechtspsychologie (2014), 391 (402); *Volbert/Steller*, in: Psychiatrische Begutachtung (2015), 683 (702).

829 *Greuel/Offe u.a.*, Glaubhaftigkeit (1998), 111–112: „Phänomenorientierte Schilderungen zeichnen sich dadurch aus, daß ein Geschehen allein aufgrund seiner äußeren Anmutungsqualität geschildert wird, ohne daß der Zeuge dessen Bedeutung erfaßt hat oder richtig einzuordnen vermag. [...] Derartige Schilderungen findet man vornehmlich in Kinderaussagen über unverstandene sexuelle Sachverhalte [...]."

830 *Greuel/Offe u.a.*, Glaubhaftigkeit (1998), 111–112.

831 *Steller/Volbert*, Praxis der Rechtspsychologie 1999, 46 (62); *Volbert/Steller*, in: Psychiatrische Begutachtung (2015), 683 (702); beispielhaft erneut BGH NJW 2002, 1813; s.o. § 8 B. I. Die Kompetenzanalyse darf jedoch nicht mit der Beurteilung der

Reproduktion von Sachverhalten der infrage stehenden Art und Komplexität[832] sowie der Fähigkeit, Darstellungen zu konstruieren und andere damit zu täuschen.[833] Von Bedeutung kann insoweit die verbale Intelligenz, die Leistungsfähigkeit des autobiografischen Gedächtnisses, die Fantasiefähigkeit[834], die Fähigkeit zum Perspektivenwechsel oder der persönliche Darstellungsstil des Aussagenden sein.[835] Auch die Persönlichkeitsstruktur – das heißt persönlichkeitsspezifische Besonderheiten und mögliche Persönlichkeitsstörungen – ist von Relevanz.[836] Insoweit gehen die aussagepsychologischen Prüfungsansätze über eine Analyse der „allgemeinen und sprachlichen intellektuellen Leistungsfähigkeit“[837] hinaus.[838]

d) Sonderkonstellation: Die partielle Glaubhaftigkeit

Die Glaubhaftigkeitsbeurteilung kann zu dem Ergebnis führen, dass eine Zeugenaussage nur teilweise glaubhaft ist (*partielle Glaubhaftigkeit*):[839] Denkbar ist, dass

---

Aussagefähigkeit gleichgesetzt werden, s. *Steller*, in: Handbuch der Rechtspsychologie (2008), 300 (303).

832 *Steller/Volbert*, Praxis der Rechtspsychologie 1999, 46 (62); *Volbert/Steller*, in: Psychiatrische Begutachtung (2015), 683 (692). *Deckers*, in: Eisenberg-FS (2009), 473 (487) unterschiedet hier zwischen der „allgemeinen“ und der „domänspezifischen Kompetenz“.

833 *Bender/Nack u.a.*, Tatsachenfeststellung (2014), Rn. 290; *Volbert/Steller*, in: Psychiatrische Begutachtung (2015), 683 (692); beispielhaft BGH NJW 2002, 1813.

834 Ausf. hierzu *Jansen*, StV 2000, 224 (226); s. zur sog. „Fantasieprobe“ BGHSt 45, 164 (175–176) = NJW 1999, 2746 (2749); *Köhnken*, in: Erhebung von Zeugenaussagen (2019), 25 (38–40).

835 *Volbert/Steller*, in: Rechtspsychologie (2014), 391 (402); *Volbert/Steller*, in: Psychiatrische Begutachtung (2015), 683 (692).

836 Vgl. BGHSt 45, 164 (175) = NJW 1999, 2746 (2749); *Volbert/Steller*, in: Rechtspsychologie (2014), 391 (402). Vor allem bei dissozialen Persönlichkeitsstörungen sind manipulative Tendenzen zu erkennen, die sich möglicherweise auf das motivationale Gefüge auswirken und zu einer erhöhten Bereitschaft führen können, falsche belastende Angaben zu machen, s. *Volbert/Steller*, in: Rechtspsychologie (2014), 391 (402–403); *Volbert/Steller*, in: Psychiatrische Begutachtung (2015), 683 (693); ausf. zur Borderline-Persönlichkeitsstörung als Quelle (nicht)intentionaler Falschaussagen *Böhm/Meuren u.a.*, Praxis der Rechtspsychologie 2002, 209 (209 ff.); *Miebach*, NStZ-RR 2016, 329 (334); s. zur Aussagetüchtigkeit bei einer Borderline-Persönlichkeitsstörung *Heintschel-Heinegg*, in: Breidling-FS (2017), 143 (162).

837 BGHSt 45, 164 (175) = NJW 1999, 2746 (2749).

838 Vgl. *Offe*, NJW 2000, 929 (930).

839 Vgl. etwa *Maier*, NStZ 2005, 246 (249); *Steller*, R & P 1998, 11 (12): „Wesentlich ist zusätzlich, daß die aufgezeigte Dichotomie zwischen glaubhaften (da intentional nicht verfälschten) und zutreffenden (richtigen, genauen) Zeugenaussagen eine idealtypische Kategorisierung darstellt, in der Wirklich ist mit Mischformen innerhalb einer Aussage zu rechnen.“ Beispielhaft BGH StV 2005, 488 (489).

sich die Unwahrheit eines Aussage*teils* herausstellt,[840] der Belastungszeuge seine Vorwürfe in der Hauptverhandlung ganz[841] oder teilweise nicht mehr aufrechterhält[842] oder anfänglichen Tatschilderungen nicht weiter gefolgt wird.[843] Nach der Rechtsprechung des Bundesgerichtshofs müssen die Urteilsgründe erkennen lassen, dass der Tatrichter alle Umstände, die die Entscheidung beeinflussen können, erkannt und in seine Überlegungen einbezogen hat.[844] Dies gilt besonders wenn der Zeugenaussage nur teilweise geglaubt werden kann.[845] Dann muss der Tatrichter jedenfalls regelmäßig außerhalb der Zeugenaussage liegende gewichtige Gründe nennen, die es ihm ermöglichen, der Zeugenaussage im übrigen dennoch zu glauben (*externe Bestätigung*).[846]

Eine externe Bestätigung ist in „Aussage gegen Aussage"-Konstellationen allerdings nicht möglich, da sich diese Beweissituation gerade durch das Fehlen weiterer unmittelbar tatbezogener Beweismittel auszeichnet.[847] Aus diesem Grund nimmt *Deckers* an, dass die externen Umstände bei „Aussage gegen Aussage" nicht außerhalb der Zeugenaussage, sondern in der Aussage selbst liegen; genauer gesagt in dem erwiesenen oder eingestandenen unwahren Aussageteil.[848] Nach *Deckers* ist

---

840 Vgl. BGHSt 44, 153 (159) = NJW 1998, 3788 (3790); 256 (257) = NJW 1999, 802 (804); ferner *Deckers*, StraFo 2010, 372 (377); *Sander*, StV 2000, 45 (48); *Schmandt*, StraFo 2010, 446 (447).

841 Vgl. BGH StV 1998, 250; ferner *Brause*, NStZ 2007, 505 (510); *Sander*, StV 2000, 45 (47); *Schmandt*, StraFo 2010, 446 (447).

842 Vgl. BGH NStZ 2012, 110 (111); NStZ-RR 2015, 52 (53); ferner *Brause*, NStZ 2007, 505 (510); *Sander*, StV 2000, 45 (47); *Schmandt*, StraFo 2010, 446 (447).

843 Vgl. BGHSt 44, 153 (159) = NJW 1998, 3788 (3790); BGH NStZ-RR 2008, 254 (255); ferner *Brause*, NStZ 2007, 505 (510); *Sander*, StV 2000, 45 (47); *Schmandt*, StraFo 2010, 446 (447).

844 S.o. § 4 A.

845 BGHSt 44, 153 (159) = NJW 1998, 3788 (3790) m.w.N. zur Rspr.

846 BGHSt 44, 153 (159) = NJW 1998, 3788 (3790); 256 (257) = NJW 1999, 802 (804); BGH NStZ 2001, 161 (162); 2003. 164 (165); 2013, 57 (58); 2015, 602 (603); NStZ-RR 2004, 87; *Deckers*, StraFo 2010, 372 (377–378); s.a. BeckOK-StPO-*Eschelbach*, § 261 Rn. 61; KK-StPO-*Ott*, § 261 Rn. 102; MAH-Strafverteidigung-*Schroth/Deckers*, § 49 Rn. 63; *Maier*, NStZ 2005, 246 (249); *Miebach*, NStZ-RR 2016, 329 (330); MüKo-StPO-*Miebach*, § 261 Rn. 236; *Nack*, StraFo 2001, 1 (3); *Pfister*, FPPK 2008, 3 (10); *Sander*, StV 2000, 45 (48); *Schmandt*, StraFo 2010, 446 (447); beispielhaft BGH NStZ 2001, 161 (162). Es bedarf hierzu in den Urteilsgründe einer eingehenden Begründung, vgl. BGHSt 44, 153 (159) = NJW 1998, 3788 (3790). Eine externe Bestätigung wird indes nur für die Konstellation der bewusst wahrheitswidrigen Aussage verlangt. Eine Verurteilung allein aufgrund der Aussage des Zeugen bleibt damit ohne weiteres möglich, wenn ein Zeuge nur irrtümlich falsche Angaben macht oder von früheren Angaben abweicht, vgl. BGHSt 44, 256 (257) = NJW 1999, 802 (803–804); klarstellend insoweit *Brause*, NStZ 2007, 505 (510); KK-StPO-*Ott*, § 261 Rn. 102; *Sander*, StV 2000, 45 (48); a.A. wohl *Maier*, NStZ 2005, 246 (249); krit. *Pfister*, FPPK 2008, 3 (10).

847 S. § 4 B. II.; s.a. *Deckers*, in: Hamm-FS (2008), 53 (61).

848 *Deckers*, in: Hamm-FS (2008), 53 (61).

der unwahre Aussageteil einer Aussageanalyse zu unterziehen und auf „(Pseudo-) Realitätskriterien" hin zu untersuchen.[849] Die hierdurch gewonnenen Erkenntnisse spiegeln die „(Falsch-)Aussagekompetenz" des Aussagenden wieder und dienen als Vergleichsmaterial für die übrigen Tatvorwürfe (*Strukturvergleich*).[850] Liegen die in Frage stehenden und die erwiesen unwahren Aussageteile auf einer Qualitätsstufe, können die fraglichen Aussageteile die Nullhypothese – als methodisches Gegenstück zur Unschuldsvermutung[851] – nicht falsifizieren.[852]

Der Tatrichter ist damit auch in „Aussage gegen Aussage"-Konstellationen nicht daran gehindert, der Aussage eines Zeugen lediglich teilweise zu glauben.[853] Allerdings bedarf eine derartige Beweiswürdigung einer besonders eingehenden Begründung.[854]

e) Darstellung der Glaubhaftigkeitsbeurteilung

Zuletzt ist noch auf die Mindestanforderungen an die Darstellung der Glaubhaftigkeitsbeurteilung einzugehen.

Grundsätzlich ist es dem Sachverständigen überlassen, in welcher Art und Weise er sein Gutachten dem Gericht unterbreitet,[855] solange die Grundsätze der *Transparenz* und *Nachvollziehbarkeit* gewahrt werden.[856] Hierzu gehört, dass die diagnostischen Schlussfolgerungen vom Sachverständigen für die Verfahrensbeteiligten verständlich dargestellt werden, beispielsweise durch Benennung und Beschreibung der Anknüpfungs- und Befundtatsachen.[857] Es muss den Beteiligten möglich sein, anhand der Darstellungen im Gutachten das Ergebnis der Begutachtung zu

---

849 *Deckers*, in: Hamm-FS (2008), 53 (61).

850 *Deckers*, in: Hamm-FS (2008), 53 (61); *Deckers*, StraFo 2010, 372 (378).

851 S.o. § 8 B. III. 1. a).

852 *Deckers*, StraFo 2010, 372 (378).

853 BGH NStZ-RR 2003, 332 (332–333); *Maier*, NStZ 2005, 246 (249).

854 BGH NStZ-RR 2003, 332 (333); *Maier*, NStZ 2005, 246 (249); vgl. zudem *Nack*, StV 2002, 558 (560).

855 BGHSt 45, 164 (178) = NJW 1999, 2746 (2750); BGH NStZ 2001, 45 (46) (klarstellend); 2008, 116 (117); *Ziegert*, NStZ 2000, 105 (106).

856 BGHSt 45, 164 (178) = NJW 1999, 2746 (2750); *Steller/Volbert*, Praxis der Rechtspsychologie 1999, 46 (69–74); *Ziegert*, NStZ 2000, 105 (106); ferner *Deckers*, in: Erhebung von Zeugenaussage (2019), 181 (191); *Jansen*, StV 2000, 224 (229); *Jansen*, Aussagepsychologie (2012), Rn. 754 ff.; *Offe*, NJW 2000, 929. Insoweit ergeht ein Auftrag an die StA und Richter die Transparenz eines Gutachtens zu überprüfen und ggf. bei dem Sachverständigen anzumahnen, s. *Schaefer*, NJW 2000, 928 (929). Die Postulate beschränken sich dabei nicht auf Glaubhaftigkeitsgutachten, s. *Boetticher*, Sonderheft für Schäfer 2002, 8 (11).

857 BGHSt 45, 164 (178) = NJW 1999, 2746 (2750); BGH NStZ 2001, 45; s.a. *Kett-Straub*, ZStW 117 [2005], 354 (366); KK-StPO-*Ott*, § 261 Rn. 125.

überprüfen und die Ergebnisfindung nachzuvollziehen.[858] In einem Glaubhaftigkeitsgutachten sind damit die Untersuchungsfragestellungen sowie die Untersuchungsmethoden und Testverfahren genau zu bezeichnen, wobei letztere in Bezug zu der jeweiligen Untersuchungsfragestellung zu setzen sind.[859] Nicht erforderlich ist es, im Gutachten *sämtliche* Inhalte und Ergebnisse der durchgeführten diagnostischen Maßnahmen im Einzelnen aufzuführen oder ganze Explorationsgespräche vollständig wiederzugeben (stets vorbehaltlich der Einhaltung des Transparenz- und Nachvollziehbarkeitsgebotes).[860]

Ähnliches gilt für die Darstellung der Glaubhaftigkeitsbegutachtung in den schriftlichen Urteilsgründen.[861] Einer detaillierten Darstellung von der Konzeption, der Durchführung und den Ergebnissen der erfolgten Begutachtung in den Urteilsgründen bedarf es regelmäßig nicht.[862] Es reicht aus, dass die diesbezüglichen Ausführungen die wesentlichen Anknüpfungstatsachen und methodischen Darlegungen in einer Weise enthalten, die zum Verständnis des Gutachtens und zur Beurteilung seiner Schlüssigkeit und sonstigen Rechtsfehlerfreiheit erforderlich

---

858 BGHSt 45, 164 (178) = NJW 1999, 2746 (2750); s.a. *Kury*, Praxis der Rechtspsychologie 1999, 126 (136); ferner *Fiedler/Schmid*, Praxis der Rechtspsychologie 1999, 5 (38). Für eine bessere Dokumentation sollte gerade bei komplexen Sachverhalten die Exploration auf Ton- und ggf. Videoband aufgezeichnet werden, vgl. BGHSt 45, 164 (181) = NJW 1999, 2746 (2751); BGH NStZ 2001,45 (46); *Jansen*, Aussagepsychologie (2012), Rn. 347; *Volbert/Steller*, in: Rechtspsychologie (2014), 391 (403); s.a. bereits unter § 8 B. III. 1. b) bb).

859 BGHSt 45, 164 (178–179) = NJW 1999, 2746 (2750); *Jansen*, StV 2000, 224 (225); ausf. *Greuel/Offe u.a.*, Glaubhaftigkeit (1998), 246 ff. Nach dem BGH (ebd.) bedürfen anerkannte psychologische Diagnoseverfahren keiner ausf. Erläuterung ihrer Methodik; andere Verfahren müssen dahingegen ausf. dargestellt werden, um dem Nachvollziehbarkeits- und Transparenzgebot zu entsprechen; s.a. bspw. OLG Hamm StV 2008, 240 (240–241).

860 BGHSt 45, 164 (180–181) = NJW 1999, 2746 (2750–2751); *Fiedler/Schmid*, Praxis der Rechtspsychologie 1999, 5 (37); *Jansen*, StV 2000, 224 (229); *Steller/Volbert*, Praxis der Rechtspsychologie 1999, 46 (70).

861 BGHSt 45, 164 (181) = NJW 1999, 2746 (2751); *Ziegert*, NStZ 2000, 105 (106); ausf. zu den Gesichtspunkten, die regelmäßig im Urteil bei „Aussage gegen Aussage“ darzustellen sind s. *Maier*, NStZ 2005, 246 (247–248).

862 BGHSt 45, 164 (182) = NJW 1999, 2746 (2751); OLG Hamm StV 2008, 240; *Deckers*, in: Eisenberg-FS (2009), 473 (490); *Maier*, NStZ 2005, 246 (248–249); *Miebach*, NStZ-RR 2016, 329 (334); MüKo-StPO-*Miebach*, § 261 Rn. 252; *Pfister*, FPPK 2008, 3 (8). Eine Beschränkung auf wesentliche Anknüpfungspunkte reicht v.a. dann aus, wenn der Tatrichter in seiner Beurteilung mit der des Sachverständigen übereinstimmt, s. *Pfister*, a.a.O. (9). Die richterlichen Darlegungen bzgl. der Glaubhaftigkeit sind für diesen Fall nur mit dem Zusatz zu versehen, dass diese Auffassung a. der des Sachverständigen entspreche, vgl. *Pfister*, a.a.O. (9).

sind.[863] Einer umfassenderen Darstellung bedarf es dagegen, wenn der Richter der Einschätzung des Sachverständigen nicht folgt.[864]

Für den Fall, dass das Gericht keinen Sachverständigen hinzugezogen, sondern die Glaubhaftigkeit der Aussage selbst beurteilt hat, ist eine detaillierte Darstellung der Glaubhaftigkeitsbeurteilung in den Urteilsgründen ebenfalls nicht erforderlich.[865] Es wird – neben einer umfassenden und geschlossenen Darstellung der Aussagen des Angeklagten und des Belastungszeugen[866] – lediglich die Präsentation der wesentlichen Ergebnisse der Aussageanalyse und der Kontrollanalysen verlangt,[867] um eine revisionsrechtliche Überprüfung zu ermöglichen.[868]

2. Fazit

Der 1. Strafsenat stellt mit seiner Entscheidung vom 30. Juli 1999 Anforderungen an die Qualität von Glaubhaftigkeitsgutachten und beschreibt – für Sachverständige und Richter gleichermaßen – abstrakt den methodischen Weg der Glaubhaftigkeitsbeurteilung.[869] Der Bundesgerichtshof formuliert damit den bislang vermissten Leitfaden im Bereich der forensischen Aussagepsychologie.[870] Die Bedeutung des Urteils sieht *Wolfgang Pfister* vor allem in zwei Aussagen:[871]

863 BGHSt 45, 164 (182) = NJW 1999, 2746 (2751); *Deckers*, in: Eisenberg-FS (2009), 473 (490); *Maier*, NStZ 2005, 246 (249); *Miebach*, NStZ-RR 2016, 329 (334); MüKo-StPO-*Miebach*, § 261 Rn. 252; *Pfister*, FPPK 2008, 3 (8); beispielhaft hierzu BGH NStZ 2008, 116 (117); 2009, 106 (106–107). Nach *Ziegert*, NStZ 2000, 105 (106) sollte die gutachterliche Exploration gleichwohl vollständig im Wortlaut dem Gutachten beigefügt werden.

864 S. unter § 8 B. II. 2.

865 Der Tatrichter ist aus § 267 Abs. 1 StPO nur verpflichtet, im Urteil die für erwiesen erachteten Tatsachen anzugeben. Ausf. hierzu *Pfister*, in: Erhebung von Zeugenaussagen (2007), 42 (54).

866 S. etwa BGH NStZ 2012, 110 (111); NStZ-RR 2002, 174 (175); StV 2014, 720 (721); ferner MüKo-StPO-*Miebach*, § 261 Rn. 236; *Scharbius*, „Aussage gegen Aussage" (2017), 192–198.

867 Vgl. *Deckers*, StraFo 2010, 372 (376); ferner MüKo-StPO-*Miebach*, § 261 Rn. 236; *Sander*, StV 2000, 45 (47).

868 Vgl. KK-StPO-*Ott*, § 261 Rn. 102; ferner *Scharbius*, „Aussage gegen Aussage" (2017), 198–201; s. z.B. BGH NStZ 2009, 107 (107–108); StV 2014, 720 (721); beispielhaft und sehr anschaulich a. BGH NStZ 1997, 355 (356); NStZ-RR 2018, 220 (221). Insg. scheint das BGH-Urteil vom 30.7.1999 zu einer größeren Sorgfalt bei der Erörterung der Glaubhaftigkeit von Zeugenaussagen in den Urteilsgründen beigetragen zu haben, vgl. *Pfister*, FPPK 2008, 3 (11). Ausf. zur Revisibilität der Beweiswürdigung vor dem Hintergrund der Glaubhaftigkeitsbeurteilung bei „Aussage gegen Aussage" *Nack*, StV 2002, 558 (558 ff.).

869 Vgl. unter § 8 B. III. 1.

870 Vgl. § 8 B. III.; ferner *Boetticher*, Sonderheft für Schäfer 2002, 8 (8–9); *Jansen*, StV 2000, 224; *Kett-Straub*, ZStW 117 [2005], 354 (366); *Köhnken*, in: Erhebung von Zeugenaussagen (2019), 25; MüKo-StGB-*Renzikowski*, Vor § 174 Rn. 67; *Steller*, Sonderheft für Schäfer 2002, 69 (69–70); krit. hierzu *Fischer*, in: Widmaier-FS (2008), 191 (195 ff.).

871 *Pfister*, FPPK 2008, 3 (5).

(1) „Bei der Begutachtung hat sich ein Sachverständiger ausschließlich methodischer Mittel zu bedienen, die dem jeweils aktuellen wissenschaftlichen Kenntnisstand gerecht werden [...]."[872]

(2) „Hält der Tatrichter ausnahmsweise die Einholung eines Glaubhaftigkeitsgutachtens für erforderlich, so fällt es grundsätzlich in seine Zuständigkeit, insofern die Einhaltung der dargelegten wissenschaftlichen Mindestanforderungen sicherzustellen."[873]

Sowohl der Sachverständige als auch der Richter ist damit dem aktuellen wissenschaftlichen Standard der Aussagepsychologie verpflichtet.[874] Der Richter muss sich mit den Mindestanforderungen an aussagepsychologische Gutachten auseinandersetzen, um die Glaubhaftigkeitsprüfung des Sachverständigen nachvollziehen und eine Qualitätssicherung der Sachverständigenarbeit gewährleisten zu können.[875] Es ist insbesondere nachzuprüfen, dass das Gutachten nicht nur formal den Mindestanforderungen genügt.[876] Erscheint ein Gutachten zweifelhaft, sollte es einem weiteren Sachverständigen zur Qualitätskontrolle vorgelegt werden.[877]

Damit der 1. Strafsenat die Qualitätsanforderungen an die Glaubhaftigkeitsbeurteilung und Glaubhaftigkeitsgutachten überhaupt festlegen konnte, musste er zunächst die dafür notwendigen revisionsrechtlichen Voraussetzungen schaffen.[878] Denn im Ausgangsverfahren kritisierte die Verteidigung lediglich das schriftliche Gutachten der Sachverständigen.[879] Ein Urteil kann jedoch nicht auf den Mängeln des schriftlichen Gutachtens beruhen, da für die Urteilsfindung allein das in der Hauptverhandlung erstattete mündliche Gutachten maßgebend ist.[880]

---

872 BGHSt 45, 164 (169) = NJW 1999, 2746 (2748); vgl. *Pfister*, FPPK 2008, 3 (5).

873 BGHSt 45, 164 (182) = NJW 1999, 2746 (2751); vgl. *Pfister*, FPPK 2008, 3 (5).

874 *Pfister*, FPPK 2008, 3 (5–6).

875 *Deckers*, in: Eisenberg-FS (2009), 473 (489); MAH-Strafverteidigung-*Schroth/Deckers*, § 49 Rn. 72; *Pfister*, FPPK 2008, 3 (5); *Strohmayer*, HRRS 2017, 135 (136); beispielhaft *Elsner/Steffen*, (2005), 253 ff. Um Qualitätsmängel von Gutachten aufzudecken wird von Richtern daher eine solide Sachkenntnis oder das Bekenntnis zum Zweifel, der ihn zur Einholung eines weiteren Gutachtens veranlasst, abverlangt, s. *Deckers*, a.a.O. (490). Zu häufigen Fehlern richterlicher Glaubhaftigkeitsbeurteilung s. *Geipel*, Beweiswürdigung (2017), § 16 Rn. 47 ff.

876 Vgl. hierzu *Deckers*, in: Eisenberg-FS (2009), 473 (490); *Volbert*, in: Psychologische Begutachtung (2005), 171 (196). S. zu weiteren Mängeln der Begutachtung a. *Deckers*, a.a.O. (492–493). Methodenkritische Stellungnahmen sind damit unverzichtbarer Bestandteil für wissenschaftliche Untersuchungsverfahren, vgl. *Jansen*, Aussagepsychologie (2012), Rn. 773. Nach *Barton*, in: Griff nach der Wahrheit (2018), 199 (223) lassen sich durch kunstgerecht erstattete Gutachten sogar Fehlurteile reduzieren. Wiederum zur Überwachung des Richters durch die Verteidigung s. *Schmuck/Brügge-Niemann*, NJOZ 2014, 601 (602).

877 *Heintschel-Heinegg*, in: Breidling-FS (2017), 143 (154).

878 *Ziegert*, NStZ 2000, 105.

879 *Ziegert*, NStZ 2000, 105; s.o. § 8 B. III. 1.

880 *Ziegert*, NStZ 2000, 105; s.a. BGHSt 45, 164 (167) = NJW 1999, 2746 (2747); KK-StPO-*Ott*, § 261 Rn. 114. So darf das Revisionsgericht nur die Ergebnisse der

Das vorläufige, schriftliche aussagepsychologische Gutachten ist damit grundsätzlich nicht geeignet, dem Revisionsgericht die tatrichterliche Beweiswürdigung zu vermitteln.[881] Der Senat schließt in seinem Urteil allerdings ausnahmsweise aus, dass die Sachverständige in der mündlichen Verhandlung in relevanter Weise von dem schriftlichen Gutachten abgewichen ist.[882] Er erachtet das schriftliche Sachverständigengutachten vielmehr als Beleg für ein mit identischem Inhalt erstattetes Gutachten, da die im Urteil des Landgerichts wiedergegeben Erwägungen des Sachverständigen ohne Ausnahme bereits im schriftlichen Gutachten enthalten sind.[883]

Insoweit ist die Entscheidung des 1. Senats nicht nur unter aussagepsychologischen, sondern auch unter revisionsrechtlichen Gesichtspunkten bemerkenswert.[884] Zudem folgt aus der Entscheidung, dass die genannten Qualitätsanforderungen sowohl für das vorläufige schriftliche als auch das mündlich erstattete Gutachten gelten.[885]

Obwohl einige Autoren in den detailliert ausformulierten Qualitätsanforderungen des Bundesgerichtshofs einen Angriff auf die Unabhängigkeit der Sachverständigen fürchten,[886] wird die Bedeutsamkeit einer einheitlichen und den wissenschaftlichen Erkenntnissen entsprechenden Gutachterpraxis anerkannt.[887] Mit der Entscheidung des Bundesgerichtshofs scheinen sowohl der gutachterlichen als auch der gerichtlichen Praxis unverzichtbare Leitlinien mitgegeben, die

---

Beweisaufnahme zu Kenntnis nehmen, die sich in den schriftlichen Urteilsgründen finden, vgl. BGHSt 21, 149 (151) = NJW 1967, 213; 29, 18 (20) = NJW 1979, 2318 (2318–2319); BGH NStZ 1992, 506 (506 f.).

881 *Ziegert*, NStZ 2000, 105. Die Würdigung der erhobenen Beweise ist „ureigene Aufgabe" des Tatrichters; eine revisionsgerichtliche Prüfung beschränkt sich auf Rechtsfehler; s. bereits § 5 D. III. Zusammenfassen lässt sich dies mit dem ungeschriebenen *Verbot der Rekonstruktion der Beweisaufnahme*, vgl. dazu BGHSt 17, 351 (352–353) = NJW 1962, 1832.

882 BGHSt 45, 164 (167) = NJW 1999, 2746 (2747). *Müller*, JZ 2000, 267 sieht das Regel-Ausnahme-Verhältnis wohl genau in dem umgekehrten Fall: Das in der Hauptverhandlung erstattete Gutachten wird regelmäßig nicht wesentlich von dem schriftlichen Gutachten abweichen; so a. bereits BGHSt 9, 292 (297) = NJW 1956, 1526 (1527).

883 Vgl. BGHSt 45, 164 (167) = NJW 1999, 2746 (2747); s.a. *Ziegert*, NStZ 2000, 105.

884 Vgl. *Ziegert*, NStZ 2000, 105 (105–106): „Das Urteil des *BGH* [...] setzt Maßstäbe für eine revisionsrechtlich kontrollierbare Qualitätskontrolle der psychologischen Gutachten zur Glaubhaftigkeit von Zeugenaussagen." – Hervorhebung original.

885 *Deckers*, in: Eisenberg-FS (2009), 473 (491).

886 So etwa *Meyer-Mews*, NJW 2000, 916 (918); ähnl. dazu *Boetticher*, Sonderheft für Schäfer 2002, 8.

887 Vgl. *Meyer-Mews*, NJW 2000, 916 (918): „Andererseits war ein deutliches Wort des *BGH* angesichts zunehmender Opferorientiertheit der Gutachterpraxis überfällig." – Hervorhebung original.

für mehr Rechtssicherheit sorgen sollen.[888] Derartige Standards hätten vermutlich auch in den Wormser Prozessen[889] zu einem besseren Schutz der Beteiligten – vor allem der verfahrensbetroffenen Minderjährigen – beigetragen.[890]

IV. Schwächen und Grenzen der aussagepsychologischen Glaubhaftigkeitsbeurteilung

Trotz ihrer Bedeutung für die gutachterliche und gerichtliche Praxis, hat die Glaubhaftigkeitsbeurteilung einige Schwächen.

1. Methodische Schwäche

Die einzelnen Aussage- und Kontrollanalysen helfen bei der Beurteilung der Glaubhaftigkeit nicht weiter, da das Ergebnis der jeweiligen Analyse für sich betrachtet nur wenig aussagekräftig ist.

So ist bei der Aussageinhaltsanalyse[891] einerseits zu beachten, dass das Vorhandensein der Realkennzeichen zwar für die Glaubhaftigkeit der Aussage spricht, das Fehlen dieser Kennzeichen jedoch nicht zwangsläufig das Vorliegen einer Lüge bedeutet.[892] Andererseits handelt es sich bei den Realkennzeichen nicht um „Wahrheitsmerkmale", denn auch geübte oder begabte Lügner können durchaus in der Lage sein, erfundene Aussagen mit Realkennzeichen anzureichern, während es den erlebnisfundierten Aussagen kognitiv weniger begabter Aussagepersonen an Realkennzeichen mangeln kann.[893] Demnach können unwahre Aussagen Realkennzeichen enthalten und umgekehrt wahre Aussagen eine nur niedrige Aussagequalität aufweisen.[894]

---

888 *Müller*, JZ 2000, 267 (268); *Offe*, NJW 2000, 929; *Schaefer*, NJW 2000, 928: „Der neuen Entscheidung des *BGH* [...] ist nun zu verdanken, dass die Justiz an ihre eigentliche Rolle erinnert wird und Professionalität, Rationalität und Nüchternheit auch in stark emotional belasteten Verfahren wieder mehr in den Vordergrund treten." – Hervorhebung original. Ferner *Pfister*, in: Erhebung von Zeugenaussagen (2007), 42 (52).

889 § 5 D. I.

890 *Müller*, JZ 2000, 267 (268); ähnl. *Jansen*, Aussagepsychologie (2012), Rn. 773; *Köhnken*, Praxis der Rechtspsychologie 2000, 4 (7); *Schaefer*, NJW 2000, 928; *Steller*, in: Mißbrauch (1999), 243 (258); zweifelnd insoweit wohl *Burgsmüller*, in: Handwörterbuch (2002), 379 (381–382).

891 S. § 8 B. III. 1. b) aa).

892 BGHSt 45, 164 (171) = NJW 1999, 2746 (2748); *Jansen*, Aussagepsychologie (2012), Rn. 403–404; *Volbert/Steller*, in: Psychiatrische Begutachtung (2015), 683 (689).

893 *Müller*, JZ 2000, 267 (268); *Volbert*, FPPK 2008, 12 (16–17). Erweist sich eine Aussage als konstant und detailreich, allerdings mit Details, die genauso gut als tatsächlich erlebt wiedergegeben werden können, wenn der Belastete überhaupt nicht oder anders beteiligt war, ist besonders die Aussageentstehung und die Verflechtung origineller Details mit Handlungen des Belasteten zu überprüfen, vgl. BGH StV 2000, 243 (244); *Deckers*, StV 2017, 50 (52).

894 *Geipel*, Beweiswürdigung (2017), § 26 Rn. 5; *Kinze*, in: Praxishandbuch (2015), 711 (715); *Volbert*, FPPK 2008, 12 (16–17); ferner *Fiedler/Schmid*, Praxis der Rechtspsychologie 1999, 5 (27).

Das Ergebnis der Konstanzanalyse[895] ist für sich betrachtet ebenfalls nur wenig aussagekräftig.[896] Denn aufgrund der Komplexität des Konstanzkriteriums[897] kann aus der Aussagekonstanz nicht zwingend auf die Erlebnisfundiertheit geschlossen werden.[898] Ebenso lässt sich aus Diskrepanzen in einzelnen Aussagebereichen nicht die Unrichtigkeit der Gesamtaussage herleiten;[899] eine Erörterung des Gewichts der Übereinstimmungen und Abweichungen und deren Darstellung im Urteil bleibt unerlässlich.[900]

Bei der Motivationsanalyse[901] ist zu beachten, dass, auch wenn eine Belastungsmotivation plausibel dargelegt wird, der Schluss auf falsche Angaben nicht zwingend ist.[902] Denn trotz des Vorliegens von Belastungsmotiven kann die Aussage erlebnisfundiert sein.[903] Belastungsmotive können sogar letztlich ausschlaggebendes Moment für die Offenbarung erlebnisbasierter Geschehnisse sein.[904] So kann beispielsweise *Rache* einerseits ein Beweggrund für eine falsche Belastung sein, sie kann andererseits jedoch auch das Bestreben eines tatsächlichen Opfers sein, den Täter mittels wahrer Aussagen der Strafverfolgung auszusetzen.[905]

---

895 S. § 8 B. III. 1. b) bb).

896 *Bender/Nack u.a.*, Tatsachenfeststellung (2014), Rn. 449; *Deckers*, StV 2017, 50 (54); *Kett-Straub*, ZStW 117 [2005], 354 (365); MAH-Strafverteidigung-*Köhnken*, § 61 Rn. 94.

897 S.o. § 8 B. III. 1. b) bb).

898 MAH-Strafverteidigung-*Köhnken*, § 61 Rn. 94; s.a. *Deckers*, StV 2017, 50 ([51][54]).

899 MAH-Strafverteidigung-*Köhnken*, § 61 Rn. 94.

900 BGH NStZ 2014, 667 (668); *Deckers*, StV 2017, 50 (54).

901 S. § 8 B. III. 1. c) aa) bbb).

902 BGHSt 45, 164 (175) = NJW 1999, 2746 (2749); *Bender/Nack u.a.*, Tatsachenfeststellung (2014), Rn. 255; *Eisenberg*, JZ 2010, 474 (475); *Greuel/Offe u.a.*, Glaubhaftigkeit (1998), 178; *Jansen*, Aussagepsychologie (2012), Rn. 79; *Offe*, NJW 2000, 929 (930); *Volbert/Steller*, in: Sexueller Missbrauch (2005), 417 (423); s.a. *Geipel*, Beweiswürdigung (2017), § 17 Rn. 14 ff.

903 *Greuel/Offe u.a.*, Glaubhaftigkeit (1998), 176; *Volbert/Steller*, in: Sexueller Missbrauch (2005), 417 (423).

904 *Steller*, R & P 1998, 11 (14); *Volbert/Steller*, in: Sexueller Missbrauch (2005), 417 (423).

905 Vgl. BGH NStZ-RR 2003, 206 (208); *Greuel/Offe u.a.*, Glaubhaftigkeit (1998), 173; *Jansen*, StV 2000, 224 (229); *Jansen*, Aussagepsychologie (2012), Rn. 80; MüKo-StPO-*Miebach*, § 261 Rn. 240; ferner *Volbert/Steller*, in: Psychiatrische Begutachtung (2015), 683 (693). Eine Falschbelastung *ohne* entsprechende Motivation ist grundsätzlich nicht anzunehmen, vgl. *Bender/Nack u.a.*, Tatsachenfeststellung (2014), Rn. 246; *Volbert/Steller*, in: Psychiatrische Begutachtung (2015), 683 (693). Allerdings wird nie mit hinreichender Sicherheit ermittelt werden können, ob der Aussagende tatsächlich frei von jeglichen Falschbelastungsmotiven ist, vgl. *Bender/Nack u.a.*, a.a.O., Rn. 258. Fehlt es völlig an einer Aussagemotivation, so kann dies zu einem unkritischen Umgang mit der Wahrheit, Gefälligkeitsantworten oder dem nachlässigen Schließen von Erinnerungslücken führen, s. *Dettenborn*, NZFam 2016, 593 (597).

Die Kompetenzanalyse[906] liefert ebenfalls nur annähernde Ergebnisse. Ergibt die Analyse, dass der Aussagende eine Aussage der festgestellten Qualität auch dann machen kann, wenn sie nicht erlebnisfundiert ist, kann daraus nicht gefolgert werden, dass die Aussage unwahr ist;[907] es lässt sich nur nicht sicher feststellen, dass die Aussage wahr ist.[908] Zudem ist bislang ungeklärt, in welchem Verhältnis die Fähigkeit zur Wahrnehmung, Speicherung und Reproduktion von Sachverhalten sowie die Fähigkeit, Darstellungen zu konstruieren, tatsächlich zur Qualität einer erlebnisbasierten oder erfundenen Aussage steht.[909]

Es ist festzuhalten, dass die einzelnen Aussage- und Kontrollanalysen ihre Aussagekraft erst im Zusammenspiel mit den anderen Analysen erhalten.[910] Die Aussagebeurteilung anhand nur *einer* der Analysen wäre mit zu hohen Unsicherheiten verbunden.[911]

2. *Suggerierte Aussagen*

Der 1. Strafsenat benennt in seiner Entscheidung vom 30. Juli 1999 selbst eine bedeutende Schwäche der Glaubhaftigkeitsbeurteilung:

> „Darüber hinaus ist stets zu beachten, daß die Realkennzeichen ungeeignet sind, zur Unterscheidung zwischen einer wahren und einer suggerierten Aussage beizutragen."[912]

Wie die Wormser Prozesse[913] und das Montessori-Verfahren[914] gezeigt haben, besteht die reale Gefahr, dass Zeugen durch privaten, behördlichen und prozessualen Übereifer gewollt oder ungewollt zu unbewussten Falschaussagen manipuliert werden können.[915] Aber auch die unbewussten Prozesse in psychischen Krisen des Aussagenden haben einen erheblichen Stellenwert bei der Entstehung

906 S. § 8 B. III. 1. c) bb).

907 *Bender/Nack u.a.*, Tatsachenfeststellung (2014), Rn. 485.

908 *Bender/Nack u.a.*, Tatsachenfeststellung (2014), Rn. 485.

909 *Volbert/Steller*, in: Psychiatrische Begutachtung (2015), 683 (692).

910 Vgl. *Müller*, JZ 2000, 267 (268); *Volbert*, in: Psychologische Begutachtung (2005), 171 (176); *Volbert/Steller*, in: Psychiatrische Begutachtung (2015), 683 (689); ähnl. bzgl. der Motivationsanalyse *Greuel/Offe u.a.*, Glaubhaftigkeit (1998), 178: „Insofern dient die Motivationsanalyse der Abschätzung der Sicherheit der Gesamtbeurteilung."

911 S.a. *Greuel/Offe u.a.*, Glaubhaftigkeit (1998), 178.

912 BGHSt 45, 164 (171) = NJW 1999, 2746 (2748). S. zur Suggestion schon *Stern*, in: Psychologie der Aussage (1904), 269 (335 ff.); *Stöhr*, Aussagepsychologie (1911), 45 ff.; ausf. a. *Blum*, in: Erhebung von Zeugenaussage (2007), 162 (165 ff.); *Volbert*, in: Psychologische Begutachtung (2005), 171 (180 ff.); zu fremdsuggerierten Aussagen bei Kindern s. *Volbert/Steller*, in: Psychiatrische Begutachtung (2015), 683 (694 ff.).

913 S.o. § 5 D. I.

914 S.o. § 5 D. I.

915 *Salditt*, StV 2002, 273 (274). Dieses Phänomen ist v.a. bei kindlichen Zeugen zu beobachten, vgl. *Endres/Scholz*, NStZ 1994, 466 (471); *Rolinski*, in: Kühne-FS (2013), 297 (305); *Steller*, in: Mißbrauch (1999), 243 (250–255); *Steller*, in: Handbuch der

von Belastungsaussagen.[916] Eine Aufteilung in ausschließlich wahrheitsgemäße Schilderungen und absichtliche Falschbezichtigungen greift demgemäß zu kurz.[917] Vielmehr gibt es zahlreiche Formen und Unterformen der Fremdbeeinflussung oder der Autosuggestion.[918] Bei einer Aussage kann es sich beispielsweise um eine subjektiv für wahr gehaltene, auf einer *vermeintlichen* Erinnerung basierenden Darstellung handeln, deren Inhalt aber tatsächlich keine Entsprechung in einer vorausgegangenen Realität hat.[919] Derartige *Pseudoerinnerungen* resultieren in der Regel aus fremd- oder autosuggestiven Prozessen.[920]

Rechtspsychologie (2008), 300 (305–306); *Steller/Volbert*, in: Psychologie im Strafverfahren (1997), 12 ([22][28]); *Volbert*, in: Psychologische Begutachtung (2005), 171 (180–186).

916 *Deckers*, in: Eisenberg-FS (2009), 473 (484–485); zur Gefahr der Entstehung von Scheinerinnerungen bei dem (therapeutischen) Versuch der Rückgewinnung verdrängter Erinnerungen s. *Effer-Uhe/Mohnert*, Psychologie (2019), Rn. 190; *Höfer/Langen u.a.*, in: Psychologie der Zeugenaussage (1997), 165 (170–175); *Miebach*, NStZ-RR 2016, 329 (333); *Steller*, in: Erhebung von Zeugenaussage (2019), 71 (84–88); *Volbert/Steller*, in: Rechtspsychologie (2014), 391 (398); näher zu Anschuldigungen aufgrund wiedergefundener Erinnerungen *Bange*, in: Handwörterbuch-Erinnerungen (2002), 61 (61 ff.); *Steller*, Sonderheft für Schäfer 2002, 69 (71); *Wille*, Aussage gegen Aussage (2012), 25. Überdies ist es äußerst problematisch, wenn das vermeintliche Sexualopfer Symptome einer psychischen Störung zeigt und so die Gefahr, dass die Störung nicht als *Ursache* der Vorwürfe, sondern als *Folge* der Tat missdeutet wird, erhöht ist, vgl. dazu MüKo-StGB-*Renzikowski*, Vor § 174 Rn. 67; *Pfister*, FPPK 2008, 3 (4); *Schwenn*, StV 2010, 705 (707); *Steller*, in: Erhebung von Zeugenaussage (2019), 71 (81–83); s. besonders zur Diagnose „Posttraumatische Belastungsstörung" *Steller*, Sonderheft für Schäfer 2002, 69 (70–71); *Sczesny/Krauel*, MschrKrim 1996, 338 (341–342); *Steller*, in: Erhebung von Zeugenaussage (2019), 71 (83).

917 Vgl. *Volbert*, in: Psychologische Begutachtung (2005), 171.

918 Eine Übersicht hierzu findet sich bei *Steller/Volbert*, in: Psychologie im Strafverfahren (1997), 12 (23); *Volbert*, in: Psychologische Begutachtung (2005), 171 (172); s.a. *Deegener*, in: Handwörterbuch (2002), 26 (27); *Dettenborn*, NZFam 2016, 593 (594); *Volbert/Steller*, in: Sexualstraftaten (1998), 235 (235–236); *Volbert/Steller*, in: Rechtspsychologie (2014), 391 ([391][397 ff.]); *Volbert/Steller*, in: Psychiatrische Begutachtung (2015), 683 (684–685); zu kindlichen Falschbeschuldigungen s. *Endres/Scholz*, NStZ 1994, 466 (471).

919 *Volbert*, FPPK 2008, 12 (13); *Volbert/Steller*, in: Rechtspsychologie (2014), 391; *Volbert/Steller*, in: Psychiatrische Begutachtung (2015), 683 (684); ferner *Deckers*, in: Eisenberg-FS (2009), 473 (485); *Scholz*, NStZ 2001, 572 (579); *Steller*, R & P 1998, 11 (13). Schon *Stöhr*, Aussagepsychologie (1911), 66 unterschied zwischen (objektiv) wahren und (lediglich subjektiv) wahrhaften Aussagen.

920 *Rolinski*, in: Kühne-FS (2013), 297 (303); *Volbert*, FPPK 2008, 12 (13); *Volbert/Steller*, in: Rechtspsychologie (2014), 391; *Volbert/Steller*, in: Psychiatrische Begutachtung (2015), 683 ([684][699]); näher hierzu *Scholz*, NStZ 2001, 572 (579).

Gerade hier versagt die Aussageinhaltsanalyse: Die Aussageinhaltsanalyse – ausgehend von der *Undeutsch*-Hypothese[921] – beruht auf der Dichotomie „erlebnisfundiert versus erfunden“[922] und damit auf der Überprüfung der Hypothese einer intentional kontrafaktischen Aussage.[923] Bei suggestiv verursachten Angaben gibt der Aussagende dagegen *vermeintliche Erinnerungen* wieder und ist folglich von seiner Darstellung subjektiv überzeugt.[924] Der Aussagende muss sich – im Gegensatz zu dem lügenden Aussagenden – somit weder als glaubhaft darstellen (Selbstpräsentation), noch sich auf selbst erdachte Umstände konzentrieren oder kognitive Energie auf Kontrollprozesse verwenden.[925] Er sieht sich nicht in der Position eines Täuschenden und ergreift infolgedessen auch keine Maßnahmen zur Täuschungsverheimlichung.[926]

Zudem existieren keine empirischen Belege dafür, dass sich erlebnisbasierte und suggerierte Aussagen in ihrer Qualität unterscheiden.[927] Vielmehr sprechen die Erkenntnisse dafür, dass sich qualitative Unterschiede zwischen erlebnisbasierten und suggerierten Aussagen nicht oder allenfalls nur in geringem Umfang feststellen lassen.[928] Das Vorliegen von Pseudoerinnerungen kann folglich nicht durch Hinweis auf die Aussagequalität widerlegt werden, denn auch Scheinerinnerungen können Merkmale aufweisen, die den Realkennzeichen eines Erlebnisberichts entsprechen.[929] Insoweit entfällt die Grundlage der *Undeutsch*-Hypothese.[930]

Letztlich führt die Suggestionshypothese[931] als „Unwahrhypothese“ zu einer erheblichen Abwertung der Aussageninhaltsanalyse, denn letztere wird – trotz hoher Aussagequalität – nur dann Auskunft über die Wahrscheinlichkeit eines realen Erlebnishintergrunds geben können, wenn sämtliche fremd- oder autosuggestive Einflüsse ausgeschlossen werden konnten.[932] Gesetzt den Fall, dass die

---

921 Vgl. § 8 B. III. 1. b) aa).

922 *Müller*, JZ 2000, 267 (268).

923 Vgl. *Köhnken*, in: Erhebung von Zeugenaussagen (2019), 25 (48); MAH-Strafverteidigung-*Schroth/Deckers*, § 49 Rn. 59; *Volbert*, FPPK 2008, 12 (13).

924 *Volbert/Steller*, in: Psychiatrische Begutachtung (2015), 683 (699); s.a. MAH-Strafverteidigung-*Schroth/Deckers*, § 49 Rn. 61.

925 BGHSt 45, 164 (172) = NJW 1999, 2746 (2748); *Volbert/Steller*, in: Rechtspsychologie (2014), 391 (400); *Volbert/Steller*, in: Psychiatrische Begutachtung (2015), 683 (699).

926 *Volbert*, FPPK 2008, 12 (15); *Volbert/Steller*, in: Psychiatrische Begutachtung (2015), 683 (699); s.a. MAH-Strafverteidigung-*Schroth/Deckers*, § 49 Rn. 61.

927 BGHSt 45, 164 (172) = NJW 1999, 2746 (2748); *Volbert*, FPPK 2008, 12 (15).

928 *Steller*, in: Handbuch der Rechtspsychologie (2008), 300 (306); *Steller/Volbert*, Praxis der Rechtspsychologie 1999, 46 (94–95); *Volbert*, FPPK 2008, 12 (15); ausf. hierzu *Volbert/Steller*, in: Rechtspsychologie (2014), 391 (400–401); *Volbert/Steller*, in: Psychiatrische Begutachtung (2015), 683 (700 ff.).

929 BGH NStZ 2016, 122 (123); KK-StPO-*Ott*, § 261 Rn. 122; *Miebach*, NStZ-RR 2016, 329 (333–334); *Steller*, in: Handbuch der Rechtspsychologie (2008), 300 (306).

930 S.a. BeckOK-StPO-*Eschelbach*, § 261 Rn. 59.2.

931 S.o. § 8 B. III. 1. a) und § 8 B. III. 1. c) aa) aaa).

932 *Volbert*, FPPK 2008, 12 (15); vgl. zudem BGH NStZ 2016, 122 (123); *Miebach*, NStZ-RR 2016, 329 (334); *Steller*, in: Handbuch der Rechtspsychologie (2008), 300 (306).

Suggestionshypothese nicht falsifiziert werden kann, wird die Aussage als Beweismittel unbrauchbar, da die Beurteilung der Aussage als erlebnisbasiert mittels inhaltsanalytischer Methodik regelmäßig nicht mehr möglich ist.[933]

3. *Wahrscheinlichkeitsbeurteilung*

Bei der Glaubhaftigkeitsbeurteilung geht es nur um den möglichen Erlebnisbezug einer Aussage und nicht um deren faktischen Wahrheitsgehalt.[934] Der Richter bekommt mit einem positiven Glaubhaftigkeitsgutachten also kein Faktum geliefert, sondern lediglich ein Indiz;[935] über probabilistische Angaben reicht die aussagepsychologische Glaubhaftigkeitsbeurteilung nicht hinaus.[936] Vor diesem Hintergrund ist die merkmalsorientierte Aussageanalyse lediglich eine *Methode zur Wahrscheinlichkeitsbeurteilung* der Erlebnisfundiertheit einer Aussage.[937] Die Bildung und Prüfung von Hypothesen erweckt zwar den Anschein einer gewissen Exaktheit der Glaubhaftigkeitsbeurteilung, eine solche ist de facto jedoch nicht erreichbar.[938] Denn gerade die Aussage- und Fehlerquellenanalysen setzen eine Vielzahl normativer Bewertungen voraus.[939]

Ungeachtet dessen ist die Überlegung anzustellen, ob sich die Wahrscheinlichkeit der Erlebnisfundiertheit einer Aussage mithilfe mathematischer Wahrscheinlichkeitsberechnungen genau(er) bestimmen lässt. Die Ausführungen zu der merkmalsorientierten Aussageanalyse haben gezeigt, dass je mehr Qualitätsmerkmale[940] eine Aussage aufweist, desto höher ist die Wahrscheinlichkeit für das Vorliegen einer erlebnisbasierten Aussage.[941] Wenn nun jedem einzelnen

---

Zurückzugreifen ist hier v.a. auf die Aussagegenese und die Konstanzanalyse, da suggerierte Aussagen meist eine höhere Variabilität aufweisen, s. *Volbert/Steller*, in: Rechtspsychologie (2014), 391 (401). Nach *Greuel*, in: Psychologie der Zeugenaussage (1997), 211 ([217][219]) wird man in der gerichtlichen Praxis jedoch gerade bei kindlichen Zeugen selten mit Aussagen konfrontiert, die eine völlig suggestionsfreie Entwicklungsgeschichte aufweisen. Als Ausgleich seien dann gesteigerte Anforderungen an die Qualität einer Aussage zu stellen.

933 *Steller*, in: Handbuch der Rechtspsychologie (2008), 300 (307); eingehend zu den Grenzen aussagepsychologischer Befunderhebungen *Volbert/Steller*, in: Psychiatrische Begutachtung (2015), 683 (703–705).

934 *Heintschel-Heinegg*, in: Breidling-FS (2017), 143 (153); MüKo-StGB-*Renzikowski*, Vor § 174 Rn. 67.

935 Vgl. dazu schon unter § 8 B. II. 2.; s.a. *Heintschel-Heinegg*, in: Breidling-FS (2017), 143 (153).

936 Vgl. *Müller*, JZ 2000, 267 (268); s.a. *Brause*, NStZ 2007, 505 (506); warnend insoweit *Fischer*, in: Widmaier-FS (2008), 191 (214).

937 S. schon unter § 8 B. III. 1. b) aa); s.a. *Scholz*, NStZ 2001, 572 (579).

938 *Fischer*, in: Widmaier-FS (2008), 191 (214).

939 *Fischer*, in: Widmaier-FS (2008), 191 (214).

940 Gemeint sind die Realkennzeichen und die Aussagekonstanz.

941 *Geipel*, Beweiswürdigung (2017), § 12 Rn. 9.

Qualitätsmerkmal ein Wahrscheinlichkeitswert zugeschrieben werden könnte, ließe sich die Gesamtwahrscheinlichkeit für die Erlebnisfundiertheit einer Aussage errechnen.[942] Als mathematische Grundlage wird in der Literatur das sogenannte *Bayes-Theorem*[943] vorgeschlagen.[944] Dieses Theorem zeigt, wie eine anfängliche subjektive Überzeugung, dass eine Hypothese zutrifft (Anfangswahrscheinlichkeit) neuen Erkenntnissen anzupassen ist.[945] Die Formel des *Bayes*-Theorems lautet:[946]

$$P(H \mid I) = \frac{P(H) \times P(I \mid H)}{P(I)}$$

Mit dieser Formel lässt sich die bedingte Wahrscheinlichkeit P, dass die Hypothese H bei Vorliegen des Indizes I zutrifft, berechnen.[947] Hierfür wird die Wahrscheinlichkeit, dass die Hypothese H zutrifft (P[H]), mit der bedingten Wahrscheinlich, dass das Indiz I vorliegt, wenn die Hypothese H zutrifft (P[I | H]), multipliziert und durch die Wahrscheinlichkeit geteilt, dass das Indiz I überhaupt vorliegt unabhängig davon, ob H zutrifft oder nicht (P[I]).[948]

942 Ähnl. *Schoreit*, StV 2004, 284 (286). Die Qualitätsmerkmale legen sich dabei wie ein Ring um die zu beweisende Hauptsache (= erlebnisfundierte Aussage), s. *Geipel*, Beweiswürdigung (2017), § 9 Rn. 100, § 18, Rn 37 ff.; ausf. zum Unterschied zwischen Beweisring und Beweiskette *Bender/Nack u.a.*, Tatsachenfeststellung (2014), Rn. 598 ff., 653; *Effer-Uhe/Mohnert*, Psychologie (2019), Rn. 71–77; MAH-Strafverteidigung-*Neuhaus*, § 62 Rn. 38–39; *Nack*, in: Kriminalistik II (1994), 189, Rn. 82–88.

943 Das Theorem wurde von dem presbyterianischen Pfarrer und Mathematiker *Thomas Bayes* entwickelt und behandelt die Berechnung bedingter Wahrscheinlichkeiten. Die Abhandlung von *Bayes* wurde jedoch erst nach seinem Tod im Jahr 1761 entdeckt und 1763 als „An Essay towards solving a Problem in the Doctrine of Chances" von der *Royal Society of London* veröffentlicht, s. *Royal Society of London*, Essay (1763); vgl. hierzu *Bender/Nack u.a.*, Tatsachenfeststellung (2014), Rn. 643.

944 So z.B. bei *Bender/Nack u.a.*, Tatsachenfeststellung (2014), Rn. 644 ff.; 653 ff.; *Geipel*, Beweiswürdigung (2017), § 12 Rn. 9 ff.; ausf. zur Einführung des *Bayes-Theorems* in die Beweiswürdigung unter rechtsvergleichenden Aspekten *Schweizer*, Kognitive Täuschungen (2005), Rn. 364 ff.; zu möglichen Gegenstimmen hinsichtlich der Anwendung der *Bayesschen-Formel* s. *Kunz*, ZStW 121 [2009], 572 (603).

945 *Schweizer*, Kognitive Täuschungen (2005), Rn. 365; s.a. *Bender/Nack u.a.*, Tatsachenfeststellung (2014), Rn. 647; *Effer-Uhe/Mohnert*, Psychologie (2019), Rn. 84; *Kunz*, ZStW 121 [2009], 572 (596); MAH-Strafverteidigung-*Neuhaus*, § 62 Rn. 39; *Nack*, in: Kriminalistik II (1994), 189, Rn. 58.

946 S. zur Herleitung des *Bayes-Theorems Royal Society of London*, Essay (1763), 376 ff.; *Schweizer*, Kognitive Täuschungen (2005), Rn. 811 ff.

947 *Schweizer*, Kognitive Täuschungen (2005), Rn. 367.

948 *Schweizer*, Kognitive Täuschungen (2005), Rn. 367.

Der Gedanke des *Bayes*-Theorems lässt sich auf die Beweissituation vor Gericht übertragen: Man hat eine bestimme Vorstellung über die Wahrscheinlichkeit der Erlebnisfundiertheit einer Aussage (Anfangswahrscheinlichkeit).[949] Erhält man nun mittels Beweisaufnahme und Beweiswürdigung zusätzliche Informationen, ist es fraglich, wie sich die Anfangswahrscheinlichkeit verändert hat (Endwahrscheinlichkeit).[950]

Für den Fall von zwei sich gegenseitig ausschließenden Hypothesen, von denen eine zutreffen muss (Beispiel: „Die Aussage ist erlebnisfundiert", „Die Aussage ist nicht erlebnisfundiert"), lässt sich die bedingte Wahrscheinlichkeit, dass die Hypothese H bei Vorliegen des Indizes I (zum Beispiel Realkennzeichen A) zutrifft, wie folgt errechnen:[951]

$$P(H \mid I) = \frac{P(H) \times P(I \mid H)}{P(H) \times P(I \mid H) + P(\neg H) \times P(I \mid \neg H)}$$

Sind dagegen mehrere Indizien zu berücksichtigen (beispielsweise Realkennzeichen A und Aussagekonstanz), so kann die Endwahrscheinlichkeit nach Berücksichtigung des ersten Indizes I_1 als neue Anfangswahrscheinlichkeit für die Berechnung des zweiten Indizes I_2 eingesetzt werden, oder aber man erweitert die Formel:[952]

$$P(H \mid I_1 \cap I_2) = \frac{P(H) \times P(I_1 \mid H) \times P(I_2 \mid H)}{P(H) \times P(I_1 \mid H) \times P(I_2 \mid H) + P(\neg H) \times P(I_2 \mid \neg H) \times P(I_2 \mid \neg H)}$$

Um das *Bayes-Theorem* im Rahmen der Glaubhaftigkeitsbeurteilung anwenden und die Wahrscheinlichkeit der Haupttatsache (Erlebnisfundiertheit der Aussage) berechnen zu können, muss dem jeweiligen Qualitätskriterium zunächst basierend auf *Plausibilitätserwägungen* ein Wahrscheinlichkeitswert zugeordnet werden.[953]

---

949 Vgl. *Bender/Nack u.a.*, Tatsachenfeststellung (2014), Rn. 644–645.

950 *Bender/Nack u.a.*, Tatsachenfeststellung (2014), Rn. 644–645, 655; s.a. *Nack*, in: Kriminalistik II (1994), 189, Rn. 57. Die wahrscheinlichkeitstheoretische Definition der Abhängigkeit entspricht dabei der Definition des Indizes, s. *Bender/Nack u.a.*, a.a.O., Rn. 654; *Nack*, a.a.O., Rn. 56; zu abhängigen und unabhängigen Indizien s. *Effer-Uhe/Mohnert*, Psychologie (2019), Rn. 97–100.

951 *Schweizer*, Kognitive Täuschungen (2005), Rn. 370; s.a. *Bender/Nack u.a.*, Tatsachenfeststellung (2014), Rn. 648; *Nack*, in: Kriminalistik II (1994), 189, Rn. 60.

952 *Bender/Nack u.a.*, Tatsachenfeststellung (2014), Rn. 651; *Nack*, in: Kriminalistik II (1994), 189, Rn. 73. Ein Rechenbeispiel hierzu findet sich ebenfalls bei *Bender/Nack u.a.*, a.a.O. Rn. 652. Ausf. zur Abhängigkeit mehrerer Indizien untereinander s. *Bender/Nack u.a.*, a.a.O. Rn. 664–682; *Nack*, a.a.O. Rn. 74–78.

953 Hierfür hat sich der Richter das Vorliegen des jeweiligen Qualitätskriteriums in tausend gedachten analogen Fällen vorzustellen und sich dann zu fragen, in wie

Zur Veranschaulichung der Berechnungen sei an dieser Stelle auf den von *Andreas Geipel* skizzierten Fall verwiesen.[954] *Geipel* unternimmt dort den Versuch, einzelnen Qualitätsmerkmalen einen Wahrscheinlichkeitswert zuzuweisen[955] und in die aufgezeigte Formel einzusetzen, um den Beweiswert der (subjektiv wahren) Aussage zu erhalten.[956]

Einige Stimmen in der Literatur weisen darauf hin, dass Sinn und Zweck der Anwendung des *Bayes*-Theorems auf den Indizienprozess nicht die Berechnung von Wahrscheinlichkeiten im Prozess seien.[957] Vielmehr gehe es um die Anwendung des Theorems als Modell, um Denkprozesse beim Indizienbeweis zu beschreiben und so – zum Beispiel für das Revisionsgericht nachvollziehbar – rational argumentieren zu können.[958]

Gerade in „Aussage gegen Aussage"-Konstellationen scheint die Anwendung des *Bayes*-Theorems nützlich zu sein: Mittels mathematischer Berechnungen könnte beispielsweise eine andere Aussagezuverlässigkeit festgestellt werden als durch die bloße Betrachtung der Aussage mittels Aussageinhaltsanalyse.[959]

Ein Problem, das schon der Glaubhaftigkeitsbeurteilung zugrunde liegt, kann die mathematische Wahrscheinlichkeitsberechnung allerdings nicht lösen. Denn um die Qualitätsmerkmale einer Aussage überhaupt in die Formel einsetzen zu können, bedarf es einer Wertzuschreibung, welche auf Plausibilitätserwägungen beruht.[960] Eine mathematisch exakte Beurteilung der Erlebnisfundiertheit einer Aussage lässt sich mit der Anwendung des *Bayes*-Theorems demnach nicht erzielen. Auch am Ende der Glaubhaftigkeitsbeurteilung steht nicht die Aufdeckung

---

vielen der gedachten Fälle es denkbar wäre, dass das Kriterium in einem wahren Fall vorkommt, s. *Geipel*, Beweiswürdigung (2017), § 12 Rn. 10; ausf. hierzu *Bender/Nack u.a.*, Tatsachenfeststellung (2014), Rn. 656–657, 661; ferner *Nack*, in: Kriminalistik II (1994), 189, Rn. 70.

954 *Geipel*, Beweiswürdigung (2017), § 11 Rn. 1 ff., § 12 Rn. 9 ff.; weitere Rechenbeispiel finden sich bei *Bender/Nack u.a.*, Tatsachenfeststellung (2014), Rn. 648–650 (Wahrscheinlichkeit für eine alkoholbedingte Fahruntüchtigkeit); *Nack*, in: Kriminalistik II (1994), 189, Rn. 89–102 (Wahrscheinlichkeit für einen in betrügerischer Absicht provozierten Verkehrsunfall).

955 Bspw. geht *Geipel*, Beweiswürdigung (2017), § 12 Rn. 11 davon aus, dass hinsichtlich der Schilderung von Körperpositionen bei Sexualdelikten in wahren Aussagen eine Inkonstanz in 30 % der Fälle auftritt ($P [I \mid H]$), während bei falschen Aussagen eine Inkonstanz in 60 % der Fälle auftritt ($P [I \mid \neg H]$). Zur Würdigung weiterer Indizien s. *Geipel*, a.a.O., § 12 Rn. 23 ff.

956 *Geipel*, Beweiswürdigung (2017), § 12 Rn. 15–17.

957 So *Bender/Nack u.a.*, Tatsachenfeststellung (2014), Rn. 646.

958 *Bender/Nack u.a.*, Tatsachenfeststellung (2014), Rn. 646, 686; ähnl. *Nack*, NJW 1983, 1035 (1037).

959 S. z.B. *Geipel*, Beweiswürdigung (2017), § 12 Rn. 17; *Kunz*, ZStW 121 [2009], 572 (597).

960 Vgl. *Bender/Nack u.a.*, Tatsachenfeststellung (2014), Rn. 685; s.a. *Schoreit*, StV 2004, 284 (286).

einer Lüge, sondern lediglich die Plausibilität der Erlebnisfundiertheit.[961] Zudem gilt es zu beachten, dass die, entweder mit der Glaubhaftigkeitsbeurteilung oder mit dem *Bayes*-Theorem ermittelte Wahrscheinlichkeit der Erlebnisfundiertheit der Aussage noch einer Würdigung durch den Tatrichters bedarf, damit dieser zu einer Überzeugungsbildung nach § 261 StPO gelangen kann.[962]

Vor diesem Hintergrund könnte darüber nachgedacht werden, das *Bayes*-Theorem neben der Glaubhaftigkeitsbeurteilung anzuwenden, um das Ergebnis der Glaubhaftigkeitsbeurteilung zu überprüfen.[963] Der Bundesgerichtshof hat in einem Urteil aus dem Jahr 1989 jedoch festgestellt, dass es, sofern die Beweiswürdigung nachvollziehbar und frei von Gedankenfehlern ist, keiner weiteren Kontrolle des Ergebnisses anhand von Wahrscheinlichkeitsberechnungen unter Zugrundelegung des *Bayes-Theorems* bedarf.[964] Im Rahmen der Würdigung von Indizien darf der Tatrichter die unangefochtenen logischen und mathematischen Regeln der Wahrscheinlichkeitsrechnung zwar nicht verletzten.[965] Er wird dazu aber im allgemeinen bei der von ihm vorzunehmen Beweiswürdigung keine Anfangswahrscheinlichkeiten in Prozentsätzen ausweisen und mit diesen dann Berechnungen anstellen müssen.[966]

4. *Verweigerung der Exploration*

Ausgangspunkt für eine aussagepsychologische Begutachtung ist die Exploration der Aussageperson. Wie ist aber zu verfahren, wenn sich die Aussageperson nicht untersuchen lässt?

Eine ausdrückliche Gesetzesvorschrift für die Glaubhaftigkeitsbeurteilung einer Aussage gibt es nicht.[967] Die Untersuchung des Aussagenden zum Zweck der Glaubhaftigkeitsbeurteilung seiner Aussage ist überdies kein in § 81c StPO geregelter

---

961 Vgl. *Brause*, NStZ 2007, 505 (506); s. schon unter § 8 B. III. 1. a).

962 Vgl. BGHSt 31, 86 (89) = NJW 1982, 2455 (2456); ähnl. wohl *Bender/Nack u.a.*, Tatsachenfeststellung (2014), Rn. 685.

963 So wohl a. BGH NJW 1989, 3161 (3162): „Sicherlich kann es häufig nützlich sein, sich über die Tragfähigkeit und das Gewicht der einzelnen Indizien genauere Rechenschaft abzulegen und vielleicht auch einmal anhand von Berechnungsformeln das Ergebnis zu überprüfen. Andererseits besteht die Gefahr, daß bei wie häufig ungesicherter empirischer Grundlage für die Annahme sogenannter Anfangswahrscheinlichkeiten ein solches Verfahren zu überdies manipulierbaren Scheingewißheiten führen kann." *Kunz*, ZStW 121 [2009], 572 (597) sieht die forensische Bedeutung des *Bayes*-Theorems darin, typische Fehler einer assoziativen Beweiswürdigung aufzudecken. Vgl. zum assoziativen Denken speziell bei sexuellem Missbrauch von Kindern *Kunz*, a.a.O. (597–598).

964 BGH NJW 1989, 3161 (3162).

965 BGH NJW 1989, 3161 (3162).

966 BGH NJW 1989, 3161 (3162); ferner MAH-Strafverteidigung-*Neuhaus*, § 62 Rn. 35.

967 *Hilgert*, NJW 2016, 985 (985–986); *Kett-Straub*, ZStW 117 [2005], 354; s.o. § 8 B. III.

Eingriff, sodass der Betroffene nicht ohne seine Einwilligung untersucht werden darf.[968] Der Aussagende kann die Glaubhaftigkeitsuntersuchung daher insgesamt oder in Teilen verweigern.[969] Die Ablehnung der Untersuchung macht den Sachverständigenbeweis jedoch nicht zu einem unzulässigen oder völlig ungeeigneten Beweismittel.[970] Denn der Sachverständige kann den Aussagenden ersatzweise in der Hauptverhandlung beobachten[971] und gegebenenfalls gemäß § 80 Abs. 2 StPO befragen.[972] Es ist allerdings zweifelhaft, dass hierdurch die Basis für eine zuverlässige gutachterliche Äußerung geschaffen wird.[973] Glaubhaftigkeitsgutachten, die allein auf der Grundlage der Beobachtung und Vernehmung des Aussagenden in der Hauptverhandlung erstellt wurden, erscheinen vielmehr weder sachgerecht noch fachgerecht und sind daher als Beweis wohl regelmäßig ungeeignet.[974] Stimmt ein Zeuge der Begutachtung außerhalb der Hauptverhandlung somit nicht zu, ist eine Glaubhaftigkeitsbeurteilung in den meisten Fällen ausgeschlossen.[975]

---

968 BGHSt 13, 394 (398) = NJW 1960, 584 (585); 14, 21 (23) = NJW 1960, 586; 36, 217 (219) = NJW 1989, 2762 (2763); BGH NStZ 1982, 432; *Hilgert*, NJW 2016, 985 (985–986); KK-StPO-*Hadamitzky*, § 81c, Rn. 9; KK-StPO-*Krehl*, § 244 Rn. 55; KK-StPO-*Ott*, § 261 Rn. 118; Meyer-Goßner/Schmitt-*Schmitt*, § 81c, Rn. 7, 2; MüKo-StPO-*Trück*, § 81c, Rn. 55; monierend a. *Kett-Straub*, ZStW 117 [2005], 354 (355). Über eine Erweiterung des § 81c StPO hin zu einer „Zwangsexploration" denkt *Wille*, Aussage gegen Aussage (2012), 136 nach.

969 BGHSt 13, 394 (398) = NJW 1960, 584 (585); KK-StPO-*Krehl*, § 244 Rn. 55. Der Zeuge ist dahingehend (in entsprechender Anwendung von § 81c Abs. 3 S. 2, 2. HS i.V.m. § 52 Abs. 3 S. 1 StPO) zu belehren, vgl. BGHSt 13, 394 (399) = NJW 1960, 584 (585); 36, 217 (220) = NJW 1989, 2762 (2763); 40, 336 (337) = NJW 1995, 1501; BGH NJW 1996, 206; *Deckers*, in: Eisenberg-FS (2009), 473 (491); *Hilgert*, NJW 2016, 985 (986); *Jansen*, Aussagepsychologie (2012), Rn. 315; *Kett-Straub*, ZStW 117 [2005], 354 (367–369) (*dies.* a. äußerst krit. zu einer Analogie des § 81c Abs. 3 S. 2, 2. HS StPO, a.a.O. [369]); KK-StPO-*Hadamitzky*, § 81c, Rn. 11; MüKo-StPO-*Trück*, § 81c, Rn. 55.

970 BGHSt 23, 1 (1–2) = NJW 1969, 1582; BGH NStZ 1982, 432; 1991, 47.

971 BGH NStZ 1982, 432; *Hilgert*, NJW 2016, 985 (986); KK-StPO-*Krehl*, § 244 Rn. 55; *Miebach*, NStZ-RR 2016, 329 (333) m.w.N. zur Rspr.; zum Fall, wenn sich die Aussageperson nicht explorieren lässt und a. in der Hauptverhandlung nicht beobachtet werden kann BGH NStZ 2002, 656 (658–659); vgl. a. *Pfister*, FPPK 2008, 3 (6).

972 *Hilgert*, NJW 2016, 985 (986); KK-StPO-*Krehl*, § 244 Rn. 55; KK-StPO-*Ott*, § 261 Rn. 118; Meyer-Goßner/Schmitt-*Schmitt*, § 81c, Rn. 8 m.w.N.; ausf. hierzu *Kett-Straub*, ZStW 117 [2005], 354 (372–374).

973 KK-StPO-*Krehl*, § 244 Rn. 55; s.a. *Jansen*, Aussagepsychologie (2012), Rn. 315; *Kett-Straub*, ZStW 117 [2005], 354 (374); *Schlothauer*, in: Psychologie der Zeugenaussage (1997), 143 (145).

974 So *Müller*, JZ 2000, 267 (268); vgl. zudem BGHSt 14, 339 (342–343) = NJW 1960, 1582.

975 *Müller*, JZ 2000, 267 (268); vgl. BGHSt 13, 394 (397) = NJW 1960, 584 (585). Ein deutliches Wort des 2. Senats in seiner Entscheidung vom 30. Juli 1999 fehlt an dieser Stelle, vgl. *Müller*, JZ 2000, 267 (268). Eine aussagepsychologische Begutachtung soll nach BGH NStZ 2002, 656 (659) dennoch grundsätzlich nicht scheitern „wenn die betreffende Auskunftsperson selbst weder für eine unmittelbare Aussage noch für

5. Exkurs: Verwertung der im Rahmen der Glaubhaftigkeitsbegutachtung gemachten Angaben

Die vorstehenden Ausführungen führen zu der Frage, ob in der umgekehrten Konstellation, in welcher der Belastungszeuge in eine Exploration außerhalb der Hauptverhandlung einwilligt und sich dann in der Hauptverhandlung auf sein Zeugnisverweigerungsrecht beruft, seine im Rahmen der Glaubhaftigkeitsbegutachtung gemachten Angaben durch Vernehmung des Sachverständigen verwertet werden dürfen.

An dieser Stelle gelangt man zu dem klassischen strafprozessrechtlichen Problem, wie weit das Verbot des § 252 StPO reicht.[976] Das Verbot der Protokollverlesung nach Zeugnisverweigerung gemäß § 252 StPO ist nicht nur als Verlesungsverbot, sondern – über seinen Wortlaut hinaus – auch als Verwertungsverbot aufzufassen, das jede andere Verwertung der (bei einer nichtrichterlichen Vernehmung) gemachten Aussage ausschließt.[977] Von dem Verwertungsverbot sind grundsätzlich auch die zwecks Glaubhaftigkeitsbeurteilung gemachten Tatschilderungen (Zusatztatsachen) des zur Verweigerung des Zeugnisses berechtigten Zeugen gegenüber dem Sachverständigen umfasst.[978]

Der Bundesgerichtshof stellte 1999 in einem Urteil fest, dass die Geltendmachung des Zeugnisverweigerungsrechts den Zeugen allerdings nicht daran hindere, nach ordnungsgemäßer Belehrung die Verwertung der bei einer nichtrichterlichen Vernehmung gemachten Aussage zu gestatten, da es in diesem Fall nicht des an das Zeugnisverweigerungsrechts anknüpfenden Schutzes des § 252 StPO bedürfe.[979] Das Tatgericht habe bei der Beweiswürdigung lediglich zu beachten, dass der Beweiswert der Aussage aufgrund der erheblich eingeschränkten Möglichkeiten zur Überprüfung der Glaubhaftigkeit wesentlich geringer ist, als bei einer unmittelbaren Aussage des Zeugen.[980] Dem Urteil lag der folgende Fall

---

eine Exploration oder Untersuchung zur Verfügung steht." So a. *Maier*, NStZ 2005, 246 (248).

976 Ausf. dazu *Farthofer/Rückert*, HRRS 2017, 123 (123 ff.) (m.w.N.); *Kindhäuser/Schumann*, StPO (2019), § 21 Rn. 51 ff.

977 BGHSt 2, 99 (105–106) = NJW 1952, 356 (357); 36, 384 (387) = NJW 1990, 1859; 45, 203 (205) = NJW 2000, 596; *Kindhäuser/Schumann*, StPO (2019), § 21 Rn. 60–63; Meyer-Goßner/Schmitt-*Schmitt*, § 252 Rn. 12a, 14; ausf. zur höchstrichterlichen Rspr. bzgl. § 252 StPO *Farthofer/Rückert*, HRRS 2017, 123 m.w.N. zur stRspr.; zu den Belehrungsanforderungen bei Verwertung der richterlichen Aussage nach Zeugnisverweigerung s. BGHSt 61, 221 (221 ff.) = NJW 2017, 94 (94 ff.).

978 BGHSt 13, 1 (4) = NJW 1959, 828 (829); 18, 107 (108–109) = NJW 1963, 401 (401–402); 36, 217 (219) = NJW 1989, 2762 (2763); 45, 203 (205–206) = NJW 2000, 596; s.a. *Kindhäuser/Schumann*, StPO (2019), § 21 Rn. 51; Meyer-Goßner/Schmitt-*Schmitt*, § 252 Rn. 10.

979 BGHSt 45, 203 (208) = NJW 2000, 596 (597); s.a. Meyer-Goßner/Schmitt-*Schmitt*, § 252 Rn. 16a; krit. hierzu *Deckers*, StraFo 2010, 372 (378).

980 BGHSt 45, 203 (208) = NJW 2000, 596 (597); vgl. *Scharbius*, „Aussage gegen Aussage" (2017), 266 (m.w.N. zur Rspr.).

zugrunde: Nach den Feststellungen des Landgerichts hat der Angeklagte in drei Fällen seine zur Tatzeit elfjährige Nichte N sexuell missbraucht. Das Landgericht hat seine Überzeugung von der Täterschaft des Angeklagten im Wesentlichen auf die Aussage der in der Hauptverhandlung als Zeugin vernommenen Sachverständigen gestützt, N habe ihr die Sachverhalte im Explorationsgespräch geschildert.[981] N selbst hat in der Hauptverhandlung von ihrem Aussageverweigerungsrecht nach § 52 StPO Gebrauch gemacht, jedoch zugestimmt, dass die Sachverständige über das im Rahmen der Glaubhaftigkeitsbegutachtung geführte Explorationsgespräch berichten darf.[982]

Mit dem Urteil räumt der Bundesgerichtshof Zeugen eine Kombinationsmöglichkeit von Zeugnisverweigerung und Verzicht auf das Verwertungsverbot nach § 252 StPO ein.[983] Dies führt – insbesondere in „Aussage gegen Aussage"-Konstellationen – dazu, dass der Angeklagte keine Möglichkeit hat, die Belastungsaussage anzugreifen oder in Zweifel zu ziehen. Der Belastungszeuge könnte einer kontradiktorischen Befragung durch die Verteidigung in der Hauptverhandlung aus dem Weg gehen und dennoch die mittelbare Verwertung seiner früheren Angaben ermöglichen.[984]

Die Rechtsprechung des Bundesgerichtshofs ist äußerst bedenklich.[985] Denn erblickt man in § 252 StPO eine Ausprägung des Konfrontationsrechts aus Art. 6 Abs. 3 lit. d) EMRK,[986] so kann eine Aussage, bei welcher der Angeklagte beziehungsweise dessen Verteidiger keine Gelegenheit hatte, dem Zeugen selbst Fragen zu stellen und die Aussage in Zweifel zu ziehen, nicht verwertet werden.[987] Auch der EuGHMR stellte bereits mehrfach fest, dass die Verwertung von Aussagen aus dem Ermittlungsverfahren nur dann mit Art. 6 Abs. 1, Abs. 3 lit. d) EMRK vereinbar ist, wenn der Angeklagte ausreichend Gelegenheit hatte, die Aussage im Aussagezeitpunkt oder später anzugreifen und in Zweifel zu ziehen.[988] Gleichwohl sollen Aussagen trotz fehlender Konfrontationsmöglichkeit verwertet werden können, wenn die Verurteilung nicht „allein oder entscheidend" auf der nicht

---

981 S. BGHSt 45, 203 = NJW 2000, 596.

982 S. BGHSt 45, 203 = NJW 2000, 596.

983 *Kett-Straub*, ZStW 117 [2005], 354 (375–376); Meyer-Goßner/Schmitt-*Schmitt*, § 252 Rn. 16b. Der BGH spricht von einem „isolierten Verzicht auf das Beweisverwertungsverbot", s. BGHSt 45, 203 (208) = NJW 2000, 596 (597).

984 *Kett-Straub*, ZStW 117 [2005], 354 (376–377); Meyer-Goßner/Schmitt-*Schmitt*, § 252 Rn. 16b.

985 So a. *Kett-Straub*, ZStW 117 [2005], 354 (377); Meyer-Goßner/Schmitt-*Schmitt*, § 252 Rn. 16b.

986 *Kindhäuser/Schumann*, StPO (2019), § 6 Rn. 17.

987 S. statt vieler *Farthofer/Rückert*, HRRS 2017, 123 (132) m.w.N. zur stRspr. Krit. zur Ausnahme der richterlichen Verhörperson, wenn es sich um Richter aus anderen Verfahrensarten handelt *dies.*, a.a.O. (132) in Fn. 99; s. hierzu bspw. BGHSt 17, 324 (324 ff.) = NJW 1962, 1875 (1875 f.).

988 EGMR HRRS 2006 Nr. 62; NJW 2003, 2893 (2894); 2013, 3225 (3226) (jew. m.w.N.).

konfrontierten Aussage beruht.[989] Nach dem EuGHMR liegt ein Verstoß gegen Art. 6 Abs. 1, Abs. 3 lit. d) EMRK jedoch nicht vor, wenn die Verurteilung zwar „allein oder entscheidend“ auf der nicht konfrontierten Aussage beruht, das nationale Recht aber Maßnahmen als „Gegengewicht“ bereithält, die eine faire und angemessene Beurteilung der Glaubhaftigkeit ermöglichen.[990] Der EuGHMR betonte an dieser Stelle, dass weder die Möglichkeit, das Verhalten des Ermittlungsrichters bei der Zeugenvernehmung zu beobachten, noch die ermittlungsrichterliche Einschätzung hinsichtlich der Glaubhaftigkeit der Zeugenaussagen, einen Ausgleich für die fehlende Konfrontationsmöglichkeit darstellen.[991] Denn sowohl der Angeklagte (beziehungsweise dessen Verteidiger) als auch das Gericht hatten keine Gelegenheit, die Richtigkeit und Verlässlichkeit der entscheidenden Beweise zu überprüfen und sich ein eigenes Bild von der Glaubhaftigkeit zu machen.[992]

Dieser Maßstab ist auch an die Verwertung der im Rahmen der Glaubhaftigkeitsbegutachtung gemachten Angaben anzulegen, wenn der Zeuge in der Hauptverhandlung von seinem Zeugnisverweigerungsrecht Gebrauch macht. Gerade bei „Aussage gegen Aussage“ wird die Verurteilung in der Regel „allein oder entscheidend“ auf der nicht konfrontierten Belastungsaussage beruhen, sodass nach der Rechtsprechung des EuGHMR aufgrund von Art. 6 Abs. 3 lit. d) EMRK die im Rahmen der Glaubhaftigkeitsbegutachtung gemachten Angaben nicht verwertet werden dürfen. Andernfalls bliebe dem Angeklagten in diesen Fällen nur die Möglichkeit, die Kompetenz des aussagenden Sachverständigen in Zweifel ziehen, ohne dass sich das Tatgericht einen unmittelbaren Eindruck von dem Aussageverhalten und den Reaktionen des Belastungszeugen auf die Konfrontationen des Angeklagten beziehungsweise dessen Verteidigung verschaffen kann.[993]

6. *Das Akteneinsichtsrecht des verletzten Belastungszeugen*

Ein weiteres Problem ist das Akteneinsichtsrecht des einzigen Belastungszeugen in seiner Rolle als Verletzter gemäß § 406e StPO. Dies wird vor allem dann relevant, wenn sich der Verletzte der öffentlichen Klage als Nebenkläger nach § 395 StPO, speziell in Sexualverfahren nach § 395 Abs. 1 Nr. 1 StPO, anschließt.[994]

Mit der Zeit wurde dem Verletzten (als Nebenkläger) im Strafprozess aufgrund Anwesenheits-, Frage-, Antrags- (§ 397 Abs. 1 StPO) und Rechtsmittelbefugnissen (§§ 400, 401 StPO) sowie anwaltlicher Beratung (§§ 397 Abs. 2, 397a, 406 f, 406h StPO) und psychosozialer Prozessbegleitung (§ 406g StPO)[995] immer mehr die Rolle

989 EGMR NJW 2013, 3225 (3226); s.a. EGMR HRRS 2012 Nr. 1; NJW 1987, 3068.
990 EGMR NJW 2013, 3225 (3227); s.a. EGMR HRRS 2012 Nr. 1.
991 EGMR NJW 2013, 3225 (3228).
992 EGMR NJW 2013, 3225 (3228); vgl. insg. dazu *Farthofer/Rückert*, HRRS 2017, 123 ([132][134]).
993 Vgl. *Farthofer/Rückert*, HRRS 2017, 123 (134).
994 Vgl. *Baumhöfener*, NStZ 2014, 135.
995 Ausf. hierzu *Daimagüler*, Der Verletzte (2016), Rn. 99–107; *Neuhaus*, StV 2017, 55 (55 ff.); zur Gefahr der Suggestion durch die Prozessbegleitung s. *Effer-Uhe/Mohnert*, Psychologie (2019), Rn. 189.

einer Prozesspartei zuteil.[996] Aufgrund des Akteneinsichtsrechts nach § 406e StPO hat der Verletzte selbst (§ 406e Abs. 3 Satz 1 StPO)[997] oder mittels eines Rechtsanwalts (§ 406e Abs. 1 Satz 1 StPO) auch Zugriff auf die Gerichtsakten und damit auf zuvor von ihm getätigten Aussagen (beispielsweise bei der polizeilichen Vernehmung) sowie auf das Glaubhaftigkeitsgutachten des Sachverständigen.[998] Dies gibt dem Belastungszeugen die Möglichkeit, sein Aussageverhalten dem Akteninhalt anzupassen und in der Hauptverhandlung eine von den eigenen Erinnerungen unabhängige und mit den früheren Schilderungen übereinstimmende Aussage frei von Widersprüchen zu reproduzieren.[999] Mit Aktenkenntnis ist also eine „Kontaminierung“[1000] der Erinnerung unvermeidlich, sodass eine Beeinflussung der Aussage von außen – unabhängig davon, ob der Belastungszeuge seine Aussage bewusst oder unbewusst den früheren Schilderungen anpasst – nicht mehr ausgeschlossen werden kann.[1001] Einer Einwirkung seitens der Verletzten- beziehungsweise Nebenklagevertretung bedarf es hierfür nicht.[1002] Der Tatrichter ist in diesen Fällen nicht in der Lage zweifelsfrei festzustellen, ob die Aussagekonstanz auf eigenen Erlebnissen oder der Kenntnis des Akteninhalts beruht.[1003] Folglich führt die Aktenkenntnis zu einer Entwertung der Konstanzanalyse.[1004]

---

996 BeckOK-StPO-*Eschelbach*, § 261 Rn. 59; *Hilgert*, NJW 2016, 985 (987); *Neuhaus*, StV 2017, 55; vgl. zudem *Salditt*, StV 2002, 273; *Wille*, Aussage gegen Aussage (2012), 50; ähnl. *Hamm*, StraFo 2000, 253 (255). *Dahs*, NJW 1984, 1921 (1926) forderte noch, dass der Zeuge zum „Verfahrenssubjet mit eigenen Teilhaberechten“ werden soll. Zur anwaltlichen Beratung kindlicher Nebenkläger s. *Burgsmüller*, in: Handwörterbuch (2002), 379.

997 Mit Geltung ab 01. Januar 2018: Gesetz zur Einführung der elektronischen Akte in der Justiz und zur weiteren Förderung des elektronischen Rechtsverkehrs vom 5.7.2017, BGBl. I, 2208.

998 Vgl. *Hilgert*, NJW 2016, 985 (987–988).

999 *Eisenberg*, JR 2016, 391 (393–394); *Gubitz*, NStZ 2016, 367 (368); *Herrmann*, ZIS 2010, 236 (238); *Hilgert*, NJW 2016, 985 (987–988).

1000 *Hilgert*, NJW 2016, 985 (987); vgl. a. BeckOK-StPO-*Eschelbach*, § 261 Rn. 59.5.

1001 OLG Hamburg NStZ 2015, 105 (107); *Baumhöfener*, NStZ 2014, 135; *Baumhöfener/Daber u.a.*, NStZ 2017, 562 (564); *Deiters*, StV 2017, 147 (147–148); *Eisenberg*, JR 2016, 391 (393); *Gubitz*, NStZ 2016, 367 (368); *Haustein*, Aussage gegen Aussage (2017),134; *Hilgert*, NJW 2016, 985 (987); *Jansen*, Aussagepsychologie (2012), Rn. 156. Selbiges gilt wohl a. für die Konfrontation mit den polizeilichen Vernehmungsprotokollen bei der ermittlungsrichterlichen Vernehmung, s. BGH StV 2017, 7 (8).

1002 *Baumhöfener*, NStZ 2014, 135 (136).

1003 OLG Hamburg NStZ 2015, 105 (107); *Baumhöfener*, NStZ 2014, 135 (137); *Hilgert*, NJW 2016, 985 (988); MüKo-StPO-*Miebach*, § 261 Rn. 232, 239; vgl. a. BGH NStZ-RR 2016, 250 (Ls.); *Eisenberg*, JR 2016, 391 (394); *Heintschel-Heinegg*, in: Breidling-FS (2017), 143 (163); *Jansen*, Aussagepsychologie (2012), Rn. 204.

1004 OLG Hamburg NStZ 2015, 105 (107–108); *Baumhöfener/Daber u.a.*, NStZ 2017, 562 (564); BeckOK-StPO-*Eschelbach*, § 261 Rn. 59.1, 59.5; *Gubitz*, NStZ 2016, 367 (368);

Vor diesem Hintergrund überrascht der Beschluss des Bundesgerichtshofs vom 5. April 2016.[1005] In einer kurz zuvor ergangenen Entscheidung stellte derselbe Strafsenat noch fest, dass zwar kein Rechtssatz des Inhalts existiere, dass eine Kenntnis der Verfahrensakten zur Annahme der Unrichtigkeit der in der Hauptverhandlung erfolgten Aussage des Zeugen dränge.[1006] Auch lasse sich kein Grundsatz aufstellen, wonach das Tatgericht stets gehalten sei, sich im Rahmen der Beweiswürdigung mit der Erteilung der Akteneinsicht an den Nebenkläger auseinanderzusetzen.[1007] Anders könne es aber liegen, wenn es im Rahmen einer „Aussage gegen Aussage"-Konstellation in besonderem Maße auf die Konstanzanalyse ankomme.[1008] In seinem Beschluss vom 5. April 2016 führte der Senat hingegen aus:

> „Regelmäßig drängt auch in Aussage-gegen-Aussage-Konstellationen die Aufklärungspflicht das Gericht nicht dazu, Feststellungen zur Wahrnehmung des sich aus § 406e Abs. 1 StPO ergebenden Akteneinsichtsrechts zu treffen. [...] Denn mit der Wahrnehmung dieses gesetzlich eingeräumten Verletztenrechts geht nicht typischerweise eine Entwertung des Realitätskriteriums der Aussagekonstanz einher [...]."[1009]

Vielmehr sei die Aktenkenntnis nur dann im Rahmen der Beweiswürdigung ausdrücklich zu würdigen, wenn Hinweise auf eine konkrete Falschaussagemotivation des Zeugen oder Besonderheiten in seinen Aussagen hierzu Anlass geben.[1010]

Diese Argumentation ist aussagepsychologisch wenig reflektiert und überzeugt nicht: Es ist einerseits nicht ersichtlich, warum die Gefahr einer unbewusst falschen Aussage weniger Gewicht haben sollte als die Gefahr bewusst wahrheitswidriger Angaben.[1011] Anderseits können „Besonderheiten in der Aussage", die Anlass dazu geben, die Aktenkenntnis im Rahmen der Beweiswürdigung ausdrücklich zu würdigen, gerade durch die Kenntnis des Akteninhalts und einer Anpassung der Aussage an frühere Schilderungen vermieden werden.[1012] Es erscheint daher angebracht, dass sich das Tatgericht bei „Aussage gegen Aussage" *stets* im Rahmen der

---

Hilgert, NJW 2016, 985 (988); MüKo-StPO-*Miebach*, § 261 Rn. 232; s.a. *Deckers*, StV 2017, 50 (51); *Schwenn*, StV 2010, 705 (708).

1005 Vgl. BGH JR 2016, 391 m. krit. Anm. *Eisenberg*, JR 2016, 391 (391 ff.) und *Gubitz*, NStZ 2016, 367 (367 ff.).

1006 BGH JR 2016, 390 m. krit. Anm. *Deiters*, StV 2017, 147 (147 ff.) und *Eisenberg*, JR 2016, 391 (391 ff.). Dagegen betrifft BGH NJW 2005, 1519 (1519 ff.) den Fall, dass die Nebenklägerin einigen Zeugen Einsicht in Teile der Akten verschafft hat.

1007 BGH JR 2016, 390.

1008 BGH JR 2016, 390 (390–391).

1009 BGH JR 2016, 391.

1010 BGH JR 2016, 391; krit. *Deiters*, StV 2017, 147; *Eisenberg*, JR 2016, 391 (391–392).

1011 *Deiters*, StV 2017, 147 (147–148); s.a. *Baumhöfener/Daber u.a.*, NStZ 2017, 562 (564); *Eisenberg*, JR 2016, 391 (392–393).

1012 *Eisenberg*, JR 2016, 391 (394).

Beweiswürdigung mit der Erteilung der Akteneinsicht an den Belastungszeugen auseinanderzusetzen hat.[1013]

Des Weiteren argumentiert der Senat:

> „Durch die generalisierende Annahme, dass mit Akteneinsicht durch den Nebenklägervertreter die Glaubhaftigkeit der Angaben eines Belastungszeugen stets in besonderer Weise in Zweifel zu ziehen sei, würde zudem seine freie Entscheidung, Akteneinsicht zu beantragen, beeinträchtigt werden [...]."[1014]

Dieser Schluss ist in seiner Konsequenz zwar richtig, verkennt jedoch die Funktion der Glaubhaftigkeitsbeurteilung: Es geht nicht um die Einschränkung der Verletztenrechte, sondern um die Widerlegung der Unwahrhypothesen als Pendant der Unschuldsvermutung.[1015] Sofern eine Konstanzanalyse nicht mehr unverfälscht durchgeführt werden kann, verliert die Aussageanalyse eine ihrer Stützen und kann regelmäßig nicht zur Überwindung der Unschuldsvermutung verwendet werden.[1016] Mit der Wahrnehmung des Rechts auf Akteneinsicht verzichtet der Belastungszeuge somit weitestgehend auf die Möglichkeit, seiner Aussage mittels der hypothesengeleiteten Analyse zu einem höheren Grad an Zuverlässigkeit zu verhelfen.[1017]

Zu erwägen ist eine Einschränkung des Akteneinsichtsrechts – schon im Ermittlungsverfahren[1018] –, um die Qualität des einzigen Belastungszeugen und seiner Aussage zu sichern.[1019] Allerdings verbieten sich hier Überlegungen über eine pauschale Beschränkung.[1020] Vielmehr kommt bei „Aussage gegen Aussage" regelmäßig eine (teilweise) Versagung der Akteneinsicht gemäß § 406e Abs. 2

1013 *Baumhöfener/Daber u.a.*, NStZ 2017, 562 (565) (m.w.N. zur Rspr.); *Deiters*, StV 2017, 147 (147–148); *Eisenberg*, JR 2016, 391 (394–395); KK-StPO-*Ott*, § 261 Rn. 121.

1014 BGH JR 2016, 391; s.a. Meyer-Goßner/Schmitt-*Schmitt*, § 406e, Rn. 12.

1015 So a. *Baumhöfener/Daber u.a.*, NStZ 2017, 562 (564).

1016 Ähnl. *Gubitz*, NStZ 2016, 367 (369). BeckOK-StPO-*Eschelbach*, § 261 Rn. 59.5 spricht insoweit von einem „endgültigen Beweisverlust" in „Aussage gegen Aussage"-Konstellationen. Daneben setzt *Baumhöfener*, NStZ 2014, 135 (137) die Nichtbeachtung des Störfaktors der Aktenkenntnis mit der Nichtbeachtung der Suggestionshypothese gleich.

1017 S.a. *Baumhöfener*, NStZ 2014, 135 (137); *Baumhöfener/Daber u.a.*, NStZ 2017, 562 (564). *Dettenborn*, NZFam 2016, 593 (596) spricht von einem „Bärendienst" für den Belastungszeugen.

1018 Vgl. *Gubitz*, NStZ 2016, 367 (369).

1019 *Hilgert*, NJW 2016, 985 (988); Meyer-Goßner/Schmitt-*Schmitt*, § 406e, Rn. 12; *Schaefer*, NJW-Spezial 2007, 327 (328).

1020 Vgl. *Daimagüler*, Der Verletzte (2016), Rn. 80; *Hilgert*, NJW 2016, 985 (988); *Radtke*, NStZ 2015, 108 (109).

Satz 2 StPO (Gefährdung des Untersuchungszwecks) in Betracht.[1021] So entschied auch schon das OLG Hamburg:[1022]

> „Eine umfassende Einsicht in die Verfahrensakten ist dem Verletzten in aller Regel in solchen Konstellationen zu versagen, in denen sich seine Angaben zum Kerngeschehen von der Einlassung des Angekl. abweichen und eine Aussage-gegen-Aussage-Konstellation vorliegt."[1023]

Eine unbeschränkte Akteneinsicht des Verletzten sei in diesen Konstellationen mit der gerichtlichen Pflicht zur bestmöglichen Sachaufklärung unvereinbar, sodass sich das gerichtliche Ermessen aus § 406e Abs. 2 Satz 2 StPO grundsätzlich auf Null reduziere.[1024]

Der Beschluss des Bundesgerichtshofs vom 5. April 2016 dürfte einer Versagung der Akteneinsicht nicht entgegenstehen, da im Falle der Reduzierung des Ermessens des Gerichts auf Null die Entscheidung, Akteneinsicht zu beantragen, nicht „frei" beim Belastungszeugen liegt.[1025] Letztlich kommt die Rechtsprechung des Bundesgerichtshofs allenfalls zum Tragen, wenn der Aussagekonstanz eine nur sehr geringe Bedeutung zukommt.[1026] Derartige Fälle sind bei einer Glaubhaftigkeitsbeurteilung in „Aussage gegen Aussage"-Konstellationen allerdings kaum denkbar.[1027]

1021 *Baumhöfener*, NStZ 2014, 135 (137–138); *Deiters*, StV 2017, 147 (148); *Eisenberg*, JR 2016, 391 (394); *Gubitz*, NStZ 2016, 367 (369); *Riedel/Wallau*, NStZ 2003, 393 (397); *Schaefer*, NJW-Spezial 2007, 327 (328); *Strüwe*, StRR 2009, 284 (285). *Hilgert*, NJW 2016, 985 (988) will das Akteneinsichtsrecht auf solche Akteninhalte beschränken, die eine „Kontaminierung" des Belastungszeugen ausschließen, dem Zeugen jedoch spätestens nach seiner Aussage uneingeschränkte Akteneinsicht gewähren. Zwar bestünde nach *Hilgert* (ebd.) auch die Möglichkeit, das Akteneinsichtsrecht des Verletzten mit der Maßgabe zu gewähren, dass der Verletzten- bzw. Nebenklägervertreter den Akteninhalt nicht an seinen Mandanten weiterreichen und mit ihm besprechen darf, allerdings sei eine entsprechende Auflage kaum überprüfbar; s.a. *Baumhöfener/Daber u.a.*, NStZ 2017, 562 (565). Allg. zum Versagungsgrund des § 406e Abs. 2 Satz 2 s. KK-StPO-*Zabeck*, § 406e, Rn. 7.

1022 OLG Hamburg NStZ 2015, 105 (105 ff.) m. zust. Anm. *Radtke*, NStZ 2015, 108 (108 f.).

1023 OLG Hamburg NStZ 2015, 105 (107).

1024 OLG Hamburg NStZ 2015, 105 (107); so schon *Baumhöfener*, NStZ 2014, 135 (137); zust. *Baumhöfener/Daber u.a.*, NStZ 2017, 562 (563); *Haustein*, Aussage gegen Aussage (2017), 134; *Radtke*, NStZ 2015, 108 (109).

1025 *Gubitz*, NStZ 2016, 367 (369).

1026 *Gubitz*, NStZ 2016, 367 (369).

1027 *Gubitz*, NStZ 2016, 367 (369).

C. Die aussagepsychologische Glaubhaftigkeitsbeurteilung beim Vorwurf des sexuellen Übergriffs nach § 177 Abs. 1 StGB

Der sexuelle Übergriff nach § 177 Abs. 1 StGB stellt für die aussagepsychologische Glaubhaftigkeitsbegutachtung noch einmal eine besondere Herausforderung dar. Während für eine sexuelle Nötigung nach § 177 Abs. 1 StGB a.F. hinsichtlich der Nötigungshandlungen ein komplexer Geschehensablauf geschildert werden musste,[1028] reicht es für eine nicht erlebnisfundierte Belastungsaussage hinsichtlich § 177 Abs. 1 StGB n.F. aus, dass diese lediglich in einem Detail vom tatsächlichen Geschehen abweicht, da eine Person nach einer einvernehmlichen sexuellen Handlung lediglich behaupten müsste, diese habe gegen ihren erklärten Willen stattgefunden.[1029] In diesen Fällen stoßen die Aussageinhaltsanalyse (I.) und die Konstanzanalyse (II.) an ihre Grenzen.

I. Aussageinhaltsanalyse beim Vorwurf des sexuellen Übergriffs

Die Aussageinhaltsanalyse benötigt grundsätzlich mehr als die Schilderung einer gescheiterten oder durch Gesten ersetzten non-verbalen Kommunikation.[1030] Sofern in einem Fall nicht die sexuelle Handlung selbst, sondern lediglich der entgegenstehende Wille bestritten wird und es nicht gelingt, in der aussagepsychologischen Exploration durch eine entsprechende Fokussierung der Befragung ausreichend relevantes Aussagematerial zu erheben, reicht der „Aussagerest" für eine fundierte Aussageinhaltsanalyse nicht aus.[1031] Aufgrund der unzureichenden Datenbasis, müsste in diesem Fall auf eine Aussageanalyse verzichtet werden;[1032] andernfalls erhöht sich das Risiko einer falsch-positiven („glaubhaft") aussagepsychologischen Glaubhaftigkeitsbeurteilungen. Der „Nein-heißt-Nein"-Lösung könnte es damit an einer ausreichenden Grundlage fehlen, um die (Belastungs-)Aussage auf ihren Wahrheitsgehalt hin zu überprüfen.[1033]

Allerdings bietet das Erfordernis der Erkennbarkeit in § 177 Abs. 1 StGB gewisse Anhaltspunkte für eine Realkennzeichenanalyse: Aussagepsychologisch zu untersuchen ist das kommunikative Verhalten, das heißt das *Zum-Ausdruck-Bringen* des

1028 *Cirullies*, Stellungnahme zur Anhörung im Rechtsausschuss (2015), 2.

1029 S.a. Abschlussbericht der Reformkommission zum Sexualstrafrecht v. 19.7.2017 (Fn. 430), 48; *Lederer*, StraFo 2018, 280 (284); vgl. dazu § 7 C. II.

1030 *Deckers*, StV 2017, 410 (412); *Lederer*, StraFo 2018, 280 (284). ausf. zur Aussageinhaltsanalyse unter § 8 B. III. 1. b) aa).

1031 *Köhnken*, in: Erhebung von Zeugenaussagen (2019), 25 (48).

1032 *Köhnken*, in: Erhebung von Zeugenaussagen (2019), 25 (48).

1033 Vgl. Abschlussbericht der Reformkommission zum Sexualstrafrecht v. 19.7.2017 (Fn. 430), 47.

entgegenstehenden Willens.[1034] Die Untersuchung beschränkt sich dabei nicht auf die Botschaft des Belastungszeugen oder sein Ausdrucksverhalten (beispielsweise der Mimik), sondern bezieht sich auf die *kommunikative Interaktion.*[1035] Der Belastungszeuge muss mithin einen Geschehensablauf präsentieren, in dem er seinen entgegenstehenden Willen ausdrücklich oder konkludent, beispielsweise durch Schilderung einer Abwehrhandlung, zum Ausdruck gebracht hat.[1036] Aussagepsychologisch bedeutsam sind damit auch die Bekundungen des Belastungszeugen über erlebte sexuelle Handlungen vom Täter (§ 177 Abs. 1 Var. 1 StGB), am Täter oder an sich selbst (Var. 2), an einem Dritten (Var. 3) oder von einem Dritten (Var. 4).[1037]

Differenzialdiagnostisch ist von Bedeutung, dass das Zum-Ausdruck-Bringen des entgegenstehenden Willens nicht ambivalent und somit für den Angeklagten sowie für einen objektiven Dritten erkennbar war.[1038] Ebenso sind Bekundungen des Belastungszeugen relevant, die ein Vortäuschen falscher Tatsachen oder Versprechen des Angeklagten beinhalten.[1039] Nicht (mehr) von Bedeutung ist dahingegen, inwiefern die Bekundungen eine Nötigung beinhalten.[1040]

Nichtsdestoweniger wirft die Konstruktion des § 177 Abs. 1 StGB – als „Nötigungs-Delikt ohne nötigende Handlung“[1041] – im Hinblick auf die Stringenz einer Aussage Fragen auf: Der Tatbestand geht davon aus, dass das Opfer sexuelle Handlungen durch den Täter oder durch einen Dritten zulässt, obwohl es sich zuvor kommunikativ oder durch Gesten ablehnend geäußert hat (Var. 1 und 4) und das Bestimmen einer anderen Person zu eigenen, ungewollten sexuellen Handlungen ohne Zwang oder Drohung möglich ist (Var. 2 und 3).[1042] Gerade das Realkennzeichen der *logischen Konsistenz*[1043] verlangt der Frage nachzugehen, wie das Behauptete – ohne Zwang und Furcht vor Zwang – geschehen konnte.[1044]

1034 *Rohmann*, Praxis der Rechtspsychologie 2017, 27 ([31][33]).

1035 *Rohmann*, Praxis der Rechtspsychologie 2017, 27 ([31–32][33]); s.a. *Lederer*, StraFo 2018, 280 (287).

1036 Vgl. § 7 C. I. 2. Hinsichtlich der Vorsatzfrage steht für die Aussagepsychologie im Mittelpunkt, was der Beschuldigte bzgl. seines Erlebens und Verhaltens in den einzelnen interaktiven Sequenzen – spiegelbildlich zum Belastungszeugen – bekundet, s. *Rohmann*, Praxis der Rechtspsychologie 2017, 27 (32). In der Praxis werden Beschuldigtenaussagen hingegen nur selten einer aussagepsychologischen Prüfung unterzogen, s. dazu noch unter § 8 D.

1037 Vgl. *Rohmann*, Praxis der Rechtspsychologie 2017, 27 (33).

1038 *Rohmann*, Praxis der Rechtspsychologie 2017, 27 (33); vgl. unter § 7 C. I. 2.

1039 *Rohmann*, Praxis der Rechtspsychologie 2017, 27 (33).

1040 *Lederer*, StraFo 2018, 280 (285); *Lederer/Deckers*, Praxis der Rechtspsychologie 2017, 75; *Rohmann*, Praxis der Rechtspsychologie 2017, 27 (33); zu den aussagepsychologischen Besonderheiten bei den übrigen Tatbeständen des § 177 und der §§ 184i, 184j StGB *Rohmann*, a.a.O. (34 ff.).

1041 *Fischer*, StGB, § 177 Rn. 9; s.o. § 7 C. I. 3. d).

1042 *Deckers*, StV 2017, 410 (411); *Lederer*, StraFo 2018, 280 (286); s.a. *Fischer*, NStZ 2019, 580 (583).

1043 Vgl. Tabelle 1 unter § 8 B. III. 1. b) aa).

1044 S.a. *Deckers*, StV 2017, 410 (411); *Lederer*, StraFo 2018, 280 (286).

Die Aussageanalyse wird damit auf personenbezogene, autobiografische sowie motivationale Daten im konkreten Bezug zum Tatgeschehen und auf die Täter-Opfer-Beziehung erweitert.[1045] Dies wird auch das Tatgericht regelmäßig dazu veranlassen, die gesamten Tathintergründe und die Beziehungskonstellationen im Einzelnen aufzuklären.[1046]

II. Konstanzanalyse beim Vorwurf des sexuellen Übergriffs

Die Konstanzanalyse wird bei einfachen, übersichtlichen Aussagen nur selten zu einem tauglichen Glaubhaftigkeitsmerkmal.[1047] Insoweit ist zu bedenken, dass die Behauptung, man habe „Nein" gesagt, leicht aufzustellen ist[1048] und es keine kognitiv schwierige Aufgabe darstellt, diese Aussage über verschiedenen Befragungen, unter Umständen auch über längere Zeiträume, konstant zu reproduzieren.[1049]

III. Fazit

Bei dem Vorwurf des sexuellen Übergriffs nach § 177 Abs. 1 StGB darf im Rahmen der aussagepsychologischen Glaubhaftigkeitsbeurteilung nicht nur der Sexualkontakt an sich Beachtung finden, vielmehr sind auch mögliche Situationsverkennungen, fehlerhafte Wahrnehmungen, eine eventuell fehlgeschlagene Kommunikation und das Beziehungsgeflecht zu berücksichtigen.[1050] Die Annahme, die Beweiserhebung und Glaubhaftigkeitsbeurteilung seien für den Belastungszeugen weniger belastend, wenn der Fokus auf seinem Einverständnis zum Sexualkontakt und nicht auf den (fehlenden) Abwehrmöglichkeiten liegt, da letztere die Befragung zu intimsten Vorgängen bedingen,[1051] dürfte sich nach den vorstehenden Ausführungen nicht bestätigen.[1052] Vielmehr wird dem Belastungszeugen ein „Bärendienst" erwiesen.

1045 *Lederer*, StraFo 2018, 280 (285–286); *Lederer/Deckers*, Praxis der Rechtspsychologie 2017, 75 (76); ferner *Röttgering/Lechtenberg*, in: Erhebung von Zeugenaussage (2019), 205 (208–209).

1046 S.a. *Deckers*, StV 2017, 410 (411); *Röttgering/Lechtenberg*, in: Erhebung von Zeugenaussage (2019), 205 (208).

1047 *Arntzen*, Zeugenaussage (2011), 53.

1048 S.o. § 7 D.

1049 *Lederer*, StraFo 2018, 280 (284).

1050 *Lederer*, StraFo 2018, 280 ([286][287]); *Lederer/Deckers*, Praxis der Rechtspsychologie 2017, 75 (77).

1051 So *Pisal/Freudenberg*, Stellungnahme (2014), 9; ähnl. MüKo-StGB-*Renzikowski*, § 177 Rn. 58; *Renzikowski*, NJW 2016, 3553 (3554).

1052 *Deckers*, StV 2017, 410 (412) spricht sogar von einem „eklatanten Rückschritt in der Verfahrenskultur in Sexualstrafverfahren". Ferner *Isfen*, ZIS 2015, 217 (230); *Lederer*, StraFo 2018, 280 (285); s. *Lederer/Deckers*, Praxis der Rechtspsychologie 2017, 75 (77) zur Problematik des „blaming the victim".

Die Beweisprobleme des § 177 Abs. 1 StGB zeigen damit im Rahmen der aussagepsychologischen Glaubhaftigkeitsbegutachtung ihr wahres Ausmaß.[1053] Treffen „Aussage gegen Aussage" und der Vorwurf des sexuellen Übergriffs zusammen, kann auf eine Glaubhaftigkeitsbeurteilung jedoch regelmäßig nicht verzichtet werden, da in diesen Fällen nur mittels der Glaubhaftigkeitsbeurteilung die Unschuldsvermutung überwunden werden kann.[1054] Damit in solchen Konstellationen also eine Verurteilung möglich ist, muss die Aussage des einzigen Belastungszeugen der Glaubhaftigkeitsbeurteilung zugänglich bleiben. Aufgrund der aufgezeigten Schwächen der Aussageanalyse bei dem Vorwurf nach § 177 Abs. 1 StGB geht mit der aussagepsychologischen Glaubhaftigkeitsbeurteilung allerdings das Risiko einher, dass es vermehrt zu falsch-positiven („glaubhaft") Beurteilungen kommt.

D. Abschließende Betrachtung der Glaubhaftigkeitsbeurteilung

Das verfassungsrechtlich verankerte Gebot rational begründeter und tatsachengestützter Beweisführung verlangt in „Aussage gegen Aussage"-Konstellationen die Einbeziehung wissenschaftlicher Erkenntnisse bei der Bestimmung des Beweiswertes der einzigen Belastungsaussage.[1055] Insoweit reicht es nicht aus, wenn der Tatrichter seine Überzeugung nach § 261 StPO auf die Aussage des Belastungszeugen stützt, ohne die Aussage zuvor näher geprüft zu haben. Grundlage für die subjektive Überzeugung stellt die Glaubhaftigkeit der Belastungsaussage dar. Der Bundesgerichtshof hat in seiner Entscheidung vom 30. Juli 1999 die Qualitätsanforderungen an die Glaubhaftigkeitsbeurteilung im Einzelnen festgelegt.[1056]

Das Urteil betrifft zwar in erster Linie die Begutachtung durch einen psychologisch geschulten Sachverständigen, die Vorgaben müssen jedoch erst recht für den Tatrichter gelten, da er die Glaubhaftigkeitsprüfung in die Beweiswürdigung integriert.[1057] Der Tatrichter benötigt für die Glaubhaftigkeitsbeurteilung mithin spezielle Kenntnisse auf dem Gebiet der forensischen Aussagepsychologie,[1058] welche allerdings weder während der universitären Ausbildung noch im juristischen Vorbereitungsdienst gelehrt oder geprüft werden.[1059]

1053 Ähnl. *Lederer*, StraFo 2018, 280 (283–284); *Lederer/Deckers*, Praxis der Rechtspsychologie 2017, 75 (76).

1054 Vgl. § 5 B. und C sowie § 8 A.

1055 S. unter § 8 A.

1056 S. unter § 8 B. III.

1057 S. unter § 8 B. III. 1. Es existiert damit keine qualitative, sondern vielmehr eine quantitative Differenzierung zwischen richterlicher und gutachterlicher Sachkunde, vgl. *Heintschel-Heinegg*, in: Breidling-FS (2017), 143 (155).

1058 S.a. *Dettenborn*, NZFam 2016, 593 (597); KK-StPO-*Ott*, § 261 Rn. 127; zu den speziellen Fähigkeiten eines Interviewers bei der Zeugenvernehmung s. *Milne/Bull*, in: Erhebung von Zeugenaussage (2007), 110.

1059 *Barton*, in: Griff nach der Wahrheit (2018), 199 (222–223); *Fischer*, NStZ 1994, 1 (5); *Heintschel-Heinegg*, in: Breidling-FS (2017), 143 (146); *Sander*, StV 2000, 45 in Fn. 6;

Darüber hinaus ist das Regel-Ausnahme-Verhältnis zwischen der richterlicher Glaubhaftigkeitsbeurteilung und der Hinzuziehung sachverständigen Rates zu beachten.[1060] Von dem Richter wird eine fundierte Sachkenntnis oder das Bekenntnis zum Zweifel, welcher ihn veranlasst, ein Sachverständigengutachten einzuholen, verlangt.[1061] Das Bekenntnis zum Zweifel enthält jedoch einen gewissen Widerspruch: Der Richter, dem es an der Sachkunde für die Glaubhaftigkeitsbeurteilung in dem jeweiligen Fall mangelt, muss gerade erkennen, dass ihm diese Sachkunde fehlt. Abstrahiert bedeutet dies: der Tatrichter muss wissen, dass er etwas nicht weiß.[1062] Fehlt dem Tatrichter die erforderliche Sachkunde und erkennt er dies nicht, bleibt ihm nur eine intuitive Glaubhaftigkeitsbeurteilung nach (wissenschaftlich meist wertlosen) Begründungsmustern übrig.[1063]

In der Praxis werden aussagepsychologische Gutachten im Allgemeinen nur selten in Auftrag gegeben, am häufigsten wohl aber noch bei Sexualdelikten.[1064] Insoweit wird in der Literatur die Frage aufgeworfen, warum nicht routinemäßig Glaubhaftigkeitsgutachten von Sachverständigen eingeholt werden und so das Regel-Ausnahme-Verhältnis zwischen der richterlichen Glaubhaftigkeitsbeurteilung und der Hinzuziehung sachverständigen Rates umgekehrt wird.[1065] Da der Tatrichter das Gutachten noch in die Beweiswürdigung integrieren muss, besteht nicht die Gefahr, dass durch diese Umkehrung die „ureigene Aufgabe“ des Tatrichters an den Sachverständigen delegiert wird.

Sofern der Tatrichter sachverständigen Rat eingeholt hat ist zu bedenken, dass niemand, auch nicht der Sachverständige, *die Wahrheit* einer Aussage mit Sicherheit feststellen kann.[1066] Anknüpfungspunkt der Glaubhaftigkeitsbeurteilung

---

Schlothauer, in: Psychologie der Zeugenaussage (1997), 143; *Schüssler*, Polygraphie (2002), 161; ausf. *Haustein*, Aussage gegen Aussage (2017), 129–130; *Wille*, Aussage gegen Aussage (2012), 26–27, 121–122. Die Kritik, dass die meisten vernehmenden Richter keine wissenschaftliche Grundkenntnisse in der Aussagepsychologie haben (so etwa *Geipel*, Beweiswürdigung (2017), § 17 Rn. 4) erscheint damit nicht abwegig.

1060 S. unter § 8 B. II. 2.; krit. dazu *Fischer*, in: Widmaier-FS (2008), 191 (217); *Wille*, Aussage gegen Aussage (2012), 29.

1061 Vgl. *Deckers*, in: Eisenberg-FS (2009), 473 (490); *Schlothauer*, in: Psychologie der Zeugenaussage (1997), 143; *Toepel*, Sachverständigenbeweis (2002), 59–60.

1062 Allg. zum Phänomen der Selbstüberschätzung *Schweizer*, Kognitive Täuschungen (2005), Rn. 788 ff. m.w.N.; zum Belief-Bias-Effekt s. *Effer-Uhe/Mohnert*, Psychologie (2019), Rn. 100.

1063 *Fischer*, NStZ 1994, 1 (5); *Geipel*, Beweiswürdigung (2017), § 17 Rn. 4. Dem intuitiven Vorgehen erteilte der BGH in seinem Urt. v. 30.7.1999 bereits eine Absage, s.o. § 8 B. III. 1. a).

1064 *Barton*, in: Griff nach der Wahrheit (2018), 199 ([200–202][212–213]); *Fischer*, in: Widmaier-FS (2008), 191 (208).

1065 S. etwa *Fischer*, NStZ 1994, 1 (3): „Warum die Wahrheit schlecht oder mittelmäßig erforschen, wenn es mittels wissenschaftlicher Methoden auch besser geht?“.

1066 Ähnl. *Schlothauer*, in: Psychologie der Zeugenaussage (1997), 143.

ist allein die Wahrscheinlichkeit für die subjektive Erlebnisfundiertheit einer Aussage.[1067] Die Glaubhaftigkeit steht insoweit für das Vorliegen aussagepsychologischer und kommunikativer Merkmale und ist lediglich ein weiteres Indiz, welches vom Richter festzustellen und in die Beweiswürdigung einzustellen ist.[1068] Das Glaubhaftigkeitsgutachten unterscheidet sich damit erheblich von rein objektiven Beweismitteln.[1069]

Weitere Probleme der Glaubhaftigkeitsbeurteilung sind ihre empirische Überprüfbarkeit[1070] und die fehlende gesetzliche Regelung hinsichtlich ihres Einsatzes beziehungsweise des Untersuchungsablaufs.[1071] Darüber hinaus ist die Frage ungeklärt, wie weit Gutachter und – vor dem Hintergrund des § 68a Abs. 2 StPO – auch Richter, bei der Erforschung von Glaubhaftigkeitskriterien mit projektiven Methoden in die Persönlichkeit von Zeugen eindringen dürfen und wo die verfassungsrechtlichen Grenzen liegen.[1072]

Auch mit Blick auf das rechtsstaatliche Gebot der prozessualen *Waffengleichheit*[1073] zwischen dem Ankläger und dem Angeklagten, ist die Glaubhaftigkeitsbeurteilung durchaus problematisch. Die Waffengleichheit verlangt unter anderem,

---

1067 *Jansen*, Aussagepsychologie (2012), Rn. 378; MüKo-StGB-*Renzikowski*, Vor § 174 Rn. 67.

1068 *Fischer*, NStZ 1994, 1 (2); *Fischer*, in: Widmaier-FS (2008), 191 (221); *Geipel*, Beweiswürdigung (2017), § 17 Rn. 9; s.o. § 8 B. II. 2.

1069 *Deckers*, in: Eisenberg-FS (2009), 473 (474). Zuvor sprach *Deckers* noch von dem „Nachweis über das behauptete Geschehen", sofern die Belastungsaussage nach den Kriterien der wissenschaftlichen Aussageanalyse als erlebnisfundiert anzusehen sei, vgl. *Deckers*, in: Hamm-FS (2008), 53 (55–56).

1070 *Eisenberg*, Beweisrecht, Rn. 1469; *Fischer*, NStZ 1994, 1 (4); s.a. *Kett-Straub*, ZStW 117 [2005], 354 (366); KK-StPO-*Krehl*, § 244 Rn. 53. Insoweit erscheinen exakte statistische Aussagen bzgl. der Quote v. Falschaussagen äußerst fragwürdig, vgl. z.B. *Sczesny/Krauel*, MschrKrim 1996, 338 (344). Zum Stand der internationalen Fehlurteilsforschung s. *Kölbel*, in: Griff nach der Wahrheit (2018), 31. Zu den Schwierigkeiten der empirischen Überprüfung der Realkennzeichen s. etwa *Müller*, JZ 2000, 267 (267–268); zu Feld- und Simulationsstudien s. *Fiedler/Schmid*, Praxis der Rechtspsychologie 1999, 5 (18–19); *Greuel/Offe u.a.*, Glaubhaftigkeit (1998), 133–144; *Steller/Volbert*, in: Psychologie im Strafverfahren (1997), 12 (19–21); *Steller/Volbert*, Praxis der Rechtspsychologie 1999, 46 (78–87); *Volbert*, in: Psychologische Begutachtung (2005), 171 (176 ff.); *Volbert/Steller*, in: Psychiatrische Begutachtung (2015), 683 (688); s. zudem die Untersuchungen v. *Dahle/Wolf*, in: Psychologie der Zeugenaussage (1997), 101 (104 ff.); *Sporer*, in: Psychologie der Zeugenaussage (1997), 71 (74 ff.).

1071 Vgl. *Schoreit*, StV 2004, 284 (285).

1072 *Fischer*, NStZ 1994, 1 (4); KK-StPO-*Krehl*, § 244 Rn. 55; ferner *Schünemann*, in: Meyer-Gossner-FS (2001), 385 (395).

1073 BVerfGE 38, 105 (111) = NJW 1975, 103; 110, 226 (253) = NJW 2004, 1305 (1308); BeckOK-StPO-*Valerius*, Art. 6 EMRK, Rn. 10; Dreier-*Schulze-Fielitz*, Art. 20 Rn. 216–217; Meyer-Goßner/Schmitt-*Schmitt*, Einl. Rn. 88; ferner *Pfeiffer*, StPO, Einl. Rn. 21; Sachs-*Sachs*, Art. 20 Rn. 163; s.a. *Kindhäuser/Schumann*, StPO (2019), § 18 Rn. 11.

dass der Angeklagte die Möglichkeit haben muss, auf den Verlauf des gegen ihn geführten Verfahrens und auf dessen Ergebnis aktiv und wirkungsvoll Einfluss nehmen können.[1074] Gemeint ist dabei nicht die Gleichheit der Rechte, sondern vielmehr deren „Ausbalancierung"[1075] unter Berücksichtigung der Verschiedenartigkeit der Prozessrollen.[1076] Gerade in Fällen, in denen dem Belastungszeugen nach Akteneinsicht durch das Glaubhaftigkeitsgutachten ein konstantes Aussageverhalten bescheinigt wird, ist der Angeklagte im Nachteil.[1077] Zwar umfasst die Glaubhaftigkeitsbeurteilung die Belastungsaussage und die Einlassung des Angeklagten gleichermaßen,[1078] dennoch wird die Einlassung des Angeklagten nur selten Gegenstand der Glaubhaftigkeitsbegutachtung,[1079] was vor dem Hintergrund der Waffengleichheit gegen das Aufklärungsgebot verstoßen könnte.[1080] Allerdings ist im Rahmen einer Glaubhaftigkeitsbeurteilung der Angaben des Angeklagten schon die Bildung der Nullhypothesen problematisch. Denn die Unschuldsvermutung gebietet es, dass die Angaben des Angeklagten so lange als richtig anzusehen sind, bis sie widerlegt sind.[1081] Auch die Glaubhaftigkeitsanalysen scheinen nicht für eine Überprüfung der Angaben des Angeklagten geeignet zu sein. Eine Aussageinhaltsanalyse ist für die Beurteilung wortreicher Angaben des Angeklagten wohl noch denkbar.[1082] Im Rahmen der Konstanzanalyse ist hingegen das Akteneinsichtsrecht des Beschuldigten nach § 147 StPO zu berücksichtigen.[1083] In jedem Fall ist die Motivationsanalyse für eine Überprüfung der Angaben des (bestreitenden) Angeklagten untauglich, da eine Lügenhypothese nicht falsifiziert werden

---

1074 BVerfGE 110, 226 (253) = NJW 2004, 1305 (1308); BeckOK-StPO-*Valerius*, Art. 6 EMRK, Rn. 10; Dreier-*Schulze-Fielitz*, Art. 20 Rn. 216–217 (alle m.w.N.).

1075 Meyer-Goßner/Schmitt-*Schmitt*, Einl. Rn. 88.

1076 Meyer-Goßner/Schmitt-*Schmitt*, Einl. Rn. 88; s.a. BeckOK-StPO-*Valerius*, Art. 6 EMRK, Rn. 10 (alle m.w.N.).

1077 S.o. § 8 B. IV. 6.

1078 Vgl. *Eisenberg*, Beweisrecht, Rn. 726; *Pfister*, in: Erhebung von Zeugenaussagen (2007), 42 (44); *Pfister*, FPPK 2008, 3 (6); s. etwa BGH NStZ 2005, 394 (*Fall Peggy Knobloch*); s.o. Fn. 622.

1079 *Barton*, in: Griff nach der Wahrheit (2018), 199 (201); *Fischer*, NStZ 1994, 1 (3); *Rohmann*, Praxis der Rechtspsychologie 2017, 27 (32); *Schmuck/Brügge-Niemann*, NJOZ 2014, 601 (603); *Schüssler*, Polygraphie (2002), 150–151; vgl. zudem *Pfister*, in: Erhebung von Zeugenaussagen (2007), 42 (44): „Die obergerichtlichen Entscheidungen und die Literatur beschäftigen sich zwar weit überwiegend nur mit der Zeugenaussage, dies liegt aber daran, dass die Glaubhaftigkeit der Angaben des Beschuldigten in der Praxis nur selten Anlass zu Darlegungen gibt."

1080 So *Fischer*, NStZ 1994, 1 (3); ähnl. *Haustein*, Aussage gegen Aussage (2017), 142–143; *Meyer-Mews*, NJW 2000, 916 (918); *Schüssler*, Polygraphie (2002), 151; *Wille*, Aussage gegen Aussage (2012), 137.

1081 *Vögele*, in: Sexuelle Entwicklung (2010), 84; vgl. zudem *Effer-Uhe/Mohnert*, Psychologie (2019). Rn. 203.

1082 *Jansen*, Aussagepsychologie (2012), Rn. 40; krit. *Schüssler*, Polygraphie (2002), 151.

1083 A.A. *Meyer-Mews*, NJW 2000, 916 (918); eingehend zum Akteneinsichtsrecht des Beschuldigten *Schaefer*, NJW-Spezial 2007, 327.

könnte.[1084] Die Glaubhaftigkeitsbeurteilung der Angaben des Angeklagten hat folglich nicht die gleiche Wirkungskraft wie die der Belastungsaussage.[1085] Während also die als glaubhaft begutachtete Aussage des Belastungszeugen die Unschuldsvermutung überwinden kann, hat der Angeklagte zunächst keine Möglichkeiten, seinem Bestreiten Gewicht zu verleihen.[1086] Vielmehr kann das Bestreiten des Angeklagten in einem solchen Fall als reine Schutzbehauptung abgetan werden.[1087]

Es lässt sich die Problematik der Glaubhaftigkeitsbeurteilung in „Aussage gegen Aussage"-Konstellationen wie folgt zusammenfassen: Ist das Ergebnis der Glaubhaftigkeitsbeurteilung (durch einen Richter oder Sachverständigen), dass die beurteilte Belastungsaussage wahrscheinlich erlebnisfundiert ist, gelten die Angaben des Angeklagten als widerlegt.[1088] Der Angeklagte selbst hat keine Möglichkeit das Gegenteil zu beweisen.[1089] Er kann lediglich eine Schwachstellenanalyse der Gutachtenerstattung durchführen (lassen).[1090]

Sofern der Zeugenaussage die Glaubhaftigkeit abgesprochen und eine Falschanschuldigung festgestellt wird, erscheint die fehlende Verteidigungsmöglichkeit nicht weiter schädlich. Liegt jedoch eine vom Sachverständigen und/oder Richter unentdeckte – beispielsweise suggerierte – Falschanschuldigung vor, schlägt die „Waage"[1091] aufgrund der falsch-positiven („glaubhaft") Glaubhaftigkeitsbeurteilung zu Unrecht zuungunsten des Angeklagten aus. Der Angeklagte kann das Gleichgewicht nur wiederherstellen, indem er die Glaubhaftigkeitsbeurteilung mittels eines (weiteren) Sachverständigen angreift.[1092]

1084 Die Motive eines Angeklagten für das Abstreiten einer Tat liegen vielmehr auf der Hand.

1085 A.A. *Schmuck/Brügge-Niemann*, NJOZ 2014, 601 (602), die eine Glaubhaftigkeitsbeurteilung der Beschuldigtenangaben unter Hinweis auf den „fair-trial"-Grundsatz fordern; s.a. *Wille*, Aussage gegen Aussage (2012), 139–140.

1086 Vgl. *Endres/Scholz*, NStZ 1994, 466 (472–473). Dramatische Folgen kann dies haben, wenn sich bspw. der Verdacht des sexuellen Kindesmissbrauchs nicht erhärtet, jedoch trotz Einstellung des strafrechtlichen Ermittlungsverfahrens gegen den Vater eine Gefährdung des Kindes nicht ausgeschlossen werden kann und das Kind deswegen nicht in die Herkunftsfamilie zurückgeführt wird, s. *Endres/Scholz*, ebd.; ähnl. *Undeutsch*, FamRZ 1996, 329 (331); *Undeutsch*, in: Psychologie der Zeugenaussage (1997), 303 (304–305); s.a. die Untersuchung v. *Busse/Steller u.a.*, Praxis der Rechtspsychologie 2000, 3 (87).

1087 Ähnl. *Endres/Scholz*, NStZ 1994, 466 (472–473); *Wille*, Aussage gegen Aussage (2012), 139–140.

1088 Im Falle des Schweigens des Angeklagten gilt er als überführt.

1089 Ähnl. *Meyer-Mews*, NJW 2000, 916.

1090 *Barton*, in: Griff nach der Wahrheit (2018), 199 (214).

1091 S.o. § 5 A.

1092 *Barton*, in: Griff nach der Wahrheit (2018), 199 (214–215). *Hamm*, StraFo 2000, 253 (255) spricht von einem „Glaubwürdigkeitsvorsprung" des Belastungszeugen.

Gleichwohl sind Glaubhaftigkeitsgutachten eine unentbehrliche Hilfe für die Strafgerichte, um bei „Aussage gegen Aussage“-Konstellationen zu einer aussagepsychologisch fundierten, subjektiven Überzeugung nach § 261 StPO zu gelangen.[1093] Die Aussagepsychologie ersetzt dabei nicht die Beweiswürdigung des Gerichts, sondern erweitert vielmehr mithilfe spezifischer Methoden das faktische Wissen über die Entstehungsbedingungen der zu beurteilenden Aussage.[1094] Der Richter sollte sich diese aussagepsychologischen Erkenntnisse – durch Fortbildung[1095] oder durch Hinzuziehung eines Sachverständigen – zunutze machen.[1096]

Nichtsdestoweniger ist für „Aussage gegen Aussage“-Konstellationen das (interdisziplinäre) Prüf- und Bewertungssystem fortwährend zu verbessern, um letztlich dem Recht auf ein faires Verfahren gerecht zu werden.[1097] Dies gilt besonders vor dem Hintergrund einer „geschwächten“ Aussageanalyse bei dem Vorwurf des sexuellen Übergriffs nach § 177 Abs. 1 StGB und dem damit einhergehenden Risiko falsch-positiver Beurteilungen.[1098]

1093 Vgl. *Kargl/Kirsch*, JuS 2000, 537 (538); *Vögele*, in: Sexuelle Entwicklung (2010), 84 (91); ähnl. *Barton*, in: Griff nach der Wahrheit (2018), 199 (221).

1094 *Trankell*, Realitätsgehalt von Zeugenaussagen (1971), 63; s.a. *Geipel*, Beweiswürdigung (2017), § 17 Rn. 9.

1095 S. nur *Wille*, Aussage gegen Aussage (2012), 126–127; so schon *Peters*, ZStW 87 [1975], 663 (678–679). Die Bundestagsfraktion Bündnis 90/Die Grünen beantragte bereits, dass die Qualifizierung von Richtern gesetzlich verankert werden soll, s. BT-Drs. 19/8568. Danach soll u.a. im DRiG eine Fortbildungspflicht für Richterinnen und Richter in familiengerichtlichen Verfahren formuliert werden, vgl. BT-Drs. 19/8568, 2.

1096 *Steller*, R & P 1998, 11 (17); ähnl. *Steller/Volbert*, Praxis der Rechtspsychologie 1999, 46 (96). Einer Ausdehnung der Fälle, in denen Glaubhaftigkeitsgutachten einzuholen sind, bedarf es hierfür nicht, vgl. *Barton*, in: Griff nach der Wahrheit (2018), 199 (222–223).

1097 *Deckers*, in: Eisenberg-FS (2009), 473 (474).

1098 S.o. § 8 C. III.

§ 9 Die psychophysiologische Aussagebeurteilung

A. Forensische Psychophysiologie

An diesem Punkt der Untersuchung stellt sich die Frage, ob es in „Aussage gegen Aussage"-Situationen noch Erkenntnismittel neben der aussagepsychologischen Glaubhaftigkeitsbeurteilung gibt, um zu einer Überzeugung nach § 261 StPO zu gelangen. Anknüpfungspunkt könnte das Bestreiten des Angeklagten sein, welches auf seine Glaubhaftigkeit hin überprüft wird.

Es wird über naturwissenschaftliche Erkenntnisse und technologische Methoden diskutiert, die nicht erlebnisfundierte Behauptungen zuverlässig aufdecken sollen.[1099] Derartige Verfahren gehören zu der *forensischen Psychophysiologie* und werden gemeinhin unter dem Begriff der *Lügendetektion* zusammengefasst.[1100]

Die forensische Psychophysiologie beschäftigt sich unter anderem mit der Entwicklung und Überprüfung von Techniken, die auf Basis bestimmter physiologischer Reaktionen Rückschlüsse auf die Glaubhaftigkeit einer Aussage zulassen sollen (*psychophysiologische Aussagebeurteilung*).[1101] Einer der bekanntesten, aber auch umstrittensten Untersuchungstechniken in der Geschichte der Lügendetektion ist der *„Lügendetektor"*.[1102]

1099 Vgl. bspw. den Ansatz der Mikroexpression oder des Lateral Eye Movement zur Lügenerkennung, s. *Geipel*, Beweiswürdigung (2017), § 26 Rn. 281 ff., 313 ff.

1100 *Gamer/Vossel*, Zeitschrift für Neuropsychologie 2009, 207; *Paul/Egbert*, KrimJ 2014, 153 (154); *Rill/Gödert u.a.*, MschrKrim 2003, 165.

1101 *Bender/Nack u.a.*, Tatsachenfeststellung (2014), Rn. 228; *Gamer/Vossel*, Zeitschrift für Neuropsychologie 2009, 207; *Rill*, Forensische Psychophysiologie (2001), 6; *Rill/Gödert u.a.*, MschrKrim 2003, 165; *Steller*, Aussagebeurteilung (1987), 4–5; *Tent*, in: Forensische Psychologie (1967), 185 (197); s.a. *Markowitsch*, Kriminalistik 2006, 619 (621). Nach *Putzke/Scheinfeld u.a.*, ZStW 121 [2009], 607 (611) in Fn. 22 lautet die korrekte Bezeichnung „physiopsychologisch" statt „psychophysiologisch", da es sich um eine rein psychologische Methode handele, die sich physiologischer Hilfsmittel bediene; s.a. *Putzke*, ZJS 2011, 557 in Fn. 3. Im Folgenden soll diese Formulierungsfeinheit jedoch keine weitere Berücksichtigung finden, sodass im weiteren Untersuchungsverlauf lediglich von der – in der Lit. am häufigsten zu findenden – „psychophysiologischen" Untersuchung die Rede sein wird.

1102 *Schmuck/Brügge-Niemann*, NJOZ 2014, 601. Einen Abriss über die Entwicklung des „Lügendetektors" geben *Delvo*, Lügendetektor (1981), 18–19; *Paul/Egbert*, KrimJ 2014, 153 (156); *Reid/Inbau*, Truth and Deception (1966), 1–3; *Tent*, in: Forensische Psychologie (1967), 185 (222–223); *Undeutsch*, FamRZ 1996, 329 (330); *Undeutsch/Klein*, Praxis der Rechtspsychologie 1999, 45 (46–50). Zur historischen Entwicklung psychophysiologischer Täterschaftsermittlung im Allg. s. *Holstein*, Kriminalistik 1990, 155; *Schüssler*, Polygraphie (2002), 31–34; *Steller*, Aussagebeurteilung

Im Folgenden wird untersucht, ob mit dem „Lügendetektor" eine Technik zur Verfügung steht, mit der die Entscheidungsgrundlage des Tatrichters bei „Aussage gegen Aussage" erweitert und die Glaubhaftigkeit der Einlassung des Angeklagten beurteilt werden kann, um letztlich das Problem einer unerkannt falsch-positiven („glaubhaft") aussagepsychologischen Glaubhaftigkeitsbeurteilung zu entschärfen.

B. Die psychophysiologische Bedeutsamkeitsdiagnostik

Bevor die Zulässigkeit und die Einsatzmöglichkeiten des „Lügendetektors" im gerichtlichen Verfahren näher in den Blick genommen werden, erfolgt eine Darstellung der methodischen Grundlagen dieser Untersuchungstechnik.

I. Der Polygraph

Die Bezeichnung „Lügendetektor" weckt die irrige Vorstellung, es handle sich um ein Gerät, das eine Lüge als solche erkennt und anzeigt.[1103] Tatsächlich folgen die Lügendetektionsverfahren der psychophysiologischen Hypothese, dass einerseits psychische Vorgänge körperliche Reaktionen hervorbringen und andererseits von bestimmten physischen Merkmalen auf entsprechende geistige Zustände geschlossen werden kann.[1104] Physiologische Veränderungen werden mithin als Begleiterscheinungen psychischer Prozesse aufgefasst, wodurch Erstere als objektiv erfassbare diagnostische Indikatoren für subjektive Vorgänge verwendet werden können.[1105]

(1987), 16 ff.; *Stüllenberg/Stubbe u.a.*, Lügendetektortest (2000), 14–15; *Undeutsch*, MschrKrim 1979, 228; *Undeutsch*, in: Wissenschaftliche Kriminalistik (1983), 389 (401).

1103 *Achenbach*, NStZ 1984, 350; *Dahle*, Psychologische Rundschau 2003, 103 (104); *Delvo*, Lügendetektor (1981), 22; *Effer-Uhe*, MLR 2013, 99; *Effer-Uhe/Mohnert*, Psychologie (2019), Rn. 226; *Eisenberg*, Beweisrecht, Rn. 693; *Gamer/Vossel*, Zeitschrift für Neuropsychologie 2009, 207 (208); *Greuel*, Praxis der Rechtspsychologie 1998, 54 (55); *Haustein*, Aussage gegen Aussage (2017), 148; *Paul/Egbert*, KrimJ 2014, 153 (156); *Putzke*, ZJS 2011, 557 in Fn. 3; *Putzke/Scheinfeld u.a.*, ZStW 121 [2009], 607 (610); *Reid/Inbau*, Truth and Deception (1966), 3; *Schneider*, Nonverbale Zeugnisse (1991), 134; *Schüssler*, Polygraphie (2002), 25; *Seiterle*, Lügendetektion (2010), 17; *Seiterle*, StraFo 2014, 58; *Steller/Dahle*, Praxis der Rechtspsychologie 1999, 127 (131); *Schwabe*, NJW 1979, 576; *Steller/Dahle*, in: Psychologie der Zeugenaussage (1997), 309 (310); *Tent*, in: Forensische Psychologie (1967), 185 (247); *Undeutsch/Klein*, Praxis der Rechtspsychologie 1999, 45 (50–52); *Vehrs*, Praxis der Rechtspsychologie 2001, 16 (21); missverständlich insoweit die Formulierung bei *Boehme*, in: Handwörterbuch (2002), 412 (413); *Wagner*, Polygraphie im Strafverfahren (2012), 22.

1104 *Paul/Egbert*, KrimJ 2014, 153 (156).

1105 *Steller*, in: Psychologie (1997), 89 (90); s.a. *Effer-Uhe/Mohnert*, Psychologie (2019), Rn. 227.

Die psychophysiologische Aussagebeurteilung ist ein komplexer Begutachtungsvorgang, bei dem man erst durch vermittelnde interpretative Schritte zur Beurteilung der Aussage als glaubhaft oder unglaubhaft gelangt.[1106] Vor diesem Hintergrund handelt es sich bei dem „Lügendetektor" lediglich um ein technisches Hilfsmittel, mit dem physiologische Parameter erfasst und auf einem mitlaufenden, mit einem Linienraster versehenen Papierstreifen graphisch dargestellt werden.[1107] Da der „Lügendetektor" mehrere physiologische Variablen aufzeichnet,[1108] wird das Aufzeichnungsgerät zutreffender als *Mehrkanalschreiber* oder *Polygraph* (zu griechisch polygráphein = viel schreiben) bezeichnet.[1109] Polygraphiegeräte unterscheiden sich im Einzelnen zwar (geringfügig) nach ihrer Bauart, ihnen liegt jedoch dasselbe Prinzip zugrunde.[1110]

1106 *Steller/Dahle*, Praxis der Rechtspsychologie 1999, 127 (189); s.a. *Effer-Uhe*, MLR 2013, 99.

1107 BGHSt 44, 308 (313) = NJW 1999, 657 (658); *Greuel*, Praxis der Rechtspsychologie 1998, 54 (55); *Putzke*, ZJS 2011, 557 in Fn. 3; *Putzke/Scheinfeld u.a.*, ZStW 121 [2009], 607 (610–611); *Schüssler*, Polygraphie (2002), 24; *Stüllenberg/Stubbe u.a.*, Lügendetektortest (2000), 16; *Undeutsch/Klein*, Praxis der Rechtspsychologie 1999, 45 (51); ähnl. *Heintschel-Heinegg*, in: Breidling-FS (2017), 143 (150); die Abb. eines Registrierstreifens findet sich bei *Reid/Inbau*, Truth and Deception (1966), 41 ff., 270–274; *Tent*, in: Forensische Psychologie (1967), 185 (226).

1108 Vgl. die Abb. bei *Reid/Inbau*, Truth and Deception (1966), 7–9.

1109 *Putzke/Scheinfeld u.a.*, ZStW 121 [2009], 607 (611); ferner BGHSt 44, 308 (313) = NJW 1999, 657 (658); *Achenbach*, NStZ 1984, 350; *Delvo*, Lügendetektor (1981), 17; *Eisenberg*, Beweisrecht, Rn. 693a; *Fiedler*, Praxis der Rechtspsychologie 1999, 5 (7); *Frister*, ZStW 106 [1994], 303 (304–305); *Greuel*, Praxis der Rechtspsychologie 1998, 54 (55); *Greuel/Offe u.a.*, Glaubhaftigkeit (1998), 235; *Kargl/Kirsch*, JuS 2000, 537 (538); *Nestler*, JA 2017, 10 (14); *Paul/Egbert*, KrimJ 2014, 153 (156); *Rill/Vossel*, NStZ 1998, 481 (482); *Schoreit*, StV 2004, 284; *Seiterle*, StraFo 2014, 58; *Steller*, Aussagebeurteilung (1987), 4; *Steller/Dahle*, Praxis der Rechtspsychologie 1999, 127 (129); *Undeutsch*, ZStW 87 [1975], 650 (655); *Undeutsch*, MschrKrim 1979, 228 (229); *Undeutsch*, in: Wissenschaftliche Kriminalistik (1983), 389 (401); *Wagner*, Polygraphie im Strafverfahren (2012), 22; teilw. findet sich a. die Bezeichnung „Biosignalgerät", vgl. *Putzke*, ZJS 2011, 557 in Fn. 3; *Putzke/Scheinfeld u.a.*, ZStW 121 [2009], 607 (611).

1110 *Reid/Inbau*, Truth and Deception (1966), 3–4; *Schwabe*, NJW 1979, 576. Besonders häufig zum Einsatz kommt das Gerät der Firma „Lafayette" (s. z.B. AG Bautzen BeckRS 2017, 138202, Rn. 59). Es ließen sich entsprechende Untersuchungen jedoch a. mit jedem anderen in Medizin und Psychologie gebräuchlichen Gerät fachgerecht durchführen, sofern es über die entsprechenden Messkanäle verfügt, s. *Steller/Dahle*, Praxis der Rechtspsychologie 1999, 127 (130).

II. Methodische Grundlagen einer polygraphischen Untersuchung

Die psychophysiologische Untersuchungsmethoden zur Täterschaftsdiagnostik beruhen nicht auf der Existenz lügenspezifischer physiologischer Reaktionen („no specific lie response").[1111] Ein direkter Rückschluss aus den erstellten Polygrammen auf unwahre Bekundungen erfolgt somit nicht;[1112] zumindest ist ein physiologisches Pendant von Lüge beziehungsweise Täuschung bislang nicht bekannt.[1113] Ansatzpunkt ist vielmehr die Annahme, dass das Ausmaß einer vegetativen Reaktion mit der individuellen Bedeutung des zugrundeliegenden Stimulus „kovariiert" (*Bedeutsamkeitsdiagnostik*).[1114] Die physiologischen Reaktionen indizieren somit ausschließlich ein bestimmtes Erregungsniveau des Organismus; das heißt, sie geben Hinweise darauf, ob und in welchem Maße, nicht aber, aus welchem Grund, der Proband[1115] erregt ist („unspezifische Aktivation"[1116]).[1117]

1111 *Dahle*, Psychologische Rundschau 2003, 103 (104); *Dahle/Lehmann*, in: Neue Vernehmungsmethoden (2012), 48 (49); *Frister*, ZStW 106 [1994], 303 (305); *Gamer/Vossel*, Zeitschrift für Neuropsychologie 2009, 207 (208); *Holstein*, Kriminalistik 1990, 155; *Kargl/Kirsch*, JuS 2000, 537 (538); *Steller/Dahle*, in: Psychologie der Zeugenaussage (1997), 309 (310–311); *Steller/Dahle*, Praxis der Rechtspsychologie 1999, 127 (131); *Undeutsch*, MschrKrim 1979, 228 (229); s.a. *Berning*, MschrKrim 1993, 242 (243).

1112 *Dahle*, Psychologische Rundschau 2003, 103 (104); *Eisenberg*, Beweisrecht, Rn. 693a; *Frister*, ZStW 106 [1994], 303 (305); ferner *Putzke/Scheinfeld u.a.*, ZStW 121 [2009], 607 (611). Nach *Dahle*, ebd. ist aus diesem Grund die Bezeichnung als „Lügendetektor" nicht nur missverständlich, sondern inhaltlich falsch.

1113 *Gamer/Vossel*, Zeitschrift für Neuropsychologie 2009, 207 (208); vgl. zudem *Eisenberg*, Beweisrecht, Rn. 693a; ausf. dazu noch unter § 9 B. IV. 1.

1114 *Dahle*, Psychologische Rundschau 2003, 103 (104); *Effer-Uhe/Mohnert*, Psychologie (2019), Rn. 227; *Eisenberg*, Beweisrecht, Rn. 693 m. Fn. 425; *Fiedler*, Praxis der Rechtspsychologie 1999, 5 (6); *Greuel*, Praxis der Rechtspsychologie 1998, 54 (55–56); *Steller*, in: Psychologie (1997), 89 ([90][98]); *Steller*, in: Polygraphie (1999), 31 (33); *Steller/Dahle*, Praxis der Rechtspsychologie 1999, 127 (131–132); vgl. a. *Schneider*, Nonverbale Zeugnisse (1991), 135. Dabei ist es zunächst unerheblich, um welche Art von Bedeutung es sich handelt und welche physiologischen Prozesse die Stärke der Rektion im Einzelnen bedingen, s. *Dahle*, ebd. Eingehend zur Diagnostik erlebnisbasierter Wissensspuren schon *Lipmann*, Spuren interessebetonter Erlebnisse (1911).

1115 Sofern es um die methodischen Grundlagen geht, wird die untersuchte Person im Folgenden als „Proband" bezeichnet.

1116 *Undeutsch*, MschrKrim 1979, 228 (229); *Undeutsch*, in: Wissenschaftliche Kriminalistik (1983), 389 (402); *Undeutsch/Klein*, Praxis der Rechtspsychologie 1999, 45 (53).

1117 *Dahle/Lehmann*, in: Neue Vernehmungsmethoden (2012), 48 (49–50); *Frister*, ZStW 106 [1994], 303 (305); *Holstein*, Kriminalistik 1990, 155; *Steller/Dahle*, Praxis der Rechtspsychologie 1999, 127 (132); *Undeutsch/Klein*, Praxis der Rechtspsychologie 1999, 45 (53); ausf. hierzu *Undeutsch*, MschrKrim 1979, 228 (229); vgl. zudem die

Der Auftrag des psychophysiologischen Untersuchers besteht darin, trotz der „Unspezifität“[1118] physiologischer Reaktionen, eindeutige Interpretationen der registrierten physiologischen Erregung vorzunehmen.[1119] Der Polygraph misst die hierfür erforderlichen vegetativen Reaktionen und liefert die Abläufe der unspezifischen Erregungsmuster, sodass er mit einem Elektrokardiographen (EKG) vergleichbar ist.[1120]

Bei der Untersuchung sind zunächst zwei Interpretationsergebnisse denkbar: Eine Täuschung ist indiziert (*positiver Befund*) oder eine Täuschung ist nicht indiziert (*negativer Befund*).[1121] Daneben gibt es eine dritte Kategorie: die „unentscheidbaren“ Fälle.[1122] Sofern der Untersuchte bei einem positiven Befund (Bestreiten ist unglaubhaft) tatsächlich Täter ist, liegt ein *richtig-positiver* Befund vor, andernfalls ist der Befund *falsch-positiv*. Ist der Befund negativ (Bestreiten ist glaubhaft) und ist der Untersuchte tatsächlich Nichttäter, liegt ein *richtig-negativer* Befund vor. Ist der Untersuchte im Falle eines negativen („glaubhaft“) Untersuchungsergebnisses tatsächlich der Täter, ist der Befund *falsch-negativ* (s. Tabelle 2).

Tabelle 2: *Nomenklatur der Kriteriumsvariable, der Testergebnisse und der Trefferquoten im Rahmen der psychophysiologischen Aussagebeurteilung nach Rill (2001)*[a]

		Status hinsichtlich Täterschaft	
		„schuldig“	**„unschuldig“**
Testergebnis	**positiv („unglaubhaft“)**	richtig-positiver Befund	falsch-positiver Befund
	negativ („glaubhaft“)	falsch-negativer Befund	richtig-negativer Befund

[a] *Rill*, Forensische Psychophysiologie (2001), 8; ähnl. bei *Volckart*, R & P 1998, 138 (138–139).

Abb. bei *Reid/Inbau*, Truth and Deception (1966), 41 ff. Daneben gibt es bereits Versuche, physiologische Reaktionen bei Täuschungen genauer einzugrenzen (*differentiation-of-deception*), s. *Gödert/Rill u.a.*, Int. J. Psychophysiol. 40 [2001], 61 (61 ff.).

1118 *Steller*, in: Psychologie (1997), 89 (91).

1119 *Steller*, in: Psychologie (1997), 89 (91); krit. *Frister*, ZStW 106 [1994], 303 (309).

1120 *Dahle*, Psychologische Rundschau 2003, 103 (104); *Delvo*, Lügendetektor (1981), 17; *Putzke*, ZJS 2011, 557; *Putzke/Scheinfeld u.a.*, ZStW 121 [2009], 607 (611); *Schüssler*, Polygraphie (2002), 25; *Stüllenberg/Stubbe u.a.*, Lügendetektortest (2000), 16; *Tent*, in: Forensische Psychologie (1967), 185 (227); ferner *Berning*, MschrKrim 1993, 242 (252). Insoweit wird der Elektrokardiograph a. nicht als „Krankheitsdetektor“ bezeichnet, vgl. *Dettenborn*, FPR 2003, 559 (561); *Putzke*, ZJS 2011, 557 in Fn. 3.

1121 *Greuel*, Praxis der Rechtspsychologie 1998, 54 (56); *Greuel/Offe u.a.*, Glaubhaftigkeit (1998), 236; *Vehrs*, in: Polygraphie (1999), 19 (28).

1122 *Greuel*, Praxis der Rechtspsychologie 1998, 54 (56); *Greuel/Offe u.a.*, Glaubhaftigkeit (1998), 236; *Vehrs*, in: Polygraphie (1999), 19 (29).

1. Die gemessenen Parameter

Die während einer polygraphischen Untersuchung gemessenen peripher-physiologischen Parameter sind regelmäßig die thorakale und abdominale Atembewegung,[1123] die elektrische Leitfähigkeit der Haut,[1124] Schwankungen des relativen Blutdrucks[1125] und unter Umständen die vasomotorische[1126] Aktivität (gemessen als Blutfülle in den Kapillaren der Haut über der Fingerkuppe).[1127] Diese leicht zugänglichen Variablen indizieren die gegenwärtige Aktivität des vegetativen Nervensystems und damit das Erregungsniveau des Probanden.[1128] Während einer Untersuchung werden also drei Bereiche simultan erfasst: Veränderungen der Atmungsaktivität, der elektrodermalen Aktivität sowie der kardiovaskulären Aktivität.[1129] Die Messsensoren werden hierfür meist mit einem Atmungsgürtel um den nicht entblößten Brustkorb, mit Fingerelektroden (oder einer Fingerklemme) an die linke Hand und mit einer Blutdruckmanschette an den linken Oberarm angelegt.[1130] Gelegentlich und vor allem zu Forschungszwecken werden auch andere Variablen – in wechselnder Zusammenstellung – einbezogen.[1131] Beispielhaft können hier die Herz- und Pulsfrequenz[1132] sowie die

---

1123 Näher dazu *Scholz*, in: Polygraphie (1999), 45 (49–50). Die thorakale Atmung betrifft die Brustatmung und die abdominale Atmung die Bauchatmung.

1124 Näher dazu *Scholz*, in: Polygraphie (1999), 45 (46–47); *Steller*, in: Psychologie (1997), 89 (96–97).

1125 Näher dazu *Scholz*, in: Polygraphie (1999), 45 (48–49).

1126 Von lat. vas = Gefäß, motorius = voller Bewegung.

1127 *Ben-Shakhar*, in: Polygraph Testing (2002), 103 (104); *Undeutsch*, MschrKrim 1979, 228 (229); *Undeutsch*, in: Wissenschaftliche Kriminalistik (1983), 389 (401); *Undeutsch*, FamRZ 1996, 329 (330); *Undeutsch/Klein*, Praxis der Rechtspsychologie 1999, 45 (54); s.a. AG Bautzen BeckRS 2017, 138202, Rn. 18; *Frister*, ZStW 106 [1994], 303 (305); *Furedy*, Int. J. Psychophysiol. 21 [1996], 97 (99); *Momsen*, KriPoZ 2018, 142; *Putzke/Scheinfeld u.a.*, ZStW 121 [2009], 607 (611); *Raskin/Barland u.a.*, Polygraph 6 [1977], 1 (7); *Rill/Vossel*, NStZ 1998, 481 (482).

1128 *Undeutsch/Klein*, Praxis der Rechtspsychologie 1999, 45 (53–54); vgl. zudem *Paul/Egbert*, KrimJ 2014, 153 (156); *Putzke/Scheinfeld u.a.*, ZStW 121 [2009], 607 (611); ausf. zu den Indikatoren psychischer Vorgänge *Tent*, in: Forensische Psychologie (1967), 185 (206 ff.).

1129 *Steller/Dahle*, Praxis der Rechtspsychologie 1999, 127 (129).

1130 *Holstein*, Kriminalistik 1990, 155; *Steinke*, MDR 1987, 535 (536); *Undeutsch/Klein*, Praxis der Rechtspsychologie 1999, 45 (68); Fotos angelegter Messsensoren finden sich bei *Reid/Inbau*, Truth and Deception (1966), 5–7, 270.

1131 Vgl. *Steller/Dahle*, Praxis der Rechtspsychologie 1999, 127 (129); *Undeutsch*, MschrKrim 1979, 228 (229); *Undeutsch*, in: Wissenschaftliche Kriminalistik (1983), 389 (401); ausf. hierzu *Schüssler*, Polygraphie (2002), 21–24.

1132 S. dazu *Scholz*, in: Polygraphie (1999), 45 (47–48); *Steller*, in: Psychologie (1997), 89 (97).

Atemfrequenz und -amplitude angeführt werden.[1133] In einigen Fällen wird zudem die Muskelspannung und Oberflächentemperatur des Körpers gemessen.[1134]

Die psychophysiologische Untersuchungsmethode geht von der These aus, dass eine intentionale Falschaussage beispielsweise aufgrund der Aufmerksamkeit, Konzentration und Anspannung des Probanden eine höhere Aktivität des Nervensystems auslöst, welche sich in vegetativen Reaktionen ausdrückt, die wiederum mithilfe des Polygraphen abgelesen werden können.[1135] In der psychophysiologischen Bedeutsamkeitsdiagnostik werden insoweit nur Zustands*änderungen* gemessen; das heißt es wird beispielsweise nicht die absolute Anzahl der Pulsschläge pro Minute (Aktiviertheit) diagnostisch verwertet, sondern die Stärke der Pulsfrequenz*änderungen* in Abhängigkeit von gezielt eingesetzten Reizen diagnostisch interpretiert.[1136]

2. *Intraindividueller Vergleich*

Physiologische Reaktionen auf Außenreize können inter- sowie intraindividuell differieren,[1137] weshalb eine Bedeutsamkeitsmessung anhand allgemeiner Muster nicht möglich ist.[1138] Vielmehr ist auf eine Individualdiagnostik abzustellen, welche die Reaktionen einer Person auf die Vorgabe mehrerer Stimuli zu einem Messzeitpunkt vergleicht (*intraindividueller Vergleich*) und aus dem Verhältnis der Reaktionsstärken auf die *relative Bedeutung* des relevanten Stimulus schließt.[1139] Die Messung der Stimulusbedeutung erfolgt mithin nicht absolut, sondern stets

---

1133 Vgl. BGHSt 44, 308 (313) = NJW 1999, 657 (658); BGH BeckRS 1998, 30039741; *Berning*, MschrKrim 1993, 242; *Eisenberg*, Beweisrecht, Rn. 693a; *Fiedler*, Praxis der Rechtspsychologie 1999, 5 (6–7); *Greuel*, Praxis der Rechtspsychologie 1998, 54 (55); *Kargl/Kirsch*, JuS 2000, 537 (538); *Nestler*, JA 2017, 10 (14); *Paul/Egbert*, KrimJ 2014, 153 (156); *Raskin/Barland u.a.*, Polygraph 6 [1977], 1 (3); *Schoreit*, StV 2004, 284; *Schwabe*, NJW 1979, 576.

1134 BGHSt 44, 308 (313) = NJW 1999, 657 (658); BGH BeckRS 1998, 30039741; *Kargl/Kirsch*, JuS 2000, 537 (538); *Schoreit*, StV 2004, 284; *Schwabe*, NJW 1979, 576.

1135 *Paul/Egbert*, KrimJ 2014, 153 (156); *Schneider*, Nonverbale Zeugnisse (1991), 131; *Undeutsch*, ZStW 87 [1975], 650 (650–651); ähnl. *Furedy*, Int. J. Psychophysiol. 21 [1996], 97; *Momsen*, KriPoZ 2018, 142; krit. hierzu *Peters*, ZStW 87 [1975], 663 (666). Es lassen sich hierbei gewissen Parallelen zur *Undeutsch*-Hypothese (s. § 8 B. III. 1. b) aa) erkennen.

1136 *Steller*, in: Psychologie (1997), 89 (97).

1137 *Dahle*, Psychologische Rundschau 2003, 103 (104); *Fiedler*, Praxis der Rechtspsychologie 1999, 5 (11).

1138 *Dahle*, Psychologische Rundschau 2003, 103 (104); *Dahle/Lehmann*, in: Neue Vernehmungsmethoden (2012), 48 (50).

1139 *Dahle*, Psychologische Rundschau 2003, 103 (104); *Dahle/Lehmann*, in: Neue Vernehmungsmethoden (2012), 48 (50); *Steller/Dahle*, in: Psychologie der Zeugenaussage (1997), 309 (312); *Steller/Dahle*, Praxis der Rechtspsychologie 1999, 127 (131); *Undeutsch/Klein*, Praxis der Rechtspsychologie 1999, 45 (55); s.a. *Fiedler*, Praxis der Rechtspsychologie 1999, 5 (11); *Steller*, in: Psychologie (1997), 89 (91).

in Relation zu anderen Stimuli und erlaubt lediglich eine quantitative Unterscheidung der Bedeutung zweier Stimuli für den jeweiligen Probanden.[1140]

Das Stimulusmaterial bildet somit das Kernstück psychophysiologischer Aussagebeurteilung und besteht bei der polygraphischen Untersuchung in der Regel aus verschiedenen Fragetypen, aus deren Vergleich indirekt individualdiagnostische Schlussfolgerungen gezogen werden können.[1141] Vereinfacht gesagt wird versucht, durch bestimmte Fragetechniken[1142] und bei gleichzeitiger Messung der physiologischen Reaktionen der untersuchten Person, Hinweise auf die Täterschaft bezüglich eines bestimmten Tatgeschehens zu gewinnen.[1143]

III. Die Befragungstechniken

Die Prämisse für eine psychophysiologische Untersuchung ist, dass es Stimuli gibt, deren Bedeutung für den Probanden zum Untersuchungszeitpunkt systematisch von der Frage der Täterschaft abhängt.[1144] Täter und Nichttäter müssen sich zuverlässig in einem definierbaren Aspekt unterscheiden.[1145] Es werden vor allem zwei Stimulusvarianten beschrieben, denen man diese Voraussetzung unterstellt.[1146]

1140 *Steller/Dahle*, Praxis der Rechtspsychologie 1999, 127 (132).

1141 Vgl. *Gamer/Vossel*, Zeitschrift für Neuropsychologie 2009, 207 (208). Theoretisch könnte das Stimulusmaterial a. aus affirmativen Sätzen oder Bildern bestehen, s. *Vehrs*, Praxis der Rechtspsychologie 2001, 16 (23).

1142 In Anlehnung an den anglo-amerikanischen Sprachgebrauch werden in der Lit. und Rspr. psychophysiologische Untersuchungen häufig als „Test" bezeichnet. Da es sich indes nicht um Testverfahren im psychologischen Sinn handelt, sondern vielmehr um Untersuchungsstrategien, wird im Folgenden die Bezeichnung „Technik" vorgezogen, vgl. dazu *Dahle*, Psychologische Rundschau 2003, 103 (104); *Fiedler*, Psychologische Rundschau 2003, 112 (113); *Furedy*, Int. J. Psychophysiol. 21 [1996], 97 (98); *Steller/Dahle*, Praxis der Rechtspsychologie 1999, 127 (160–161).

1143 *Eisenberg*, Beweisrecht, Rn. 693.

1144 *Dahle*, Psychologische Rundschau 2003, 103 (104); *Steller/Dahle*, Praxis der Rechtspsychologie 1999, 127 (133).

1145 *Steller/Dahle*, Praxis der Rechtspsychologie 1999, 127 (133).

1146 Vgl. *Dahle*, Psychologische Rundschau 2003, 103 (104); *Dahle/Lehmann*, in: Neue Vernehmungsmethoden (2012), 48 (51); *Steller/Dahle*, Praxis der Rechtspsychologie 1999, 127 (133); *Tent*, in: Forensische Psychologie (1967), 185 (229). Für beide Methodengruppen bestehen vielfältige Modifikationen, auf die hier nicht im Einzelnen eingegangen werden soll, vgl. nur *Steller*, in: Psychologie (1997), 89 (91); *Vehrs*, in: Polygraphie (1999), 19 (23); *Wegner*, Polygraphie (1981), 10. Zur sog. *Relevant-Irrelevant-Technik* als Vorgängerin der VFT: *Gamer/Vossel*, Zeitschrift für Neuropsychologie 2009, 207 (208); *Holstein*, Kriminalistik 1990, 155 (155–156); *Raskin/Honts*, in: Polygraph Testing (2002), 1 (3–5); *Schüssler*, Polygraphie (2002), 30–31; *Steller*, in: Psychologie (1997), 89 (93); *Steller/Dahle*, in: Psychologie der Zeugenaussage (1997), 309 (312–313); *Stüllenberg/Stubbe u.a.*, Lügendetektortest (2000), 19. Zur *Directed Lie Question Technique* als Weiterentwicklung der

Die erste Variante beruht auf der Überlegung, dass der Täter gegenüber einem Nichttäter einen Wissensvorsprung in Bezug auf Details des Tatgeschehens hat und bei der Konfrontation mit solchen Details Wiedererkennungsprozesse bei dem Täter ausgelöst werden, die sich in vegetativen Reaktionen widerspiegeln (*Tatwissenstechnik*).[1147]

Die zweite Variante geht von der Annahme aus, dass ein Täter um seine Täterschaft im Sinne der Untersuchungsfrage weiß und daher die konkrete Frage nach einer Tathandlung wahrheitswidrig beantworten muss.[1148] Die Frage nach der Täterschaft enthält für den Täter damit eine spezifische *Signalqualität*, woraufhin kognitive und emotionale Prozesse ausgelöst werden, die sich in vegetativen Reaktionen manifestieren (*Kontroll-* oder *Vergleichsfragentechnik*).[1149]

Da das Prinzip der vergleichenden Bedeutsamkeitsdiagnostik lediglich eine *relative* Bedeutsamkeitseinschätzung erlaubt, sind neben den beschriebenen relevanten Stimuli stets Vergleichsstimuli erforderlich, die geeignet sind, als Maßstab zur Beurteilung einer etwaigen täterschaftsbedingten Bedeutsamkeitserhöhung des relevanten Stimulus zu dienen.[1150]

1. *Die Tatwissenstechnik*

Mit der Tatwissenstechnik (TWT) werden dem Probanden Details des zu untersuchenden Tatgeschehens dargeboten, um aufdecken zu können, ob er tatrelevantes Wissen besitzt, über das nur der wahre Täter verfügt und das Tatunbeteiligten unbekannt ist (*Täterwissen*).[1151] Der Proband wird hierbei nicht direkt gefragt, ob

VFT: *Rill*, Forensische Psychophysiologie (2001), 37 ff., 88 ff.; *Steller/Dahle*, Praxis der Rechtspsychologie 1999, 127 (142–143). Zur *Searching Peak of Tension Technique* als Umkehrung der TWT: *Dahle/Lehmann*, in: Neue Vernehmungsmethoden (2012), 48 (70–71); *Reid/Inbau*, Truth and Deception (1966), 37–40; *Rill*, Forensische Psychophysiologie (2001), 48; *Steller/Dahle*, Praxis der Rechtspsychologie 1999, 127 (156). Eine Darstellung weiterer Varianten findet sich bei *Stüllenberg/Stubbe u.a.*, Lügendetektortest (2000), 23–24.

1147 S. *Dahle*, Psychologische Rundschau 2003, 103 (105); *Dahle/Lehmann*, in: Neue Vernehmungsmethoden (2012), 48 (52); *Frister*, ZStW 106 [1994], 303 (306); *Steller/Dahle*, Praxis der Rechtspsychologie 1999, 127 ([133][144]).

1148 *Dahle*, Psychologische Rundschau 2003, 103 (104); *Dahle/Lehmann*, in: Neue Vernehmungsmethoden (2012), 48 (51).

1149 *Dahle*, Psychologische Rundschau 2003, 103 (104–105); *Dahle/Lehmann*, in: Neue Vernehmungsmethoden (2012), 48 (52).

1150 *Steller/Dahle*, Praxis der Rechtspsychologie 1999, 127 (134).

1151 BGHSt 44, 308 (315) = NJW 1999, 657 (658); *Berning*, MschrKrim 1993, 242 (243); *Gamer/Vossel*, Zeitschrift für Neuropsychologie 2009, 207 (210); *Lykken*, J. Appl. Psychol. 43 [1959], 385; *Paul/Egbert*, KrimJ 2014, 153 (157); *Raskin/Barland u.a.*, Polygraph 6 [1977], 1 (5); *Rill/Gödert u.a.*, MschrKrim 2003, 165 ([165][168]); *Schneider*, Nonverbale Zeugnisse (1991), 151; *Schüssler*, Polygraphie (2002), 26; *Steller*, in: Psychologie (1997), 89 (91); *Undeutsch*, in: Wissenschaftliche Kriminalistik

er an der Tat beteiligt war, sondern lediglich ob er etwas über die aufzuklärende Tat wisse (*indirekte Methode*).[1152] Die Fragen der TWT – in der Multiple-Choice-Technik – beziehen sich demgemäß auf Einzelheiten des Tathergangs, die nur der Täter und die Ermittlungsbehörde kennen können und von denen angenommen werden kann, dass der Täter ihnen Aufmerksamkeit geschenkt hat,[1153] und setzen diese in Beziehung zu *gleichplausiblen*[1154] Alternativen als Vergleichsstimuli.[1155] Üblicherweise werden fünf oder sechs Antworten (*Items*) vorgegeben, von denen nach dem Ermittlungsergebnis eine für die aktuelle Tat zutrifft (*relevantes Item*).[1156] Die übrigen Antwortmöglichkeiten (*irrelevante Items*) stehen dagegen in keinem direkten Zusammenhang mit der untersuchten Tat, thematisieren aber ähnliche Sachverhalte, die für Tatunbeteiligte gleichermaßen plausibel sind wie das relevante Item.[1157] Die korrekte Alternative wird in der Reihe der angebotenen Alternativen auf eine Positionen zwischen 2 und 5 beziehungsweise 6 gelegt.[1158] Das

---

(1983), 389 (402). Zur Terminologie im deutschen und englischen Sprachgebrauch *Schüssler*, Polygraphie (2002), 26; *Steller*, Aussagebeurteilung (1987), 10.

1152 *Gamer/Vossel*, Zeitschrift für Neuropsychologie 2009, 207 (210); *Kargl/Kirsch*, JuS 2000, 537 (538); *Lykken*, Integr. Psychol. Behav. Sci. 26 [1991], 214 (218); *Paul/Egbert*, KrimJ 2014, 153 (157); *Putzke/Scheinfeld u.a.*, ZStW 121 [2009], 607 (612); *Rill/Gödert u.a.*, MschrKrim 2003, 165 (168); *Steller*, Aussagebeurteilung (1987), 10; *Undeutsch/Klein*, Praxis der Rechtspsychologie 1999, 45 (87); ferner *Frister*, ZStW 106 [1994], 303 (306).

1153 *Dahle/Lehmann*, in: Neue Vernehmungsmethoden (2012), 48 (53); *Gamer/Vossel*, Zeitschrift für Neuropsychologie 2009, 207 (210); *Lykken*, J. Appl. Psychol. 43 [1959], 385; *Lykken*, Integr. Psychol. Behav. Sci. 26 [1991], 214 (218); *Rill/Gödert u.a.*, MschrKrim 2003, 165 (168); *Steller/Dahle*, Praxis der Rechtspsychologie 1999, 127 (146); *Undeutsch*, MschrKrim 1979, 228 (229); *Undeutsch*, in: Wissenschaftliche Kriminalistik (1983), 389 (402); *Undeutsch/Klein*, Praxis der Rechtspsychologie 1999, 45 (87).

1154 Ausf. dazu *Nakayama*, in: Polygraph Testing (2002), 49 (54–55).

1155 *Gamer/Vossel*, Zeitschrift für Neuropsychologie 2009, 207 (210); *Lykken*, J. Appl. Psychol. 43 [1959], 385; *Lykken*, Integr. Psychol. Behav. Sci. 26 [1991], 214 (218); *Steller/Dahle*, Praxis der Rechtspsychologie 1999, 127 (145); *Undeutsch*, MschrKrim 1979, 228 (229); *Volckart*, R & P 1998, 138 (139). Entscheidend ist, dass alle Antwortvarianten für einen Unbeteiligten mit gleicher Wahrscheinlichkeit zutreffen können, s. *Schüssler*, Polygraphie (2002), 26–27; näher zur Auswahl und Formulierung der Items s. *Steller*, Aussagebeurteilung (1987), 10.

1156 BGHSt 44, 308 (315) = NJW 1999, 657 (658); *Paul/Egbert*, KrimJ 2014, 153 (157); *Raskin/Barland u.a.*, Polygraph 6 [1977], 1 (5); *Rill/Gödert u.a.*, MschrKrim 2003, 165 (168); *Steller*, in: Psychologie (1997), 89 (91). Zur TWT mittels Stimmvergleich mehrerer Personen, von denen eine die Stimme des Tatopfers ist s. *Frister*, ZStW 106 [1994], 303 (306); ferner *Rill/Gödert*, ebd.

1157 *Rill/Gödert u.a.*, MschrKrim 2003, 165 (168); s.a. *Bender/Nack u.a.*, Tatsachenfeststellung (2014), Rn. 230.

1158 *Undeutsch/Klein*, Praxis der Rechtspsychologie 1999, 45 (88).

relevante Item sollte nicht die erste Antwortalternative bilden, denn diese wird stets aus der Auswertung ausgenommen, da die stärkste Reaktion häufig – aufgrund der anfänglichen Aufregung des Probanden – auf die erste Reizdarbietung hin erfolgt („Stimulus Novelty“[1159]).[1160] Eine Tatwissenssequenz könnte beispielsweise lauten (s. Tabelle 3):

Tabelle 3: *Realbeispiel für Fragensequenz einer Untersuchung in der TWT nach Nakayama (2002)*[a]

Nr.	Frage	Items
1.	Wie drang der Täter in die Wohnung ein? War es durch	(a) den Vordereingang? (b) die Küchentür? (c) das Badezimmerfenster? * (d) die Balkontür? (e) das Zimmer im 2. Stock?

[a] *Nakayama*, in: Polygraph Testing (2002), 49 (50) (Übersetzung aus dem Englischen nach *Rill/Gödert u.a.*, MschrKrim 2003, 165 [176]); weitere Bsp. finden sich bei *Berning*, MschrKrim 1993, 242 (243); *Gamer/Vossel*, Zeitschrift für Neuropsychologie 2009, 207 (210); *Raskin/Barland u.a.*, Polygraph 6 [1977], 1 (5–6); *Rill*, Forensische Psychophysiologie (2001), 45; *Steller*, Aussagebeurteilung (1987), 11; *Steller*, in: Psychologie (1997), 89 (92).
* = relevantes Item

Der Proband wird in der Standardprozedur aufgefordert, auf jede Antwortalternative mit einfacher Verneinung zu reagieren.[1161] Es sind auch Untersuchungsabläufe denkbar, bei denen der Proband alle Items wiederholen oder bejahen muss oder überhaupt nicht verbal reagieren darf.[1162]

a) Theoretische Annahmen

Es wird bei der TWT davon ausgegangen, dass der wahre Täter zwischen dem tatsächlichen Sachverhalt und den erfundenen, irrelevanten Alternativen

1159 *Undeutsch/Klein*, Praxis der Rechtspsychologie 1999, 45 (88).

1160 *Raskin/Barland u.a.*, Polygraph 6 [1977], 1 (6); *Rill/Gödert u.a.*, MschrKrim 2003, 165 (168); *Schüssler*, Polygraphie (2002), 27; *Steller*, in: Psychologie (1997), 89 (92); *Undeutsch/Klein*, Praxis der Rechtspsychologie 1999, 45 (88). Im Idealfall kommen die Fragen von einem Tonträger, um Versuchsleitereffekten vorzubeugen, s. *Dahle*, Psychologische Rundschau 2003, 103 (107); ähnl. *Gamer/Vossel*, Zeitschrift für Neuropsychologie 2009, 207 (211).

1161 *Rill/Gödert u.a.*, MschrKrim 2003, 165 (168); *Steller*, Aussagebeurteilung (1987), 10, 52; *Steller*, in: Psychologie (1997), 89 (91); s.a. *Schüssler*, Polygraphie (2002), 27.

1162 *Rill/Gödert u.a.*, MschrKrim 2003, 165 (168); *Steller*, Aussagebeurteilung (1987), 10, 52; *Steller*, in: Psychologie (1997), 89 (91–92); s.a. *Schüssler*, Polygraphie (2002), 27.

differenzieren kann, sodass er infolge einer auf dem Wiedererkennen beruhenden *Orientierungsreaktion*[1163] bei dem relevanten Item eine stärkere innere Erregung und damit körperlich messbare Veränderung zeigt, als bei den übrigen Antwortvorschlägen.[1164] *Undeutsch* spricht von einer „alarmierenden Wirkung" des relevanten Items für den Täter.[1165] Die tatbezogenen Alternativen haben dagegen für Personen ohne Tatwissen keine besondere Bedeutung, sodass diese Personen ein unsystematisches Reaktionsmuster aufweisen sollten und nur vereinzelt, rein zufällig auf die relevanten Items stärker reagieren.[1166]

Verneint der Proband die relevante Alternative und bleiben Erregungssymptome aus, führt dies zu einem negativen („glaubhaft") Untersuchungsergebnis; treten dahingegen Erregungssymptome auf, ist dies ein Hinweis darauf, dass der Proband Tatwissen hat.[1167]

b) Vorgespräch

Es wird ein *Vorgespräch* mit dem Probanden durchgeführt, in dem der Untersucher die relevanten Inhaltsbereiche kurz anspricht, um den Untersuchungsablauf durchschaubarer zu machen und die Erinnerungen des Täters aufzufrischen.[1168] Darüber hinaus wird versucht in Erfahrung zu bringen, welche Informationen der Probanden über die zu untersuchende Tat hat.[1169] Denn die Basis für die Durchführung der

---

1163 Ausf. *Kleiner*, in: Polygraph Testing (2002), 127 (130 ff.); *Steller*, Aussagebeurteilung (1987), 108–110; *Steller*, in: Psychologie (1997), 89 (97–98).

1164 BGHSt 44, 308 (315) = NJW 1999, 657 (658); *Ben-Shakhar/Elaad*, in: Polygraph Testing (2002), 87 (89); *Fiedler*, Praxis der Rechtspsychologie 1999, 5 (16); *Gamer/Vossel*, Zeitschrift für Neuropsychologie 2009, 207 (210); *Lykken*, J. Appl. Psychol. 43 [1959], 385; *Rill/Gödert u.a.*, MschrKrim 2003, 165 (169); *Steller/Dahle*, Praxis der Rechtspsychologie 1999, 127 (145); *Tent*, in: Forensische Psychologie (1967), 185 (229); vgl. a. *Schoreit*, StV 2004, 284; *Wagner*, Polygraphie im Strafverfahren (2012), 30. Das Messen einer physiologischen Variablen (bspw. die elektrische Leitfähigkeit der Haut) reicht für die TWT meist bereits aus, vgl. *Lykken*, Integr. Psychol. Behav. Sci. 26 [1991], 214 (218); *Steller*, Aussagebeurteilung (1987), 11.

1165 *Undeutsch*, MschrKrim 1979, 228 (229); *Undeutsch*, in: Wissenschaftliche Kriminalistik (1983), 389 (403).

1166 *Ben-Shakhar/Elaad*, in: Polygraph Testing (2002), 87 (89); *Dahle/Lehmann*, in: Neue Vernehmungsmethoden (2012), 48 (66); *Gamer/Vossel*, Zeitschrift für Neuropsychologie 2009, 207 (210); *Rill/Gödert u.a.*, MschrKrim 2003, 165 (169); *Steller/Dahle*, Praxis der Rechtspsychologie 1999, 127 ([144–145][153–154]); *Tent*, in: Forensische Psychologie (1967), 185 (229); vgl. a. BGHSt 44, 308 (315) = NJW 1999, 657 (658).

1167 *Volckart*, R & P 1998, 138 (139); ferner *Furedy*, Int. J. Psychophysiol. 21 [1996], 97 (100).

1168 *Dahle/Lehmann*, in: Neue Vernehmungsmethoden (2012), 48 (66); *Gamer/Vossel*, Zeitschrift für Neuropsychologie 2009, 207 (210); *Rill/Gödert u.a.*, MschrKrim 2003, 165 (168).

1169 *Steller*, Aussagebeurteilung (1987), 12–13.

TWT ist die Geheimhaltung der verwendeten Detailinformationen insbesondere vor der Öffentlichkeit.[1170] Andernfalls wäre auch Nichttätern eine Differenzierung zwischen relevanten und irrelevanten Alternativen möglich, was die Anwendbarkeit der TWT erheblich einschränkt.[1171] Es ist damit vor allem Nichttäter die Möglichkeit zu geben, Kenntnisse über bestimmte Tatdetails, welche durch die Presse oder andere Informationsquellen erlangt wurden, mittzuteilen.[1172] Auf diese Weise können noch vor Untersuchungsbeginn Fragen durch Ersatzfragen ausgetauscht oder ganz aus der Sequenz entfernt werden.[1173]

c) Untersuchungsaufbau

Der typische Untersuchungsaufbau erfragt sieben bis zehn Tatdetails (mit jeweils fünf bis sechs Antwortalternativen, s. Tabelle 4), sodass sich sowohl die Sensitivität der Technik erhöhen als auch die Wahrscheinlichkeit kontrollieren lässt, dass ein Nichttäter zufällig die stärkste Reaktion auf ein relevantes Item zeigt.[1174]

1170 *Gamer/Vossel*, Zeitschrift für Neuropsychologie 2009, 207 (210); *Steller/Dahle*, Praxis der Rechtspsychologie 1999, 127 (146).

1171 *Gamer/Vossel*, Zeitschrift für Neuropsychologie 2009, 207 (210).

1172 *Dahle*, Psychologische Rundschau 2003, 103 (107); *Dahle/Lehmann*, in: Neue Vernehmungsmethoden (2012), 48 (66); *Gamer/Vossel*, Zeitschrift für Neuropsychologie 2009, 207 (210); *Putzke/Scheinfeld u.a.*, ZStW 121 [2009], 607 (612); *Rill/Gödert u.a.*, MschrKrim 2003, 165 (168); *Steller*, Aussagebeurteilung (1987), 12–13; vgl. a. *Schüssler*, Polygraphie (2002), 26; *Undeutsch*, MschrKrim 1979, 228 (229).

1173 *Gamer/Vossel*, Zeitschrift für Neuropsychologie 2009, 207 (210).

1174 *Dahle*, Psychologische Rundschau 2003, 103 (107–108); *Fiedler*, Praxis der Rechtspsychologie 1999, 5 (16–17); *Gamer/Vossel*, Zeitschrift für Neuropsychologie 2009, 207 (210); *Lykken*, Integr. Psychol. Behav. Sci. 26 [1991], 214 (219); *Steller/Dahle*, Praxis der Rechtspsychologie 1999, 127 (144–145); vgl. a. *Schüssler*, Polygraphie (2002), 27; *Stüllenberg/Stubbe u.a.*, Lügendetektortest (2000), 22. Die Wahrscheinlichkeit, dass bei einer aus 5 Alternativen bestehenden Reihe der stärkste Ausschlag zufällig bei der relevanten Alternative erfolgt, beträgt 1:5 (0,2), bei 2 Alternativ-Reihen $1:5^2$ ($0{,}2^2$) = 0,04, bei 5 Alternativ-Reihen $1:5^5$ ($0{,}2^{5)}$ = 0,00032 usw., s. *Undeutsch*, MschrKrim 1979, 228 (229–230); vgl. a. *Effer-Uhe/Mohnert*, Psychologie (2019), Rn. 234; *Raskin/Barland u.a.*, Polygraph 6 [1977], 1 (6); *Rill/Gödert u.a.*, MschrKrim 2003, 165 (169–170); *Steller*, in: Psychologie (1997), 89 (92).

Tabelle 4: *Fortsetzung Realbeispiel für Fragensequenzen einer Untersuchung in der TWT nach Nakayama (2002)*[a]

Nr.	Frage	Items
2.	Was machte das Opfer in dem Augenblick, als der Räuber in die Wohnung eindrang?	(a) lesen? (b) duschen? (c) schlafen? (d) fernsehen? * (e) telefonieren?
3.	Welche Waffe benutzte der Täter? War es	(a) ein Tranchiermesser? (b) eine Pistole? (c) ein Klappmesser? * (d) eine Schere? (e) ein Eispickel?
4.	Womit war der Täter maskiert? War es	(a) ein Mundschutz? (b) eine Strumpfhose? * (c) ein Halsschal? (d) eine Gorillamaske? (e) ein Handtuch?
5.	Wie wurde das Opfer behandelt?	(a) Hände mit Handschellen gefesselt? (b) Knöchel mit Kabeln verbunden? (c) Augen mit Binde verdeckt? (d) Mund mit Klebeband geknebelt? * (e) Kopf mit Gegenstand geschlagen?
6.	Was hat der Täter entwendet? Waren es	(a) 54 000 Yen und eine Handtasche? (b) 45 000 Yen und eine Halskette? (c) 36 000 Yen und eine Armbanduhr? * (d) 27 000 Yen und ein Fingerring? (e) 18 000 Yen und ein Autoschlüssel?
7.	Was sagte der Täter, bevor er ging? War es	(a) „Bis zum nächsten Mal"? (b) „Einen schönen Tag noch"? (c) „Du bist jetzt in Sicherheit"? (d) „Pass auf dich auf"? * (e) „Danke für deine Hilfe"?
8.	Welchen Fluchtweg nahm der Täter?	[Die fünf Items zu dieser Frage bestanden in einer visuellen Darstellung der unterschiedlichen Fluchtmöglichkeiten auf einer Stadtkarte[b]]

[a] *Nakayama*, in: Polygraph Testing (2002), 49 (50–52) (Übersetzung aus dem Englischen nach *Rill/Gödert u.a.*, MschrKrim 2003, 165 [176]).
[b] *Nakayama*, in: Polygraph Testing (2002), 49 (52); *Rill/Gödert u.a.*, MschrKrim 2003, 165 (176); S. *Nakayama*, a.a.O. (55–56) zur Verwendung visuellen Materials bei der TWT.
* = relevante Items

d) *Auswertung*

Die am häufigsten verwendete Auswertungsmethode bei der TWT geht auf den US-amerikanischen Psychiater und Psychologen *David T. Lykken* zurück und ist im Grunde recht einfach („simple scoring system"[1175]).[1176] Bei dieser Methode wird der Reaktion auf das jeweils relevante Item ein numerischer Wert zugeordnet.[1177] Hierfür werden die Alternativantworten einer Frage je nach vegetativer Reaktionsstärke des Probanden in eine Rangordnung gebracht.[1178] Liegt die stärkste gemessene Reaktion bei der relevanten Alternative, so wird diese Frage mit zwei Punkten bewertet; wird die zweitstärkste Reaktion bei der relevanten Alternative gemessen, wird ein Punkt vergeben; ab der drittstärksten Reaktion bei der relevanten Alternative, wird diese Frage mit null Punkten bewertet.[1179] Eine solche Punktevergabe erfolgt für jeden Fragenblock, mithin für jede der gestellten Fragen.[1180] Ist nach *Lykken* die Punktesumme eines Probanden größer als die Hälfte des maximal erreichbaren Summenwertes, ist dies ein Hinweis darauf, dass er spezielles Tatwissen besitzt.[1181]

Beispiel: Es werden dem Probanden 7 Multiple-Choice-Fragen mit je 5 (in die Auswertung einbezogenen) Antwortalternativen in der TWT gestellt, sodass die möglich zu erreichende Punktsumme im Bereich von 0 bis 14

1175 *Lykken*, J. Appl. Psychol. 43 [1959], 385 (387).

1176 S. *Lykken*, J. Appl. Psychol. 43 [1959], 385 (386); ferner *Berning*, MschrKrim 1993, 242 (243); *Dettenborn/Lindtner*, Praxis der Rechtspsychologie 2001, 35; *Steller*, Aussagebeurteilung (1987), 11; *Steller/Dahle*, Praxis der Rechtspsychologie 1999, 127 (150–151); *Undeutsch/Klein*, Praxis der Rechtspsychologie 1999, 45 (88).

1177 *Schüssler*, Polygraphie (2002), 28.

1178 *Lykken*, J. Appl. Psychol. 43 [1959], 385 (386); s.a. *Dettenborn/Lindtner*, Praxis der Rechtspsychologie 2001, 35 (35).

1179 *Lykken*, J. Appl. Psychol. 43 [1959], 385 (386); s.a. *Dahle*, Psychologische Rundschau 2003, 103 (107); *Dettenborn/Lindtner*, Praxis der Rechtspsychologie 2001, 35 (36); *Raskin/Barland u.a.*, Polygraph 6 [1977], 1 (7); *Rill/Gödert u.a.*, MschrKrim 2003, 165 (169); *Schüssler*, Polygraphie (2002), 28; *Steller*, Aussagebeurteilung (1987), 11; *Steller/Dahle*, Praxis der Rechtspsychologie 1999, 127 (150–151); *Undeutsch*, in: Wissenschaftliche Kriminalistik (1983), 389 (403).

1180 *Dettenborn/Lindtner*, Praxis der Rechtspsychologie 2001, 35 (36); ferner *Schüssler*, Polygraphie (2002), 28.

1181 *Lykken*, J. Appl. Psychol. 43 [1959], 385 (386); s.a. *Dahle*, Psychologische Rundschau 2003, 103 (107); *Rill/Gödert u.a.*, MschrKrim 2003, 165 (169); *Steller/Dahle*, Praxis der Rechtspsychologie 1999, 127 (151); *Undeutsch/Klein*, Praxis der Rechtspsychologie 1999, 45 (89). *Dettenborn/Lindtner*, Praxis der Rechtspsychologie 2001, 35 (36 ff.) stehen der Methode nach *Lykken* krit. gegenüber und zeigen eine alternative Berechnungsmethode auf.

Punkten liegt; die Hälfte des maximal zu erreichenden Summenwerts liegt bei 7 Punkten. Ergibt die Auswertung eine Summe von 8 Punkten und darüber, besteht Verdacht auf Tatwissen. Liegt die Punktsumme dagegen bei 7 Punkten und weniger, wird davon ausgegangen, dass der Proband kein spezielles Tatwissen besitzt.[1182] Die Wahrscheinlichkeit, dass der stärkste Ausschlag bei allen Fragen rein zufällig bei der relevanten Alternative erfolgt (*Irrtumswahrscheinlichkeit*), beträgt im Beispiel 1:5^7 (= $0{,}2^7$) = 0,0000128.[1183]

2. *Die Vergleichsfragentechnik*

Die Vergleichsfragentechnik (VFT) fragt als *direkte Methode* offen nach der Tatbeteiligung („Haben Sie...?").[1184] Bei der VFT gibt es also *Tatfragen*, das heißt die Fragen, die auf den konkreten Tatvorwurf zielen (zum Beispiel „Haben Sie die Geldbörse von Herrn X gestohlen?"[1185]), und daneben sogenannte *Kontroll-* oder *Vergleichsfragen* als Vergleichsstimuli.[1186]

a) Theoretische Annahmen

Der methodische Ansatz der VFT besteht darin, die Reaktionen des Probanden auf die tatbezogenen Fragen mit den Reaktionen auf die dargebotenen Vergleichsfragen zu vergleichen.[1187] Es wird erwartet, dass die tatbezogenen Fragen sowohl bei dem Täter

---

1182 Vgl. *Dettenborn/Lindtner*, Praxis der Rechtspsychologie 2001, 35 (36); s.a. die Simulationsstudie von *Lykken*, J. Appl. Psychol. 43 [1959], 385 (385 ff.). Bei 5 Frageblöcken mit jeweils 5 Antwortalternativen (mögliche Punktsumme zwischen 0 und 10) gelten die Werte von 5 und 6 vereinzelt als „unentscheidbar", s. *Schüssler*, Polygraphie (2002), 28.

1183 S. zur Wahrscheinlichkeitsberechnung bereits Fn. 1174; ferner dazu *Effer-Uhe/Mohnert*, Psychologie (2019), Rn. 235.

1184 *Kargl/Kirsch*, JuS 2000, 537 (538); *Schneider*, Nonverbale Zeugnisse (1991), 152; *Steller*, Aussagebeurteilung (1987), 6; *Steller*, in: Psychologie (1997), 89 (93); *Undeutsch*, MschrKrim 1979, 228 (230); *Undeutsch*, in: Wissenschaftliche Kriminalistik (1983), 389 (403); *Volckart*, R & P 1998, 138 (139); vgl. zudem *Frister*, ZStW 106 [1994], 303 (307); *Putzke*, ZJS 2011, 557 in Fn. 6; *Putzke/Scheinfeld u.a.*, ZStW 121 [2009], 607 (613).

1185 *Wagner*, Polygraphie im Strafverfahren (2012), 23; s.a. *Rill/Vossel*, NStZ 1998, 481 (482).

1186 *Fiedler*, Praxis der Rechtspsychologie 1999, 5 (11); *Gamer/Vossel*, Zeitschrift für Neuropsychologie 2009, 207 (208); *Putzke/Scheinfeld u.a.*, ZStW 121 [2009], 607 (613).

1187 *Ben-Shakhar*, in: Polygraph Testing (2002), 103 (104–105); *Fiedler*, Praxis der Rechtspsychologie 1999, 5 (11); *Offe/Offe*, Praxis der Rechtspsychologie 2001, 5; *Putzke/Scheinfeld u.a.*, ZStW 121 [2009], 607 (613); *Steller*, in: Psychologie (1997),

als auch bei dem Nichttäter starke innere Erregung und damit körperlich messbare Veränderungen auslösen.[1188] Für den Nichttäter entsprechen die Vergleichsfragen in ihrer Signalqualität allerdings den Tatfragen, sodass bei den Vergleichsfragen ebenso (relativ) starke oder sogar stärkere Reaktionen gemessen werden können.[1189] Demgegenüber bewertet der Täter die Tatfragen als besonders bedrohlich und emotional belastend, sodass sein „focus of concern"[1190] allein bei diesen Fragen liegt.[1191] Entsprechend stark sollte die vegetative Reaktion des Täter auf die Tatfrage ausfallen.[1192]

Die VFT unterscheidet sich sowohl hinsichtlich des zugrundeliegenden Erklärungsmodells als auch hinsichtlich der wissenschaftlichen Fundierung von der TWT.[1193] Die VFT und die TWT haben allerdings gemeinsam, dass es für das Untersuchungsergebnis nicht auf die ausdrücklichen Antworten des Probanden auf Fragen ankommt; die für die Untersuchung relevanten physiologische Reaktionen des Probanden auf die gestellten Fragen erfolgen vielmehr *vor* deren Beantwortung.[1194]

---

89 (93); vgl. a. *Frister*, ZStW 106 [1994], 303 (307); *Kargl/Kirsch*, JuS 2000, 537 (538); *Putzke*, ZJS 2011, 557 (557) m. Fn. 6.

1188 *Dahle*, Psychologische Rundschau 2003, 103 (105); *Putzke/Scheinfeld u.a.*, ZStW 121 [2009], 607 (613); *Undeutsch/Klein*, Praxis der Rechtspsychologie 1999, 45 (57). S.a. *Putzke*, ZJS 2011, 557 in Fn. 6.

1189 *Ben-Shakhar*, in: Polygraph Testing (2002), 103 (105); *Dahle*, Psychologische Rundschau 2003, 103 (105); *Lykken*, Integr. Psychol. Behav. Sci. 26 [1991], 214 (215); *Offe/Offe*, Praxis der Rechtspsychologie 2001, 5; *Offe/Offe*, MschrKrim 2004, 86 ([86–87][95]); *Putzke/Scheinfeld u.a.*, ZStW 121 [2009], 607 (613); *Raskin/Barland u.a.*, Polygraph 6 [1977], 1 (3); *Raskin/Honts*, in: Polygraph Testing (2002), 1 (7); *Steller*, in: Psychologie (1997), 89 (94); *Undeutsch*, MschrKrim 1979, 228 (230); *Undeutsch*, in: Wissenschaftliche Kriminalistik (1983), 389 (404–405); *Undeutsch/Klein*, Praxis der Rechtspsychologie 1999, 45 (57); vgl. zudem BGHSt 44, 308 (314) = NJW 1999, 657 (658); *Putzke*, ZJS 2011, 557 in Fn. 6.

1190 Vgl. *Offe/Offe*, MschrKrim 2004, 86 (87); ähnl. *Raskin/Barland u.a.*, Polygraph 6 [1977], 1 (3); *Undeutsch*, in: Wissenschaftliche Kriminalistik (1983), 389 (404).

1191 *Putzke/Scheinfeld u.a.*, ZStW 121 [2009], 607 (613); *Raskin/Barland u.a.*, Polygraph 6 [1977], 1 (3); *Undeutsch*, MschrKrim 1979, 228 (230); *Undeutsch*, in: Wissenschaftliche Kriminalistik (1983), 389 (404); *Undeutsch/Klein*, Praxis der Rechtspsychologie 1999, 45 ([57][67]); s.a. *Putzke*, ZJS 2011, 557 in Fn. 6; vgl. ebenfalls BGHSt 44, 308 (314) = NJW 1999, 657 (658).

1192 *Ben-Shakhar*, in: Polygraph Testing (2002), 103 (105); *Rill/Vossel*, NStZ 1998, 481 (483).

1193 BGHSt 44, 308 (313) = NJW 1999, 657 (658); BGH BeckRS 1998, 30039741; *Steller*, Aussagebeurteilung (1987), 15; ähnl. *Gamer/Vossel*, Zeitschrift für Neuropsychologie 2009, 207 (208). Einen kurzen Abriss über die Entwicklung der VFT findet sich bei *Undeutsch*, in: Wissenschaftliche Kriminalistik (1983), 389 (403); *Undeutsch/Klein*, Praxis der Rechtspsychologie 1999, 45 (54–55).

1194 *Vehrs*, Praxis der Rechtspsychologie 2001, 16 (23); ferner *Undeutsch/Klein*, Praxis der Rechtspsychologie 1999, 45 (52).

aa) The „Polygrapher's Dilemma"

Damit für den Nichttäter die Vergleichsfragen in ihrer Signalqualität den Tatfragen entsprechen, ist es notwendig, dass eine gewissenhafte Verneinung der Vergleichsfragen schwerfällt; der Nichttäter sich hinsichtlich einer wahrheitsgemäßen Beantwortung also zumindest unsicher ist, und ihn dies während der gesamten Dauer der Untersuchung beschäftigt.[1195] Würde man als Vergleichsfragen emotional neutrale, unbedeutende Fragen nach alltäglichen Sachverhalten heranziehen, wären die Reaktionen auf die Tatfragen auch bei dem Nichttäter stets erhöht; wählt man umgekehrt sehr belastende oder erregende Vergleichsfragen, würden die Reaktionen auf die Vergleichsfragen wohl auch bei dem Täter durchweg relativ stark ausfallen (*„Polygrapher's Dilemma"*[1196]).[1197] Die Vergleichsfragen müssen in ihrer Bedeutung – unabhängig von der Täterschaft des Probanden – mit den Tatfragen konkurrieren können.[1198] Hierfür müssen die Vergleichsfragen auf ein sozial missbilligtes Verhalten bezogen sein und dem gleichen Normgebiet wie die in Frage stehende Tat angehören;[1199] gleichzeitig sind sie so vage zu formulieren, dass eine vollkommen wahrheitsgemäße Beantwortung Schwierigkeiten bereitet.[1200] Die Vergleichsfragen beziehen sich auf geringfügige Vergehen oder Normverstöße, derer sich in der Regel jeder schon einmal schuldig gemacht hat.[1201]

1195 *Putzke/Scheinfeld u.a.*, ZStW 121 [2009], 607 (613); *Schneider*, Nonverbale Zeugnisse (1991), 152; *Undeutsch*, MschrKrim 1979, 228 (230); s.a. *Frister*, ZStW 106 [1994], 303 (307); *Putzke*, ZJS 2011, 557 in Fn. 6; *Undeutsch/Klein*, Praxis der Rechtspsychologie 1999, 45 (57). Der „focus of concern" liegt für den Nichttäter damit bei den Vergleichsfragen, s. *Offe/Offe*, MschrKrim 2004, 86 (87).

1196 *Furedy*, Int. J. Psychophysiol. 15 [1993], 263 (266).

1197 BGHSt 44, 308 (321) = NJW 1999, 657 (660); *Fiedler*, Praxis der Rechtspsychologie 1999, 5 (13); *Rill*, Forensische Psychophysiologie (2001), 35; *Rill/Vossel*, NStZ 1998, 481 (485).

1198 *Dahle*, Psychologische Rundschau 2003, 103 (105); *Dahle/Lehmann*, in: Neue Vernehmungsmethoden (2012), 48 (56); *Fiedler*, Praxis der Rechtspsychologie 1999, 5 (14).

1199 *Putzke/Scheinfeld u.a.*, ZStW 121 [2009], 607 (613); *Undeutsch*, in: Wissenschaftliche Kriminalistik (1983), 389 (403); s.a. *Dahle*, Psychologische Rundschau 2003, 103 (105); *Gamer/Vossel*, Zeitschrift für Neuropsychologie 2009, 207 (208); *Paul/Egbert*, KrimJ 2014, 153 (156); *Putzke*, ZJS 2011, 557 in Fn. 6; *Undeutsch*, MschrKrim 1979, 228 (230); *Undeutsch/Klein*, Praxis der Rechtspsychologie 1999, 45 (56).

1200 BGHSt 44, 308 (313–314) = NJW 1999, 657 (658); *Dahle*, Psychologische Rundschau 2003, 103 (105); *Frister*, ZStW 106 [1994], 303 (307); *Haustein*, Aussage gegen Aussage (2017), 149; *Paul/Egbert*, KrimJ 2014, 153 (156); *Putzke/Scheinfeld u.a.*, ZStW 121 [2009], 607 (614); *Steller*, Aussagebeurteilung (1987), 7; *Steller*, in: Psychologie (1997), 89 (94); *Steller/Dahle*, Praxis der Rechtspsychologie 1999, 127 (138); *Undeutsch*, in: Wissenschaftliche Kriminalistik (1983), 389 (403–404); *Undeutsch/Klein*, Praxis der Rechtspsychologie 1999, 45 (56); s.a. *Gamer/Vossel*, Zeitschrift für Neuropsychologie 2009, 207 (208).

1201 *Boehme*, in: Handwörterbuch (2002), 412 (413).

Beispiel 1: „Haben Sie während der Schulzeit irgendeinen Gegenstand von Wert entwendet?“[1202]

Beispiel 2: „Haben Sie jemals einen Menschen, der berechtigt war, die Wahrheit zu erfahren, belogen, um unangenehme Konsequenzen zu vermeiden?“[1203]

Beispiel 3: „Haben Sie vor Ihrem 18. Lebensjahr jemals einen anderen Menschen absichtlich verletzt?“[1204]

bb) Vergleichsfragen als „Kontrastmittel“

Die Vergleichsfragen stehen in keinem direkten Zusammenhang mit dem konkreten Tatvorwurf, beinhalten jedoch ähnliche, emotional belastende Sachverhalte.[1205] Nach *Steller* und *Klaus-Peter Dahle* haben Vergleichsfragen als zweckdienliche Stimuli drei Kriterien zu erfüllen: Sie müssen (1) in ihrer Signalqualität mit dem relevanten Stimulus vergleichbar sein (*Vergleichbarkeit*), (2) vom Bedeutungsniveau so gewählt sein, dass sie für den Nichttäter eine gegenüber der Tatfrage äquivalente oder (leicht) höhere Bedeutsamkeit haben, für den Täter die tatbedingte Dominanz der Tatfrage hingegen erhalten bleibt (*Niveauäquivalenz*) und (3) in ihrer Bedeutsamkeit unabhängig von einer Täterschaft sein (*Unabhängigkeit*).[1206]

Die Wichtigkeit der Vergleichsfragen ergibt sich aus Annahme, dass, selbst wenn dem Nichttäter keine einschlägigen Sachverhalte mehr einfallen, ihm angesichts der unbestimmten Fragestellungen Zweifel bleiben, ob er die Frage tatsächlich wahrheitsgemäß beantwortet hat.[1207] Diese emotionale Erregung wird

1202 BGHSt 44, 308 (314) = NJW 1999, 657 (658); BGH BeckRS 1998, 30039741.

1203 BGHSt 44, 308 (314) = NJW 1999, 657 (658).

1204 *Rill/Vossel*, NStZ 1998, 481 (482); weitere Bsp. finden sich etwa bei *Dahle*, Psychologische Rundschau 2003, 103 (105); *Putzke/Scheinfeld u.a.*, ZStW 121 [2009], 607 (614).

1205 BGH BeckRS 1998, 30039741; *Rill/Vossel*, NStZ 1998, 481 (482); *Steller*, Aussagebeurteilung (1987), 6.

1206 *Steller/Dahle*, Praxis der Rechtspsychologie 1999, 127 ([134–135][137]); s.a. *Dahle*, Psychologische Rundschau 2003, 103 (105); *Dahle/Lehmann*, in: Neue Vernehmungsmethoden (2012), 48 (53–54).

1207 *Putzke/Scheinfeld u.a.*, ZStW 121 [2009], 607 (614); *Rill/Vossel*, NStZ 1998, 481 (483); s.a. BGHSt 44, 308 (314) = NJW 1999, 657 (658); *Boehme*, in: Handwörterbuch (2002), 412 (413); *Gamer/Vossel*, Zeitschrift für Neuropsychologie 2009, 207 (209); *Wagner*, Polygraphie im Strafverfahren (2012), 24.

von physiologischen Reaktionen begleitet, welche relativ stärker ausfallen als die Reaktionen auf die Tatfragen, deren wahrheitsgemäße Beantwortung sich ein Nichttäter sicher ist.[1208] Demgegenüber stellen die Vergleichsfragen für den Täter lediglich vage Angriffe auf seine Glaubwürdigkeit dar, die sich nicht sonderlich emotional belastend auswirken.[1209] Den Vergleichsfragen kommt letzten Endes die Funktion eines „Kontrastmittels“[1210] zu.

b) Vortest-Interview

Für die VFT ist ein *Vortest-Interview* obligatorisch, in welchem die Tat- und Vergleichsfragen formuliert, in ihrem genauen Wortlaut vorgestellt und – im Gegensatz zu der TWT – mit dem Probanden besprochen werden.[1211] Denn anders als bei der TWT, bei der von vornherein die unterschiedliche Bedeutung der relevanten und irrelevanten Items für den Probanden mit Täterwissen klar ist, muss bei der VFT die Bedeutung des Vergleichsstimulus erst kreiert werden.[1212] Es wird versucht die Vergleichsfragen so auszurichten, dass sie für den Nichttäter bedrohlichen Charakter haben, für den Täter hingegen in ihrer Bedeutsamkeit hinter den Tatfragen zurück bleiben.[1213] Die Tat- und Vergleichsfragen stehen insoweit in einem empfindlichen Gleichgewicht. Werden in dem Vorgespräch von dem Probanden Zugeständnisse hinsichtlich einer Vergleichsfrage gemacht – das heißt der Proband bejaht eine Vergleichsfrage –, wird der einschlägige Sachverhalt ausgeschlossen und die Vergleichsfrage neu formuliert („Abgesehen davon, was Sie mir

---

1208 *Dahle*, Psychologische Rundschau 2003, 103 (105); *Dahle/Lehmann*, in: Neue Vernehmungsmethoden (2012), 48 (56); *Frister*, ZStW 106 [1994], 303 (308); *Putzke/Scheinfeld u.a.*, ZStW 121 [2009], 607 (614); *Rill/Vossel*, NStZ 1998, 481 (483); *Steller/Dahle*, Praxis der Rechtspsychologie 1999, 127 (139); *Stüllenberg/Stubbe u.a.*, Lügendetektortest (2000), 19; *Undeutsch*, MschrKrim 1979, 228 (230); *Undeutsch/Klein*, Praxis der Rechtspsychologie 1999, 45 (57); ferner *Wagner*, Polygraphie im Strafverfahren (2012), 24.

1209 *Gamer/Vossel*, Zeitschrift für Neuropsychologie 2009, 207 (209); vgl. a. *Kargl/Kirsch*, JuS 2000, 537 (538); *Schoreit*, StV 2004, 284; *Undeutsch/Klein*, Praxis der Rechtspsychologie 1999, 45 (57).

1210 AG Bautzen BeckRS 2017, 138202, Rn. 18.

1211 *Ben-Shakhar*, in: Polygraph Testing (2002), 103 (104); *Furedy*, Int. J. Psychophysiol. 21 [1996], 97 (98); *Gamer/Vossel*, Zeitschrift für Neuropsychologie 2009, 207 (209); *Offe/Offe*, MschrKrim 2004, 86 ([87][89]); *Putzke/Scheinfeld u.a.*, ZStW 121 [2009], 607 (614); *Rill*, Forensische Psychophysiologie (2001), 14–15; *Rill/Vossel*, NStZ 1998, 481 (482); *Stüllenberg/Stubbe u.a.*, Lügendetektortest (2000), 20; *Undeutsch/Klein*, Praxis der Rechtspsychologie 1999, 45 (56); ausf. zum Vortest-Interview *Rill/Vossel*, a.a.O. (483).

1212 *Steller*, in: Polygraphie (1999), 31 (37).

1213 *Berning*, MschrKrim 1993, 242 (243); *Offe/Offe*, MschrKrim 2004, 86 (89); *Vehrs*, in: Polygraphie (1999), 19 (26); vgl. zudem *Furedy*, Int. J. Psychophysiol. 15 [1993], 263 (265); *Steller*, in: Psychologie (1997), 89 (93).

bisher erzählt haben, haben Sie...?").[1214] Auf diese Weise wird der Fragenkatalog individuell auf die Person des Probanden zugeschnitten.[1215] Zudem wird dem Probanden im Verlauf des Vortest-Interviews von dem Untersucher erläutert, dass die Antworten und Reaktionen auf die Vergleichsfragen für die Glaubhaftigkeitsbeurteilung der Aussage von entscheidender Bedeutung sind.[1216] Es wird dem Probanden vor Augen geführt, dass man einer Person, die das sozial missbilligte Verhalten der Vergleichsfrage begangen hat, durchaus auch die in Frage stehende Tat der Tatfrage zutraue.[1217] Da der Proband nicht will, dass sich der Verdacht gegen ihn zusätzlich erhärtet, wird er die Vergleichsfragen auch nach dem Vortest-Interview während der Hauptuntersuchung verneinen.[1218]

c) Untersuchungsaufbau

Die Hauptuntersuchung besteht in der Regel aus drei[1219] Durchgängen („charts"[1220]), die sich jeweils aus zehn Fragereihen zusammensetzen, beispielsweise aus drei relevanten Tatfragen, drei Vergleichsfragen und vier *neutralen Fragen* (einschließlich der *Einleitungsfragen*).[1221] Die neutralen Fragen behandeln triviale

---

1214 *Putzke/Scheinfeld u.a.*, ZStW 121 [2009], 607 (614); *Rill/Vossel*, NStZ 1998, 481 (482); *Steller*, Aussagebeurteilung (1987), 7, 12; *Steller*, in: Psychologie (1997), 89 (94); s.a. *Furedy*, Int. J. Psychophysiol. 21 [1996], 97 (98–99); *Gamer/Vossel*, Zeitschrift für Neuropsychologie 2009, 207 (209); *Kargl/Kirsch*, JuS 2000, 537 (538); *Undeutsch/Klein*, Praxis der Rechtspsychologie 1999, 45 ([56–57][64–65]); *Wagner*, Polygraphie im Strafverfahren (2012), 24. Diese Prozedur muss für jede einzelne Vergleichsfrage so lange erfolgen, bis der Proband sie schließlich verneint, s. *Rill/Vossel*, ebd.

1215 *Kargl/Kirsch*, JuS 2000, 537 (538).

1216 *Rill/Vossel*, NStZ 1998, 481 (482); s.a. *Frister*, ZStW 106 [1994], 303 (307); *Gamer/Vossel*, Zeitschrift für Neuropsychologie 2009, 207 (208); *Offe/Offe*, MschrKrim 2004, 86 (87).

1217 *Rill/Vossel*, NStZ 1998, 481 (482); s.a. *Furedy*, Int. J. Psychophysiol. 15 [1993], 263 (265); *Gamer/Vossel*, Zeitschrift für Neuropsychologie 2009, 207 (208); *Seiterle*, StraFo 2014, 58 (59); *Wagner*, Polygraphie im Strafverfahren (2012), 24; vgl. etwa die Simulationsstudie von *Offe/Offe*, MschrKrim 2004, 86 ([91][101]).

1218 *Gamer/Vossel*, Zeitschrift für Neuropsychologie 2009, 207 (208); *Iacono/Lykken*, in: Scientific Evidence (1997), 582 (585); *Rill/Vossel*, NStZ 1998, 481 (482); *Steller/Dahle*, Praxis der Rechtspsychologie 1999, 127 (139); vgl. zudem *Dahle*, Psychologische Rundschau 2003, 103 (105); *Seiterle*, StraFo 2014, 58 (59); *Wagner*, Polygraphie im Strafverfahren (2012), 24.

1219 Es sind bis zu fünf Durchgänge möglich, s. *Putzke/Scheinfeld u.a.*, ZStW 121 [2009], 607 (615).

1220 S. *Furedy*, Int. J. Psychophysiol. 21 [1996], 97 (99); *Gamer/Vossel*, Zeitschrift für Neuropsychologie 2009, 207 (209); *Raskin/Barland u.a.*, Polygraph 6 [1977], 1 (3).

1221 BGHSt 44, 308 (313) = NJW 1999, 657 (658); BGH BeckRS 1998, 30039741; *Berning*, MschrKrim 1993, 242 (243); *Putzke/Scheinfeld u.a.*, ZStW 121 [2009], 607 (613); *Raskin/Barland u.a.*, Polygraph 6 [1977], 1 (6); *Undeutsch*, in: Wissenschaftliche

Sachverhalte und werden durch den Probanden wahrheitsgemäß *bejaht.*[1222] Derartige Fragen werden in die Fragereihe eingefügt, um zu Beginn der Untersuchung aufregungsbedingte Reaktionen „aufzufangen“[1223] und während der Untersuchung eine gewisse emotionale Entspannung herbeizuführen.[1224] Bei der Auswertung[1225] werden die Reaktionen auf die neutralen Fragen nicht berücksichtigt.[1226]

Nach den neutralen Einleitungsfragen stellt der Untersucher abwechselnd Vergleichs- und Tatfragen, die der Proband jeweils *verneint.*[1227] Die Abstände zwischen den einzelnen Fragen sollten mindestens 20 Sekunden betragen, damit nach jeder gestellten Frage die Reaktion wieder abklingen kann.[1228] Eine Fragenreihe könnte beispielsweise wie folgt aussehen (s. Tabelle 5):

Kriminalistik (1983), 389 (405); s. beispielhaft dazu AG Bautzen BeckRS 2017, 138202, Rn. 18; vgl. zu den unterschiedlichen Testformaten *Undeutsch/Klein*, Praxis der Rechtspsychologie 1999, 45 (79). In der Lit. variiert die Zusammensetzung einer Fragereihe mit verschiedenen Fragetypen, vgl. *Steller/Dahle*, Praxis der Rechtspsychologie 1999, 127 (141); s. bspw. BGHSt ebd. (3 Tatfragen und 3–4 Vergleichsfragen); *Undeutsch*, ebd. (2–4 Tatfragen und 2–3 Vergleichsfragen).

1222 *Gamer/Vossel*, Zeitschrift für Neuropsychologie 2009, 207 (208); *Seiterle*, StraFo 2014, 58 (59).

1223 *Putzke/Scheinfeld u.a.*, ZStW 121 [2009], 607 (615); s.a. *Ben-Shakhar*, in: Polygraph Testing (2002), 103 (104); *Gamer/Vossel*, Zeitschrift für Neuropsychologie 2009, 207 (208); *Rill/Vossel*, NStZ 1998, 481 (482); *Steller/Dahle*, Praxis der Rechtspsychologie 1999, 127 (140).

1224 Vgl. *Tent*, in: Forensische Psychologie (1967), 185 (229).

1225 S. dazu sogleich unter § 9 B. III. 2. d).

1226 *Putzke/Scheinfeld u.a.*, ZStW 121 [2009], 607 (615).

1227 *Rill/Vossel*, NStZ 1998, 481 (482). Sofern die Vergleichsfragen bejaht werden, verlieren sie ihren bedrohlichen Charakter, sodass der Proband dazu angehalten werden muss, auch diese Fragen zu verneinen, s. § 9 B. III. 2. b).

1228 *Undeutsch/Klein*, Praxis der Rechtspsychologie 1999, 45 (69).

Tabelle 5: *Beispielhafte Fragenfolge einer Untersuchung in der VFT nach Undeutsch (1983)*[a]

Nr.	Typ	Frage	Antwort
1.	N	Ist Ihr Nachname...	Ja
2.	N	Bezüglich ... (Angabe der aufzuklärenden Angelegenheit) – haben Sie die Absicht, alle diesbezüglichen Fragen wahrheitsgemäß zu beantworten?[b]	Ja
3.	N	Glauben Sie mir, dass ich Ihnen nur Fragen stellen werde, die wir zuvor vereinbart haben?	Ja
4.	K	Haben Sie vor Ihrem 19. Lebensjahr jemals irgendwelches Geld gestohlen?	Nein
5.	R	Haben Sie den betreffenden Ring genommen?	Nein
6.	K	Haben Sie während Ihrer Schulzeit irgendeinen Gegenstand von Wert entwendet?	Nein
7.	R	Haben Sie den betreffenden Ring aus der Schublade entwendet?	Nein
8.	N	Heißen Sie mit Vornamen...[c]	Ja
9.	K	Haben Sie jemals einen Menschen, der berechtigt war, die Wahrheit zu erfahren, belogen, um sich unangenehmen Konsequenzen fernzuhalten?	Nein
10.	R	Waren Sie irgendwie an dem Diebstahl des betreffenden Ringes beteiligt?	Nein

[a] *Undeutsch*, in: Wissenschaftliche Kriminalistik (1983), 389 (405); hierauf Bezug nehmend *Rill*, Forensische Psychophysiologie (2001), 16; *Steller*, Aussagebeurteilung (1987), 8; *Steller*, in: Polygraphie (1999), 31 (36); beispielhafte Untersuchungsabläufe und Fragesequenzen finden sich zudem bei *Berning*, MschrKrim 1993, 242 (243); *Putzke/Scheinfeld u.a.*, ZStW 121 [2009], 607 (614–615); *Undeutsch/Klein*, Praxis der Rechtspsychologie 1999, 45 (66); s.a. *Furedy*, Int. J. Psychophysiol. 21 [1996], 97 (98–99); *Gamer/Vossel*, Zeitschrift für Neuropsychologie 2009, 207 (209); *Rill/Vossel*, NStZ 1998, 481 (482); *Steller*, in: Psychologie (1997), 89 (95); *Schüssler*, Polygraphie (2002), 29; *Undeutsch*, FamRZ 1996, 329 (330). Der Ablauf einer in der Praxis durchgeführten Untersuchung in der VFT wird dargestellt von *Lykken*, Integr. Psychol. Behav. Sci. 26 [1991], 214 (215) (krit.); *Undeutsch/Klein*, Praxis der Rechtspsychologie 1999, 45 (62–72); vgl. a. die Simulationsstudien von *Offe/Offe*, MschrKrim 2004, 86 ([91–92][101–102]); *Raskin/Barland u.a.*, Polygraph 6 [1977], 1 ([3][4]).

[b] Diese Frage dient dazu, den Tatvorwurf während der Untersuchung erstmals anzusprechen und anfängliche aufregungsbedingte Reaktionen aufzufangen, vgl. *Undeutsch/Klein*, Praxis der Rechtspsychologie 1999, 45 (63).

[c] Innerhalb einer Fragensequenz werden irrelevante Fragen eingefügt, um eine Eskalation der physiologischen Aktivierungsreaktionen sowie Habituierungsprozesse zu verhindern, s. *Steller/Dahle*, Praxis der Rechtspsychologie 1999, 127 (140).

Typ = Fragentyp, N = neutrale Frage, K = Kontrollfrage, R = relevante Frage

Die Fragesequenzen werden in mehreren Durchgängen wiederholt, um die Zuverlässigkeit zu erhöhen und die Zahl der Messfehler zu vermindern.[1229] Auch zwischen den einzelnen Durchgängen sind Pausen einzuhalten und die Reihenfolge einzelner Fragen umzustellen, um Antizipationseffekte zu minimieren.[1230]

Reagiert der Proband relativ stärker auf die Vergleichsfragen als auf die Tatfragen, so wird dies als Hinweis auf die wahrheitsgemäße Verneinung der Täterschaft gewertet (*negativer Befund*); resultiert ein entgegengesetztes Reaktionsmuster mit deutlich stärkeren Reaktionen auf die Tatfragen, gilt die Verneinung des Probanden als unglaubhaft (*positiver Befund*).[1231] Entscheidend ist allein die *relative* Reaktionsstärke.[1232] Für den Vergleich kommt es insoweit auf die benachbarten Vergleichs- und Tatfragen (*Kombinationspaare*) an.[1233] Sofern kein eindeutiger Unterschied zwischen den Reaktionen auf die Vergleichs- und Tatfragen erkennbar ist, ist das Untersuchungsergebnis „unentscheidbar".[1234]

d) Auswertung

Die Auswertung der VFT erfolgt durch einen Vergleich der physiologischen Reaktionen auf die Tatfragen mit den Reaktionen auf die Vergleichsfragen.[1235] Dies geschieht unter Zuhilfenahme einer numerischen Methode. Die bekannteste Methode wurde unter anderem von dem Psychologen *David C. Raskin* vorgeschlagen.[1236] Nach *Raskin* werden die Unterschiede der Kurvengrößen der einzelnen

---

1229 *Fiedler*, Praxis der Rechtspsychologie 1999, 5 (12).

1230 *Gamer/Vossel*, Zeitschrift für Neuropsychologie 2009, 207 (209); ferner *Stüllenberg/Stubbe u.a.*, Lügendetektortest (2000), 23–24; ausf. dazu *Undeutsch/Klein*, Praxis der Rechtspsychologie 1999, 45 (69).

1231 *Berning*, MschrKrim 1993, 242 (243); *Dahle*, Psychologische Rundschau 2003, 103 (105); *Frister*, ZStW 106 [1994], 303 (308); *Furedy*, Int. J. Psychophysiol. 21 [1996], 97 (100); *Rill/Vossel*, NStZ 1998, 481 (482).

1232 *Fiedler*, Praxis der Rechtspsychologie 1999, 5 ([12][13]).

1233 BGHSt 44, 308 (314) = NJW 1999, 657 (658); *Dahle*, Psychologische Rundschau 2003, 103 (105); *Fiedler*, Praxis der Rechtspsychologie 1999, 5 (12); *Furedy*, Int. J. Psychophysiol. 21 [1996], 97 (99); *Undeutsch*, in: Wissenschaftliche Kriminalistik (1983), 389 (405); *Undeutsch/Klein*, Praxis der Rechtspsychologie 1999, 45 (70); s.a. AG Bautzen BeckRS 2017, 138202, Rn. 20; *Schüssler*, Polygraphie (2002), 29, 30. In der Praxis liegen meist drei Kombinationspaare vor, zwischen welche die neutralen Fragen gestreut werden, s. *Dahle*, Psychologische Rundschau 2003, 103 (105); *Schüssler*, a.a.O., 29.

1234 *Furedy*, Int. J. Psychophysiol. 21 [1996], 97 (100); *Gamer/Vossel*, Zeitschrift für Neuropsychologie 2009, 207 (209); *Rill/Vossel*, NStZ 1998, 481 (482).

1235 *Putzke/Scheinfeld u.a.*, ZStW 121 [2009], 607 (615); *Undeutsch/Klein*, Praxis der Rechtspsychologie 1999, 45 (70).

1236 S. hierzu *Raskin/Barland u.a.*, Polygraph 6 [1977], 1 (3); vgl. zudem AG Bautzen BeckRS 2013, 8655; AG Bautzen BeckRS 2017, 138202, Rn. 20; *Fiedler*, Praxis der Rechtspsychologie 1999, 5 (17); *Steller/Dahle*, Praxis der Rechtspsychologie 1999, 127 (149); *Stüllenberg/Stubbe u.a.*, Lügendetektortest (2000), 20; s. zu alternativen

Variablen (z.B. Atembewegung, elektrische Leitfähigkeit der Haut, relativer Blutdruck und die vasomotorische Aktivität[1237]) innerhalb des jeweiligen Kombinationspaares von Tat- und Vergleichsfrage mittels einer siebenstufigen Skala quantifiziert: Ist ein Unterschied zwischen den Reaktionen nicht klar erkennbar, wird die Bewertung „0“ vergeben; ist er deutlich erkennbar, so wird er mit „1“ bewertet; bei einem großen Unterschied mit „2“ und bei einem außerordentlich großen Unterschied mit „3“.[1238] Ist die Reaktion auf die Tatfrage stärker (Tatfrage > Vergleichsfrage), erhält die Ziffer ein Minus-Zeichen; bei entgegengesetztem Reaktionsmuster (Vergleichsfrage > Tatfrage), wird ein Plus vergeben.[1239] Folglich reicht die Skala pro Kombinationspaar von -3 bis +3.[1240]

aa) Tatfragen inhaltlich verschieden

Im Falle von inhaltlich verschiedenen Tatfragen wird zunächst für jeden Durchgang der Vergleichswert des jeweiligen Fragenpaares ermittelt (Wert von -3 bis +3).[1241] Sodann werden die Werte des jeweiligen Kombinationspaares aus allen Durchgängen addiert; die Summe gibt den Testwert für die betreffende tatbezogene Frage.[1242] In der experimentellen Forschung und kriminalistischen Praxis[1243] haben sich folgende Grenzwerte bewährt: Ein Testwert von -2 bis +2 erlaubt keine sichere Schlussfolgerung; Werte von +3 und darüber (Vergleichsfrage > Tatfrage) indizieren, dass die Tatfrage wahrheitsgemäß verneint wurde; bei Werten von -3

Auswertungsmethoden etwa *Rill*, Forensische Psychophysiologie (2001), 18–20; *Steller/Dahle*, Praxis der Rechtspsychologie 1999, 127 (150).

1237 S. unter § 9 B. II. 1.

1238 *Furedy*, Int. J. Psychophysiol. 21 [1996], 97 (99); *Putzke/Scheinfeld u.a.*, ZStW 121 [2009], 607 (615); *Undeutsch*, in: Wissenschaftliche Kriminalistik (1983), 389 (405); *Undeutsch/Klein*, Praxis der Rechtspsychologie 1999, 45 (70); skizzierend zudem *Ben-Shakhar*, in: Polygraph Testing (2002), 103 (110); *Fiedler*, Praxis der Rechtspsychologie 1999, 5 (17).

1239 *Putzke/Scheinfeld u.a.*, ZStW 121 [2009], 607 (615); *Undeutsch*, in: Wissenschaftliche Kriminalistik (1983), 389 (405); *Undeutsch/Klein*, Praxis der Rechtspsychologie 1999, 45 (71); s.a. AG Bautzen BeckRS 2017, 138202, Rn. 20; *Furedy*, Int. J. Psychophysiol. 21 [1996], 97 (99). Darstellungen der Kurvenverläufe einzelner Variablen finden sich bspw. bei *Raskin/Barland u.a.*, Polygraph 6 [1977], 1 ([22][24][26–28]); *Reid/Inbau*, Truth and Deception (1966), 42 ff.

1240 *Putzke/Scheinfeld u.a.*, ZStW 121 [2009], 607 (615); *Undeutsch/Klein*, Praxis der Rechtspsychologie 1999, 45 (71); s.a. *Fiedler*, Praxis der Rechtspsychologie 1999, 5 (17).

1241 *Putzke/Scheinfeld u.a.*, ZStW 121 [2009], 607 (615).

1242 *Putzke/Scheinfeld u.a.*, ZStW 121 [2009], 607 (615); *Undeutsch/Klein*, Praxis der Rechtspsychologie 1999, 45 (71).

1243 Vgl. *Putzke/Scheinfeld u.a.*, ZStW 121 [2009], 607 (615–616); *Undeutsch/Klein*, Praxis der Rechtspsychologie 1999, 45 (71).

und darunter (Tatfrage > Vergleichsfrage) kann vermutet werden, dass die tatbezogene Frage wahrheitswidrig verneint wurde.[1244]

> Beispiel: In der Hauptuntersuchung erfolgen drei Durchgänge, die jeweils drei inhaltlich verschiedene, tatbezogene Fragen (Tatfrage X, Tatfrage Y, Tatfrage Z) enthalten. Der Vergleich der Reaktionen auf die Vergleichsfrage X mit den Reaktionen auf die Tatfrage X („Vergleichsfrage X – Tatfrage X" als Kombinationspaar) ergibt folgende Vergleichswerte: Im ersten Durchgang ist ein klarer Unterschied der Reaktionen nicht erkennbar (Bewertung: 0); im zweiten Durchgang ist die Reaktion auf die Vergleichsfrage X erheblich größer als auf die Tatfrage X (Bewertung: +2); im dritten Durchgang tritt dieser Unterschied noch deutlicher hervor (Bewertung: +3). Der Testwert (also die Summe der ermittelten Vergleichswerte) der Tatfrage X ist damit +5. Dieser Testwert indiziert, dass die Tatfrage X wahrheitsgemäß verneint wurde.

bb) Tatfragen inhaltsgleich

Sind die ausgewerteten Tatfragen inhaltsgleich – unterscheiden sich also bloß in den Formulierungen – können sämtliche Vergleichswerte unter Berücksichtigung des Vorzeichens zu einem Gesamtwert addiert werden.[1245] Es haben sich folgende Grenzwerte bewährt: Werte von +6 und darüber (Vergleichsfrage > Tatfrage) sind Indikatoren für die wahrheitsgemäße Verneinung der Tatfragen; Werte von +5 bis -5 erlauben keine sichere Schlussfolgerung; Werte von -6 und darunter (Tatfrage > Vergleichsfrage) indizieren eine wahrheitswidrige Verneinung der Tatfragen.[1246]

IV. Methodische Schwächen

Die in ihrer Logik und Wirkungsweise skizzierten Befragungstechniken[1247] weisen eine Reihe potenzieller Probleme auf, die gerade in der psychologischen Literatur zu teils heftigen Kontroversen über die Geeignetheit der polygraphischen

1244 *Putzke/Scheinfeld u.a.*, ZStW 121 [2009], 607 (615–616); *Undeutsch/Klein*, Praxis der Rechtspsychologie 1999, 45 (71).

1245 *Putzke/Scheinfeld u.a.*, ZStW 121 [2009], 607 (616); *Undeutsch/Klein*, Praxis der Rechtspsychologie 1999, 45 ([65][71]).

1246 BGHSt 44, 308 (314) = NJW 1999, 657 (658); *Putzke/Scheinfeld u.a.*, ZStW 121 [2009], 607 (616); *Undeutsch/Klein*, Praxis der Rechtspsychologie 1999, 45 (71–72); vgl. zudem *Furedy*, Int. J. Psychophysiol. 21 [1996], 97 (99); *Raskin/Barland u.a.*, Polygraph 6 [1977], 1 (3); krit. *Ben-Shakhar*, in: Polygraph Testing (2002), 103 (111).

1247 S.o. § 9 B. III.

Untersuchung als zuverlässige Untersuchungsmethode geführt haben.[1248] Die Kritik richtet sich dabei gegen die Grundhypothese im Allgemeinen und die Methoden der direkten und indirekten Fragetechniken im Besonderen. Teilweise erscheinen die Bedenken zwar angebracht, rechtfertigen letzten Endes jedoch nicht die Annahme, dass die psychophysiologische Untersuchung eine grundsätzlich untaugliche Untersuchungsmethode ist.

Die nachfolgenden Ausführungen sollen den Streitstand zwischen den Diskutanten abbilden.

1. Kein Zusammenhang zwischen physiologischen Erregungsmustern und kognitiv-emotionalen Zuständen

a) „No specific lie response"

Nach Ansicht der Polygraphiegegner trifft schon die Grundhypothese der psychophysiologischen Untersuchung nicht zu.[1249] Es sei nicht möglich, eindeutige Zusammenhänge zwischen bestimmten kognitiven oder emotionalen Zuständen und hierfür spezifischen Reaktionsmustern im vegetativen Nervensystem zu erkennen.[1250] Dies gelte insbesondere für mit der unwahren Beantwortung von Fragen in Verbindung stehenden Reaktionen („no specific lie response").[1251] Es fehle insoweit an einem Zusammenhang zwischen dem Lügen und autonomen

---

1248 Vgl. *Steller/Dahle*, Praxis der Rechtspsychologie 1999, 127 (142). Die konträren Positionen treten in dem sog. *Lykken-Raskin*-Disput besonders deutlich hervor, vgl. *Raskin/Honts u.a.*, in: Scientific Evidence (1997), 565 (565 ff.); erwidernd *Iacono/Lykken*, in: Scientific Evidence (1997), 582 (582 ff.); darauf erwidernd *Raskin/Honts u.a.*, in: Scientific Evidence (1997), 619 (619 ff.); darauf erwidernd *Iacono/Lykken*, in: Scientific Evidence (1997), 627 (627 ff.); wiederum dazu *Honts/Raskin u.a.*, in: Scientific Evidence (1997), 629 (629 ff.); erwidernd *Iacono/Lykken*, in: Scientific Evidence (1997), 631 (631 ff.); ferner zu dem Disput *Furedy*, Int. J. Psychophysiol. 15 [1993], 263.

1249 Die Polygraphiegegner stützen ihre Ansicht hierbei auf „maßgebende Fachkreise", so BGHSt 44, 308 (319) = NJW 1999, 657 (659); BVerwG NVwZ-RR 2014, 887; *Nestler*, JA 2017, 10 (16); vgl. *Putzke*, ZJS 2011, 557 (558). Wer oder was genau die „maßgebenden Fachkreise" sind, bleibt unklar, ähnl. *Dettenborn*, FPR 2003, 559 (561).

1250 BGHSt 44, 308 (316) = NJW 1999, 657 (658–659); BVerwG NVwZ-RR 2014, 887; *Boehme*, in: Handwörterbuch (2002), 412 (414); *Fiedler*, Praxis der Rechtspsychologie 1999, 5 (8); *Kargl/Kirsch*, JuS 2000, 537 (541); *Nestler*, JA 2017, 10 (16); s.a. AG Bautzen BeckRS 2017, 138202, Rn. 39; *Momsen*, KriPoZ 2018, 142 (145); *Schoreit*, StV 2004, 284; *Wille*, Aussage gegen Aussage (2012), 21–22.

1251 BGHSt 44, 308 (316) = NJW 1999, 657 (659); BVerwG NVwZ-RR 2014, 887; *Ben-Shakhar*, in: Polygraph Testing (2002), 103 (106); *Boehme*, in: Handwörterbuch (2002), 412 (414); *Fiedler*, Praxis der Rechtspsychologie 1999, 5 ([8][33]); *Rill/Vossel*, NStZ 1998, 481 (485).

Erregungsmustern.[1252] *Fiedler* formuliert in seiner gutachterlichen Stellungnahme zur wissenschaftlichen Grundlage der Lügendetektion aus dem Jahr 1999:

> „Die psychologische Grundlagenforschung kennt keine gut bestätigte Gesetzmäßigkeit im Sinne eines konsistenten Erregungsmusters für einen Bewußtseinszustand wie das absichtliche Lügen [...]. Damit ist auch die entscheidende Prämisse der Polygraphentestung nicht erfüllt, daß sich aus den beobachteten physiologischen Zuständen diagnostische Schlüsse auf das Vorliegen einer Lüge ziehen lassen [...]."[1253]

Die erhobenen physiologischen Daten lassen lediglich in sehr eingeschränktem Umfang und nur diffus Schlüsse auf allgemein bestehende Emotionen und intrapsychische Vorgänge, nicht aber auf deren Ursachen zu.[1254] Zudem könne nicht nachgewiesen werden, dass sich ein bestimmter Außenreiz auf eine gemessene körperliche Veränderung ausgewirkt habe, da es dafür vielzählige Ursachen geben könne.[1255]

> „Ganz sicher ist es, nach allem, was man über den diagnostischen Wert vegetativer Messungen weiß, nicht gerechtfertigt und geradezu unrealistisch, von einer physiologischen Messung im autonomen Nervensystem distinktive Aufschlüsse über spezielle moralische, epistemiologische oder bewußtseinsmäßige Zustände wie das Lügen zu erwarten."[1256]

Fiedler wirft den Polygraphiebefürwortern vor, ein Kausalverhältnis zwischen der Intensität vegetativer Reaktionen und spezifischen Bewusstseinszuständen zu behaupten, ohne hierüber genauer Beweis führen zu können.[1257]

b) Unspezifische Aktivation

Es steht weitgehend außer Streit, dass von physiologischen Reaktionen nicht auf die begleitenden kognitiven oder emotionalen Prozesse zurückgeschlossen werden kann.[1258] Auch *Undeutsch*, starker Fürsprecher der polygraphischen Untersuchung,[1259] räumt ein, dass es bislang nicht gelungen sei, mit Hilfe der erfassten

---

1252 *Fiedler*, Praxis der Rechtspsychologie 1999, 5 (8–9); *Fiedler*, Psychologische Rundschau 2003, 112 (114); *Frister*, ZStW 106 [1994], 303 (311); ähnl. *Rill/Vossel*, NStZ 1998, 481 (485); *Wagner*, Polygraphie im Strafverfahren (2012), 27; ferner BGHSt 44, 308 (319) = NJW 1999, 657 (659).

1253 *Fiedler*, Praxis der Rechtspsychologie 1999, 5 (8).

1254 BGHSt 44, 308 (315–316) = NJW 1999, 657 (658); *Schoreit*, StV 2004, 284 (284–285).

1255 BGHSt 44, 308 (316) = NJW 1999, 657 (659); *Rill/Vossel*, NStZ 1998, 481 (485).

1256 *Fiedler*, Praxis der Rechtspsychologie 1999, 5 (8).

1257 *Fiedler*, Praxis der Rechtspsychologie 1999, 5 (8–9).

1258 *Offe/Offe*, Praxis der Rechtspsychologie 2001, 5 (6); vgl. unter § 9 B. II.

1259 Die Journalistin *Gisela Friedrichsen* schrieb über *Undeutsch*: „Der Kampf um den Lügendetektor ist die Geschichte Undeutschs." S. *Friedrichsen*, Wahrheit um jeden Preis?, *Der Spiegel* Nr. 39/1998 (1998), 273.

physiologischen Parameter, als *Intensitätsindikatoren* für Emotionen und Motivationen, Qualitäten zu differenzieren.[1260] Eine additive Zusammenfassung verschiedener peripher-physiologischer Indikatoren könne jedoch durchaus in Korrelation zu der subjektiven Aktiviertheit gebracht werden.[1261] Es sei durch umfangreiches Ergebnismaterial gesichert und allgemein anerkannt, physiologische Reaktionen als Indikator für unspezifische Erregungen zu verwenden.[1262] So könne die physiologische Erregung des Täters bei dem relevanten Stimulus auf mehrere Prozesse zurückzuführen sein, beispielsweise auf Emotionen wie Angst vor der Entdeckung, vor Bestrafung, Schuld- oder Schamgefühle, aber auch auf kognitive Prozesse wie erhöhte Aufmerksamkeit und Vorsicht.[1263] Alles, was für die psychophysiologische Verdachtsabklärung erforderlich sei, ist, dass die relevanten Stimuli einen höheren Aktiviertheitsgrad des Organismus herbeiführen als die Vergleichsstimuli.[1264] *Wodurch* das Aktiviertheitsniveau herbeigeführt wird, sei gleichgültig (*unspezifische Aktivation*).[1265] Damit sei es nicht die Lüge selbst, welche die unwillkürlichen körperlichen Reaktionen hervorrufe, sondern beispielsweise die Angst vor den Folgen der Entdeckung des wahrheitswidrigen Bestreitens.[1266]

Es komme mithin gar nicht auf einen Zusammenhang zwischen bestimmten physiologischen Erregungsmustern und dem Bewusstseinszustand des absichtlichen Lügens an, sondern allein darauf, welcher Stimulus die relativ stärkere Erregung auslöst.[1267] Der Kerngedanke der Bedeutsamkeitsdiagnostik sei einzig, dass stärkere physiologische Reaktionen ein höheres Aktiviertheitsniveau des Organismus infolge erlebter Bedeutsamkeit des Reizes anzeigen.[1268] Der Kontext des unterschiedlichen Bedeutsamkeitserlebens bestimme dabei die Stärke der Biosignale.[1269] In einem intraindividuellen Vergleich könne die Stärke physiologischer

---

1260 *Undeutsch*, in: Wissenschaftliche Kriminalistik (1983), 389 (401); s.a. *Offe/Offe*, Praxis der Rechtspsychologie 2001, 5 (7); *Steller/Dahle*, Praxis der Rechtspsychologie 1999, 127 (131).

1261 *Undeutsch*, in: Wissenschaftliche Kriminalistik (1983), 389 (401); *Undeutsch/Klein*, Praxis der Rechtspsychologie 1999, 45 (53); vgl. zudem *Dettenborn*, FPR 2003, 559 (561); *Offe/Offe*, Praxis der Rechtspsychologie 2001, 5 (7); nicht überzeugend insoweit *Peters*, ZStW 87 [1975], 663 (667); insg. krit. *Ben-Shakhar*, in: Polygraph Testing (2002), 103 (107).

1262 *Vehrs*, Praxis der Rechtspsychologie 2001, 16 (20).

1263 *Offe/Offe*, Praxis der Rechtspsychologie 2001, 5 (6); s.a. *Holstein*, Kriminalistik 1990, 155.

1264 *Undeutsch/Klein*, Praxis der Rechtspsychologie 1999, 45 (92).

1265 *Undeutsch/Klein*, Praxis der Rechtspsychologie 1999, 45 (92); hinterfragend dazu *Offe/Offe*, Praxis der Rechtspsychologie 2001, 5 (7–8); s.a. bereits unter § 9 B. II.

1266 *Undeutsch/Klein*, Praxis der Rechtspsychologie 1999, 45 (67).

1267 *Offe/Offe*, Praxis der Rechtspsychologie 2001, 5 (7); *Schneider*, Nonverbale Zeugnisse (1991), 134.

1268 *Dettenborn*, FPR 2003, 559 (561).

1269 *Dettenborn*, FPR 2003, 559 (561); *Steller*, in: Psychologie (1997), 89 (98).

Aktivierung mithin als Indikator subjektiver Bedeutsamkeit verwendet werden.[1270] Die Existenz lügenspezifischer physiologischer Reaktionen („Lügenreaktion") werde dabei nicht vorausgesetzt oder verlangt.[1271]

> „Ein Gerät, welches als ‚Lügendetektor' bezeichnet werden könnte, gibt es nicht und wird es auch in der Zukunft nicht geben, weil es weder bei den am Körper – mit bloßen Augen – beobachteten unwillkürlichen Ausdruckserscheinungen [...] noch bei den unwillkürlichen physiologischen Variablen [...] spezifische Merkmale gibt, die nur bei deceit (Täuschung und Lüge) auftreten und nicht auch bei anderen psychischen Zuständen."[1272]

Dass es nicht um das Entdecken von Lügen gehen könne, werde schon daran deutlich, dass Untersuchungsabläufe in der TWT und VFT selbst dann möglich sind, wenn der Proband keine Antwort gibt („silent-answer-test"[1273]).[1274] Auch komme es nicht darauf an, bei der polygraphischen Untersuchung ein physiologisches Gegenstück der Lüge zu erfassen; vielmehr gehe es um die Erhebung der Varianz der Bedeutsamkeit der Stimuli für den Probanden anhand physiologischer Reaktionen.[1275] Die Kritik an dem theoretischen Ansatz der psychophysiologischen Untersuchung greift nach dieser Argumentation nicht durch.

Ob die Annahme, dass die tatbezogenen Fragen für einen Täter eine höhere Bedeutsamkeit haben, für den Nicht-Täter dagegen die Vergleichsfragen, zutrifft oder wie häufig Abweichungen auftreten, ist dagegen eine empirische Frage, die durch entsprechende Validitätsuntersuchungen (*Inhaltsvalidität*) zu klären ist.[1276]

2. Manipulationsgefahr

Die Sorge vor Manipulation („countermeasures") durch den Probanden ist bei den Polygraphieskeptikern besonders groß: Der Täter habe ein grundlegendes Interesse daran, ein *richtig-positives Ergebnis* zu verhindern.[1277] Als mögliche Manipulationsmethoden werden unter anderem die Bewegung während der Untersuchung

---

1270 *Steller*, in: Psychologie (1997), 89 (98).
1271 S. unter § 9 B. II.
1272 *Undeutsch/Klein*, Praxis der Rechtspsychologie 1999, 45 (52).
1273 S. dazu *Stüllenberg/Stubbe u.a.*, Lügendetektortest (2000), 24.
1274 *Offe/Offe*, Praxis der Rechtspsychologie 2001, 5 (7); *Undeutsch/Klein*, Praxis der Rechtspsychologie 1999, 45 (52); s. bzgl. der TWT unter § 9 B. III. 1. und bzgl. der VFT unter § 9 B. III. 2. a).
1275 *Offe/Offe*, Praxis der Rechtspsychologie 2001, 5 (8).
1276 *Offe/Offe*, Praxis der Rechtspsychologie 2001, 5 (8); *Stüllenberg/Stubbe u.a.*, Lügendetektortest (2000), 28–29; s. zur Validität noch unter § 9 B. V. 2.
1277 *Putzke/Scheinfeld u.a.*, ZStW 121 [2009], 607 (619); *Rill/Vossel*, NStZ 1998, 481 (485); *Undeutsch/Klein*, Praxis der Rechtspsychologie 1999, 45 (100).

(zum Beispiel motorische Unruhe), unregelmäßige Atmung oder die Einnahme starker psychotropischer Substanzen angeführt.[1278]

Derart grobe Störversuche sind für den Untersucher grundsätzlich leicht erkennbar und führen zum Abbruch der Untersuchung oder verzerren die Messkurven bis eine Auswertung nicht mehr möglich ist.[1279]

Entspannende Maßnahmen haben dagegen keinen systematischen Einfluss auf die Ergebnisse der psychophysiologischen Aussagebeurteilung, denn durch die allgemeine Herabsetzung der Reaktivität wird ein Vergleich der Reaktionsstärken nicht behindert; im ungünstigsten Fall erhöht sich lediglich die Quote „unentscheidbarer" Fälle.[1280]

Der Täter könnte ferner versuchen, die Reaktionskurven zu manipulieren, um ein *falsch-negatives* Ergebnis herbeizuführen.[1281] Als Arten der Manipulation werden sowohl physische (zum Beispiel das Beißen auf die Zunge) wie auch mentale Aktivitäten (zum Beispiel von den gestellten Fragen thematisch abweichende Gedankenarbeit wie das Lösen von Rechenaufgaben) benannt.[1282] Nach Ansicht der Polygraphieskeptiker lassen sich mithilfe dieser Strategien willentlich die Reaktionen auf die Vergleichsstimuli erhöhen und damit die physiologischen Aufzeichnung verfälschen.[1283] Dabei seien diese Maßnahmen in kurzer Zeit erlernbar,

---

1278 Vgl. *Dettenborn*, FPR 2003, 559 (564); *Putzke/Scheinfeld u.a.*, ZStW 121 [2009], 607 (619); *Schüssler*, Polygraphie (2002), 136; *Stüllenberg/Stubbe u.a.*, Lügendetektortest (2000), 37–39; *Undeutsch/Klein*, Praxis der Rechtspsychologie 1999, 45 (100); ausf. *Honts/Amato*, in: Polygraph Testing (2002), 251 (251 ff.); vgl. dazu noch unter § 9 G. I. 5.

1279 *Dahle/Lehmann*, in: Neue Vernehmungsmethoden (2012), 48 (72–73); *Dettenborn*, FPR 2003, 559 (564); *Schüssler*, Polygraphie (2002), 137; *Steller*, Aussagebeurteilung (1987), 88; *Steller/Dahle*, Praxis der Rechtspsychologie 1999, 127 (172); *Stüllenberg/Stubbe u.a.*, Lügendetektortest (2000), 37; *Tent*, in: Forensische Psychologie (1967), 185 (232); *Undeutsch*, FamRZ 1996, 329 (331); *Undeutsch/Klein*, Praxis der Rechtspsychologie 1999, 45 (100–101); ähnl. *Berning*, MschrKrim 1993, 242 (248–249); s.a. *Putzke/Scheinfeld u.a.*, ZStW 121 [2009], 607 (619–620).

1280 *Steller/Dahle*, Praxis der Rechtspsychologie 1999, 127 (176); s.a. *Dahle/Lehmann*, in: Neue Vernehmungsmethoden (2012), 48 (72); vgl. unter § 9 B. III.

1281 Vgl. *Ben-Shakhar*, in: Polygraph Testing (2002), 103 (114); *Dettenborn*, FPR 2003, 559 (564); *Honts/Amato*, in: Polygraph Testing (2002), 251 (254); *Putzke/Scheinfeld u.a.*, ZStW 121 [2009], 607 (620); *Steller/Dahle*, Praxis der Rechtspsychologie 1999, 127 (172).

1282 Vgl. BGHSt 44, 308 (327) = NJW 1999, 657 (661); *Ben-Shakhar*, in: Polygraph Testing (2002), 103 (114); *Boehme*, in: Handwörterbuch (2002), 412 (415); *Fiedler*, Praxis der Rechtspsychologie 1999, 5 (27); *Fiedler*, Psychologische Rundschau 2003, 112 (114); *Rill/Vossel*, NStZ 1998, 481 (485); *Schüssler*, Polygraphie (2002), 135–136; *Stüllenberg/Stubbe u.a.*, Lügendetektortest (2000), 37–39; *Wagner*, Polygraphie im Strafverfahren (2012), 28.

1283 *Ben-Shakhar*, in: Polygraph Testing (2002), 103 (114); *Fiedler*, Praxis der Rechtspsychologie 1999, 5 (27); *Fiedler*, Psychologische Rundschau 2003, 112 (114); *Rill/Vossel*, NStZ 1998, 481 (485); *Schüssler*, Polygraphie (2002), 135; *Steller/Dahle*, Praxis

könnten gezielt auf den Einsatz bei polygraphischen Messungen trainiert werden und seien für den Untersucher nicht erkennbar.[1284] Ihre Effektivität lasse sich zudem durch psychologische Techniken steigern, zum Beispiel durch das instrumentelle Erlernen der willentlichen Steuerung physiologischer Reaktionen aufgrund einer kontinuierlichen Rückmeldung der aktuellen Messwerte (*Biofeedback*).[1285]

Dem wird entgegengehalten, dass eine erfolgreiche Manipulation mithilfe der genannten Strategien zwar denkbar, jedoch äußerst schwierig ist.[1286] Denn allein die Kenntnis der Methodik und deren Auswertungsregeln genüge nicht, um das Ergebnis zugunsten eines Schuldigen zu verfälschen.[1287] Es bedürfe vielmehr eines intensiven Trainings unter Anleitung eines Sachverständigen, der die polygraphische Methode beherrscht, was wiederum standeswidrig wäre.[1288]

---

der Rechtspsychologie 1999, 127 (177); *Stüllenberg/Stubbe u.a.*, Lügendetektortest (2000), 40; *Wagner*, Polygraphie im Strafverfahren (2012), 28–29.

1284 BGHSt 44, 308 (327) = NJW 1999, 657 (662); *Ben-Shakhar*, in: Polygraph Testing (2002), 103 (118); *Boehme*, in: Handwörterbuch (2002), 412 (415); *Rill/Vossel*, NStZ 1998, 481 (485); ähnl. *Fiedler*, Praxis der Rechtspsychologie 1999, 5 (28); vgl. hierzu den Selbstversuch von *Stüllenberg* bei *Stüllenberg/Stubbe u.a.*, Lügendetektortest (2000), 39 ff.; vernichtend zum Aufbau und zur Durchführung von *Stüllenbergs* Selbstversuch dagegen *Undeutsch*, Praxis der Rechtspsychologie 2001, 26 (26 ff.).

1285 BGHSt 44, 308 (327) = NJW 1999, 657 (662); *Fiedler*, Praxis der Rechtspsychologie 1999, 5 (28); *Schüssler*, Polygraphie (2002), 135; *Steller/Dahle*, Praxis der Rechtspsychologie 1999, 127 (175–176); ferner *Momsen*, KriPoZ 2018, 142 (145); *Undeutsch*, in: Wissenschaftliche Kriminalistik (1983), 389 (417–418). Eine Verbreitung der Polygraphentechnik könnte kommerzielle Testvorbereiter anlocken, die den Probanden durch spezielle Trainingsangebote für eine bevorstehende polygraphische Untersuchung rüsten, vgl. *Stüllenberg/Stubbe u.a.*, Lügendetektortest (2000), 37; äußerst krit. dazu *Undeutsch/Klein*, Praxis der Rechtspsychologie 1999, 45 (102).

1286 *Putzke/Scheinfeld u.a.*, ZStW 121 [2009], 607 (620); *Undeutsch*, Praxis der Rechtspsychologie 2001, 26 (33); *Undeutsch/Klein*, Praxis der Rechtspsychologie 1999, 45 (101); s.a. *Dahle/Lehmann*, in: Neue Vernehmungsmethoden (2012), 48 (73); *Schüssler*, Polygraphie (2002), 135–136; *Seiterle*, Lügendetektion (2010), 57; *Steller/Dahle*, Praxis der Rechtspsychologie 1999, 127 (177); zu „counter-countermeasures" s. *Honts/Amato*, in: Polygraph Testing (2002), 251 (260–261).

1287 *Dettenborn*, FPR 2003, 559 (564–565); *Putzke/Scheinfeld u.a.*, ZStW 121 [2009], 607 (620); *Steller/Dahle*, Praxis der Rechtspsychologie 1999, 127 ([173][177]); *Undeutsch/Klein*, Praxis der Rechtspsychologie 1999, 45 (101); a.A. *Furedy*, Int. J. Psychophysiol. 21 [1996], 97 (101).

1288 *Dettenborn*, FPR 2003, 559 (564–565); *Putzke*, ZJS 2011, 557 (561); *Putzke/Scheinfeld u.a.*, ZStW 121 [2009], 607 (620); *Schüssler*, Polygraphie (2002), 136–137; *Steller/Dahle*, Praxis der Rechtspsychologie 1999, 127 (177); *Undeutsch/Klein*, Praxis der Rechtspsychologie 1999, 45 ([101][102]). *Dettenborn*, ebd. zieht an dieser Stelle wieder die Parallele zur Glaubhaftigkeitsbegutachtung. In Deutschland gibt es zudem nur wenige Sachverständige, die überhaupt die polygraphische Methode beherrschen, s. *Putzke/Scheinfeld u.a.*, ebd. Zu den ethischen und fachwissenschaftlichen

3. *Schwächen der einzelnen Befragungstechniken*

Daneben stehen die einzelnen Befragungstechniken im Kreuzfeuer der Kritik. Einige prinzipielle Bedenken lassen sich dabei – gerade vor dem Hintergrund der Sexualdelikte – nur schwerlich von der Hand weisen.

a) Kritk an der TWT

Bei der TWT gibt es insbesondere zwei Problembereiche: Das Erfordernis, die relevanten Tatdetails geheim zu halten (aa) und der eingeschränkte Anwendungsbereich (bb).

aa) Geheimhaltung der verwendeten Tatdetails

Die Durchführung der TWT setzt zwingend die Geheimhaltung der verwendeten Tatdetails vor der zu untersuchenden Person voraus, damit die Differenzierung zwischen relevanten und irrelevanten Alternativen nur dem Täter möglich bleibt.[1289] Andernfalls wären die ausschlaggebenden Orientierungsreaktionen auch bei einem Nichttäter zu erwarten.[1290] Die TWT kann damit nicht in Konstellationen eingesetzt werden, in denen der Beschuldigte auf anderem Wege als durch Tatbegehung (zum Beispiel durch die Medien oder durch Kenntnis der Ermittlungsergebnisse) an das erfragte Tatwissen gelangt ist.[1291] Ein Beschuldigter wird allerdings schnellstmöglich wissen wollen, worum es bei dem gegen ihn erhobenen Vorwurf im Detail geht und nicht daran denken, sich eventuell noch einer polygraphischen Untersuchungen in der TWT zu unterziehen.[1292] Dieses durchaus natürliche Verhalten ist allerdings der „ärgste Feind des Tatwissenstests“.[1293] Folglich kann die TWT nur in

---

Rahmenbedingungen der Sachverständigentätigkeit s. *Salzgeber/Stadler u.a.*, Polygraphie (1999), 184–185.

1289 BGHSt 44, 308 (327) = NJW 1999, 657 (662); s.a. *Fiedler*, Praxis der Rechtspsychologie 1999, 5 (16); *Furedy*, Int. J. Psychophysiol. 21 [1996], 97 (101); *Kargl/Kirsch*, JuS 2000, 537 (538); s. dazu bereits unter § 9 B. III. 1. b).

1290 BGHSt 44, 308 (327) = NJW 1999, 657 (662); *Kargl/Kirsch*, JuS 2000, 537 (538); *Tent*, in: Forensische Psychologie (1967), 185 (230).

1291 BGHSt 44, 308 (327) = NJW 1999, 657 (662); *Dahle*, Psychologische Rundschau 2003, 103 (108); *Frister*, ZStW 106 [1994], 303 (306); *Putzke/Scheinfeld u.a.*, ZStW 121 [2009], 607 (612); *Schneider*, Nonverbale Zeugnisse (1991), 154; *Schüssler*, Polygraphie (2002), 28; *Steller*, in: Psychologie (1997), 89 (99); *Wagner*, Polygraphie im Strafverfahren (2012), 31. Aus diesem Grund wird die TWT bspw. in Polen, einem Land in dem der Polygraph von der Rspr. schon seit Langem anerkannt ist, nur in den wenigstens Fällen angewendet, s. *Jaworski*, NStZ 2008, 195 (196).

1292 *Putzke/Scheinfeld u.a.*, ZStW 121 [2009], 607 (612).

1293 *Putzke/Scheinfeld u.a.*, ZStW 121 [2009], 607 (612–613).

sehr frühen Verfahrensstadien eingesetzt werden, denn spätestens zum Zeitpunkt der Hauptverhandlung wird der Beschuldige aufgrund von Art 6 Abs. 3 lit. a) EMRK[1294], seines Akteneinsichtsrechts[1295] und durch das Verfahren selbst Kenntnis von den Details des Tatvorwurfs und dem exklusiven Täterwissen haben.[1296]

bb) Begrenzter Anwendungsbereich

Der Anwendungsbereich der TWT ist auf jene Fälle begrenzt, in denen die Beteiligung an dem Tatvorgang als natürliches Geschehen selbst in Frage steht.[1297] Sofern es um die für die rechtliche Bewertung entscheidenden näheren Umstände des Geschehens geht, kann die TWT nicht weiterhelfen.[1298] So kann insbesondere bei Sexualdelikten, bei denen es häufig auf die Frage des Einverständnisses ankommt, nicht auf die TWT zurückgegriffen werden.[1299]

Darüber hinaus gestaltet sich bei dem Verdacht eines Sexualdelikts die Item-Konstruktion als schwierig.[1300] Der Einsatz der TWT bei einem Sexualdelikt ist zwar grundsätzlich denkbar:

> Beispiel: „In welchem Raum hat der sexuelle Übergriff stattgefunden? War es (a) im Wohnzimmer (b) im Arbeitszimmer (c) im Schlafzimmer (d) in der Küche (e) im Badezimmer (f) im Hausflur?"
>
> Oder aber: „Wenn Sie der Täter sind, wissen Sie, welche Farbe die Unterwäsche des Vergewaltigungsopfers hatte. War die Unterwäsche (a) blau (b) gelb (c) schwarz (d) rot (e) grau (f) weiß?"[1301]

1294 *Amelung*, JR 1999, 382 (384).

1295 S. *Kargl/Kirsch*, JuS 2000, 537 (538); *Meyer-Mews*, NJW 2000, 916 (918); *Wagner*, Polygraphie im Strafverfahren (2012), 31.

1296 Vgl. BGHSt 44, 308 (328) = NJW 1999, 657 (662); *Amelung*, JR 1999, 382 (384); *Dahle*, Psychologische Rundschau 2003, 103 (108); *Frister*, ZStW 106 [1994], 303 (306); *Putzke/Scheinfeld u.a.*, ZStW 121 [2009], 607 (612); *Schneider*, Nonverbale Zeugnisse (1991), 154; *Schoreit*, StV 2004, 284 (285); *Schüssler*, Polygraphie (2002), 28, 169 ff.; *Steller*, Aussagebeurteilung (1987), 16; *Steller*, in: Psychologie (1997), 89 (99); *Steller*, in: Polygraphie (1999), 31 (38); *Volckart*, R & P 1998, 138 (139); vgl. zudem *Wagner*, Polygraphie im Strafverfahren (2012), 31.

1297 *Frister*, ZStW 106 [1994], 303 (306); s.a. *Haustein*, Aussage gegen Aussage (2017), 154; *Wagner*, Polygraphie im Strafverfahren (2012), 31.

1298 *Frister*, ZStW 106 [1994], 303 (306).

1299 Vgl. *Frister*, ZStW 106 [1994], 303 (306); *Haustein*, Aussage gegen Aussage (2017), 154; *Schneider*, Nonverbale Zeugnisse (1991), 155; *Wagner*, Polygraphie im Strafverfahren (2012), 31; ähnl. *Volckart*, R & P 1998, 138 (139).

1300 *Steller*, in: Psychologie (1997), 89 (101).

1301 Vgl. *Fiedler*, Psychologische Rundschau 2003, 112.

Es ist jedoch äußerst schwierig, vergleichbare – das heißt in ihrem Bedeutungsgehalt für den Nichttäter gleichwertige – sexualbezogene Items in ausreichender Zahl[1302] zu formulieren.[1303] Denn sexualbezogene Items besitzen im Vergleich zu anderen Items für jedermann eine besondere Bedeutsamkeit, vor allem in einer Situation, in der ein Verdacht einer Sexualstraftat besteht.[1304] Aufgrund der eigenständigen Bedeutungsqualität sexueller Themen kommt eine Mischung sexualisierter und sexualitätsfreier Antwortmöglichkeiten nicht in Betracht.[1305] Hinzu kommt die allgemeine Gefahr des Vergessens: Der Täter könnte die Erinnerung an Einzelheiten einer schon länger zurückliegenden Tat schlicht verloren haben.[1306]

b) Kritk an der VFT

Mehr noch als gegenüber der TWT, finden sich Vorbehalte gegenüber der VFT. Im Fokus der Beanstandungen steht dabei regelmäßig das Konstrukt der Vergleichsfragen als Vergleichsbasis für die Interpretation der bei den Tatfragen gemessenen Reaktionen.[1307]

aa) Ausrichtung der Vergleichsfragen

Im Zentrum der Untersuchung in der VFT steht die Formulierung der Vergleichsfragen.[1308] Es bestehen insoweit Befürchtungen, dass die in der Praxis formulierten Vergleichsfragen nicht den hohen Anforderungen der VFT genügen und sich dadurch das Risiko von Fehlklassifikationen erhöhe.[1309]

1302 Der typische Untersuchungsaufbau erfragt sieben bis zehn Tatdetails mit jeweils fünf bis sechs Antwortalternativen, s.o. § 9 B. III. 1. c).

1303 *Steller*, in: Psychologie (1997), 89 (101); *Steller*, in: Polygraphie (1999), 31 (38–39); *Steller/Dahle*, Praxis der Rechtspsychologie 1999, 127 (183–184); s.a. *Schüssler*, Polygraphie (2002), 130; ferner *Dahle/Lehmann*, in: Neue Vernehmungsmethoden (2012), 48 (69) zur Prämisse der bedeutungsvollen Tatdetails; *Fiedler*, Praxis der Rechtspsychologie 1999, 5 (30).

1304 *Steller*, in: Psychologie (1997), 89 (101).

1305 *Steller/Dahle*, Praxis der Rechtspsychologie 1999, 127 ([145][184]).

1306 *Dahle*, Psychologische Rundschau 2003, 103 (108); *Fiedler*, Praxis der Rechtspsychologie 1999, 5 ([16][30]); *Volckart*, R & P 1998, 138 (139). Weitere Schwächen der TWT finden sich etwa bei *Ben-Shakhar/Elaad*, in: Polygraph Testing (2002), 87 (94–97); *Dahle/Lehmann*, in: Neue Vernehmungsmethoden (2012), 48 (67–70); *Rill*, Forensische Psychophysiologie (2001), 49–51; *Steller/Dahle*, Praxis der Rechtspsychologie 1999, 127 (184); *Volckart*, ebd.

1307 Vgl. dazu unter § 9 B. III. 2. a) bb).

1308 Vgl. unter § 9 B. III. 2. a) aa).

1309 Vgl. BGHSt 44, 308 (321) = NJW 1999, 657 (660); *Holstein*, Kriminalistik 1990, 155 (156); s. zudem bereits unter § 9 B. III. 2. a) aa). Zu den Anforderungen an die Vergleichsfragen bei der Überprüfung eines Missbrauchsverdachts s. *Rill/Vossel*, NStZ 1998, 481 (486); *Steller/Dahle*, Praxis der Rechtspsychologie 1999, 127 (185).

aaa) Durchführungs- und Auswertungsobjektivität

Nach den Polygraphiekritikern hängt die Auswahl der Vergleichsfragen sowie die Entscheidung darüber, wann in dem Vorgespräch die Bedeutsamkeit einer Vergleichsfrage die richtige Höhe erreicht hat, in zu hohem Maße von der Qualifikation, der Kunstfertigkeit, der Erfahrung und der darauf beruhenden Eindrucksbildung des Untersuchers ab und erfolgt allein intuitiv.[1310] *Fiedler* geht sogar so weit, in diesem Zusammenhang von „Willkür" zu sprechen.[1311] Auch nach den Psychologen *Hans-Georg Rill* und *Gerhard Vossel* ist es

> „[a]us psychodiagnostischer Sicht [...] inakzeptabel, daß die Validität eines Testverfahrens in einem derart hohen Maße von der Kompetenz des Untersuchers abhängt."[1312]

Ferner erfolge die Ausrichtung der Vergleichsfragen lediglich auf Basis von Gesprächen des Untersuchers mit dem Probanden in dem Vortest-Interview, sodass die Fragen einen (zu) starken persönlichen Bezug zu dem Probanden aufweisen würden und letzten Endes nicht standardisierbar seien.[1313] Ein objektives Kriterium, anhand dessen geprüft werden könne, ob die Formulierung der Vergleichsfragen im intendierten Sinne erfolgreich war, bestehe ebenfalls nicht.[1314] Die VFT weise somit deutliche Schwächen hinsichtlich ihrer *Durchführungsobjektivität* auf.[1315] Daneben fehle es an *Auswertungsobjektivität*, da aufgrund fehlender eindeutiger

---

1310 BGHSt 44, 308 (322) = NJW 1999, 657 (660); *Ben-Shakhar*, in: Polygraph Testing (2002), 103 (109); *Fiedler*, Praxis der Rechtspsychologie 1999, 5 (14); *Kargl/Kirsch*, JuS 2000, 537 (538–539); *Rill/Vossel*, NStZ 1998, 481 (485); *Schüssler*, Polygraphie (2002), 82; *Wagner*, Polygraphie im Strafverfahren (2012), 25–26; vgl. zudem *Offe/Offe*, MschrKrim 2004, 86 (89).

1311 *Fiedler*, Praxis der Rechtspsychologie 1999, 5 (14).

1312 *Rill/Vossel*, NStZ 1998, 481 (485).

1313 BGHSt 44, 308 (321) = NJW 1999, 657 (660); *Ben-Shakhar*, in: Polygraph Testing (2002), 103 (109); *Dahle*, Psychologische Rundschau 2003, 103 (106); *Fiedler*, Praxis der Rechtspsychologie 1999, 5 ([15][34]); *Fiedler*, Psychologische Rundschau 2003, 112 (113); *Furedy*, Int. J. Psychophysiol. 21 [1996], 97 (101); *Kargl/Kirsch*, JuS 2000, 537 (538–539); *Rill/Vossel*, NStZ 1998, 481 (484); ähnl. *Volckart*, R & P 1998, 138 (139); zur fehlenden Standardisierung des Vortest-Interviews selbst s. *Ben-Shakhar*, in: Polygraph Testing (2002), 103 (109).

1314 *Dahle*, Psychologische Rundschau 2003, 103 (106); *Dahle/Lehmann*, in: Neue Vernehmungsmethoden (2012), 48 (60); *Kargl/Kirsch*, JuS 2000, 537 (539); *Rill*, Forensische Psychophysiologie (2001), 36; *Rill/Vossel*, NStZ 1998, 481 (484); *Schüssler*, Polygraphie (2002), 82; *Steller*, in: Psychologie (1997), 89 (99); *Steller/Dahle*, Praxis der Rechtspsychologie 1999, 127 (188); ferner BGHSt 44, 308 (322) = NJW 1999, 657 (660); *Offe/Offe*, MschrKrim 2004, 86 (89).

1315 *Rill*, Forensische Psychophysiologie (2001), 23; *Rill/Vossel*, NStZ 1998, 481 (485); vgl. zudem *Furedy*, Int. J. Psychophysiol. 15 [1993], 263; *Offe/Offe*, MschrKrim 2004, 86 (88).

Auswertungsregeln der Untersucher die physiologischen Daten zwangsläufig im Lichte seiner subjektiven Meinung interpretieren müsse.[1316]

Der Einwand der fehlenden Standardisierung, der sich insbesondere gegen die Entwicklung und Formulierung der Vergleichsfragen auf der Grundlage des Gesprächs mit dem Probanden richtet, ist durchaus zutreffend.[1317] Allerdings kommt es bei der VFT nicht so sehr auf die genaue Formulierung der Vergleichsfragen an, sondern vielmehr auf ihre Bedeutsamkeit für den Probanden, da allein diese für die vegetativen Reaktionen ausschlaggebend ist.[1318]

Polygraphiefürsprecher bringen zudem vor, dass es bei der VFT durchaus (teil) standardisierte Elemente gebe, wie beispielsweise die Fragenanordnung oder den Untersuchungsablauf.[1319] Auch die Entwicklung der Vergleichsfragen geschehe nicht willkürlich, sondern folge überprüfbaren Regelwerken und Leitfäden.[1320] Darüber hinaus sei zu beachten, dass es sich bei der VFT nicht um einen psychometrischen Test, sondern um ein diagnostisches Hilfsmittel im Rahmen einer komplexen psychologischen Untersuchungsanordnung handle, in der Anamnese und Exploration durch individuelle Gesprächsführung grundsätzlich nicht wegzudenken seien.[1321] Umgekehrt könne eine Standardisierung der Vergleichsfragen ebenso einen Nachteil darstellen, wenn die Fragen dann im individuellen Fall nicht mehr die beabsichtigte Wirkung erzielen.[1322] Im Übrigen bestehe das Problem bei der psychophysiologischen Aussagebeurteilung nicht so sehr in der fehlenden Standardisierung der Fragen, sondern vielmehr in der Transparenz der Frageentwicklung, welche bei umfassender Untersuchungsdokumentation jedoch hinreichend gewährleistet sei.[1323]

bbb) Qualifikation des Untersuchers

Die Polygraphiebefürworter geben den Kritikern dahingehend recht, dass die Formulierung der Vergleichsfragen eine gründliche Ausbildung, viel Übung und

---

1316 *Rill*, Forensische Psychophysiologie (2001), 24; *Rill/Vossel*, NStZ 1998, 481 (485); *Schüssler*, Polygraphie (2002), 82; *Wagner*, Polygraphie im Strafverfahren (2012), 26; dazu a. *Dahle*, Psychologische Rundschau 2003, 103 (106); *Furedy*, Int. J. Psychophysiol. 15 [1993], 263.

1317 S.a. *Offe/Offe*, Praxis der Rechtspsychologie 2001, 5 (8).

1318 *Offe/Offe*, Praxis der Rechtspsychologie 2001, 5 (9); vgl. unter § 9 B. III. 2. a) aa).

1319 *Dettenborn*, FPR 2003, 559 (563); s.a. *Furedy*, Int. J. Psychophysiol. 15 [1993], 263.

1320 *Vehrs*, Praxis der Rechtspsychologie 2001, 16 (23). Nach *Dettenborn*, FPR 2003, 559 (563) können die Vergleichsfragen sogar vorhandenen Listen entnommen werden, die für verschiedene Delikte spezifiziert sind; ferner *Offe/Offe*, MschrKrim 2004, 86 (89) m.w.N.

1321 *Offe/Offe*, MschrKrim 2004, 86 (88); s. zudem *Steller/Dahle*, Praxis der Rechtspsychologie 1999, 127 ([133][160–161]).

1322 *Vehrs*, Praxis der Rechtspsychologie 2001, 16 (22).

1323 *Vehrs*, Praxis der Rechtspsychologie 2001, 16 (22–23).

immer wieder Supervision erfordert,[1324] sodass die Qualifikation und Kompetenz des Untersuchers bei der VFT eine erhebliche Rolle spielt.[1325] Dies sei bei der Glaubhaftigkeitsbegutachtung und anderen diagnostischen Prozessen, in denen die Informationsgewinnung durch Gespräch oder freie Verhaltensbeobachtung einen hohen Stellenwert hat, allerdings nicht anders.[1326] Denn die Feststellung der Wahrhaftigkeit und Unwahrhaftigkeit einer Aussage sei stets das Ergebnis einer Interpretation von Reaktionen durch den Untersucher, in einer von ihm kreierten Untersuchungssituation.[1327]

ccc) Methodische Grenzen der VFT

Nach den Polygraphiebefürworter kommt die VFT allerdings dann an ihre Grenzen, wenn nicht einzelne oder wenige Handlungen Gegenstand der Verdachtsprüfung sind, sondern beispielsweise ein kontinuierlicher sexueller Missbrauch über eine längere Zeit hinweg.[1328] In diesen Fällen sei die Formulierung der Vergleichsfragen erschwert, da in die Antworten des Beschuldigten auf die Vergleichsfragen auch länger zurückliegende Missbrauchshandlungen einfließen könnten.[1329] Letztlich gehöre es jedoch zu der Aufgabe eines Untersuchers, die Ungeeignetheit der Polygraphie-Methode in dem jeweiligen Fall zu erkennen und eine psychophysiologische Untersuchung zu unterlassen; ebenso wie der Glaubhaftigkeitsgutachter die Aussageinhaltsanalyse unterlässt, wenn die Aussage erkennbar suggeriert wurde.[1330]

bb) Fehlerhafte Klassifikationen

aaa) Falsch-positive Untersuchungsergebnisse

Die Kritiker der VFT monieren die Gefahr, dass Nichttäter als „schuldig" klassifiziert werden (falsch-positive Ergebnisse).[1331] Dieser Kritikpunkt bezieht sich in

---

1324 *Undeutsch/Klein*, Praxis der Rechtspsychologie 1999, 45 (57).

1325 *Achenbach*, NStZ 1984, 350; *Dettenborn*, FPR 2003, 559 (563); s.a. *Putzke/Scheinfeld u.a.*, ZStW 121 [2009], 607 (625); *Undeutsch*, FamRZ 1996, 329 (331).

1326 *Dettenborn*, FPR 2003, 559 (563); *Offe/Offe*, Praxis der Rechtspsychologie 2001, 5 (9); *Putzke/Scheinfeld u.a.*, ZStW 121 [2009], 607 (625). Dass die fachliche Kompetenz bei der Glaubhaftigkeitsbegutachtung eine entscheidende Rolle spielt, wurde bereits anhand der Wormser Prozesse (s. § 5 D. I.) deutlich; vgl. zudem *Putzke/Scheinfeld u.a.*, ebd.

1327 *Achenbach*, NStZ 1984, 350; *Offe/Offe*, MschrKrim 2004, 86 (88–89).

1328 *Dettenborn*, FPR 2003, 559 (564); *Schüssler*, Polygraphie (2002), 130–131.

1329 *Dettenborn*, FPR 2003, 559 (564). Die gleiche Schwierigkeit bestehe dann, wenn ausgeprägte sexuelle Fantasien die Bedeutsamkeit der Vergleichsfragen erhöhen, s. *Dahle*, Psychologische Rundschau 2003, 103 (106); *Dettenborn*, ebd.; *Steller/Dahle*, Praxis der Rechtspsychologie 1999, 127 (186).

1330 *Dettenborn*, FPR 2003, 559 (564); vgl. § 8 B. IV. 2.

1331 *Putzke/Scheinfeld u.a.*, ZStW 121 [2009], 607 (616); so bspw. *Boehme*, in: Handwörterbuch (2002), 412 (414).

erster Linie auf die Treffsicherheit (*Validität*) der psychophysiologischen Untersuchung.[1332] Allerdings betrifft er auch die theoretischen Annahmen der VFT, da befürchtet wird, dass eine Vielzahl anderer Faktoren bei dem Nichttäter ähnlich starke Reaktionen bei den Tatfragen hervorrufen, wie die Angst des Täters vor seiner Entdeckung.[1333] Der methodische Ansatz der VFT, dass der Nichttäter den Tatvorwurf im Vertrauen auf seine Unschuld als weniger belastend empfindet, sei fragwürdig, denn er setze voraus, dass der Nichttäter das gegen ihn geführte Verfahren als allgemein *nich*t bedrohlich empfindet.[1334] Darüber hinaus sei die Tatfrage für jedermann als untersuchungskritischer Stimulus erkennbar, sodass sie für jede unter Verdacht stehende Person einen erheblichen Bedeutungsgehalt habe.[1335] Gerade beim Verdacht des sexuellen Missbrauchs sei aufgrund der herausragenden allgemeinen Bedeutsamkeit sexueller Details die Formulierung von angemessenen Vergleichsfragen erheblich erschwert.[1336] Daraus folge, dass der der VFT als wesentliche Prämisse zugrundeliegende Unterschied bezüglich des

---

1332 S. dazu noch unter § 9 B. V. 2.

1333 Bspw. Stress, Ärger, die Angst, irrtümlich als schuldig klassifiziert zu werden und die damit einhergehende Furcht vor Strafe, Verlust des Arbeitsplatzes, Entzug des Sorgerechts usw., vgl. BGHSt 44, 308 (320) = NJW 1999, 657 (660); *Ben-Shakhar*, in: Polygraph Testing (2002), 103 ([106][108]); *Boehme*, in: Handwörterbuch (2002), 412 (414); *Dahle*, Psychologische Rundschau 2003, 103 (106); *Dahle/Lehmann*, in: Neue Vernehmungsmethoden (2012), 48 (59); *Fiedler*, Praxis der Rechtspsychologie 1999, 5 ([8–9][33–34]); *Fiedler*, Psychologische Rundschau 2003, 112 (114); *Frister*, ZStW 106 [1994], 303 (310); *Furedy*, Int. J. Psychophysiol. 21 [1996], 97 (101); *Gamer/Vossel*, Zeitschrift für Neuropsychologie 2009, 207 (210); *Holstein*, Kriminalistik 1990, 155 (157); *Rill/Vossel*, NStZ 1998, 481 (484); *Wagner*, Polygraphie im Strafverfahren (2012), 26.

1334 *Ben-Shakhar*, in: Polygraph Testing (2002), 103 ([107][108]); *Frister*, ZStW 106 [1994], 303 (310); *Wagner*, Polygraphie im Strafverfahren (2012), 26–27.

1335 *Ben-Shakhar*, in: Polygraph Testing (2002), 103 (107); *Gamer/Vossel*, Zeitschrift für Neuropsychologie 2009, 207 (210); ferner *Dahle*, Psychologische Rundschau 2003, 103 (105); *Dahle/Lehmann*, in: Neue Vernehmungsmethoden (2012), 48 (58); ausf. zu dieser Problematik bzgl. der Verdachtsabklärung des sexuellen Missbrauchs von Kindern s. *Undeutsch/Klein*, Praxis der Rechtspsychologie 1999, 45 (95–99).

1336 *Steller*, in: Mißbrauch (1999), 243 (256); *Steller*, in: Polygraphie (1999), 31 (40); *Steller/Dahle*, Praxis der Rechtspsychologie 1999, 127 (184–189). Ebenfalls krit. zur Einsetzbarkeit der VFT beim Verdacht des (innerfamiliären) sexuellen Missbrauchs von Kindern *Boehme*, in: Handwörterbuch (2002), 412 (414); *Dahle/Lehmann*, in: Neue Vernehmungsmethoden (2012), 48 (62–64); *Greuel/Offe u.a.*, Glaubhaftigkeit (1998), 240; *Schüssler*, Polygraphie (2002), 130–132, 178; *Steller*, in: Mißbrauch (1999), 243 (256); wohl zuversichtlich noch *Steller*, in: Psychologie (1997), 89 (101–102); uneingeschränkt befürwortend dagegen *Putzke/Scheinfeld u.a.*, ZStW 121 [2009], 607 (627–628); *Undeutsch/Klein*, Praxis der Rechtspsychologie 1999, 45 (91–99).

Erregungsgrades zwischen Täter und Nichttäter schon bei den tatbezogenen Fragen nicht zwingend bestehe.[1337]

Wie bereits dargelegt, kann die physiologische Erregung bei der VFT tatsächlich auf mehrere Prozesse zurückzuführen sein,[1338] sodass die Vorbehalte der Polygraphiekritiker nicht von der Hand zu weisen sind. Allein aufgrund dieses Einwandes die Brauchbarkeit der polygraphischen Untersuchung in Gänze anzuzweifeln, kann jedoch nicht überzeugen.[1339] In den Darstellungen der Polygraphiegegner bleibt zunächst die Möglichkeit unberücksichtigt, die Ergebnisse einer psychophysiologischen Untersuchung lediglich zugunsten des Probanden, das heißt zu seiner Entlastung zu verwenden.[1340] Daneben verkennt die einseitige Betonung der *Furcht des Täters vor Entdeckung* die Grundlogik der psychophysiologischen Aussagebeurteilung: Das Ergebnis der polygraphischen Untersuchung wird nicht allein durch die Reaktionsstärke auf eine Fragengruppe (Tatfrage oder Vergleichsfrage) bestimmt, sondern ausschließlich durch den *intraindividuellen Vergleich* von Reaktionsstärken.[1341] Die Furcht vor Entdeckung bildet dabei nur eine Komponente physiologischer Aktivierung.[1342] Zudem wird durchaus erwartet, dass die tatbezogenen Fragen auch bei dem Nichttäter eine starke innere Erregung und damit körperlich messbare Veränderungen auslösen.[1343] Für den Nichttäter entsprechen daneben die Vergleichsfragen in ihrer Signalqualität jedoch den Tatfragen, sodass bei den Vergleichsfragen *ebenso* relativ starke oder stärkere Reaktionen gemessen werden können.[1344] Anders ist dies bei dem Täter, dessen "focus of concern" *allein* bei den Tatfragen liegt.[1345]

1337 BGHSt 44, 308 (320) = NJW 1999, 657 (660); s.a. *Dahle/Lehmann*, in: Neue Vernehmungsmethoden (2012), 48 (59). Die Feststellung des BGH (ebd.), dass eine Gegenüberstellung der in Bezug auf die Tatfragen bei verschiedenen Untersuchten erzielten Messergebnisse keinen Aussagewert habe, weil das jeweilige Erregungsausmaß bei jedem Menschen unterschiedlich sei, ist redundant, da es bei der psychophysiologischen Aussagebeurteilung nie auf einen inter- sondern stets auf einen intraindividuellen Vergleich ankommt, vgl. *Dettenborn*, FPR 2003, 559 (563); s.o. unter § 9 B. II. 2.

1338 S. unter § 9 B. IV. 1. b).

1339 *Putzke/Scheinfeld u.a.*, ZStW 121 [2009], 607 (616); ähnl. *Schüssler*, Polygraphie (2002), 132; wohl a. *Steller*, in: Psychologie (1997), 89 (102).

1340 *Putzke/Scheinfeld u.a.*, ZStW 121 [2009], 607 (616). Diese Perspektive wird noch genauer unter § 9 G. I. 4. behandelt.

1341 *Steller/Dahle*, Praxis der Rechtspsychologie 1999, 127 (187).

1342 *Steller/Dahle*, Praxis der Rechtspsychologie 1999, 127 (187).

1343 S. unter § 9 B. III. 2. a).

1344 S.o. § 9 B. III. 2. a).

1345 S.o. § 9 B. III. 2. a).

bbb) Falsch-negative Untersuchungsergebnisse

Gerade bei Fällen des sexuellen Missbrauchs von Kindern sehen die Kritiker der VFT eine erhöhte Gefahr für falsch-negative („glaubhaft") Befunde.[1346] Nicht selten verleugnen, bagatellisieren oder verzerren Täter die eigene Wahrnehmung des sexuellen Missbrauchs, beispielsweise indem sie die sexuellen Handlungen lediglich als fürsorgliche Zuwendung bewerten.[1347] Bei diesen Tätern könne damit die Überzeugung entstehen, bestimmte Delikte (im Sinne des Tatvorwurfs) nicht begangen zu haben.[1348] Dies führe bei Anwendung der VFT dazu, dass diese Täter auf die Tatfragen keine stärkere physiologische Erregung zeigen und als „unschuldig" klassifiziert werden.[1349]

Polygraphiefürsprecher entgegnen dem, dass es für das Gelingen einer polygraphischen Untersuchung bereits ausreicht, wenn der Täter weiß, dass der Inhalt der tatbezogenen Fragen eine Bedrohung für seine bürgerliche Existenz darstellt.[1350] Der Grundgedanke der psychophysiologischen Verdachtsabklärung bestehe nämlich darin, dass die Tatfragen für den Täter ein erkennbares Gefährdungspotential darstellen.[1351] Es könne als allgemein bekannt angesehen werden, dass sexuelle Handlungen an Kindern schärfster gesellschaftlicher Missbilligung unterliegen und strafrechtlich verfolgt werden.[1352] Der Täter mag dies als Ungerechtigkeit empfinden, dennoch schwebe dieses „Damoklesschwert" während der gesamten polygraphischen Untersuchung über ihm.[1353] Außerdem werde bei der

---

1346 *Putzke/Scheinfeld u.a.*, ZStW 121 [2009], 607 (626); so bspw. *Boehme*, in: Handwörterbuch (2002), 412 (415).

1347 *Boehme*, in: Handwörterbuch (2002), 412 (415); *Dahle/Lehmann*, in: Neue Vernehmungsmethoden (2012), 48 (63); *Jager/Schmidt u.a.*, MschrKrim 2000, 210 (215–216); *Rill/Vossel*, NStZ 1998, 481 (486); *Schüssler*, Polygraphie (2002), 131; vgl. a. *Putzke/Scheinfeld u.a.*, ZStW 121 [2009], 607 (626); näher dazu *Undeutsch/Klein*, Praxis der Rechtspsychologie 1999, 45 (94–95). Dies erinnert an das Problem der Autosuggestion i.R. der aussagepsychologischen Glaubhaftigkeitsbeurteilung (vgl. § 8 B. IV. 2.). Nach Ansicht v. *Reid/Inbau*, Truth and Deception (1966), 179 führen Rationalisierungsprozesse und Selbsttäuschung dagegen eher zu „unentscheidbaren" als zu falsch-negativen („glaubhaft") Ergebnissen.

1348 *Rill/Vossel*, NStZ 1998, 481 (486); *Schüssler*, Polygraphie (2002), 82; ferner *Putzke/Scheinfeld u.a.*, ZStW 121 [2009], 607 (626).

1349 *Rill/Vossel*, NStZ 1998, 481 (486); *Schüssler*, Polygraphie (2002), 131.

1350 *Putzke/Scheinfeld u.a.*, ZStW 121 [2009], 607 (626); *Undeutsch/Klein*, Praxis der Rechtspsychologie 1999, 45 (92–93).

1351 *Undeutsch/Klein*, Praxis der Rechtspsychologie 1999, 45 (92).

1352 *Dettenborn*, FPR 2003, 559 (564); *Putzke/Scheinfeld u.a.*, ZStW 121 [2009], 607 (626–627); *Undeutsch/Klein*, Praxis der Rechtspsychologie 1999, 45 (92–93); vgl. § 1 A.

1353 *Putzke/Scheinfeld u.a.*, ZStW 121 [2009], 607 (626–627); *Undeutsch/Klein*, Praxis der Rechtspsychologie 1999, 45 (92–93).

VFT ausschließlich nach *konkreten Handlungen* gefragt;[1354] eine „innere Rechtfertigung“[1355] der Tat nütze dem Täter also nichts.[1356] Letztlich beziehe sich der von den Kritiker vorgebrachte Einwand auch nicht auf die Logik der VFT als solche, sondern vielmehr auf methodenimmanente Schwierigkeiten, die auf den Besonderheiten bestimmter Fallkonstellationen beruhen.[1357]

Nur für den (wohl seltenen) Fall, dass eine Straftat für den Täter so unannehmbar und verabscheuungswürdig ist, dass er mit Erfolg jede Erinnerung an sie verdrängt, wird den Polygraphieskeptikern zuzustimmen sein, dass die Gefahr einer Fehlklassifikation als falsch-negativ („glaubhaft“) erhöht ist.[1358]

cc) Methodenimmanente Täuschung

Die Polygraphiekritiker beanstanden, dass die VFT nicht ohne Täuschung auskommt.[1359] In dem obligatorischen Vortest-Interview werde der Proband über die Bedeutung der Vergleichsfragen getäuscht, da ihm bewusst suggeriert werde, dass eine starke Reaktion auf die Vergleichsfragen eine Lüge und damit seine Schuld indiziere.[1360] Zutreffend sei jedoch genau der umgekehrte Fall: relativ stärkere Reaktionen auf die Vergleichsfragen sind Indikatoren für die wahrheitsgemäße Verneinung der Tatfragen.[1361]

Hiergegen führen die Polygraphiefürsprecher an, dass der Proband in dem Vortest-Interview lediglich (wahrheitsgemäß) darauf hingewiesen werde, dass die Antworten und Reaktionen auf die Vergleichsfragen als „Kontrastmittel“ für die Glaubhaftigkeitsbeurteilung der Aussage von entscheidender Bedeutung sind.[1362]

1354 *Dettenborn*, FPR 2003, 559 (564); *Steller/Dahle*, in: Psychologie der Zeugenaussage (1997), 309 (319): „Solche Handlungen nämlich, die keiner Interpretation seitens des Täters bedürfen, sondern ausschließlich ein Wiedererkennen der angesprochenen Situation provozieren [...].“

1355 *Putzke/Scheinfeld u.a.*, ZStW 121 [2009], 607 (627).

1356 *Dettenborn*, FPR 2003, 559 (564); *Putzke/Scheinfeld u.a.*, ZStW 121 [2009], 607 (627); *Undeutsch/Klein*, Praxis der Rechtspsychologie 1999, 45 (92).

1357 *Dahle*, Psychologische Rundschau 2003, 103 (107).

1358 S. *Delvo*, Lügendetektor (1981), 83 m.w.N.

1359 *Eisenberg*, Beweisrecht, Rn. 698; *Fiedler*, Praxis der Rechtspsychologie 1999, 5 (28); *Nestler*, JA 2017, 10 (16); *Volckart*, R & P 1998, 138 (142); ähnl. *Dahle*, Psychologische Rundschau 2003, 103 (105); *Frister*, ZStW 106 [1994], 303 (312).

1360 *Eisenberg*, Beweisrecht, Rn. 698; *Fiedler*, Praxis der Rechtspsychologie 1999, 5 ([15] [34]); *Furedy*, Int. J. Psychophysiol. 21 [1996], 97 (101); *Nestler*, JA 2017, 10 (16); *Rill*, Forensische Psychophysiologie (2001), 36; *Volckart*, R & P 1998, 138 (139); s. zudem *Furedy*, Int. J. Psychophysiol. 15 [1993], 263 (266); *Gamer/Vossel*, Zeitschrift für Neuropsychologie 2009, 207 (210). Andererseits könnte der Proband das Gelingen der Täuschung simulieren und damit seinerseits täuschen, s. *Volckart*, ebd.

1361 *Eisenberg*, Beweisrecht, Rn. 698; *Furedy*, Int. J. Psychophysiol. 21 [1996], 97 (101); vgl. unter § 9 B. III. 2. c).

1362 Ausf. dazu *Putzke/Scheinfeld u.a.*, ZStW 121 [2009], 607 (627); *Undeutsch/Klein*, Praxis der Rechtspsychologie 1999, 45 (67); vgl. unter § 9 B. III. 2. b).

Daneben werde dem Probanden die Funktionsweise des Polygraphen erklärt und es würden mit ihm alle Fragen durchgesprochen, ohne dass während der eigentlichen Untersuchung unbekannte Fragen hinzukommen.[1363] Damit werde das Transparenzgebot bei der psychophysiologischen Aussagebeurteilung konsequenter durchgesetzt als bei vielen anderen psychologischen Untersuchungen.[1364] Letzten Endes wolle man den Probanden zwar dazu anhalten, die Vergleichsfragen zu verneinen, um den Verdacht gegen sich nicht zu erhärten,[1365] für die polygraphische Beurteilung könne es jedoch durchaus von Bedeutung sein, mehr über die Persönlichkeit des Probanden zu erfahren.[1366] Insoweit würden sich die Vergleichsfragen nicht erheblich von den Fragen unterscheiden, wie sie von einem psychologischen oder psychiatrischen Sachverständigen für ein psychologisches Persönlichkeitsgutachten gestellt werden.[1367] Dass dem Probanden in dem Vortest-Interview nicht unbedingt die exakte Wirkweise der Methode erläutert, sondern nur deren Grundzüge dargelegt wird, sei ebenso wenig eine Täuschung wie das Nichterklären der Auswertungsgesichtspunkte bei der aussagepsychologischen Begutachtung.[1368] Zudem komme es bei der psychophysiologischen Untersuchung ausschließlich auf die *willensunabhängigen* Körperreaktionen an, sodass eine polygraphische Untersuchung auch dann durchgeführt werden könne, wenn der Proband die genaue Wirkweise kennt.[1369]

Nach der Argumentation der Polygraphiefürsprecher ist eine Täuschung also nicht methodenimmanent. Vielmehr ist im Einzelfall zu entscheiden, ob bei der konkreten Durchführung der Proband in unzulässiger Weise getäuscht wurde.[1370]

V. Überprüfung der Leistungsfähigkeit

Wie in den vorstehenden Ausführungen bereits angedeutet, handelt es sich bei der psychophysiologischen Aussagebeurteilung in formaler Hinsicht um ein diagnostisches Verfahren, sodass an die Untersuchung mit dem Polygraphen dieselben Qualitätsanforderungen zu stellen sind, wie an jedes andere psychologisch-diagnostische Messverfahren.[1371] Die Beurteilung der

---

1363 *Dettenborn*, FPR 2003, 559 (564); *Wegner*, Polygraphie (1981), 185–186; vgl. unter § 9 B. III. 2. b).

1364 *Dettenborn*, FPR 2003, 559 (564); ähnl. *Wegner*, Polygraphie (1981), 186.

1365 Vgl. unter § 9 B. III. 2. b).

1366 *Putzke/Scheinfeld u.a.*, ZStW 121 [2009], 607 (617); *Undeutsch/Klein*, Praxis der Rechtspsychologie 1999, 45 (66).

1367 *Putzke/Scheinfeld u.a.*, ZStW 121 [2009], 607 (617); *Undeutsch/Klein*, Praxis der Rechtspsychologie 1999, 45 (66); krit. dazu *Steller/Dahle*, Praxis der Rechtspsychologie 1999, 127 (138).

1368 *Putzke/Scheinfeld u.a.*, ZStW 121 [2009], 607 (617–618).

1369 *Putzke/Scheinfeld u.a.*, ZStW 121 [2009], 607 (618).

1370 Vgl. *Berning*, MschrKrim 1993, 242 (252).

1371 *Undeutsch*, MschrKrim 1979, 228 (231); s.a. *Schüssler*, Polygraphie (2002), 101; *Steller/Dahle*, Praxis der Rechtspsychologie 1999, 127 (161).

Leistungsfähigkeit eines Verfahrens erfolgt hauptsächlich anhand der *Reliabilität* (1.) und der *Validität* (2.).[1372]

Die Überprüfung der Leistungsfähigkeit anhand dieser Gütekriterien kann durch Experimente im Laboratorium (Labor- oder Simulationsstudien) sowie beim Einsatz in der Praxis (Feldstudien) erfolgen.[1373] Beide Forschungsstrategien haben jeweils Vor- und Nachteile.[1374] Laborexperimente haben den Vorteil, dass eine vollständige Kontrolle der Untersuchungsbedingungen und der Richtigkeit der abgegebenen Aussagen möglich ist; zugleich haben Laborexperimente den großen Nachteil, dass in der künstlich geschaffenen Situation menschliche Gefühle und Zustände sich nie derart entfalten wie in der Lebenswirklichkeit.[1375] Demgegenüber bilden Feldstudien zwar die Realität in ihrer gesamten Komplexität ab, ermöglichen allerdings keine Kontrolle über die Haupt- und Randbedingungen, wie den Status der untersuchten Person (Täter oder Nichttäter?) oder mögliche Manipulationsversuche.[1376] Die Nachteile der einen Forschungsstrategie stellen damit die Vorteile der anderen dar, sodass sich beide Strategien ergänzen.[1377] Die Aufgabe von Laborstudien ist es zunächst die prinzipiellen Annahmen eines Verfahren unter kontrollierten Bedingungen zu prüfen und die Bedeutung von Randbedingungen (zum Beispiel Manipulationsversuche[1378]) zu untersuchen.[1379] Die Feldstudien ermöglichen es dann, die grundsätzliche Übertragbarkeit der im Labor bereits bestätigten prinzipiellen Zusammenhänge unter Realbedingungen zu überprüfen.[1380]

1372 *Undeutsch*, MschrKrim 1979, 228 (231); *Undeutsch*, in: Wissenschaftliche Kriminalistik (1983), 389 (408); s.a. *Schüssler*, Polygraphie (2002), 101. Auf das Gütekriterium der Objektivität wurde bereits unter § 9 B. IV. 3. b) aa) aaa) eingegangen.

1373 *Steller/Dahle*, Praxis der Rechtspsychologie 1999, 127 (162); *Undeutsch*, MschrKrim 1979, 228 (231); *Undeutsch*, in: Wissenschaftliche Kriminalistik (1983), 389 (408); *Undeutsch/Klein*, Praxis der Rechtspsychologie 1999, 45 (72).

1374 *Steller/Dahle*, Praxis der Rechtspsychologie 1999, 127 (162).

1375 *Raskin/Honts*, in: Polygraph Testing (2002), 1 (28–29); *Steller/Dahle*, Praxis der Rechtspsychologie 1999, 127 (162–163); *Undeutsch*, MschrKrim 1979, 228 (231); *Undeutsch*, in: Wissenschaftliche Kriminalistik (1983), 389 (408); s.a. *Honts*, J. Gen. Psychol. 123 [1996], 309 (310–311);); s. dazu noch genauer unter § 9 B. V. 2. a) bb).

1376 *Steller/Dahle*, Praxis der Rechtspsychologie 1999, 127 (163); s. dazu noch genauer unter § 9 B. V. 2. a) aa).

1377 *Steller/Dahle*, Praxis der Rechtspsychologie 1999, 127 (164); s.a. *Offe/Offe*, Praxis der Rechtspsychologie 2001, 5 (13); *Raskin/Honts*, in: Polygraph Testing (2002), 1 (28).

1378 S. dazu unter § 9 B. IV. 2.

1379 *Steller/Dahle*, Praxis der Rechtspsychologie 1999, 127 (163).

1380 *Steller/Dahle*, Praxis der Rechtspsychologie 1999, 127 (163); s.a. *Honts*, J. Gen. Psychol. 123 [1996], 309 (310).

1. *Reliabilität*

Die Reliabilität ist das Maß für die Genauigkeit beziehungsweise Verlässlichkeit einer wissenschaftlichen Messung (wird richtig gemessen?) und spiegelt den Grad der Reproduzierbarkeit gleicher Ergebnisse wider.[1381]

Bei den von dem Polygraphen regelmäßig gemessenen physiologischen Parametern[1382] handelt es sich um anerkannte und standardisierte Messgrößen, sodass die Messgenauigkeit als grundsätzlich sehr hoch einzuschätzen ist.[1383]

Mit der Reproduzierbarkeit gleicher Ergebnisse kann bei einer Untersuchung mit dem Polygraphen freilich nicht gemeint sein, dass eine mehrfache, gleichwertige Messung desselben Probanden zu übereinstimmenden Messwerten führt.[1384] Es ist schlechthin nicht möglich, mehrmals den gleichen psychischen Zustand zu erfassen, da dieser in seinem Sosein nur einmal auftritt.[1385] Infolgedessen kann die Reproduzierbarkeit, wenn es um die Erfassung seelischer Zustände geht, nicht durch einen Vergleich mehrerer äquivalenter Messungen bestimmt werden; vielmehr kommt es auf die Auswertungsgenauigkeit (*Test-Retest-Reliabilität*) einer einmal vorgenommenen Messung an.[1386] Eine mehrfache Auswertung im Sinne der Reliabilitätsprüfung liegt vor, wenn die gleichen Kurven – die Messergebnisse liegen beim Polygraphen in Form von Kurven dauerhaft gegenständlich vor – von dem gleichen Auswerter mehrmals (*Intra-Rater-Reliabilität*) oder von verschiedenen Auswertern unabhängig voneinander (*Inter-Rater-* oder *Paralleltest-Reliabilität*) ausgewertet werden.[1387] Hinsichtlich der Auswertungsgenauigkeit bei einer polygraphischen Untersuchung wird in der psychologischen Literatur auf empirische Untersuchungen verwiesen, nach denen der *Reliabilitätskoeffizient* (r) – das heißt der Wert, mit dem die mathematisch-statistisch ermittelte Reliabilität angegeben wird – zwischen r = 0,85 und r = 0,97 liegt.[1388] Ein Reliabilitätskoeffizient

---

1381 *Ben-Shakhar*, in: Polygraph Testing (2002), 103 (117); *Schüssler*, Polygraphie (2002), 101; *Steller/Dahle*, Praxis der Rechtspsychologie 1999, 127 (161) m. Fn. 75; *Stüllenberg/Stubbe u.a.*, Lügendetektortest (2000), 25.

1382 Bspw. Atembewegung, elektrische Leitfähigkeit der Haut und Schwankungen des relativen Blutdrucks, vgl. unter § 9 B. II. 1.

1383 *Stüllenberg/Stubbe u.a.*, Lügendetektortest (2000), 26. Aus diesem Grund liegt bei vielen wissenschaftlichen Studien der Fokus auf der Validitätsüberprüfung, vgl. *Gamer/Vossel*, Zeitschrift für Neuropsychologie 2009, 207 (209); ferner *Ben-Shakhar*, in: Polygraph Testing (2002), 103 (117); *Bonpasse*, Polygraph 42 [2013], 112.

1384 *Undeutsch*, MschrKrim 1979, 228 (231); a.A. wohl *Ben-Shakhar*, in: Polygraph Testing (2002), 103 (117).

1385 *Undeutsch*, MschrKrim 1979, 228 (231).

1386 *Undeutsch*, MschrKrim 1979, 228 (231); s.a. *Stüllenberg/Stubbe u.a.*, Lügendetektortest (2000), 26.

1387 *Undeutsch*, MschrKrim 1979, 228 (231); *Undeutsch*, in: Wissenschaftliche Kriminalistik (1983), 389 (408); s.a. *Schüssler*, Polygraphie (2002), 101; *Stüllenberg/Stubbe u.a.*, Lügendetektortest (2000), 26–27.

1388 *Steller*, Aussagebeurteilung (1987), 9; *Undeutsch*, MschrKrim 1979, 228 (232) (jew. m.w.N.); ferner *Fiedler*, Praxis der Rechtspsychologie 1999, 5 (17–18); *Greuel/Offe*

von r = 1,00 würde eine absolute Übereinstimmung – also höchste Messgenauigkeit – bedeuten.[1389] Sowohl Polygraphiebefürwortern als auch Polygraphieskeptiker gehen von einer hohen Reliabilität der polygraphischen Untersuchung aus.[1390]

2. *Validität*

Für den praktischen Einsatz einer Methode ist ihre Treffsicherheit (wird das Richtige gemessen?) von großem Interesse.[1391] Man unterscheidet hier zwischen verschiedenen Validitäten.[1392] Im Fokus der folgenden Ausführungen wird die *Kriteriumsvalidität* stehen.[1393]

---

u.a., Glaubhaftigkeit (1998), 237; *Schüssler*, Polygraphie (2002), 102; *Stüllenberg/ Stubbe u.a.*, Lügendetektortest (2000), 26–27. Eine Übersicht der Untersuchungen findet sich bei *Undeutsch*, MschrKrim 1979, 228 (232–233); *Undeutsch*, in: Wissenschaftliche Kriminalistik (1983), 389 (409). *Patrick* und *Iacono* führten eine Feldstudie mit dem psychophysiologischen Untersuchungsmaterial der *Royal Canadian Mounted Police* (RCMP) durch, bei der die Reaktionskurven zunächst von dem jeweiligen Untersucher („original examiner") und später von einem fallfremden polizeilichen Sachverständigen ausgewertet wurden („blind rescore"), s. *Patrick/ Iacono*, J. Appl. Psychol. 76 [1991], 229 (230 ff.). Die Studie zeigt, dass die jeweiligen Auswertungsergebnisse stark divergieren: Der „original examiner" erreichte hinsichtlich unschuldiger Probanden eine Trefferquote v. 90 %, der fallfremde Auswerter dagegen nur 55 %, vgl. *Patrick/Iacono*, a.a.O. (238). In der Lit. wurde die Studie krit. beäugt (s. bspw. *Putzke*, ZJS 2011, 557 [561]; *Putzke/Scheinfeld u.a.*, ZStW 121 [2009], 607 [622–623]; *Undeutsch*, Psychologische Rundschau 2003, 115 [116]). Dennoch wurde sie teilw. als Ablehnungsgrund für die psychophysiologischen Aussagebeurteilung herangezogen (s. z.B. BGHSt 44, 308 [324] = NJW 1999, 657 [661]; *Fiedler*, Praxis der Rechtspsychologie 1999, 5 [27]). Einige Jahre später wurde die Untersuchung durch *Honts* (ebenfalls mit psychophysiologischem Untersuchungsmaterial der RCMP) wiederholt (s. *Honts*, J. Gen. Psychol. 123 [1996], 309 [314 ff.]). *Honts* hat dabei versucht, die in der Untersuchung v. *Patrick* und *Iacono* aufgetretenen Probleme zu vermeiden (s. *Honts*, a.a.O. [312–313]) und kam i.E. zu deutlich höheren Trefferquoten (teilw. über 90 %) des „independent evaluator" (s. *Honts*, a.a.O. [318–320][321]).

1389 *Schüssler*, Polygraphie (2002), 101–102.

1390 Vgl. *Fiedler*, Praxis der Rechtspsychologie 1999, 5 (18); *Stüllenberg/Stubbe u.a.*, Lügendetektortest (2000), 26–27.

1391 *Undeutsch*, MschrKrim 1979, 228 (232); *Undeutsch*, in: Wissenschaftliche Kriminalistik (1983), 389 (408); ferner *Fiedler*, Praxis der Rechtspsychologie 1999, 5 (18); *Steller/Dahle*, Praxis der Rechtspsychologie 1999, 127 (161–162); *Stüllenberg/Stubbe u.a.*, Lügendetektortest (2000), 25.

1392 S. etwa zu der Inhalts-, Kriteriums und Konstruktvalidität der psychophysiologischen Untersuchung *Stüllenberg/Stubbe u.a.*, Lügendetektortest (2000), 28–31.

1393 Auf die *Inhaltsvalidität* der psychophysiologischen Aussagebeurteilung wurde bereits im Rahmen der von den Polygraphiegegnern geäußerten Kritik eines fehlenden Zusammenhangs zwischen peripher-physiologischen Maßen und kognitiv-emotionalen Zuständen eingegangen, vgl. unter § 9 B. IV. 1. a) und b).

a) Kriteriumsvalidität

Die Kriteriumsvalidität setzt voraus, dass das Ergebnis der polygraphischen Untersuchung (Bestreiten des Probanden ist glaubhaft oder unglaubhaft) von einem unabhängigen, zuverlässigen und objektiven *Außenkriterium* („ground truth“[1394]) bestätigt wird.[1395]

aa) Felduntersuchungen

Im Rahmen von Felduntersuchungen können nur nachträgliche Zuordnungen wie *Gerichtsurteile* und *Geständnisse* als Außenkriterien herangezogen werden.[1396] Diese „Schuldkriterien“[1397] sind allerdings regelmäßig nicht unabhängig von dem Ausgang der psychophysiologischen Untersuchung (*Scheinsignifikanz*).[1398] Denn man muss davon ausgehen, dass ein Angeklagter bei einem positiven („unglaubhaft“) Untersuchungsergebnis – unabhängig davon, ob dieser Befund richtig oder falsch ist – eher bereit sein wird, die Tat zu gestehen[1399] beziehungsweise bei einem falsch-negativen („glaubhaft“) Befund die Tat weiterhin leugnen wird.[1400] Insoweit

---

1394 *Iacono/Lykken*, in: Scientific Evidence (1997), 582 (601); *Patrick/Iacono*, J. Appl. Psychol. 76 [1991], 229 ([229][230]).

1395 *Berning*, MschrKrim 1993, 242 (244); *Undeutsch*, MschrKrim 1979, 228 (232); *Undeutsch*, in: Wissenschaftliche Kriminalistik (1983), 389 (408).

1396 BGHSt 44, 308 (325) = NJW 1999, 657 (661): „post hoc-Klassifikationen“; *Berning*, MschrKrim 1993, 242 (244); *Dettenborn*, FPR 2003, 559 (562); *Frister*, ZStW 106 [1994], 303 (309); *Honts*, J. Gen. Psychol. 123 [1996], 309 (312); *Offe/Offe*, Praxis der Rechtspsychologie 2001, 5 (10–11); *Raskin/Barland u.a.*, Polygraph 6 [1977], 1 (8); *Rill/Vossel*, NStZ 1998, 481 (483); *Schüssler*, Polygraphie (2002), 105; *Steller*, Aussagebeurteilung (1987), 29; *Steller/Dahle*, Praxis der Rechtspsychologie 1999, 127 (163–164); *Stüllenberg/Stubbe u.a.*, Lügendetektortest (2000), 29; *Tent*, in: Forensische Psychologie (1967), 185 (233); *Undeutsch*, MschrKrim 1979, 228 ([234][236]); *Undeutsch*, in: Wissenschaftliche Kriminalistik (1983), 389 (412–413); *Undeutsch*, Psychologische Rundschau 2003, 115 (116); *Undeutsch/Klein*, Praxis der Rechtspsychologie 1999, 45 (78); s.a. die Feldstudie v. *Patrick/Iacono*, J. Appl. Psychol. 76 [1991], 229. Besonders krit. zu Geständnissen als Validitätsmaßstab: *Ben-Shakhar*, in: Polygraph Testing (2002), 103 (115–116); *Fiedler*, Praxis der Rechtspsychologie 1999, 5 (25); *Fiedler*, Psychologische Rundschau 2003, 112 (114); *Furedy*, Int. J. Psychophysiol. 15 [1993], 263 (264); *Iacono/Lykken*, in: Scientific Evidence (1997), 582 (601–603); *Lykken*, Integr. Psychol. Behav. Sci. 26 [1991], 214 (216–217); *Volckart*, R & P 1998, 138 (140); s.a. schon *Peters*, ZStW 87 [1975], 663 (667). Der Überblicksbeitrag von *Bonpasse*, Polygraph 42 [2013], 112 (112 ff.) präsentiert demgegenüber 215 Urteile, die später v.a. mittels DNA-Test überprüft wurden.

1397 *Rill/Vossel*, NStZ 1998, 481 (483).

1398 *Rill/Vossel*, NStZ 1998, 481 (483); *Steller/Dahle*, Praxis der Rechtspsychologie 1999, 127 (163–164); ferner BGHSt 44, 308 (325–326) = NJW 1999, 657 (661); *Hamm*, NJW 1999, 922 (922–923); *Offe/Offe*, Praxis der Rechtspsychologie 2001, 5 (10).

1399 *Rill/Vossel*, NStZ 1998, 481 (483).

1400 *Rill/Vossel*, NStZ 1998, 481 (483).

kann das Ergebnis der polygraphischen Untersuchung die Geständnisbereitschaft des Angeklagten beeinflussen und sogar falsche Geständnisse verursachen.[1401] Auch eine Beeinflussung gerichtlicher Entscheidungen ist nicht auszuschließen.[1402] Damit fehlt ein universell verfügbares und unanfechtbares Außenkriterium, das geeignet ist, die Richtigkeit des Untersuchungsergebnisses zu beweisen.[1403] Gerichtsurteile und Geständnisse können ihrerseits allenfalls eine Schätzung des wahren Kriteriums (Täterschaft) darstellen.[1404] Zudem entsteht eine Verzerrung bei der Stichprobenauswahl, da nur diejenigen Fälle in die Studien eingehen können, bei denen das gewählte „Schuldkriterium" vorliegt.[1405] Hinzukommt das allgemeine Problem der *Repräsentativität* der beforschten Fallkonstellationen, da für Validitätsuntersuchungen meist Konstellationen mit klarem Handlungsvorwurf bevorzugt werden.[1406]

1401 BGHSt 44, 308 (324–326) = NJW 1999, 657 (661); *Ben-Shakhar*, in: Polygraph Testing (2002), 103 (115–116); *Fiedler*, Praxis der Rechtspsychologie 1999, 5 (25–26); *Fiedler*, Psychologische Rundschau 2003, 112 (114); *Frister*, ZStW 106 [1994], 303 (308–309); *Furedy*, Int. J. Psychophysiol. 15 [1993], 263 (264); *Hamm*, NJW 1999, 922 (923); *Iacono/Lykken*, in: Scientific Evidence (1997), 582 (602); *Lykken*, Integr. Psychol. Behav. Sci. 26 [1991], 214 (216–218); *Offe/Offe*, Praxis der Rechtspsychologie 2001, 5 (10); *Rill/Vossel*, NStZ 1998, 481 (483); *Steller/Dahle*, Praxis der Rechtspsychologie 1999, 127 (164) in Fn. 79; *Stüllenberg/Stubbe u.a.*, Lügendetektortest (2000), 29; *Tent*, in: Forensische Psychologie (1967), 185 (233); *Wagner*, Polygraphie im Strafverfahren (2012), 32.

1402 BGHSt 44, 308 (326) = NJW 1999, 657 (661); *Hamm*, NJW 1999, 922 (922–923); *Offe/Offe*, Praxis der Rechtspsychologie 2001, 5 (10); *Rill/Vossel*, NStZ 1998, 481 (483); *Stüllenberg/Stubbe u.a.*, Lügendetektortest (2000), 29; *Wagner*, Polygraphie im Strafverfahren (2012), 32; vgl. zudem *Offe/Offe*, a.a.O. (11) in Fn. 3: „Die Präferenz des BGH für Urteile deutscher Gerichte als Außenkriterium hat zweifellos auch eine strategische Komponente. [...] [B]ei diesem Außenkriterium [wäre] bereits per definitionem ausgeschlossen, dass das Verfahren einen zusätzlichen Erkenntniswert hat; insoweit wäre es als Beweismittel, auch bei perfekter Validität, überflüssig."

1403 *Steller*, Aussagebeurteilung (1987), 29; *Tent*, in: Forensische Psychologie (1967), 185 (233).

1404 BGHSt 44, 308 (325) = NJW 1999, 657 (661); *Berning*, MschrKrim 1993, 242 (244); *Dahle*, Psychologische Rundschau 2003, 103 (106); *Schüssler*, Polygraphie (2002), 105; ähnl. *Frister*, ZStW 106 [1994], 303 (309); *Offe/Offe*, Praxis der Rechtspsychologie 2001, 5 (10); *Stüllenberg/Stubbe u.a.*, Lügendetektortest (2000), 29.

1405 BGHSt 44, 308 (323–324) = NJW 1999, 657 (661); *Dahle*, Psychologische Rundschau 2003, 103 (106); *Fiedler*, Praxis der Rechtspsychologie 1999, 5 (25–27) m. Hinweis auf die Studie von *Patrick/Iacono*, J. Appl. Psychol. 76 [1991], 229 (229 ff.) (vgl. Fn. 1388); *Fiedler*, Psychologische Rundschau 2003, 112 (113–114); *Offe/Offe*, Praxis der Rechtspsychologie 2001, 5 (11); *Steller/Dahle*, Praxis der Rechtspsychologie 1999, 127 (164).

1406 *Dahle*, Psychologische Rundschau 2003, 103 (106). Nach *Dahle* (ebd.) sind Studien zur Effizienz der VFT nicht nur bei komplexer Fallgestaltung, sondern grundsätzlich in Fällen des sexuellen Missbrauchs von Kindern mehr als rar.

Dass im Rahmen von Felduntersuchungen ein objektives Außenkriterium fehlt, hat die Polygraphie mit diversen psychologischen Untersuchungsmethoden – beispielweise der aussagepsychologischen Glaubhaftigkeitsbegutachtung – gemein.[1407]

bb) Labor- und Simulationsstudien

Aufgrund des Mangels zur Verfügung stehender Außenkriterien im Rahmen von Felduntersuchungen wird häufig angeraten, kontrollierbare Labor- und Simulationsstudien durchzuführen.[1408] Bei Letzteren lässt man einen Teil der Probanden eine verbrechenähnliche Handlung („*mock-crime*") ausführen, während die andere Probanden als Nichttäter an dem Experiment teilnehmen.[1409] Mittels der psychophysiologischen Aussagebeurteilung wird sodann die Scheintäterschaft der Probanden überprüft (sogenannte *„mock-crime"-studies*).[1410]

Der Vorteil von Laborstudien besteht in der Möglichkeit, die tatsächliche Wahrheit einer Aussage experimentell zu kontrollieren, sodass das objektive Außenkriterium – das heißt die „Täterschaft" – bekannt ist.[1411] Ein Nachteil liegt demgegenüber in der weniger realitätsnahen Motivation beziehungsweise emotionalen Ausgangslage der Studienteilnehmer.[1412] Die Furcht vor einer

1407 *Dettenborn*, FPR 2003, 559 (562).

1408 *Berning*, MschrKrim 1993, 242 (244).

1409 *Undeutsch/Klein*, Praxis der Rechtspsychologie 1999, 45 (72–73).

1410 *Ben-Shakhar*, in: Polygraph Testing (2002), 103 (115); *Berning*, MschrKrim 1993, 242 (244); *Rill/Vossel*, NStZ 1998, 481 (483); *Schüssler*, Polygraphie (2002), 104; *Stüllenberg/Stubbe u.a.*, Lügendetektortest (2000), 29; *Undeutsch*, in: Wissenschaftliche Kriminalistik (1983), 389 ([408][410]); *Undeutsch/Klein*, Praxis der Rechtspsychologie 1999, 45 (72–73); s. bspw. die Simulationsstudien zur TWT v. *Lykken*, J. Appl. Psychol. 43 [1959], 385 (385 ff.); zur VFT v. *Offe/Offe*, MschrKrim 2004, 86 (89 ff.); *Raskin/Barland u.a.*, Polygraph 6 [1977], 1 (2 ff.); *Undeutsch/Klein*, Praxis der Rechtspsychologie 1999, 45 (73–77); ausf. zu den „mock-crime"-Studien *Jager/Schmidt u.a.*, MschrKrim 2000, 210 (212 ff.).

1411 *Berning*, MschrKrim 1993, 242 (244); *Fiedler*, Praxis der Rechtspsychologie 1999, 5 (24); *Offe/Offe*, Praxis der Rechtspsychologie 2001, 5 (12–13); *Raskin/Barland u.a.*, Polygraph 6 [1977], 1 (1–2); *Rill/Vossel*, NStZ 1998, 481 (483); *Schüssler*, Polygraphie (2002), 104; *Undeutsch*, MschrKrim 1979, 228 (232); *Undeutsch*, in: Wissenschaftliche Kriminalistik (1983), 389 (408); *Undeutsch/Klein*, Praxis der Rechtspsychologie 1999, 45 (77–78); s.o. § 9 B. V.

1412 *Ben-Shakhar*, in: Polygraph Testing (2002), 103 (115); *Berning*, MschrKrim 1993, 242 (244); *Fiedler*, Praxis der Rechtspsychologie 1999, 5 (29); *Frister*, ZStW 106 [1994], 303 (309); *Hamm*, NJW 1999, 922; *Jager/Schmidt u.a.*, MschrKrim 2000, 210 (216); *Raskin/Barland u.a.*, Polygraph 6 [1977], 1 (7); *Rill/Vossel*, NStZ 1998, 481 (483); *Schüssler*, Polygraphie (2002), 104; *Stüllenberg/Stubbe u.a.*, Lügendetektortest (2000), 29–30; *Volckart*, R & P 1998, 138 (139–140); ferner *Gamer/Vossel*, Zeitschrift für Neuropsychologie 2009, 207 (209); s.a. BGHSt 44, 308 (323) = NJW 1999, 657 (660); s.o. § 9 B. V.

(richtigen oder fehlerhaften) Klassifikation als Täter lässt sich nicht künstlich herstellen.[1413]

Insoweit gibt es einige Stimmen, die sagen, dass es einen empirischen Beweis für die Zuverlässigkeit der psychophysiologischen Aussagebeurteilung grundsätzlich nicht geben kann und die Angabe von Validitätsraten methodisch naiv ist.[1414] Nichtsdestoweniger sind auf dem Gebiet der psychophysiologischen Aussagebeurteilung mehr Validitätsuntersuchungen durchgeführt worden, als dies bei anderen psychodiagnostischen Methoden der Fall sein dürfte.[1415]

b) Einzelstudien und Übersichtsdarstellungen

In der psychologischen Literatur wird der Versuch unternommen, wenigstens eine Schätzung der Zuverlässigkeit der psychophysiologischen Aussagebeurteilung zu ermöglichen. So gibt es mittlerweile eine Reihe einschlägiger Einzelstudien sowie diverse Übersichtsdarstellungen über die Klassifikationsgenauigkeit von psychophysiologischen Aussagebeurteilungen in Labor- und Feldstudien, die zahlreiche Einzelanalysen zu integrieren versuchen.[1416] Bei den Metaanalysen tritt jedoch ein Problem deutlich zutage: Je nachdem welche Studien für die Analyse herangezogen werden, kommt es zu deutlichen Schwankungen bei der Durchschnittstrefferquote.[1417] Um eine authentische Aussage über die Validität machen zu können, wäre eine Zusammenfassung *aller* Studien erforderlich.[1418] Indessen erfolgt die Ergebnisauswahl, das Hervorheben oder Ignorieren methodischer Mängel sowie die Bewertung der Trefferquoten einzelner Untersuchungen durch Fürsprecher oder Kritiker des Polygraphen augenscheinlich oftmals je nach Voreinstellung.[1419]

1413 *Volckart*, R & P 1998, 138 (140). Teilw. werden Geldprämien als Motivation bei der Untersuchung nicht entdeckt zu werden für die Probanden ausgesetzt, um eine realitätsnahe emotionale Ausgangslage zu schaffen, vgl. *Jager/Schmidt u.a.*, MschrKrim 2000, 210 (216); *Raskin/Honts*, in: Polygraph Testing (2002), 1 (28); *Seiterle*, Lügendetektion (2010), 30; *Stüllenberg/Stubbe u.a.*, Lügendetektortest (2000), 29.

1414 So etwa *Frister*, ZStW 106 [1994], 303 (308–309); s.a. *Volckart*, R & P 1998, 138 (140); ähnl. *Ben-Shakhar*, in: Polygraph Testing (2002), 103 (118–119).

1415 *Steller*, Aussagebeurteilung (1987), 101.

1416 *Steller/Dahle*, Praxis der Rechtspsychologie 1999, 127 (165) m. Fn. 82; s. etwa die Studie v. *Undeutsch/Klein*, Praxis der Rechtspsychologie 1999, 45 (73 ff.); vgl. daneben die Überblicksbeiträge v. *Berning*, MschrKrim 1993, 242 (246–248); *Lykken*, Integr. Psychol. Behav. Sci. 26 [1991], 214 (215–216); *Raskin/Honts u.a.*, in: Scientific Evidence (1997), 565 (570 ff.); *Schüssler*, Polygraphie (2002), 106 ff.; *Steller*, Aussagebeurteilung (1987), 35 ff.; *Undeutsch*, MschrKrim 1979, 228 (232 ff.); *Undeutsch*, in: Wissenschaftliche Kriminalistik (1983), 389 (408 ff.) (alle m.w.N.).

1417 *Rill*, Forensische Psychophysiologie (2001), 61.

1418 Die bislang umfangreichste systematische Übersichtsarbeit mit 80 erfassten Studien zur TWT wurde von *Ben-Shakhar/Elaad*, J. Appl. Psychol. 88 [2003], 131 (131 ff.) veröffentlicht.

1419 *Dettenborn*, FPR 2003, 559 (561); ferner *Achenbach*, NStZ 1984, 350 (351); *Rill/Vossel*, NStZ 1998, 481 (483); *Undeutsch*, Psychologische Rundschau 2003, 115 (116);

Im Folgenden wird dennoch eine kurze Darstellung der durchschnittlichen Validitätsraten bemüht, um einen Eindruck von der Größenordnung der Trefferquoten zu vermitteln, ohne dabei einen Anspruch auf Vollständigkeit zu erheben.[1420]

aa) Trefferquoten der VFT

Betrachtet man die Ergebnisse einiger Felduntersuchungen mit der VFT (s. Tabelle 6) fällt sofort der Unterschied zwischen den Trefferquoten bei Tätern und Nichttätern ins Auge.[1421]

Die *Sensitivität* bezieht sich in diesem Zusammenhang auf die Rate valider positiver Entscheidungen unter den „Schuldigen“ (Anteil der richtig-positiven Befunde);[1422] die *Spezifität* bezeichnet die Quote valider negativer Befunde unter den „Unschuldigen“ (Anteil der richtig-negativen Befunde).[1423]

Tabelle 6: *Durchschnittliche Trefferquoten der VFT in Felduntersuchungen*[a]

		Status hinsichtlich Täterschaft	
		„schuldig“	**„unschuldig“**
Testergebnis	**positiv („unglaubhaft“)**	richtig-positive Befunde: ca. 90 %	falsch-positive Befunde: ca. 30 %
	negativ („glaubhaft“)	falsch-negative Befunde: ca. 10 %	richtig-negative Befunde: ca. 70 %
	Trefferquoten:	**Sensitivität: ca. 90 %**	**Spezifität: ca. 70 %**

[a] Nach dem System von *Rill*, Forensische Psychophysiologie (2001), 8, vgl. Tabelle 2 unter § 9 B. II. Ähnl. die Darstellung bei *Schüssler*, Polygraphie (2002), 124–125; *Volckart*, R & P 1998, 138 (140).

Vehrs, Praxis der Rechtspsychologie 2001, 16 (23). So wird von Polygraphiegegnern häufig die Feldstudie v. *Patrick/Iacono*, J. Appl. Psychol. 76 [1991], 229 (230 ff.) herangezogen, vgl. dazu Fn. 1388.

1420 Zu diesem Zweck wurden die Validitätsraten einer Reihe von in der Lit. zitierten Einzelstudien und Übersichtsdarstellungen zusammengefasst.

1421 Vgl. nur *Berning*, MschrKrim 1993, 242 (246): durchschnittliche Validitätsrate v. 97,2 % bei Schuldigen und 74,8 % bei Unschuldigen; *Lykken*, Integr. Psychol. Behav. Sci. 26 [1991], 214 (215–216): durchschnittliche Validitätsrate v. 88 % bei Schuldigen und 53 % bei Unschuldigen; *Schüssler*, Polygraphie (2002), 107: durchschnittliche Validitätsrate v. 87,8 % bei Schuldigen und 78,9 % bei Unschuldigen; ferner *Undeutsch*, MschrKrim 1979, 228 (236 ff.); *Undeutsch*, in: Wissenschaftliche Kriminalistik (1983), 389 (412 ff.).

1422 *Rill*, Forensische Psychophysiologie (2001), 7.

1423 *Rill*, Forensische Psychophysiologie (2001), 7.

Bei 90 % der schuldigen Probanden wurde die Täterschaft tatsächlich erkannt (Sensitivität), während nur 70 % der unschuldigen Probanden als Nichttäter erkannt wurden (Spezifität). Diese Validitätsraten werden durch Simulationsstudien mit der VFT (s. Tabelle 7) bestätigt:[1424] Die Simulationsstudien ergaben hohe Trefferquoten (circa 93 %) bei „schuldigen" Probanden (Sensitivität) und niedrigere Trefferquote (circa 80 %) bei den „unschuldigen" Probanden (Spezifität).[1425]

Tabelle 7: *Durchschnittliche Trefferquoten der VFT in Simulationsstudien*[a]

		Status hinsichtlich Täterschaft	
		„schuldig"	**„unschuldig"**
Testergebnis	**positiv („unglaubhaft")**	richtig-positive Befunde: ca. 93 %	falsch-positive Befunde: ca. 20 %
	negativ („glaubhaft")	falsch-negative Befunde: ca. 7 %	richtig-negative Befunde: ca. 80 %
	Trefferquoten:	**Sensitivität: ca. 93 %**	**Spezifität: ca. 80 %**

[a] Nach dem System von *Rill*, Forensische Psychophysiologie (2001), 8, vgl. Tabelle 2 unter § 9 B. III. Ähnl. die Darstellung bei *Volckart*, R & P 1998, 138 (140).

Nicht in die Berechnungen einbezogen werden in die Einzelstudien und Übersichtsdarstellungen meist die „unentscheidbaren" Fälle (ca. 10–20 %).[1426] In einigen Studien werden diese Fälle wie *Fehlklassifikationen* behandelt, obwohl eine nicht eindeutige Zuordnung für die bestehende Beweislage in der Praxis wohl ohne Konsequenzen bleiben würde.[1427] Den Ergebnissen aus den Feld- und

1424 *Berning*, MschrKrim 1993, 242 (246); *Offe/Offe*, MschrKrim 2004, 86 (87); *Schüssler*, Polygraphie (2002), 112–116.

1425 Vgl. nur *Berning*, MschrKrim 1993, 242 (246–247): durchschnittliche Validitätsrate v. 94,9 % bei Schuldigen und 77 % bei Unschuldigen; *Schüssler*, Polygraphie (2002), 113: durchschnittliche Validitätsrate v. 91,2 % bei Schuldigen und 86,3 % bei Unschuldigen; deutlich schlechtere Auswertungsergebnisse dagegen bei *Fiedler*, Praxis der Rechtspsychologie 1999, 5 (24); vgl. daneben das Ergebnis der Simulationsstudie v. *Undeutsch/Klein*, Praxis der Rechtspsychologie 1999, 45 (76): 100 % bei Schuldigen und 97 % bei Unschuldigen (durchschnittliche Trefferquote bei 98,5 %); s. ferner die Übersichtsdarstellung v. *Raskin/Honts*, in: Polygraph Testing (2002), 1 (29).

1426 *Berning*, MschrKrim 1993, 242 ([245][246–247]); s.a. *Raskin/Barland u.a.*, Polygraph 6 [1977], 1 (12): ca. 10 %; vgl. zudem die differenzierten Tabellen bei *Schüssler*, Polygraphie (2002), 107, 113.

1427 *Berning*, MschrKrim 1993, 242 (245); ähnl. *Schüssler*, Polygraphie (2002), 111; *Stüllenberg/Stubbe u.a.*, Lügendetektortest (2000), 34; a.A. wohl *Fiedler*, Praxis der Rechtspsychologie 1999, 5 (26–27); ferner *Steller/Dahle*, Praxis der Rechtspsychologie 1999, 127 (164–165): „Ein Streit darüber, welche Sichtweise bezüglich der

Simulationsstudien lässt sich dennoch eine insgesamt recht konstante Trefferquote der VFT von ungefähr 90 % bei „schuldigen“ Personen (Sensitivität) entnehmen.[1428] Klare Schlussfolgerungen betreffend den „unschuldigen“ Probanden sind aufgrund der starken Streuung der Treffer- und Fehlerquoten dahingegen nicht möglich,[1429] sodass sich die polygraphische Untersuchung in der VFT nicht zur positiven Schuldfeststellung eignet.[1430]

bb) Trefferquoten der TWT

Die Ergebnisse der Labor- und Felduntersuchungen mit der TWT (s. Tabelle 8) sind spiegelbildlich zu den Trefferquoten der VFT: Nichttäter werden mit einer durchschnittlichen Trefferquote von circa 96 % richtig klassifiziert (Spezifität), die „Schuldigen“ hingegen nur zu 78 % (Sensitivität).[1431]

Tabelle 8: *Durchschnittliche Trefferquoten der TWT in Labor- und Felduntersuchungen*[a]

		Status hinsichtlich Täterschaft	
		„schuldig“	**„unschuldig“**
Testergebnis	**positiv („unglaubhaft“)**	richtig-positive Befunde: ca. 78 %	falsch-positive Befunde: ca. 4 %
	negativ („glaubhaft“)	falsch-negative Befunde: ca. 22 %	richtig-negative Befunde: ca. 96 %
	Trefferquoten:	**Sensitivität: ca. 78 %**	**Spezifität: ca. 96 %**

[a] Nach dem System von *Rill*, Forensische Psychophysiologie (2001), 8, vgl. Tabelle 2 unter § 9 B. III.

Einbeziehung unentscheidbarer Klassifikationen in die Bestimmung der diagnostischen Güte von direkten Verfahren ‚richtig‘ ist, erscheint müßig – komplexe Ergebnisse empirischer Forschung lassen sich nicht sinnvoll auf einen Kennwert, eine ‚Trefferquote‘ reduzieren.“

1428 *Berning*, MschrKrim 1993, 242 (247).

1429 *Berning*, MschrKrim 1993, 242 (247).

1430 *Meyer-Mews*, NJW 2000, 916 (917); *Rill/Vossel*, NStZ 1998, 481 (484).

1431 Vgl. die Metaanalysen zu Analog- bzw. Laborstudien v. *Berning*, MschrKrim 1993, 242 (247–248): durchschnittliche Validitätsrate v. 80 % bei Schuldigen und 96,6 % bei Unschuldigen; *Lykken*, Integr. Psychol. Behav. Sci. 26 [1991], 214 (218–219): durchschnittliche Validitätsrate v. 89,1 % bei Schuldigen und 96,7 % bei Unschuldigen; *Schüssler*, Polygraphie (2002), 119–123: durchschnittliche Validitätsrate v. 84 % bei Schuldigen und 93,7 % bei Unschuldigen; *Undeutsch*, MschrKrim 1979, 228 (234 ff.); *Undeutsch*, in: Wissenschaftliche Kriminalistik (1983), 389 (410 ff.); zu Feldstudien s. *Schüssler*, Polygraphie (2002), 117–119: durchschnittliche Validitätsrate v. 62,5 % bei Schuldigen und 96,5 % bei Unschuldigen; ferner zu Analog- *und* Feldstudien: *Dahle*, Psychologische Rundschau 2003, 103 (108); *Gamer/Vossel*, Zeitschrift für Neuropsychologie 2009, 207 (211); *Rill/Gödert u.a.*, MschrKrim 2003, 165 (171–172); *Stüllenberg/Stubbe u.a.*, Lügendetektortest (2000), 35.

c) *Fazit*

Die einzelnen Feld- und Simulationsstudien zur Leistungsfähigkeit psychophysiologischer Aussagebeurteilungen in der VFT oder TWT sind aufgrund ihrer unterschiedlichen Versuchsanordnungen kaum miteinander vergleichbar,[1432] sodass auch ihre Trefferquoten teilweise sehr unterschiedlich ausfallen.[1433]

> "Accuracy estimates for the CQT, based on field studies, have varied wildly, ranging from chance to near perfection."[1434]

Es lässt sich jedoch festhalten, dass die Validitäten sämtlicher Versuchsanordnungen in der VFT und TWT deutlich über der Zufallswahrscheinlichkeit von 50 % liegen.[1435] Bemerkenswert erscheinen insbesondere die hohen Trefferquoten der VFT bei richtig-positiven Befunden („unglaubhaft", ca. 90 %) und der TWT bei richtig-negativen Befunden („glaubhaft", ca. 96 %).[1436] Demgegenüber finden sich Fehlklassifikationen bei der VFT häufiger bei falsch-positiven Zuordnungen (20–30 %), während Fehlklassifikationen bei der TWT häufiger bei falsch-negativen Zuordnungen (circa 22 %) liegen.[1437] Insoweit könnte über die VFT als *Entlastungsmethode* und die TWT als *Belastungsmethode* diskutiert werden.[1438]

Die dargestellten durchschnittlichen Trefferquoten dürfen zwar nicht darüber hinwegtäuschen, dass es sich bei der Validitätsrate lediglich um die Angabe von Gruppenwahrscheinlichkeiten handelt, die nichts über den Wahrscheinlichkeitsgrad

---

1432 *Dettenborn*, FPR 2003, 559 (561); *Schüssler*, Polygraphie (2002), 123; s.a. *Ben-Shakhar/Elaad*, J. Appl. Psychol. 88 [2003], 131 (135).

1433 *Boehme*, in: Handwörterbuch (2002), 412 (415); *Dettenborn*, FPR 2003, 559 (561); ähnl. *Iacono/Lykken*, in: Scientific Evidence (1997), 582 (589).

1434 *Honts*, J. Gen. Psychol. 123 [1996], 309 (311). CQT steht für „Control Question Test".

1435 *Rill*, Forensische Psychophysiologie (2001), 62; *Schüssler*, Polygraphie (2002), 123; *Seiterle*, Lügendetektion (2010), 29; *Steller/Dahle*, Praxis der Rechtspsychologie 1999, 127 (167); ferner *Scherer*, StraFo 1998, 16 (17); a.A. *Faigman*, Legal Alchemy (1999), 196; *Fiedler*, Praxis der Rechtspsychologie 1999, 5 (27); *Lykken*, Integr. Psychol. Behav. Sci. 26 [1991], 214, 215 (216). Nach *Bonpasse*, Polygraph 42 [2013], 112 (114) beruhen die falschen Befunde meist auf einer fehlerhaft durchgeführten polygraphischen Untersuchung. Krit zur Basisrate v. 50 % äußert sich *Fiedler*, Praxis der Rechtspsychologie 1999, 5 (20–23).

1436 S.a. *Schüssler*, Polygraphie (2002), 123–124; ferner *Undeutsch*, MschrKrim 1979, 228 (234).

1437 S.a. *Steller/Dahle*, Praxis der Rechtspsychologie 1999, 127 (167).

1438 *Berning*, MschrKrim 1993, 242 (249); *Steller*, Aussagebeurteilung (1987), 151–152; *Steller*, in: Psychologie (1997), 89 (99); *Steller/Dahle*, in: Psychologie der Zeugenaussage (1997), 309 (316–317); *Steller/Dahle*, Praxis der Rechtspsychologie 1999, 127 (167); s.a. *Schneider*, Nonverbale Zeugnisse (1991), 153; *Schüssler*, Polygraphie (2002), 126; krit. *Rill*, Forensische Psychophysiologie (2001), 62; *Rill/Vossel*, NStZ 1998, 481 (484); *Stüllenberg/Stubbe u.a.*, Lügendetektortest (2000), 35–36.

der Richtigkeit einer Aussage im Einzelfall aussagen.[1439] Die hohen Validitätsraten belegen allerdings die allgemeine Treffsicherheit der polygraphischen Untersuchung und damit die grundsätzliche Eignung dieser Untersuchungsmethode zur Aussagebeurteilung.

C. Der Polygraph in der deutschen Rechtsprechung

Die Idee den Polygraphen in Gerichtsverfahren einzusetzen, ist nicht neu.[1440] Der Polygraph hat bereits vor vielen Jahren Eingang in die deutsche Rechtsprechung gefunden. Der Umgang mit der psychophysiologischen Aussagebeurteilung könnte in der Rechtsprechung allerdings nicht unterschiedlicher sein.

I. Die Rechtsprechung des Bundesgerichtshofs

Es gibt drei Leitentscheidungen des Bundesgerichtshofs, in denen er sich mit dem Polygraphen – mal mehr, mal weniger detailliert – befasst: Die erste „Lügendetektor-Entscheidung" aus dem Jahr 1954[1441], die zweite Entscheidung aus dem Jahr 1998[1442] und die dritte Entscheidung aus dem Jahr 2010[1443]. In allen drei Entscheidungen lehnt der Bundesgerichtshof den Einsatz des Polygraphen im deutschen Strafverfahren ab; es gibt allerdings deutliche Unterschiede in der jeweiligen Argumentationsführung.

1439 *Steller/Dahle*, Praxis der Rechtspsychologie 1999, 127 (168); *Stüllenberg/Stubbe u.a.*, Lügendetektortest (2000), 34; s.a. BGHSt 44, 308 (326–327) = NJW 1999, 657 (661). Eine Validitätsrate von beispielsweise 90 % darf nicht mit der Treffsicherheit im Einzelfall gleichgesetzt werden (Negativbeispiel: Der Proband hat gelogen und ist damit zu 90 % der Täter), vgl. *Stüllenberg/Stubbe u.a.*, ebd.

1440 S.a. *Steller/Dahle*, in: Psychologie der Zeugenaussage (1997), 309 (318).

1441 BGHSt 5, 332 (332 ff.) = NJW 1954, 649 (649 f.).

1442 BGHSt 44, 308 (308 ff.) = NJW 1999, 657 (657 ff.) m. Anm. *Amelung*, JR 1999, 382 (382 ff.) und m. Bespr. *Fezer*, JZ 2007, 665 (665 ff.); *Hamm*, NJW 1999, 922 (922 f.); *Kargl/Kirsch*, JuS 2000, 537 (537 ff.); *Meyer-Mews*, NJW 2000, 916 (916 ff.). Gleichzeitig verhandelt wurde das Verfahren 1 StR 258/98 (BGH BeckRS 1998, 30039741), welches in seinem Urteil im Wesentlichen wortgleich mit dem Urteil in dem Verfahren 1 StR 156/98 ist. Die Verfahren wurden zusammengelegt, da die rechtliche Ausgangssituation in beiden Verfahren dieselbe war, vgl. *Schüssler*, Polygraphie (2002), 87 in Fn. 1. Nach *Jansen*, Aussagepsychologie (2012), Rn. 95 war die Diskussion um den Polygraphen seinerzeit im unmittelbaren zeitlichen und inhaltlichen Zusammenhang zu dem Montessori-Verfahren und den Wormser Prozessen (s. dazu § 5 D. I.) entfacht.

1443 BGH NStZ 2011, 474 (474 f.) m. Anm. *Seiterle*, StraFo 2014, 58 (58 ff.) (krit.) und m. Bespr. *Putzke*, ZJS 2011, 557 (557 ff.) (abl.).

1. *Die erste „Lügendetektor-Entscheidung" vom 16. Februar 1954 – 1 StR 578/53*

In seiner „Lügendetektor-Entscheidung" vom 16. Februar 1954 stellte der Bundesgerichtshof erstmals grundlegend fest, dass die Untersuchung mit dem Polygraphen im Strafverfahren unzulässig ist.[1444] In den Urteilsgründen führt der 1. Strafsenat aus, dass die Zulässigkeit der polygraphischen Untersuchung nicht von der Brauchbarkeit des Polygraphen zur Aufklärung von Straftaten oder von der Richtigkeit und Verlässlichkeit der wissenschaftlichen Erwägungen abhänge, sondern in erster Linie nach den das Strafverfahren regelnden Grundsätzen zu beurteilen sei.[1445] Das Gericht bezieht sich hauptsächlich auf die Menschwürde und betont, dass die Erforschung der Wahrheit als Hauptpflicht des Gerichts im Strafverfahren ausschließlich auf die im Lichte des Art. 1 Abs. 1 GG geordnete justizförmige Weise stattzufinden habe.[1446] Der Beschuldigte sei insoweit Beteiligter und nicht Gegenstand des Strafverfahrens.[1447] Lediglich innerhalb des gesetzlichen Rahmens der Strafprozessordnung unterwerfe ihn das Gesetz unerlässlichen Untersuchungen und Beschränkungen (beispielsweise die körperliche Untersuchung nach § 81a StPO).[1448] In jeder Verfahrenslage unangetastet bleibe jedoch die Entschließungsfreiheit des Beschuldigten hinsichtlich seiner Einlassung zur Anklage.[1449] Dieser verfassungs- und strafverfahrensrechtliche Grundsatz wurzle darin, dass auch der Tatverdächtige und Straffällige der Gesamtheit stets als selbstverantwortliche, sittliche Persönlichkeit gegenüberstehe und diese Persönlichkeit sogar bei erwiesener Schuld nicht über jene gesetzlichen Beschränkungen hinaus aufgeopfert werden dürfe.[1450] § 136a StPO unterstreiche dies im Einzelnen und schütze die Freiheit der Willensentschließung und Willensbetätigung des Beschuldigten, ohne Rücksicht darauf, ob der Beschuldigte mit einer abweichenden Handhabung einverstanden ist.[1451]

Zu Beginn der Vernehmung in der Hauptverhandlung sei der Beschuldigte zu befragen, ob er etwas auf die Beschuldigung erwidern wolle.[1452] Es bleibe dementsprechend ihm überlassen, über das Ob und Wie der Beantwortung jeder Frage zu entscheiden, ohne dass unbewusste Äußerungen seiner Persönlichkeit dabei anders wahrnehmbar hervortreten, als auch sonst im Umgang.[1453]

1444 BGHSt 5, 332 (333) = NJW 1954, 649.
1445 BGHSt 5, 332 (333) = NJW 1954, 649.
1446 BGHSt 5, 332 (333) = NJW 1954, 649.
1447 BGHSt 5, 332 (333–334) = NJW 1954, 649.
1448 BGHSt 5, 332 (334) = NJW 1954, 649.
1449 BGHSt 5, 332 (334) = NJW 1954, 649.
1450 BGHSt 5, 332 (334) = NJW 1954, 649.
1451 BGHSt 5, 332 (334) = NJW 1954, 649 (649–650).
1452 BGHSt 5, 332 (334) = NJW 1954, 649 (650).
1453 BGHSt 5, 332 (334–335) = NJW 1954, 649 (650).

Diese Entscheidung stehe dem Beschuldigten bei der Befragung unter Einsatz des Polygraphen nicht mehr frei.[1454] Der Polygraph halte unbewusste Körpervorgänge bei dem Untersuchten fest, die mit seinem Seelenzustand eng zusammenhängen und vermittele Hinweise darauf, ob der Befragte innerlich gespannt oder gelöst sei.[1455] Nach Ansicht des Senats ergebe sich daraus:

> „Der Beschuldigte kann keine der Untersuchungsfragen wahrheitsgemäß, bewußt unrichtig, ausweichend beantworten oder übergehen, ohne daß zugleich willensunabhängige, meist unbewußte, mit den Fragen wechselnde Körpervorgänge, die durch seelisch-leibliche Wechselwirkung zustande kommen, aufgezeichnet und vom Sachverständigen zur Beurteilung seiner Glaubwürdigkeit benutzt werden."[1456]

Durch den Polygraphen erlange man von dem Beschuldigten also mehr und vor allem andere „Aussagen" als bei einem üblichen Verhör.[1457]

> „Neben der bewußten und gewollten Antwort auf die Fragen ‚antwortet', ohne daß der Beschuldigte es hindern kann, auch das Unbewußte."[1458]

Ein derartiger „Einblick in die Seele des Beschuldigten"[1459] verletze die Freiheit der Willensentschließung und -betätigung im Sinne des § 136a StPO und sei im Strafverfahren unzulässig.[1460] Vom Gericht berücksichtigt werden dürfen lediglich bewusste und unbewusste Ausdrucksvorgänge, die in der Hauptverhandlung in üblicher Weise hervortreten.[1461]

> „Die *Erforschung* des Unbewußten des Beschuldigten – im Gegensatz zu offen hervortretenden Ausdrucksbewegungen – ist unzulässig."[1462]

Auf § 81a StPO könne man sich bei einer polygraphischen Untersuchung nicht stützen, da letztere nicht auf die Feststellung von Tatsachen, sprich die körperliche Beschaffenheit des Angeklagten, gerichtet sei und damit keine körperliche Untersuchung darstelle.[1463] Darüber hinaus seien die wissenschaftlichen Grundlagen der

---

1454 BGHSt 5, 332 (335) = NJW 1954, 649 (650).
1455 BGHSt 5, 332 (335) = NJW 1954, 649 (650).
1456 BGHSt 5, 332 (335) = NJW 1954, 649 (650).
1457 BGHSt 5, 332 (335) = NJW 1954, 649 (650); so schon *Würtenberger*, JZ 1951, 772 (773); s.a. *Peters*, ZStW 87 [1975], 663 (677).
1458 BGHSt 5, 332 (335) = NJW 1954, 649 (650).
1459 BGHSt 5, 332 (335) = NJW 1954, 649 (650).
1460 BGHSt 5, 332 (335) = NJW 1954, 649 (650); so schon *Metz*, NJW 1951, 752. Der Senat ordnet die Verletzung dabei keiner Tatbestandsvariante des (nicht abschließenden) § 136a Abs. 1 S. 1 StPO zu, s.a. *Berning*, MschrKrim 1993, 242 (252); *Klimke*, NStZ 1981, 433 (434).
1461 BGHSt 5, 332 (335–336) = NJW 1954, 649 (650).
1462 BGHSt 5, 332 (336) = NJW 1954, 649 (650) – Hervorhebung original.
1463 BGHSt 5, 332 (336) = NJW 1954, 649 (650); zust. SK-StPO-*Rogall*, § 136a, Rn. 92; a.A. noch *Erbs*, NJW 1951, 386 (387), da es darauf ankomme, die Reaktion des Körpers des zu Untersuchenden auf gewisse Fragen festzustellen.

psychophysiologischen Untersuchung und die Zuverlässigkeit der Prüfungsergebnisse nicht gesichert.[1464]

Die Verwertung der Antworten des Beschuldigten bei der Untersuchung mit dem Polygraphen und der Aufzeichnungen dieses Geräts als *Beweismittel*[1465] sei, ohne Rücksicht auf eine Zustimmung des Beschuldigten, letzten Endes nach Art. 1 Abs. 1 GG und § 136a StPO unzulässig.[1466]

Eine Differenzierung zwischen der TWT und der VFT lässt sich dem Urteil nicht entnehmen; teilweise klingt jedoch der Bezug zu der TWT an.[1467]

2. Die zweite „Lügendetektor-Entscheidung" vom 17. Dezember 1998 – 1 StR 156/98

Auch in seiner zweiten „Lügendetektor-Entscheidung" aus dem Jahr 1998 untersagt der Bundesgerichtshof den Einsatz des Polygraphen in Strafverfahren. Um zu der Funktionsweise von Polygraphen, den psychophysiologischen Vorgaben, der Methodik und dem Untersuchungsverlauf Beweis erheben zu können, beauftragte der Senat die Sachverständigen *Fiedler*, *Undeutsch*, *Steller* und *Wilfrid Jänig* mit entsprechenden Gutachten.[1468] Während *Fiedler* in seinem Gutachten jedenfalls von der Verwendung der VFT dringend abrät,[1469] sieht *Undeutsch* den Nutzen, den der Einsatz des Polygraphen in Strafverfahren grundsätzlich bringen kann.[1470] Nach der Einschätzung von *Steller* sind zahlreiche Einsatzmöglichkeit der TWT im forensischen Sektor denkbar, und auch durch die VFT könne bei sachgerechter Anwendung ein Informationszuwachs für juristische Entscheidungsfindungen

---

1464 BGHSt 5, 332 (336) = NJW 1954, 649 (650).

1465 Ob die Einordnung des Polygraphen als „Beweismittel" zutrifft, wird unter § 9 D. IV. beleuchtet.

1466 BGHSt 5, 332 (333) = NJW 1954, 649; ausf. zur Menschenwürde als Schranke der Einwilligungsfreiheit *Amelung*, Einwilligung (1981), 46 ff.

1467 Vgl. BGHSt 5, 332 (337) = NJW 1954, 649 (650): „Daraus geht hervor, daß die Kenntnis eines unschuldigen Befragten und sein Bewußtsein, tatverdächtig zu sein, das Ergebnis, falls das Gerät an sich verläßlich arbeitet, verfälschen kann."

1468 BGHSt 44, 308 (312) = NJW 1999, 657 (658); vgl. *Fiedler*, Praxis der Rechtspsychologie 1999, 5 (5 ff.); *Steller/Dahle*, Praxis der Rechtspsychologie 1999, 127 (127 ff.).; *Undeutsch/Klein*, Praxis der Rechtspsychologie 1999, 45 (45 ff.). Zu den einzelnen Antworten der Gutachter auf den Fragenkatalog des BGH s. *Fiedler*, Praxis der Rechtspsychologie 1999, 5 (35 ff.); *Undeutsch/Klein*, Praxis der Rechtspsychologie 1999, 45 (111 ff.); *Steller/Dahle*, Praxis der Rechtspsychologie 1999, 127 (192 ff.); eine anschauliche Darstellung der Antworten findet sich bei *Schüssler*, Polygraphie (2002), 191–214. Das Gutachten von *Jänig* wurde lediglich in mündlicher Form erstattet, sodass keine schriftliche Beantwortung des BGH-Fragenkatalogs vorliegt, vgl. *Schüssler*, Polygraphie (2002), 191.

1469 *Fiedler*, Praxis der Rechtspsychologie 1999, 5 (34).

1470 *Undeutsch/Klein*, Praxis der Rechtspsychologie 1999, 45 ([49][87]).

gewonnen werden.[1471] *Steller* ist der Auffassung, ein völliger Verzicht auf die Einbeziehung psychophysiologischer Aussagebeurteilung stellt, angesichts häufig vorhandener Beweisschwierigkeiten, eine Einschränkung der verfügbaren Erkenntnismittel dar.[1472]

Schlussendlich hält der 1. Strafsenat seine im Urteil von 1954 erhobenen und im wesentlichen verfassungsrechtlichen Bedenken für den Fall nicht aufrecht, dass der Beschuldigte sich mit dem Einsatz eines Polygraphen einverstanden erklärt.[1473] Unter der Prämisse des Einverständnisses sei in dem staatlich angeordneten Einsatz des Polygraphen kein Verstoß gegen die Menschenwürde des Beschuldigten gemäß Art. 1 Abs. 1 GG und gegen dessen Freiheit der Willensentschließung und -betätigung im Sinne des § 136a StPO zu erblicken.[1474]

> „Untersuchungsverfahren und Gerät messen zwar willentlich nicht unmittelbar beeinflußte körperliche Vorgänge, sie ermöglichen dem Untersuchenden aber keinen ‚Einblick in die Seele des Beschuldigten' […]."[1475]

Allerdings kam der Senat zu der Beurteilung, dass die vom Angeklagten beantragte polygraphische Untersuchung nach dem mit den Sachverständigen erörterten wissenschaftlichen Kenntnisstand ein völlig ungeeignetes Beweismittel im Sinne des § 244 Abs. 3 Satz 2 Nr. 4 StPO (§ 244 Abs. 3 Satz 2 Var. 4 StPO a.F.) sei.[1476]

Unter Bezugnahme auf sein erstes „Lügendetektor"-Urteil aus dem Jahr 1954 führt der 1. Strafsenat in den Urteilsgründen hierzu aus, dass bei der polygraphischen Untersuchung zwar eine begrenzte Anzahl ausgewählter Körperdaten erhoben werde, die – in nur sehr eingeschränktem Umfang – Schlüsse auf allgemein bestehende Emotionen und intrapsychische Veränderungen zulassen, für den Senat sei jedoch vielmehr von entscheidender Bedeutung, dass es nach einhelliger wissenschaftlicher Auffassung nicht möglich sei, eindeutige Zusammenhänge zwischen bestimmten kognitiven oder emotionalen Zuständen und hierfür spezifischen Reaktionsmustern im vegetativen Nervensystem zu erkennen („no specific lie response").[1477] Umgekehrt lasse sich nicht nachweisen, dass sich ein bestimmter Außenreiz auf eine gemessene körperliche Veränderung ausgewirkt habe.[1478] Mithilfe des Polygraphen könne also nicht gemessen werden, ob der Untersuchte die Wahrheit sagt.[1479]

1471 *Steller/Dahle*, Praxis der Rechtspsychologie 1999, 127 (190).

1472 *Steller/Dahle*, Praxis der Rechtspsychologie 1999, 127 (191).

1473 BGHSt 44, 308 (312) = NJW 1999, 657 (658).

1474 BGHSt 44, 308 (315) = NJW 1999, 657 (658).

1475 BGHSt 44, 308 (315) = NJW 1999, 657 (658).

1476 BGHSt 44, 308 (312–313) = NJW 1999, 657 (658). Dieser Beurteilung haben sich der 6. Zivilsenat im Jahr 2003 (BGH NJW 2003, 2527 [2527 ff.] m. Anm. *Dettenborn*, FPR 2003, 559 [559 ff.]) und das BVerwG im Jahr 2014 (BVerwG NVwZ-RR 2014, 887 [887 ff.]) angeschlossen.

1477 BGHSt 44, 308 (315–316) = NJW 1999, 657 (658–659); s.a. bereits unter § 9 B. IV. 1. a).

1478 BGHSt 44, 308 (316) = NJW 1999, 657 (659); s.a. bereits unter § 9 B. IV. 1. a).

1479 BGHSt 44, 308 (316) = NJW 1999, 657 (659).

Im Übrigen werden von dem 1. Strafsenat unter dem Gesichtspunkt der Menschenwürde keine Bedenken dagegen erhoben, dass in der gerichtlichen Praxis andere Untersuchungsverfahren (beispielsweise psychoanalytische und psychiatrische Explorationsmethoden) verwendet werden, die zwar nicht ungewollte Körpervorgänge registrieren, wohl aber darauf abzielen, aus dem Unterbewussten des Untersuchten Informationen über diesen zu erlangen.[1480] Ein „Einblick in die Seele des Beschuldigten“[1481] werde auch nicht dadurch ermöglicht, dass bei der polygraphischen Untersuchung solche körperlichen Vorgänge gemessen werden, die willentlich nicht unmittelbar zu beeinflussen sind, da vom Gericht auch sonst vom Willen nicht steuerbare Ausdruckvorgänge des Beschuldigten, die ohne technische Hilfsmittel wahrgenommen werden können (zum Beispiel starke Schweißbildung, Erröten oder Anstrengungsreaktionen), verwertet werden dürfen.[1482] Dass der Beschuldigte während der Untersuchungen an die Messinstrumente des Polygraphen angeschlossen wird, mache ihn noch nicht zu einem „Objekt in einem apparativen Vorgang“[1483]; vielmehr bleibe der Beschuldigte im Falle seines Einverständnisses in seiner Subjektstellung unangetastet.[1484] Letzteres ergebe sich schon daraus, dass brauchbare Messergebnisse ohne eine manipulationsfreie Mitwirkung des Untersuchten nicht zu erzielen sind.[1485] Damit werde eine differenzierende, auf das Einverständnis des Beschuldigten abstellende Sichtweise dem Zweck des Art. 1 Abs. 1 GG am ehesten gerecht: Art. 1 Abs. 1 GG diene nicht der Einschränkung, sondern gerade dem Schutz der Würde des Menschen, wozu auch die grundsätzliche Freiheit gehöre, über sich selbst verfügen und sein Schicksal eigenverantwortlich gestalten zu können.[1486] Die Verweigerung einer psychophysiologischen Aussagebeurteilung unter Berufung auf Art. 1 Abs. 1 GG bei Einverständnis des Beschuldigten überzeuge insoweit nicht, als dem Beschuldigten die Möglichkeit seiner Entlastung unter Hinweis auf den Schutz seiner Menschenwürde verwehrt werden würde.[1487]

> „Ein solches Verbot bedeutet einen dem Willen und den Interessen des Beschuldigten widersprechenden, der Sache nach ungerechtfertigten ‚Schutz‘ […].“[1488]

Auch § 136a StPO stehe der Nutzung der polygraphischen Untersuchungsmethode nicht entgegen: Diese sei zum einen nicht ausdrücklich als verbotene

---

1480 BGHSt 44, 308 (316) = NJW 1999, 657 (659); so bereits *Wegner*, Polygraphie (1981), 185.

1481 BGHSt 44, 308 (315) = NJW 1999, 657 (658) unter Bezugnahme auf BGHSt 5, 332 (335) = NJW 1954, 649 (650).

1482 BGHSt 44, 308 (316) = NJW 1999, 657 (659).

1483 BGHSt 44, 308 (317) = NJW 1999, 657 (659).

1484 BGHSt 44, 308 (316–317) = NJW 1999, 657 (659).

1485 BGHSt 44, 308 (317) = NJW 1999, 657 (659).

1486 BGHSt 44, 308 (317) = NJW 1999, 657 (659) m.N. zur BVerfG-Rspr.

1487 BGHSt 44, 308 (317) = NJW 1999, 657 (659).

1488 BGHSt 44, 308 (317) = NJW 1999, 657 (659) m.w.N.

Vernehmungsmethode im Tatbestand des § 136a StPO aufgeführt.[1489] Zum anderen erfordere die psychophysiologische Aussagebeurteilung keine Täuschung im Sinne des § 136a Abs. 1 Satz 1 StPO, sondern allenfalls „geringfügige Irreführungen“, die aber von dem restriktiv auszulegenden Merkmal der Täuschung nicht erfasst werden.[1490] Die Überlegung, jeder, der eine mittels eines Polygraphen durchgeführten Untersuchung zu seiner Entlastung nicht von sich aus beantrage oder diese gar ausdrücklich ablehne, habe etwas zu verbergen, rechtfertige die Anwendung des § 136a Abs. 1 Satz 2 StPO unter dem Gesichtspunkt des unzulässigen (mittelbaren) Zwanges ebenfalls nicht, da ein derartiges Verhalten vom Gericht ebenso wenig zulasten des Beschuldigten berücksichtigt werden dürfte, wie dessen Entscheidung, zu den gegen ihn erhobenen Vorwürfen zu schweigen.[1491] Der Einsatz des Polygraphen erreiche damit nicht den Schweregrad der vom Gesetz verbotenen Vernehmungsmethoden.[1492]

Jedoch handle es sich bei der polygraphischen Untersuchung um ein völlig ungeeignetes Beweismittel im Sinne des § 244 Abs. 3 Satz 2 Nr. 4 StPO.[1493] Gegen diese Beurteilung könne nicht angeführt werden, dass die Beweiseignung anderer im Strafverfahren verwendeter Testverfahren mindestens ebenso bestritten sei; Bedenken gegen diese Testverfahren sprechen nicht für die Geeignetheit des Polygraphen.[1494]

Der Bundesgerichtshof unterscheidet in den Urteilsgründen sodann zwischen der VFT und der TWT.[1495] Ersterer komme keinerlei Beweiswert zu, da es sich nach dem seinerzeit erreichten Forschungsstand und den vorliegenden Validitätsstudien nicht um eine allgemein und zweifelsfrei als richtig und zuverlässig eingestufte Technik handle.[1496] Eine polygraphische Untersuchung in der VFT biete dem Gericht überdies keine Möglichkeit zu überprüfen, ob das Untersuchungsverfahren im konkreten Fall zu zutreffenden Ergebnissen geführt hat.[1497] Das Gericht müsste die Untersuchungsergebnisse und die darauf gestützten Schlüsse hinnehmen, ohne diese nachvollziehen und überprüfen zu können, sodass das Gericht die nach der Strafprozessordnung ausschließlich ihm zugewiesene Kompetenz nicht wahrnehmen und seiner Aufgabe, eine eigen- und letztverantwortliche Entscheidung zu

---

1489 BGHSt 44, 308 (317) = NJW 1999, 657 (659).

1490 BGHSt 44, 308 (317–318) = NJW 1999, 657 (659) m.w.N. zur Rspr.; zur Kritik der methodenimmanenten Täuschung s. unter § 9 B. IV. 3. b) cc).

1491 BGHSt 44, 308 (318) = NJW 1999, 657 (659).

1492 BGHSt 44, 308 (318) = NJW 1999, 657 (659) m. vergleichenden Hinweisen zu den verbotenen Methoden der Hypnose und Narkoanalyse.

1493 BGHSt 44, 308 (319) = NJW 1999, 657 (659).

1494 BGHSt 44, 308 (319) = NJW 1999, 657 (659).

1495 Vgl. BGHSt 44, 308 (319) = NJW 1999, 657 (659).

1496 BGHSt 44, 308 (319–322) = NJW 1999, 657 (659–660); so später a. BGH NJW 2003, 2527 (2528); ausf. zu den Validitätsstudien bereits unter § 9 B. V. 2. b).

1497 BGHSt 44, 308 (319) = NJW 1999, 657 (659); vgl. bereits unter § 9 B. IV. 3. b) aa) aaa).

treffen, nicht gerecht werden könne.[1498] Einen „gewissen indiziellen Beweiswert“[1499] könne die polygraphischen Untersuchung in der VFT lediglich dann haben,

> „wenn eine hinreichend breite Datenbasis belegen würde, daß – warum auch immer – bestimmte gemessene Körperreaktionen mit einem Verhalten (hier: wahre oder unwahre Äußerung) in hohem Maße zusammenhängen.“[1500]

Diese Voraussetzung sei bei der VFT nicht erfüllt gewesen.[1501] Den in der Literatur teilweise aufgeführten Untersuchungsergebnissen über Trefferquoten von circa 70 % bis 90 % würden aufgrund von methodisch zweifelhaften Vorgehensweisen und statistischen Verzerrungen derart tiefgreifende Bedenken begegnen, dass ihnen im Ergebnis ein – auch nur geringfügiger – Beweiswert und damit eine indizielle Bedeutung nicht zukomme.[1502] Darüber hinaus bestehe stets die Gefahr der bewussten Manipulationen seitens des Beschuldigten.[1503]

Demgegenüber sei die TWT nur dann völlig ungeeignet im Sinne des § 244 Abs. 3 Satz 2 Nr. 4 StPO, wenn der Beschuldigte bereits von dem gegen ihn erhobenen Vorwurf und den darauf bezogenen Ermittlungsergebnissen Kenntnis erlangt hat.[1504]

Nähere Ausführungen zu der TWT unterlässt der Bundesgerichtshof, da zu dem Zeitpunkt, als der Angeklagte im Ausgangsverfahren den – vom Landgericht abgelehnten – Beweisantrag stellte, eine polygraphische Untersuchung in der TWT aufgrund der bereits erlangten Kenntnisse des Angeklagten keine brauchbaren Ergebnisse mehr liefern konnte.[1505] Insoweit betrifft das Urteil des 1. Strafsenats fast ausschließlich die VFT.

3. Die dritte „Lügendetektor-Entscheidung“ vom 30. November 2010 – 1 StR 509/10

13 Jahre nach seiner zweiten „Lügendetektor-Entscheidung“ beschäftigte sich der 1. Strafsenat erneut mit dem Polygraphen. In seinem Beschluss vom 30. November 2010 stellt er fest, dass gegen einen auch nur geringfügigen indiziellen Beweiswert des Ergebnisses einer polygraphischen Untersuchung, die im Urteil des Senats von 1998 dargelegten grundsätzlichen Einwände betreffend die VFT uneingeschränkt weiter bestehen.[1506] Es gebe keine Belege für eine inzwischen hinreichende breite

---

1498 BGHSt 44, 308 (322) = NJW 1999, 657 (660).
1499 BGHSt 44, 308 (322) = NJW 1999, 657 (660).
1500 BGHSt 44, 308 (322) = NJW 1999, 657 (660).
1501 BGHSt 44, 308 (322) = NJW 1999, 657 (660).
1502 BGHSt 44, 308 (323–325) = NJW 1999, 657 (660–661); vgl. dazu § 9 B. V. 2.
1503 BGHSt 44, 308 (327) = NJW 1999, 657 (661–662); vgl. dazu § 9 B. IV. 2.
1504 BGHSt 44, 308 (327–328) = NJW 1999, 657 (662); so später a. BGH NJW 2003, 2527 (2528); vgl. dazu § 9 B. IV. 3. a) aa).
1505 Vgl. BGHSt 44, 308 (328) = NJW 1999, 657 (662); s. dazu unter § 9 IV. 3. a) aa).
1506 BGH NStZ 2011, 474 (475).

Datenbasis über einen Zusammenhang von mittels des Polygraphen gemessenen Körperreaktionen mit einem bestimmten Verhalten.[1507]

II. Die Rechtsprechung des Bundesverfassungsgerichts

Auch das Bundesverfassungsgericht hatte sich bereits mit dem Polygraphen auseinanderzusetzen.

1. Beschluss vom 18. August 1981 – 2 BvR 166/81

Am 18. August 1981 stellte der Vorprüfungsausschuss des Zweiten Senats per Beschluss[1508] fest, dass die „Durchleuchtung der Person"[1509] mittels eines Polygraphen die Aussage als ureigenste Leistung entwerte und den Untersuchten zu einem bloßen Anhängsel eines Apparates werden lasse.[1510] Die psychophysiologische Aussagebeurteilung greife damit in unzulässiger Weise in das durch Art. 2 Abs. 1 in Verbindung mit Art. 1 Abs. 1 GG geschützte Persönlichkeitsreicht des Betroffenen ein, welches der Wahrheitsforschung im Strafverfahren Grenzen setzt;[1511] die Einwilligung des Beschuldigten ändere hieran nichts.[1512] Nach dem seinerzeitigen Kenntnisstand erlauben die Ergebnisse polygraphischer Untersuchungen auch bei Trefferquoten von etwa 90 % allenfalls Wahrscheinlichkeitsurteile, welche hingegen nicht zu einer Überzeugungsbildung der Gerichte ausreichen können, sodass den Untersuchungsergebnissen – wenn überhaupt – nur eine geringe Aussagekraft für das Erkenntnisverfahren beizumessen sei.[1513]

2. Beschluss vom 15. Oktober 1997 – 2 BvR 1211/97

Mit Beschluss vom 15. Oktober 1997[1514] ließ es die 3. Kammer des Zweiten Senats einerseits ausdrücklich offen, ob die bisherige Rechtsprechung, dass die

---

1507 BGH NStZ 2011, 474 (475).

1508 BVerfG NStZ 1981, 446 (446 f.) m. Anm. *Amelung*, NStZ 1982, 38 (38 ff.) und m. Bespr. *Klimke*, NStZ 1981, 433 (433 f.); *Schwabe*, NJW 1982, 367 (367 f.) (krit.).

1509 BVerfG NStZ 1981, 446 (447); hierauf Bezug nehmend BGHSt 44, 308 (310) = NJW 1999, 657.

1510 BVerfG NStZ 1981, 446 (447); hierauf Bezug nehmend BGHSt 44, 308 (310) = NJW 1999, 657.

1511 BVerfG NStZ 1981, 446 (447). Das BVerfG ist insoweit vorsichtiger als der BGH im Jahr 1954, der noch die Menschenwürde nach Art. 1 Abs. 1 GG betroffen sah, vgl. *Amelung*, NStZ 1982, 38; *Schüssler*, Polygraphie (2002), 60; s.o. § 9 C. I. 1.

1512 BVerfG NStZ 1981, 446 (447). An dieser Stelle lässt es das BVerfG offen, ob den Betroffenen überhaupt eine Dispositionsmacht über das in Frage stehende Recht einzuräumen sei, vgl. *Amelung*, NStZ 1982, 38; *Prittwitz*, MDR 1982, 886 (887–888); krit. zur BVerfG-Rspr. *Berning*, MschrKrim 1993, 242 (253).

1513 BVerfG NStZ 1981, 446 (447); besonders krit. hierzu *Schwabe*, NJW 1982, 367 (367–368).

1514 BVerfG StraFo 1998, 16 m. Anm. *Scherer*, StraFo 1998, 16 (16 f.).

Anwendung des Polygraphen auch mit Einwilligung des Beschuldigten in entsprechender Anwendung von § 136a StPO unzulässig ist, unter Berücksichtigung der Fortentwicklung der Untersuchungstechnik, der in der Literatur vorgebrachten Einwände und der neueren Rechtsprechung zur Verwertbarkeit polygraphischer Gutachten auf anderen Rechtsgebieten, weiter Bestand haben könne.[1515] Andererseits führt die Kammer aus, dass sich eine Gesamtwürdigung unter Einbeziehung eines polygraphischen Gutachtens innerhalb des den Strafgerichten verfassungsrechtlich eingeräumten Rahmens bewege.[1516]

3. Beschluss vom 7. April 1998 – 2 BvR 1827/97

In seinem Nichtannahmebeschluss vom 7. April 1998[1517] lehnt die 2. Kammer desselben Senats eine Verfassungsbeschwerde gegen die Ablehnung eines Beweisantrags auf Anhörung eines Sachverständigen zu den Ergebnissen einer auf Wunsch des Beschwerdeführers an ihm vorgenommen polygraphischen Untersuchung als erfolglos ab.[1518] Die Darlegung des Beschwerdeführers, dass die polygraphische Untersuchung verfassungsrechtlich zulässig sei, genüge nicht für die Behauptung, in seinem Grundrecht aus Art. 2 Abs. 1 i.V.m. Art. 1 Abs. 1 GG verletzt zu sein.[1519] Die gegenteilige Auffassung bezwecke gerade den Schutz der Menschenwürde und des Persönlichkeitsrechts des Angeklagten. Eine Grundrechtsverletzung käme erst dann in Betracht, wenn die bezeichneten Grundrechte die Zulassung des Polygraphen verfassungsrechtlich geböten.[1520] Art. 103 Abs. 1 GG gewähre in diesem Zusammenhang keinen Anspruch auf ein bestimmtes Beweismittel, sodass sich auch aus diesem oder aus dem Recht auf ein rechtsstaatliches Verfahren kein verfassungsrechtlicher Anspruch auf Zulassung des Polygraphen ergebe.[1521]

III. Die instanzgerichtliche Rechtsprechung

Der Beurteilung des 1. Strafsenats aus dem Jahr 1954 hatten sich große Teile der übrigen strafgerichtlichen Rechtsprechung entweder uneingeschränkt[1522] oder aber zumindest für den Fall angeschlossen, dass die Ergebnisse der Untersuchung zur Belastung des Beschuldigten herangezogen werden sollten.[1523]

1515 BVerfG StraFo 1998, 16; hierauf Bezug nehmend BGHSt 44, 308 (310) = NJW 1999, 657.

1516 BVerfG StraFo 1998, 16. *Scherer*, StraFo 1998, 16 (16–17) erhoffte sich hierin eine Wende in der bisherigen Rspr. des BVerfG.

1517 BVerfG NStZ 1998, 523 (523 f.).

1518 BVerfG NStZ 1998, 523; vgl. *Pfeiffer*, StPO, § 244 Rn. 30.

1519 BVerfG NStZ 1998, 523 (524).

1520 BVerfG NStZ 1998, 523 (524).

1521 BVerfG NStZ 1998, 523 (524) m.w.N. zur Rspr.

1522 So das OLG Karlsruhe StV 1998, 530; LG Düsseldorf StV 1998, 647 (647 f.); LG Wuppertal NStZ-RR 1997, 75 (75 ff.); ferner LG Hannover NJW 1977, 1110 (1110 ff.).

1523 So das OLG Frankfurt a.M. NStZ 1988, 425 (425 f.); s. zum Ganzen BGHSt 44, 308 (310–311) = NJW 1999, 657 m.w.N.

Es gibt jedoch Gerichte, die sich von der höchstrichterlichen Rechtsprechung unbeeindruckt zeigen und freiwillige, zu Entlastungszwecken durchgeführte polygraphische Untersuchungen akzeptieren.[1524] So findet sich eine Vielzahl familiengerichtlicher Verfahren, in denen gegenüber dem Polygraphen aufgeschlossene Familienrichter die Darlegungen psychophysiologischer Gutachter über die Ergebnisse polygraphischer Untersuchungen ganz offen verwerten.[1525]

> „Die Untersuchung mit einem Polygraphen ist im Sorge- und Umgangsrechtsverfahren ein geeignetes Mittel, einen Unschuldigen zu entlasten […]."[1526]

1. Urteil des AG Bautzen vom 26. Oktober 2017 – Az. 42 Ds 610 Js 411/15 jug

Bemerkenswert ist das Urteil des AG Bautzen vom 26. Oktober 2017.[1527] In dem zugrundeliegenden Verfahren wurde dem Angeklagten der sexuelle Missbrauch von Kindern gemäß § 176 Abs. 1 StGB zur Last gelegt.[1528] Der Angeklagte bestritt die Tat und ließ sich zur Sache ein.[1529] Neben den Zeugenaussagen würdigte das Amtsgericht auch das Ergebnis einer, von einer Fachpsychologin für Rechtspsychologie

---

1524 So z.B. AG Bautzen BeckRS 2017, 138202 (s. dazu § 9 C. III. 1.). Vgl. *Putzke/Scheinfeld u.a.*, ZStW 121 [2009], 607 (607–608) m.N.; ferner *Putzke*, NJW-aktuell 2013, 14; *Putzke/Scheinfeld*, StraFo 2010, 58 (59); so a. die Wahrnehmung der Öffentlichkeit, vgl. *Hipp/Winter*, Der erstaunliche Einsatz von Lügendetektoren an deutschen Gerichten, *Der Spiegel [online]* (2017).

1525 So z.B. OLG Bamberg NJW 1995, 1684 (1684 f.); OLG Dresden BeckRS 2013, 16540; OLG München FamRZ 1999, 674 (675); OLG Oldenburg, Beschl. v. 15.06.1998 – Az. 4 UF 60/96, juris; AG Bautzen BeckRS 2013, 16541; vgl. dazu BGHSt 44, 308 (310–311) = NJW 1999, 657 m.N.; *Putzke/Scheinfeld u.a.*, ZStW 121 [2009], 607 (608–609); *Rill/Gödert u.a.*, MschrKrim 2003, 165 (166); ferner *Dahle*, Psychologische Rundschau 2003, 103; *Dettenborn*, FPR 2003, 559 (559–560); *Jaworski*, NStZ 2008, 195; *Paul/Egbert*, KrimJ 2014, 153 (154); *Putzke*, NJW-aktuell 2013, 14; *Rill/Vossel*, NStZ 1998, 481; *Schüssler*, Polygraphie (2002), 48. V.a. dann, wenn es um das Sorge- oder Besuchsrecht geht, wird nicht selten der Vorwurf des sexuellen Missbrauchs erhoben, s. *Putzke/Scheinfeld u.a.*, a.a.O. (608); *Undeutsch*, FamRZ 1996, 329 (331); *Undeutsch*, in: Psychologie der Zeugenaussage (1997), 303 (304–307).

1526 OLG Dresden BeckRS 2013, 16540 (m.w.N.). So in der Sache ebenfalls *Endres/Scholz*, NStZ 1994, 466 (473); *Offe*, Praxis der Rechtspsychologie 2001, 55 (56); *Schulz*, in: Polygraphie (1999), 117 (117 ff.); drastisch dagegen *Boehme*, in: Handwörterbuch (2002), 412 (416): „Hier ist zu befürchten, dass betroffene Mädchen und Jungen regelmäßig mit gerichtlicher Genehmigung ihren Missbrauchern zugeführt werden."

1527 AG Bautzen BeckRS 2017, 138202 m. Bespr. NJW-Spezial 2018, 90. Das Urteil fand a. in den öffentlichen Medien Beachtung, vgl. etwa *Hipp/Winter*, Der erstaunliche Einsatz von Lügendetektoren an deutschen Gerichten, *Der Spiegel [online]* (2017).

1528 AG Bautzen BeckRS 2017, 138202, Rn. 2.

1529 AG Bautzen BeckRS 2017, 138202, Rn. 6–8.

durchgeführten polygraphischen Untersuchung mit der VFT.[1530] Die Rechtspsychologin erstattete in der Hauptverhandlung ein psychophysiologisches Gutachten zu der Frage, ob das Bestreiten des Angeklagten wahrheitsgemäß war.[1531] Die Sachverständige schilderte in der Hauptverhandlung, dass zunächst ein Vorgespräch mit dem Angeklagten geführt worden sei.[1532] In diesem Vorgespräch habe die Sachverständige den Angeklagten darauf hingewiesen, dass die Untersuchung freiwillig ist.[1533] Nach einem persönlichen Gespräch seien dem Angeklagten die verdachtsbezogenen Fragen, die später in der Hauptuntersuchung gestellt werden sollten, erläutert worden.[1534] Die verdachtsbezogenen Fragen lauteten:

1. „Haben Sie S. L. jemals im Genitalbereich berührt?“
2. „Haben Sie S. L. jemals veranlasst, an ihnen eine sexuelle Handlung vorzunehmen?“
3. „Haben Sie jemals eine sexuelle Handlung an oder mit S. L. ausgeführt?“[1535]

Nach Erläuterung der Tatfragen seien mit dem Angeklagten die persönlichen Vergleichsfragen besprochen worden.[1536] Insgesamt habe die Fragenreihe der Untersuchung aus drei Tatfragen, vier Vergleichsfragen und drei Einleitungsfragen bestanden.[1537] Nachdem der Angeklagte mit der Funktionsweise des Polygraphen vertraut gemacht worden sei,[1538] habe die Sachverständige einen Vortest in Form eines „Zahlentests“[1539] durchgeführt.[1540] Dann sei die eigentliche Untersuchung mit

---

1530 AG Bautzen BeckRS 2017, 138202, Rn. 17 ff.

1531 AG Bautzen BeckRS 2017, 138202, Rn. 17.

1532 AG Bautzen BeckRS 2017, 138202, Rn. 17.

1533 AG Bautzen BeckRS 2017, 138202, Rn. 17.

1534 AG Bautzen BeckRS 2017, 138202, Rn. 17.

1535 AG Bautzen BeckRS 2017, 138202, Rn. 17, 56.

1536 AG Bautzen BeckRS 2017, 138202, Rn. 18.

1537 AG Bautzen BeckRS 2017, 138202, Rn. 18.

1538 Gemessen wurden die relative Blutdruckschwankungen, die Atembewegungen des Brustkorbs, der elektrische Hautwiederstand und die vasomotorische Aktivität, vgl. AG Bautzen BeckRS 2017, 138202, Rn. 18.

1539 Der Probelauf mit „Zahlentest“ dient v.a. dazu, Störungen auszuschließen, welche die Auswertung der in der Hauptuntersuchung zu gewinnenden Reaktionskurven unmöglich oder unsicher machen würden. Gleichzeitig wird dem Probanden die Zuverlässigkeit der Untersuchungsmethode verdeutlicht. Der Proband wird bei dem „Zahlentest“ aufgefordert, eine Zahl (z.B. zwischen 22 und 26) zu wählen und diese nicht zu verraten. Der Proband soll sodann die gewählte Zahl auf ein Blatt Papier schreiben, dieses zusammenfalten und in der Hosentasche verbergen. Danach wird der Proband an den Polygraphen angeschlossen und es werden die möglichen geschrieben Zahlen mehrfach abgefragt, s. dazu *Ben-Shakhar*, in: Polygraph Testing (2002), 103 (104); *Dahle*, Psychologische Rundschau 2003, 103 (107) in Fn. 5; *Furedy*, Int. J. Psychophysiol. 21 [1996], 97 (99); *Putzke/Scheinfeld u.a.*, ZStW 121 [2009], 607 (614–615); *Steller/Dahle*, Praxis der Rechtspsychologie 1999, 127 (138–139); *Stüllenberg/Stubbe u.a.*, Lügendetektortest (2000), 23; *Undeutsch/Klein*, Praxis der Rechtspsychologie 1999, 45 (51–52); s.a. AG Bautzen BeckRS 2017, 138202, Rn. 19; krit. *Frister*, ZStW 106 [1994], 303 (308).

1540 AG Bautzen BeckRS 2017, 138202, Rn. 18–19.

der VFT erfolgt, die folgende Auswertung ergeben habe: Bei Frage 1 („Haben Sie S. L. jemals im Genitalbereich berührt" Antwort: Nein) ein Wert von +6 nach drei und +9 nach vier Durchgängen; bei Frage 2 („Haben Sie S. L. jemals veranlasst, an ihnen eine sexuelle Handlung vorzunehmen?" Antwort: Nein) ein Wert von + 8 nach drei und +11 nach vier Durchgängen; bei Frage 3 („Haben Sie jemals eine sexuelle Handlung an oder mit S. L. ausgeführt?" Antwort: Nein) ein Wert von + 2 nach drei und +3 nach vier Durchgängen.[1541] Die Sachverständige kam zu dem Ergebnis, dass der Angeklagte jede der ihm gestellten Tatfragen wahrheitsgemäß verneint hat.[1542]

Das AG Bautzen stellt fest, dass die Ausführungen der Rechtspsychologin nachvollziehbar, facettenreich und valide sind, keine Widersprüche oder Verstöße gegen Denkgesetze enthalten und folglich verwertet werden können.[1543] Das Gericht habe keinerlei Zweifel daran, sich die Feststellungen der Sachverständigen im Rahmen seiner eigenen Beweiswürdigung nicht zu eigen machen zu können.[1544] Dabei habe das Gericht auch nicht übersehen,

> „dass der Einsatz von Polygraphentests in der forensischen Praxis umstritten ist und insbesondere sich (noch) nicht in der Strafrechtspraxis durchgesetzt hat."[1545]

Nach einhelliger Meinung in Rechtsprechung und Literatur verstoße der Einsatz des Polygraphen jedoch weder gegen Verfassungsgrundsätze, sofern sich der Beschuldigte freiwillig einer polygraphischen Untersuchung unterziehe, noch handle es sich bei dem Verfahren um eine nach § 136a Abs. 1 StPO verbotene Vernehmungsmethode.[1546] Jedenfalls für den Fall, dass das Untersuchungsergebnis lediglich zugunsten des Beschuldigten verwertet wird, stehen der Verwertung einer polygraphischen Untersuchung keine verfassungsrechtlichen Aspekte oder solche des formellen Strafrechts entgegen.[1547] Dies habe auch der Bundesgerichtshof in seiner zweiten „Lügendetektor-Entscheidung" aus dem Jahr 1998[1548] erkannt.[1549] Zwar habe der Bundesgerichtshof der polygraphischen Untersuchung seinerzeit „keinerlei Beweiswert"[1550] zugeschrieben;[1551] der Bundesgerichtshof würde der VFT jedoch dann einen „gewissen indiziellen Beweiswert"[1552] attestieren, wenn

---

1541 AG Bautzen BeckRS 2017, 138202, Rn. 56–57; ausf. zur Auswertungsmethode unter § 9 B. III. 2. d).

1542 AG Bautzen BeckRS 2017, 138202, Rn. 58.

1543 AG Bautzen BeckRS 2017, 138202, Rn. 59.

1544 AG Bautzen BeckRS 2017, 138202, Rn. 59.

1545 AG Bautzen BeckRS 2017, 138202, Rn. 35.

1546 AG Bautzen BeckRS 2017, 138202, Rn. 36; vgl. die zweite „Lügendetektor-Entscheidung" des BGH (s.o. § 9 C. I. 2.).

1547 AG Bautzen BeckRS 2017, 138202, Rn. 37.

1548 Vgl. unter § 9 C. I. 2.

1549 AG Bautzen BeckRS 2017, 138202, Rn. 38.

1550 BGHSt 44, 308 (319) = NJW 1999, 657 (659).

1551 AG Bautzen BeckRS 2017, 138202, Rn. 38; vgl. unter § 9 C. I. 2.

1552 BGHSt 44, 308 (322) = NJW 1999, 657 (660).

die wissenschaftliche Forschung einen Zusammenhang zwischen den gemessenen Körperreaktionen und einem Verhalten (zum Beispiel wahre oder unwahre Äußerung) belegen kann.[1553]

Das AG Bautzen unterstellt, dass eine ausreichende Grundlage zu dem Zeitpunkt der Entscheidung des Bundesgerichtshofes vorliegenden Stand der wissenschaftlichen Forschung unberücksichtigt gelassen oder gar übersehen wurde.[1554] Eine große Anzahl experimenteller und empirischer Untersuchungen (insbesondere in den USA) zeige, dass von der Reliabilität und Validität der polygraphischen Untersuchung durchaus ausgegangen werden könne.[1555] Die Kritik an der psychophysiologischen Aussagebeurteilung mache hingegen deutlich, dass an die Untersuchung mit dem Polygraphen ungleich höhere Anforderungen gestellt werden als an andere aussagepsychologische Begutachtungen.[1556] Letztlich unterliege das Ergebnis polygraphischer Untersuchungen uneingeschränkt der freien richterlichen Beweiswürdigung des § 261 StPO, sodass ihm ein Indizwert zukomme, der im Lichte der weiteren übrigen Beweismittel zu bewerten und abschließend zu würdigen sei.[1557]

> „Es kann daher nichts Wesentliches dagegen eingewandt werden, dem Angeklagten schon aufgrund der strafprozessualen ‚Waffengleichheit' [...] ein probates Mittel an die Hand zu geben, um seine Unschuld beweisen zu können."[1558]

Da sich nicht behebbare Zweifel an einer für die Entscheidung erheblichen Tatsache zugunsten des Angeklagten auswirken müssen (*in dubio pro reo*), war das AG Bautzen letztlich von der Einlassung des Angeklagten überzeugt[1559] und sprach ihn aus tatsächlichen Gründen frei.[1560]

2. *Urteil des AG Bautzen vom 26. März 2013 – Az. 40 Ls 330 Js 6351/12*

Schon im Jahr 2013 stellte das AG Bautzen mit Urteil vom 26. März nach einer eingehenden Auseinandersetzung mit der Methode und dem Diskussionstand fest, dass das entlastende Ergebnis einer polygraphischen Untersuchung als Indiztatsache im Strafverfahren verwertbar ist.[1561] Das Gericht zog das Ergebnis einer

---

1553 AG Bautzen BeckRS 2017, 138202, Rn. 38; vgl. unter § 9 C. I. 2.

1554 AG Bautzen BeckRS 2017, 138202, Rn. 38 m.N. zur Lit.

1555 AG Bautzen BeckRS 2017, 138202, Rn. 41–44 m.N. u.a. auf *Bonpasse*, Polygraph 42 [2013], 112 (112 ff.); *Offe/Offe*, MschrKrim 2004, 86 (86 ff.) und *Undeutsch/Klein*, Praxis der Rechtspsychologie 1999, 45 (45 ff.).

1556 AG Bautzen BeckRS 2017, 138202, Rn. 46.

1557 AG Bautzen BeckRS 2017, 138202, Rn. 48.

1558 AG Bautzen BeckRS 2017, 138202, Rn. 49.

1559 AG Bautzen BeckRS 2017, 138202, Rn. 61.

1560 AG Bautzen BeckRS 2017, 138202, Rn. 62.

1561 AG Bautzen BeckRS 2013, 8655 m. Anm. *Seiterle*, StraFo 2014, 58 (58 ff.). Auf dieses Urteil nimmt das AG Bautzen in seinem (teilw. wortgleichen) Urt. v. 26.10.2017 Bezug, vgl. AG Bautzen BeckRS 2017, 138202, Rn. 35.

polygraphischen Untersuchung heran, die zuvor aufgrund eines Beschlusses des AG (Familiengericht) Bautzen in dem vorgeschalteten Scheidungs- und Sorgerechtsverfahren durchgeführt wurde.[1562] In den Urteilsgründen führt das AG Bautzen – mit Blick auf die Kritik an der Validität polygraphischer Untersuchungen – aus, dass der freien richterlichen Beweiswürdigung kein Grundsatz dergestalt zu entnehmen sei, dass eine wissenschaftliche Methode in der Praxis erst ab einem bestimmten Grad von Wahrscheinlichkeit als brauchbar oder unbrauchbar anzusehen ist.[1563] Dann aber dürfe man die psychophysiologische Aussagebeurteilung durch Einsatz eines Polygraphen nicht von vornherein als völlig ungeeignetes Beweismittel im Sinne von § 244 Abs. 3 Satz 2 Nr. 4 StPO ansehen.[1564]

> „Dass etwa im Bereich des Familienrechts [...] Polygraphentests als nicht nur zulässig, sondern mit Beweiswert versehen angesehen werden, im Strafverfahren jedoch deren Validität angezweifelt wird, ist nicht nur unverständlich, sondern stellt die Einheitlichkeit der Rechtsordnung in Fragen des Beweisrechts an sich auf den Kopf."[1565]

D. Die Rechtsprechung des Bundesgerichtshofs: Ein (überwindbares) Hindernis für den Polygraphen

Ein Blick über die nationalen Grenzen hinweg zeigt, dass in vielen Ländern die Suche nach einer psychophysiologischen Aussagebeurteilung vergebens ist.[1566] Allerdings gibt es ebenso viele Länder, in denen der Polygraph ein fester Bestandteil der dortigen Strafverfahren ist.[1567] Es stellt sich damit die Frage, ob der Bundesgerichtshof die Einführung der psychophysiologischen Aussagebeurteilung

1562 Vgl. AG Bautzen BeckRS 2013, 16541. Die Gutachterin wurde im Strafverfahren als sachverständige Zeugin gehört, s. AG Bautzen BeckRS 2013, 8655; ferner AG Bautzen BeckRS 2017, 138202, Rn. 35.

1563 AG Bautzen BeckRS 2013, 8655.

1564 AG Bautzen BeckRS 2013, 8655.

1565 AG Bautzen BeckRS 2013, 8655.

1566 So bspw. in Österreich, s. *Wagner*, Polygraphie im Strafverfahren (2012), 37–38; vgl. zudem *Furedy*, Int. J. Psychophysiol. 21 [1996], 97 (102): "Indeed, in many European countries, psychophysiological lie detection is either outlawed and/or is regarded with the same level of skepticism that is reserved for, say, tea-leaf reading."

1567 So bspw. in Belgien, Estland, Israel, Japan, Kanada, Litauen, Polen und in einigen Bundesstaaten der USA, vgl. *Putzke*, ZJS 2011, 557; *Putzke/Scheinfeld u.a.*, ZStW 121 [2009], 607 (609); *Schüssler*, Polygraphie (2002), 35–47, 59; *Schwabe*, NJW 1979, 576 (577) m. Fn. 8, 9; *Seiterle*, Lügendetektion (2010), 69–73 m.w.N.; *Undeutsch/Klein*, Praxis der Rechtspsychologie 1999, 45 (50); ferner AG Bautzen BeckRS 2013, 16541; *Furedy*, Int. J. Psychophysiol. 21 [1996], 97 ([98][102]); *Lykken*, Integr. Psychol. Behav. Sci. 26 [1991], 214; *Paul/Egbert*, KrimJ 2014, 153 (154); *Putzke*, ZJS 2011, 557 (559). Näher zur Zulässigkeit und zum Einsatz des Polygraphen in (1) Israel: *Horowitz*, in: Polygraphie (1999), 165 (165 ff.); (2) Japan: *Nakayama*,

in das deutsche Strafverfahren zu Recht verhindert oder ob die Versagung ein Versäumnis ist.[1568]

I. Echo in der Literatur

Die erste „Lügendetektor-Entscheidung“ von 1954 stieß in der Literatur nur vereinzelt auf Widerstand.[1569] Von den wenigen Kritikern wurde insbesondere die Absurdität, dass ein möglicherweise zu Unrecht Verurteilter eine (jahrelange) Haftstrafe erdulden müsse, weil man zum Schutz seiner Menschwürde eine Entlastungsmöglichkeit für unzulässig erklärt, moniert.[1570]

44 Jahre später revidierte der 1. Strafsenat – unter Betonung des Selbstbestimmungsrechts des Beschuldigten – seine im ersten „Lügendetektor-Urteil“ geäußerten, im wesentlichen verfassungsrechtlichen Bedenken[1571] und stellte fest, dass die polygraphische Untersuchung vielmehr ein völlig ungeeignetes Beweismittel im Sinne des § 244 Abs. 3 Satz 2 Nr. 4 StPO ist.[1572] *Carsten Momsen* führt die Haltung des Senats auf drei Argumente zurück:

---

in: Polygraph Testing (2002), 49 (49 ff.); *Rill/Gödert u.a.*, MschrKrim 2003, 165 (173 ff.); (3) Polen: *Jaworski*, NStZ 2008, 195 (195 ff.); (4) den USA: *Daniels*, in: Polygraph Testing (2002), 327 (327 ff.); *Delvo*, Lügendetektor (1981), 127 ff.; *Faigman/Kaye u.a.*, Scientific Evidence (1997), 554 ff.; *Horvath*, in: Polygraphie (1999), 135 (140 ff.); *Reid/Inbau*, Truth and Deception (1966), 237 ff.; *Stübinger*, ZIS 2008, 538 (543–544); *Wegner*, Polygraphie (1981), 34–36, 57 ff.

1568 Ähnl. *Putzke*, NJW-aktuell 2013, 14.

1569 Etwa bei *Schwabe*, NJW 1979, 576 (576 ff.); *Undeutsch*, ZStW 87 [1975], 650 (657–660); krit. a. *Prittwitz*, MDR 1982, 886 (888). V. großen Teilen der Lit. wurde das Urteil hingegen zunächst positiv aufgenommen, s. *Schüssler*, Polygraphie (2002), 52 m.N. Im Laufe der Zeit mehrten sich jedoch die Gegenstimmen, s. *Schneider*, Nonverbale Zeugnisse (1991), 137 ff.

1570 *Effer-Uhe/Mohnert*, Psychologie (2019), Rn. 228; *Haustein*, Aussage gegen Aussage (2017), 151; *Putzke*, ZJS 2011, 557 (558); vgl. *Schwabe*, NJW 1979, 576 (578); *Wegner*, Polygraphie (1981), 189–190; s.a. *Frister*, ZStW 106 [1994], 303 (324); *Meyer-Mews*, NJW 2000, 916 (917); *Putzke/Scheinfeld u.a.*, ZStW 121 [2009], 607 (629); *Schüssler*, Polygraphie (2002), 53; ähnl. der BGH in seiner zweiten „Lügendetektor-Entscheidung“, vgl. § 9 C. I. 2. S.a. die Kritik an der BVerfG-Rspr.: *Scherer*, StraFo 1998, 16 (17); *Schwabe*, NJW 1982, 367. Näher zur Autonomie des Einwilligenden vor dem Hintergrund des Schutzes seiner Menschwürde *Amelung*, JR 1999, 382 (383–384); vgl. a. *Momsen*, KriPoZ 2018, 142 (144).

1571 Vgl. unter § 9 C. I. 1.

1572 S.o. § 9 C. I. 2.; zust. *Eisenberg*, Beweisrecht, Rn. 694; HK-GS-*König*, § 244 StPO, Rn. 60. *Hamm*, NJW 1999, 922 (923) beschreibt diesen Paradigmenwechsel mit „raus aus der verfassungsrechtlichen Unzulässigkeit, rein in die naturwissenschaftlich überprüfbare Ungeeignetheit“. Die Abkehr von der ersten Entscheidung könnte mit einem Wandel des Verständnisses der Menschenwürde als Ausfluss der Interessen eines Kollektivsubjekts hin zu einem individualbezogenen Ansatz zusammenhängen, so *Kargl/Kirsch*, JuS 2000, 537 (539). Im Folgenden sollen

„(1) eine ungesicherte Datenlage, (2) wissenschaftlich nicht abgesicherte Untersuchungsmethoden mit der Folge geringer Validität und relativ hohen Fehlerquoten sowie (3) eine weder auszuschließende noch in ihrer Bedeutung überhaupt abschätzbare Manipulationsgefahr."[1573]

Die zweite „Lügendetektor-Entscheidung" findet in der psychologischen und juristischen Literatur nicht nur Anklang.[1574] Die Polygraphiebefürworter monieren, dass das Gericht den Aspekt, den Polygraphen ausschließlich zur Entlastung des Beschuldigten einzusetzen, unerörtert ließ.[1575] Insoweit wurde schon der Beschluss des Bundesverfassungsgerichts aus dem Jahr 1981[1576] kritisiert: Der Vorprüfungsausschuss des Bundesverfassungsgerichts habe die Verfassungsbeschwerde zurückgewiesen, ohne die Besonderheiten einer zur Entlastung durchgeführten polygraphischen Untersuchung zu erkennen und habe so bei der Beurteilung des Beweiswertes der Untersuchung übersehen, dass es in dem zu entscheidenden Fall nicht um die *Errichtung*, sondern nur um die *Erschütterung* eines Beweisgebäudes gegangen sei.[1577]

Der Bundesgerichtshof sieht sich ferner dem Vorwurf ausgesetzt, dass in dem zweiten „Lügendetektor"-Urteil offengeblieben sei, ob die Befunde einer polygraphischen Untersuchung signifikant unzuverlässiger sind als die Ergebnisse aussagepsychologischer Glaubhaftigkeitsgutachten.[1578]

Die Polygraphiebefürworter stimmen dem Bundesgerichtshof allerdings dahingehend zu, dass ein Beschuldigter, der sein Einverständnis erklärt, in seiner Subjektstellung unangetastet bleibt und während einer Untersuchung mit dem Polygraphen nicht zu einem „Objekt in einem apparativen Vorgang"[1579] gemacht wird.[1580] Auch sei die Feststellung des Senats richtig, dass die Ablehnung einer

---

allerdings nicht die möglichen Gründe für die Rechtsprechungsänderung, sondern vielmehr deren Auswirkungen auf den Polygrapheneinsatz im deutschen Strafverfahren beleuchtet werden.

1573 *Momsen*, KriPoZ 2018, 142 (146); vgl. § 9 C. I. 2.

1574 *Momsen*, KriPoZ 2018, 142 m.N.; vgl. *Meyer-Mews*, NJW 2000, 916 (916 ff.); *Putzke/Scheinfeld u.a.*, ZStW 121 [2009], 607 ([610][622–623]); *Seiterle*, StraFo 2014, 58 (58 ff.).

1575 So *Meyer-Mews*, NJW 2000, 916 (917).

1576 BVerfG NStZ 1981, 446 (446 f.); vgl. § 9 C. II. 1.

1577 So *Amelung*, JR 1999, 382 (383) m.w.N.; ferner *Prittwitz*, MDR 1982, 886 (887); einen Überblick über die krit. Stimmen in der Lit. bzgl. der BVerfG-Rspr. gibt *Schüssler*, Polygraphie (2002), 60–65.

1578 So *Meyer-Mews*, NJW 2000, 916 (917). Der BGH stellt in seinem zweiten „Lügendetektor"-Urteil (BGHSt 44, 308 [319] = NJW 1999, 657 [659]) hierzu lediglich fest: „Etwaige Bedenken gegen jene Testverfahren sprechen nicht für die Geeignetheit des Polygraphen." S.a. bereits unter § 9 C. I. 2.

1579 BGHSt 44, 308 (317) = NJW 1999, 657 (659).

1580 BGHSt 44, 308 (317) = NJW 1999, 657 (659); vgl. unter § 9 C. I. 2.; zust. *Putzke*, ZJS 2011, 557 (558); a.A. *Eisenberg*, Beweisrecht, Rn. 697; abl. wohl a. *Peters*, ZStW 87

psychophysiologischen Aussagebeurteilung vom Gericht ebenso wenig zulasten des Angeklagten berücksichtigt werden darf, wie die Entscheidung des Angeklagten zu schweigen.[1581]

Nun befürchten einige Polygraphiegegner, dass durch die Möglichkeit einer polygraphischen Untersuchung für Angeklagte der mittelbare Zwang entsteht, die Richtigkeit ihrer Angaben stets polygraphisch testen zu lassen.[1582] Denn ein Angeklagter, gegen den mehrere Indizien sprechen, könne nicht davon ausgehen, dass allein seine bestreitenden Angaben ausreichen werden, um Zweifel an seiner Schuld zu wecken; der Angeklagte müsse dahingegen annehmen, dass das negative Ergebnis einer polygraphischen Untersuchung durchaus geeignet ist, die Anklage ernsthaft in Frage zu stellen.[1583]

Im Übrigen stieß der Ansatz des Bundesgerichtshofs, die Weigerung einer psychophysiologischen Aussagebeurteilung wie das Schweigen des Angeklagten zu behandeln, weitestgehend auf Akzeptanz.[1584] Ausschlaggebend für die Einordnung der VFT als *ungeeignet* im Sinne des § 244 Abs. 3 Satz 3 Nr. 4 StPO war für den 1. Strafsenat damit wohl die scheinbar fehlende Validität.[1585] Nach Ansicht des Senats würde der VFT allerdings dann ein indizieller Beweiswert zukommen, wenn eine „hinreichend breite Datenbasis“[1586] einen Zusammenhang zwischen den gemessenen Körperreaktionen und einem Verhalten belegen würde.[1587] An dieser Stelle sieht sich der Bundesgerichtshof der Kritik ausgesetzt, seinerzeit bestehende Validitätsstudien nicht hinreichend berücksichtigt zu haben.[1588]

Ungeachtet der geäußerten Kritik wurde vor allem in der juristischen Literatur vermutet, dass das zweite „Lügendetektor-Urteil“ auf unabsehbare Zeit Gültigkeit

---

[1975], 663 (678); diff. *Achenbach*, NStZ 1984, 350 (351); s. zum Ganzen *Nestler*, JA 2017, 10 (15).

1581 BGHSt 44, 308 (318) = NJW 1999, 657 (659); vgl. unter § 9 C. I. 2.; zust. *Effer-Uhe*, MLR 2013, 99 (101); ebenso bereits *Holstein*, Kriminalistik 1990, 155 (158); *Schwabe*, NJW 1979, 576 (579–580).

1582 So *Eisenberg*, Beweisrecht, Rn. 699; *Momsen*, KriPoZ 2018, 142 (149–150) m. Hinweis auf die kognitive Dissonanz (s. dazu bereits Fn. 224); *Peters*, ZStW 87 [1975], 663 (676); *Volckart*, R & P 1998, 138 ([141][142]); diff. dagegen *Frister*, ZStW 106 [1994], 303 (325 ff.); abl. BGHSt 44, 308 (318) = NJW 1999, 657 (659).

1583 *Eisenberg*, Beweisrecht, Rn. 699; *Wagner*, Polygraphie im Strafverfahren (2012), 105–106.

1584 Vgl. *Putzke/Scheinfeld u.a.*, ZStW 121 [2009], 607 (633); s.a. bereits *Klimke*, NStZ 1981, 433 (433–434); *Undeutsch*, ZStW 87 [1975], 650 (657–658); ferner *Schüssler*, Polygraphie (2002), 64, 73–74; diff. dagegen *Amelung*, NStZ 1982, 38 (39).

1585 Vgl. BGHSt 44, 308 (319) = NJW 1999, 657 (659); s.a. *Amelung*, JR 1999, 382 (384); *Putzke/Scheinfeld u.a.*, ZStW 121 [2009], 607 (621).

1586 BGHSt 44, 308 (322) = NJW 1999, 657 (660); vgl. unter § 9 C. I. 2.

1587 Vgl. unter § 9 C. I. 2.; s.a. *Putzke/Scheinfeld u.a.*, ZStW 121 [2009], 607 ([621][624]).

1588 So AG Bautzen BeckRS 2017, 138202, Rn. 38 (vgl. unter § 9 C. III. 1.); *Seiterle*, StraFo 2014, 58 (60–61); s. zu den einzelnen Validitätsstudien unter § 9 B. V. 2. b).

haben und das Thema „psychophysiologische Aussagebeurteilung" vorerst erledigt sein würde.[1589] Der 1. Strafsenat ließ für die VFT in seiner Entscheidung mit der Formulierung „nach dem *jetzigen* Stand der wissenschaftlichen Forschung"[1590] die Tür ins Strafverfahren jedoch einen Spalt weit offen.[1591] Und auch der Einsatz der TWT im Strafverfahren war nach der Urteilsbegründung nicht aussichtslos: Nach Ansicht des Senats ist die TWT zwar völlig ungeeignet im Sinne des § 244 Abs. 3 Satz 2 Nr. 4 StPO, wenn der Beschuldigte bereits von dem gegen ihn erhobenen Vorwurf und den darauf bezogenen Ermittlungsergebnissen Kenntnis erlangt hat, das heißt spätestens zum Zeitpunkt der Hauptverhandlung.[1592] Damit könnte die TWT jedoch durchaus im *Ermittlungsverfahren* zum Einsatz kommen.[1593]

Im Jahr 2010 schlug der 1. Strafsenat mit seiner dritten „Lügendetektor-Entscheidung" die Tür ins Strafverfahren für die Polygraphie zu.[1594] Nach Auffassung des Senats gibt es seit dem Urteil von 1998 keine neuen Erkenntnisse zur Validität und selbst wenn es sie gäbe, wären diese ohne Belang, da die im zweiten „Lügendetektor-Urteil" dargelegten grundsätzlichen Einwände gegen die VFT uneingeschränkt weiterbestehen würden.[1595] Das Urteil vom 30. November 2010 verschärft – zumindest dem Wortlaut nach – insoweit sogar die Anforderungen an die Eignung einer polygraphischen Untersuchung als Beweismittel.[1596]

Für seine dritte „Lügendetektor-Entscheidung" aus dem Jahr 2010 zog der 1. Strafsenat – anders als zu seiner zweiten „Lügendetektor-Entscheidung" aus dem Jahr 1998 – keinen sachverständigen Rat heran. In der Literatur wurde daraufhin die Frage aufgeworfen, inwieweit der Senat in der Besetzung des Jahres 2010 die Frage der

1589 So *Fezer*, JZ 2007, 665 (666); ähnl. *Amelung*, JR 1999, 382; hoffnungsvoll bzgl. einer Rechtsprechungsänderung hin zur Feststellung der Validität zeigten sich dagegen noch *Putzke/Scheinfeld*, StraFo 2010, 58 (59).

1590 BGHSt 44, 308 (323) = NJW 1999, 657 (660) – Hervorhebung nicht original; vgl. unter § 9 C. I. 2.

1591 *Hamm*, NJW 1999, 922; *Putzke*, ZJS 2011, 557 (558); *Putzke/Scheinfeld u.a.*, ZStW 121 [2009], 607 (624); ähnl. *Offe/Offe*, Praxis der Rechtspsychologie 2001, 5; *Seiterle*, StraFo 2014, 58 ([60][62]).

1592 BGHSt 44, 308 (327–328) = NJW 1999, 657 (662); s. unter § 9 C. I. 2. Zust. *Schüssler*, Polygraphie (2002), 174–175.

1593 *Bender/Nack u.a.*, Tatsachenfeststellung (2014), Rn. 240, 242; *Dettenborn/Lindtner*, Praxis der Rechtspsychologie 2001, 35; *Effer-Uhe*, MLR 2013, 99 ([101–102][103]); *Effer-Uhe/Mohnert*, Psychologie (2019), Rn. 236; *Rill/Gödert u.a.*, MschrKrim 2003, 165 ([167][173]); *Schüssler*, Polygraphie (2002), 169–170, 190; ähnl. *Berning*, MschrKrim 1993, 242 (243); *Dahle*, Psychologische Rundschau 2003, 103 (104); krit. *Amelung*, JR 1999, 382 (384–385). Nach *Effer-Uhe*, MLR 2013, 99 (102) und *Seiterle*, Lügendetektion (2010), 62–63 bleibt ein Einsatz der TWT in der Hauptverhandlung dennoch theoretisch möglich.

1594 S.a. *Seiterle*, StraFo 2014, 58 (62). Die Hoffnungen von *Putzke/Scheinfeld*, StraFo 2010, 58 (63) wurden damit enttäuscht.

1595 BGH NStZ 2011, 474 (475); s.o. § 9 C. I. 3.; s. dazu *Putzke*, ZJS 2011, 557 ([557][559]).

1596 *Seiterle*, StraFo 2014, 58 ([58][62][64]).

Methodenzuverlässigkeit mit der erforderlichen Sachkunde beantworten konnte, wo doch zwölf Jahre zuvor derselbe Senat eine ganze Reihe Sachverständiger angehört hat, um über die gleiche Frage zu entscheiden.[1597]

II. Bewertung der drei „Lügendetektor-Entscheidungen"

1. Zur ersten „Lügendetektor-Entscheidung" (1954)

Die erste „Lügendetektor-Entscheidung" aus dem Jahr 1954 betraf einen Angeklagten, dessen erstinstanzliche Verurteilung auf einer ihn *belastenden* polygraphischen Untersuchung beruhte.[1598] Er wurde beschuldigt, als Rechner einer Genossenschaft über 5.000 DM unterschlagen und zur Verdeckung einen Einbruch in den Kassenschrank der Genossenschaft vorgetäuscht zu haben.[1599] Um dem 1. Strafsenat die Leistungsfähigkeit des Polygraphen zu demonstrieren, wurde im Prozess ein „Zahlentest"[1600] in Form des „silent-answer-tests" vorgeführt.[1601]

Bei einem „Zahlentest" wird der Proband aufgefordert, eine Zahl aus einer vorgegebenen Zahlenreihe (zum Beispiel zwischen 22 und 26) zu wählen und diese nicht zu verraten. Der Proband schreibt die gewählte Zahl auf ein Blatt Papier, faltet dieses zusammen und verbirgt es in der Hosentasche. Daraufhin wird der Proband an den Polygraphen angeschlossen und es werden die Zahlen aus der Zahlenreihe mehrfach abgefragt.[1602] Der „Zahlentest" funktioniert dabei im Grunde wie die TWT.[1603]

Im Rahmen der Untersuchungsanordnung als „silent-answer-tests" wird der Proband aufgefordert, bei dem Abfragen der Zahlen völliges Stillschweigen zu bewahren.[1604] Regelmäßig wird bei der Frage nach der Zahl, die der Proband zuvor ausgewählt und niedergeschrieben hat (relevantes Item), die stärkste Reaktion zu messen sein.[1605] Denn bei der polygraphischen Untersuchung kommt es – wie bereits gezeigt[1606] – nicht auf die Antworten des Probanden, sondern auf dessen

---

1597 *Putzke*, ZJS 2011, 557 (560).

1598 *Schwabe*, NJW 1979, 576 (578); ferner *Prittwitz*, MDR 1982, 886 (887); *Schüssler*, Polygraphie (2002), 53.

1599 BGHSt 5, 332 (333) = NJW 1954, 649.

1600 S. dazu bereits Fn. 1539.

1601 *Undeutsch/Klein*, Praxis der Rechtspsychologie 1999, 45 (52).

1602 S. dazu *Ben-Shakhar*, in: Polygraph Testing (2002), 103 (104); *Dahle*, Psychologische Rundschau 2003, 103 (107) in Fn. 5; *Furedy*, Int. J. Psychophysiol. 21 [1996], 97 (99); *Putzke/Scheinfeld u.a.*, ZStW 121 [2009], 607 (614–615); *Steller/Dahle*, Praxis der Rechtspsychologie 1999, 127 (138–139); *Stüllenberg/Stubbe u.a.*, Lügendetektortest (2000), 23; *Undeutsch/Klein*, Praxis der Rechtspsychologie 1999, 45 (51–52); s.a. AG Bautzen BeckRS 2017, 138202, Rn. 19; krit. *Frister*, ZStW 106 [1994], 303 (308).

1603 S. ausf. zur TWT § 9 B. III. 1.

1604 *Undeutsch/Klein*, Praxis der Rechtspsychologie 1999, 45 (52); s.o. § 9 B. IV. 1. b).

1605 *Undeutsch/Klein*, Praxis der Rechtspsychologie 1999, 45 (52).

1606 S.o. § 9 B. III. 2. a).

vegetative Reaktionen an. Es ist möglich, dass der Senat aufgrund dieser Untersuchungsanordnung in seinem Urteil zu der Einschätzung gelangt ist, dass bei der polygraphischen Untersuchung auch stets das Unbewusste auf Fragen antworte, ohne dass die untersuchte Person dies verhindern könne („Einblick in die Seele“[1607]).[1608] *Undeutsch* führte in seinem Gutachten dazu aus:

> „Diese Vorführung hat den Senat in seiner damaligen Besetzung zu dem Eindruck verführt, durch den Einsatz eines solchen Gerätes könne man gegen den Willen des Untersuchten und ohne, daß er dies verhindern könnte, von diesem entscheidende Informationen über seine Täterschaft ‚abzapfen'."[1609]

Der vorgeführte „Zahlentest“ in Form des „silent-answer-tests“ könnte eine derart abschreckende Wirkung auf den 1. Strafsenat gehabt haben, dass dieser bei seiner Beurteilung keinen Anlass sah, genauer zwischen einem belastenden und entlastenden Untersuchungsergebnis zu differenzieren.[1610]

2. *Zur zweiten „Lügendetektor-Entscheidung“ (1998)*

Der 1. Strafsenats stellte in seiner Entscheidung aus dem Jahr 1998 fest, dass der staatlich angeordnete und vom Beschuldigten gestattete Einsatz des Polygraphen – unabhängig davon, ob das Testergebnis nur zugunsten oder auch zulasten des Beschuldigten verwertet werden soll[1611] – keine Verletzung der Menschenwürde des Beschuldigten gemäß Art. 1 Abs. 1 GG und seiner Freiheit der Willensentschließung und -betätigung im Sinne des § 136a Abs. 1 Satz 1 StPO darstellt.[1612] Dass die psychophysiologische Aussagebeurteilung keine *körperliche* Untersuchung gemäß

1607 BGHSt 5, 332 (335) = NJW 1954, 649 (650).

1608 Vgl. BGHSt 5, 332 (335) = NJW 1954, 649 (650); s.o. § 9 C. I. 1.

1609 *Undeutsch/Klein*, Praxis der Rechtspsychologie 1999, 45 (52).

1610 *Undeutsch*, ZStW 87 [1975], 650 (656) hält die Erfahrungen aus der nationalsozialistischen Zeit mitursächlich für das Urteil; zust. *Prittwitz*, MDR 1982, 886 (887) m. Fn. 11; ähnl. *Wegner*, Polygraphie (1981), 22; a.A. *Peters*, ZStW 87 [1975], 663 (664).

1611 BGHSt 44, 308 (315) = NJW 1999, 657 (658). Bei dieser Formulierung handelt es sich wohl um ein bloßes obiter dictum, denn zu entscheiden war nur der Fall des Polygrapheneinsatzes zur *Entlastung* eines Angeklagten, vgl. *Amelung*, JR 1999, 382 (383).

1612 BGHSt 44, 308 (315) = NJW 1999, 657 (658); zust. *Effer-Uhe/Mohnert*, Psychologie (2019), Rn. 229; MüKo-StPO-*Schuhr*, § 136a, Rn. 51; *Petri*, in: Neue Vernehmungsmethoden (2012), 176 (185–186); so bereits *Wegner*, Polygraphie (1981), 186; a.A. schon *Peters*, ZStW 87 [1975], 663 (677–678); wohl diff. SK-StPO-*Rogall*, § 136a, Rn. 93; ferner dazu *Kindhäuser/Schumann*, StPO (2019), § 6 Rn. 45. Nach *Volckart*, R & P 1998, 138 (141) sei die Polygraphie genauso zu beurteilen wie die verbotenen Methoden der Narkoanalyse, Hypnose und Täuschung; so a. bereits *Würtenberger*, JZ 1951, 772 (773); a.A. *Klimke*, NStZ 1981, 433 (434); diff. dagegen *Frister*, ZStW 106 [1994], 303 (313 f.).

§ 81a Abs. 1 Satz 1 StPO ist, entschied der Senat bereits im Jahr 1954.[1613] Im Urteil von 1998 wurde § 81a StPO nicht einmal mehr erwähnt.

Die Unzulässigkeit des Polygraphen begründete der Senat mit der Unbrauchbarkeit der Untersuchungsmethode.[1614] Der Schwerpunkt für die Zulässigkeitsbeurteilung wurde damit weg von normativen Einwendungen hin zu der Zuverlässigkeit einer psychophysiologischen Aussagebeurteilung verlagert.[1615]

Bei seiner Begründung stützte sich der Senat vornehmlich auf das Gutachten des Sachverständigen *Fiedler*,[1616] ohne den Vorbringen und Bemühungen der anderen Sachverständigen hinreichend Rechnung zu tragen.[1617] Wie schon von der Literatur kritisiert wurde,[1618] führt das Gericht in seinem Urteil tatsächlich nur die (unbestreitbar) bestehenden grundsätzlichen Schwächen von Simulations- und Feldstudien[1619] an und verneint aufgrund dessen bereits die Validität der Untersuchungsmethode.[1620] Die Berufung allein auf die Schwächen von Simulations- und Feldstudien verkennt jedoch nicht nur die Komplexität der zu prüfenden Zusammenhänge, sondern ebenso die Stärken der sich ergänzenden Forschungsrichtungen.[1621] Außerdem wurde im Rahmen der Leistungsfähigkeit der polygraphischen Untersuchungsmethode bereits gezeigt, dass die Frage nach der Validität nicht eindeutig zu beantworten ist;[1622] vielmehr gibt es eine Reihe von Einzelstudien und Übersichtsdarstellungen über die Klassifikationsgenauigkeit von psychophysiologischen Aussagebeurteilungen in Labor- und Feldstudien, wobei die Ergebnisauswahl, das Hervorheben oder Ignorieren methodischer Mängel sowie die Bewertung der Trefferquoten einzelner Untersuchungen durch Fürsprecher oder

1613 Vgl. BGHSt 5, 332 (336) = NJW 1954, 649 (650); s.o. § 9 C. I. 1. A.A. *Berning*, MschrKrim 1993, 242 (249–251); *Effer-Uhe*, MLR 2013, 99 (104); *Prittwitz*, MDR 1982, 886 (889–890); vgl. zum Ganzen *Schüssler*, Polygraphie (2002), 77–79. *Prittwitz*, a.a.O (890) kritisiert die ergebnisorientierte juristische Argumentationsstrategie einiger Polygraphiegegner, die eine körperliche Untersuchung und damit die „legitimierende" Wirkung des § 81a StPO ablehnen, aber gleichzeitig die polygraphische Untersuchung als körperlichen Eingriff i.S.d. § 136a StPO einordnen. Eingehend zu § 136a StPO s. *Frister*, ZStW 106 [1994], 303 (313 ff.).

1614 *Amelung*, JR 1999, 382 (383); *Stübinger*, ZIS 2008, 538 (546).

1615 *Stübinger*, ZIS 2008, 538 (546–547).

1616 Vgl. BGHSt 44, 308 (323–324) = NJW 1999, 657 (660–661) und *Fiedler*, Praxis der Rechtspsychologie 1999, 5 (23–27); s.a. *Offe/Offe*, Praxis der Rechtspsychologie 2001, 5 (13).

1617 *Dettenborn*, FPR 2003, 559 (562); vgl. bspw. die experimentelle Untersuchung von *Klein*, s. *Undeutsch/Klein*, Praxis der Rechtspsychologie 1999, 45 (73 ff.).

1618 S. unter § 9 D. I.

1619 Ausf. hierzu unter § 9 B. V.

1620 Vgl. BGHSt 44, 308 (323–324) = NJW 1999, 657 (660–661); s. dazu *Dettenborn*, FPR 2003, 559 (562).

1621 Vgl. unter § 9 B. IV. 4; ferner *Offe/Offe*, Praxis der Rechtspsychologie 2001, 5 ([13] [14]).

1622 S. unter § 9 B. V.

Kritiker des Polygraphen nicht zuletzt je nach Voreinstellung erfolgt.[1623] Sofern der Bundesgerichtshof sich für sein Urteil lediglich auf die von *Fiedler* angeführten Studien und die hierauf bezogene Methodenkritik bezieht, strengt er eine nur sehr einseitige Betrachtungsweise an.[1624] Die Ausführungen des Senats sind insoweit zwar richtig, als dass es „nach einhelliger wissenschaftlicher Auffassung nicht möglich ist, eindeutige Zusammenhänge zwischen bestimmten kognitiven oder emotionalen Zuständen und hierfür spezifischen Reaktionsmustern im vegetativen Nervensystem zu erkennen"[1625.1626] Der Psychologe und Polygraphiegutachter *Harry Dettenborn* geht jedoch so weit zu sagen, dass der Bundesgerichtshof „dem Gutachter Fiedler aufgesessen"[1627] sei, wenn er diesen Vorwurf zu einem Kritikpunkt „von entscheidender Bedeutung"[1628] erhebe.[1629] Damit verhindert die zweite „Lügendetektor-Entscheidung" aus dem Jahr 1998 eine differenzierte Betrachtung des Polygraphen.

3. *Zur dritten „Lügendetektor-Entscheidung" (2010)*

Dieser beklagenswerte Zustand wird durch den Beschluss aus dem Jahr 2010 perpetuiert. Der Hinweis des Senats, dass die von der Revision angeführte Simulationsstudie keine „hinreichend breite Datenbasis" für den Beleg eines Zusammenhangs von mittels des Polygraphen gemessenen Körperreaktionen mit einem bestimmten Verhalten darstelle,[1630] erscheint als Begründung äußerst dürftig.[1631] Im Übrigen

---

1623 S. unter § 9 B. V. 2. b).

1624 S.a. *Vehrs*, Praxis der Rechtspsychologie 2001, 16 (20); ähnl. *Offe/Offe*, Praxis der Rechtspsychologie 2001, 5 (13). So a. die Kritik v. *Putzke/Scheinfeld u.a.*, ZStW 121 [2009], 607 (623), wonach sich der BGH v. den „im Großen und Ganzen unbrauchbar[en]" Ausführungen der Autoren *Rill* und *Vossel* (*Rill/Vossel*, NStZ 1998, 481 [481 ff.]) habe beeinflussen lassen.

1625 BGHSt 44, 308 (316) = NJW 1999, 657 (658–659).

1626 S.o. § 9 B. IV. 1.

1627 *Dettenborn*, FPR 2003, 559 (561). Vgl. *Fiedler*, Praxis der Rechtspsychologie 1999, 5 (8): „Die psychologische Grundlagenforschung kennt keine gut bestätigte Gesetzmäßigkeit im Sinne eines konsistenten Erregungsmusters für einen Beswußtseinszustand wie das absichtliche Lügen [1]. Damit ist auch die *entscheidende Prämisse der Polygraphentestung* nicht erfüllt, daß sich aus den beobachteten physiologischen Zuständen diagnostische Schlüsse auf das Vorliegen einer Lüge ziehen lassen [2]." – Hervorhebungen nicht original.

1628 BGHSt 44, 308 (316) = NJW 1999, 657 (658–659).

1629 *Dettenborn*, FPR 2003, 559 (561); s.a. *Offe/Offe*, Praxis der Rechtspsychologie 2001, 5 ([6–7][14]); *Vehrs*, Praxis der Rechtspsychologie 2001, 16 (20–21); vgl. unter Hinweis auf *Dettenborn* zudem AG Bautzen BeckRS 2017, 138202, Rn. 38; *Putzke*, ZJS 2011, 557 (561); *Putzke*, NJW-aktuell 2013, 14.

1630 S. BGH NStZ 2011, 474 (475) m. Verweis auf die Simulationsstudie von *Offe/Offe*, MschrKrim 2004, 86 (90 ff.).

1631 So a. *Putzke*, ZJS 2011, 557 (560); *Seiterle*, StraFo 2014, 58 (64).

erschöpfen sich die Begründungsbemühungen des 1. Strafsenats in einem schlichten Verweis auf die zweite „Lügendetektor-Entscheidung".[1632] Dabei ist nicht nur zweifelhaft, dass sich die Datenlage seit 1998 nicht geändert hat,[1633] sondern auch, dass die Frage nach der Eignung der Polygraphie im zweiten „Lügendetektor-Urteil" zureichend beantwortet wurde.[1634]

Die Kritik des Bundesgerichtshofs an der Aussagekraft der bis 1998 vorliegenden Analog- und Feldstudien war keineswegs unberechtigt.[1635] Auch erscheint es grundsätzlich angebracht, strukturelle Schwächen der VFT durch hohe Anforderungen an einen empirischen Nachweis der Validität auszugleichen.[1636] Dennoch entbehrt es jeder Grundlage, den zahlreichen Studien jeglichen Aussagewert abzusprechen.[1637]

Ein Blick in die neuere psychologische sowie juristische Literatur zeigt, dass für die Validitätsbeurteilung größtenteils noch immer Studien herangezogen werden, die bereits zur Zeit der zweiten „Lügendetektor-Entscheidung" vorgelegen haben.[1638] Damit liegt die Vermutung nahe, dass die Forschungstätigkeit auf dem Gebiet der psychophysiologischen Aussagebeurteilung seit 1998 im Vergleich zu den Jahrzehnten davor eher ab- als zugenommen hat, sodass sich der Forschungsstand zur Zeit der dritten „Lügendetektor-Entscheidung" kaum von dem zur Zeit der zweiten Entscheidung unterscheiden dürfte.[1639]

Eine neuerliche, differenzierte Entscheidung des Bundesgerichtshofs über die Zuverlässigkeit der polygraphischen Untersuchung, unter abermaliger Hinzuziehung von qualifizierten Gutachtern und unter Berücksichtigung *sämtlicher* (älterer

1632 *Effer-Uhe*, MLR 2013, 99 (102); *Putzke*, ZJS 2011, 557 (559); ähnl. *Seiterle*, StraFo 2014, 58 (59).

1633 Einen Stillstand der Forschung sieht BGH NStZ 2011, 474 (475); ferner *Seiterle*, StraFo 2014, 58 ([62–63][64]); dass die Bedingung einer „hinreichend breiten Datenbasis" mittlerweile erfüllt ist, wird dagegen angenommen v. *Putzke/Scheinfeld u.a.*, ZStW 121 [2009], 607 (624–625) m.N. u.a. auf die Simulationsstudie *Offe/Offe*, MschrKrim 2004, 86 (90 ff); s.a. *Putzke*, ZJS 2011, 557 (560).

1634 So *Seiterle*, StraFo 2014, 58 ([59][64]); genauer dazu noch unter § 9 D. IV.

1635 Vgl. unter § 9 B. V.

1636 *Dahle*, Psychologische Rundschau 2003, 103 (106); s.a. *Seiterle*, StraFo 2014, 58 (61).

1637 *Seiterle*, StraFo 2014, 58 (61); vgl. BGHSt 44, 308 (323) = NJW 1999, 657 (660): „Jedoch begegnen die mitgeteilten Ergebnisse [Trefferquoten von 70 bis 90 %] nach dem jetzigen Stand der wissenschaftlichen Forschung für die Kontrollfragenmethode so tiefgreifenden Bedenken, daß ihnen im Ergebnis ein auch nur geringfügiger Beweiswert und damit eine (minimale) indizielle Bedeutung nicht zukommt [...]." Vgl. unter § 9 C. I. 2.

1638 So etwa bei *Eisenberg*, Beweisrecht, Rn. 694 m. Fn. 432; vgl. zudem die Übersichtsdarstellungen unter § 9 B. V. 2. b).

1639 *Seiterle*, StraFo 2014, 58 (63); ferner *Dettenborn*, FPR 2003, 559 (560–561). Nach *Dettenborn* (ebd.) liegt dies nicht zuletzt an der abl. Haltung der Rspr., welche den Forschungsanreiz minimiert.

und neuerer) Feld- und Simulationsstudien[1640] erscheint vor diesem Hintergrund opportun und wünschenswert.[1641]

III. Verwertbarkeit unwillkürlicher Ausdruckserscheinungen

An dieser Stelle ist noch auf eine Ungereimtheit in der Rechtsprechung des Bundesgerichts hinzuweisen, welche bislang kaum Beachtung gefunden hat. Der 1. Strafsenat betonte in seinem ersten „Lügendetektor-Urteil" von 1954:

> „Das Gericht darf [...] bewußte und *unbewußte* Ausdrucksvorgänge beim Angeklagten, die in der Hauptverhandlung in üblicher Weise hervortreten, bei der Beweiswürdigung mit Vorsicht, Zurückhaltung und Menschenkenntnis berücksichtigen. Diesen recht groben Sinneseindrücken des täglichen Lebens stehen solche, die durch Messung unbewußter und verborgener Körpervorgänge gewonnen und dann zur seelenkundlichen Deutung benutzt werden, nicht gleich."[1642]

Bei genauerer Betrachtung bedeutet dies, dass unbewusste Ausdrucksvorgänge dann verwertet werden dürfen, wenn sie nicht von einem Gerät aufgezeichnet, sondern von einem Richter wahrgenommen werden.[1643] In der zweiten „Lügendetektor-Entscheidung" wiederholte der Senat diesen Standpunkt:

> „Jedoch dürfen vom Gericht auch sonst vom Willen *nicht steuerbare* Ausdrucksvorgänge eines Beschuldigten, die es ohne technische Hilfsmittel wahrnehmen kann (z.B. starke Schweißbildung, Erröten, Sprechstörungen oder andere Orientierungs-, Anstrengungs- und Verlegenheitsreaktionen) verwertet werden [...]."[1644]

Der Bundesgerichtshof gestattet dem Gericht damit ausdrücklich, *vegetative* körperliche Reaktionen zu verwerten. Wenn ein Richter beispielsweise wahrnimmt, dass der Beschuldigte schwitzt, errötet oder zu stottern beginnt, so dürfte er hieraus seine Schlüsse (auch zuungunsten des Beschuldigten) ziehen.[1645]

Da der 1. Strafsenat in der zweiten „Lügendetektor-Entscheidung" feststellte, dass der – sein Einverständnis erklärende – Beschuldigte bei der polygraphischen Untersuchung nicht zu einem „Objekt in einem apparativen Vorgang"[1646] gemacht

1640 Vgl. *Putzke/Scheinfeld*, StraFo 2010, 58 (60).
1641 Ähnl. *Putzke*, NJW-aktuell 2013, 14.
1642 BGHSt 5, 332 (335–336) = NJW 1954, 649 (650) – Hervorhebung nicht original; s. dazu schon unter § 9 C. I. 1.
1643 *Gerhold*, ZIS 2020, 431 (434); *Prittwitz*, MDR 1982, 886 (893).
1644 BGHSt 44, 308 (316) = NJW 1999, 657 (659) – Hervorhebungen nicht original; s. dazu schon unter § 9 C. I. 2.
1645 *Hamm*, NJW 1999, 922; *Peters*, ZStW 87 [1975], 663 (669); ähnl. *Putzke/Scheinfeld u.a.*, ZStW 121 [2009], 607 (640).
1646 BGHSt 44, 308 (317) = NJW 1999, 657 (659): „Vielmehr bleibt er [der Beschuldigte] im Falle seines Einverständnisses in seiner Subjektstellung unangetastet [...]." Vgl. schon unter § 9 C. I. 2.

wird, kommt die Verhinderung einer Objektivierung des Beschuldigten nicht als Motiv für die zwischen Mensch und Technik differenzierende Haltung des Senats in Betracht.[1647] Es ist vielmehr zu vermuten, dass der Senat durch die Unterscheidung sicherstellen wollte, dass die Glaubhaftigkeitsbeurteilung einer Aussage grundsätzlich die *ureigene Aufgabe* des Richters bleibt.[1648] Vor diesem Hintergrund scheint der Bundesgerichtshof in der Zwischenschaltung technischer Hilfsmittel eine Gefahr für das Wesen richterlicher Rechtsfindung zu erblicken.[1649]

Diese Haltung leuchtet ein, sofern das in Rede stehende technische Hilfsmittel eine „autonome" Glaubhaftigkeitsbeurteilung vornimmt, das heißt, wenn es das (maschinell erstellte) Ergebnis präsentiert, eine Aussage sei „glaubhaft" oder „unglaubhaft" und der Prozess der Ergebnisfindung von Richterseite nicht ohne weiteres nachvollzogen werden kann.[1650] In diesem Fall scheint die *ureigene Aufgabe* des Richters tatsächlich betroffen. Bezogen auf den Polygraphen trifft das jedoch nicht zu, da dieser – trotz der oftmals missverständlichen Bezeichnung als „Lügendetektor" – gerade *nicht* das Resultat „Lüge" oder „Nicht-Lüge" liefert.[1651] Wie dargelegt[1652] bedarf es eines komplexen Untersuchungsaufbaus und eines qualifizierten Untersuchers, um überhaupt brauchbare Ergebnisse zu erlangen.[1653] Dem Polygraphiegerät kommt im Rahmen der Untersuchung lediglich die Funktion eines *Vergrößerungsglases* für die – mit bloßem Auge meist nicht (mehr) wahrnehmbaren – vegetativen Ausdruckvorgänge des Angeklagten zu.[1654] Eine Interpretation und Auswertung der graphisch dargestellten Kurven der erfassten physiologischen Parameter durch den Untersucher bleibt unerlässlich.[1655] Die Glaubhaftigkeitsbeurteilung mittels einer polygraphischen Untersuchung erfolgt damit durch den *Menschen* und nicht durch eine *Maschine*.[1656] Zudem ist

---

1647 So noch *Achenbach*, NStZ 1984, 350 (351).

1648 *Prittwitz*, MDR 1982, 886 (891–892); *Schüssler*, Polygraphie (2002), 189; ferner *Putzke/Scheinfeld u.a.*, ZStW 121 [2009], 607 (638). *Gerhold*, ZIS 2020, 431 (434) sieht den Grund für die Unterscheidung demgegenüber wohl in dem Umstand, dass der Angeklagte bei der polygraphischen Untersuchung an eine Maschine angeschlossen wird und so „körperlicher Kontakt" besteht, den ein Richter bei der Wahrnehmung der körperlichen Reaktionen des Angeklagten nicht hätte.

1649 So a. *Peters*, ZStW 87 [1975], 663 (668); vgl. ferner *Prittwitz*, MDR 1982, 886 (891–892); *Scherer*, StraFo 1998, 16 (17); *Schüssler*, Polygraphie (2002), 189.

1650 So *Haustein*, Aussage gegen Aussage (2017), 158.

1651 Vgl. unter § 9 B. I.; ferner *Putzke/Scheinfeld u.a.*, ZStW 121 [2009], 607 (640); *Schüssler*, Polygraphie (2002), 189.

1652 S.o. § 9 B.

1653 S.a. *Schüssler*, Polygraphie (2002), 25, 189.

1654 Ähnl. *Achenbach*, NStZ 1984, 350 (351); *Amelung*, JR 1999, 382 (383); s.a. *Undeutsch*, ZStW 87 [1975], 650 (659); *Wegner*, Polygraphie (1981), 184–185.

1655 *Schüssler*, Polygraphie (2002), 25, 53; ferner *Dettenborn*, FPR 2003, 559 (566); *Effer-Uhe/Mohnert*, Psychologie (2019), Rn 226; *Greuel*, Praxis der Rechtspsychologie 1998, 54 (56); SK-StPO-*Rogall*, § 136a, Rn. 87.

1656 *Schüssler*, Polygraphie (2002), 25; s.a. *Dettenborn*, FPR 2003, 559 (566).

es auch bei der psychophysiologischen Aussagebeurteilung nicht die Aufgabe des Untersuchers letztentscheidend darüber zu befinden, ob die untersuchte Aussage wahr – im Sinne eines alltäglichen, korrespondenztheoretischen Wahrheitsverständnisses[1657] – ist oder nicht; die Entscheidung über die Glaubhaftigkeit der untersuchten Aussagen und die Beweiswürdigung obliegt weiterhin dem Tatrichter.[1658] Der Sachverständige soll lediglich ein Kompetenzdefizit des Richters ausgleichen.[1659] Ebenso wie das Glaubhaftigkeitsgutachten nach einer Aussageanalyse, vermag auch das Untersuchungsergebnis einer polygraphischen Beurteilung die Beweiswürdigung durch den Tatrichter nicht zu ersetzen; vielmehr fließt die polygraphische Beurteilung durch das Gutachten in die richterliche Würdigung mit ein.[1660]

Letztlich kann kaum eine Person Aussagen machen, ohne dass ihr wechselnder innerer Gemütszustand in unwillkürlich mimischen Erscheinungen und in vegetativen physischen Begleiterscheinungen wahrnehmbar wird.[1661] Dabei können auch die unbewussten körperlichen Ausdrucksvorgänge mit bloßem Auge sichtbar werden, zum Beispiel das Erröten und Erblassen bei Blutdruckschwankungen, Schweißsekretion und Atembewegungen.[1662] Die Feststellung des 1. Strafsenats in seinem ersten „Lügendetektor-Urteil", dass der Beschuldigte „keine der Untersuchungsfragen wahrheitsgemäß, bewußt unrichtig, ausweichend beantworten oder übergehen"[1663] kann, ohne das zugleich willensunabhängige und unbewusste Körpervorgänge zur Beurteilung seiner Glaubhaftigkeit benutzt werden,[1664] ist also zweifellos richtig, jedoch nicht auf den Polygrapheneinsatz beschränkt.[1665]

Hiergegen wird teilweise eingewendet, dass die mit bloßem Auge wahrnehmbaren, willentlich nicht steuerbaren Ausdrucksvorgänge eines Angeklagten für den Richter überschaubar und nach seinen Erfahrungen zutreffend einzuschätzen seien, zumal es sich meist um einfache, unzweideutige Situationen handele.[1666] Zudem sei

---

1657 S.o. § 3 B. und C.

1658 S.o. § 8 B. II. 2.; s.a. *Dettenborn*, FPR 2003, 559 (566); *Prittwitz*, MDR 1982, 886 (891–892); *Putzke/Scheinfeld*, StraFo 2010, 58 (61); insoweit nicht überzeugend *Haustein*, Aussage gegen Aussage (2017), 158–159.

1659 S.o. § 8 B. II. 2. und III.; vgl. a. *Putzke/Scheinfeld u.a.*, ZStW 121 [2009], 607 (639).

1660 Vgl. § 8 B. II. 2.; allg. zur Rolle des Sachverständigen *Peters*, ZStW 87 [1975], 663 (669–670); *Putzke/Scheinfeld u.a.*, ZStW 121 [2009], 607 (640): „Man muss sich nur klarmachen, dass wie der Wachmann nicht bei jedem Bellen des Hundes Alarm auslösen darf, der Richter nicht gezwungen ist, dem psychologischen Sachverständigen blindlings zu folgen, sondern er das Gutachten vielmehr zu würdigen hat im Zusammenhang mit allen anderen Beweisen und Indizienbeweisen."

1661 *Undeutsch*, ZStW 87 [1975], 650 (658).

1662 *Undeutsch*, ZStW 87 [1975], 650 (658).

1663 BGHSt 5, 332 (335) = NJW 1954, 649 (650).

1664 S. BGHSt 5, 332 (335) = NJW 1954, 649 (650); s.a. unter § 9 C. I. 1.

1665 Ähnl. *Undeutsch*, ZStW 87 [1975], 650 (658).

1666 *Schoreit*, StV 2004, 284 (285).

bei dem Polygrapheneinsatz die Verwertung von unbewussten Ausdrucksvorgängen nicht nur ein zusätzlicher, en passant erfolgender Beobachtungsvorgang wie bei der „üblichen“ Vernehmung, sondern Hauptziel und Kern der Beobachtung.[1667] Damit gewinne die polygraphische Untersuchung einen grundsätzlich anderen Charakter als die bloße Beobachtung während der „frei gemachten“ Aussage.[1668]

Gerade unter dem Gesichtspunkt der Freiheit der Willensentschließung und Willensbetätigung kann eine sinnvolle Differenzierung danach, ob der unbewusste Ausdrucksvorgang von einem *Menschen* wahrgenommen oder von einem *Gerät* aufgezeichnet wird, nicht erfolgen.[1669] Die Versagung der Verwertung einer polygraphischen Untersuchung wegen Unzuverlässigkeit steht vielmehr in einem deutlichen Widerspruch zu der Sorglosigkeit, mit welcher das Deuten nicht maschinell gemessener Ausdrucksvorgänge gestattet wird.[1670]

Undeutsch nähert sich der Zulässigkeit des Polygrapheneinsatzes geschickt über die Problematik der „Verwertbarkeit unwillkürlicher Ausdruckserscheinungen“, indem er der Jurisprudenz – in Anlehnung an das erste „Lügendetektor“-Urteil von 1954 – einige recht simple und essenzielle Fragen stellt:[1671]

1. Dürfen Richter eines Gerichts ihre Beobachtungen von unbewussten Ausdrucksvorgängen zusammentragen und austauschen?
2. Darf unter den beobachtenden Richtern jemand sein, der in nicht alltäglicher Weise über eine besondere Ausbildung oder besondere Übung in der Erfassung bestimmter Ausdruckserscheinungen verfügt?
3. Darf grundsätzlich ein psychologischer Sachverständiger für die Beobachtung unbewusster Ausdrucksvorgänge hinzugezogen werden?
4. Dürfen günstige äußere Beobachtungsbedingungen (zum Beispiel eine gute Beleuchtung und Akustik) geschaffen werden?
5. Dürfen hierfür grundsätzlich apparative Hilfen (zum Beispiel eine Lautsprecheranlage) verwendet werden?
6. Darf eine Aussage mit einem Tonbandgerät aufgenommen und wiedergegeben werden?
7. Darf der psychologische Sachverständige, der den Auftrag hat, ein Gutachten über die Glaubhaftigkeit einer Aussage zu erstatten, bei der Untersuchung und bei der Exploration Tonbandaufnahmen machen und diese nachträglich abspielen und inhaltlich und ausdruckspsychologisch auswerten?

1667 So *Peters*, ZStW 87 [1975], 663 (677); ähnl. *Frister*, ZStW 106 [1994], 303 (322).

1668 *Frister*, ZStW 106 [1994], 303 (322); *Peters*, ZStW 87 [1975], 663 (677).

1669 *Prittwitz*, MDR 1982, 886 (893).

1670 *Hamm*, NJW 1999, 922; ähnl. *Effer-Uhe/Mohnert*, Psychologie (2019), Rn. 229; *Holstein*, Kriminalistik 1990, 155 (158); *Prittwitz*, MDR 1982, 886 (893); *Putzke/Scheinfeld u.a.*, ZStW 121 [2009], 607 (640); *Undeutsch*, ZStW 87 [1975], 650 (658); a.A. wohl *Frister*, ZStW 106 [1994], 303 (321–323).

1671 S. *Undeutsch*, ZStW 87 [1975], 650 (652 ff.). Die Fragen werden im Folgenden gekürzt und vereinfacht dargestellt.

Sämtliche Fragen *Undeutschs* lassen sich grundsätzlich bejahen.[1672] Der 5. Strafsenat stellte im Jahr 1954 in einem Urteil über die Zulässigkeit der Mitwirkung eines blinden Richters fest:

> „Außerdem können von ebenso großer Bedeutung wie die [...] mit den Augen wahrnehmbaren Umstände auch solche Umstände sein, die nur von einem Menschen mit besonders fein ausgebildetem Gehörsinn, wie ihn Blinde in der Regel haben, wahrgenommen zu werden pflegen, wie z.B. Zittern der Stimme, Änderungen des Tonfalls und ähnliches."[1673]

Auch wenn die Mitwirkung eines blinden Richters höchstrichterlich bislang nicht endgültig geklärt werden konnte,[1674] betont der 5. Strafsenat in diesem Urteil, welchen Vorteil es haben kann, wenn die Wahrnehmung eines Richters herangezogen wird, der über besondere Fähigkeiten betreffend die Erfassung bestimmter Ausdruckserscheinungen verfügt (siehe die zweite Frage von *Undeutsch*).[1675]

Sofern beispielsweise die Stimme des Angeklagten in der Hauptverhandlung mithilfe eines technischen Hilfsmittels verstärkt wird, mag das originäre Ziel in einem besseren gegenseitigen Verstehen liegen;[1676] es können durch die Stimmverstärkung jedoch automatisch Ausdruckserscheinungen der Stimmführung und der Lautbildung besser wahrgenommen werden (siehe die fünfte Frage von *Undeutsch*).[1677] Dass der Polygraph, der bestimmte physiologische Reaktionen verstärkt und sichtbar macht,[1678] grundsätzlich anders zu behandeln ist als ein technisches Hilfsmittel zur Stimmverstärkung, ist nicht einsehbar und erfordert eine sorgfältige Auseinandersetzung.[1679]

IV. Der Polygraph als „Beweismittel"

Da der 1. Strafsenat in seinem zweiten „Lügendetektor"-Urteil für die Zulässigkeitsfrage der psychophysiologischen Aussagebeurteilung an § 244 Abs. 3 Satz 3

1672 Diff. *Peters*, ZStW 87 [1975], 663 (669 ff.) wenn a. abl. gegenüber Polygraphen; vgl. zudem *Schüssler*, Polygraphie (2002), 55–56.

1673 BGHSt 5, 354 (356) = NJW 1954, 932 (Ls.).

1674 OLG Zweibrücken NJW 1992, 2437 m.w.N. zur Rspr.; betreffend die Möglichkeit der Mitwirkung eines blinden Richters: zust. BVerfG NJW 1992, 2075 (2075 f.); BGHSt 4, 191 (191 ff.) = NJW 1953, 1115; 5, 354 (354 ff.) = NJW 1954, 932 (Ls.); 11, 74 (78) = NJW 1958, 31 (32); OLG Zweibrücken a.a.O. (2437 f.); abl. BGHSt 34, 236 (236 ff.) = NJW 1987, 1210; = NStZ 1987, 335 (335 f.) m. Anm. *Fezer*; 35, 164 (164 ff.) = NJW 1988, 1333 (1333 ff.); = NStZ 1988, 374 (374 f.) m. Anm. *Fezer*.

1675 Vgl. BGHSt 5, 354 (356) = NJW 1954, 932 (Ls.); s.a. *Undeutsch*, ZStW 87 [1975], 650 (652); ferner *Schüssler*, Polygraphie (2002), 55.

1676 So *Peters*, ZStW 87 [1975], 663 (670) in Antwort auf *Undeutsch*.

1677 *Undeutsch*, ZStW 87 [1975], 650 (653).

1678 S.o. § 9 B. I.

1679 Ähnl. *Holstein*, Kriminalistik 1990, 155 (158); *Schüssler*, Polygraphie (2002), 56; a.A. *Frister*, ZStW 106 [1994], 303 (322).

Nr. 4 StPO Maß nahm,[1680] stellt sich die Frage, ob die Einordnung der polygraphischen Untersuchung als *völlig ungeeignetes Beweismittel* überzeugen kann.

§ 244 Abs. 3 Satz 3 Nr. 4 StPO gibt vor, dass der Richter keine Beweise erheben muss, deren Gelingen infolge völliger Ungeeignetheit des beantragten Beweismittels von vornherein ausgeschlossen erscheint.[1681] Dies folgt der Erwägung, dass es einem Gericht nicht zuzumuten ist, Beweise zu erheben, von deren völliger Nutzlosigkeit es überzeugt ist, weil diese nicht der Sachaufklärung dienen können, sondern zumindest objektiv auf eine bloße Prozessverschleppung hinauslaufen würden.[1682]

1. Untersuchungsmethode des Sachverständigen

Aufgrund des *Numerus clausus* der Beweismittel[1683] kann der Polygraph selbst keine eigenständige Beweismittelkategorie darstellen.[1684] Die psychophysiologischen Aussagebeurteilung ist vielmehr eine Untersuchungsmethode des Sachverständigen[1685] und das Polygraphiegerät ist das (technische) Hilfsmittel.[1686] Anknüpfungspunkt für die Bewertung der Geeignetheit der polygraphischen Untersuchung im Sinne des § 244 Abs. 3 Satz 3 Nr. 4 StPO ist also der *Untersucher*, dessen Interpretation und Auswertung für ein brauchbares Untersuchungsergebnis erforderlich sind.[1687] Die Formulierung des Bundesgerichtshofs, die polygraphische

---

1680 S.o. § 9 C. I. 2.

1681 Meyer-Goßner/Schmitt-*Schmitt*, § 244 Rn. 58 m.N. zur Rspr.

1682 BGHSt 14, 339 (342) = NJW 1960, 1582 m.w.N.; s.a. BGH NStZ 2009, 48 (48–49); BeckOK-StPO-*Bachler*, § 244 Rn. 76; HK-GS-*König*, § 244 StPO, Rn. 56; Meyer-Goßner/Schmitt-*Schmitt*, § 244 Rn. 58; *Pfeiffer*, StPO, § 244 Rn. 30 (alle m.N. zur Rspr.). Die völlige Ungeeignetheit muss sich aus dem Beweismittel im Zusammenhang m. der Beweisbehauptung selbst ergeben; das sonstige Ergebnis der Beweisaufnahme darf hierzu nicht herangezogen werden, vgl. BeckOK-StPO-*Bachler*, ebd.; HK-GS-*König*, a.a.O., Rn. 57; *Pfeiffer*, StPO, ebd. (jeweils m.N. zur Rspr.).

1683 S.o. § 4 B. II. m. Fn. 180.

1684 *Prittwitz*, MDR 1982, 886 (888–889); ferner *Seiterle*, Lügendetektion (2010), 45.

1685 *Prittwitz*, MDR 1982, 886 (889); zust. *Putzke/Scheinfeld u.a.*, ZStW 121 [2009], 607 (638); s.a. *Haustein*, Aussage gegen Aussage (2017), 148; *Momsen*, KriPoZ 2018, 142 (143); *Schüssler*, Polygraphie (2002), 68. Auf die Zulässigkeit eines *neuen* Beweismittels im Strengbeweisverfahren kommt es also nicht an, vgl. *Prittwitz*, ebd.

1686 *Achenbach*, NStZ 1984, 350 (351); *Delvo*, Lügendetektor (1981), 363–364; *Prittwitz*, MDR 1982, 886 (889); *Schüssler*, Polygraphie (2002), 189; *Steller/Dahle*, Praxis der Rechtspsychologie 1999, 127 (189); *Willutzki*, in: Polygraphie (1999), 95 (100–101); s.a. *Putzke/Scheinfeld u.a.*, ZStW 121 [2009], 607 (632). Insoweit stellt die polygraphische Untersuchung auch keine Vernehmung dar, vgl. *Peters*, ZStW 87 [1975], 663 (674–675); a.A. wohl noch *Würtenberger*, JZ 1951, 772 (774).

1687 S.o. § 9 D. III.

Untersuchung sei ein völlig ungeeignetes Beweismittel,[1688] erweist sich insoweit als unscharf.

Für die Frage der Zulässigkeit der psychophysiologischen Aussagebeurteilung ist ohne Belang, dass die Untersuchungsmethode nicht in der Strafprozessordnung aufgeführt ist.[1689] Mit Ausnahme der in §§ 81a StPO ff. und § 93 StPO ausdrücklich genannten Untersuchungen äußert sich die Strafprozessordnung grundsätzlich nicht im Einzelnen zu den von dem Sachverständigen angewandten Methoden, sondern belässt es im Rahmen des Sachverständigeneides bei einem Hinweis auf die *lege artis* (vgl. § 79 Abs. 2 StPO).[1690] So findet sich in der Prozessordnung auch keine Erwähnung der aussagepsychologischen Glaubhaftigkeitsbegutachtung.[1691]

2. Geeignetheit des Sachverständigenbeweises

Ein Sachverständiger ist als Beweismittel unter anderem dann *völlig ungeeignet* im Sinne des § 244 Abs. 3 Satz 3 Nr. 4 StPO, wenn sein Gutachten zu keinen verwertbaren Ergebnissen führen kann, weil es entweder auf *unausgereiften, unzuverlässigen* oder auf *wissenschaftlich höchst umstrittenen* Untersuchungsmethoden beruht.[1692]

Mit der Argumentation des Bundesgerichtshofs in der zweiten „Lügendetektor-Entscheidung" könnte die polygraphische Untersuchung eine unausgereifte, unergiebige, unzuverlässige und wissenschaftlich höchst umstrittene Methode sein, sodass der Antrag auf Sachverständigenbeweis gemäß § 244 Abs. 3 Satz 3 Nr. 4 StPO abgelehnt werden darf.[1693] Wie bereits aufgezeigt wurde,[1694] ist das Urteil aus dem Jahr 1998 hinsichtlich der VFT jedoch nicht vollumfänglich wissenschaftlich

---

1688 BGHSt 44, 308 (312–313) = NJW 1999, 657 (658); klarer bei BGH NStZ 2011, 474 (475).

1689 *Prittwitz*, MDR 1982, 886 (889); *Schüssler*, Polygraphie (2002), 67–68; zust. *Putzke/Scheinfeld u.a.*, ZStW 121 [2009], 607 (638); a.A. *Peters*, ZStW 87 [1975], 663 (671); SK-StPO-*Rogall*, § 136a, Rn. 92.

1690 *Prittwitz*, MDR 1982, 886 (889); ferner *Effer-Uhe*, MLR 2013, 99 (104); *Putzke/Scheinfeld u.a.*, ZStW 121 [2009], 607 (638).

1691 Vgl. § 8 D.; s.a. *Putzke/Scheinfeld u.a.*, ZStW 121 [2009], 607 (638); ferner *Peters*, ZStW 87 [1975], 663 (675).

1692 BGH StV 1997, 338 (339); HK-GS-*König*, § 244 StPO, Rn. 60; s.a. BeckOK-StPO-*Bachler*, § 244 Rn. 79–79.1; Meyer-Goßner/Schmitt-*Schmitt*, § 244 Rn. 60; *Pfeiffer*, StPO, § 244 Rn. 31 (alle m.w.N. zur Rspr.). Zu den höchst umstrittenen Untersuchungsmethoden gehört bspw. die Parapsychologie (z.B. Hellsehen), vgl. BGH NJW 1978, 1207.

1693 Vgl. *Momsen*, KriPoZ 2018, 142 (146): „Legt man die Argumentation des *BGH* zugrunde, so wäre die Überzeugungskraft eines Polygraphentests in etwa so minimal wie die einer eidesstattlichen schriftlichen Versicherung des Beschuldigten, er sei unschuldig." – Hervorhebung original.

1694 S.o. § 9 D. II. 2.

objektiv gehalten.[1695] Eine polygraphische Untersuchung in der TWT ist zum Zeitpunkt der Hauptverhandlung zwar aufgrund der Kenntnisse des Angeklagten nicht mehr sonderlich ergiebig;[1696] hiervon nicht betroffen ist allerdings eine in einem früheren Verfahrensstadium (zum Beispiel im Ermittlungsverfahren) durchgeführte Untersuchung in der TWT, deren Ergebnis in der Hauptverhandlung verwertet werden könnte.[1697]

Die zu der VFT und TWT angeführten Studien[1698] zeigen ebenfalls, dass die Qualifizierung der psychophysiologischen Aussagebeurteilung als „unausgereift" und „unzuverlässig", nicht gerechtfertigt ist. Zudem ist zu beachten, dass der Sachverständige schon dann ein *geeignetes* Beweismittel ist, wenn er zwar keine sicheren und eindeutigen Schlüsse ziehen kann, seine zu erwartenden Folgerungen aber die unter Beweis gestellte Behauptung als mehr oder weniger *wahrscheinlich* erscheinen lassen und das Gutachten Einfluss auf die Überzeugungsbildung des Gerichts haben kann.[1699] Wie bereits festgestellt,[1700] liegen die Validitäten sämtlicher Versuchsanordnungen in der VFT und TWT deutlich über der Zufallswahrscheinlichkeit von 50 %.

3. Zuverlässigkeit der Untersuchungsmethode

Vor diesem Hintergrund überrascht es, wenn das Bundesverfassungsgericht feststellt, die polygraphische Untersuchung erlaube mit einer „Treffsicherheit [...] bei etwa 90 %"[1701] allenfalls ein Wahrscheinlichkeitsurteil, welches (1) nicht ausschließe, dass der konkret Untersuchte bei negativem Untersuchungsergebnis dennoch der Täter ist und (2) nicht zu einer Überzeugungsbildung der Gerichte ausreiche.[1702] Das Bundesverfassungsgericht misst damit einer – nach eigenen Angaben – zu 90 % zuverlässigen Untersuchungsmethode eine nur sehr geringe Aussagekraft für das Erkenntnisverfahren bei.[1703] *Siegfried Willutzki* merkt im Zusammenhang mit den Trefferquoten an:

1695 S. a. *Offe/Offe*, Praxis der Rechtspsychologie 2001, 5 (14).

1696 Vgl. unter § 9 B. IV. 3. a) aa) und § 9 D. I.; s.a. *Nestler*, JA 2017, 10 (16); *Schüssler*, Polygraphie (2002), 174–175.

1697 *Schüssler*, Polygraphie (2002), 169–170, 175.

1698 S.o. § 9 B. V. 2. b).

1699 BGH NStZ 2009, 48 (49); StV 1997, 338 (339); BeckOK-StPO-*Bachler*, § 244 Rn. 79; HK-GS-*König*, § 244 StPO, Rn. 60; *Pfeiffer*, StPO, § 244 Rn. 31; s.a. Meyer-Goßner/Schmitt-*Schmitt*, § 244 Rn. 61 (alle m.w.N. zur Rspr.); ferner AG Bautzen BeckRS 2013, 8655; AG Bautzen BeckRS 2017, 138202, Rn. 48; KK-StPO-*Krehl*, § 244 Rn. 154; *Schüssler*, Polygraphie (2002), 85.

1700 S.o. § 9 B. V. 2. c).

1701 BVerfG NStZ 1981, 446 (447).

1702 BVerfG NStZ 1981, 446 (447); vgl. unter § 9 C. II. 1.; ferner *Schüssler*, Polygraphie (2002), 86, 100–101.

1703 Vgl. BVerfG NStZ 1981, 446 (447); s. dazu *Schüssler*, Polygraphie (2002), 86. Weder in den Grundsätzen der freien richterlichen Beweiswürdigung noch in der StPO

„Ich wollte, alle sonstigen gutachterlichen Hilfsmittel hätten nur einen Wahrscheinlichkeitswert von 75 %, dann könnten wir schon regelmäßig zufrieden sein."[1704]

Der Bundesgerichtshof wählt in seinem zweiten „Lügendetektor-Urteil" dem Anschein nach für den Polygraphen einen noch strengeren Maßstab für die Beurteilung als taugliche Untersuchungsmethode:[1705]

„Das Kontrollfragenverfahren ist ungeeignet, weil es sich nicht um eine in den maßgebenden Fachkreisen allgemein und zweifelsfrei als richtig und zuverlässig eingestufte Methode handelt."[1706]

Ein ähnliches Kriterium schien das Gericht bereits in seinem ersten „Lügendetektor-Urteil" aufstellen zu wollen:

„Vor allem aber ist nicht bekannt, ob ein solcher oder ähnlicher Erfahrungssatz in der Wissenschaft unangefochten feststeht. Dies ist für die Anwendbarkeit naturwissenschaftlicher Untersuchungsweisen im Strafverfahren wesentlich [...]."[1707]

Der übrigen Rechtsprechung lässt sich das Kriterium der *allgemeinen Akzeptanz in der Wissenschaft* nicht entnehmen.[1708] In einer Entscheidung genügte dem Bundesgerichtshof für die Annahme der *völligen Ungeeignetheit* nicht einmal, dass aus dem sachverständigen Gutachten „nur Schlüsse aus dem untersten Wahrscheinlichkeitsgrad" getroffen werden können.[1709] Noch deutlicher wurde der Bundesgerichthof in einem Beschluss aus dem Jahr 2007:[1710]

„Bei der Annahme, die Erhebung eines Beweises erscheine von vornherein gänzlich nutzlos, ist ein strenger Maßstab anzulegen. Ein geminderter, geringer oder zweifelhafter Beweiswert darf nicht mit völliger Ungeeignetheit gleichgesetzt werden."[1711]

---

sind Vorgaben über Mindesttrefferquoten als Maßstab für die Brauchbarkeit einer Methode zu finden, s. *Dettenborn*, FPR 2003, 559 (562) in Fn. 22; *Schüssler*, Polygraphie (2002), 167.

1704 *Willutzki*, in: Polygraphie (1999), 95 (101); ähnl. AG Bautzen BeckRS 2013, 8655; *Schüssler*, Polygraphie (2002), 99; *Undeutsch*, Psychologische Rundschau 2003, 115; s.a. *Lykken*, Integr. Psychol. Behav. Sci. 26 [1991], 214 (215): "A psychological test capable of near-perfect accuracy would truly be a wonder to contemplate."

1705 Krit. dazu *Seiterle*, Lügendetektion (2010), 46–48; SK-StPO-*Rogall*, § 136a, Rn. 91; *Stübinger*, ZIS 2008, 538 (547).

1706 BGHSt 44, 308 (319) = NJW 1999, 657 (659); vgl. unter § 9 C. I. 2. Dieses Kriterium erinnert an die sog. „Daubert Criteria", einen Maßstab für die Beweiskraft einer wissenschaftlichen Methode in den USA, vgl. *Daniels*, in: Polygraph Testing (2002), 327 (329–330); *Momsen*, KriPoZ 2018, 142 (146).

1707 BGHSt 5, 332 (336) = NJW 1954, 649 (650).

1708 *Seiterle*, Lügendetektion (2010), 47; *Seiterle*, StraFo 2014, 58 (60) m. Fn. 19, 20.

1709 BGH StV 1997, 338 (339); s.a. *Seiterle*, StraFo 2014, 58 (60).

1710 S.a. *Seiterle*, StraFo 2014, 58 (60).

1711 BGH NStZ 2008, 116; ferner BGH NJW 2003, 2527 (2528). Schon der Wortlaut des § 244 Abs. 3 Satz 3 Nr. 4 StPO („*völlig* ungeeignet") deutet auf eine restriktive

In der psychologischen sowie juristischen Literatur wurden bereits häufig die überzogenen Anforderungen des Bundesgerichtshofs an den Polygraphen beanstandet.[1712] Demnach könne den Anforderungen kaum ein anderes psychologisches, psychiatrisches oder medizinisches Diagnoseverfahren genügen.[1713] Besonders eindrucksvoll ist an dieser Stelle ein Vergleich mit den im Urteil des Bundesgerichtshofs vom 30. Juli 1999[1714] – und damit nur circa sieben Monate nach der zweiten „Lügendetektor-Entscheidung" – angestellten Erwägungen über die Validität der Aussageinhaltsanalyse im Rahmen der aussagepsychologischen Glaubhaftigkeitsbeurteilung:[1715]

> „Diese sog. Realkennzeichen können als grundsätzlich empirisch überprüft angesehen werden. Zwar handelt es sich um Indikatoren mit jeweils für sich genommen nur geringer Validität, d.h. durchschnittlich nur wenig über dem Zufallsniveau liegender Bedeutung. Eine gutachterliche Schlußfolgerung kann aber eine beträchtlich höhere Aussagekraft und damit Indizwert für die Glaubhaftigkeit zu beurteilender Angaben erlangen, wenn sie aus der Gesamtheit aller Indikatoren abgeleitet wird. [...] Dementsprechend lagen die mit Realkennzeichen in Forschungsvorhaben erzielten Ergebnisse regelmäßig deutlich über dem Zufallsniveau. Allerdings bestanden dabei teilweise nicht unerhebliche Fehlerspannen."[1716]

Auch mit Blick auf andere Untersuchungsmethoden – in diesem Zusammenhang werden oft *projektive Verfahren*[1717] und *graphologische Gutachten*[1718] zur

---

Handhabung des Ablehnungsgrundes hin, vgl. *Seiterle*, StraFo 2014, 58 (60) in Fn. 26.

1712 So v. *Dettenborn*, FPR 2003, 559 (559 ff.); *Meyer-Mews*, NJW 2000, 916 (918) m. Hinweis auf die Behandlung des Akteneinsichtsrechts bei der TWT und der Aussageinhaltsanalyse (vgl. § 8 B. III. 1. b) aa); *Prittwitz*, MDR 1982, 886 (890–891); *Putzke*, NJW-aktuell 2013, 14; *Putzke/Scheinfeld u.a.*, ZStW 121 [2009], 607 (623); *Schüssler*, Polygraphie (2002), 147, 189; *Schüssler*, JR 2003, 188 (190–191); ferner das AG Bautzen BeckRS 2013, 8655.

1713 *Putzke/Scheinfeld u.a.*, ZStW 121 [2009], 607 (623–624); *Willutzki*, in: Polygraphie (1999), 95 (100–101); s.a. AG Bautzen BeckRS 2017, 138202, Rn. 47; ähnl. *Prittwitz*, MDR 1982, 886 (890–891). Nach *Frister*, ZStW 106 [1994], 303 (320) ist die polygraphische Untersuchung nicht mit anderen körperlichen und psychologischen Untersuchung vergleichbar, da es bei letzteren nicht um das Wissen des Beschuldigten gehe.

1714 BGHSt 45, 164 (164 ff.) = NJW 1999, 2746 (2746 ff).

1715 Vgl. *Schüssler*, Polygraphie (2002), 145–149 m. Hinweis auf BGHSt 45, 164 (171) = NJW 1999, 2746 (2748); *Schüssler*, JR 2003, 188 (190).

1716 BGHSt 45, 164 (171) = NJW 1999, 2746 (2748); ausf. zu den Realkennzeichen § 8 B. III. 1. b) aa).

1717 Vgl. KK-StPO-*Krehl*, § 244 Rn. 55; *Schüssler*, JR 2003, 188 (191); *Schwabe*, NJW 1979, 576 (580); näher dazu *Schüssler*, Polygraphie (2002), 155–156; ferner *Frister*, ZStW 106 [1994], 303 (316–317); *Undeutsch*, ZStW 87 [1975], 650 (662); ähnl. *Fischer*, NStZ 1994, 1 (4): „Wo unter verfassungsrechtlichen Gesichtspunkten der entscheidende Unterschied zwischen Rorschach-Test und Lügendetektor liegen soll, bleibt in Rechtsprechung und prozeßrechtlicher Literatur ungeklärt."

1718 Vgl. *Schüssler*, Polygraphie (2002), 151–153; *Steinke*, MDR 1987, 535 (537); s.a. *Frister*, ZStW 106 [1994], 303 (313) – durch den Verweis auf *Prittwitz*, MDR 1982,

Persönlichkeitserforschung, die *Schriftvergleichung*[1719] sowie die *Phallographie/ Phallometrie*[1720] ins Feld geführt[1721] – vermag es nicht zu überzeugen, dem Polygraphen die Eignung als (technisches) Hilfsmittel des Sachverständigen in Gänze abzusprechen.[1722] Dass etwaige Bedenken gegen jene Testverfahren nach Ansicht des Bundesgerichtshofs nicht für die Geeignetheit des Polygraphen sprechen können,[1723] rechtfertigt es nicht, grundlegend unterschiedliche Maßstäbe an die

---

886 (890 f.) in Fn. 52 ist hingegen unklar, ob *Frister* sich nicht vielmehr auf den Schriftenvergleich nach § 93 StPO bezieht.

1719 Vgl. *Prittwitz*, MDR 1982, 886 (890–891).

1720 Vgl. *Schwabe*, NJW 1979, 576 (580); *Wegner*, Polygraphie (1981), 190. Die Phallographie wird der physiopsychologischen Sexualdiagnostik zugeordnet und strebt an, die körperliche Reaktion männlicher Untersuchungspersonen auf optische sexuelle Reize (dargeboten in Form von Texten, Bildern oder Filmen mit heterosexuellen, homosexuellen, sadistischen, pädophilen, masochistischen oder sonstigen pornografischen Inhalten) mittels eines mit dem Penis verbundenen Messgeräts (Erektometers) zu erfassen und aufzuzeichnen, s. *Binder*, NJW 1972, 321 (322); *Eisenberg*, Beweisrecht, Rn. 702 m. Fn. 442; s.a. LG Hannover NJW 1977, 1110 (1110–1111); *Jessnitzer*, NJW 1977, 2128; *Schüssler*, Polygraphie (2002), 57; *Undeutsch*, ZStW 87 [1975], 650 (656); vgl. zur Geschichte *Binder*, a.a.O. (321 f.). Die registrierte Penisreaktion (Messgrößen sind die Erektionsgeschwindigkeit, -höhe, -variabilität, -intensität und -remission) wird als Indiz für Stärke und Richtung der sexuellen Ansprechbarkeit gewertet (s. LG Hannover a.a.O. [1111]; *Binder*, ebd.; *Undeutsch*, ebd.), sodass die phallographische Untersuchung als technisches Hilfsmittel für (1) die Beurteilung der sexuellen Orientierung eines Sexualtäters, (2) die Abschätzung der künftigen Gefährlichkeit im Zusammenhang mit der Frage nach der Entlassungsreife (vgl. OLG Düsseldorf NJW 1973, 2255 [2255 f.]) und (3) für die Beurteilung therapeutischer Möglichkeiten eingesetzt wurde (s. LG Hannover a.a.O. [1110]; *Undeutsch*, ebd.; ferner *Binder*, ebd.; *Dahle*, Psychologische Rundschau 2003, 103 [109] m.N.). Obwohl in der juristischen Literatur seit jeher Bedenken gegen die Zulässigkeit dieser Untersuchungsmethode angemeldet wurden (so bspw. v. *Eisenberg*-BR, a.a.O., Rn. 702–703; *Peters*, ZStW 87 [1975], 663 [673]; *Jessnitzer*, ebd. m.N.), löste die Phallographie in der Vergangenheit in der Rechtsprechung nicht durchweg die zu erwartende Zurückhaltung aus (vgl. LG Hannover ebd.; *Schüssler*, a.a.O., 159). Einstweilen wurde sogar ausdrücklich deren rechtliche Zulässigkeit erklärt, sofern die Einwilligung des Betroffenen vorliegt (so das LG Hannover a.a.O. [1110–1111] u.a. m. Hinweis auf das erste „Lügendetektor"-Urteil des BGH; zust. *Jessnitzer*, ebd.; vgl. zudem *Schüssler*, ebd. m. Hinweis auf das OLG Düsseldorf NJW 1973, 2255 [2255 f.]). Mittlerweile wird die Phallographie im Strafverfahren nach ganz einhelliger Meinung als unzulässig abgelehnt, vgl. *Schüssler*, a.a.O., 159.

1721 S. etwa *Schwabe*, NJW 1979, 576 (580).

1722 *Prittwitz*, MDR 1982, 886 (890–891); *Schüssler*, Polygraphie (2002), 147, 166–168; *Schüssler*, JR 2003, 188 (190); *Undeutsch*, ZStW 87 [1975], 650 (661–662); zust. sogar *Peters*, ZStW 87 [1975], 663 (673).

1723 So BGHSt 44, 308 (319) = NJW 1999, 657 (659): „Gegen diese Beurteilung kann nichts daraus hergeleitet werden, daß [...] auch die Beweiseignung anderer im

jeweiligen Untersuchungsverfahren anzulegen.[1724] Konsequenter und überzeugender wäre es, das von dem Sachverständigen auf Grundlage der polygraphischen Untersuchung angefertigte Gutachten in „Aussage gegen Aussage"-Konstellationen als weiteres gewichtiges Indiz außerhalb der Aussagen anzusehen und im Rahmen einer „lückenlosen Gesamtwürdigung" zu berücksichtigen.[1725] Auch wenn den Polygraphen der trügerische „Schein faktengestützter mathematisch-naturwissenschaftlicher Exaktheit und Objektivität"[1726] umgibt, so dreht sich die psychophysiologische Aussagebeurteilung – genauso wie die Glaubhaftigkeitsbeurteilung mittels Aussageanalyse – einzig um den Erlebnisbezug einer Aussage und nicht um ihren faktischen Wahrheitsgehalt.[1727] Der Richter bekommt mit einem *negativen* Untersuchungsbefund (glaubhafte Verneinung der Tatfrage) nicht die Wahrheit eines Faktums geliefert, sondern ein Indiz.[1728] Insoweit kommt die VFT als *Entlastungs-* und die (in einem frühen Verfahrensstadium durchgeführte) TWT als *Belastungsindiz* in Betracht.[1729]

V. Der Blick nach vorn – Die technische Zukunft der Polygraphie

Es wurde bereits angedeutet,[1730] dass sich infolge der konstant ablehnenden höchstrichterlichen Rechtsprechung eine gewisse Zurückhaltung der wissenschaftlichen Bemühungen um den Polygraphen eingestellt hat.[1731] Zweifelhaft ist dennoch, ob

---

Strafverfahren verwendeter Testverfahren mindestens bestritten ist. Etwaige Bedenken gegen jene Testverfahren sprechen nicht für die Geeignetheit des Polygraphen."

1724 S.a. *Meyer-Mews*, NJW 2000, 916 (917–918); *Schüssler*, Polygraphie (2002), 185; ähnl. *Prittwitz*, MDR 1982, 886 (890–891).

1725 S.a. *Putzke/Scheinfeld u.a.*, ZStW 121 [2009], 607 (610); ähnl. *Momsen*, KriPoZ 2018, 142 (150); *Spiekermann*, Interview mit *Momsen*, NJW-aktuell (2018), 12 (13).

1726 *Meyer-Mews*, NJW 2000, 916 (917). *Fiedler*, Psychologische Rundschau 2003, 112 gab an, dass er mit seinem BGH-Gutachten (*Fiedler*, Praxis der Rechtspsychologie 1999, 5 [5 ff.], vgl. unter § 9 C. I. 2.) die Intention verfolgte, „am Beispiel des Lügendetektors zu verdeutlichen, wie Irrglaube und Aberglaube zuweilen im Namen der Wissenschaftlichkeit verbreitet und konserviert werden […]."

1727 *Momsen*, KriPoZ 2018, 142; *Nestler*, JA 2017, 10 (14); *Spiekermann*, Interview mit *Momsen*, NJW-aktuell (2018), 12; s.a. *Greuel*, Praxis der Rechtspsychologie 1998, 54 (56); vgl. § 8 B. IV. 3.; nicht überzeugend insoweit *Haustein*, Aussage gegen Aussage (2017), 157.

1728 S.o. § 8 V. 2.

1729 Vgl. schon unter § 9 B. V. 2. c); s.a. *Schüssler*, Polygraphie (2002), 177; bzgl. der TWT schon *Frister*, ZStW 106 [1994], 303 (310); vgl. zudem *Bonpasse*, Polygraph 42 [2013], 112 (124): "One way to further that search for truth is to give more polygraph examinations."

1730 Vgl. unter § 9 D. II. 3.

1731 *Dahle*, Psychologische Rundschau 2003, 103 (110); ähnl. SK-StPO-*Rogall*, § 136a, Rn. 86.

aus heutiger Sicht die Argumentation des Bundesgerichtshofs aufrechterhalten werden kann.[1732]

Nun erscheint im 21. Jahrhundert die grafische Darstellung auf einem mitlaufenden Registrierstreifen[1733] antiquiert und der Polygraph als ein Relikt vergangener Zeit.[1734] Tatsächlich zeichnen sich Strömungen ab, welche den herkömmlichen (analogen) Polygraphen durch neuere Technologien ersetzen beziehungsweise modifizieren wollen. Aus den Neurowissenschaften dringen zudem Ansätze durch, welche den Anknüpfungspunkt für die Messungen verschieben möchten.[1735]

Die neuen, technisierten Lügendetektionsverfahren und -ansätze wirken zunächst als „Heilsbringer" gegenüber dem verschmähten Polygraphen.[1736] Schon bei einer flüchtigen Betrachtung kristallisiert sich allerdings heraus, dass sich zwar die Technologien weiterentwickelt haben, nicht jedoch die den Verfahren zugrundliegende Theorie.[1737] Infolgedessen stehen auch die neuen Methoden vor denselben grundsätzlichen methodischen sowie empirischen Herausforderungen und Schwierigkeiten wie der „klassische" Polygraph. Diese Parallelen gilt es nach der jeweils knappen Darstellung einiger beispielhaft ausgewählten, neuerer Untersuchungsansätze und Techniken in den Blick zu nehmen.[1738]

1. *Die Computerpolygraphie*

Es gibt Versuche, die psychophysiologische Aussagebeurteilung von Computerprogrammen durchführen zu lassen (*Computerpolygraphie*).[1739] Dabei sind zwei

---

1732 Vgl. AG Bautzen BeckRS 2013, 16541; ähnl. SK-StPO-*Rogall*, § 136a, Rn. 86.

1733 Vgl. unter § 9 B. I.

1734 *Wolpe/Langleben*, Harv. Bus. Rev. [2008], 25: "Until recently, we had not improved very much on the methods of the ancient Greeks, who took the pulse of a suspect under questioning – a rudimentary polygraph in concept." Ähnl. *Paul/Egbert*, KrimJ 2014, 153 (160) in Fn. 4.

1735 *Paul/Egbert*, KrimJ 2014, 153 (157).

1736 *Paul/Egbert*, KrimJ 2014, 153 ([154][158][161][164]). S. *Gerhold*, ZIS 2020, 431 (431 ff.) zum Einsatz KI-gestützter Lügendetektoren. Teilweise werden die neuen Verfahren a. als „Unheilsbringer" gesehen, vgl. *Wagner*, Polygraphie im Strafverfahren (2012), 126.

1737 *Paul/Egbert*, KrimJ 2014, 153 (161).

1738 S. die Ausführungen bei *Wagner*, Polygraphie im Strafverfahren (2012), 35–36 zu weiteren Ansätzen wie der Stimmanalyse und der Untersuchung mit einem EKG i.V.m einem Elektrogastrogramm; s.a. *Dahle/Lehmann*, in: Neue Vernehmungsmethoden (2012), 48 (74).

1739 *Iacono/Lykken*, in: Scientific Evidence (1997), 582 (610–611); *Kircher/Raskin*, in: Polygraph Testing (2002), 287 (287 ff.); *Raskin/Honts*, in: Polygraph Testing (2002), 1 (21); *Rill*, Forensische Psychophysiologie (2001), 20; *Steller/Dahle*, Praxis der Rechtspsychologie 1999, 127 (151–152); *Undeutsch/Klein*, Praxis der Rechtspsychologie 1999, 45 (121); *Vehrs*, in: Polygraphie (1999), 19 (27–28); s.a. *Rill/Vossel*, NStZ 1998, 481 (485).

Einsatzmöglichkeiten für den Computer denkbar: Er könnte den Polygraphen ersetzen und die physiologischen Daten erheben, wobei die Auswertung händisch von dem Untersucher durchzuführen wäre,[1740] oder der Computer nimmt neben der Datenerhebung auch die Datenauswertung vor und ersetzt so Polygraph und Untersucher.[1741]

Angesichts der hohen Messgenauigkeit des „klassischen" Polygraphen[1742] dürfte die Erhebung der physiologischen Daten mittels computerisierter Polygraphieinstrumente keine Vorteile bringen.[1743] Demgegenüber könnte eine computergestützte Auswertung die Auswertungs- und Interpretationsobjektivität verbessern.[1744] Ein entscheidender Nachteil der computergestützten Auswertung ist jedoch, dass die zur Wahrscheinlichkeitsberechnung verwendeten Algorithmen bislang nicht hinreichend bekannt und ausgereift sind.[1745] Zudem kann der Untersucher nicht einsehen, in welcher Weise die physiologischen Daten tatsächlich ausgewertet werden, sodass er nicht in der Lage ist genau darzulegen, in welcher Weise das Untersuchungsergebnis zustande gekommen ist.[1746] Damit dürfte sich die Computerpolygraphie für Gerichtsgutachten im deutschen Rechtsraum nicht eignen.[1747]

Darüber hinaus belegen Studien, dass die Auswertung durch einen Untersucher, der die Fallinformationen und die Interaktion mit dem Probanden in die Beurteilung miteinfließen lässt, genauer und treffsicherer sein kann, als die computergestützte Auswertung.[1748] Selbst wenn der Untersucher zuvor keinen Kontakt mit

1740 *Vehrs*, in: Polygraphie (1999), 19 (27–28).

1741 *Vehrs*, in: Polygraphie (1999), 19 (28); eingehend dazu *Gerhold*, ZIS 2020, 431 (432–433).

1742 S.o. § 9 B. V. 1.

1743 Nach *Undeutsch/Klein*, Praxis der Rechtspsychologie 1999, 45 (122) sind computerisierte Polygraphieinstrumente dem „klassischen" Polygraphen sogar unterlegen, da sie (noch) keine vasomotorischen Aktivitäten messen können.

1744 *Kircher/Raskin*, in: Polygraph Testing (2002), 287 ([287–288][289]); *Rill*, Forensische Psychophysiologie (2001), 26; *Rill/Vossel*, NStZ 1998, 481 (485); *Steller/Dahle*, Praxis der Rechtspsychologie 1999, 127 ([153][200]). Zur Kritik bezüglich fehlender Auswertungsregeln s. unter § 9 B. IV. 3. b) aa) aaa).

1745 AG Bautzen BeckRS 2017, 138202, Rn. 55; *Rill/Vossel*, NStZ 1998, 481 (485); *Undeutsch/Klein*, Praxis der Rechtspsychologie 1999, 45 (122): „.Ein [...] Nachteil ist, daß über die von den Computern verwendeten Algorithmen keine genauen Auskünfte von den Herstellern gegeben werden." S.a. *Kircher/Raskin*, in: Polygraph Testing (2002), 287 ([302][311 ff.]); *Steller/Dahle*, Praxis der Rechtspsychologie 1999, 127 (152–153). In diesem Zusammenhang ist auch zu bedenken, dass der Computer im Rahmen der computergestützten Auswertung eine „autonome" Glaubhaftigkeitsbeurteilung vornimmt, was im Hinblick auf die *ureigene Aufgabe* des Richters durchaus problematisch ist, s.o. § 9 D. III.

1746 AG Bautzen BeckRS 2017, 138202, Rn. 55; *Rill/Vossel*, NStZ 1998, 481 (485); *Undeutsch/Klein*, Praxis der Rechtspsychologie 1999, 45 (122).

1747 AG Bautzen BeckRS 2017, 138202, Rn. 55; *Rill/Vossel*, NStZ 1998, 481 (485).

1748 *Raskin/Honts*, in: Polygraph Testing (2002), 1 (21); s.a. *Kircher/Raskin*, in: Polygraph Testing (2002), 287.

dem Probanden gehabt hat, liegt die Trefferquote nur wenig unterhalb der einer Computerauswertung.[1749] Mithin vermag der Computer die händische Auswertung durch den Untersucher (noch) nicht zu ersetzen.[1750]

2. *Neurophysiologische Untersuchungsansätze*

Hinter den neurowissenschaftlichen Ansätzen steht die Überlegung, dass die gemessenen peripher-physiologischen Parameter (beispielsweise Atembewegung, elektrische Leitfähigkeit der Haut, Schwankungen des relativen Blutdrucks) auf bestimmten Verarbeitungsvorgängen im Gehirn basieren und eine starke innere Erregung – beispielsweise aufgrund von täuschendem Verhalten – im Gehirn messbare physiologische Reaktionen hervorruft, sodass entsprechende neuronale Zusammenhänge identifiziert werden können.[1751] Damit wird der Fokus von peripher-physiologische auf neuronale Veränderungen gelegt;[1752] kurz gesagt werden nicht länger die Organ- sondern die Hirnfunktionen gemessen.

Bei den neurophysiologischen Untersuchungen können zwei Ansätze unterschieden werden: (1) Untersuchungen, die auf *ereigniskorrelierten Potentialen* (EKPs) des Elektroenzephalogramms (EEG)[1753] basieren und (2) Untersuchungsansätze, die *bildgebende Verfahren* einsetzen.[1754]

a) Ereigniskorrelierte Potentiale

EKPs sind Wellenformen im EEG, die mit einem beobachtbaren Ereignis (beispielsweise einem Sinnesreiz) zusammenhängen.[1755] Sie werden in der Forschung zur Aufdeckung von verheimlichtem Wissen genutzt und beruhen auf einem systematischen Zusammenhang zwischen der Auftrittshäufigkeit eines Ereignisses und der

1749 *Kircher/Raskin*, in: Polygraph Testing (2002), 287 (311); ähnl. *Steller/Dahle*, Praxis der Rechtspsychologie 1999, 127 (152–153).

1750 S.a. *Undeutsch/Klein*, Praxis der Rechtspsychologie 1999, 45 (122). *Gerhold*, ZIS 2020, 431 (438) gibt zu bedenken, dass die Ergebnisse eines KI-gestützten Lügendetektors im Wege des Augenscheins- oder Urkundenbeweises eingeführt werden könnten.

1751 *Gamer/Vossel*, Zeitschrift für Neuropsychologie 2009, 207 (211); *Paul/Egbert*, KrimJ 2014, 153 (157).

1752 *Gamer/Vossel*, Zeitschrift für Neuropsychologie 2009, 207 (211); *Langleben/Moriarty*, Psychol. Public Policy Law 19 [2013], 222 (223).

1753 Die Elektroenzephalografie (ebenfalls EEG) ist eine Methode zu Messung der elektrischen Aktivität des Gehirns, wobei das Elektroenzephalogramm die grafische Darstellung der gemessenen Spannungsschwankungen an der Kopfoberfläche ist.

1754 *Gamer/Vossel*, Zeitschrift für Neuropsychologie 2009, 207 (211); s.a. *Langleben/Moriarty*, Psychol. Public Policy Law 19 [2013], 222 (223); *Langleben/Schroeder u.a.*, NeuroImage 15 [2002], 727.

1755 *Gamer/Vossel*, Zeitschrift für Neuropsychologie 2009, 207 (212).

EEG-Komponente *P300*[1756,1757] Die Amplitude der P300-Welle ist dann höher, wenn ein seltenes Ereignis innerhalb der wiederholten Präsentation häufiger Ereignisse auftritt (*Oddball-Effekt*).[1758]

Der Untersuchungsablauf zur Aufdeckung von verheimlichtem Wissen besteht aus der Präsentation seltener relevanter Items und häufiger irrelevanter Items.[1759] Sofern der Proband die relevanten von den irrelevanten Items unterscheiden kann, führen Erstere zu einer höheren P300-Amplitude.[1760] Das bedeutet: Wenn die relevanten Items eine höhere Amplitude der P300-Welle auslösen als die irrelevanten Items, kann auf vorhandenes Tatwissen geschlossen werden; sind dagegen die Amplituden der P300-Wellen bei den relevanten und irrelevanten Items vergleichbar, wird davon ausgegangen, dass der Proband kein spezielles Tatwissen besitzt.[1761]

Tabelle 9: *Von Gamer und Vossel zusammengefasste Trefferquoten der auf EKPs basierten TWT in Laborsuchungen*[a]

		Status hinsichtlich Täterschaft	
		„schuldig“	**„unschuldig“**
Testergebnis	**positiv („unglaubhaft“)**	richtig-positive Befunde: ca. 74 %	falsch-positive Befunde: ca. 7 %
	negativ („glaubhaft“)	falsch-negative Befunde: ca. 26 %	richtig-negative Befunde: ca. 93 %
	Trefferquoten:	**Sensitivität: ca. 74 %**	**Spezifität: ca. 93 %**

[a] Nach dem System von *Rill*, Forensische Psychophysiologie (2001), 8, vgl. Tabelle 2 unter § 9 B. III.

Es zeigt sich hier deutlich dieselbe Grundkonzeption wie bei der TWT auf Basis peripher-physiologischer Variablen.[1762] Und auch die Validitätsangaben einer auf

1756 P300 ist eine positive Auslenkung des EKPs etwa 300 Millisekunden nach Reizpräsentation, vgl. *Gamer/Vossel*, Zeitschrift für Neuropsychologie 2009, 207 (212).

1757 *Gamer/Vossel*, Zeitschrift für Neuropsychologie 2009, 207 (212); *Langleben/Schroeder u.a.*, NeuroImage 15 [2002], 727; s.a. *Seiterle*, Lügendetektion (2010), 74; *Stübinger*, ZIS 2008, 538 (549); ausf. *Rosenfeld*, in: Polygraph Testing (2002), 265 (265 ff.).

1758 *Gamer/Vossel*, Zeitschrift für Neuropsychologie 2009, 207 (212); *Langleben/Schroeder u.a.*, NeuroImage 15 [2002], 727; *Rosenfeld*, in: Polygraph Testing (2002), 265 (265–266); *Scholz*, in: Polygraphie (1999), 45 (58).

1759 *Gamer/Vossel*, Zeitschrift für Neuropsychologie 2009, 207 (212); s.a. *Scholz*, in: Polygraphie (1999), 45 (58 ff.).

1760 *Gamer/Vossel*, Zeitschrift für Neuropsychologie 2009, 207 (212).

1761 *Gamer/Vossel*, Zeitschrift für Neuropsychologie 2009, 207 (212) m. exemplarischer Darstellung eines Reaktionsmusters; ferner *Dahle/Lehmann*, in: Neue Vernehmungsmethoden (2012), 48 (75).

1762 S.a. *Dahle/Lehmann*, in: Neue Vernehmungsmethoden (2012), 48 (75); vgl. unter § 9 B. III. 1. a).

EKPs basierten Untersuchung (s. Tabelle 9) unterscheiden sich nicht erheblich von den Trefferquoten des peripher-physiologischen Verfahrens.[1763] Vor diesem Hintergrund kommt die Frage auf, ob der Mehraufwand einer auf EKPs basierten Tatwissensüberprüfung gegenüber dem peripher-physiologischen Verfahren opportun wäre.[1764]

b) Funktionelle Magnetresonanztomographie

Zu den neurophysiologischen Untersuchungsansätzen gehören auch die bildgebenden Verfahren, insbesondere die *funktionelle Magnetresonanztomographie* (fMRT).[1765] Bei der fMRT werden mittels starker elektromagnetischer Wellen elektrische Signale produziert, die in dreidimensionale Bilder des Gehirns umgerechnet werden und lokale Unterschiede im Aktivitätsniveau des Gehirns messen können.[1766] Die Stimuli werden hierbei durch die TWT und VFT hervorgerufen.[1767] Das gängigste fMRT-Verfahren misst den Sauerstoffgehalt des Blutes, der das Aktivitätsniveau des Gehirns widerspiegeln soll.[1768]

Die neurophysiologische Aussagebeurteilung per fMRT basiert auf der Annahme, dass das Lügen beziehungsweise Täuschen ein kognitiver Vorgang ist, der ein erhöhtes Aktivitätsniveau erfordert und sich infolgedessen der Sauerstoffgehalt im Blut erhöht.[1769] Diese These beruht auf derselben Grundidee wie die peripher-physiologischen Verfahren: Die Wahrheit ist der „Standard-Modus" des menschlichen Bewusstseins und jede Abweichung impliziert einen zusätzlichen intellektuellen Mehraufwand.[1770]

Obwohl die Forschung zur Lügendetektion per Hirnbildgebung noch am Anfang steht, wird in die bildgebenden Verfahren zum Teil schon einige Hoffnung

---

1763 *Gamer/Vossel*, Zeitschrift für Neuropsychologie 2009, 207 (212) m.w.N.; s.o. § 9 B. V. 2. b) bb) m. Tabelle 8.

1764 S.a. *Dahle/Lehmann*, in: Neue Vernehmungsmethoden (2012), 48 (75); *Gamer/Vossel*, Zeitschrift für Neuropsychologie 2009, 207 ([213][214]).

1765 *Paul/Egbert*, KrimJ 2014, 153 (157); *Seiterle*, Lügendetektion (2010), 77 ff.; zu weiteren neurowissenschaftlichen Verfahren s. *Markowitsch*, Kriminalistik 2006, 619 (623).

1766 *Paul/Egbert*, KrimJ 2014, 153 (157); s.a. *Wagner*, Polygraphie im Strafverfahren (2012), 34; näher dazu *Beck*, JR 2006, 146 (147); *Langleben*, Leg. Criminol. Psychol. 13 [2008], 1 (2–3); *Langleben/Moriarty*, Psychol. Public Policy Law 19 [2013], 222 (223) (alle m.w.N.).

1767 *Langleben/Moriarty*, Psychol. Public Policy Law 19 [2013], 222 (224).

1768 Sog. BOLD-fMRT (blood-oxygen-level-dependent); s. *Langleben*, Leg. Criminol. Psychol. 13 [2008], 1 (3); *Langleben/Moriarty*, Psychol. Public Policy Law 19 [2013], 222 (223); *Langleben/Schroeder u.a.*, NeuroImage 15 [2002], 727; *Paul/Egbert*, KrimJ 2014, 153 (157); ferner *Seiterle*, Lügendetektion (2010), 78–79; *Wagner*, Polygraphie im Strafverfahren (2012), 34.

1769 *Paul/Egbert*, KrimJ 2014, 153 (157); ferner *Haustein*, Aussage gegen Aussage (2017), 161.

1770 *Paul/Egbert*, KrimJ 2014, 153 (158); vgl. unter § 9 B. II. 1.

im Hinblick auf die forensische Psychophysiologie gesetzt.[1771] Die ablehnende Haltung des Bundesgerichtshofs gegenüber dem peripher-physiologischen Polygraphen[1772] dürfte allerdings auch einem Einsatz der bildgebenden Verfahren im gerichtlichen Verfahren entgegenstehen.[1773] Denn auch die bildgebenden Verfahren messen lediglich *unspezifische* physiologische Reaktionen des menschlichen Körpers, nur eben im Gehirn.[1774] Es gibt mittlerweile zwar Hinweise auf spezifische „Lügenareale" im Gehirn und es lässt sich durchaus feststellen, dass die intentionale Falschaussage in bestimmten Bereichen des Gehirns zu einer stärkeren Aktivierung führt als eine wahrheitsgemäße Aussage.[1775] Bei diesen Arealen handelt es sich jedoch keineswegs um Gehirnregionen, deren Aktivität sich *ausschließlich* bei einer Lüge oder intentionalen Täuschung erhöht.[1776] Vielmehr werden diese Gehirnregionen generell bei komplexeren Denkvorgängen aktiviert, sodass die Lüge kaum von einer für den Probanden schwer zu beantwortenden Frage zu unterscheiden ist.[1777]

Ebenso wenig wie mit dem Polygraphen, können mit der fMRT Lügen selbst gemessen werden, sondern stets nur die vermeintlichen Indikatoren derselben.[1778]

1771 Vgl. *Beck*, JR 2006, 146 (147–148); *Langleben*, Leg. Criminol. Psychol. 13 [2008], 1 (6); *Langleben/Moriarty*, Psychol. Public Policy Law 19 [2013], 222 ([222][230–232]); *Markowitsch*, Kriminalistik 2006, 619 (623); *Paul/Egbert*, KrimJ 2014, 153 (157–158); *Schneider/Merkle*, JIBL 4 [2007], 227 (232); *Seiterle*, Lügendetektion (2010), 91–92; *Wolpe/Langleben*, Harv. Bus. Rev. [2008], 25. Eine Übersicht über die verschiedenen Studien zur Täuschungsaufdeckung mittels fMRT findet sich bei *Seiterle*, Lügendetektion (2010), 80 ff. Abl. zur Übertragbarkeit der bildgebenden Verfahren in den forensischen Bereich *Gamer/Vossel*, Zeitschrift für Neuropsychologie 2009, 207 ([214][216]); krit. a. *Bender/Nack u.a.*, Tatsachenfeststellung (2014), Rn. 244.

1772 Vgl. unter § 9 B. IV. 1. a) und C. I. 2.

1773 Vgl. BGHSt 44, 308 (315–316) = NJW 1999, 657 (658–659): „Es ist [...] von entscheidender Bedeutung, daß es [...] nicht möglich ist, eindeutige Zusammenhänge zwischen bestimmten kognitiven oder emotionalen Zuständen und hierfür spezifischen Reaktionsmustern im vegetativen Nervensystem zu erkennen. Dies gilt insbesondere für mit der unwahren Beantwortung von Fragen in Verbindung stehende Reaktionen (‚no specific lie response')."

1774 *Paul/Egbert*, KrimJ 2014, 153 ([158][161]). Nach *Stübinger*, ZIS 2008, 538 (552 ff.) gehen die neurowissenschaftlichen Untersuchungsansätze dagegen viel weiter.

1775 Vgl. *Beck*, JR 2006, 146 (147) (krit.); *Gamer/Vossel*, Zeitschrift für Neuropsychologie 2009, 207 (213–214); *Paul/Egbert*, KrimJ 2014, 153 (157–158); *Wagner*, Polygraphie im Strafverfahren (2012), 35; s.a. *Wolpe/Langleben*, Harv. Bus. Rev. [2008], 25.

1776 *Paul/Egbert*, KrimJ 2014, 153 (158); ferner *Dahle/Lehmann*, in: Neue Vernehmungsmethoden (2012), 48 (76–77); *Haustein*, Aussage gegen Aussage (2017), 162.

1777 *Beck*, JR 2006, 146 (147).

1778 *Paul/Egbert*, KrimJ 2014, 153 (158); ferner *Haustein*, Aussage gegen Aussage (2017), 161–162; *Spranger*, JZ 2009, 1033 (1036); nicht überzeugend insoweit *Seiterle*, Lügendetektion (2010), 91–92.

Der Anschein der Überlegenheit der bildgebenden Verfahren ergibt sich daraus, dass die technisch generierten Bilder Objektivität und Neutralität vermitteln und als Fotografie des „lügenden Gehirns" verstanden werden.[1779] Mit der visuellen Kraft und Evidenz der Hirnbilder können die Kurvenabbildungen des Polygraphen nicht mithalten.[1780] Allerdings enthält auch der Bildherstellungsprozess eine Reihe „menschlicher" Entscheidungen, beispielsweise hinsichtlich der Sammlung von Messdaten und der Art der Visualisierung.[1781]

Eine Überlegenheit der – äußerst kostspieligen[1782] – fMRT gegenüber dem Polygraphen ist folglich (noch) nicht ersichtlich.[1783] Vielmehr wurden die methodischen Grundprinzipien des peripher-physiologischen Untersuchungsverfahrens in ein neues, modernes Gewand gehüllt.[1784] Die Methodenkritik an der psychophysiologischen Aussagebeurteilung mittels eines analogen Polygraphen kann damit weitestgehend auf die bildgebenden Verfahren übertragen werden.[1785]

3. *Der Polygraph als Wegbereiter*

Wer im Rahmen der Lügendetektion auf neue Technologien und neurophysiologische Untersuchungsmethoden zurückgreifen möchte, kommt nicht umhin sich auch mit den methodischen Grundlagen des peripher-physiologischen Verfahrens auseinanderzusetzen. Der Weg zu einer Anerkennung der neurophysiologischen Ansätze als methodisch (ausreichend) zuverlässige Untersuchungsverfahren führt damit nicht an einer Anerkennung des peripher-physiologischen Polygraphen als ebenso zuverlässiges Untersuchungsverfahren vorbei. Die neuen Technologien als ersehnte Innovationen einer methodisch und empirisch zuverlässigen Lügendetektion publik zu machen,[1786] dürfte sich als Trugschluss erweisen. Auch mit den neurophysiologischen Ansätzen vor Augen, präsentiert sich die peripher-physiologische Untersuchung als Wegbereiterin der modernen Lügendetektion.

1779 *Paul/Egbert*, KrimJ 2014, 153 ([159–161][163]); *Stübinger*, ZIS 2008, 538 (548).

1780 *Paul/Egbert*, KrimJ 2014, 153 (160–161); ferner *Haustein*, Aussage gegen Aussage (2017), 161; *Stübinger*, ZIS 2008, 538 (548).

1781 *Paul/Egbert*, KrimJ 2014, 153 ([159–160][163]).

1782 Die Kosten für die Nutzung von fMRT-Geräten belaufen sich auf ca. 1.000 € pro Stunde, s. *Schneider/Merkle*, JIBL 4 [2007], 227 (229).

1783 S.a. *Paul/Egbert*, KrimJ 2014, 153 (159).

1784 *Paul/Egbert*, KrimJ 2014, 153 (159). Prophezeit wurden derartige Entwicklungen bereits v. *Fiedler*, Psychologische Rundschau 2003, 112 (115).

1785 Vgl. *Beck*, JR 2006, 146 (148–150) (diff.); *Langleben/Moriarty*, Psychol. Public Policy Law 19 [2013], 222 (223–224); *Paul/Egbert*, KrimJ 2014, 153 (159); ferner *Haustein*, Aussage gegen Aussage (2017), 161; zur Manipulationsgefahr bei bildgebenden Verfahren s. *Paul/Egbert*, a.a.O. (158–159); *Seiterle*, Lügendetektion (2010), 93. S. zudem *Seiterle*, a.a.O., 100 ff. zur rechtlichen Zulässigkeit hirnbildgebender Verfahren. Hierbei zeigt sich, dass bei der fMRT auch dieselben rechtlichen Erwägungen anzustellen sind wie bei dem analogen Polygraphen.

1786 So klingt es bzgl. der fMRT bspw. an bei *Beck*, JR 2006, 146 (149–150).

E. Aussagepsychologische und/oder psychophysiologische Glaubhaftigkeitsbeurteilung?

Steht in einer „Aussage gegen Aussage"-Konstellation nach der aussagepsychologischen Glaubhaftigkeitsbeurteilung fest, dass die Belastungsaussage geeignet ist, die für den Angeklagten streitende Unschuldsvermutung zu überwinden, kommt es zur Verurteilung.[1787] Demgegenüber kann sich der Angeklagte allein durch eigene Äußerung zur Sachlage verteidigen; eine hypothesengeleitete Inhaltsanalyse seiner Aussage kann aus methodischen Gründen nicht – beziehungsweise nicht mit gleicher Wirkungskraft – vorgenommen werden.[1788] Diese Notlage des Angeklagten haben die Polygraphiebefürworter vor Augen, wenn sie dem Angeklagten die Möglichkeit einer psychophysiologischen Aussagebeurteilung geben wollen.[1789] Denn auch die hypothesengeleitete Aussageanalyse stellt keine fehlerfreie Untersuchungsmethode dar.[1790] Sofern eine vom Sachverständigen und/oder Richter unentdeckte – beispielsweise suggerierte – Falschanschuldigung vorliegt (falsch-positive Glaubhaftigkeitsbeurteilung), hat der Angeklagten kaum Möglichkeiten, sich dagegen zu verteidigen.[1791]

An dieser Stelle würde die psychophysiologische Aussagebeurteilung einsetzen und als weitere Methode zur Glaubhaftigkeitsbegutachtung die Erkenntnismöglichkeiten der Beweiswürdigung erweitern. Glaubhaftigkeitsgutachten mittels Aussageanalyse sind eine unentbehrliche Hilfe für Strafgerichte, bei „Aussage gegen Aussage" zu einer aussagepsychologisch fundierten, subjektiven Überzeugung nach § 261 StPO zu gelangen.[1792] Eine ebensolche Stellung könnte *daneben* die polygraphische Untersuchung einnehmen.[1793] Wie die Aussagepsychologie, würde die psychophysiologische Untersuchung nicht die Beweiswürdigung des Gerichts ersetzen, sondern vielmehr die Wissens- und Informationsbasis für die abschließende Beweiswürdigung erweitern.[1794] In gleicher Weise wie ein aussagepsychologisches Gutachten würde das Gutachten einer polygraphischen Untersuchung ein weiteres gewichtiges Indiz außerhalb der Aussagen darstellen, das im Rahmen der „lückenlosen Gesamtwürdigung" zu berücksichtigen wäre.[1795] Ein negativer

---

1787 S. § 8 B.

1788 S. § 8 D.

1789 *Putzke*, ZJS 2011, 557 (562); *Putzke/Scheinfeld u.a.*, ZStW 121 [2009], 607 (608); eine entsprechende Notlage abl. dagegen wohl *Schoreit*, StV 2004, 284 (286).

1790 Vgl. § 8 B. IV.

1791 S. § 8 D. (dort a. zum Angriff der Glaubhaftigkeitsbeurteilung mittels einer Schwachstellenanalyse).

1792 S. § 8 D.

1793 Krit. hierzu *Momsen*, KriPoZ 2018, 142 (150).

1794 *Schüssler*, JR 2003, 188 (191).

1795 Vgl. unter § 9 D. IV. 3.; ähnl. *Momsen*, KriPoZ 2018, 142 (150); zur Verwertung polygraphischer Untersuchungsergebnisse durch polnische Gerichte s. *Jaworski*, NStZ 2008, 195 (196–197).

Befund („glaubhaft") der polygraphischen Untersuchung könnte zumindest eine Aufforderung an das Gericht sein, entlastende Indizien erneut zu bewerten.[1796]

Ein solches Vorgehen entspräche der Leistungskraft der VFT, die im Durchschnitt hohe Trefferquoten bei richtig-positiven („unglaubhaft") Befunden aufweist und als *Entlastungsmethode* genutzt werden könnte.[1797] Die Blicke aus der juristischen und psychologischen Literatur richten sich dagegen oft erwartungsvoll auf die TWT.[1798] Die obigen Ausführungen zur Validität haben jedoch gezeigt, dass die TWT vor allem bei richtig-negativen („glaubhaft") Befunden hohe Trefferquoten erreicht und damit vielmehr eine *Belastungsmethode* darstellt.[1799] Wie noch genauer aufzuzeigen sein wird, ist die *Belastung* des Angeklagten durch eine polygraphische Untersuchung in der Hauptverhandlung – vor dem Hintergrund der methodischen Schwächen polygraphischer Untersuchung – recht problematisch.[1800] Es soll der TWT jedoch nicht die Eignung als Hilfsmittel für die polizeiliche Ermittlungsarbeit – beispielsweise für die frühe Abklärung von Verdachtsmomenten – abgesprochen werden.[1801]

Die polygraphische Untersuchung in der VFT könnte Abhilfe in beweisrechtlich schwierigen Situationen wie „Aussage gegen Aussage" schaffen und ein „Gegengewicht"[1802] zu der „Qualitätszertifizierung"[1803] der Aussage des Belastungszeugen durch ein aussagepsychologische Glaubhaftigkeitsgutachten bilden.[1804] In diesem Fall würde der „Qualitätszertifizierung" der Belastungszeugenaussage der negative Befund der psychophysiologischen Begutachtung gegenüberstehen.[1805] Die „Waage"[1806] wäre im Gleichgewicht.

1796 *Momsen*, KriPoZ 2018, 142 (151); *Spiekermann*, Interview mit *Momsen*, NJW-aktuell (2018), 12 (13).

1797 Vgl. unter § 9 B. V. 2. c).

1798 Vgl. *Dahle*, Psychologische Rundschau 2003, 103 (107 ff.); *Fiedler*, Praxis der Rechtspsychologie 1999, 5 (30); *Furedy*, Int. J. Psychophysiol. 21 [1996], 97 (101); *Rill/Vossel*, NStZ 1998, 481 (486).

1799 Vgl. unter § 9 B. V. 2. c).

1800 Zudem bedeutet Tatwissen noch keine Schuld, vgl. *Fiedler*, Praxis der Rechtspsychologie 1999, 5 (30); *Fiedler*, Psychologische Rundschau 2003, 112 (113).

1801 S.a. *Dahle*, Psychologische Rundschau 2003, 103 (108); ähnl. *Fiedler*, Psychologische Rundschau 2003, 112 (113); zur TWT als Screening-Verfahren *Gamer/Vossel*, Zeitschrift für Neuropsychologie 2009, 207 (210–211). Vgl. zum Einsatzzeitpunkt unter § 9 B. IV. 3. a) aa).

1802 *Undeutsch/Klein*, Praxis der Rechtspsychologie 1999, 45 (49).

1803 *Meyer-Mews*, NJW 2000, 916 (918).

1804 *Meyer-Mews*, NJW 2000, 916 (918); s.a. *Deckers*, in: Polygraphie (1999), 129 (130); *Putzke/Scheinfeld u.a.*, ZStW 121 [2009], 607 (642); *Undeutsch/Klein*, Praxis der Rechtspsychologie 1999, 45 (49); krit. dazu *Momsen*, KriPoZ 2018, 142 (148–149). Nach *Wille*, Aussage gegen Aussage (2012), 139 könnte die aussagepsychologische Begutachtung der Beschuldigtenaussage ein ähnl. Gegengewicht darstellen, s. dazu jedoch bereits § 8 D.

1805 *Meyer-Mews*, NJW 2000, 916 (918).

1806 Zum Bild s. § 5 A.

F. Die psychophysiologische Aussagebeurteilung und der sexuelle Übergriff nach § 177 Abs. 1 StGB

Die vorigen Ausführungen haben bereits gezeigt, dass bei polygraphischen Untersuchungen besonders dann Schwierigkeiten auftreten können, wenn es um Sexualdelikte geht.[1807] Es stellt sich nun die Frage, wie die psychophysiologische Untersuchung ausgestaltet sein müsste, wenn der Vorwurf des sexuellen Übergriffs nach § 177 Abs. 1 StGB im Raum steht.

I. Einsetzbarkeit der TWT

Es zeigte sich bereits, dass die TWT dann nicht weiterhilft, wenn rechtliche Bewertungen wie das Einverständnis im Fokus stehen.[1808] Damit wird die TWT wohl auch beim Vorwurf des sexuellen Übergriffs nach § 177 Abs. 1 StGB keine nützlichen Ergebnisse liefern können. Denn dieser erfordert für eine Strafbarkeit der sexuellen Handlung lediglich den erkennbar entgegenstehenden Willen der anderen Person.[1809] Zudem würde sich schon die Formulierung in ihrem Bedeutungsgehalt gleichwertiger Items in ausreichender Zahl als äußerst problematisch erweisen.[1810] Dies würde besonders für den Fall gelten, in dem der Sexualkontakt feststeht und lediglich der entgegenstehende Wille streitig ist.

II. Einsatzbarkeit der VFT

Die psychophysiologische Aussagebeurteilung mit der VFT könnte beim Vorwurf des sexuellen Übergriffs nach § 177 Abs. 1 StGB – wenn nicht das Geschehen an sich in Frage steht, sondern lediglich das Vorliegen des erkennbar entgegenstehenden Willens strittig ist – einen Beitrag zur Aufklärung des Sachverhalts leisten.[1811] Dahingehend wurden zwar – soweit ersichtlich – noch keine Simulationsstudien durchgeführt, zumal diese in ihrer Inszenierung (Sexualstraftat als „mock-crime“)

1807 S. bzgl. der TWT unter § 9 B. IV. 3. a) bb); bzgl. der VFT unter § 9 B. IV. 3. b) bb).

1808 S.o. § 9 B. IV. 3. a) bb); s.a. *Haustein*, Aussage gegen Aussage (2017), 154.

1809 Vgl. § 7 C. I.

1810 S.o. § 9 B. IV. 3. a) bb).

1811 S.a. *Steller*, Aussagebeurteilung (1987), 167. Den sexuellen Missbrauch von Kindern betreffend bestehen Bedenken hinsichtlich der Anwendung der VFT, s.o. § 9 B. IV. 3. b) bb) aaa). Es sei an dieser Stelle jedoch angemerkt, dass die bereits erwähnten familiengerichtliche Verfahren, in denen polygraphische Gutachten verwertet wurden, die Verdachtsabklärung des sexuellen Missbrauchs von Kindern zum Gegenstand hatten, s. z.B. OLG Bamberg NJW 1995, 1684 (1684 f.); OLG Dresden BeckRS 2013, 16540; OLG München FamRZ 1999, 674 (674 f.); OLG Oldenburg, Beschl. v. 15.6.1998 – Az. 4 UF 60/96, juris; s.o. § 9 C. III.

äußerst schwierig erscheinen.[1812] Diesbezüglich gibt es jedoch bereits erste Lösungsvorschläge.[1813]

Einem Einsatz der VFT beim Verdacht des sexuellen Übergriffs nach § 177 Abs. 1 StGB würde auch nicht entgegenstehen, dass es allein auf den erkennbar entgegenstehenden Willen ankommt und eine nicht erlebnisfundierte Belastungsaussage lediglich in diesem Detail vom tatsächlichen Geschehen abweichen müsste.[1814] *Michael Stadler* stellte in einem Praxisbericht zur Sensibilität der VFT beim Vorwurf des sexuellen Missbrauchs im Zusammenhang mit Pflegehandlungen fest, dass nicht nur konkret verhaltensbezogene Fragen eine Täuschungsabsicht indizierende physiologische Reaktion auszulösen vermögen, sondern auch motivationsbezogene Fragen.[1815] Insoweit könne es durchaus möglich sein, nur die sexuelle Absicht von im Übrigen unstrittigen Handlungen durch entsprechende physiologische Reaktionsunterschiede zu differenzieren.[1816] Der Beitrag beschäftigte sich mit dem Vorwurf des sexuellen Missbrauchs von Kindern innerhalb der Familie, wobei der Betroffene zugab, das Kind in der ihm vorgeworfenen Weise berührt zu haben, dass dies jedoch ohne sexuelle Absicht, zufällig oder im Rahmen von Pflegehandlungen geschehen sei.[1817]

Für die Funktionsfähigkeit der VFT dürfte es keinen Unterschied machen, ob der Angeklagte leugnet, ein Kind in sexueller Absicht berührt zu haben oder ob

---

1812 *Jager/Schmidt u.a.*, MschrKrim 2000, 210 (216).

1813 *Jager/Schmidt u.a.*, MschrKrim 2000, 210 (217 ff.) entwickelten als Alternative für die Überprüfung der Validität der psychophysiologischen Aussagbeurteilung bei Sexualstraftaten das sog. „Bonner Szenario". Dabei werden die Probanden „offiziell" für ein Wahrnehmungsexperiment rekrutiert. Es geht scheinbar darum, bestimmte Beobachtungsregeln in emotional belastenden Situationen zu befolgen. Den Probanden wird erläutert, dass sie einen emotional belastenden Film (eine Vergewaltigungsszene) sehen werden, auf den sie die gelernten Regeln anwenden sollen. Während der Filmdarbietung werden Elektroden angelegt, die die Augenbewegungen des Probanden registrieren. Nachdem die Probanden den Film gesehen haben, erhalten sie einen Feedbackbogen, der vorgeblich zur Selbstkontrolle der Beobachtungsleistung dient. Bei der Ergebnisbesprechung wird ihnen dann vorgeworfen, sich von den sexuellen, reißerischen Details erregt haben zu lassen und sich damit normabweichend verhalten zu haben, da das lustvolle Betrachten einer Vergewaltigungsszene wohl in klarem Gegensatz zu den Moral- und Wertvorstellungen steht. Dadurch wird bei dem Probanden eine kognitive, emotionale und normative Dissonanz erzeugt, die zu reduzieren nur er selbst vermag. Um den Vorwurf zu entkräften, wird den Probanden eine psychophysiologische Aussagebeurteilung als „Ausweg" nahegelegt. Dieser letzte Untersuchungsteil eröffnet ihnen also den Weg zurück in die Konformität. Für Probanden, die annehmen, zu Recht beschuldigt zu werden, bedeutet dies, dass sie Täuschungsverhalten zeigen müssen, die übrigen hingegen sind gefordert, ihre Unschuld nachzuweisen.

1814 S.o. § 8 C.

1815 *Stadler*, Praxis der Rechtspsychologie 2001, 48 (51).

1816 *Stadler*, Praxis der Rechtspsychologie 2001, 48 (52–53).

1817 *Stadler*, Praxis der Rechtspsychologie 2001, 48 (48 ff.).

er bestreitet, dass ein sexueller Kontakt gegen den erkennbaren Willen der anderen (erwachsenen) Person stattgefunden hat. In beiden Fällen steht die Handlung als solche außer Frage und es kommt allein auf die Motivation des Angeklagten an. Insoweit müssten dem Angeklagten motivationsbezogene Fragen bezüglich der Überwindung des erkennbar entgegenstehenden Willens der anderen Person gestellt werden. Die Einzelheiten einer solchen psychophysiologische Untersuchung – wie die Formulierung der einzelnen Tat- und Vergleichsfragen – wären dabei dem Untersucher vorbehalten. Es müsste wohl lediglich beachtet werden, dass nicht allgemein nach „dem sexuellen Übergriff" gefragt wird, da dieser Rechtsbegriff für die Untersuchung zu unpräzise ist.[1818] Insoweit sollten die Tatfragen direkt an die sexuelle Handlung anknüpfen.[1819] Der erhebliche Bedeutungsgehalt der sexuellen Details in den Tatfragen könnte daneben durch ebenfalls sexualbezogene Vergleichsfragen ausgeglichen werden. Solche Vergleichsfragen könnten etwa lauten:[1820]

Beispiel 1: „Haben Sie auf sexuellem Gebiet jemals irgendetwas getan, was Sie hätte in Schwierigkeiten bringen können?"

Beispiel 2: „Haben Sie sich in der Fantasie jemals mit einer sexuellen Tätigkeit beschäftigt, die andere Menschen als ungehörig bezeichnen würden?"

Beispiel 3: „Haben Sie auf sexuellem Gebiet jemals irgendetwas getan, wofür Sie sich eigentlich schämen müssten?"

G. Ausgestaltung einer psychophysiologischen Untersuchung vor Gericht

Die bisher angestellten, überwiegend theoretischen Erwägungen haben gezeigt, dass es nicht länger um die Frage gehen sollte, *ob* der Polygraph Eingang in das deutsche Strafverfahren finden sollte, sondern *wie* der Polygraph im Strafverfahren am besten eingesetzt werden könnte.[1821] Aus diesem Grund wird nun der Versuch unternommen, den Ablauf einer psychophysiologischen Untersuchung zu skizzieren, wie sie in die gerichtliche Praxis integriert werden könnte. Zur Veranschaulichung wird den Überlegungen folgender Beispielsfall zugrunde gelegt:

1818 Vgl. *Reid/Inbau*, Truth and Deception (1966), 17.
1819 Ähnl. schon *Reid/Inbau*, Truth and Deception (1966), 17; s.a. OLG München FamRZ 1999, 674 (675); vgl. zudem § 9 B. IV. 3. b) bb) bbb).
1820 Bsp. nach *Stadler*, Praxis der Rechtspsychologie 2001, 48 ([50][52]).
1821 Ähnl. *Putzke*, NJW-aktuell 2013, 14.

> Die Belastungszeugin beschuldigt den Angeklagten, gegen ihren Willen sexuelle Handlungen an ihr vorgenommen zu haben. Dass ein sexueller Kontakt zwischen beiden zum vermeintlichen Tatzeitpunkt stattgefunden hat, steht außer Streit. Weitere unmittelbar tatbezogenen Beweismittel und Indizien fehlen. Das Gericht bestellt für die Glaubhaftigkeitsbeurteilung der Belastungsaussage einen Sachverständigen. Dieser kommt nach einer Aussageanalyse zu dem Ergebnis, dass die Aussage der Belastungszeugin mit hoher Wahrscheinlichkeit erlebnisfundiert ist. Der Angeklagte beharrt jedoch darauf, dass die sexuellen Handlungen im beiderseitigen Einvernehmen stattgefunden haben, und sucht nach Möglichkeiten, seine Aussage zu bekräftigen. Eine aussagepsychologische Glaubhaftigkeitsbegutachtung seiner Aussage kann aus methodischen Gründen nicht erfolgen.[1822]

In diesem Beispielsfall wäre es für die Wahrheitsfindung von großem Nutzen, dem Gericht grundsätzlich die Möglichkeit zu eröffnen, einen Sachverständigen mit einem forensisch-psychophysiologischen Gutachten zu beauftragen und das Bestreiten des Angeklagten mittels polygraphischer Untersuchung in der VFT überprüfen zu lassen. Allerdings sollte der Einsatz des Polygraphen einem klaren Reglement unterworfen sein, um (1) einem missbräuchlichen Einsatz vorzubeugen und (2) die Qualitätsanforderungen an die psychophysiologischen Gutachten festzulegen. Demgemäß gilt es, Anwendungs- und Untersuchungsstandards für die forensisch-psychophysiologische Aussagebeurteilung zu formulieren.[1823]

I. Anwendungsstandards

1. Untersuchung außerhalb und innerhalb staatlicher Kontrolle

Zuerst bedarf es der Klärung, von wem ein gerichtlich verwertbares psychophysiologischen Gutachten in Auftrag gegeben werden dürfte beziehungsweise sollte. In Betracht kommen privat durchgeführte und/oder gerichtlich angeordnete polygraphische Untersuchungen.

Ohne weiteres zulässig erscheint zunächst die Verwertung privater Untersuchungsergebnisse, bei denen sich der Angeklagte außerhalb staatlicher Kontrolle durch einen unabhängigen Gutachter polygraphisch untersuchen lässt.[1824] Ein

1822 S. dazu § 8 D.

1823 Das AG Bautzen (s. BeckRS 2013, 8655; BeckRS 2017, 138202, Rn. 53) formulierte in seinen Urteilen Anwendungskriterien, welche im Folgenden teilw. aufgegriffen werden.

1824 Vgl. *Delvo*, Lügendetektor (1981), 375–376; *Eisenberg*, Beweisrecht, Rn. 701; *Putzke/Scheinfeld u.a.*, ZStW 121 [2009], 607 (638); *Schwabe*, NJW 1979, 576 (579); SK-StPO-*Rogall*, § 136a, Rn. 94; *Steller*, in: Psychologie (1997), 89 (103). Die Aktenkenntnis

entlastendes Untersuchungsergebnis könnte dann von dem Angeklagten oder von dessen Verteidiger als Zeugen- oder Sachverständigenbeweis in das Verfahren eingeführt werden.[1825] In derartige Überlegungen ist allerdings die Möglichkeit einzubeziehen, dass der Angeklagte zuvor wiederholt (verschiedene) Polygraphuntersucher aufgesucht hat, bis ein für ihn günstiges Untersuchungsergebnis erzielt worden ist.[1826] Wiederholte Untersuchungen mit dem Polygraphen führen nicht nur zu einer Erhöhung der Wahrscheinlichkeit für zufällig falsch-negative („glaubhaft") Befunde, sondern auch zu einem Kenntniszuwachs auf Seiten des Angeklagten hinsichtlich der Methodik und damit eventuell zu einer Steigerung der Fähigkeit für eine erfolgreiche vorsätzliche Manipulation.[1827]

Neben der Verwertung privater Untersuchungsergebnisse sollte die Verwertung von Ergebnissen polygraphischer Untersuchungen, die in einem gerichtlichen Verfahren angeordnet wurden, ebenfalls zulässig sein.[1828] Aufgrund der Möglichkeit private Untersuchungen bis zum Erhalt des gewünschten Untersuchungsergebnisses zu wiederholen, könnte sogar erwogen werden, ausschließlich die Verwertung gerichtlich angeordneter polygraphischer Untersuchungen zuzulassen.[1829] In jedem Fall kann ein Gericht ein Sachverständigengutachten, von dessen Qualität es nicht überzeugt ist, ablehnen.[1830]

---

des Untersuchers für die Formulierung der Tat- und Vergleichsfragen bleibt dabei unabdingbar, vgl. unter § 9 B. III. 2. b); s. *Hamm*, NJW 1999, 922 (923) bzgl. der TWT.

1825 *Eisenberg*, Beweisrecht, Rn. 701; s.a. *Effer-Uhe*, MLR 2013, 99 (104); ausf. dazu *Putzke/Scheinfeld*, StraFo 2010, 58 (59 ff.). Z.T. wird sogar eine Pflicht des Staats angenommen, die Untersuchung, sollten keine privaten Untersucher zur Verfügung stehen, von einem staatlichen Sachverständigen vornehmen zu lassen, s. *Delvo*, Lügendetektor (1981), 375; *Schwabe*, NJW 1979, 576 (579).

1826 *Steller/Dahle*, Praxis der Rechtspsychologie 1999, 127 (179); s.a. *Schüssler*, Polygraphie (2002), 185; ferner *Seiterle*, Lügendetektion (2010), 269. Dagegen sollte nach *Bonpasse*, Polygraph 42 [2013], 112 ([124][125]) bei einem positiven oder „unentscheidbaren" Befund, wenn der Beschuldigte weiterhin seine Unschuld beteuert, eine zweite Untersuchung durchgeführt werden, da die Wahrscheinlichkeit für ein falsch-positives Ergebnis nach zwei Untersuchungen bei 4 % liege.

1827 *Steller/Dahle*, Praxis der Rechtspsychologie 1999, 127 (179); s.a. *Schüssler*, Polygraphie (2002), 185.

1828 S.a. *Delvo*, Lügendetektor (1981), 375; ferner *Achenbach*, NStZ 1984, 350 (352); *Schwabe*, NJW 1979, 576 (579).

1829 Vgl. AG Bautzen BeckRS 2013, 8655; AG Bautzen BeckRS 2017, 138202, Rn. 53; *Schüssler*, Polygraphie (2002), 141, 179, 185; *Wolpe/Langleben*, Harv. Bus. Rev. [2008], 25; so die Praxis in Polen, s. *Jaworski*, NStZ 2008, 195. Auf diese Weise könnte der Gefahr begegnet werden, dass private Untersucher tendenziell ein für ihren Auftraggeber günstiges Gutachten erstellen, vgl. *Schüssler*, a.a.O., 141, 183–184.

1830 *Jaworski*, NStZ 2008, 195 (198); *Putzke*, ZJS 2011, 557 (562); ferner AG Bautzen BeckRS 2017, 138202, Rn. 49; vgl. bereits § 8 B. II. 2.

Im Beispielsfall könnte ein psychophysiologisches Sachverständigengutachten bei der Beweiswürdigung berücksichtigt werden, wenn (1) der Angeklagte ein privat erstelltes Gutachten in das Verfahren einführt beziehungsweise durch seinen Verteidiger einführen lässt, (2) der Angeklagte im Wege des Beweisantrags das Gericht zur Hinzuziehung eines psychophysiologischen Sachverständigen veranlasst (§ 219 StPO) oder (3) das Gericht aufgrund seiner Aufklärungspflicht nach § 244 Abs. 2 StPO selbst eine polygraphische Untersuchung anordnet und der Angeklagte damit einverstanden ist.

2. *Einwilligung des Angeklagten*

Ein verwertbares Untersuchungsergebnis setzt die Kooperationsbereitschaft und Mitwirkung des Angeklagten zwingend voraus,[1831] da die Messungen bereits bei dem geringsten körperlichen Widerstand unbrauchbar werden.[1832] Eine polygraphische Untersuchung *gegen den Willen* des Angeklagten wäre also nicht möglich und – in entsprechender Anwendung des § 136a StPO – unzulässig.[1833] Sofern der Angeklagte in eine polygraphische Untersuchung einwilligt, stehen der Untersuchung – auch nach Ansicht des Bundesgerichtsgerichtshofs[1834] – keine verfassungsrechtlichen Bedenken entgegen.[1835]

Nun geht das Bundesverfassungsgericht in seinem Beschluss vom 18. August 1981[1836] allerdings davon aus, dass der Angeklagte in eine psychophysiologischen Aussagebeurteilung schon nicht wirksam einwilligen kann:

1831 *Eisenberg*, Beweisrecht, Rn. 695; *Nestler*, JA 2017, 10 (15); *Putzke/Scheinfeld u.a.*, ZStW 121 [2009], 607 (628); *Schüssler*, Polygraphie (2002), 54, 62, 179; *Schwabe*, NJW 1979, 576 (576–577); *Wegner*, Polygraphie (1981), 186, 187; ferner *Achenbach*, NStZ 1984, 350 (351); *Momsen*, KriPoZ 2018, 142 (144). Die Mitwirkungsobliegenheit beginnt schon bei der Formulierung der Vergleichsfragen, vgl. unter § 9 B. III. 2. b).

1832 *Berning*, MschrKrim 1993, 242 (250); vgl. zudem unter § 9 B. IV. 2.

1833 Dies ist weitestgehend unstr., s. BeckOK-StPO-*Monka*, § 136a, Rn. 27; *Bender/Nack u.a.*, Tatsachenfeststellung (2014), Rn. 236; *Eisenberg*, Beweisrecht, Rn. 695; *Nestler*, JA 2017, 10 (15) (alle m.w.N.); vgl. *Berning*, MschrKrim 1993, 242 (250); *Hamm*, NJW 1999, 922 (923); *Klimke*, NStZ 1981, 433 (434); *Momsen*, KriPoZ 2018, 142 (144); *Petri*, in: Neue Vernehmungsmethoden (2012), 176 (187). Einem ausdrücklichen Verbot einer zwangsweisen Untersuchung käme lediglich deklaratorische Bedeutung zu, vgl. *Eisenberg*, Beweisrecht, Rn. 695; *Nestler*, JA 2017, 10 (15) (jew. m.w.N.). Die Untersuchung kann zudem jederzeit vom Untersuchten abgebrochen werden, vgl. *Klimke*, NStZ 1981, 433 (434).

1834 S.o. § 9 C. I. 2.

1835 Vgl. *Petri*, in: Neue Vernehmungsmethoden (2012), 176 (186–187); s.a. AG Bautzen BeckRS 2013, 8655; AG Bautzen BeckRS 2017, 138202, Rn. 50, 53; *Gerhold*, ZIS 2020, 431 (439); *Wegner*, Polygraphie (1981), 187.

1836 S.o. § 9 C. II. 1.

> „Eines Schutzes gegen staatliche Eingriffe bedarf nur derjenige nicht, der wählen kann [...]. Diese Freiheit hat der von empfindlicher Freiheitsstrafe bedrohte Angekl. tatsächlich nicht, dem sich die Untersuchung durch den ‚Lügendetektor' als eine günstige Gelegenheit darstellen muß, die er nicht ausschlagen darf [...]."[1837]

Der Angeklagte, der in einem Strafverfahren vor der Alternative steht, sich einer polygraphischen Untersuchung zu unterziehen oder eine Verurteilung in Kauf zu nehmen, handele demzufolge nicht freiwillig.[1838]

Zustimmungserklärungen, welche nicht gänzlich frei von staatlichem Zwang erfolgen und dennoch wirksam sind, sind dem Strafrecht – zum Beispiel mit § 56c Abs. 3 StGB – jedoch nicht unbekannt.[1839] Nach *Knut Amelung* geht es bei diesen „unfreien" Zustimmungserklärungen nicht darum, einer freien Entscheidung des Bürgers Anerkennung zu verschaffen, vielmehr würden sie dem Einwilligenden dienen, legitimen staatlichen Zwang zu mildern.[1840] Der Einwilligende entscheide sich dafür, ein Rechtsgut preiszugeben, um ein anderes vor dem staatlichen Zugriff zu retten.[1841] Obgleich diese Entscheidung nicht frei von Zwang getroffen werde, bleibe die Einwilligung wirksam.[1842] Dies müsse ebenfalls für den Angeklagten gelten, der aufgrund der Beweislage eine Verurteilung befürchtet und deshalb in eine polygraphische Untersuchung einwilligt.[1843]

Auch der Bundesgerichtshof stellte in seinem zweiten „Lügendetektor-Urteil" (1998) fest, dass eine differenzierende, auf das Einverständnis des Beschuldigten

---

1837 BVerfG NStZ 1981, 446 (447). 15 Jahre später stellte das BVerfG (NStZ 1996, 345 [346]) hingegen in einem Beschluss zum Reihenbluttest fest: „Allein das Bestreben des Bf., sich nicht durch eine Weigerung verdächtig zu machen, macht die Zustimmungserklärung nicht unwirksam. Es handelt sich nur um ein Motiv der Erklärung, das die Freiwilligkeit nicht beeinträchtigt." S.a. *Putzke/Scheinfeld u.a.*, ZStW 121 [2009], 607 (632).

1838 *Amelung*, NStZ 1982, 38; *Schüssler*, Polygraphie (2002), 62; ähnl. *Achenbach*, NStZ 1984, 350 (351).

1839 *Amelung*, NStZ 1982, 38 (38–39). *Amelung* (ebd.) führt als weitere Bsp. § 148 Abs. 2 StPO und § 3 Abs. 2 KastrG an; s.a. *Prittwitz*, MDR 1982, 886 (888); *Schüssler*, Polygraphie (2002), 62–63; ähnl. *Putzke/Scheinfeld u.a.*, ZStW 121 [2009], 607 (632). § 2 Abs. 2 KastrG wurde mit dem 50. StrÄndG den Änderungen des materiellen Sexualstrafrechts (vgl. § 6 D. IV.) angepasst, s. BGBl. I, 2460, 2463; s.a. die Gesetzesbegründung BT-Drs. 18/9097, 34–35.

1840 *Amelung*, Einwilligung (1981), 93; *Amelung*, NStZ 1982, 38 (39); s.a. *Achenbach*, NStZ 1984, 350 (351); *Schüssler*, Polygraphie (2002), 63.

1841 *Amelung*, Einwilligung (1981), 93; *Amelung*, NStZ 1982, 38 (39); s.a. *Schüssler*, Polygraphie (2002), 62.

1842 *Amelung*, NStZ 1982, 38 (39).

1843 *Amelung*, NStZ 1982, 38 (39); s.a. SK-StPO-*Rogall*, § 136a, Rn. 92. Nach *Wegner*, Polygraphie (1981), 187 läuft die Unzulässigkeit einer polygraphischen Untersuchung sogar auf eine Erzwingung des Schweigens und damit auf eine Einschränkung der Verteidigungsrechte des Beschuldigten hinaus.

abstellende Sichtweise am ehesten dem Zweck des Art. 1 Abs. 1 GG gerecht wird, da dieser nicht der Einschränkung, sondern gerade dem Schutz der Menschwürde dienen soll, wozu auch die grundsätzliche Freiheit gehört, über sich selbst verfügen zu können.[1844]

Vor diesem Hintergrund findet sich eine Akzentverschiebung in der Argumentation einiger Polygraphiegegner.[1845] Denn auch eine „eingriffsmildernde Einwilligung" sei nur wirksam, wenn nicht zusätzlicher Druck auf den Einwilligenden ausgeübt werde.[1846] Wenn die Möglichkeit einer polygraphischen Untersuchung allerdings regelmäßig von Angeklagten in Anspruch genommen werde, übe dies einen starken Druck auf alle übrigen Angeklagten aus, sich ebenfalls einer polygraphischen Untersuchung zu unterziehen, um nicht verdächtig zu erscheinen.[1847] Insoweit bestünde ein (mittelbarer) Zwang der Inanspruchnahme.[1848]

Hinsichtlich eines vermeintlichen Zwanges zur Untersuchung stellte der Bundesgerichtshof im Jahr 1998 fest, dass die Ablehnung einer polygraphischen Untersuchung von einem Gericht ebenso wenig zulasten des Angeklagten berücksichtigt werden dürfe, wie dessen Entscheidung, zu den gegen ihn erhobenen Vorwürfen zu schweigen.[1849] Hält man am Leitbild des idealen Richters fest,[1850] entspricht die Entscheidung sich einer polygraphischen Untersuchung zu unterziehen damit der Entscheidung auszusagen anstatt zu schweigen.[1851]

Beispielsfall: Mit Zulassung des Polygraphen hätte der Angeklagte für den Fall, dass das Gericht eine polygraphische Untersuchung anordnet, drei Optionen: (1) er stimmt einer psychophysiologischen Aussagebeurteilung zu, (2) er stimmt einer psychophysiologischen Aussagebeurteilung zu, bricht den Untersuchungsablauf dann jedoch ab oder (3) er lehnt eine

1844 BGHSt 44, 308 (317) = NJW 1999, 657 (659); vgl. unter § 9 C. I. 2.

1845 *Putzke/Scheinfeld u.a.*, ZStW 121 [2009], 607 (633).

1846 *Amelung*, NStZ 1982, 38 (39); s.a. *Schüssler*, Polygraphie (2002), 63.

1847 *Momsen*, KriPoZ 2018, 142 (149); *Volckart*, R & P 1998, 138 (142); so schon *Peters*, ZStW 87 [1975], 663 (676); *Wegner*, Polygraphie (1981), 188–189; *Würtenberger*, JZ 1951, 772 (774); vgl. ferner *Klimke*, NStZ 1981, 433: „moralischer Zwang"; *Schüssler*, Polygraphie (2002), 63; im Hinblick auf § 136a Abs. 3 StPO *Frister*, ZStW 106 [1994], 303 (324 ff.).

1848 *Volckart*, R & P 1998, 138 (142); s.a. *Klimke*, NStZ 1981, 433; *Schüssler*, Polygraphie (2002), 63–64; *Wagner*, Polygraphie im Strafverfahren (2012), 89 ff., 125.

1849 BGHSt 44, 308 (318) = NJW 1999, 657 (659); vgl. unter § 9 C. I. 2.; zust. *Spiekermann*, Interview mit *Momsen*, NJW-aktuell (2018), 12 (13); so a. schon *Wegner*, Polygraphie (1981), 189.

1850 Krit. dazu *Frister*, ZStW 106 [1994], 303 (325); *Momsen*, KriPoZ 2018, 142 (149); a.A. wiederum *Putzke/Scheinfeld u.a.*, ZStW 121 [2009], 607 (634).

1851 Vgl. BGHSt 44, 308 (318) = NJW 1999, 657 (659); *Klimke*, NStZ 1981, 433 (433–434); *Schüssler*, Polygraphie (2002), 64.

psychophysiologischen Aussagebeurteilung von vornherein ab. Im zweiten und dritten Szenario dürfte das Gericht aus dem Verhalten des Beschuldigten keine negativen Rückschlüsse ziehen.

3. Begutachtung durch zertifizierten Sachverständigen

Die Formulierung der Vergleichsfragen erfordert – wie bereits aufgezeigt[1852] – eine gründliche Ausbildung und viel Übung,[1853] sodass die Qualifikation und Kompetenz des Sachverständigen bei der VFT von großer Bedeutung sind.[1854] Es gibt bereits einige Bemühungen, Mindestanforderungen an Sachverständige zu formulieren, um auf dem Gebiet der forensischen Psychophysiologie ein hohes wissenschaftliches Niveau für die Sachverständigentätigkeit sicherzustellen.[1855] Zu diesen Anforderungen gehören beispielsweise ein akademischer Abschluss in Psychologie, die Qualifikation zum Fachpsychologen der Rechtspsychologie sowie eine Grundausbildung nach den Richtlinien der „American Polygraph Association" (APA)[1856] zum forensischen Physiopsychologen.[1857] Bei einem solchen Anforderungsprofil ist allerdings zu beachten, dass es für einen (psychologischen) Gerichtssachverständigen – neben § 36 GewO – keine allgemeinen Zuverlässigkeitskriterien gibt.[1858] Um einen gewissen Qualitätsstandard polygraphischer Gutachten zu gewährleisten, sollten die Gutachter dennoch eine (anerkannte) Ausbildung im Bereich

---

1852 S.o. § 9 B. IV. 3. b) aa) bbb).

1853 *Undeutsch/Klein*, Praxis der Rechtspsychologie 1999, 45 ([57][123]); ferner *Schüssler*, Polygraphie (2002), 180.

1854 *Achenbach*, NStZ 1984, 350; *Dettenborn*, FPR 2003, 559 (563); s.a. *Putzke/Scheinfeld u.a.*, ZStW 121 [2009], 607 (625); *Undeutsch*, FamRZ 1996, 329 (331); vgl. unter § 9 B. IV. 3. b) aa) bbb).

1855 *Schüssler*, Polygraphie (2002), 180; s. schon *Tent*, in: Forensische Psychologie (1967), 185 (232); ferner *Salzgeber/Stadler u.a.*, Polygraphie (1999), 179, 183. Im Jahr 1997 wurde unter Beteiligung forensisch tätiger Hochschullehrer der Psychologie zu diesem Zweck die „Europäische Gesellschaft für Forensische Physiopsychologie" gegründet, vgl. *Undeutsch/Klein*, Praxis der Rechtspsychologie 1999, 45 ([49–50][123]); ferner *Putzke/Scheinfeld u.a.*, ZStW 121 [2009], 607 (625); *Schüssler*, ebd.

1856 Die APA ist eine 1966 gegründete Berufsvereinigung von Polygraphenprüfern und widmet sich der Anwendung wissenschaftlicher Methoden zur Beurteilung der Glaubhaftigkeit. U.a. werden von der Organisation auch Schulungen und Ressourcen für die Verbreitung der Lügendetektion mittels Polygraphen angeboten, vgl. www.polygraph.org (letzter Aufruf: 28.4.2021).

1857 *Undeutsch/Klein*, Praxis der Rechtspsychologie 1999, 45 ([50][123]); s.a. *Schüssler*, Polygraphie (2002), 180; ferner *Steller*, Aussagebeurteilung (1987), 169; *Undeutsch*, FamRZ 1996, 329 (331). Eine Darstellung der Grundausbildung nach den Richtlinien der APA findet sich bei *Salzgeber/Stadler u.a.*, Polygraphie (1999), 183–184.

1858 *Greuel/Offe u.a.*, Glaubhaftigkeit (1998), 261; *Schüssler*, Polygraphie (2002), 180.

der Polygraphie durchlaufen haben.[1859] Insoweit sollte eine polygraphische Untersuchung grundsätzlich nur von einem speziell zertifizierten Physiopsychologen durchgeführt werden.[1860]

4. *Verwertung allein zur Entlastung*

Eine Einschränkung sollte darin bestehen, die psychophysiologische Aussagebeurteilung in der VFT lediglich zur *Entlastung* eines Angeklagten einzusetzen.[1861] Auf diese Weise würde der Methodenkritik Rechnung getragen, dass bei dem Nichttäter bezüglich der Tatfragen ähnlich starke Reaktionen (beispielsweise aus Angst vor einem falsch-positiven [„unglaubhaft"] Ergebnis) wie bei dem Täter zu erwarten seien.[1862] Werden hingegen allein *entlastende* Untersuchungsergebnisse in die Beweiswürdigung einbezogen, wäre die Verwendung falsch-positiver Resultate und wohl auch die Angst davor ausgeschaltet.[1863] Eine psychophysiologische Aussagebeurteilung könnte sich für den Nichttäter mithin nicht nachtteilig auswirken.[1864]

In der Konsequenz würden dann jedoch auch *richtig*-positive („unglaubhaft") Befunde bei der Beweiswürdigung außer Betracht bleiben. Ein Täter, der im Laufe des Verfahrens seine Verurteilung befürchtet, hätte folglich jeden Grund, eine psychophysiologische Untersuchung zu erwirken und auf einen entlastenden, falsch-negativen („glaubhaft") Befund zu hoffen.[1865] Dieses Risiko ist mit einem Verweis auf die Grundsätze der Rechtsstaatlichkeit (Art. 20 Abs. 3 GG), wonach der Freispruch eines Schuldigen eher auszuhalten ist als die Verurteilung eines Unschuldigen,[1866] grundsätzlich hinzunehmen. Daneben sind die Simulations- und Feldstudien zu der VFT zu berücksichtigen, wonach die VFT eine durchschnittliche Trefferquote von circa 90 % bei richtig-positiven („unglaubhaft") Zuordnungen

---

1859 *Schüssler*, Polygraphie (2002), 142; s. bspw. AG Bautzen BeckRS 2013, 16541.

1860 Vgl. AG Bautzen BeckRS 2013, 8655; AG Bautzen BeckRS 2017, 138202, Rn. 53; *Bonpasse*, Polygraph 42 [2013], 112 (125); *Schüssler*, Polygraphie (2002), 180. Um die Entstehung eines Berufsstandes von „Polygraphuntersuchern" zu verhindern und jeglichem Missbrauch vorzubeugen, sollte es sich zudem stets um gerichtlich bestellte Sachverständige handeln, vgl. *Steller*, Aussagebeurteilung (1987), 169; ähnl. *Steller/Dahle*, Praxis der Rechtspsychologie 1999, 127 (189).

1861 S.a. AG Bautzen BeckRS 2013, 8655; AG Bautzen BeckRS 2017, 138202, Rn. 50, 53; *Gerhold*, ZIS 2020, 431 (439). Das OLG München FamRZ 1999, 674 (675) verwerte dagegen ein Gutachten, das den Untersuchten vom Vorwurf des sexuellen Missbrauchs *nicht* entlasten konnte.

1862 Vgl. zur Kritik unter § 9 B. IV. 3. b) bb) aaa).

1863 *Schwabe*, NJW 1979, 576 (580).

1864 S.a. *Delvo*, Lügendetektor (1981), 379.

1865 *Schwabe*, NJW 1979, 576 (580); *Volckart*, R & P 1998, 138 (141); ferner *Seiterle*, Lügendetektion (2010), 247.

1866 S. MAH-Strafverteidigung-*Schroth/Deckers*, § 49 Rn. 54.

aufweist und damit die Wahrscheinlichkeit für Fehlklassifikationen als „falsch-negativ" („glaubhaft") lediglich bei circa 10 % liegt.[1867]

Eine polygraphische Untersuchung allein zu Entlastungszwecken böte zudem keinerlei Anreize für Störversuche des Untersuchungsablaufs, da diese Versuche lediglich die Auswertbarkeit der Ergebnisse verhindern würden.[1868] Auch im Hinblick auf den *nemo-tenetur-Grundsatz* wäre es nicht unproblematisch, wenn der Angeklagte durch eine polygraphische Untersuchung mit positivem Befund aktiv an seiner Belastung mitgewirkt hätte.[1869]

Die Vorgabe, belastende Befunde bei der Beweiswürdigung unberücksichtigt zu lassen, könnte dadurch sichergestellt werden, dass dem Gericht als Untersuchungsergebnis lediglich „negativ/glaubhaft" oder „nicht aufschlussreich/keine geeignete Testperson" mitgeteilt würde.[1870] Die Kategorie der positiven („unglaubhaft") Untersuchungsergebnisse würde dabei in die der „unentscheidbaren" Fälle integriert werden, was vor dem Hintergrund der relativ hohen Quote von Fehlklassifikationen bei der VFT als „falsch-positiv" (circa 20–30 %) durchaus sachgemäß erscheint.[1871] Aufgrund zahlreicher möglicher Ursachen für einen „unentscheidbaren" Befund,[1872] könnte ein solches Untersuchungsergebnis mithin nicht – auch nicht unbewusst – zulasten des Angeklagten berücksichtigt werden.

a) „Friendly Polygrapher Syndrome"

Für den Fall der Nichtverwertung belastender Untersuchungsbefunde wird von vielen Seiten der VFT ihre Funktionsfähigkeit abgesprochen.[1873] Die Anwendung des Polygraphen setze voraus, dass der Beschuldigte annehmen müsse, ein für ihn ungünstiges Ergebnis werde in derselben Weise berücksichtigt wie ein günstiges.[1874] Anderenfalls entfiele der Respekt des Täters vor dem „Entdecktwerden" und damit die Bedrohlichkeit der Fragen als wichtiger Faktor für das Gelingen der Untersuchung, sodass verlässliche Resultate von vornherein nicht zu erlangen

---

1867 Vgl. unter § 9 B. V. 2. b) aa).

1868 Vgl. unter § 9 B. IV. 2.

1869 *Schüssler*, Polygraphie (2002), 79; ähnl. *Haustein*, Aussage gegen Aussage (2017), 156 unter Bezugnahme auf die Unschuldsvermutung.

1870 *Delvo*, Lügendetektor (1981), 378–379; krit. dazu *Seiterle*, Lügendetektion (2010), 244. Auf diese Weise könnte jedoch dem Problem der kognitiven Dissonanz begegnet werden, vgl. Fn. 224.

1871 Ähnl. *Delvo*, Lügendetektor (1981), 378–379.

1872 Bspw. könnten die Reaktionen des Beschuldigten insgesamt zu schwach ausfallen, sodass die Untersuchung nicht aussagekräftig („unentscheidbar") ist, vgl. *Putzke/Scheinfeld u.a.*, ZStW 121 [2009], 607 (634).

1873 Einen Überblick gibt *Schüssler*, Polygraphie (2002), 138–140.

1874 BGH NJW 1999, 662 (663) m. Bespr. *Hamm*, NJW 1999, 922 (922 f.); *Rieß*, GA 1984, 140 (141).

seien (sogenanntes „friendly polygrapher/examiner syndrome").[1875] Selbiges gelte bei einer Untersuchung, die nicht von einem Gericht angeordnet, sondern auf Wunsch des Beschuldigten oder auf Veranlassung seines Verteidigers durchgeführt wurde.[1876] Denn der Beschuldigte könne dann frei über den Befund verfügen und die tatbezogenen Fragen würden viel von dem Gefährdungspotenzial verlieren.[1877]

Der Bundesgerichtshof ließ es 1998 in seinem zweiten „Lügendetektor"-Urteil ausdrücklich offen,

> „ob es für die Meßergebnisse bedeutsam ist, daß der Beschuldigte mit deren Verwertung auch zu seinen Ungunsten rechnen muß [...]".[1878]

Sofern die – aus der Praxis des US-amerikanischen Strafverfahrens stammende – „Friendly-Polygrapher-Syndrome"-Hypothese überhaupt auf das deutsche Strafverfahren anwendbar ist,[1879] bleibt die VFT auch dann funktionstüchtig, wenn der Respekt des Beschuldigten vor dem „Entdecktwerden" abklingt, da die Furcht vor Entdeckung zwar ein (wesentlicher) Faktor für die Entstehung differentieller Reaktionen nach Tat- und Vergleichsfragen sein kann, aber keine notwenige Bedingung ist.[1880] Neben die Entdeckungsfurcht treten kognitive Prozesse, wie eine erhöhte Aufmerksamkeit und Vorsicht sowie weitere Emotionen (beispielsweise Schuld- oder Schamgefühle).[1881] Dies belegen auch die hohen Trefferquoten der VFT in Simulationsstudien, trotz der weniger realitätsnahen Motivation und emotionalen

---

1875 BGH NJW 1999, 662 (663); *Delvo*, Lügendetektor (1981), 61; *Wagner*, Polygraphie im Strafverfahren (2012), 27–28; ferner *Achenbach*, NStZ 1984, 350 (351); *Fiedler*, Praxis der Rechtspsychologie 1999, 5 (28); *Iacono/Lykken*, in: Scientific Evidence (1997), 582 (599); *Kargl/Kirsch*, JuS 2000, 537 (542); SK-StPO-*Rogall*, § 136a, Rn. 87; *Volckart*, R & P 1998, 138 (140) m. Fn. 33. Eng verknüpft mit dieser Problematik ist die Frage, ob es erforderlich ist, dass der Proband v. der Zuverlässigkeit des Testverfahrens ausgeht; zust. BGH NJW 1999, 662 (663); abl. *Putzke/Scheinfeld u.a.*, ZStW 121 [2009], 607 (619).

1876 Vgl. unter § 9 G. I. 1.

1877 BGH NJW 1999, 662 (663); *Delvo*, Lügendetektor (1981), 60–61; *Wagner*, Polygraphie im Strafverfahren (2012), 27; krit. dazu *Schüssler*, Polygraphie (2002), 138–141; *Steller/Dahle*, Praxis der Rechtspsychologie 1999, 127 (178–179); *Undeutsch/Klein*, Praxis der Rechtspsychologie 1999, 45 (103–104); s.a. die Studie v. *Raskin/Barland u.a.*, Polygraph 6 [1977], 1 ([10–11][31–32]). Zum spiegelbildlichen Problem, dass der Sachverständige aufgrund v. vor der Untersuchung erlangter Informationen voreingenommen ist: *Fiedler*, Praxis der Rechtspsychologie 1999, 5 (37) in Antwort auf Frage 21 des BGH-Fragenkatalogs; *Furedy*, Int. J. Psychophysiol. 21 [1996], 97 (101); ähnl. *Peters*, ZStW 87 [1975], 663 [667]); SK-StPO-*Rogall*, § 136a, Rn. 87.

1878 BGHSt 44, 308 (320) = NJW 1999, 657 (660).

1879 Krit. *Schüssler*, Polygraphie (2002), 140–141: „Beruhen alle geäußerten Bedenken auf der Praxis des US-amerikanischen Strafverfahrens, so treffen diese auf das deutsche Strafverfahren nicht zu."

1880 *Steller/Dahle*, Praxis der Rechtspsychologie 1999, 127 (178).

1881 Vgl. unter § 9 B. IV. 1. b).

Ausgangslage der Studienteilnehmer.[1882] Die Kenntnis des Beschuldigten, dass die Untersuchung nicht zu seinen Ungunsten verwertet wird, nimmt den tatbezogenen Fragen damit noch nicht ihre Bedrohlichkeit, droht andernfalls doch auch das Misslingen der Entlastung.[1883]

Darüber hinaus ist zu bedenken, dass sich die besonderen Bedingungen einer Untersuchung, deren Ergebnis ausschließlich zur Entlastung verwertet werden darf, aufgrund der Testlogik der VFT nicht nur auf die tatbezogenen Fragen, sondern ebenso auf die Vergleichsfragen auswirken.[1884] Bei Vorliegen eines „Friendly-Polygrapher-Syndrome" wäre mithin eine allgemeine Herabsetzung der Reaktivität zu erwarten, was bei einem intrapersonellen Vergleich nicht die Zunahme von falsch-negativen („glaubhaft") Klassifikationen zur Folge hätte, sondern schlimmstenfalls eine Zunahme nicht zu entscheidender Fälle.[1885]

b) Ablehnung der Untersuchung

Sofern der Angeklagte eine polygraphische Untersuchung gleichwohl ablehnt, hat der Bundesgerichtshof in seinem zweiten „Lügendetektor"-Urteil bereits festgestellt, dass dieses Verhalten von einem Gericht nicht zulasten des Angeklagten ausgelegt werden dürfe.[1886] Denn die Gründe, weshalb ein Angeklagter die Untersuchung ablehnt, können – ebenso wie die Gründe für das Schweigen des Angeklagten – vielfältig sein: (1) Der Angeklagte ist beispielsweise tatsächlich unschuldig, hat jedoch kein Vertrauen in die Methode und fürchtet ein falsches Ergebnis oder (2) der Angeklagte könnte die Untersuchungssituation als entwürdigend empfinden und daher ablehnen.[1887] Ein nicht erbrachter Entlastungsbeweis darf sich mithin nicht belastend auswirken.[1888]

1882 Vgl. unter § 9 B. V. 2. a) bb) und b) aa); s.a. *Raskin/Honts*, in: Polygraph Testing (2002), 1 (36).

1883 *Putzke/Scheinfeld*, StraFo 2010, 58 (62); *Putzke/Scheinfeld u.a.*, ZStW 121 [2009], 607 (618–619); s.a. AG Bautzen BeckRS 2013, 8655; *Eisenberg*, Beweisrecht, Rn. 701 m. Fn. 441; ferner die Studie v. *Raskin/Barland u.a.*, Polygraph 6 [1977], 1 ([10–11] [31–32]); a.A. *Wagner*, Polygraphie im Strafverfahren (2012), 28.

1884 *Steller/Dahle*, Praxis der Rechtspsychologie 1999, 127 (178); s.a. *Putzke/Scheinfeld*, StraFo 2010, 58 (62).

1885 *Steller/Dahle*, Praxis der Rechtspsychologie 1999, 127 (178); s.a. *Putzke/Scheinfeld*, StraFo 2010, 58 (62).

1886 BGHSt 44, 308 (318) = NJW 1999, 657 (659); vgl. unter § 9 C. I. 2.

1887 *Putzke/Scheinfeld u.a.*, ZStW 121 [2009], 607 (634–635); s.a. *Effer-Uhe*, MLR 2013, 99 (101).

1888 Vgl. dazu *Gerhold*, ZIS 2020, 431 (439); *Momsen*, KriPoZ 2018, 142 (149).

c) *Fazit*

Das AG Bautzen zeigte bereits, dass der Einsatz der VFT als ein weiteres Entlastungsindiz in der Praxis durchaus möglich ist.[1889] Die Nichtbeachtung belastender Befunde würde den Stärken und Schwächen der VFT gerecht werden,[1890] ohne dass es auf ein Verwertungsverbot nach § 136a StPO ankäme.[1891] Denn aufgrund der vermehrten Fehlklassifikationen bei falsch-positiven („unglaubhaft“) Zuordnungen (20–30 %) ist die VFT als Belastungsmethode ungeeignet.[1892] Dem Gericht würde als Untersuchungsergebnis lediglich „negativ/glaubhaft“ oder „nicht aufschlussreich/keine geeignete Testperson“ mitgeteilt.[1893]

Die verfahrensrechtliche Waffengleichheit scheint es zu gebieten, sämtliche *zuverlässige* Entlastungsmöglichkeiten auszuschöpfen und dem Angeklagten nicht vorzuenthalten.[1894] Außerdem soll es bei dem Polygrapheneinsatz zu Entlastungszwecken nicht um einen Beweis der Unschuld des Angeklagten gehen, sondern allein um die Erschütterung des (falsch-)positiven („glaubhaft“) aussagepsychologischen Glaubhaftigkeitsgutachten über die Belastungsaussage.[1895]

Dem könnte nun entgegengehalten werden, dass im Gegensatz dazu sowohl positive („glaubhaft“) als auch negative („unglaubhaft“) aussagepsychologische Glaubhaftigkeitsgutachten in die Beweiswürdigung einbezogen werden können. Es ist hierbei jedoch nicht aus dem Blick zu verlieren, dass es bei der aussagepsychologischen Glaubhaftigkeitsbeurteilung nicht um eine mögliche Verurteilung des Belastungszeugen geht, sondern um die Wahrscheinlichkeit der Erlebnisfundiertheit der Belastungsaussage.[1896]

Kommt der Sachverständige im Beispielsfall nach der polygraphischen Untersuchung zu dem Ergebnis, dass das Bestreiten des Angeklagten wahrscheinlich

1889 AG Bautzen BeckRS 2017, 138202, Rn. 60: „Die [...] im Übrigen festgestellten Zweifel des Gerichts an der Schuld des Angeklagten wurden durch die Feststellungen der physiopsychologischen Untersuchung durch die Rechtspsychologin G. K. weiter und nachhaltig bestärkt.“ So a. schon das AG Bautzen BeckRS 2013, 8655.

1890 Vgl. unter § 9 B. IV. 3. b).

1891 Krit. zu einem Verwertungsverbot *Schwabe*, NJW 1979, 576 (580).

1892 Vgl. unter § 9 B. V. 2. c).

1893 S.o. § 9 G. I. 4.

1894 Ähnl. *Meyer-Mews*, NJW 2000, 916 (917); *Scherer*, StraFo 1998, 16 (17); *Schwabe*, NJW 1979, 576 (579); *Wegner*, Polygraphie (1981), 188.

1895 Ähnl. *Amelung*, NStZ 1982, 38 (39); demgegenüber das OLG München FamRZ 1999, 674.

1896 Vor diesem Hintergrund könnte a. der Frage nachgegangen werden, ob die Verurteilung eines Belastungszeugen wegen falscher Verdächtigung nach § 164 StGB auf ein negatives („unglaubhaft“) aussagepsychologisches Glaubhaftigkeitsgutachten aus dem Ausgangsverfahren gestützt werden könnte, vgl. dazu *Greuel/Offe u.a.*, Glaubhaftigkeit (1998), 239.

glaubhaft ist, so kann dieser (negative) Befund vom Gericht als Entlastungsindiz bei der Gesamtwürdigung berücksichtigt werden und bildet damit ein Gegengewicht zu der positiven („glaubhaft") aussagepsychologischen Glaubhaftigkeitsbegutachtung der Belastungsaussage. Ist das Untersuchungsergebnis hingegen positiv („unglaubhaft"), teilt der Sachverständige dem Gericht mit, dass die Untersuchung nicht aufschlussreich war beziehungsweise es sich bei dem Angeklagten um keine geeignete Testperson handelt.

5. *Grenzen der Anwendung*

Zu der Formulierung von Anwendungsstandards gehört es ebenso, die Grenzen der Anwendbarkeit einer Methode anzuerkennen. Nach den bereits aufgeführten allgemeinen methodischen Grenzen[1897] soll es nun um Faktoren gehen, die in der Person des Angeklagten liegen und die eine polygraphische Untersuchung erschweren oder unmöglich machen.

Faktoren in diesem Sinne sind beispielsweise mangelnde organische Reagibilität (zum Beispiel bei Fettleibigkeit) und physiologische Auffälligkeiten.[1898] Daneben ist eine psychophysiologische Aussagebeurteilung an Personen, die unter schweren *mentalen Defekten* leiden, nur wenig erfolgsversprechend.[1899] Gerade die VFT erfordert einige kognitive Voraussetzungen und wohl auch einen gewissen Grad an Intelligenz, um die Fragen in ihrer Gänze erfassen zu können.[1900] Der Untersucher würde derartige Defekte jedoch vor oder spätestens während der Untersuchung bemerken.[1901]

Die polygraphische Untersuchung eines Angeklagten, der unter dem *Einfluss starker psychotroper Substanzen* (insbesondere Drogen und Alkohol) steht, ist ebenfalls nicht möglich.[1902] Der Konsum derartiger Substanzen sollte für den Untersucher in aller Regel bereits im Vortest-Interview erkennbar sein.[1903] Sofern vor einer

1897 S.o. § 9 B. IV.

1898 Z.B. kardiologische Probleme (bspw. Herzrhythmusstörungen), starker Bluthochdruck, Parkinson-Syndrom, Restlessleg-Syndrom usw., s. *Putzke/Scheinfeld u.a.*, ZStW 121 [2009], 607 (634), *Tent*, in: Forensische Psychologie (1967), 185 (231).

1899 S. *Reid/Inbau*, Truth and Deception (1966), 199; *Schüssler*, Polygraphie (2002), 126; diff. *Steller/Dahle*, Praxis der Rechtspsychologie 1999, 127 (180).

1900 *Reid/Inbau*, Truth and Deception (1966), 196; *Schüssler*, Polygraphie (2002), 126; *Steller/Dahle*, Praxis der Rechtspsychologie 1999, 127 (180). Pauschale Feststellungen hierzu verbieten sich allerdings, da bestimmten Personengruppen nicht von vornherein differenzielle physiologische Reaktionen nach Vergleichsreizen abgesprochen werden können, vgl. *Steller/Dahle*, ebd.

1901 *Reid/Inbau*, Truth and Deception (1966), 199.

1902 *Schüssler*, Polygraphie (2002), 132–133.

1903 *Delvo*, Lügendetektor (1981), 87; *Schüssler*, Polygraphie (2002), 126; *Steller*, Aussagebeurteilung (1987), 89; vgl. schon unter § 9 B. IV. 2.

Untersuchung (unbemerkt) *entspannende Psychopharmaka* eingenommen werden, würde dies die Reaktionen auf die Tat- und Vergleichsfragen gleichermaßen beeinflussen und zu einer allgemeinen Herabsetzung der Reaktionsstärke führen, was in einem intrapersonellen Vergleich grundsätzlich keine Auswirkung auf die Auswertung hat und nur im ungünstigsten Fall zu dem Ergebnis „unentscheidbar" führt.[1904]

Unterschiedliche Ausprägungen bestimmter Persönlichkeitseigenschaften haben aufgrund des allein intraindividuellen Reaktionsvergleichs ebenfalls keinen Einfluss auf die Auswertungsergebnisse.[1905] Vollständigkeitshalber sei an dieser Stelle noch erwähnt, dass die polygraphische Untersuchung von besonders gefühlskalten Persönlichkeiten oder *Psychopathen* wohl ebenso durchführbar und erfolgsversprechend ist, wie die von nicht-psychopathischen Angeklagten.[1906] Denn die physiologische Aktivierung ist letztlich weder durch „das Lügen" noch durch moralische Skrupel bedingt, sondern durch die unterschiedliche Bedeutsamkeit der Vergleichsreize.[1907]

Beispielsfall: Der zertifizierte Sachverständige stellt im Vortest-Interview – und damit vor der eigentlichen Untersuchung – fest, ob eine psychophysiologische Aussagebeurteilung bei dem Angeklagten aufgrund dessen kognitiver Fähigkeiten überhaupt erfolgsversprechend wäre und ob der Angeklagte eventuell unter dem Einfluss psychotroper Substanzen steht. Kommt der Sachverständige zu dem Schluss, dass der Angeklagte nicht „untersuchungsfähig" ist, würde eine polygraphische Untersuchung erst gar nicht durchgeführt werden.

1904 *Fiedler*, Praxis der Rechtspsychologie 1999, 5 (40) in Antwort auf Frage 17 des BGH-Fragenkatalogs; *Honts/Amato*, in: Polygraph Testing (2002), 251 (254); *Schüssler*, Polygraphie (2002), 132–133; *Steller/Dahle*, Praxis der Rechtspsychologie 1999, 127 ([174–175][199]); vgl. unter § 9 B. IV. 2. Zur Beeinflussung durch Hypnose s. *Delvo*, Lügendetektor (1981), 88–92; *Schüssler*, a.a.O., 133–134; *Steller/Dahle*, a.a.O. (175–176); *Undeutsch/Klein*, Praxis der Rechtspsychologie 1999, 45 (119–120) als Ergänzung zu Frage 17 des BGH-Fragenkatalogs.

1905 *Undeutsch/Klein*, Praxis der Rechtspsychologie 1999, 45 (118) in Antwort auf Frage 16 des BGH-Fragenkatalogs; ähnl. *Fiedler*, Praxis der Rechtspsychologie 1999, 5 (39) in Antwort auf Frage 16 des BGH-Fragenkatalogs.

1906 *Reid/Inbau*, Truth and Deception (1966), 201; vgl. die Studien v. *Raskin/Hare*, Psychophysiology 15 [1978], 126 (126 ff.); später v. *Patrick/Iacono*, J. Appl. Psychol. 74 [1989], 347 (347 ff.); ferner *Steller*, Aussagebeurteilung (1987), 72–73; *Steller/Dahle*, Praxis der Rechtspsychologie 1999, 127 (180–182). Zur Studie v. *Raskin/Hare* s.a. *Schüssler*, Polygraphie (2002), 126–128; *Undeutsch/Klein*, Praxis der Rechtspsychologie 1999, 45 (99–100); sehr krit. *Lykken*, Psychophysiology 15 [1978], 137.

1907 *Steller/Dahle*, Praxis der Rechtspsychologie 1999, 127 (182).

Dass eine polygraphische Untersuchung bei einigen Angeklagten – beispielsweise aufgrund der körperlichen Konstitution – von vornherein ausgeschlossen ist, kann kein tragendes Argument dafür sein, die psychophysiologischen Aussagebeurteilung auch den Angeklagten zu versagen, bei denen eine solche grundsätzlich möglich wäre.[1908] Vielmehr wird so die Annahme gestützt, dass die Weigerung einer polygraphischen Untersuchung kein Hinweis auf die Täterschaft sein muss.[1909]

II. Untersuchungsstandards

Neben allgemeinen Anwendungsstandards gilt es, einheitliche Standards hinsichtlich der Durchführung, Auswertung, Interpretation und Darstellung der polygraphischen Untersuchung zu definieren.[1910]

1. Mögliche Durchführungs-, Auswertungs- und Interpretationsstandards

Eine Vorgabe bezüglich der Durchführung einer psychophysiologischen Untersuchung sollte zunächst sein, mindestens vier Parameter zu messen.[1911] Grund hierfür ist die „Individualspezifität' der Reaktionsweise"[1912], wonach sich Menschen erheblich in ihrem peripher-psychologischen Ausdrucksverhalten unterscheiden.[1913] So tritt bei einer Person beispielweise die stärkste Veränderung bei der Atembewegung auf, die schwächste Veränderung jedoch bei der elektrodermalen Aktivität; bei einer anderen Person können die Reaktionen hingegen genau umgekehrt sein.[1914] Diese individualspezifischen Reaktionsmuster bleiben jedoch über verschiedene Belastungsarten und Emotionszustände hinweg konstant.[1915] Wenn bei einer polygraphischen Untersuchung nun lediglich zwei physiologische Parameter gemessen werden, könnte es durchaus sein, dass einige Angeklagte ihre „maximale" Stressreaktionen gar nicht bei den ausgewählten Variablen erreichen.[1916]

1908 So im Grunde aber die Argumentationsführung von *Haustein*, Aussage gegen Aussage (2017), 159–160 bzgl. der Kenntnis von der Wirkweise des Verfahrens. Ad absurdum geführt müsste ansonsten auch ein belastender oder entlastender daktyloskopischer Identitätsnachweis (Fingerabdruckverfahren) unzulässig sein, da es durchaus Menschen (z.B. mit Prothesen) gibt, bei denen dieses Verfahren nicht durchgeführt werden kann.

1909 Vgl. unter § 9 D. I.

1910 Vgl. *Putzke*, ZJS 2011, 557 (562); *Putzke*, NJW-aktuell 2013, 14.

1911 AG Bautzen BeckRS 2013, 8655; AG Bautzen BeckRS 2017, 138202, Rn. 53; *Undeutsch/Klein*, Praxis der Rechtspsychologie 1999, 45 (119).

1912 *Undeutsch/Klein*, Praxis der Rechtspsychologie 1999, 45 (118).

1913 *Undeutsch/Klein*, Praxis der Rechtspsychologie 1999, 45 (118).

1914 *Undeutsch/Klein*, Praxis der Rechtspsychologie 1999, 45 (119).

1915 *Undeutsch/Klein*, Praxis der Rechtspsychologie 1999, 45 (119).

1916 *Undeutsch/Klein*, Praxis der Rechtspsychologie 1999, 45 (119).

Im Übrigen weist die VFT – wie bereits gezeigt – trotz einiger (teil)standardisierter Elemente, wie der Fragenanordnung und den Untersuchungsablauf, Schwächen hinsichtlich ihrer Durchführungs- und Auswertungsobjektivität auf.[1917] So ist eine Standardisierung der Entwicklung und Formulierung der Vergleichsfragen sowie deren Bedeutung für einen Angeklagten grundsätzlich nicht möglich.[1918] Dabei ist jedoch zu bedenken, dass es sich bei der VFT nicht um einen psychometrischen Test handelt, sondern um ein diagnostisches Hilfsmittel im Rahmen einer komplexen psychologischen Untersuchungsanordnung, bei der die Anamnese und Exploration durch eine individuelle Gesprächsführung von entscheidender Bedeutung sind.[1919] Umso wichtiger erscheint damit eine verständliche Darstellung des methodischen Vorgehens.[1920]

2. *Mindestanforderungen an die Darstellung*

a) *Darstellung im schriftlichen Gutachten*

Die Mindestanforderungen an die Darstellung der Ergebnisse einer psychophysiologischen Aussagebeurteilung dürften im Grunde denen bei einer aussagepsychologischen Glaubhaftigkeitsbeurteilung entsprechen.[1921] Auch bei der psychophysiologischen Sachverständigentätigkeit sollten die Grundsätze der *Transparenz* und *Nachvollziehbarkeit* im Fokus stehen.[1922] Gegenüber dem Gericht ist dies durch ein ausführliches Gutachten zu erreichen, das den üblichen Standards für psychologische Gutachten entspricht.[1923] Insoweit hat der Sachverständige den Gang der Begutachtung und seine Schlussfolgerungen verständlich darzulegen, sodass die Verfahrensbeteiligten anhand der Darstellungen im Gutachten die Ergebnisfindung nachvollziehen und das Ergebnis der Begutachtung überprüfen können.[1924] Für ein psychophysiologisches Gutachten folgt daraus im Einzelnen, dass zumindest (1) das verwendete Polygraphiegerät und seine Funktionsweise, (2) die Anzahl und Art der gemessenen Parameter, (3) die verwendete Befragungstechnik und deren Wirkungsmechanismus, (4) die mit dem Angeklagten besprochenen tatbezogenen Fragen sowie Vergleichsfragen und (5) die Auswertungsergebnisse (Testwerte) und deren Interpretation darzustellen sind.[1925]

1917 Vgl. unter § 9 B. IV. 3. b) aa) aaa).
1918 Vgl. unter § 9 B. IV. 3. b) aa) aaa).
1919 Vgl. unter § 9 B. IV. 3. b) aa) aaa).
1920 *Schüssler*, Polygraphie (2002), 141.
1921 Vgl. § 8 B. III. 1. e).
1922 *Vehrs*, in: Polygraphie (1999), 19 (21); vgl. § 8 B. III. 1. e).
1923 *Vehrs*, in: Polygraphie (1999), 19 (21); ferner *Wegener*, Forensische Psychologie (1981), 35–37.
1924 Vgl. § 8 B. III. 1. e); s.a. *Schüssler*, Polygraphie (2002), 141; *Wegener*, Forensische Psychologie (1981), 36.
1925 Vgl. AG Bautzen BeckRS 2017, 138202, Rn. 55–58; *Salzgeber/Stadler u.a.*, Polygraphie (1999), 181; *Vehrs*, in: Polygraphie (1999), 19 (21–22). Auch der BGH stellte

Mithilfe dieser Mindestangaben dürfte eine Beurteilung der Qualität der Untersuchung möglich sein.[1926] Darüber hinaus sollte das Explorationsgespräch aus dem Vortest-Interview ausführlich dargestellt werden, damit andere psychophysiologische Sachverständige die Entwicklung der Vergleichsfragen nachvollziehen und überprüfen können.[1927] Im Übrigen sollte es dem Sachverständigen vorbehalten sein, in welcher Art und Weise er sein Gutachten dem Gericht unterbreitet.[1928]

b) Darstellung in den schriftlichen Urteilsgründen

Für die Darstellung der psychophysiologischen Aussagebegutachtung in den schriftlichen Urteilsgründen dürfte grundsätzlich ebenfalls nichts anderes gelten als für die Darstellung der aussagepsychologischen Glaubhaftigkeitsbegutachtung.[1929] Vor dem Hintergrund der jahrzehntelangen ablehnenden Rechtsprechung des Bundesgerichtshofs empfiehlt sich jedoch zunächst eine detaillierte Darstellung von Konzeption, Durchführung und Ergebnis der erfolgten polygraphischen Untersuchung in den Urteilsgründen. Nach Etablierung der psychophysiologischen Aussagebeurteilung dürften hingegen Ausführungen zu den wesentlichen Anknüpfungstatsachen und methodischen Grundlagen ausreichen.[1930] Nichtsdestoweniger müsste eine Befassung mit dem Polygraphen im Beweiswürdigungsteil der Urteilsgründe *nachvollziehbar* dargelegt werden.[1931] Wie die Auseinandersetzung mit der polygraphischen Untersuchung in den Urteilsgründen aussehen könnte, zeigt das AG Bautzen in seinem Urteil vom 26. Oktober 2017:[1932] Nachdem das Amtsgericht unter „1. Erhobene Beweise" ausführlich den Untersuchungsablauf (Vorgespräch, Formulierung der tatbezogenen Fragen, gemessene Parameter, „Zahlentest") beschrieben und die methodischen Grundlagen (Funktionsweise der VFT, numerische Auswertung) dargelegt hat,[1933] setzt es sich unter „2.

---

in seinem ersten „Lügendetektor"-Urteil (1954) fest, dass, wäre der Polygraph zulässig, zu der Begutachtung eine besondere Erklärung des Gutachters über das eingeschlagene Verfahren und die Ausschaltung erfahrungsgemäß häufiger Fehlerquellen gehört, s. BGHSt 5, 332 (337–338) = NJW 1954, 649 (650).

1926 Um eine nachträgliche Qualitätskontrolle zu ermöglichen empfiehlt *Bonpasse*, Polygraph 42 [2013], 112 ([115][125]) die Ton-/Videoaufzeichnung der gesamten Untersuchung.

1927 *Salzgeber/Stadler u.a.*, Polygraphie (1999), 181.

1928 Vgl. § 8 B. III. 1. e).

1929 Vgl. § 8 B. III. 1. e).

1930 Nach BGHSt 45, 164 (178–179) = NJW 1999, 2746 (2750) bedürfen anerkannte psychologische Diagnoseverfahren keiner ausf. Erläuterung ihrer Methodik, da deren Überprüfbarkeit bereits durch allgemeine psychologische Quellen gewährleistet ist; s.o. § 8 B. III. 1. e).

1931 *Momsen*, KriPoZ 2018, 142 (151).

1932 AG Bautzen BeckRS 2017, 138202; vgl. a. OLG München FamRZ 1999, 674 (674 f.); AG Bautzen BeckRS 2013, 8655.

1933 AG Bautzen BeckRS 2017, 138202, Rn. 17–20.

Beweiswürdigung“ unter anderem mit der bisherigen Rolle des Polygraphen in der Strafrechtspraxis, der zweiten „Lügendetektor-Entscheidung“ des Bundesgerichtshofs und der Kritik an der polygraphischen Untersuchungen aus Literatur und Rechtsprechung auseinander.[1934] Schlussendlich stellt das AG Bautzen hinsichtlich der Darlegungen der Sachverständigen fest:

> „Die Feststellungen der Rechtspsychologin sind nachvollziehbar, facettenreich, valide und im Ergebnis unter den vorangestellten Bedingungen belast- und verwertbar. Ihre Ausführungen enthielten auch keine Widersprüche und auch keine Verstöße gegen Denkgesetze. Die Sachverständige hat in der Hauptverhandlung und in ihrem schriftlichen Gutachten ausführlich und nachvollziehbar die Vorgehensweise bei der Untersuchung geschildert. Das bei der Untersuchung des Angeklagten angewandte Testgerät ‚Lafayette‘ wurde vorgeführt und auch die wissenschaftlichen Grundlagen des Testverfahrens im allgemeinen wurden erläutert. [...] Das Gericht hat daher keinerlei Zweifel daran, sich die Feststellungen der Sachverständigen im Rahmen seiner eigenen Beweiswürdigung nicht zu eigen machen zu können.“[1935]

III. Ablauf einer psychophysiologischen Untersuchung vor Gericht

Eine psychophysiologische Aussagebeurteilung in der VFT, wie sie hier vorgeschlagen wird und in die Gerichtspraxis integriert werden könnte, würde in unterschiedlichen Untersuchungsphasen ablaufen.[1936] Im Vorfeld der Untersuchung sind dem privaten oder gerichtlich bestellten Untersucher die nötigen Ermittlungs- und Gerichtsunterlagen über die abzuklärende Tat mit hinreichendem Vorlauf zur Verfügung zu stellen, damit dieser die Untersuchung entsprechend vorbereiten kann.[1937] Die Untersuchung selbst sollte in einem ruhigen Raum, ohne störende Geräusche von außen und ohne Publikum stattfinden.[1938]

Einführungs-/Vorgespräch: Es folgt die erste eigentliche Interaktion zwischen Untersucher und Angeklagtem.[1939] Der Angeklagte ist direkt zu Beginn darüber zu belehren, dass die nachfolgende Untersuchung freiwillig ist, nicht gegen seinen

1934 AG Bautzen BeckRS 2017, 138202, Rn. 34 ff.

1935 AG Bautzen BeckRS 2017, 138202, Rn. 59 (vgl. schon unter § 9 C. III. 1.); ähnl. AG Bautzen BeckRS 2013, 8655 (vgl. unter § 9 C. III. 2.).

1936 Vgl. die Einteilung bei *Boehme*, in: Handwörterbuch (2002), 412 (413–414); *Rill*, Forensische Psychophysiologie (2001), 14 ff.; *Tent*, in: Forensische Psychologie (1967), 185 (227–228); *Undeutsch/Klein*, Praxis der Rechtspsychologie 1999, 45 (62 ff.); *Vehrs*, in: Polygraphie (1999), 19 (25 ff.).

1937 *Undeutsch/Klein*, Praxis der Rechtspsychologie 1999, 45 (62); *Vehrs*, in: Polygraphie (1999), 19 (25); s.a. *Reid/Inbau*, Truth and Deception (1966), 10.

1938 *Reid/Inbau*, Truth and Deception (1966), 5 ff.; *Vehrs*, in: Polygraphie (1999), 19 (22–23).

1939 Vgl. *Undeutsch/Klein*, Praxis der Rechtspsychologie 1999, 45 (62).

Willen erfolgen und jederzeit abgebrochen werden kann.[1940] Außerdem ist der Angeklagte darüber aufzuklären, dass lediglich für ihn vorteilhafte Ergebnisse vom Gericht verwertet werden dürfen und nachteilige Ergebnisse unberücksichtigt bleiben. Nachdem der Angeklagte seine Freiwilligkeit erklärt hat, wird eine kurze biografischen Anamnese erhoben.[1941] An dieser Stelle wird der Angeklagte unter anderem zu seinem Gesundheitszustand und dem Konsum von Medikamenten, Alkohol und Drogen in den letzten 24 Stunden befragt.[1942]

Vortest-Interview: Die nächste Phase bildet das Vortest-Interview, in welchem die Tat- und Vergleichsfragen gemeinsam mit dem Angeklagten entwickelt werden.[1943] Hierfür wird der Angeklagte zunächst aufgefordert über die Vorwürfe gegen ihn zu berichten und sich dazu zu äußern.[1944] Auf der Grundlage des Vorwurfs und der Einlassungen des Angeklagten formuliert der Untersucher die tatbezogenen Fragen und bespricht diese mit dem Angeklagten.[1945] Sodann führt der Untersucher die Vergleichsfragen ein, bespricht diese ebenfalls mit dem Angeklagten und erklärt ihm, dass es für die Untersuchung von Bedeutung ist, mehr über das Persönlichkeitsbild des Angeklagten zu erfahren, um abschätzen zu können, ob die ihm vorgeworfenen Taten in sein Persönlichkeitsbild passen könnten.[1946] Zu diesem Zweck stellt der Untersucher Fragen wie für ein persönlichkeitspsychologisches Gutachten.[1947] Es wird dem Angeklagten erklärt, dass der Untersucher in Erfahrung bringen will, ob es in der Vergangenheit des Angeklagten Vorkommnisse gegeben habe, die auf dem abzuklärenden Gebiet als bedenklich, besorgniserregend oder alarmierend angesehen werden müssten.[1948] Nachdem dem Angeklagten die Tat- und Vergleichsfragen bekannt gegeben worden sind, ist ihm die Funktionsweise des Polygraphen und die Physiopsychologie der allgemeinen (unspezifischen) Aktiviertheit des Organismus zu

1940 Vgl. AG Bautzen BeckRS 2017, 138202, Rn. 17; s.a. *Schüssler*, Polygraphie (2002), 179, 183.

1941 *Undeutsch/Klein*, Praxis der Rechtspsychologie 1999, 45 (62).

1942 *Undeutsch/Klein*, Praxis der Rechtspsychologie 1999, 45 (62).

1943 *Undeutsch/Klein*, Praxis der Rechtspsychologie 1999, 45 (62–67); vgl. unter § 9 B. III. 2. b); ausf. zum Vortest-Interview *Mitchell*, in: Polygraph Testing (2002), 183 (183 ff.); *Reid/Inbau*, Truth and Deception (1966), 10 ff.

1944 *Undeutsch/Klein*, Praxis der Rechtspsychologie 1999, 45 (62–63); ähnl. *Tent*, in: Forensische Psychologie (1967), 185 (227). Die polygraphische Untersuchung darf nur die Tatfrage an sich betreffen, s. AG Bautzen BeckRS 2017, 138202, Rn. 53.

1945 *Boehme*, in: Handwörterbuch (2002), 412 (413); *Undeutsch/Klein*, Praxis der Rechtspsychologie 1999, 45 (63); s.a. AG Bautzen BeckRS 2017, 138202, Rn. 17; vgl. unter § 9 B. III. 2. b).

1946 *Undeutsch/Klein*, Praxis der Rechtspsychologie 1999, 45 (65–66).

1947 *Undeutsch/Klein*, Praxis der Rechtspsychologie 1999, 45 (66).

1948 *Undeutsch/Klein*, Praxis der Rechtspsychologie 1999, 45 (65–66).

erklären.[1949] Dabei ist der Angeklagte auch darüber aufzuklären, dass die Vergleichsfragen die Funktion eines „Kontrastmittels“ haben.[1950]

Vortest/Probelauf: Es folgt ein Probelauf in Form eines „Zahlentests“, um Störungen auszuschließen und dem Angeklagten die Zuverlässigkeit der Untersuchungsmethode zu verdeutlichen.[1951] Nach dem Probelauf ist der Angeklagte noch einmal darauf hinzuweisen, dass die Untersuchung nur mit seiner Einwilligung erfolgen und jederzeit abgebrochen werden kann und dass aus einer Weigerung oder einem Abbruch keinerlei Schlüsse gezogen werden dürfen.[1952]

Hauptuntersuchung: An den Probelauf schließt sich die eigentliche Untersuchung mit dem Polygraphen an.[1953] Die Untersuchung ist nach drei (bis maximal fünf) Wiederholungen der Fragensequenzen für den Angeklagten beendet.[1954]

Nachuntersuchungsbesprechung: Nach Hauptuntersuchung kann noch eine Nachuntersuchungsbesprechung abgehalten werden, um dem Angeklagten Gelegenheit zu geben, Beobachtungen während der Hauptuntersuchung einzubringen, aus welchen der Untersucher eventuell alternative Hypothesen zur Interpretation der Untersuchungsergebnisse gewinnen kann.[1955]

Auswertung: Der Untersucher beginnt sodann mit der Auswertung der Aufzeichnungen.[1956] Sein Untersuchungsergebnis („negativ/glaubhaft“ oder „nicht aufschlussreich/keine geeignete Testperson“) trägt der Untersucher später als Sachverständiger dem Gericht vor.

H. Zusammenfassung

Seit der ersten „Lügendetektor-Entscheidung“ des Bundesgerichtshofs im Jahr 1954 flammt die Diskussion um den Polygraphen regelmäßig wieder auf.[1957] Doch

---

1949 *Undeutsch/Klein*, Praxis der Rechtspsychologie 1999, 45 (67); s.a. *Raskin/Honts*, in: Polygraph Testing (2002), 1 (2).

1950 Vgl. AG Bautzen BeckRS 2017, 138202, Rn. 18.

1951 *Undeutsch/Klein*, Praxis der Rechtspsychologie 1999, 45 (68); s.a. AG Bautzen BeckRS 2017, 138202, Rn. 19; ähnl. *Tent*, in: Forensische Psychologie (1967), 185 (228); s. zum „Zahlentest“ bereits Fn. 1539.

1952 *Undeutsch/Klein*, Praxis der Rechtspsychologie 1999, 45 (69).

1953 Ausf. *Undeutsch/Klein*, Praxis der Rechtspsychologie 1999, 45 (69). Dieser Untersuchungsteil dauert in der Regel nicht länger als eine halbe Stunde und ist damit der kürzeste Untersuchungsabschnitt, s. *Vehrs*, in: Polygraphie (1999), 19 (27).

1954 *Undeutsch/Klein*, Praxis der Rechtspsychologie 1999, 45 (69).

1955 *Vehrs*, in: Polygraphie (1999), 19 (29); s.a. *Furedy*, Int. J. Psychophysiol. 21 [1996], 97 (99); *Rill*, Forensische Psychophysiologie (2001), 20.

1956 Ausf. *Undeutsch/Klein*, Praxis der Rechtspsychologie 1999, 45 (70–71).

1957 *Amelung*, JR 1999, 382 (382–383) (m.w.N.) ordnet die Diskussion in drei Zeitphasen: (1) die erste „Lügendetektor-Entscheidung“ des BGH im Jahr 1954 (s.o. § 9 C. I. 1.) (2) der Aufsatz von *Schwabe*, NJW 1979, 576 (576 ff.) und der Beschluss

obwohl der Disput nun schon über 60 Jahre andauert, haben sich die Argumente für und (insbesondere) gegen eine psychophysiologische Aussagebeurteilung nicht wesentlich verändert.[1958] Die Situation scheint festgefahren.

Die Reform des Sexualstrafrechts im Jahr 2016 und die Schaffung des sexuellen Übergriffs nach § 177 Abs. 1 StGB könnte nun ein Anstoß sein, den Diskurs noch einmal zu entfachen und über Möglichkeiten nachzudenken, die polygraphische Untersuchung in speziellen, heiklen Fallkonstellationen für zulässig zu erklären. Die vorliegende Arbeit darf dabei nicht als ein Plädoyer für einen universellen Einsatz der psychophysiologischen Aussagebeurteilung verstanden werden. Letzteres ist weder Gegenstand noch Intention dieser Arbeit. Vielmehr beschränkt sich das hiesige Plädoyer für den Polygrapheneinsatz in Anwendung der VFT auf die Konstellation „Aussage gegen Aussage" in der Hauptverhandlung beim Vorwurf des sexuellen Übergriffs nach § 177 Abs. 1 StGB. Weitere Voraussetzung für den hier befürworteten Polygrapheneinsatz ist das Vorliegen einer positiven („glaubhaft") aussagepsychologischen Glaubhaftigkeitsbeurteilung der Aussage des einzigen Belastungszeugen.[1959]

Es gibt Bedenken, dass die Zulassung der psychophysiologischen Aussagebeurteilung in (einstweilen) eng begrenzten Ausnahmefällen einen *Dammbruch* darstellen und langfristig zu einer unerwünschten Ausdehnung der Anwendung führen würde.[1960] Etwaige Ausweitungstendenzen wären zu gegebener Zeit im Blick zu behalten und gesondert zu beurteilen.[1961] Sofern dem Gericht als Untersuchungsergebnis

---

des BVerfG im Jahr 1981 (s.o. § 9 C. II. 1.) und (3) eine Reihe familiengerichtlicher Entscheidungen, die sich mit der Zulassung der polygraphischen Untersuchung zur Entlastung des Antragsstellers auseinandersetzten (s.o. § 9 C. III.), wobei die dritte Phase durch das zweite „Lügendetektor"-Urteil 1998 (s.o. § 9 C. I. 2.) beendet wurde. Ähnl. SK-StPO-*Rogall*, § 136a StPO, Rn. 88.

1958 Bspw. spricht *Rogall* von „neueren Untersuchungen und Erfahrungen" bzgl. des Zuverlässigkeitsgrads der polygraphischen Methode, verweist dann jedoch u.a. auf *Rill/Vossel*, NStZ 1998, 481 (481 ff.), s. SK-StPO-*Rogall*, § 136a, Rn. 87.

1959 Vgl. unter § 9 G.

1960 So *Rieß*, GA 1984, 140 (141); SK-StPO-*Rogall*, § 136a, Rn. 95; s.a. *Eisenberg*, Beweisrecht, Rn. 700; *Nestler*, JA 2017, 10 (16); ähnl. *Frister*, ZStW 106 [1994], 303 (322); *Peters*, ZStW 87 [1975], 663 (678).

1961 Zum Einsatz des Polygraphen bei („Opfer"-)Zeugen: *Delvo*, Lügendetektor (1981), 357 ff.; *Schüssler*, Polygraphie (2002), 186–187; *Schwabe*, NJW 1979, 576 (580–581); *Steller*, Aussagebeurteilung (1987), 167–168; *Steller/Dahle*, Praxis der Rechtspsychologie 1999, 127 (158–159) (krit.); *Wegner*, Polygraphie (1981), 191–193; *Würtenberger*, JZ 1951, 772 (774–775); ferner *Seiterle*, Lügendetektion (2010), 270 ff. Durchaus problematisch ist in diesem Zusammenhang die Verwertung des positiven („unglaubhaft") polygraphischen Gutachtens über die Angaben der Kindsmutter/Belastungszeugin aus dem vorgeschalteten familiengerichtlichen Verfahren (s. AG Bautzen BeckRS 2013, 16541) durch das AG Bautzen BeckRS 2013, 8655, obwohl sich die Kindsmutter/Belastungszeugin im Strafverfahren auf ihr Aussageverweigerungsrecht (§§ 52, 252 StPO) berief. Zu weiteren Einsatzbereichen des Polygraphen (1) im Kontext nationaler Sicherheit v.a. in den USA: *Paul/Egbert*, KrimJ 2014, 153 (161 ff.); (2) bei der Behandlung und Kontrolle rückfallgefährdeter Sexualstraftäter in den USA: *Consigli*, in: Polygraph Testing (2002), 237 (237 ff.);

lediglich „negativ/glaubhaft“ oder „nicht aufschlussreich/keine geeignete Testperson“ mitgeteilt wird und *belastende* Befunde bei der Beweiswürdigung damit unberücksichtigt bleiben, ist eine missbräuchliche Anwendung zunächst nicht zu erwarten.

Auch wenn der Einsatz des Polygraphen im gerichtlichen Verfahren grundsätzlich befürwortet wird, sollen dessen Schwächen nicht geleugnet werden.[1962] Jedoch scheint die polygraphische Untersuchung in Anwendung der VFT zur *Entlastung* des Angeklagten ihr höchstes Maß an Effektivität zu erreichen.[1963] Dem Angeklagten eine Entlastungsmöglichkeit mit einer Methode, deren Treffsicherheit bei etwa 90 % liegt,[1964] vorzuenthalten kann nicht einleuchten.[1965] Es ist zudem zu bedenken, dass es bei der hier vertretenen, entlastenden psychophysiologischen Aussagebeurteilung nicht um den Beweis der Unschuld des Angeklagten geht (*kein Freispruch um jeden Preis*), sondern um die Erschütterung des (eventuell falsch-) positiven („glaubhaft“) aussagepsychologischen Glaubhaftigkeitsgutachtens über die Belastungsaussage.[1966]

Sofern der Polygraph zum Einsatz käme, sind folgende Szenarien möglich (s. Tabelle 10):[1967]

Tabelle 10: *Szenarien bei dem Einsatz des Polygraphen*

			Psychophysiologische Beurteilung der Angaben des Angeklagten			
			positiver Befund („unglaubhaft“)		**negativer Befund („glaubhaft“)**	
			richtig-positiv	**falsch-positiv**	**falsch-negativ**	**richtig-negativ**
Aussagepsychologische Beurteilung der Belastungsaussage	**positiver Befund („glaubhaft“)**	**richtig-positiv**	*n.v.*	---	*Szenario 1*	---
		falsch-positiv	---	*n.v.*	---	*Szenario 2*
	negativer Befund („unglaubhaft“)	**falsch-negativ**	*n.v.*	---	*Szenario 3*	---
		richtig-negativ	---	*n.v.*	---	*Szenario 4*

Greuel, Praxis der Rechtspsychologie 1998, 54 (56 ff.); *Salzgeber/Stadler*, ZRP 1997, 139 (139 ff.); s.a. *Steller/Dahle*, Praxis der Rechtspsychologie 1999, 127 (157); (3) im Bereich der Privatwirtschaft, insbesond. im Personalbereich (in den USA): *Krapohl*, in: Polygraph Testing (2002), 217 (217 ff.); *Reid/Inbau*, Truth and Deception (1966), 259 ff.; *Steller*, Aussagebeurteilung (1987), 152–153; *Steller/Dahle*, Praxis der Rechtspsychologie 1999, 127 (159–160); *Wegner*, Polygraphie (1981), 194–197.

1962 Vgl. unter § 9 B. IV.

1963 Vgl. unter § 9 G. I. 4.

1964 BVerfG NStZ 1981, 446 (447).

1965 Ähnl. *Wegner*, Polygraphie (1981), 188.

1966 Vgl. unter § 9 G. I. 4. c).

1967 S.a. *Wille*, Aussage gegen Aussage (2012), 139–140.

Positive Befunde einer polygraphischen Untersuchung der Angaben des Angeklagten dürften nicht verwertet (*n.v.*) werden und bleiben daher bei den Betrachtungen unberücksichtigt. Außerdem sind solche Konstellationen ausgeschlossen, die einen Widerspruch in sich darstellen, das heißt wenn der Angeklagte tatsächlich Täter („richtig-positiv" oder „falsch-negativ") und gleichzeitig der Belastungszeuge kein Opfer („falsch-positiv" oder „richtig-negativ") ist beziehungsweise wenn der Angeklagte kein Täter („falsch-positiv" oder „richtig-negativ") und gleichzeitig der Belastungszeuge tatsächlich Opfer („richtig-positiv" oder „falsch-negativ") ist. Damit wären vier Szenarien möglich:

Szenario 1: Die aussagepsychologische Glaubhaftigkeitsbeurteilung der Belastungsaussage ist *richtig*-positiv („glaubhaft"), das psychophysiologische Glaubhaftigkeitsgutachten über das Bestreiten des Angeklagten dagegen *falsch*-negativ („glaubhaft"). In einer solchen Konstellation ist nach der aussagepsychologischen Glaubhaftigkeitsbeurteilung die Belastungsaussage als glaubhaft anzusehen, ebenso wie nach dem psychophysiologischen Glaubhaftigkeitsgutachten das Bestreiten des Angeklagten als glaubhaft anzusehen ist. Die aussagepsychologische Beurteilung und das psychophysiologische Gutachten stehen damit in einem Widerspruch zueinander, sodass sich an der ursprünglichen Problemlage „Aussage gegen Aussage" nichts ändert. Beide Aussagen erfuhren eine „Qualitätszertifizierung"[1968] und stehen sich gleichrangig gegenüber.[1969] Bezüglich der Wahrscheinlichkeit dieses Szenarios ist die Wahrscheinlichkeit für falsch-negative Fehlklassifikationen bei der VFT zu berücksichtigen.[1970]

Szenario 2: Dieses Szenario ist das Spiegelbild zum ersten. Die aussagepsychologische Glaubhaftigkeitsbeurteilung unterstellt der Belastungsaussage fälschlicherweise Erlebnisfundiertheit („falsch-positiv"), während das psychophysiologische Gutachten zu dem richtigen Ergebnis kommt, dass das Bestreiten des Angeklagten glaubhaft ist („richtig-negativ"). In diesem Szenario ist es von Bedeutung, dass der Angeklagte der falsch-positiven („glaubhaft") Glaubhaftigkeitsbeurteilung den negativen Befund der polygraphischen Untersuchung („glaubhaft") entgegenhalten kann. Auch dieses Szenario führt zu der anfänglichen „Aussage gegen Aussage"-Konstellation zurück.

Szenario 3: Die aussagepsychologische Glaubhaftigkeitsbeurteilung der Belastungsaussage ist *falsch*-negativ („unglaubhaft"); gestützt wird dieses Ergebnis durch ein *falsch*-negatives („glaubhaft") psychophysiologisches Glaubhaftigkeitsgutachten über das Bestreiten des Angeklagten. Dieses Szenario ist besonders problematisch, da die falsch-negative aussagepsychologische Glaubhaftigkeitsbeurteilung durch den Befund der polygraphischen Untersuchung gestützt wird.

1968 Vgl. unter § 9 E.
1969 S.a. *Wille*, Aussage gegen Aussage (2012), 139–140.
1970 Die VFT weist eine durchschnittliche Trefferquote von ca. 90 % bei richtig-positiven Zuordnungen auf, sodass die Wahrscheinlichkeit für Fehlklassifikationen als „falsch-negativ" bei ca. 10 % liegt, vgl. unter § 9 B. V. 2. b) aa).

Eine Voraussetzung für den hier befürworteten Polygrapheneinsatz ist allerdings das Vorliegen einer *positiven* („glaubhaft") aussagepsychologischen Glaubhaftigkeitsbeurteilung der Belastungsaussage (s.o.), sodass im Falle einer negativen („unglaubhaft") aussagepsychologischen Glaubhaftigkeitsbeurteilung eine polygraphische Untersuchung nicht durchgeführt werden würde.[1971]

Szenario 4: Die aussagepsychologische Glaubhaftigkeitsbeurteilung spricht der Belastungsaussage richtigerweise eine Erlebnisfundiertheit ab („richtig-negativ") und auch das psychophysiologische Gutachten kommt zu dem richtigen Ergebnis, dass das Bestreiten des Angeklagten glaubhaft ist („richtig-negativ"). Diese Konstellation ist grundsätzlich unproblematisch, da die negative psychophysiologische Aussagebeurteilung („glaubhaft") die richtig-negative aussagepsychologische Beurteilung („unglaubhaft") lediglich stärkt. Eine polygraphische Untersuchung bringt in dieser Konstellation keine Vorteile, wäre nach dem hier gemachten Vorschlag zum Polygrapheneinsatz aufgrund der negativen („unglaubhaft") aussagepsychologischen Glaubhaftigkeitsbeurteilung jedoch ohnehin nicht durchzuführen (s.o.).

Die Szenarien zeigen, dass das Kräfteverhältnis zwischen dem Angeklagten und dem Belastungszeugen durch den Polygrapheneinsatz keinen Nachteil erleidet. Im Gegenteil führt die psychophysiologische Aussagebeurteilung – besonders in *Szenario 2* – zu einem Erkenntnisgewinn.[1972] Eine Ausschlussgarantie für Fehlerklassifikationen kann es dabei gewiss nicht geben. Dennoch erscheint die polygraphische Untersuchung zu Entlastungszwecken als moderates und zuverlässiges Mittel, mit dem der Angeklagte in „Aussage gegen Aussage"-Situationen ein „Gegengewicht"[1973] zu der „Qualitätszertifizierung" der Aussage des Belastungszeugen durch ein falsch-positives („glaubhaft") aussagepsychologisches Glaubhaftigkeitsgutachten schaffen kann. Mit *Szenario 1* im Blick ist darüber hinaus zu bedenken, dass der Tatrichter nicht daran gehindert wäre, die Glaubhaftigkeit des Bestreitens des Angeklagten anders zu beurteilen als der jeweilige Sachverständige.[1974] Eine polygraphische Untersuchung mit negativem Befund („glaubhaft") wäre lediglich ein Entlastungsindiz und kein rechtsgenügender Beweis dafür, dass keine Verurteilung erfolgen dürfte.[1975] Will der Tatrichter dem psychophysiologischen Glaubhaftigkeitsgutachten des Sachverständigen nicht folgen, muss er im Urteil lediglich die maßgeblichen Darlegungen des Sachverständigen wiedergeben

1971 Darüber hinaus ist es in *Szenario 3* fraglich, inwieweit eine psychophysiologische Aussagebeurteilung für den Richter noch entscheidungserheblich wäre, wenn ein Sachverständiger nach einer aussagepsychologischen Glaubhaftigkeitsbeurteilung zu dem Schluss kommt, die Angaben des Belastungszeugen seien nicht erlebnisfundiert, ähnl. *Wagner*, Polygraphie im Strafverfahren (2012), 99.

1972 Ähnl. *Steller*, Aussagebeurteilung (1987), 166.

1973 *Undeutsch/Klein*, Praxis der Rechtspsychologie 1999, 45 (49).

1974 Vgl. § 8 B. II. 2.

1975 *Haustein*, Aussage gegen Aussage (2017), 160–161.

und seine Gegenansicht unter Auseinandersetzung mit diesen begründen.[1976] Die Verurteilung des Angeklagten ist also auch in *Szenario 1* mit entsprechendem Begründungsaufwand möglich.[1977] Eine übermäßige Belastung des vermeintlichen Opfers kann darin nicht gesehen werden. Ein negativer Befund („glaubhaft") der psychophysiologischen Aussagebeurteilung führt in *Szenario 1* damit nicht automatisch zu einem Freispruch aufgrund des Zweifelsatzes *in dubio pro reo*. Entscheidend bleibt die freie richterliche Beweiswürdigung nach § 261 StPO, welche es dem Gericht erlaubt, ein Beweismittel nicht zu berücksichtigen, von dessen Beweiswert es nicht überzeugt ist.[1978] Sofern der Polygraph im deutschen Strafverfahren eingesetzt werden würde, bedürfte das Ergebnis der polygraphischen Untersuchung also stets einer Überprüfung durch den Richter, sodass die Unabhängigkeit und Letztentscheidungskompetenz des Richters nicht eingeschränkt wird.[1979] Im „schlimmsten" Fall hätte die polygraphische Untersuchung einen höheren Begründungsaufwand zur Folge.[1980] Der Nutzen der psychophysiologischen Aussagebeurteilung bezüglich des Erkenntnisgewinns in der Hauptverhandlung bei „Aussage gegen Aussage" würde damit einen möglichen Schaden durch Fehlklassifikationen überwiegen.[1981]

Vor dem Hintergrund der Grenzen und Fehlerquellen bei einer aussagepsychologischen Aussagebeurteilung – insbesondere bei dem Vorwurf des sexuellen Übergriffs nach § 177 Abs. 1 StGB[1982] – scheint es den Versuch wert, bei „Aussage gegen Aussage" auf den Polygraphen zurückzugreifen und die fehlende aussagepsychologische Glaubhaftigkeitsbegutachtung der Einlassung des Angeklagten aufzufangen. Im Fokus stünde bei dem Polygrapheneinsatz der Ausgleich von Fehlerquellen bei der aussagepsychologischen Glaubhaftigkeitsbeurteilung, die zulasten der Waffengleichheit gingen. Zudem würde dem Gericht beziehungsweise dem Angeklagten nur die *Möglichkeit* einer psychophysiologischen Aussagebeurteilung anheimgestellt werden. Ob diese tatsächlich durchgeführt wird, unterläge einer Einzelfallbetrachtung. In jedem Fall müsste das Gericht würdigen und transparent begründen, warum es welches Beweismittel seiner Überzeugung zugrunde legt.[1983]

1976 Vgl. § 8 B. II. 2.; s.a. *Putzke*, ZJS 2011, 557 (562).

1977 Ähnl. *Putzke*, ZJS 2011, 557 (562); s.a. AG Bautzen BeckRS 2017, 138202, Rn. 49; *Haustein*, Aussage gegen Aussage (2017), 156.

1978 AG Bautzen BeckRS 2013, 8655; *Jaworski*, NStZ 2008, 195 (198); *Momsen*, KriPoZ 2018, 142 (150); *Schüssler*, Polygraphie (2002), 186; s.a. *Wagner*, Polygraphie im Strafverfahren (2012), 64.

1979 *Putzke*, ZJS 2011, 557 (562); *Schüssler*, Polygraphie (2002), 186.

1980 *Putzke*, ZJS 2011, 557 (562); s.a. AG Bautzen BeckRS 2017, 138202, Rn. 49.

1981 Vgl. *Steller*, Aussagebeurteilung (1987), 166–167.

1982 § 8 C.

1983 *Momsen*, KriPoZ 2018, 142 (150).

Fünfter Teil: Schlussbetrachtung und Zusammenfassung der Thesen

§ 10 Schlussbetrachtung

Der Bundesgerichtshof stellte in einem Urteil aus dem Jahr 1995 bezüglich der Aufklärungspflicht und Beweiswürdigung bei „Aussage gegen Aussage“ fest:

> „Je weniger gesichert ein Beweisergebnis erscheint, je gewichtiger die Unsicherheitsfaktoren sind, je mehr Widersprüche bei der Beweiserhebung zu Tage getreten sind, desto größer ist der Anlaß für das Gericht, trotz der erlangten Überzeugung *weitere erkennbare Beweismöglichkeiten* zu benutzen [...]. In besonderem Maße gilt dies dann, wenn [...] Aussage gegen Aussage steht.“[1984]

Die „Aussage gegen Aussage“-Konstellation verlangt eine fortwährende Verbesserung der (interdisziplinären) Prüf- und Bewertungssysteme, um dem Recht des Beschuldigten auf ein faires Verfahren gerecht zu werden.[1985] Insbesondere bei dem Vorwurf des sexuellen Übergriffs nach § 177 Abs. 1 StGB wird deutlich, dass die aussagepsychologische Glaubhaftigkeitsbeurteilung regelmäßig an ihre Grenzen kommt und fehleranfällig wird. Aus diesem Grund sollte die entlastende psychophysiologische Glaubhaftigkeitsbegutachtung in der VFT als „Gegengewicht“[1986] zu einer positiven („glaubhaft“) aussagepsychologischen Beurteilung der Belastungsaussage herangezogen werden.

Dieser Forderung steht (noch) die höchstrichterliche Rechtsprechung entgegen. Die drei „Lügendetektor-Entscheidungen“ des Bundesgerichtshofs sind allerdings sehr kritisch zu betrachten. Insbesondere die zweite „Lügendetektor-Entscheidung“ aus dem Jahr 1998 verhindert eine differenzierte Betrachtung des Polygraphen. Es stellt sich – auch vor dem Hintergrund neuester neurowissenschaftlicher Erkenntnisse – damit die Frage, ob die zweite „Lügendetektor-Entscheidung“ des Bundesgerichtshofs wirklich das letzte Wort in Bezug auf die psychophysiologische Aussagebeurteilung, insbesondere die VFT, sein kann und sein sollte.[1987] In der dritten „Lügendetektor-Entscheidung“ aus dem Jahr 2010 erschöpfen sich die Begründungsbemühungen in einem Verweis auf das zweite „Lügendetektor“-Urteil, obwohl letzteres zu dem Zeitpunkt bereits 12 Jahre zurücklag.

Die TWT wurde in den obigen Ausführungen eher am Rande behandelt, da sie das Problem „Aussage gegen Aussage“ im Zeitpunkt der Hauptverhandlung nicht zu lösen vermag. Nichtsdestoweniger ist es überlegenswert, diese Technik im Ermittlungsverfahren zum Einsatz kommen zu lassen.[1988] Sowohl belastende als

---

1984 BGH StV 1996, 249 (250) – Hervorhebungen nicht original. So a. BGH NStZ-RR 2003, 205 (206); StV 2008, 233 (234).

1985 *Deckers*, in: Eisenberg-FS (2009), 473 (474); s.o. § 8 D.

1986 *Undeutsch/Klein*, Praxis der Rechtspsychologie 1999, 45 (49).

1987 Vgl. a. *Schüssler*, Polygraphie (2002), 190; SK-StPO-*Rogall*, § 136a, Rn. 86.

1988 Vgl. unter § 9 D. I. und § 9 D. IV. 2.

auch entlastende Befunde könnten die Ermittlungsbehörden veranlassen, alternativen Geschehensverläufen intensivere Beachtung zu schenken und vermeintlich schlüssige Beweisketten einer erneuten Prüfung zu unterziehen.[1989]

Vor dem Hintergrund der dogmatischen Umgestaltung des § 177 Abs. 1 StGB durch das 50. StrÄndG und der Einführung der „Nein-heißt-Nein"-Lösung erscheint es an der Zeit, dass sich der Bundesgerichtshof unter abermaliger Hinzuziehung von qualifizierten Gutachtern und unter Berücksichtigung älterer und neuerer Feld- und Simulationsstudien mit der Zuverlässigkeit der polygraphischen Untersuchung auseinandersetzt. Dies gilt besonders mit Blick auf die in der Rechtsprechung immer wieder betonten besonderen Anforderungen an die Beweiswürdigung und Urteilsdarstellung in „Aussage gegen Aussage"-Konstellationen:

> „In einem Fall, in dem Aussage gegen Aussage steht und die Entscheidung allein davon abhängt, welchen Angaben das Gericht folgt, müssen die Urteilsgründe erkennen lassen, daß der Tatrichter *alle* Umstände, die die Entscheidung beeinflussen können, erkannt und in seine Überlegungen einbezogen hat."[1990]

Dass der negative („glaubhaft") Befund einer psychophysiologischen Glaubhaftigkeitsbegutachtung des Bestreitens des Angeklagten nicht zu den Umständen gehören soll, welche die Entscheidung des Tatrichter beeinflussen können, überzeugt nicht.

1989 *Momsen*, KriPoZ 2018, 142 (150–151); ähnl. *Jaworski*, NStZ 2008, 195 (196); *Steller*, in: Psychologie (1997), 89 (99–100); vgl. zudem *Effer-Uhe*, MLR 2013, 99 (103–104).

1990 StRspr., s. nur BGH NStZ-RR 1999, 108 – Hervorhebung nicht original; s.o. § 4 A.

§ 11 Zusammenfassung der zentralen Thesen

Den Abschluss der Untersuchung bildet die Zusammenfassung der wesentlichen Thesen.[1991]

1. „Aussage gegen Aussage"-Konstellationen sind bei dem Vorwurf des sexuellen Übergriffs nach § 177 Abs. 1 StGB die Regel, sodass die Beweiswürdigung regelmäßig auf eine Glaubhaftigkeitsbeurteilung der Aussagen hinausläuft.[1992]
2. Die aussagepsychologische Glaubhaftigkeitsbeurteilung hat einige methodische Schwächen.[1993] Eine Schwäche wird besonders bei der Beurteilung der Belastungsaussage bei dem Vorwurf des sexuellen Übergriffs nach § 177 Abs. 1 StGB deutlich. Denn es reicht bei einem solchen Vorwurf für eine nicht erlebnisfundierte Belastungsaussage aus, wenn die Aussage lediglich in einem Detail vom tatsächlichen Geschehen abweicht, da eine Person nach einer sexuellen Handlung lediglich behaupten müsste, diese habe gegen ihren erklärten Willen stattgefunden.[1994]
3. Aufgrund der Schwächen der Aussageanalyse bei dem Vorwurf nach § 177 Abs. 1 StGB geht mit der aussagepsychologischen Glaubhaftigkeitsbeurteilung das Risiko einher, dass es vermehrt zu falsch-positiven („glaubhaft") Beurteilungen der Belastungsaussage kommt.[1995]
4. Treffen „Aussage gegen Aussage" und der Vorwurf des sexuellen Übergriffs nach § 177 Abs. 1 StGB zusammen, kann auf eine aussagepsychologische Glaubhaftigkeitsbeurteilung jedoch regelmäßig nicht verzichtet werden, da in diesen Fällen nur mittels der Glaubhaftigkeitsbeurteilung die Unschuldsvermutung überwunden werden kann. Damit in „Aussage gegen Aussage"-Konstellationen also eine Verurteilung möglich ist, muss die Aussage des einzigen Belastungszeugen der aussagepsychologische Glaubhaftigkeitsbeurteilung zugänglich bleiben.[1996]
5. Im Falle einer unentdeckt falsch-positiven („glaubhaft") aussagepsychologischen Glaubhaftigkeitsbeurteilung der Belastungsaussage hat der Angeklagte kaum Möglichkeiten, seinem Bestreiten Gewicht zu verleihen.[1997] Eine aussagepsychologische Glaubhaftigkeitsbeurteilung der Angaben des Angeklagten kommt aus methodischen Gründen grundsätzlich nicht in Betracht.[1998]

1991 Die Gliederung der Thesen orientiert sich am Gang der Darstellung, vgl. § 2.
1992 § 7 D.
1993 § 8 B. IV.
1994 § 8 C.
1995 § 8 C. III.
1996 § 8 C. III.
1997 § 8 D.
1998 § 8 D.

6. Ein „Gegengewicht" zu einer positiven („glaubhaft") aussagepsychologischen Glaubhaftigkeitsbeurteilung könnte ein psychophysiologisches Gutachten über die Glaubhaftigkeit des Bestreitens des Angeklagten darstellen.[1999]
7. Aufgrund der hohen Trefferquoten der VFT bei richtig-positiven („unglaubhaft") Befunden, kommt die VFT als Entlastungsmethode in Betracht.[2000]
8. Die Einordnung der polygraphischen Untersuchung durch den Bundesgerichtshof als „völlig ungeeignetes Beweismittel" im Sinne des § 244 Abs. 3 Satz 3 Nr. 4 StPO überzeugt nicht.[2001] Anknüpfungspunkt für die Bewertung der Geeignetheit der polygraphischen Untersuchung im Sinne des § 244 Abs. 3 Satz 3 Nr. 4 StPO ist der Sachverständige, der sich des Polygraphen als (technisches) Hilfsmittel für die Aussagebeurteilung bedient.[2002] Der Sachverständige ist allerdings schon dann ein geeignetes Beweismittel, wenn er zwar keine sicheren und eindeutigen Schlüsse ziehen kann, seine zu erwartenden Folgerungen aber die unter Beweis gestellte Behauptung als mehr oder weniger wahrscheinlich erscheinen lassen und das Gutachten geeignet ist, Einfluss auf die Überzeugungsbildung des Gerichts zu haben.[2003]
9. Bei dem Vorwurf des sexuellen Übergriffs nach § 177 Abs. 1 StGB kommt allein der Einsatz der VFT in Betracht; die TWT scheidet aus methodischen Gründen aus.[2004] Im Rahmen der Untersuchung mit der VFT wäre bei dem Vorwurf nach § 177 Abs. 1 StGB zu beachten, dass nicht allgemein nach „dem sexuellen Übergriff" gefragt wird, da dieser Rechtsbegriff für die Untersuchung zu unpräzise ist. Die Tatfragen sollten direkt an die sexuelle(n) Handlung(en) anknüpfen. Der erhebliche Bedeutungsgehalt der sexuellen Details in den Tatfragen kann durch sexualbezogene Vergleichsfragen ausgeglichen werden.[2005]
10. Die psychophysiologische Aussagebeurteilung sollte nur zur Entlastung eines Angeklagten eingesetzt werden.[2006] Sofern der Angeklagte eine polygraphische Untersuchung ablehnt, dürfte ein Gericht dieses Verhalten nicht zulasten des Angeklagten auslegen.[2007] Die Vorgabe, belastende Befunde bei der Beweiswürdigung unberücksichtigt zu lassen, könnte dadurch sichergestellt werden, dass dem Gericht als Untersuchungsergebnis lediglich „negativ/glaubhaft" oder „nicht aufschlussreich/keine geeignete Testperson" mitgeteilt wird.[2008]

1999 § 9 A., E.
2000 § 9 B. V.
2001 § 9 D. III.
2002 § 9 D. IV. 1.
2003 § 9 D. IV. 2.
2004 § 9 F. I.
2005 § 9 F. II.
2006 § 9 G. I. 4.
2007 § 9 G. I. 4. b).
2008 § 9 G. I. 4.

Es kommt darauf an, sich von eventuellen Vorurteilen gegen eine Untersuchung mit dem „Lügendetektor“ frei zu machen und die methodischen Grundlagen in den Blick zu nehmen. Dabei zeigt sich, dass mithilfe der psychophysiologischen Glaubhaftigkeitsbegutachtung die Erkenntnismöglichkeiten des Gerichts in „Aussage gegen Aussage“-Situationen bei dem Vorwurf des sexuellen Übergriffs nach § 177 Abs. 1 StGB erweitert werden können.

Literaturverzeichnis

Achenbach, Hans, Polygraphie pro reo?, NStZ 1984, S. 350–352.

Adomeit, Klaus, Zur Einführung: Rechtswissenschaft und Wahrheitsbegriff, JuS 1972, S. 628–634.

Albert, Hans, Traktat über kritische Vernunft, 5. Aufl., Tübingen 1991 (*Kritische Vernunft*).

Altenhain, Karsten, Vor- und Nacheile der audiovisuellen Aufzeichnung von Zeugenaussagen, in: Barton, Stephan; Dubelaar, Marieke u.a. (Hrsg.), „Vom hochgemuten, voreiligen Griff nach der Wahrheit" – Fehlurteile im Strafprozess, 56. Band, Baden-Baden 2018, S. 225–252 (*Griff nach der Wahrheit*).

Amelung, Knut, Die Einwilligung in die Beeinträchtigung eines Grundrechtsgutes – Eine Untersuchung im Grenzbereich von Grundrechts- und Strafrechtsdogmatik, Berlin 1981 (*Einwilligung*).

Amelung, Knut, Anmerkung zu BVerfG, Beschluss vom 18.8.1981 – 2 BvR 166/81, NStZ 1982, S. 38–40.

Amelung, Knut, Anmerkung zu BGH, Urteil vom 17.12.1998 – 1 StR 156/98, JR 1999, S. 382–385.

Amelung, Knut, Der Begriff des Rechtsguts in der Lehre vom strafrechtlichen Rechtsgüterschutz, in: Hefendehl, Roland; Hirsch, Andrew von u.a. (Hrsg.), Die Rechtsgutstheorie – Legitimationsbasis des Strafrechts oder dogmatisches Glasperlenspiel, Baden-Baden 2003, S. 155–182 (*Rechtsgutstheorie*).

Arntzen, Friedrich, Psychologie der Zeugenaussage – Einführung in die forensische Aussagepsychologie, Göttingen 1970 (*Zeugenaussage*).

Arntzen, Friedrich, Vernehmungspsychologie – Psychologie der Zeugenvernehmung, München 1978 (*Vernehmungspsychologie*).

Arntzen, Friedrich, Psychologie der Zeugenaussage – System der Glaubhaftigkeitsmerkmale, 5. Aufl., München 2011 (*Zeugenaussage*).

Balloff, Rainer, Glaubhaftigkeitsuntersuchung und diagnostischer Erkenntnisprozess in Fällen sexuellen Missbrauchs, in: Bange, Dirk; Körner, Wilhelm (Hrsg.), Handwörterbuch – Sexueller Missbrauch, Göttingen u.a. 2002, S. 162–171 (*Handwörterbuch*).

Bange, Dirk, Erinnerungen, in: Bange, Dirk; Körner, Wilhelm (Hrsg.), Handwörterbuch – Sexueller Missbrauch, Göttingen u.a. 2002, S. 61–69 (*Handwörterbuch-Erinnerungen*).

Bange, Dirk, Falschbeschuldigungen, in: Bange, Dirk; Körner, Wilhelm (Hrsg.), Handwörterbuch – Sexueller Missbrauch, Göttingen u.a. 2002, S. 90–97 (*Handwörterbuch-Falschbeschuldigungen*).

Barton, Stephan, Wenn Aussage gegen Aussage steht – die justizielle Bewältigung von Vergewaltigungsvorwürfen, in: Rotsch, Thomas; Brüning, Janique u.a. (Hrsg.), Strafrecht, Jugendstrafrecht, Kriminalprävention in Wissenschaft und Praxis – Festschrift für Heribert Ostendorf zum 70. Geburtstag am 7. Dezember 2015, Baden-Baden 2015, S. 41–56 (*Ostendorf-FS*).

Barton, Stephan,Benötigen wir psychologische Sachverständige für die Glaubhaftigkeitsbeurteilung?, in: Barton, Stephan; Dubelaar, Marieke u.a. (Hrsg.), „Vom hochgemuten, voreiligen Griff nach der Wahrheit" – Fehlurteile im Strafprozess, 56. Band, Baden-Baden 2018, S. 199–223 (*Griff nach der Wahrheit*).

Baumhöfener, Jesko, Aktenkenntnis des Nebenklägers – Gefährdung des Untersuchungszwecks bei der Konstellation Aussage-gege-Aussage, NStZ 2014, S. 135–138.

Baumhöfener, Jesko; Daber, Beate u.a., Die Aktenkenntnis des Verletzten in der Konstellation Aussage-gegen-Aussage, NStZ 2017, S. 562–567.

Beck, Susanne, Unterstützung der Strafermittlung durch die Neurowissenschaften? – Einsatz von Verfahren funktioneller Bildgebung als „Lügendetektoren" im Strafvefahren, JR 2006, S. 146–150.

Ben-Shakhar, Gershon, A Critical Review of the Control Questions Test (CQT), in: Kleiner, Murray (Hrsg.), Handbook of Polygraph Testing, San Diego u.a. 2002, S. 103–126 (*Polygraph Testing*).

Ben-Shakhar, Gershon; Elaad, Eitan, The Guilty Knowledge Test (GKT) as an Application of Psychophysiology: Future Prospects and Obstacles, in: Kleiner, Murray (Hrsg.), Handbook of Polygraph Testing, San Diego u.a. 2002, S. 87–102 (*Polygraph Testing*).

Ben-Shakhar, Gershon; Elaad, Eitan, The Validity of Psychophysiological Detection of Information With the Guilty Knowledge Test: A Meta-Analytic Review, J. Appl. Psychol. 88 (2003), S. 131–151.

Bender, Rolf; Nack, Armin u.a., Tatsachenfeststellung vor Gericht – Glaubhaftigkeits- und Beweislehre, Vernehmungslehre, 4. Aufl., München 2014 (*Tatsachenfeststellung*).

Bender, Rolf; Wartemann, Frank, Vernehmung, in: Kube, Edwin; Störzer, Hans Udo u.a. (Hrsg.), Kriminalistik – Handbuch für Praxis und Wissenschaft, 1. Band, Stuttgart u.a 1992, S. 551–637 (*Kriminalistik I*).

Berning, Birgit R., „Lügendetektion": eine interdisziplinäre Beurteilung, MschrKrim 1993, S. 242–255.

Bezjak, Garonne, Der Straftatbestand des § 177 StGB (Sexuelle Nötigung; Vergewaltigung) im Fokus des Gesetzgebers, KJ 2016, S. 557–571.

Bezjak, Garonne, Reformüberlegungen für ein neues Sexualstrafrecht, ZStW 130 (2018), S. 303–339.

Binder, Siegfried, Einführendes zur physio-psychologischen Sexualdiagnostik, NJW 1972, S. 321–323.

Binding, Karl, Lehrbuch des Gemeinen Deutschen Strafrechts – Besonderer Teil, 1. Band, 2. Aufl., Leipzig 1902 (*Gemeines Straftrecht BT*).

Blum, Barbara, Suggestive Prozesse bei der Zeugenbetreuung und -befragung, in: Deckers, Rüdiger; Köberer, Wolfgang (Hrsg.), Die Erhebung von Zeugenaussagen im Strafprozess – Juristische, aussagepsychologische und psychiatrische Aspekte, Berlin 2007, S. 162–187 (*Erhebung von Zeugenaussage*).

Blume, Lara; Wegner, Kilian, Reform des § 177 StGB? – Zur Vereinbarkeit des deutschen Sexualstrafrechts mit Art. 36 der "Istanbul-Konvention", HRRS 2014, S. 357–363.

Blumenstein, Hans-Alfred, Strafverfahren, in: Bange, Dirk; Körner, Wilhelm (Hrsg.), Handwörterbuch – Sexueller Missbrauch, Göttingen u.a. 2002, S. 605–609 (*Handwörterbuch*).

Boehme, Ulfert, Polygraph („Lügendetektor"), in: Bange, Dirk; Körner, Wilhelm (Hrsg.), Handwörterbuch – Sexueller Missbrauch, Göttingen u.a. 2002, S. 412–418 (*Handwörterbuch*).

Boetticher, Axel, Das Urteil über die Einführung von Mindeststandards in aussagepsychologischen Gutachten und seine Wirkungen – Untertitel, in: Boetticher, Axel; Huff, Martin W. u.a. (Hrsg.), Sonderheft für Gerhard Schäfer zum 65. Geburtstag am 18. Oktober 2002, 2002, –18.

Böhm, Hartmut; Meuren, Rita u.a., Die Borderlinestörung als Quelle (nicht)-intentionaler Falschaussagen, Praxis der Rechtspsychologie 2002, S. 209–223.

Bonpasse, Morrison, Polygraphs and 215 Wrongful Conviction Exonerations, Polygraph 42 (2013), S. 112–127.

Braun, Johann, Wahrheit im Zivilprozess – Ein Beitrag zur Prozesszwecklehre, JZ 2021, S. 53–60.

Brause, Hans Peter, Zum Zeugenbeweis in der Rechtsprechung des BGH, NStZ 2007, S. 505–512.

Brause, Hans Peter, Glaubwürdigkeitsprüfung und -bewertung einer Aussage im Spiegel der höchsrichterlichen Rechtsprechung, NStZ 2013, S. 129–136.

Brüggemann, Johannes A. J., Entwicklung und Wandes des Sexualstrafrechts in der Geschichte unseres StGB – Die Reform der Sexualdelikte einst und jetzt, Baden-Baden 2013 (*Entwicklung und Wandel des Sexualstrafrechts*).

Bruns, Rudolf, Zivilprozeßrecht – Eine systematische Darstellung, 2. Aufl., München 1979 (*Zivilprozeßrecht*).

Bung, Jochen, Zweites Opferrechtsreformgesetz: Vom Opferschutz zur Opferermächtigung, StV 2009, S. 430–437.

Bunke, Susanne, Kommission für ein modernes Sexualstrafrecht, DRiZ 2015, S. 160–161.

Burgheim, Joachim; Friese, Hermann, Sexualdelinquenz und Falschbezichtigung – Eine vergleichende Analyse realer und vorgetäuschter Sexualdelikte, Frankfurt 2006 (*Sexualdelinquenz*).

Burgsmüller, Claudia, Das BGH-Urteil zu den Glaubhaftigkeitsgutachten – eine später Folge der sog. Wormser Strafverfahren vor dem Landgericht Mainz?, Praxis der Rechtspsychologie 2000, S. 48–59.

Burgsmüller, Claudia, Nebenklage, in: Bange, Dirk; Körner, Wilhelm (Hrsg.), Handwörterbuch – Sexueller Missbrauch, Göttingen u.a. 2002, S. 379–386 (*Handwörterbuch*).

Busse, Detlef; Steller, Max u.a., Sexueller Mißbrauchsverdacht in familiengerichtlichen Verfahren, Praxis der Rechtspsychologie 2000, S. 3–98.

Busse, Detlef; Volbert, Renate, Was belastet Kinder in Strafverfahren, in: Kröber, Hans-Ludwig; Dahle, Klaus-Peter (Hrsg.), Sexualstraftaten und Gewaltdelinquenz – Verlauf – Behandlung – Opferschutz, 35. Band, Heidelberg 1998, S. 211–223 (*Sexualstraftaten*).

Cirullies, Birgit, Schriftliche Stellungnahme zur öffentlichen Anhörung des Ausschusses für Recht und Verbraucherschutz des Deutschen Bundestages zu dem Antrag der Fraktion des Deutschen Bundestags Bündnis 90/Die Grünen (BT-Drs. 18/1969) am 28.1.2015, Dortmund 2015, verfügbar unter: https://perma.cc/2X6W-LQHV [Perma Link].

Clemm, Christina, Schriftliche Stellungnahme zur öffentlichen Anhörung des Ausschusses für Recht und Verbraucherschutz des Deutschen Bundestages zu dem Antrag der Fraktion des Deutschen Bundestags Bündnis 90/Die Grünen (BT-Drs. 18/1969) am 28.1.2015, Berlin 2015, verfügbar unter: https://perma.cc/Q4FM-74XL [Perma Link].

Clemm, Christina, Schriftliche Stellungnahme zur öffentlichen Anhörung des Ausschusses für Recht und Verbraucherschutz des Deutschen Bundestages am 1.6.2016, Berlin 2016, verfügbar unter: https://perma.cc/UE4R-J4DD [Perma Link].

Consigli, John E., Post-Conviction Sex Offender Testing ans the American Polygraph Association, in: Kleiner, Murray (Hrsg.), Handbook of Polygraph Testing, San Diego u.a. 2002, S. 237–250 (*Polygraph Testing*).

Dahle, Klaus-Peter, Hat der sogenannte „Lügendetektor" nach veränderter Rechtslage in Deutschland eine Zukunft? – Versuch einer psychologischen Standortbestimmung, Psychologische Rundschau 2003, S. 103–111.

Dahle, Klaus-Peter; Lehmann, Robert, Psychophysiologische Täterschaftsdiagnostik – Die Befragung des Tatverdächtigen mit dem Polygraphen, in: Bayrischer Anwaltsverband (Hrsg.), Neue Vernehmungsmethoden – Polygraph, Hypnose, Hirnforschung, München 2012, S. 48–84 (*Neue Vernehmungsmethoden*).

Dahs, Hans, Zum Persönlichkeitsschutz des „Verletzten" als Zeuge im Strafprozeß, NJW 1984, S. 1921–1927.

Dahs, Hans, Verteidigung im Ermittlungsverfahren, NJW 1985, S. 1113–1118.

Daimagüler, Mehmet Gürcan, Der Verletzte im Strafverfahren – Handbuch für die Praxis, München 2016 (*Der Verletzte*).

Daniels, Charles W., Legal Aspects of Polygraph Admissibility in the United States, in: Kleiner, Murray (Hrsg.), Handbook of Polygraph Testing, San Diego u.a. 2002, S. 327–338 (*Polygraph Testing*).

Däubler-Gmelin, Herta, Überlegungen zur Reform des Strafprozesses, StV 2001, S. 359–363.

Deckers, Rüdiger, Verteidigung un Verfahren wegen sexuellen Mißbrauchs von Kindern, NJW 1996, S. 3105–3111.

Deckers, Rüdiger, Glaubwürdigkeit kindlicher Zeugen – Vernehmungsfehler und Begutachtung, NJW 1999, S. 1365–1371.

Deckers, Rüdiger, Probleme der Strafverteidigung bei sexuellem Kindesmißbrauch, in: Egg, Rudolf (Hrsg.), Sexueller Mißbrauch von Kindern – Täter und Opfer, 27. Band, Wiesbaden 1999, S. 113–123 (*Mißbrauch von Kindern*).

Deckers, Rüdiger, Verteidigung und psychophysiologische Bedeutsamkeitsdiagnostik, in: Salzgeber, Joseph; Stadler, Michael u.a. (Hrsg.), Polygraphie – Möglichkeiten und Grenzen der psychophysiologischen Aussagebegutachtung, Köln 1999, S. 129–132 (*Polygraphie*).

Deckers, Rüdiger, Aussage gegen Aussage – zur Entwicklung der revisionsgerichtlichen Rechtsprechung und der Aussagepsychologie, in: Michalke, Regina; Köberer, Wolfgang u.a. (Hrsg.), – Festschrift für Rainer Hamm zum 65. Geburtstag am 24. Februar 2008, Berlin 2008, S. 53–62 (*Hamm-FS*).

Deckers, Rüdiger, Fehlerquellen in Sexualstrafverfahren, in: Müller, Henning Ernst; Sander, Günther M. u.a. (Hrsg.), – Festschrift für Ulrich Eisenberg zum 70. Geburtstag, München 2009, S. 473–497 (*Eisenberg-FS*).

Deckers, Rüdiger, Höchstrichterliche Anforderungen an besondere Beweiskonstellationen – Aussage gegen Aussage, Aussage von Mitbeschuldigten oder des „Kronzeugen“, StraFo 2010, S. 372–379.

Deckers, Rüdiger, Zur Zurückweisung eines Beweisantrages auf Einholung eines Sachverständigengutachtens wegen eigener Sachkunde des Gerichts – § 244 Abs. 4 S. 1 StPO – bei der Beurteilung der Glaubhaftigkeit einer Zeugenaussage – Zugleich eine Besprechung von BGH (2. Senat), Beschl. v. 27.01.2010 – 2 StR 535/09, in: Bernsmann, Klaus; Fischer, Thomas (Hrsg.), – Festschrift für Ruth Rissing-van Saan zum 65. Geburtstag am 25. Januar 2011, Berlin/New York 2011, S. 87–96 (*Rissing-van Saan-FS*).

Deckers, Rüdiger, Aussagekonstanz aus juristischer und aussagepsychologischer Sicht, StV 2017, S. 50–54.

Deckers, Rüdiger, Zur Reform des Sexualstrafrechts durch das StÄG 2016, StV 2017, S. 410–412.

Deckers, Rüdiger, Glaubhaftigkeitsprüfung 2018, in: Deckers, Rüdiger; Köhnken, Günter (Hrsg.), Die Erhebung und Bewertung von Zeugenaussagen im Strafprozess – Juristische, aussagepsychologische und psychiatrische Aspekte, 3. Band, Berlin 2019, S. 181–204 (*Erhebung von Zeugenaussage*).

Deegener, Günther, Befragung von Kindern, in: Bange, Dirk; Körner, Wilhelm (Hrsg.), Handwörterbuch – Sexueller Missbrauch, Göttingen u.a. 2002, S. 26–31 (*Handwörterbuch*).

Deiters, Mark, Anmerkung zu BGH, Beschluss vom 15.3.2016 – 5 StR 52/16, StV 2017, S. 147–149.

Delvo, Matthias, Der Lügendetektor im Strafprozeß der U.S.A. – Eine Auswertung und kritische Würdigung der U.S.-amerikanischen Fachliteratur zum Thema „Wissenschafts der Polygraphie", der Rechtsprechung und der juristischen Literatur in Hinblick auf eine mögliche Verwertbarkeit des Polygraphen im Strafverfahren der Bundesrepublik Deutschland, Königstein/Ts. 1981 (*Lügendetektor*).

Deppenkemper, Gunter, Beweiswürdigung als Mittel prozessualer Wahrheitserkenntnis – Eine dogmengeschichtliche Studie zu Freiheit, Grenzen und revisionsgerichtlicher Kontrolle tatrichterlicher Überzeugungsbildung (§ 261 StPO, § 286 ZPO), Göttingen 2004 (*Beweiswürdigung*).

Dettenborn, Harry, Anmerkung zum Polygrafie-Beschluss des BGH für das Zivilverfahren, FPR 2003, S. 559–566.

Dettenborn, Harry, Grundlagen der Glaubhaftigkeitsbegutachtung, NZFam 2016, S. 593–597.

Dettenborn, Harry; Lindtner, Kathleen, Berechnung von Schwellenwerten zum Tatwissenstest für das Scoring-System von Lykken, Praxis der Rechtspsychologie 2001, S. 35–47.

Dietzsch, Steffen, Lüge, in: Sandkühler, Hans Jörg (Hrsg.), Enzyklopädie Philosophie – Artikel I–P, 2. Band, Hamburg 2010, S. 1467–1470 (*Enzyklopädie Philosophie*).

Dölling, Dieter; Duttge, Gunnar u.a. (Hrsg.), Gesamtes Strafrecht – StGB/StPO/Nebengesetze Handkommentar, 4. Aufl., Baden-Baden 2017 (*HK-GS*).

Dölling, Dieter; Laue, Christian, Juristische Aspekte des sexuellen Missbrauchs von Kindern in Deutschland, in: Amann, Gabriele; Wipplinger, Rudolf (Hrsg.), Sexueller Missbrauch – Überblick zu Forschung, Beratung und Therapie, 3. Aufl., Tübingen 2005, S. 889–934 (*Missbrauch*).

Dreier, Horst (Hrsg.), Grundgesetz Kommentar, Band Band II, 3. Aufl., Tübingen 2015 (*Dreier*-Bearbeiter).

Düx, Heinz, Sexualstraftaten und Sicherungsverwahrung – Abschied vom rechtsstaatlichen Strafverfahren, ZRP 2006, S. 82–85.

Effer-Uhe, Daniel, Einsatzmöglichkeiten des Polygraphen – der irreführend sogenannte „Lügendetektor", MLR 2013, S. 99–104.

Effer-Uhe, Daniel; Mohnert, Alica, Psychologie für Juristen, Baden-Baden 2019 (*Psychologie*).

Eisele, Jörg, Schriftliche Stellungnahme zur öffentlichen Anhörung des Ausschusses für Recht und Verbraucherschutz des Deutschen Bundestages zu dem Antrag der Fraktion des Deutschen Bundestags Bündnis 90/Die Grünen (BT-Drs. 18/1969) am 28.1.2015, Tübingen 2015, verfügbar unter: https://perma.cc/D9QY-EC56 [Perma Link].

Eisele, Jörg, Schriftliche Stellungnahme zur Sachverständigenanhörung im Ausschuss für Recht und Verbraucherschutz des Deutschen Bundestages am 1.6.2016, Tübingen 2016, verfügbar unter: https://perma.cc/78DL-JCRP [Perma Link].

Eisele, Jörg, Das neue Sexualstrafrecht, RPsych 2017, S. 7–30.

Eisele, Jörg, Notwendigkeit einer Reform der Reform des Sexialstrafrechts?, DRiZ 2017, S. 398–401.

Eisele, Jörg, Anmerkung zu BGH, Urteil vom 13.2.2019 – 2 StR 301/18, JR 2019, S. 542–544.

Eisenberg, Ulrich, Anmerkung zu BGH, Beschluss vom 27.1.2010 – 2 StR 535/09, JZ 2010, S. 474–476.

Eisenberg, Ulrich, Anmerkung zu BGH, Beschluss vom 15.3.2016 – 5 StR 52/16; BGH, Beschluss vom 5.4.2016 – 5 StR 40/16, JR 2016, S. 391–395.

Eisenberg, Ulrich, Beweisrecht der StPO – Spezialkommentar, 10. Aufl., München 2017 (*Beweisrecht*).

Eisenberg, Ulrich; Zötsch, Bettina, Der Zeugenbeweis im Strafverfahren – Tendenzen in der höchstrichterlichen Rechtsprechung, NJW 2003, S. 3676–3678.

Eisenhuth, Gregor, Schriftliche Stellungnahme zur öffentlichen Anhörung des Ausschusses für Recht und Verbraucherschutz des Deutschen Bundestages zu dem Antrag der Fraktion des Deutschen Bundestags Bündnis 90/Die Grünen (BT-Drs. 18/1969) am 28.1.2015, München 2015, verfügbar unter: https://perma.cc/HER5-V7N7 [Perma Link].

El-Ghazi, Mohamad, Der neue Straftatbestand des sexuellen Übergriffs nach § 177 Abs. 1 StGB n.F., ZIS 2017, S. 157–168.

El-Ghazi, Mohamad, Fünf Jahre Reform des Sexualstrafrechts – eine erste Bestandsaufnahme, StV 2021, S. 314–322.

Elsner, Erich; Steffen, Wiebke, Vergewaltigung und sexuelle Nötigung in Bayern – Opferrisiko, Opfer- und Tatverdächtigenverhalten, polizeiliche Ermittlungen, justizielle Erledigung, Wissenschaftliche Forschungsprojekte der Kriminologischen Forschungsgruppe der Bayerischen Polizei, Nr. 22, München 2005, verfügbar unter: https://perma.cc/CUF2-D3W7 [Perma Link].

Endres, Johann; Scholz, O. Berndt, Sexueller Kindesmißbrauch aus psychologischer Sicht – Formen, Vorkommen, Nachweis, NStZ 1994, S. 466–473.

Erbs, Georg, Unzulässige Vernehmungsmethoden – Probleme des § 136a StPO, NJW 1951, S. 386–390.

Faigman, David L., Legal Alchemy – The Use and Misuse of Science in the Law, New York 1999 (*Legal Alchemy*).

Faigman, David L.; Kaye, David H. u.a., Modern Scientific Evidence – The Law and Science of Expert Testimony, 1. Band, St. Paul, Minn. 1997 (*Scientific Evidence*).

Farthofer, Hilde; Rückert, Christian, Die höchstrichterliche Rechtsprechung zu § 252 StPO im Lichte eines grund- und menschenrechtskonformen Strafverfahrens, HRRS 2017, S. 123–135.

Fegert, Jörg Michael, Sexuell mißbrauchte Kinder und das Recht – Ein Handbuch zu Fragen der kinder- und jugendpsychiatrischen und psychologischen Untersuchung und Begutachtung, 2. Band, Köln 1993 (*Mißbrauchte Kinder und das Recht*).

Festinger, Leon, A Theory of Cognitive Dissonance, Stanford 1957 (*Theory of Cognitive Dissonance*).

Fezer, Gerhard, Tatrichterlicher Erkenntnisprozeß – „Freiheit" der Beweiswürdigung, StV 1995, S. 95–101.

Fezer, Gerhard, Die Rechtsprechung des BGH zum Strafverfahrensrecht seit 1995 – Teil 1, JZ 2007, S. 665–676.

Fiedler, Klaus, Gutachterliche Stellungnahme zur wissenschaftlichen Grundlage der Lügendetektion mithilfe sogenannter Polygraphentests, Praxis der Rechtspsychologie 1999, S. 5–44.

Fiedler, Klaus, Über Tests, psychophysiologische Methoden und den Schein der Präzision – Ein Kommentar zu Dahle (2003), Psychologische Rundschau 2003, S. 112–115.

Fiedler, Klaus; Schmid, Jeannette, Gutachten über Methodik und Bewertungskriterien für Psychologische Glaubwürdigkeitsgutachten, Praxis der Rechtspsychologie 1999, S. 5–45.

Fischer, Thomas, Glaubwürdigkeitsbeurteilung und Beweiswürdigung – Von der Last der „ureigenen Aufgabe", NStZ 1994, S. 1–5.

Fischer, Thomas, Sexuelle Selbstbestimmung in schutzloser Lage – Zum Anwendungsbereich von § 177 Abs. 1 Nr. 3 StGB, ZStW 112 (2000), S. 75–105.

Fischer, Thomas, Aussagewahrheit und Glaubhaftigkeitsbegutachtung – Anmerkungen zum Beweiswert von Glaubhaftigkeitsgutachten im Strafverfahren, in: Schöch, Heinz; Satzger, Helmut u.a. (Hrsg.), Strafverteidigung, Revision und die gesamten Strafrechtswissenschaften – Festschrift für Gunter Widmaier zum 70. Geburtstag, München 2008, S. 191–222 (*Widmaier-FS*).

Fischer, Thomas, Noch einmal: § 177 StGB und die Istanbul-Konvention – Entgegnung auf Hörnle [ZIS 2015, 206], ZIS 2015, S. 312–319.

Fischer, Thomas, Schriftliche Stellungnahme zur öffentlichen Anhörung des Ausschusses für Recht und Verbraucherschutz des Deutschen Bundestages zu dem Antrag der Fraktion des Deutschen Bundestags Bündnis 90/Die Grünen (BT-Drs. 18/1969) am 28.1.2015, Baden-Baden 2015, verfügbar unter: https://perma.cc/9WK2-JU7Z [Perma Link].

Fischer, Thomas, Strafgesetzbuch mit Nebengesetzen, 63. Aufl., München 2016 (*StGB[63]*).

Fischer, Thomas, Normative Tatbestandsausweitung bei sexuellem Übergriff – Zur Anwendung von § 177 Abs. 1 StGB bei aktivem Handeln der geschädigten Person (zugleich Besprechung von BGH, Beschl. vom 21. November 2018 – 1 StR 290/18, und Erwiderung auf Hörnle NStZ 2019, S. 439), NStZ 2019, S. 580–584.

Fischer, Thomas, Strafgesetzbuch mit Nebengesetzen, 67. Aufl., München 2020 (*StGB*).

Folkers, Susanne, Ermittlungsvernehmungen bei der Staatsanwaltschaft, in: Deckers, Rüdiger; Köhnken, Günter (Hrsg.), Die Erhebung von Zeugenaussagen im Strafprozess – Juristische, aussagepsychologische und psychiatrische Aspekte, Berlin 2007, S. 135–147 (*Erhebung von Zeugenaussage*).

Franzen, Winfried, Zur neueren Wahrheitsdiskussion: Redundanztheorie versus Korrespondenztheorie der Wahrheit, Zeitschrift für philosophische Forschung 1981, S. 73–90.

Freudenberg, Dagmar, „Nein-heißt-Nein!" Oder die Hoffnung auf die Umsetzung des 2016 Gesetz gewordenen menschenrechtskonformen Paradigmenwechsel im Sexualstrafrecht in die Rechtspraxis, Praxis der Rechtspsychologie 2017, S. 47–54.

Frisch, Wolfgang, Rechtsgut, Recht, Deliktsstruktur und Zurechnung im Rahmen der Legitimation staatlichen Strafens, in: Hefendehl, Roland; Hirsch, Andrew von u.a. (Hrsg.), Die Rechtsgutstheorie – Legitimationsbasis des Strafrechts oder dogmatisches Glasperlenspiel, Baden-Baden 2003, S. 215–238 (*Rechtsgutstheorie*).

Frister, Helmut, Der Lügendetektor – Zulässiger Sachbeweis oder unzulässige Vernehmungsmethode?, ZStW 106 (1994), S. 303–331.

Frommel, Monika, Muss der Verbrechenstatbestand der sexuellen Nötigung/Vergwaltigung – § 177 StGB – reformiert werden?, in: Rotsch, Thomas; Brüning, Janique u.a. (Hrsg.), Strafrecht, Jugendstrafrecht, Kriminalprävention in Wissenschaft und Praxis – Festschrift für Heribert Ostendorf zum 70. Geburtstag am 7. Dezember 2015, Baden-Baden 2015, S. 321–338 (*Ostendorf-FS*).

Frommel, Monika, Reform des Sexualstrafrechts?, ZRP 2015, S. 190.

Frommel, Monika, Für eine an der Istanbul-Konvention orientierte Auslegung der sexuellen Nötigung/Vergewaltigung – Echo zu Herning/Illgner in: ZRP 2016, 77, ZRP 2016, S. 122–123.

Furedy, John J., The 'control' question 'test' (CQT) polygrapher's dilemma: logico-ethical considerations for psychophysiological practitioners and researchers, Int. J. Psychophysiol. 15 (1993), S. 263–267.

*Furedy, John J.*The North American polygraph and psychophysiology: disinterested, uninterested, and interested perspectives, Int. J. Psychophysiol. 21 (1996), S. 97–105.

Gamer, Matthias; Vossel, Gerhard, Psychophsysiologische Aussagebeurteilung: Aktueller Stand und neuere Entwicklungen, Zeitschrift für Neuropsychologie 2009, S. 207–218.

Geipel, Andreas, Die Verteidigung bei Straftaten gegen die sexuelle Selbstbestimmung, StV 2008, S. 271–276.

Geipel, Andreas, Handbuch der Beweiswürdigung, 3. Aufl., Bonn 2017 (*Beweiswürdigung*).

Gerhold, Sönke, Der Einfluss der Rechtsprechung des EGMR, der Istanbul-Konvention und weiterer völkerrechtlicher Verträge auf die Auslegung des Merkmals der schutzlosen Lage in § 177 Abs. 1 Nr. 3 StGB, JR 2016, S. 122–129.

Gerhold, Sönke, Der Einsatz von Lügendetektorsoftware im Strafprozess – aufgrund des technischen Fortschritts in Zukunft doch rechtmäßig?, ZIS 2020, S. 431–439.

Gloy, Karen, Wahrheitstheorien – Eine Einführung, Tübingen/Basel 2004 (*Wahrheitstheorien*).

Gödert, Heinz Werner; Rill, Hans-Georg u.a., Psychophysiological differentiation of deception: the effects of electrodermal lability and mode of responding on skin conductance and heart rate, Int. J. Psychophysiol. 40 (2001), S. 61–75.

Graf, Jürgen Peter (Hrsg.), Beck'scher Online-Kommentar StPO mit RiStBV und MiStra, 36. 36., Stand: 1.1.2020, München 2020 (*BeckOK-StPO*-Bearbeiter).

Greuel, Luise, Suggestibiliät und Aussagezuverlässigkeit – ein (neues) Problem in der forensisch-psychologischen Praxis?, in: Greuel, Luise; Fabian, Thomas u.a. (Hrsg.), Psychologie der Zeugenaussage – Ergebnisse der rechtspsychologischen Forschung, Weinheim 1997, S. 211–220 (*Psychologie der Zeugenaussage*).

Greuel, Luise, Der Einsatz des Polygraphen in der Behandlung und Überwachung hoch rückfallgefährdeter Sexualstraftäter, Praxis der Rechtspsychologie 1998, S. 54–70.

Greuel, Luise; Offe, Susanne u.a., Glaubhaftigkeit der Zeugenaussage – Theorie und Praxis der forensisch-psychologischen Begutachtung, Weinheim 1998 (*Glaubhaftigkeit*).

Grieger, Katja, Schriftliche Stellungnahme zur öffentlichen Anhörung des Ausschusses für Recht und Verbraucherschutz des Deutschen Bundestages zu dem Antrag der Fraktion des Deutschen Bundestags Bündnis 90/Die Grünen (BT-Drs. 18/1969) am 28.1.2015 – „Was Ihnen widerfahren ist, ist in Deutschland nicht strafbar" – Fallanalyse zu bestehenden Schutzlücken in der Anwendung des deutschen Sexualstrafrechts bezüglich erwachsener Betroffener, Bundesverband Frauenberatungsstellen und Frauennotrufe/Frauen gegen Gewalt e.V. (Hrsg.), Berlin 2014, verfügbar unter: https://perma.cc/GL2T-QUCT [Perma Link].

Gubitz, Michael, Anmerkung zu BGH, Beschluss vom 5.4.2016 – 5 StR 40/16, NStZ 2016, S. 367–369.

Habermas, Jürgen, Wahrheitstheorien, in: Fahrenbach, Helmut (Hrsg.), Wirklichkeit und Reflexion – Walter Schulz zum 60. Geburtstag, Pfullingen 1973, S. 211–265 (*Schulz-FS*).

Hamm, Rainer, Monokeltests und Menschenwürde – Zu den BGH-Entscheidungen über den „Lügendetektor" im Strafprozeß (NJW 1999, 657 und 662), NJW 1999, S. 922–923.

Hamm, Rainer, Zur Revisibilität der Beweiswürdigung in Fällen von „Aussage gegen Aussage", StraFo 2000, S. 253–257.

Hannich, Rolf (Hrsg.), Karlsruher Kommentar zur Strafprozessordnung, 8. Aufl., München 2019 (*KK-StPO*-Bearbeiter).

Haustein, Eliane, Zu den Entscheidungsnormen bei Aussage gegen Aussage, Frankfurt a. M. 2017 (*Aussage gegen Aussage*).

Hefendehl, Roland, Das Rechtsgut als materialer Angelpunkt einer Strafnorm, in: Hefendehl, Roland; Hirsch, Andrew von u.a. (Hrsg.), Die Rechtsgutstheorie – Legitimationsbasis des Strafrechts oder dogmatisches Glasperlenspiel, Baden-Baden 2003, S. 119–132 (*Rechtsgutstheorie*).

Heghmanns, Michael, Strafverfahren – Strafrecht für alle Semester – Grund- und Examenswissen kritisch vertieft, Heidelberg 2014 (*Strafverfahren*).

Heintschel-Heinegg, Bernd von, Scheinerinnerung, Suggestion, Lüge oder Trauma? – Hindernisse auf dem Weg der Wahrheitssuche durch den Personalbeweis, in: Bockemühl, Jan; Heintschel-Heinegg, Bernd von u.a. (Hrsg.), – Festschrift für Ottmar Breidling zum 70. Geburtstag am 15. Februar 2017, Berlin/Boston 2017, S. 143–165 (*Breidling-FS*).

Heintschel-Heinegg, Bernd von, (Hrsg.), Beck'scher Online-Kommentar StGB, 45. 45., Stand: 1.2.2020, München 2020 (*BeckOK-StGB*-Bearbeiter).

Herdegen, Gerhard, Strafrichterliche Aufklärungspflicht und Beweiswürdigung, NJW 2003, S. 3513–3516.

Herning, Laura; Illgner, Johannah, "Ja heißt Ja" – Konsensorientierter Ansatz im deutschen Sexualstrafrecht, ZRP 2016, S. 77–80.

Herrmann, Joachim, Die Entwicklung des Opferschutzes im deutschen Strafrecht und Strafprozessrecht – Eine unendliche Geschichte, ZIS 2010, S. 236–245.

Heynen, Susanne, Vergewaltigung, in: Bange, Dirk; Körner, Wilhelm (Hrsg.), Handwörterbuch – Sexueller Missbrauch, Göttingen u.a. 2002, S. 697–704 (*Handwörterbuch*).

Hilgert, Peter, Aussagepsychologische Gutachten im Strafprozess, NJW 2016, S. 985–989.

Hoefermann, Ernst-Jürgen, Die Auslagenerstattung beim Freispruch mangels Beweises und die Menschenrechtskonvention, Münster 1966 (*Auslagenerstattung beim Freispruch*).

Höfer, Eberhard; Langen, Michaela u.a., Empirische Ergebnisse und theoretische Überlegungen zu verdrängten Erinnerungen – oder wie und warum sind Menschen für Suggestionen empfänglich?, in: Greuel, Luise; Fabian, Thomas u.a. (Hrsg.), Psychologie der Zeugenaussage – Ergebnisse der rechtspsychologischen Forschung, Weinheim 1997, S. 165–176 (*Psychologie der Zeugenaussage*).

Hoffmann, Helmut; Wendler, Axel, Anmerkung zu BGH, Beschluss vom 27.1.2010 – 2 StR 535/09, NJW 2010, S. 1216.

Hoffmann, Thomas Michael, Zum Problemkreis der differenzierten Einwilligung (Einverständnis) des Opfers im Bereich des § 177 StGB nach dem Strafrechtsänderungsgesetz 2016 – Ein Kurzbeitrag zur strafrechtlichen Einordnung des sogenannten „Stealthing", NStZ 2019, S. 16–18.

Hofmann, Frank, Das neue Sexualstrafrecht – ein Konjunkturprogramm für Strafverteidiger und eine große Herausforderung an die Justiz, Praxis der Rechtspsychologie 2017, S. 7–25.

Holstein, Werner, Technik und Methodik bei Wahrheits-Tests – Eine Bewertung der gebräuchlichen Testarten, Kriminalistik 1990, S. 155–158.

Honts, Charles R., Criterion Development and Validity of the CQT in Field Application, J. Gen. Psychol. 123 (1996), S. 309–324.

Honts, Charles R.; Amato, Susan L., Countermeasures, in: Kleiner, Murray (Hrsg.), Handbook of Polygraph Testing, San Diego u.a. 2002, S. 251–264 (*Polygraph Testing*).

Honts, Charles R.; Raskin, David C. u.a., A Rejoinder to Iacono and Lykken, in: Faigman, David L.; Kaye, David H. u.a. (Hrsg.), Modern Scientific Evidence – The Law and Science of Expert Testimony, 1. Band, St. Paul, Minn. 1997, S. 629–631 (*Scientific Evidence*).

Hörnle, Tatjana, Der Irrtum über das Einverständnis des Opfers bei einer sexuellen Nötigung, ZStW 112 (2000), S. 356–380.

Hörnle, Tatjana, Menschenrechtliche Verpflichtungen aus der Istanbul-Konvention – Ein Gutachten zur Reform des § 177 StGB, Deutsches Institut für Menschenrechte (Hrsg.), Berlin 2015, verfügbar unter: https://perma.cc/Q2AK-SUYP [Perma Link].

Hörnle, Tatjana, Reform des Sexualstrafrechts?, ZRP 2015, S. 190.

Hörnle, Tatjana, Sexuelle Selbstbestimmung: Bedeutung, Voraussetzungen und kriminalpolitische Forderungen, ZStW 127 (2015), S. 851–887.

Hörnle, Tatjana, Warum § 177 Abs. 1 StGB durch einen neuen Tatbestand ergänzt werden sollte, ZIS 2015, S. 206–216.

Hörnle, Tatjana, Wie § 177 StGB ergänzt werden sollte, GA 2015, S. 313–328.

Hörnle, Tatjana, Schriftliche Stellungnahme für die öffentliche Anhörung des Ausschusses für Recht und Verbraucherschutz des Deutschen Bundestages am 1.6.2016, Berlin 2016, verfügbar unter: https://perma.cc/4CCQ-7DT4 [Perma Link].

Hörnle, Tatjana, Das Gesetz zur Verbesserung des Schutzes sexueller Selbstbestimmung, NStZ 2017, S. 13–21.

Hörnle, Tatjana, Sexualstrafrecht – Der Prozess einer Reform – Kommentar zum Beitrag von J.-Prof. PD Dr. Elisa Hoven, KriPoZ 2018, S. 12–15.

Hörnle, Tatjana, Plädoyer für die Aufgabe der Kategorie „bedingter Vorsatz", JZ 2019, S. 440–449.

Hörnle, Tatjana, Sexueller Übergriff (§ 177 Abs, 1 StGB) bei aktivem Handeln von Geschädigten?, NStZ 2019, S. 439–442.

Hörnle, Tatjana, Das „Reformpaket zur Bekämpfung sexualisierter Gewalt gegen Kinder", ZIS 2020, S. 440–448.

Horowitz, Ishaya S., Die Arbeit mit dem Polygraphen in Israel, in: Salzgeber, Joseph; Stadler, Michael u.a. (Hrsg.), Polygraphie – Möglichkeiten und Grenzen der psychophysiologischen Aussagebegutachtung, Köln 1999, S. 165–176 (*Polygraphie*).

Horvath, Frank S., Polygraphische Untersuchungen in den Vereinigten Staaten: Beschreibung, Kommentierung und künftige Entwicklungen, in: Salzgeber, Joseph; Stadler, Michael u.a. (Hrsg.), Polygraphie – Möglichkeiten und Grenzen der psychophysiologischen Aussagebegutachtung, Köln 1999, S. 135–163 (*Polygraphie*).

Hoven, Elisa, Der Einfluss der Medienberichterstattung auf die Reform des Sexualstrafrechts – Eine Analyse der Diskursstrategien digitaler Medien, MschrKrim 2017, S. 161–178.

Hoven, Elisa, Das neue Sexualstrafrecht – Der Prozess einer Reform, KriPoZ 2018, S. 2–11.

Hoven, Elisa; Weigend, Thomas, „Nein heißt Nein" – und viele Fragen offen – Zur Neugestaltung der Strafbarkeit sexueller Übergriffe, JZ 2017, S. 182–191.

Hoven, Elisa; Weigend, Thomas, Zur Strafbarkeit von Täuschungen im Sexualstrafrecht, KriPoZ 2018, S. 156–161.

Huber, Herbert, „Was ist Wahrheit?" – Überblick zu aktullen Wahrheitstheorien, Aufklärung und Kritik 2002, S. 96–103.

Iacono, William G.; Lykken, David T., A Rejoinder to Raskin, Honts and Kircher, in: Faigman, David L.; Kaye, David H. u.a. (Hrsg.), Modern Scientific Evidence – The Law and Science of Expert Testimony, 1. Band, St. Paul, Minn. 1997, S. 631–633 (*Scientific Evidence*).

*Iacono, William G.; Lykken, David T.*A Response to Professors Raskin, Honts and Kircher, in: Faigman, David L.; Kaye, David H. u.a. (Hrsg.), Modern Scientific

Evidence – The Law and Science of Expert Testimony, 1. Band, St. Paul, Minn. 1997, S. 627–629 (*Scientific Evidence*).

*Iacono, William G.; Lykken, David T.*The Scientific Status of Research on Polygraph Techniques: The Case against Polygraph Tests, in: Faigman, David L.; Kaye, David H. u.a. (Hrsg.), Modern Scientific Evidence – The Law and Science of Expert Testimony, 1. Band, St. Paul, Minn. 1997, S. 582–618 (*Scientific Evidence*).

Isfen, Osman, Zur gesetzlichen Normierung des entgegenstehenden Willens bei Sexualdelikten – Ein Beitrag zu aktuellen Reformüberlegungen, ZIS 2015, S. 217–233.

Jager, Prisca; Schmidt, Carsten O. u.a., Ökologische Validität von Analogstudien zur psychophysiologischen Aussagebegutachtung, MschrKrim 2000, S. 210–223.

Jäger-Helleport, Konstruktive Tatverarbeitung des sexuellen Missbrauchs von Kindern im Strafrecht, Berlin 2002 (*Konstruktive Tatverarbeitung*).

Jansen, Gabriele, Überprüfung aussagepsychologischer Gutachten – unter Berücksichtigung der Grundsatzentscheidung des BGH v. 30.7.1999 (StV 1999, 473 ff. = NJW 1999, 2746 ff.), StV 2000, S. 224–229.

Jansen, Gabriele, Zeuge und Aussagepsychologie, Praxis der Strafverteidigung Band 19. Band, 2. Aufl., Heidelberg u.a. 2012 (*Aussagepsychologie*).

Jaworski, Ryszard, Polygraphische Untersuchungen in der polnischen Ermittlungspraxis, NStZ 2008, S. 195–198.

Jessnitzer, Kurt, Anmerkung zu LG Hannover, Beschluss vom 19.1.1977 – 31 Qs 154/76, NJW 1977, S. 2128.

Kaiser, Günther, Medienkriminalität – Spiegel der Wirklichkeit oder Instrument der Kriminalpolitik?, ZRP 2002, S. 30–34.

Kargl, Walter; Kirsch, Stefan, Zur Zulässigkeit eines untauglichen Beweismittels im Strafverfahren – BGHSt 44, 308, JuS 2000, S. 537–542.

Keller, Albert, Allgemeine Erkenntnistheorie – Grundkurs Philosophie, 2. Band, 3. Aufl., Stuttgart 1982 (*Erkenntnistheorie*).

Kempe, Astrid, Lückenhaftigkeit und Reform des deutschen Sexualstrafrechts vor dem Hintergrund der Istanbul-Konvention, Berlin 2018 (*Sexualstrafrecht*).

Kett-Straub, Gabriele, Die Glaubwürdigkeitsbegutachtung minderjähriger Zeugen, ZStW 117 (2005), S. 354–378.

Kindhäuser, Urs, Lehr- und Praxiskommentar Strafgesetzbuch, 7. Aufl., Baden-Baden 2017 (*LPK*).

Kindhäuser, Urs; Neumann, Ulfrid u.a. (Hrsg.), Nomos Kommentar zum Strafgesetzbuch, Band 2, 5. Aufl., Baden-Baden 2017 (*NK*-Bearbeiter).

Kindhäuser, Urs; Schumann, Kay H., Strafprozessrecht, 5. Aufl., Baden-Baden 2019 (*StPO*).

Kinze, Wolfram, Methodik der Glaubhaftigkeitsbeurteilung, in: Häßler, Frank; Kinze, Wolfram u.a. (Hrsg.), Praxishandbuch Forensische Psychiatrie – Grundlagen, Begutachtung, Interventionen im Erwachsenen-, Jugendlichen- und Kindsalter, 2. Aufl., Berlin 2015, S. 711–730 (*Praxishandbuch*).

Kinzig, Jörg, Freispruch nach Untersuchungshaft – Folgerungen für die Fehlurteilsforschung, in: Barton, Stephan; Dubelaar, Marieke u.a. (Hrsg.), „Vom hochgemuten, voreiligen Griff nach der Wahrheit" – Fehlurteile im Strafprozess, 56. Band, Baden-Baden 2018, S. 79–102 (*Griff nach der Wahrheit*).

Kircher, John C.; Raskin, David C., Computer Methods for the Psychophysiological Detection of Deception, in: Kleiner, Murray (Hrsg.), Handbook of Polygraph Testing, San Diego u.a. 2002, S. 287–326 (*Polygraph Testing*).

Kirchhoff, Sabine, „Srafanzeige: ja oder nein?" – Sexueller Missbrauch vor Gericht, in: Amann, Gabriele; Wipplinger, Rudolf (Hrsg.), Sexueller Missbrauch – Überblick zu Forschung, Beratung und Therapie, 3. Aufl., Tübingen 2005, S. 975–988 (*Missbrauch*).

Kleiner, Murray, Physiological Detection of Deception in Psychological Perspectives: A Theoretical Proposal, in: Kleiner, Murray (Hrsg.), Handbook of Polygraph Testing, San Diego u.a. 2002, S. 127–182 (*Polygraph Testing*).

Klimke, Olaf, Der Polygraphentest im Strafverfahren, NStZ 1981, S. 433–434.

Klusenwerth, Dagmar, Das staatsanwaltliche Ermittlungsverfahren wegen sexueller Nötigung und Vergewaltigung, in: Fastie, Friesa (Hrsg.), Opferschutz im Strafverfahren – Sozialpädagogische Prozessbegleitung bei Sexualdelikten. Ein interdisziplinäres Handbuch, Opladen 2002, S. 109–130 (*Opferschutz im Strafverfahren*).

Köhnken, Günter, Glaubhaftigkeitsbegutachtung nach Mainz und Montessori: Eine Zwischenbilanz, Praxis der Rechtspsychologie 2000, S. 4–8.

Köhnken, Günter, Fehlerquellen in aussagepsychologischen Gutachten, in: Deckers, Rüdiger; Köhnken, Günter (Hrsg.), Die Erhebung und Bewertung von Zeugenaussagen im Strafprozess – Juristische, aussagepsychologische und psychiatrische Aspekte, 3. Band, Berlin 2019, S. 25–69 (*Erhebung von Zeugenaussagen*).

Kölbel, Ralf, Strafrechtliche Haftung für prozessbedingte sekundäre Viktimisierung, ZStW 119 (2007), S. 334–360.

Kölbel, Ralf, Der Stand der internationalen Fehlurteilsforschung: Was kann man daraus für Deutschland lernen?, in: Barton, Stephan; Dubelaar, Marieke u.a. (Hrsg.), „Vom hochgemuten, voreiligen Griff nach der Wahrheit" – Fehlurteile im Strafprozess, 56. Band, Baden-Baden 2018, S. 31–58 (*Griff nach der Wahrheit*).

Krapohl, Donald J., The Polygraph in Personnel Screening, in: Kleiner, Murray (Hrsg.), Handbook of Polygraph Testing, San Diego u.a. 2002, S. 217–236 (*Polygraph Testing*).

Kratzer-Ceylan, Isabel, Finalität, Widerstand, „Bescholtenheit" – Zur Revision der Schlüsselbegriffe des § 177 StGB, Berlin 2015 (*Finalität*).

Kreiser, Lothar; Stekeler-Weithofer, Pirmin, Wahrheit/Wahrheitstheorie, in: Sandkühler, Hans Jörg (Hrsg.), Enzyklopädie Philosophie – Artikel Q–Z, 3. Band, Hamburg 2010, S. 2927–2937 (*Enzyklopädie Philosophie*).

Kühl, Kristian; Heger, Martin (Hrsg.), Strafgesetzbuch – Kommentar, 29. Aufl., München 2018 (*Lackner/Kühl*-Bearbeiter).

Kunz, Karl-Ludwig, Tatbeweis jenseits eines vernünftigen Zweifels – Zur Rationalität der Beweiswürdigung bei der Tatsachenfeststellung, ZStW 121 (2009), S. 572–606.

Kury, Helmut, Zur Qualität forensischer Begutachtung, Praxis der Rechtspsychologie 1999, S. 126–139.

Lampig, Frederike, Die Rationalisierung und Überregulierung der Sexualität – Zur aktuellen Reform des Sexualstrafrechts, JR 2017, S. 347–358.

Langleben, David D., Detection of deception with fMRI: Are we there yet?, Leg. Criminol. Psychol. 13 (2008), S. 1–9.

Langleben, David D.; Moriarty, Jane Campbell, Using Brain Imaging for Lie Detection: Where Science, Law, and Policy Collide, Psychol. Public Policy Law 19 (2013), S. 222–234.

Langleben, David D.; Schroeder, L. u.a., Brain Activity during Simulated Deception: An Event-Related Functional Magnetic Resonance Study, NeuroImage 15 (2002), S. 727–732.

Latotzky, René, Der Bedeutungswandel der Beweismittel im Strafverfahren am Beispiel des „genetischen Fingerabdrucks", Frankfurt am Main 2006 (*Bedeutungswandel der Beweismittel*).

Laubenthal, Klaus, Schutz sexuell mißbrauchter Kinder durch Einsatz von Videotechnologie im Strafverfahren, JZ 1996, S. 335–344.

Laubenthal, Klaus, Handbuch Sexualstraftaten – Die Delikte gegen die sexuelle Selbstbestimmung, Heidelberg u.a. 2012 (*Sexualstraftaten*).

Lederer, Jenny, Ein (auch) interisziplinärer Blick auf die Sexualstrafrechtsreform und ihre Auswirkungen, StraFo 2018, S. 280–287.

Lederer, Jenny, Nein heißt nein … zu populistischer Kriminalpolitik und punitiven Tendenzen im Gesetz „zur Bekämpfung sexualisierter Gewalt", StV 2021, S. 322–329.

Lederer, Jenny; Deckers, Rüdiger, Verteidigung mit Blick auf die Integration (aussage-)psychologischen Sachverstands in das Strafverfahren nach der Gesetzesnovelle einiger Normen des Sexualstrafrechts (§§ 177, 184i und j StGB), Praxis der Rechtspsychologie 2017, S. 75–78.

Leipold, Klaus; Tsambikakis, Michael u.a. (Hrsg.), AnwaltKommentar StGB, 2. Aufl., Heidelberg u.a. 2015 (*AnwaltK*-Bearbeiter).

Leipziger Kommentar zum Strafgesetzbuch, herausgegeben von Laufhütte, Heinrich Wilhelm; Rissing-van Saan, Ruth u.a., Band 6: §§ 146–210 12. Aufl., Berlin/New York 2009 (*LK*-Bearbeiter).

Linoh, Kim Philip; Wettmann, Nico, Sexuelle Interaktionen als objektuale Vertrauensbeziehung – Eine juristisch-soziologische Untersuchung des Phänomens Stealthing, ZIS 2020, S. 383–396.

Lipmann, Otto, Die Spuren interessebetonter Erlebnisse und ihre Symptome – Theorie, Methoden und Ergebnisse der „Tatbestandsdiagnostik", 1. Band, Leipzig 1911 (*Spuren interessebetonter Erlebnisse*).

Löffelmann, Markus, Verfassungswidrigkeit des neuen § 177 StGB?, StV 2017, S. 413–417.

Lorenz, Hans E., Lehren und Konsequenzen aus den Wormser Mißbrauchsprozessen, DRiZ 1999, S. 253–255.

Lykken, David T., The GSR in the Detection of Guilt, J. Appl. Psychol. 43 (1959), S. 385–388.

Lykken, David T., The Psychopath and the Lie Detector, Psychophysiology 15 (1978), S. 137–142.

Lykken, David T., Why (Some) Americans Believe in the Lie Detector While Others Believe in the Guilty Knowledge Test, Integr. Psychol. Behav. Sci. 26 (1991), S. 214–222.

Maas, Heiko, Wann darf der Staat strafen?, NStZ 2015, S. 305–309.

Maier, Stefan, Aussage gegen Aussage und freie Beweiswürdigung, NStZ 2005, S. 246–251.

Maiwald, Manfred, Viktimodogmatik und das Prinzip der Zumutbarkeit – am Beispiel der §§ 177 Abs. 1 Nr. 3 und 240 StGB, in: Heger, Martin; Kelker, Brigitte u.a. (Hrsg.), – Festschrift für Kristian Kühl zum 70. Geburtstag, München 2014, S. 539–552 (*Kühl-FS*).

Markowitsch, Hans Joachim, Implikationen neurowissenschaftlicher Erkenntnisse für die Jurisprudenz – Am Beispiel von Glaubwürdigkeitsfeststellungen, Kriminalistik 2006, S. 619–625.

Marquardt, Claudia, Sexuell mißbrauchte Kinder und das Recht – Juristische Möglichkeiten zum Schutz sexuell mißbrauchter Mädchen und Jungen, 1. Band, Köln 1993 (*Mißbrauchte Kinder und das Recht*).

Matt, Holger; Renzikowski, Joachim (Hrsg.), Strafgesetzbuch – Kommentar, München 2013 (*Matt/Renzikowski*-Bearbeiter).

Matthies, Denis, IX. Kapitel – Urteil und Anfechtung, in: Heghmanns, Michael; Scheffler, Uwe (Hrsg.), Handbuch zum Strafverfahren, München 2008, S. 929–993 (*Handbuch zum Strafverfahren*).

Metz, N.N., Zur Frage der Zulässigkeit der Anwendung des „Lügendetektors" im Strafverfahren, NJW 1951, S. 752.

Meyer-Mews, Hans, Die „in dubio contra reo"-Rechtsprechungspraxis bei Aussage-gegen-Aussage-Delikten, NJW 2000, S. 916–919.

Miebach, Klaus, Die freie Beweiswürdigung der Zeugenaussage in der neueren Rechtsprechung des BGH, NStZ-RR 2014, S. 233–238.

Miebach, Klaus, Die freie Beweiswürdigung der Zeugenaussage in der neueren Rechtsprechung des BGH – Fortsetzung von NStZ-RR 2014, 233, NStZ-RR 2016, S. 329–334.

Milne, Rebecca; Bull, Ray, Befragung von Opferzeugen unter besonderer Berücksichtigung von Kindern und Personen mit intelektuellen Defiziten, in: Deckers, Rüdiger; Köhnken, Günter (Hrsg.), Die Erhebung von Zeugenaussagen im Strafprozess – Juristische, aussagepsychologische und psychiatrische Aspekte, Berlin 2007, S. 110–130 (*Erhebung von Zeugenaussage*).

Mitchell, Dennis C., The Pre-Test Interview: A Preliminary Framework, in: Kleiner, Murray (Hrsg.), Handbook of Polygraph Testing, San Diego u.a. 2002, S. 183–216 (*Polygraph Testing*).

Momsen, Carsten, Die Renaissance des Polygraphen? – Wie effektiv lassen sich amerikanische Verteidigungsstrategien im deutschen Strafverfahren nutzen?, KriPoZ 2018, S. 142–151.

Müller, Eckhart; Schlothauer, Reinhold (Hrsg.), Münchener Anwaltshandbuch Strafverteidigung, 2. Aufl., München 2014 (*MAH-Strafverteidigung*-Bearbeiter).

Müller, Henning Ernst, Anmerkung zu BGH, Urteil vom 30.7.1999 – 1 StR 618/98, JZ 2000, S. 267–268.

Müller-Luckmann, Elisabeth, Über den Umgang mit Opfern sexueller Gewalt vor Gericht, in: Schwind, Hans-Dieter (Hrsg.), – Festschrift für Günter Blau zum 70. Geburtstag am 18. Dezember 1985, Berlin/New York 1985, S. 151–157 (*Blau-FS*).

Müller-Piepenkötter, Roswitha, Vorbereitende Stellungnahme zur Sachverständigenanhörung im Ausschuss für Recht und Verbraucherschutz des Deutschen Bundestages am 1.6.2016, Weisser Ring (Hrsg.), Köln 2016, verfügbar unter: https://perma.cc/2VN6-WE9D [Perma Link].

Münchener Kommentar zum Strafgesetzbuch, herausgegeben von Joecks, Wolfgang; Miebach, Klaus, Band 3: §§ 80–184j 3. Aufl., München 2017 (*MüKo-StGB*-Bearbeiter).

Münchener Kommentar zur Strafprozessordnung, herausgegeben von Knauer, Christoph; Kudlich, Hans u.a., Band 1: §§ 1–150 StPO, München 2014, Band 2: §§ 151–332 StPO, München 2016, Band 3/2: GVG, EGGVG, EMRK, EGStPO, EGStGB, ZSHG, StrEG, JGG, G 10, AO, München 2018 (*MüKo-StPO*-Bearbeiter).

Nack, Armin, Indizienbeweisführung und Denkgesetze, NJW 1983, S. 1035–1937.

Nack, Armin, Beweislehre, in: Kube, Edwin; Störzer, Hans Udo u.a. (Hrsg.), Kriminalistik – Handbuch für Praxis und Wissenschaft, 2. Band, Stuttgart u.a. 1994, S. 189–211 (*Kriminalistik II*).

Nack, Armin, Verteidigung bei der Glaubwürdigkeitsbeurteilung von Aussagen, StV 1994, S. 555–564.

Nack, Armin, Der Zeugenbeweis aus aussagepsychologischer und juristischer Sicht – Interdisziplinärer Dialog – Sichtweise des Revisionsrichters, StraFo 2001, S. 1–8.

Nack, Armin, Revisibilität der Beweiswürdigung – Teil 1, StV 2002, S. 510–518.

Nack, Armin, Revisibilität der Beweiswürdigung – Teil 2, StV 2002, S. 558–565.

Nakayama, Makoto, Practical Use of the Conceales Information Test for Criminal Investigation in Japan, in: Kleiner, Murray (Hrsg.), Handbook of Polygraph Testing, San Diego u.a. 2002, S. 49–86 (*Polygraph Testing*).

Nelles, Ursula, Vernehmung von Kindern, in: Bange, Dirk; Körner, Wilhelm (Hrsg.), Handwörterbuch – Sexueller Missbrauch, Göttingen u.a. 2002, S. 717–723 (*Handwörterbuch-Vernehmung*).

Nestler, Nina, „Wer einmal lügt, dem glaubt man nicht..." – Falschaussage, Glaubhaftigkeit, Lügendetektor, JA 2017, S. 10–16.

Neuhaus, Ralf, Die Psychosoziale Prozessbegleitung nach dem 3. ORRG: Ein verhängnisvoller Irrweg, StV 2017, S. 55–63.

Nobis, Frank, Strafrecht in Zeiten des Populismus, StV 2018, S. 453–464.

Offe, Heinz, Anforderungen an die Begutachtung der Glaubhaftigkeit von Zeugenaussagen, NJW 2000, S. 929–930.

Offe, Heinz, Fallbericht: Polygraphentest im Familienverfahren, Praxis der Rechtspsychologie 2001, S. 55–57.

Offe, Heinz; Offe, Susanne, Das BGH-Urteil zum Polygraphen: Eine Herausforderung für die Psychologie, Praxis der Rechtspsychologie 2001, S. 5–15.

Offe, Heinz; Offe, Susanne, Experimentelle Untersuchung zur Theorie der Vergleichsfragen in der physiopsychologischen Täterschaftsdiagnostik, MschrKrim 2004, S. 86–102.

Ohlenschlager, Erik, Schriftliche Stellungnahme zur Sachverständigenanhörung am 1.6.2016, Bamberg 2016, verfügbar unter: https://perma.cc/7WAW-G9UC [Perma Link].

Ostendorf, Heribert, Der Missbrauch von Opfern zum Zwecke der Strafverschärfung, HRRS 2009, S. 158–164.

Ostendorf, Heribert, Strafprozessrecht, 2. Aufl., Baden-Baden 2015 (*Strafprozessrecht*).

Oswald, Margit E.; Wyler, Helen, Fallstricke auf dem Weg zur „richtigen" Entscheidung im Strafrecht – Eine Analyse aus psychologischer Sicht, in: Barton, Stephan; Dubelaar, Marieke u.a. (Hrsg.), „Vom hochgemuten, voreiligen Griff nach der Wahrheit" – Fehlurteile im Strafprozess, 56. Band, Baden-Baden 2018, S. 103–131 (*Griff nach der Wahrheit*).

Papathanasiou, Konstantina, Das reformierte Sexualstrafrecht – Ein Überblick über die vorgenommenen Änderungen, KriPoZ 2016, S. 133–139.

Patrick, Christopher J.; Iacono, William G., Psychopathy, Threat, and Polygraph Test Accuracy, J. Appl. Psychol. 74 (1989), S. 347–355.

Patrick, Christopher J.; Iacono, William G., Validity of the Control Question Polygraph Test: The Problem of Sampling Bias, J. Appl. Psychol. 76 (1991), S. 229–238.

Paul, Bettina; Egbert, Simon, Lügendetektion per Neuroimaging – Visuelle Verdachtstechnologien als soziotechnische Ensembles, KrimJ 2014, S. 153–167.

Paulus, Rainer, Prozessuale Wahrheit und Revision, in: Seebode, Manfred (Hrsg.), – Festschrift für Günter Spendel zum 70. Geburtstag am 11. Juli 1992, Berlin/New York 1992, S. 687–718 (*Spendel-FS*).

Peter, Frank K., Verbesserung der Stellung des Opfers im Strafverfahren – unter Berücksichtung der Auswirkungen auf die Rechte des Beschuldigten, Hambzurg 2014 (*Verbesserung der Stellung des Opfers*).

Peters, Karl, Eine Antwort auf Undeutsch: Die Verwertbarkeit unwillkürlicher Ausdruckserscheinungen bei der Aussagenwürdigung, ZStW 87 (1975), S. 663–679.

Petri, Thomas, „Neue" Vernehmungsmethoden im strafverfahrensrechtlichen Ermittlungsverfahren – Verfassungsrecht, Persönlichkeitsschutz, Datenschutz, in: Bayrischer Anwaltsverband (Hrsg.), Neue Vernehmungsmethoden – Polygraph, Hypnose, Hinrforschung, München 2012, S. 176–194 (*Neue Vernehmungsmethoden*).

Pfäfflin, Friedemann, Schützen Videovernehmungen kindlicher Zeugen vor sekundärer Traumatisierung?, StV 1997, S. 95–99.

Pfeiffer, Gerd, Strafprozessordnung – Kommentar, 5. Aufl., München 2005 (*StPO*).

Pfister, Wolfgang, Die Prüfung der Glaubhaftigkeit einer Aussage im Spiegel höchstrichterlicher Rechtsprechung, in: Deckers, Rüdiger; Köhnken, Günter (Hrsg.), Die Erhebung von Zeugenaussagen im Strafprozess – Juristische, aussagepsychologische und psychiatrische Aspekte, Berlin 2007, S. 42–60 (*Erhebung von Zeugenaussagen*).

Pfister, Wolfgang, Was ist seit BGHSt 45, 164 geschehen? – Ein Überblick über die neuere Rechtsprechung des Bundesgerichtshofs zur Beurteilung der Glaubhaftigkeit von Zeugenaussagen, FPPK 2008, S. 3–11.

Pisal, Ramona; Freudenberg, Dagmar, Stellungnahme – zur grundsätzlichen Notwendigkeit einer Anpassung des Sexualstrafrechts (insbesondere § 177 StGB) an die Vorgaben der Konvention des Europarats zur Verhütung und Bekämpfung von Gewalt gegen Frauen und häuslicher Gewalt (Istanbul-Konvention) von 2011, djb (Hrsg.), Berlin 2014, verfügbar unter: https://perma.cc/6WTX-GP3E [Perma Link].

Pisal, Ramona; Freudenberg, Dagmar, Verbesserung des Schutzes der sexuellen Selbstbestimmung – Öffentliche Anhörung des Bundestagsausschusses für

Recht und Verbraucherschutz am 1.6.2016, djb (Hrsg.), Berlin 2016, verfügbar unter: https://perma.cc/5SRX-3JQM [Perma Link].

Popper, Karl R., Logik der Forschung – Gesammelte Werke in deutscher Sprache, herausgegeben von Herbert Keuth, 3. Band, 11. Aufl., Tübingen 2005 (*Logik der Forschung*).

Prittwitz, Cornelius, Der Lügendetektor im Strafprozeß, MDR 1982, S. 886–895.

Proust, Marcel, Auf der Suche nach der verlorenen Zeit – Die Gefangene I, 9. Band, Frankfurt a.M. 1972 (*Suche nach der verlorenen Zeit*).

Püschel, Christof, Familienrechtliche und strafrechtliche Implikationen beim Vorwurf sexuellen Missbrauchs: Zivilrechtliche Regulierung – Gutachten – Strategie, in: Deckers, Rüdiger; Köhnken, Günter (Hrsg.), Die Erhebung von Zeugenaussagen im Strafprozess – Juristische, aussagepsychologische und psychiatrische Aspekte, Berlin 2007, S. 253–268 (*Erhebung von Zeugenaussage*).

Putzke, Holm, Anmerkung zu BGH, Beschl. v. 30.11.2010 – 1 StR 509/10 (Lügendetektor III), ZJS 2011, S. 557–563.

Putzke, Holm, Die Renaissance des „Lügendetektors" in Straf- und Familiensachen, NJW-aktuell 2013, S. 14.

Putzke, Holm; Scheinfeld, Jörg, Entlastungsbeweis: polygraphische Untersuchung – Taktisches zur Beweismittelerhebung im Strafverfahren, StraFo 2010, S. 58–63.

Putzke, Holm; Scheinfeld, Jörg u.a., Polygraphische Untersuchungen im Strafprozess – Neues zur faktischen Validität und normativen Zulässigkeit des vom Beschuldigten eingeführten Sachverständigenbeweises, ZStW 121 (2009), S. 607–644.

Rabe, Heike, Stellungnahme des Deutschen Instituts für Menschenrechte anlässlich der öffentlichen Anhörung des Ausschusses für Recht und Verbraucherschutz des Deutschen Bundestages am 1.6.2016, Deutsches Institut für Menschenrechte (Hrsg.), Berlin 2016, verfügbar unter: https://perma.cc/M3MV-UNHG [Perma Link].

Rabe, Heike; Normann, Julia von, Schutzlücken bei der Strafverfolgung von Vergewaltigungen – Menschenrechtlicher Änderungsbedarf im Sexualstrafrecht, Deutsches Institut für Menschenrechte (Hrsg.), Policy Paper Nr. 24, 2. Aufl., Berlin 2014, verfügbar unter: https://perma.cc/FD8D-MKHS [Perma Link].

Radtke, Henning, Anmerkung zu OLG Hamburg, Beschluss vom 24.10.2014 – 1 Ws 110/14, NStZ 2015, S. 108–109.

Raskin, David C.; Barland, Gordon H. u.a., Validity and Reliability of Detection of Deception, Polygraph 6 (1977), S. 1–39.

Raskin, David C.; Hare, Robert D., Psychopathy and Detection of Deception In a Prison Population, Psychophysiology 15 (1978), S. 126–136.

Raskin, David C.; Honts, Charles R., The Comparison Question Test, in: Kleiner, Murray (Hrsg.), Handbook of Polygraph Testing, San Diego u.a. 2002, S. 1–47 (*Polygraph Testing*).

Raskin, David C.; Honts, Charles R. u.a., A Response to Professors Iacono and Lykken, in: Faigman, David L.; Kaye, David H. u.a. (Hrsg.), Modern Scientific Evidence – The Law and Science of Expert Testimony, 1. Band, St. Paul, Minn. 1997, S. 619–627 (*Scientific Evidence*).

Raskin, David C.; Honts, Charles R. u.a., The Scientific Status of Research on Polygraph Techniques: The Case for Polygraph Tests, in: Faigman, David L.; Kaye, David H. u.a. (Hrsg.), Modern Scientific Evidence – The Law and Science of Expert Testimony, 1. Band, St. Paul, Minn. 1997, S. 565–582 (*Scientific Evidence*).

Reid, John E.; Inbau, Fred E., Truth and Deception – The Polygraph ("Lie-Detector") Technique, Baltimore 1966 (*Truth and Deception*).

Reinecke, Gerhard, Die Krise der freien Beweiswürdigung im Zivilprozeß oder Über die Schwierigkeit, einem Zeugen nicht zu glauben, MDR 1986, S. 630–637.

Renzikowski, Joachim, Schriftliche Stellungnahme zur öffentlichen Anhörung des Ausschusses für Recht und Verbraucherschutz des Deutschen Bundestages zu dem Antrag der Fraktion des Deutschen Bundestags Bündnis 90/Die Grünen (BT-Drs. 18/1969) am 28.1.2015 – Lücken beim Schutz der sexuellen Selbstbestimmung aus menschenrechtlicher Sicht, Halle 2015, verfügbar unter: https://perma.cc/3HCP-2UR2 [Perma Link].

Renzikowski, Joachim Nein! – Das neue Sexualstrafrecht, NJW 2016, S. 3553–3558.

Renzikowski, Joachim; Schmidt, Anja, Nach der Reform ist vor der Reform – Zum Abschlussbericht der Reformkommission zum Sexualstrafrecht, KriPoZ 2018, S. 325–333.

Renzikowski, Joachim; Sick, Brigitte, Anmerkung zu BGH, Beschluss vom 20.3.2012 – 4 StR 561/11, NStZ 2013, S. 468–470.

Rescher, Nicholas, Die Kriterien der Wahrheit, in: Skirbekk, Gunnar (Hrsg.), Wahrheitstheorien – Eine Auswahl aus den Diskussionen über Wahrheit im 20. Jahrhundert, 5. Aufl., Frankfurt a.M. 1989, S. 337–390 (*Wahrheitstheorien*).

Riedel, Claudia; Wallau, Rochus, Das Akteneinsichtsrecht des „Verletzten" in Strafsachen – und seine Probleme, NStZ 2003, S. 393–399.

Rieß, Peter, Zur Revisibilität der freien tatrichterlichen Überzeugung, GA 1978, S. 257–277.

Rieß, Peter, Matthias Delvo, Der Lügendetektor im Strafprozeß der USA (Rezension), GA 1984, S. 140–141.

Rill, Hans-Georg, Forensische Psychophysiologie: Ein Beitrag zu den psychologischen und physiologischen Grundlagen neuerer Ansätze der „Lügendetektion", Diss. 2001, verfügbar unter: https://perma.cc/3RA7-VWTD [Perma Link].

Rill, Hans-Georg; Gödert, Heinz Werner u.a., Forensische Psychophysiologie („Lügendetektion") – Ein Plädoyer für den Tatwissentest, MschrKrim 2003, S. 165–180.

Rill, Hans-Georg; Vossel, Gerhard, Psychophysiologische Täterschaftsbeurteilung („Lügendetektion", „Polygraphie"): Eine kritsiche Analyse aus psychophysiologischer und psychodiagnostischer Sicht, NStZ 1998, S. 481–486.

Rohmann, Josef A., Das neue Sexualstrafrecht – eine aussagepsychologische Perspektive, Praxis der Rechtspsychologie 2017, S. 27–45.

Rolinski, Klaus, Der Grundsatz der Unmittelbarkeit: Garant der Wahrheitsfindung?, in: Esser, Robert; Günther, Hans-Ludwig u.a. (Hrsg.), – Festschrift für Hans-Heiner Kühne zum 70. Geburtstag, Heidelberg u.a. 2013, S. 297–315 (*Kühne-FS*).

Rosenfeld, J. Peter, Event-Related Potentials in the Detection of Deception, Malingering, and False Memories, in: Kleiner, Murray (Hrsg.), Handbook of Polygraph Testing, San Diego u.a. 2002, S. 265–286 (*Polygraph Testing*).

Röttgering, Derk; Lechtenberg, Freya, Die Reform des Sexualstrafrechts nach dem 50.StrÄndG, in: Deckers, Rüdiger; Köhnken, Günter (Hrsg.), Die Erhebung und Bewertung von Zeugenaussagen im Strafprozess – Juristische, aussagepsychologische und psychiatrische Aspekte, 3. Band, Berlin 2019, S. 205–221 (*Erhebung von Zeugenaussage*).

Roxin, Claus; Schünemann, Bernd, Strafverfahrensrecht, 29. Aufl., München 2017 (*Strafverfahrensrecht*).

Royal Society of London, An Essay towards solving a Problem in the Doctrine of Chances – By the late Rev. Mr. Bayes, F. R. S. communicated by Mr. Price, in a Letter to John Canton, A. M. F. R. S., London 1763, verfügbar unter: https://royalsocietypublishing.org/doi/pdf/10.1098/rstl.1763.0053 [letzter Zugriff: 30.5.2021].

Rückel, Christoph, Strafverteidigung und Zeugenbeweis, Heidelberg 1988 (*Strafverteidigung*).

Sachs, Michael (Hrsg.), Grundgesetz Kommentar, 8. Aufl., München 2018 (*Sachs*-Bearbeiter).

Sagana, Anna, The downward spiral of biases in criminal investigations – From eyewitnesses to forensic experts and judges, in: Barton, Stephan; Dubelaar, Marieke u.a. (Hrsg.), „Vom hochgemuten, voreiligen Griff nach der Wahrheit" – Fehlurteile im Strafprozess, 56. Band, Baden-Baden 2018, S. 133–146 (*Griff nach der Wahrheit*).

Saimeh, Nahlah, Können psychische Erkrankungen die Aussagetüchtigkeit bei Sexualdelikten beeinflussen?, in: Deckers, Rüdiger; Köhnken, Günter (Hrsg.), Die Erhebung von Zeugenaussagen im Strafprozess – Juristische, aussagepsychologische und psychiatrische Aspekte, Berlin 2007, S. 61–88 (*Erhebung von Zeugenaussagen*).

Salditt, Franz, Der Griff nach dem Vorurteil – Frühe Genugtuung und Schlichtung als strafprozessuales Reformprogramm, StV 2002, S. 273–277.

Salzgeber, Joseph; Stadler, Michael, Programm zur Behandlung von Sexualstraftätern – Vorstellung eines in den USA erprobten Interventionsprogramms, ZRP 1997, S. 139–141.

Salzgeber, Joseph; Stadler, Michael u.a., Polygraphie – Möglichkeiten und Grenzen der psychophysiologischen Aussagebegutachtung, Köln 1999 (*Polygraphie*).

Sancinetti, Marcelo A., Die einzelne Zeugenaussage und das Zweifelsprinzip, in: Freund, Georg; Murmann, Uwe u.a. (Hrsg.), Grundlagen und Dogmatik des gesamten Strafrechtssystems – Festschrift für Wolfgang Frisch zum 70. Geburtstag, Berlin 2013, S. 1233–1253 (*Frisch-FS*).

Sander, Günther M., Zur Beweiswürdigung, vor allem bei Aussage gegen Aussage, StV 2000, S. 45–48.

Satzger, Helmut; Schluckebier, Wilhelm (Hrsg.), Strafgesetzbuch – Kommentar, 3. Aufl., Köln 2016 (*SSW-StGB*-Bearbeiter).

Satzger, Helmut; Schluckebier, Wilhelm (Hrsg.), Strafprozessordnung – Kommentar, 3. Aufl., Köln 2016 (*SSW-StPO*-Bearbeiter).

Schade, Burkhard, Der Zeitraum von der Erstaussage bis zur Hauptverhandlung als psychologischer Prozess – Folgerungen für die Glaubwürdigkeitsbegutachtung am Beispiel der Wormser Prozesse über sexuellen Kindesmißbrauch, StV 2000, S. 165–170.

Schade, Burkhard; Harschneck, Michael, Die BGH-Entscheidung im Rückblick auf die Wormser Mißbrauchsprozesse – Konsequenzen für die Glaubhaftigkeitsbegutachtung aus der Sicht des psychologischen Gutachters und des Strafverteidigers, Praxis der Rechtspsychologie 2000, S. 28–47.

Schaefer, Christoph, Mehr Professionalität in Jugendschutzverfahren, NJW 2000, S. 928–929.

Schaefer, Torsten, Akteneinsichtsrechte nach der StPO, NJW-Spezial 2007, S. 327–328.

Scharbius, Viola, „Aussage gegen Aussage“ in der Rechtsprechung des Bundesgerichtshofs in Strafsachen, Hamburg 2017 (*„Aussage gegen Aussage“*).

Scherer, Thomas K., Anmerkung zu BVerfG, Beschluss vom 15.10.1997 – 2 BVR 1211/97, StraFo 1998, S. 16–17.

Schlothauer, Reinhold, Strafprozessuale Fragen der Glaubwürdigkeitsbegutachtung von Zeugen durch psychologische Sachverständige, in: Greuel, Luise; Fabian, Thomas u.a. (Hrsg.), Psychologie der Zeugenaussage – Ergebnisse der rechtspsychologischen Forschung, Weinheim 1997, S. 143–149 (*Psychologie der Zeugenaussage*).

Schmandt, Stefan, Höchstrichterliche Anforderungen an besondere Beweiskonstellationen – Aussage gegen Aussage, Aussagen von Mitbeschuldigten oder des „Kronzeugen“, StraFo 2010, S. 446–451.

Schmid, Jeannette, Lügen im Alltag – Zustandekommen und Bewertung kommunikativer Täuschungen, Münster u.a. 2000 (*Lügen*).

Schmidt, Jürgen, Noch einmal: Wahrsheitsbegriff und Rechtswissenschaft, JuS 1973, S. 204–207.

Schmitt, Bertram (Hrsg.), Strafprozessordnung, 62. Aufl., München 2019 (*Meyer-Großner/Schmitt*-Bearbeiter).

Schmuck, Markus; Brügge-Niemann, Larissa, Glaubwürdigkeitsgutachten „für" den Angeklagten – Neuer Gedanke oder einfach nur „Waffenglelichheit"? – Verteidigungsansätze, NJOZ 2014, S. 601–603.

Schneider, Karla; Merkle, Christoph, „Minority Report" – Fiction or Reality? – Legal questions raised by neuroscience with particular emphasis on German criminal law, JIBL 4 (2007), S. 227–232.

Schneider, Lothar, Nonverbale Zeugnisse gegen sich selbst – Zur Bedeutung nichtsprachlicher Begleiterscheinungen der Aussage für die forensische Glaubwürdigkeitsbeurteilung, Tübingen 1991 (*Nonverbale Zeugnisse*).

Scholz, O. Berndt, Die physiologischen Parameter in der psychophysiologischen Aussagebegutachtung (PAG), in: Salzgeber, Joseph; Stadler, Michael u.a. (Hrsg.), Polygraphie – Möglichkeiten und Grenzen der psychophysiologischen Aussagebegutachtung, Köln 1999, S. 45–67 (*Polygraphie*).

Scholz, O. Berndt, Wie können nicht glaubhafte Zeugenaussagen entstehen? Mögliche interaktionale Bedingungen für nicht glaubhafte Zeugenaussagen, NStZ 2001, S. 572–580.

Schönke, Adolf; Schröder, Horst u.a. (Hrsg.), Strafgesetzbuch – Kommentar, 30. Aufl., München 2019 (*Schönke/Schröder*-Bearbeiter).

Schoreit, Armin, Einsatz von Polygraphen und Glaubhaftigkeits-Gutachten psychologischer Sachverständiger im Strafprozeß, StV 2004, S. 284–287.

Schreiber, Hans-Ludwig, Verfahrensrecht und Verfahrenswirklichkeit, ZStW 88 (1976), S. 117–161.

Schroeder, Friedrich-Christian; Verrel, Torsten, Strafprozessrecht, 7. Aufl., München 2017 (*Strafprozessrecht*).

Schulz, Werner, Der Einsatz des Polygraphen beim Familiengericht München, in: Salzgeber, Joseph; Stadler, Michael u.a. (Hrsg.), Polygraphie – Möglichkeiten und Grenzen der psychophysiologischen Aussagebegutachtung, Köln 1999, S. 117–128 (*Polygraphie*).

Schulz-Hardt, Stefan; Köhnken, Günter, Wie ein Verdacht sich selbst bestätigen kann: Konfirmatorisches Hypothesentesten als Ursache von Falschbeschuldigungen wegen sexuellen Kindesmissbrauchs, Praxis der Rechtspsychologie 2000, S. 60–88.

Schumann, Kay H., Protokollberichtigung, freie Beweiswürdigung und formelle Wahrheit im Strafverfahren, JZ 2007, S. 927–935.

Schumann, Kay H.; Schefer, Lukas, Das sog. Stealthing als Prüfstein des § 177 StGB n.F., in: Böse, Martin; Schumann, Kay H. u.a. (Hrsg.), – Festschrift für Urs Kindhäuser zum 70. Geburtstag, Baden-Baden 2019, S. 811–825 (*Kindhäuser-FS*).

Schünemann, Bernd, Der deutsche Strafprozeß im Spannungsfeld von Zeugenschutz und materieller Wahrheit – Kritische Anmerkungen zum Thema des 62. Deutschen Juristentages 1998, StV 1998, S. 391–401.

Schünemann, Bernd, Der Richter im Strafverfahren als manipulierter Dritter? – Zur empirischen Bestätigung von Preseveranz- und Schulterschlußeffekt, StV 2000, S. 159–165.

Schünemann, Bernd, Zeugenbeweis auf dünnem Eis – Von seinen tatsächlichen Schwächen, seinen rechtlichen Gebrechen und seiner notwendigen Reform, in: Eser, Albin; Goydke, Jürgen u.a. (Hrsg.), Strafverfahrensrecht in Theorie und Praxis – Festschrift für Lutz Meyer-Gossner zum 65. Geburtstag, München 2001, S. 385–407 (*Meyer-Gossner-FS*).

Schüssler, Mark, Polygraphie im deutschen Strafverfahren – Die Zulässigkeit psychophysiologischer Glaubwürdigkeitsbeurteilung mit Hilfe polygraphischer Aufzeichnungen (Lügendetektion) im deutschen Strafverfahren und der Einfluss der Entscheidung des BGH vom 17. Dezember 1998, Frankfurt a. M. 2002 (*Polygraphie*).

Schüssler, Mark, Das endgültige Aus oder neue Hoffnung für den „Lügendetektor", JR 2003, S. 188–191.

Schwabe, Jürgen, Rechtsprobleme des „Lügendetektors", NJW 1979, S. 576–582.

Schüssler, Mark, Der „Lügendetektor" vor dem Bundesverfassungsgerichts, NJW 1982, S. 367–368.

Schweizer, Mark Daniel, Kognitive Täuschungen vor Gericht – Eine empirische Studie, Diss. 2005, verfügbar unter: https://perma.cc/84VB-AHDX [Perma Link].

Schwenn, Johann, Fehlurteile und ihre Ursachen – die Wiederaufnahme im Verfahren wegen sexuellen Mißbrauchs, StV 2010, S. 705–711.

Sczesny, Sabine; Krauel, Kerstin, Bericht – Ergebnisse psychologischer Forschung zu Vergewaltigung und ihre Implikationen für Gerichtsverfahren, MschrKrim 1996, S. 338–355.

Seel, Sebastian, Wahrheit im Strafprozess, Berlin 2021 (*Warheit*).

Seher, Gerhard, Prinzipiengestützte Strafnormlegitimation und der Rechtsgutsbegriff, in: Hefendehl, Roland; Hirsch, Andrew von u.a. (Hrsg.), Die Rechtsgutstheorie – Legitimationsbasis des Strafrechts oder dogmatisches Glasperlenspiel, Baden-Baden 2003, S. 39–56 (*Rechtsgutstheorie*).

Seiterle, Stefan, Hirnbild und „Lügendetektion" – Zur Zulässigkeit der Glaubwürdigkeitsbegutachtung im Strafverfahren mittels hirnbildgebender Verfahren, Berlin 2010 (*Lügendetektion*).

Seiterle, Stefan, Zur Frage der „völligen Ungeeignetheit" (§ 244 Abs. 3 Satz 2 Var. 4 StPO) einer polygraphischen Untersuchung („Lügendetektor") – Zugleich eine

Anmerkung zum Beschluss des BGH vom 30.11.2010 – 1 StR 509/10 und zum Urteil des AG Bautzen vom 26.3.2013 – Ls 330 Js 6351/12, StraFo 2014, S. 58–64.

Sick, Brigitte, Zweierlei Recht für zweierlei Geschlecht – Wertungswidersprüche im Geschlechterverhältnis am Beispiel des Sexualstrafrechts, ZStW 103 (1991), S. 43–91.

Sick, Brigitte, Sexuelles Selbstbestimmungsrecht und Vergewaltigungsbegriff – Ein Beitrag zur gegenwärtigen Diskussion einer Neufassung des § 177 StGB unzer Berücksichtigung der Strafbarkeit de lege lata und empirischer Gesichtspunkte, Berlin 1993 (*Sexuelles Selbstbestimmungsrecht*).

Sick, Brigitte; Renzikowsk, Joachim, Lücken beim Schutz der sexuellen Selbstbestimmung aus menschenrechtlicher Sicht, in: Bannenberg, Britta; Brettel, Hauke u.a. (Hrsg.), Über allem: Menschlichkeit – Festschrift für Dieter Rössner, Baden-Baden 2015, S. 928–942 (*Rössner-FS*).

Sick, Brigitte; Renzikowski, Joachim, Der Schutz der sexuellen Selbstbestimmung, in: Hoyer, Andreas; Müller, Henning Ernst u.a. (Hrsg.), – Festschrift für Friedrich-Christian Schroeder zum 70. Geburtstag, Heidelberg u.a. 2006, S. 603–619 (*Schroeder-FS*).

Skirbekk, Gunnar, Einleitung, in: Skirbekk, Gunnar (Hrsg.), Wahrheitstheorien – Eine Auswahl aus den Diskussionen über Wahrheit im 20. Jahrhundert, 5. Aufl., Frankfurt a.M. 1989, S. 8–34 (*Wahrheitstheorien*).

Spiekermann, Monika, Wahrheitsermittlung per Lügendetektor? , Interview mit *Carsten Momsen,* NJW-aktuell 2018, –13.

Sporer, Siegfried Ludwig, Realitätsüberwachungskriterien und forensische Glaubwürdigkeitskriterien im Vergleich – Validitätsüberprüfung anhand selbsterlebter und erfundener Geschichten, in: Greuel, Luise; Fabian, Thomas u.a. (Hrsg.), Psychologie der Zeugenaussage – Ergebnisse der rechtspsychologischen Forschung, Weinheim 1997, S. 71–85 (*Psychologie der Zeugenaussage*).

Spranger, Tade Matthias, Der Einsatz neurowissenschaftlicher Instrumente im Lichte der Grundrechtsordnung, JZ 2009, S. 1033–1040.

Stadler, Michael, Realitätskriterien und Wirklichkeitskriterien, in: Greuel, Luise; Fabian, Thomas u.a. (Hrsg.), Psychologie der Zeugenaussage – Ergebnisse der rechtspsychologischen Forschung, Weinheim 1997, S. 57–70 (*Psychologie der Zeugenaussage*).

Stadler, Michael, Sexuelle Handlung oder sexuelle Absicht – Zur Sensibilität des Kontrollfragentests beim Vorwurf sexuellen Missbrauchs im Zusammenhang mit Pflegehandlungen, Praxis der Rechtspsychologie 2001, S. 48–54.

Stamp, Frauke, Die Wahrheit im Strafverfahren – Eine Untersuchung zur prozessualen Wahrheit unter besonderer Berücksichtigung der Perspektive des erkennenden Gerichts in der Hauptverhandlung, Baden-Baden 1998 (*Wahrheit*).

Steinke, Wolfgang, Lügendetektor zugunsten des Beschuldigten?, MDR 1987, S. 535–537.

Steller, Max, Psychophysiologische Aussagebeurteilung – Wissenschaftliche Grundlagen und Anwendungsmöglichkeiten der „Lügendetektion", Göttingen 1987 (*Aussagebeurteilung*).

Steller, Max, Psychophysiologische Täterschaftsermittlung („Lügendetektion", „Polygraphie"), in: Steller, Max; Volbert, Renate (Hrsg.), Psychologie im Strafverfahren – Ein Handbuch, Bern u.a. 1997, S. 89–104 (*Psychologie*).

Steller, Max, Aussagepsychologie vor Gericht – Methodik und Probleme von Glaubwürdigkeitsgutachten mit Hinweisen auf die Wormser Mißbrauchsprozesse, R & P 1998, S. 11–18.

Steller, Max, Forensische Aussagepsychologie – Beurteilung des Realitätsgehalts von Kinderaussagen über sexuellen Mißbrauch, in: Egg, Rudolf (Hrsg.), Sexueller Mißbrauch von Kindern – Täter und Opfer, 27. Band, Wiesbaden 1999, S. 243–258 (*Mißbrauch*).

Steller, Max, Psychophysiologische Täterschaftsbeurteilung als Entlastungsmöglichkeit bei Verdacht auf sexuellen Mißbrauch? , in: Salzgeber, Joseph; Stadler, Michael u.a. (Hrsg.), Polygraphie – Möglichkeiten und Grenzen der psychophysiologischen Aussagebegutachtung, Köln 1999, S. 31–43 (*Polygraphie*).

Steller, Max, Forensische Aussagepsychologie als angewandte Entwicklungs- und Kognitionspsychologie – Kritik suggestiver Aufdeckungsarbeit am Beispiel einer kindlichen Zeugin aus den Wormser Massenprozessen, Praxis der Rechtspsychologie 2000, S. 9–27.

Steller, Max, Aussagepsychologie und Strafjustiz: Kooperation ohne Trauma – Untertitel, in: Boetticher, Axel; Huff, Martin W. u.a. (Hrsg.), Soderheft für Gerhard Schäfer zum 65. Geburtstag am 18. Oktober 2002, 2002, –72.

Steller, Max, Glaubhaftigkeitsbegutachtung – Credibility Assessment, in: Volbert, Renate; Steller, Max (Hrsg.), Handbuch der Rechtspsychologie, 9. Band, Göttingen u.a. 2008, S. 300–310 (*Handbuch der Rechtspsychologie*).

Steller, Max, Die Entdeckung der Scheinerinnerung – Aussagepsychologische Begutachtung bei später Einnerung an Traumata, in: Deckers, Rüdiger; Köhnken, Günter (Hrsg.), Die Erhebung und Bewertung von Zeugenaussagen im Strafprozess – Juristische, aussagepsychologische und psychiatrische Aspekte, 3. Band, Berlin 2019, S. 71–96 (*Erhebung von Zeugenaussage*).

Steller, Max; Dahle, Klaus-Peter, Psychophysiologische Täterschaftsbeurteilung („Lügendetektion") – Unschuldsnachweis bei Verdacht auf sexuellen Mißbrauch?, in: Greuel, Luise; Fabian, Thomas u.a. (Hrsg.), Psychologie der Zeugenaussage – Ergebnisse der rechtspsychologischen Forschung, Weinheim 1997, S. 309–323 (*Psychologie der Zeugenaussage*).

Steller, Max; Dahle, Klaus-Peter, Wissenschaftliches Gutachten: Grundlagen, Methoden und Anwendungsprobleme psychophysiologischer Aussage- bzw. Täterschaftsbeurteilung („Polygraphie", „Lügendetektion"), Praxis der Rechtspsychologie 1999, S. 127–204.

Steller, Max; Köhnken, Günter, Criteria-Based Statement Analysis, in: Raskin, David C. (Hrsg.), Psychological Methods in Criminal Investigations and Evidence, New York 1989, S. 217–245 (*Psychological Methods*).

Steller, Max; Volbert, Renate, Glaubwürdigkeitsbegutachtung, in: Steller, Max; Volbert, Renate (Hrsg.), Psychologie im Strafverfahren – Ein Handbuch, Bern u.a. 1997, S. 12–39 (*Psychologie im Strafverfahren*).

Steller, Max; Volbert, Renate, Wissenschaftliches Gutachten – Forensisch-aussagepsychologische Begutachtung (Glaubwürdigkeitsbegutachtung), Praxis der Rechtspsychologie 1999, S. 46–106.

Steller, Max; Volbert, Renate, Anforderungen an die Qualität forensisch-psychologischer Glaubhaftigkeitsbegutachtungen – Das BGH-Urteil vom 30. Juli 1999, Praxis der Rechtspsychologie 2000, S. 102–116.

Stern, William, Zur Psychologie der Ausſage – Experimentelle Unterſuchungen über Erinnerungstreue, ZStW 22 (1902), S. 315–370.

Stern, William, Die Aussage als geistige Leistung und als Verhörsprodukt, in: Stern, William (Hrsg.), Beiträge zur Psychologie der Aussage – Mit besonderer Berücksichtung von Problemen der Rechtspflege, Pädagogik, Psychiatrie und Geschichtsforschung, Leipzig 1904, S. 269–415 (*Psychologie der Aussage*).

Sternberg-Lieben, Detlev, Rechtsgut, Verhältnismäßigkeit und die Freiheit des Strafgesetzgebers, in: Hefendehl, Roland; Hirsch, Andrew von u.a. (Hrsg.), Die Rechtsgutstheorie – Legitimationsbasis des Strafrechts oder dogmatisches Glasperlenspiel, Baden-Baden 2003, S. 65–82 (*Rechtsgutstheorie*).

Stöhr, Adolf, Psychologie der Aussage, IX. Band, Berlin 1911 (*Aussagepsychologie*).

Strohmayer, Maximilian, Zur Konstellation „Aussage gegen Aussage“ bei mehreren Zeugen im gleichen Lager, HRRS 2017, S. 135–138.

Strüwe, Peter, Verteidigung in Fällen „Aussage gegen Aussage“ im Ermittlungs-, Haupt- und Revisionsverfahren, StRR 2009, S. 284–288.

Stübinger, Stephan, Lügendetektor ante portas – Zu möglichen Auswirkungen neurowissenschaftlicher Erkenntnisse auf den Strafprozess, ZIS 2008, S. 538–555.

Stuckenberg, Carl-Friedrich, Die normative Aussage der Unschuldsvermutung, ZStW 111 (1999), S. 422–460.

Stüllenberg, Klaus; Stubbe, Susanne u.a., Lügendetektortest in Deutschland – Die Suche nach einer kriminalpräventiven Dimension, Münster 2000 (*Lügendetektortest*).

Tarski, Alfred, Die semantische Konzeption der Wahrheit und die Grundlagen der Semantik, in: Skirbekk, Gunnar (Hrsg.), Wahrheitstheorien – Eine Auswahl aus den Diskussionen über Wahrheit im 20. Jahrhundert, 5. Aufl., Frankfurt a.M. 1989, S. 140–188 (*Wahrheitstheorien*).

Tent, Lothar, Psychologische Tatbestandsdiagnostik – Spurensymptomatologie, Lügendetektion, in: Undeutsch, Udo (Hrsg.), Handbuch der Psychologie in 12 Bänden – Forensische Psychologie, 11. Band, Göttingen 1967, S. 185–259 (*Forensische Psychologie*).

Toepel, Friedrich, Grundstrukturen des Sachverständigenbeweises im Strafprozeßrecht, Tübingen 2002 (*Sachverständigenbeweis*).

Trankell, Arne, Der Realitätsgehalt von Zeugenaussagen – Methoden der Aussagepsychologie, Göttingen 1971 (*Realitätsgehalt von Zeugenaussagen*).

Undeutsch, Udo, Beurteilung der Glaubhaftigkeit von Aussagen, in: Undeutsch, Udo (Hrsg.), Handbuch der Psychologie in 12 Bänden – Forensische Psychologie, 11. Band, Göttingen 1967, S. 26–181 (*Forensische Psychologie*).

Undeutsch, Udo, Die Verwertbarkeit unwillkürlicher Ausdruckserscheinungen bei der Aussagenwürdigung – Eine Anfrage von psychologischer Seite, ZStW 87 (1975), S. 650–662.

Undeutsch, Udo, Die Leistungsfähigkeit der heutigen Methoden der psychophysiologischen Täterschaftsermittlung, MschrKrim 1979, S. 228–241.

Undeutsch, Udo, Vernehmung und non-verbale Information – 418, in: Kube, Edwin; Störzer, Hans Udo u.a. (Hrsg.), Wissenschaftliche Kriminalistik – Grundlagen und Perspektiven, 16/1 Band, Wiesbaden 1983, S. 389–418 (*Wissenschaftliche Kriminalistik*).

Undeutsch, Udo, Die Untersuchung mit dem Polygraphen („Lügendetektor") – eine wissenschaftliche Methode zum Nachweis der Unschuld, FamRZ 1996, S. 329–331.

Undeutsch, Udo, Psychophysiologische Täterschaftsdiagnostik – Bedarf und Akzeptanz, insbesondere bei Verdacht des sexuellen Mißbrauchs, in: Greuel, Luise; Fabian, Thomas u.a. (Hrsg.), Psychologie der Zeugenaussage – Ergebnisse der rechtspsychologischen Forschung, Weinheim 1997, S. 303–308 (*Psychologie der Zeugenaussage*).

Undeutsch, Udo, Ein kasuistischer Beitrag zur Manipulierbarkeit von physiopsychologischen Untersuchungen zur Verdachtsabklärung, Praxis der Rechtspsychologie 2001, S. 26–34.

Undeutsch, Udo, Ergänzungen zum Artikel von K.-P. Dahle: Hat der sogenannte „Lügendetektor" nach veränderter Rechtslage in Deutschland eine Zukunft?, Psychologische Rundschau 2003, S. 115–119.

Undeutsch, Udo; Klein, Gisela, Wissenschaftliches Gutachten zum Beweiswert physiopsychologischer Untersuchungen, Praxis der Rechtspsychologie 1999, S. 45–126.

Vavra, Rita, Die Strafbarkeit nicht-einvernehmlicher sexueller Handlungen zwischen erwachsenen Personen, Baden-Baden 2020 (*Strafbarkeit*).

Vehrs, Wolfgang, Standards einer psychophysiologischen Aussagebegutachtung (PPAB) am Institut für Forensische Psychophysiologie (IFP), in: Salzgeber, Joseph; Stadler, Michael u.a. (Hrsg.), Polygraphie – Möglichkeiten und Grenzen der psychophysiologischen Aussagebegutachtung, Köln 1999, S. 19–30 (*Polygraphie*).

Vehrs, Wolfgang, Psychophysiologische Aussagebeurteilung (PPAB) mit der Vergleichsfragentechnik (VFT) in familiengerichtlichen Verfahren – Eine Neubesinnung unter Berücksichtigung des Urteils des Bundesgerichtshofs vom 17.12.1998 und der dem Urteil zugrunde gelegten Gutachten aus der Sicht eines Anwenders, Praxis der Rechtspsychologie 2001, S. 16–25.

Vögele, Wolfgang, Glaubhaftigkeitsgutachten im Strafverfahren – Möglichkeiten und Grenzen aus juristischer Sicht, in: Clauß, Marianne; Karle, Michael u.a. (Hrsg.), Sexuelle Entwicklung – sexuelle Gewalt: Grundlagen forensischer Begutachtung von Kindern und Jugendlichen, 2. Aufl., Lengerich u.a. 2010, S. 84–91 (*Sexuelle Entwicklung*).

Volbert, Renate, Standards der psychologischen Glaubhaftigkeitsdiagnostik, in: Kröber, Hans-Ludwig; Steller, Max (Hrsg.), Psychologische Begutachtung im Strafverfahren – Indikationen, Methoden und Qualitätsstandards, 2. Aufl., Darmstadt 2005, S. 171–203 (*Psychologische Begutachtung*).

Volbert, Renate, Glaubhaftigkeitsbegutachtung – mehr als Merkmalsorientierte Inhaltsanalyse, FPPK 2008, S. 12–19.

Volbert, Renate, Sekundäre Viktimisierung – Secondary Victimization, in: Volbert, Renate; Steller, Max (Hrsg.), Handbuch der Rechtspsychologie, 9. Band, Göttingen u.a. 2008, S. 198–208 (*Handbuch Rechtspsychologie*).

Volbert, Renate; Steller, Max, Aussagefähigkeit von Kindern – Entwicklungspsychologische Aspekte der forensischen Aussagepsychologie, in: Kröber, Hans-Ludwig; Dahle, Klaus-Peter (Hrsg.), Sexualstraftaten und Gewaltdelinquenz – Verlauf – Behandlung – Opferschutz, 35. Band, Heidelberg 1998, S. 235–257 (*Sexualstraftaten*).

Volbert, Renate; Steller, Max, Methoden und Probleme der Glaubhaftigkeitsbegutachtung bei Verdacht auf sexuellen Missbrauch, in: Amann, Gabriele; Wipplinger, Rudolf (Hrsg.), Sexueller Missbrauch – Überblick zu Forschung, Beratung und Therapie, 3. Aufl., Tübingen 2005, S. 417–432 (*Sexueller Missbrauch*).

Volbert, Renate; Steller, Max, Glaubhaftigkeit, in: Bliesener, Thomas; Lösel, Friedrich u.a. (Hrsg.), Lehrbuch der Rechtspsychologie, Bern 2014, S. 391–407 (*Rechtspsychologie*).

Volbert, Renate; Steller, Max, Die Begutachtung der Glaubhaftigkeit, in: Dreßing, Harald; Habermeyer, Elmar (Hrsg.), Psychiatrische Begutachtung – Ein praktisches Handbuch für Ärzte und Juristen, 6. Aufl., München 2015, S. 683–707 (*Psychiatrische Begutachtung*).

Volckart, Bernd, Das Verwertungsverbot für Lügendetektortests, R & P 1998, S. 138–144.

Volk, Klaus, Prozeßvoraussetzungen im Strafrecht – Zum Verhältnis von materiellem Recht und Prozeßrecht, Ebelsbach am Main 1978 (*Prozeßvoraussetzungen*).

Volk, Klaus, Wahrheit und materielles Recht im Strafprozess, Konstanz 1980 (*Wahrheit*).

Wagner, Michaela, Polygraphie im Strafverfahren – Ein Plädoyer gegen die prozessuale Zulässigkeit des Lügendetektors, Wien 2012 (*Polygraphie im Strafverfahren*).

Walter, Tonio, Zu früh und zu weit – der aktuelle Referentenentwurf eines Gesetzes zur „Verbesserung des Schutzes der sexuellen Selbstbestimmung", JR 2016, S. 361–369.

Wegener, Hermann, Einführung in die Forensische Psychologie, Darmstadt 1981 (*Forensische Psychologie*).

Wegner, Wolfgang, Täterschaftsermittlung durch Polygraphie, Köln u.a. 1981 (*Polygraphie*).

Weigend, Thomas, Deliktsopfer und Strafverfahren, Berlin 1989 (*Deliktsopfer*).

Weiner, Bernhard, Opfer- und Verletztenrechte, 2. Aufl., Baden-Baden 2010 (*Opferrechte*).

Wille, Florian, Aussage gegen Aussage in sexuellen Missbrauchsverfahren – Defizitäre Angeklagtenrechte in Deutschland und Österreich und deren Korrekturmöglichkeiten, Berlin/Heidelberg 2012 (*Aussage gegen Aussage*).

Willutzki, Siegfried, Zur rechtlichen Zulässigkeit des Polygrapheneinsatzes im familiengerichtlichen Verfahren, in: Salzgeber, Joseph; Stadler, Michael u.a. (Hrsg.), Polygraphie – Möglichkeiten und Grenzen der psychophysiologischen Aussagebegutachtung, Köln 1999, S. 95–104 (*Polygraphie*).

Wimmer, August, Unschuldsvermutung – Verdacht – Freispruch, ZStW 80 (1968), S. 369–377.

Wolpe, Paul Root; Langleben, David D., Lies, Damn Lies, and Lie Detectors, Harv. Bus. Rev. (2008), S. 25.

Wolter, Jürgen (Hrsg.), Systematischer-Kommentar zur Strafprozessordnung, Band II, 5. Aufl., Köln 2016 (*SK-StPO*-Bearbeiter).

Wolter, Jürgen (Hrsg.), Systematischer Kommentar zum Strafgesetzbuch, Band IV, 9. Aufl., Köln 2017 (*SK-StGB*-Bearbeiter).

Wolter, Jürgen (Hrsg.), Systematischer Kommentar zur Strafprozessordnung, Band VII, 5. Aufl., Köln 2018 (*SK-StPO*-Bearbeiter).

Würtenberger, Thomas, Ist die Anwendung des Lügendetektors im deutschen Strafverfahren zulässig? , JZ 1951, S. 772–775.

Zaczyk, Rainer, Die Notwendigkeit systematischen Strafrechts – Zugleich zum Begriff „fragmentarisches Strafrecht“, ZStW 123 (2011), S. 691–708.

Ziegert, Ulrich, Anmerkung zu BGH, Urteil vom 30.7.1999 – 1 StR 618/98, NStZ 2000, S. 105–106.

Ziegler, Theo, Anmerkung zu BGH, Beschluss vom 21.11.2018 – 1 StR 290/18, NStZ 2019, S. 718–719.

(Online-) Zeitungen

Amos, Maximilian, “Wir erleben eine Moralisierung des Rechts”, Interview mit *Elise Hoven* und *Thomas Fischer,* in: Legal Tribune Online, 31.10.2016, verfügbar unter: https://www.lto.de/recht/hintergruende/h/sexualstrafrecht-reform-elisa-hoven-thmoas-fischer/ [letzter Zugriff: 30.5.2021].

Bigalke, Silke, Schweden verschärft das Sexualstrafrecht, Süddeutsche Zeitung [online], 19.12.2017, verfügbar unter: https://perma.cc/2S85-QJQP [Perma Link].

Boehme-Neßler, Volker, Die Kavallerie der Justiz, Legal Tribune Online, 6.9.2010, verfügbar unter: http://www.lto.de/recht/hintergruende/h/die-staatsanwaelte-und-der-fall-kachelmann-die-kavallerie-der-justiz/ [letzter Zugriff: 30.5.2021].

Der Spiegel [online], Dänemark macht beidseitige Zustimmung zum Geschlechtsverkehr verpflichtend, 17.12.2020, 19:21 Uhr, verfügbar unter: https://www.spiegel.de/ausland/daenemark-macht-beidseitige-zustimmung-zum-geschlechtsverkehr-verpflichtend-a-3a1786b6-84ee-4697-86ee-eab51eff9366 [letzter Zugriff: 30.5.2021].

Der Tagesspiegel [online], Gericht in Schweden verurteilt Mann erstmals wegen „unachtsamer Vergewaltigung“, 11.7.2019, 14:48 Uhr, verfügbar unter: https://perma.cc/LU9N-6RY5 [Perma Link].

Die Zeit [online], Gina-Lisa Lohfink wegen falscher Verdächtigung verurteilt, 22.8.2016, 14:55 Uhr, verfügbar unter: https://www.zeit.de/kultur/2016-08/urteil-gina-lisa-lohfink-falschaussage-vergewaltigung [letzter Zugriff: 30.5.2021].

Faiola, Anthony; Kirchner, Stephanie, A German woman said she was raped. Then she was fined $27,000, The Washington Post [online], 23.6.2016, verfügbar unter: https://www.washingtonpost.com/world/europe/a-german-woman-said-she-was-raped-then-she-was-fined-27000/2016/06/22/10549412-3799-11e6-af02-1df55f0c77ff_story.html [letzter Zugriff: 30.5.2021].

Fischer, Thomas, Frauenfilme zu Frauenwahrheiten und Frauenfragen, Die Zeit [online], 21.6.2016, verfügbar unter: https://perma.cc/A4CM-CB73 [Perma Link].

Fischer, Thomas, Volk in Angst, Die Zeit [online], 10.5.2016, verfügbar unter: https://perma.cc/A85R-M55R [Perma Link].

Fischer, Thomas, Zum letzten Mal: Nein heißt Nein, Die Zeit [online], 28.6.2016, verfügbar unter: https://perma.cc/9X7F-ZYJU [Perma Link].

Frankfurter Allgemeine Zeitung [online], Der Fall Kachelmann – Eine Chronologie, 31.5.2011, 11:15 Uhr, verfügbar unter: https://perma.cc/WQF4-WS5U [Perma Link].

Friedrichsen, Gisela, „Gut gemeint, schlecht gemacht", *Der Spiegel*, Nr. 26/1997, S. 78–79.

Friedrichsen, Gisela, Wahrheit um jeden Preis?, *Der Spiegel*, Nr. 39/1998, S. 272–274.

Grunert, Marlene, Kannitverstan? Nachfragen hilft! – Strafverteidiger-Kolloqium des Deutschen Anwaltvereins entdeckt die Kommunikation, *Frankfurter Allgemeine Zeitung*, Nr. 264 vom 14.11.2017, S. 10.

Held, Vera, Geldstrafe für Chefarzt wegen sexuellen Übergriffs, Bayrischer Rundfunk, 7.12.2017, verfügbar unter: https://perma.cc/4EPW-HVCJ [Perma Link].

Hipp, Dietmar; Winter, Steffen, Der erstaunliche Einsatz von Lügendetektoren an deutschen Gerichten, Der Spiegel [online], 2.11.2017, verfügbar unter: http://www.spiegel.de/spiegel/der-erstaunliche-einsatz-von-luegendetektoren-an-deutschen-gerichten-a-1175643.html [letzter Zugriff: 30.5.2021].

Hörnle, Tatjana, Betatschen ist nicht immer strafbar, Frankfurter Allgemeine Zeitung [online], 11.1.2016, verfügbar unter: https://perma.cc/395S-MBH7 [Perma Link].

Kubiciel, Michael, Was wird aus dem Strafrecht?, *Frankfurter Allgemeine Zeitung*, Nr. 39 vom 15.2.2018, S. 6.

Kulms, Johannes, Große Koalition will schärfere Gesetze, Deutschlandfunk [online], 10.1.2016, verfügbar unter: https://perma.cc/L99C-JFPF [Perma Link].

Lakotta, Beate, Urteil gegen Gina-Lisa Lohfink, Der Spiegel [online], 23.8.2016, verfügbar unter: http://www.spiegel.de/panorama/justiz/gina-lisa-lohfink-urteil-ein-hohn-fuer-echte-vergewaltigungsopfer-a-1108961.html [letzter Zugriff: 30.5.2021].

Lorenz, Pia, Gina-Lisa Lohfink wegen falscher Verdächtigung verurteilt, Legal Tribune Online, 22.8.2016, verfügbar unter: https://www.lto.de/recht/hintergruende/h/gina-lisa-lohfink-ag-tiergarten-falsche-verdaechtigung-keine-vergewaltigung/ [letzter Zugriff: 30.5.2021].

Lorenz, Pia, Reform des Sexualstrafrechts: Heißt auch ein inneres Nein nein?, Legal Tribune Online, 15.1.2016, verfügbar unter: https://perma.cc/3SUU-XTSY [Perma Link].

Michel, Ana Maria; Schönian, Valerie u.a., Was geschah in Köln? , Die Zeit [online], 5.1.2016, verfügbar unter: https://www.zeit.de/gesellschaft/zeitgeschehen/2016-01/koeln-silvester-sexuelle-uebergriffe-raub-faq [letzter Zugriff: 30.5.2021].

Müller-Neuhof, Jost, Gericht wirft Gina-Lisa Lohfink vor, sich rächen zu wollen, Der Tagesspiegel [online], 27.10.2016, verfügbar unter: https://perma.cc/SE5J-9CF7 [Perma Link].

Rückert, Sabine, Inquisitoren des guten Willens, Die Zeit [online], verfügbar unter: https://www.zeit.de/2007/03/Rueckert-Buch-03/komplettansicht?print [letzter Zugriff: 24.4.2018].

Rückert, Sabine, Schuldig auf Verdacht, Die Zeit [online], 24.6.2010, verfügbar unter: https://www.zeit.de/2010/24/DOS-Justiz-Kachelmann [letzter Zugriff: 6.6.2020].

Rückert, Sabine, Zwei blaue Flecke und ein Nullbefund, Die Zeit [online], 4.2.2011, verfügbar unter: https://perma.cc/223R-FCTE [Perma Link].

Süddeutsche Zeitung [online], Juristen und Polizisten kritisieren neues Sexualstrafrecht, 8.7.2016, 15:58 Uhr, verfügbar unter: https://perma.cc/HPJ8-W8UR [Perma Link].

tagesschau.de, Nur Ja heißt Ja beim Sex, 1.7.2018, 09:56 Uhr, verfügbar unter: https://perma.cc/HS57-QWG4 [Perma Link].

Christina Költgen, geboren 1993 in Düsseldorf; Studium der Rechtswissenschaften an der Rheinischen Friedrich-Wilhelms-Universität Bonn und der Universität Luzern; 2017 Erste Juristische Prüfung; 2018 bis 2020 Wissenschaftliche Mitarbeiterin am Lehrstuhl für Bürgerliches Recht, Handels-, Gesellschafts- und Wirtschaftsrecht an der Friedrich-Alexander-Universität Erlangen-Nürnberg; 2022 Promotion (Bonn); Rechtsreferendariat am Oberlandesgericht Oldenburg.

www.ingramcontent.com/pod-product-compliance
Ingram Content Group UK Ltd.
Pitfield, Milton Keynes, MK11 3LW, UK
UKHW021926290926
8980IPUK00016B/1483

9 783631 891186